U0917354

黄药眠

(1903—1987)

曾任全国政协常委，民盟中央常委，著名的文艺理论家、作家

民主的呐喊

MIN ZHU DE NA HAN

1939年—1946年

黄药眠 著

张春丽 黄大地 编

群言出版社

Qunyan Press

图书在版编目(CIP)数据

民主的呐喊:全2册/黄药眠著;张春丽,黄大地编.—北京:群言出版社,2012.10

(民盟历史文献)

ISBN 978-7-80256-321-6

Ⅰ.①民… Ⅱ.①黄… ②张… ③黄… Ⅲ.①黄药眠(1903~1987)—政论—文集 Ⅳ.①D602-53

中国版本图书馆CIP数据核字(2012)第060013号

出版人 范 芳
责任编辑 樊 伟
助理编辑 朱前前
装帧设计 群言艺术设计中心
出版发行 群言出版社(Qunyan Press)
地 址 北京东城区东厂胡同北巷1号
邮政编码 100006
网 站 **www.qypublish.com**
电子信箱 qunyancbs@126.com
总 编 办 010-65265404 65138815
编 辑 部 010-65276609 65262436
发 行 部 010-65263345 65220236
经 销 全国新华书店
读者服务 010-65220236 65265404 65263345
法律顾问 中济律师事务所
印 刷 北京画中画印刷有限公司
版 次 2012年10月第1版 2012年10月第1次印刷
开 本 880×1230mm 1/32
印 张 22
字 数 590千字
书 号 ISBN 978-7-80256-321-6
定 价 68.00元(上下册)

前　言

中国民主同盟成立于1941年3月，正值抗日民族统一战线遭到国民党独裁统治破坏的危难之际。民盟以贯彻抗日主张、实践民主精神、尊重思想自由、提倡依法治国为政治纲领。民盟凝聚了当时绝大多数进步知识分子和社会精英，可谓群贤毕集。在不同的历史时期，黄炎培、张澜、沈钧儒、杨明轩、闻一多、李公朴、梁漱溟、史良、胡愈之、楚图南、吴晗、费孝通……这些民盟前辈精英们纵横捭阖、开阔放达，本着知识分子的人文良知和社会责任"奔走国是"，在政治、经济、军事、外交、教育、社会等领域都提出了明确的纲领和主张，将平等、民主、自由的思想播撒在中国的土地上。

在那苍黄翻覆、陵谷变迁的大时代，在那风云变幻、波澜壮阔的动荡岁月里，历史的浪潮将中国民主同盟，将有志于民族振兴的贤良才俊推上了风口浪尖，他们在改变中国命运的同时，也改变了自己的人生轨迹。他们为历史的进程，为国家富强、民族振兴和民主政治的进步做出了卓越的贡献；他们将自己的荣辱与民族存亡紧紧地联系在一起，为中国的民主、繁荣奋斗了一生，为后人留下了许多宝贵的精神财富；他们关于新民主主义社会的探索，至今仍具有巨大的影响和现实意义。

在和平盛世的今天，为了保存这珍贵的历史财富，为了让后人记住先辈们的独立之精神、自由之思想以及他们为国为民、励精图治的奋斗事迹，我们通过多年的精心准备和积累，出版了《民盟历史文献》丛书，这不仅仅是追忆往昔、缅怀先贤，也不仅仅是为了从学术研究的角度去厘清历史、臧否人物，更重要的是：通过回顾那段曲折的历史，传承民盟与中国共产党肝胆相照、荣辱与共的真挚感情；纪念民盟先贤为新中国做出的巨大贡献；呈现近现代中国社会的嬗变和进步知识分子的爱国情怀；同时也是为了民盟薪火相传、与时俱进的需要；为了让那些隽永传奇的人物和可歌可泣的历史再现后人的眼前。

路漫漫其修远兮，吾将上下而求索。《民盟历史文献》丛书的出版，是对先贤们多党合作历史的尊崇和传承。

《民盟历史文献》编委会

出版说明

这部《黄药眠政论集》(上、下集)首次完整收录了1939到1949年期间黄药眠先生发表的政论、时评文章。我们在编辑过程中,出于统一体例和便于读者阅读的考虑,对体例进行了规范化处理,内容如下:

①书中文献一般按首次正式发表时间为序编排。原文出处与发表时间列于文前标题下,写作时间和地点列于文后。

②《百年来的祖国》《民主运动讲话》《到和平之路》系黄药眠早期出版过的文集,其中收录的文章有些曾在报刊上发表过。此次编辑过程中,已做收录的文章就不再在此三篇中重排,只存目并标出该文在本书中的页码。

③有些文献由于年代久远目前已无法查到原文,编辑中将文献标题放入书后"存目文献"中待找到后再版时补入正文;有些文献原文残缺,在编辑中尽量将可辨认的文字录出,残缺部以"△△△"代替原文字。

④文中有些地方出现的"□□□",在新闻术语中称为"开天窗",是报刊出版前被国民党当局新闻检查机关从拼好的版面上抽去,禁止发表的内容。当时进步的新闻工作者在

报刊出版时不予填补并注出“被检”，以此来揭露和抗议国民党当局压制新闻自由的行径。

⑤由于书中文献发表于一九四九年以前，那时的语言和标点有些不同于当今规范，为避免转换带来新的差错，本次编辑除将文字转换为简体字外，其余仍依旧制，尊重原文，仅对一些符号依当代标准予以统一，保持编校质量符合国家标准。

⑥本书将黄药眠先生在《光明报》任首席编委时编发的复刊词及一些社论收入了本书附录中。

⑦作者文章署名除大多数用作者本名“黄药眠”外，还有用“药眠”、“黄吉士”、“黄吉”、“达史”、“吉”、“药”、“达”、“史”、“林”等名，另有个别文章未署名。

因原稿年代久远，校录难度极大，本书出版，疏漏疑误再所难免，欢迎大家帮助查找佚文及存目文献并批评指正，待再版时定将一并补正。

目 录

上册（1939 ~ 1946）

抗战时期

内战时期

下册(1946～1949)

抗战时期

论英意协商

载 1939 年 1 月 21 日《救亡日报》

黄药眠

举世瞩目的英意谈判已很明显的宣告失败了，张伯伦只得以“结果良好”“态度诚恳”这几句空洞的辞句掩护之下踏上归程。

如果前次的慕尼黑会议至少一时在表面上还有点遮羞的功绩，那么这一次轰传一时的英意协商，可说是毫无所得。这不仅是表示死硬派的外交之碰壁，不仅表示着大英帝国离开了法国就毫无力量而且预示着今后的英国外交不能不走上比较积极的道路。

查慕尼黑会议的时候问题的焦点是牺牲捷克，那个时候，英国还可以以“不协作”来压迫法国跟在自己的后面，但是现在牺牲的对象已经轮到法国的头上，法国为维持本身利益计，已再也不能跟着英国走了。所以一当意大利法西斯蒂提出北非的要求的时候，法国马上就声明反对第三者调停，坚持不割让寸土，坚持西班牙的撤兵，当然法国的这一枚暗箭正针对着张伯伦的眼睛。现在事实证明了，离开了法国，张伯伦连对法西斯蒂妥协的资格都还没有。所以今后决定欧洲局势的主要的一环，是要看法国的态度。

英法海军协定在死硬派锦囊中原是反对苏联的妙计，但是结果，德国的海军已渐渐地威胁到英国本海。希特勒生平得意之作，一向就是打起反共的旗子，攫取别人囊中的宝货。现在则更明目张胆：蔑视英国之无能，死硬派于坐卧不安之余，仍不忘情于妥协外交，于是又从脑筋里挖出了新的智慧，一方面派纳曼到德国去疏通一方面则张伯伦亲赴罗马，表面上是说要拆散柏林罗马的轴心，实际上则是想出卖法国和西班牙人民的利益以求得地中海暂时的安全。

但是结果，慕沙里尼，答复张伯伦的是开四强会议，而柏林的希特勒更扬起了重分殖民地的呼声，张伯伦出卖法国和西班牙的卖买还没有做成功而法西斯蒂的强盗们的眼睛又已注视到大英帝国的袋子，这真的不能不令走错了路的张伯伦引为痛心！

当然张伯伦也明知慕沙里尼并不是一个好商量的伴侣，他这一次罗马之行原携带有大英帝国的传统的法宝。他以为以大英帝国雄厚的金融力量为饵，至少总可以换取意方的一些让步。大家都知道的，意大利法西斯蒂虽然全副武装，但肚子里倒饿得有点空虚。可是张伯伦的算盘又打错了。死硬派虽然是资本主义的老前辈但是在德意法西斯蒂看来，已经是有点落后，他们根本就不愿意通过资本主义发展之一般的规律去解决他的国内的危机，因为这在他们看来是太迟缓了，太间接了，太被动了，他们需要的是直接的军事掠夺，这种办法比起文绉绉的英国经济协助来，不仅是表面上更为英武堂皇而且在内容上亦比较经济。

现在张伯伦杀羽归去了。当然这从英国的外交史上说来不能不说是失败，但从全世界的和平事业看来，这倒是一件可以庆幸的事情。一月十四日英政府对日寇的强硬照会，可以说是英国政府受了慕沙尼里的教训以后所发的第一炮，事实很明显的摆在张伯伦面前，如果他还要继续他的妥协政策，那他就惟有把自己的政治生命送进棺材里去。

无疑的，从此以后，德意法西斯蒂将更加速他们的侵略行为，而首当其冲的就是西班牙和中国。但我们相信，中国和西班牙的人民在爱好和平的国家的有力协助之下，将会给这些法西斯强盗们以致命的打击。

论敌人的文化进攻与我们的对策

载1939年2月2日《救亡日报》

黄药眠

日本帝国主义者现在已经渐渐明白了，如果它想统治广土众民的中国，光是靠武力是不够的，它必须在中国人中间，找到它的助手，消灭那散布在广大的人民中间的抗敌的意志和民族的意识。为了要达到这个目的，敌人自从在沦陷区域开始了他们所谓的“扫荡工作”以来，随着军事的占据与屠杀，他们已经开始了有计划的文化的进攻。

十二月二十一日平沼答复民政党小田乡太郎的质疑的时候，对于文化侵略曾强调地说：“日支两国本属同文国，故须先在文化方面求日支两国之提携……”

日本帝国主义既然要加强对中国的文化进攻，那么它所采取的进攻策略是怎样的呢？在这里我们可以看到以下几点：

制造汉奸理论。很显然的要使中国人做汉奸，除了威迫利诱以外，还得替汉奸们制就一副做汉奸的理论底武器，为了这个缘故，敌国上下现在正在狂吹着：“日满支合作，以协助为主”“以道义为日本的立国精神”“对支事件已入到建设时期”“协助中国收回租界”。他们这些“和善”的言辞，显然的，一方面是想企图欺骗我们一部分落后的群众，以引起我们内部的分裂，另一方面，则想把这些“诺言”送给中国的汉奸们，作为上台的政治资本。最近敌人更妙想天开，想从“三民主义”里面去找寻汉奸的理论。敌首相平沼曾公开地说：“为防止共产主义起见，须使国民（日本国民——作者）思想健全化，同时非使之推广到支那大陆不可，关于三民主义之问题亦须充分研究之后，再决定态度……”敌文相荒本亦说：“翻视三民主义乃容共之三民主义……如不设法矫正，则东洋和平实难确定……”原来日本帝国主义所希望的是“降日反共”的三民主义！

第二提倡尊孔复古：敌人的尊空复古，当然不是要我们去虚心研究孔子哲学的神髓而批判地接受其传统；他们是要我们死读经书，死记孔子所说的过时的教条，据全民社的天津通讯，去年十月二日祀孔的时候，北平、天津、济南及各大城市都举行了隆重的典礼！

给慈善、研究的美名实行在中国内地建立文化据点：敌人的这种办法虽然现在还是在开始，但已开始着进行：现在日本各大学，已添设大陆科，各专科学校加课中国语，敌文相荒本还主张将来要办大陆大学。最近借慈善的美名，派遣防疫治疗队到中国来：而东亚研究所、东亚技术联盟复借调查的美名，要到华北去研究“皇上特质”，没有问题的，以后这一类的学术团体，将不绝的西来，以微小的恩惠博取一部分中国落后人民的心理，借以培植其汉奸势力。

收买文化汉奸：正如在政治上没有汉奸的支持，敌人便无法统治中国一样，在文化上敌人亦在加紧收买文化上的汉奸。鼎鼎大名的周作人之变节，这已经是大家周知的事实。此外敌人在南京方面还设有汉奸大学，大批地培植汉奸干部。去年年底北平东亚文化协议会中国评议座谈会，还派了文访苏、陶尚铭等十人到日本去开会，磋商文化上的“合作”问题。

明瞭了敌人的进攻路线，我们现在再回头来看了自己的文化的阵容：

在过去一年半中间，虽然我们曾建立了文化上的统一战线，树立了抗战时期文化运动的理论，开始了战时的组织体制，开展了救亡工作，但是，不可否认的，一般的说来，还存在有许多的缺点，在理论上有些人根本忽视了文化运动的意义，或忽视了文化运动的特点，有些人还企图把文化和今天的抗战隔离，在组织上，直到现在还没有坚固统一的组织；小团体的残余，还若隐若现地在某些角落里存在：文化运动还只局限于某些部门，文化运动还多偏近于上层活动。在文化人自身生活方面还残留着波希米亚人的作风。这些缺点的存在，在今天敌人猛烈的文化侵略面前，将会使我们在工作上暴露出许多破绽，给敌人以进攻的间隙。

为了改正以上缺点，我觉得我有以下的几点建议。

第一，我们要用一切方法，利用一切旧形式在广泛的人民中间灌输民族意识，驳斥一切抗战阵营内似是而非的论据，妥协投降的倾向和脱离抗战立场的那些所谓“公正”的主张，及与抗战无关的作品。同时我们必须加深对作为抗战建国的经典的三民主义之研究，排击一切企图把三民主义曲解“降日反共”的理论。

第二，适应于目前第二期抗战，我们要树立正确的统一的“抗战建国的文化政策”，根据着这个统一的政策，我们不仅要针对着敌人的造谣胡说作热烈的宣传，同时还要加深对本部门理论的研究，树立起建设新中国的“文化的基础”。

第三，我们要建立全国性的统一的文化组织；同时通过各部队及各乡村的文化机关或文化团体加强对下层士兵和人民的文化服务。特别要注意对前线的士兵和沦陷区域里面的工作。建立广泛的文化细胞与敌伪的宣传机关。

第四，我们要扩大文化运动范围，使到它能真正包括文化活动的全部。在目前，我们的文化运动似乎还只是局限于文艺界，艺术界，社会科学家，新闻界等。而全国的工程界，医药界，及其他的智力劳动者则似乎仍保存着独立的体系，各自干各自的工作。所以以后的文化运动，必须真正包括文化界的各部门的工作者。

我们要提倡节约，降低生活水准，中国的文化工作者不是欧美日本留学回来的学生，便是国内大学的学生；这些人多半是出身于中国的上层社会，年长以后，又受着欧美资本主义文明的熏陶，生活因此亦不免流于奢侈。在目前这样艰难的时代，一个文化人，目前只有技术有知识，而在生活上欠缺吃苦，无疑的，所以今后我们只有通过组织的力量养成刻苦耐劳的作风，以共同奔赴这空前的国难。

以上五点，不过是就管见所云列举出来，希望能够因为了我这篇短文而引出了更翔实的议论。

从西班牙现状说到中国抗战前途

载 1939 年 3 月 4 日《救亡日报》

黄药眠

随着巴西隆那的陷落，西班牙的战事急转直下，强硬派领导下的英国政府，乘着这个机会，便由秘密的协助佛兰哥政府（比尔波陷落后英国政府就派了一个商务代表长期驻在佛兰哥政府里），变成为公开的承认佛兰哥政府，法国的达拉蒂更可耻的不顾自己国防的受威胁，追随着英国张伯伦的屁股后面，实行妥协外交，承认佛兰哥政府。英法政府这一次背叛和平事业，向德意法西斯蒂投降，的确是全世界爱好和平人士所引为痛心疾首的事情。

西班牙政府军的失败，并不是由于西班牙人民没有足够的力量来肃清反动，并不是由于政府军队作战不够勇敢，西班牙政府军的失败是由于佛兰哥政府得着德意法西斯蒂的直接的帮助；而政府军方面，不特得不到英法各民主国家的帮助，反而要受到封锁和压迫，所以西班牙政府军的失败，是要从整个世界的形势上去找寻出它的根据，和意义的，它是全世界和平势力对侵略势力的屈服和失败。

但是我们相信：不管英法政府怎样压迫西班牙政府，怎样帮助佛兰哥，德意法西斯蒂和它的走狗是解决不了西班牙问题的。虽然在这万分危急中，政府中已有一部分的领导分子在动摇，但是西班牙人民必然要继续反抗，反抗到甚至同我们不能不变更另外一种形势如以前的东北数省游击队，和今天的阿比西尼亚的士人队伍一样，走上更艰苦的道路。

也许有人以为英法承认佛兰哥政府以后，意大利会撤兵，于是英国可以一方面设法调解法意的争端，如英大使潘斯与齐亚诺的商谈，一方面在国际贸易市场上向德国作多少的让步，（如英国商务大臣史丹莱等之赴德),世界照旧可以和平。

但是这种估计是错了,正如我们上面所说,西班牙政府军的失败是全世界和平势力的失败,所以英法承认西班牙政府之举,一定会把整个世界更进一步的推向到战争的凶焰里去。真的我们是处在世界大战的前夜了。

世界大战之日益迫近表现于德国银行总裁沙赫特去职以后,英德在东南欧利益冲突之尖锐;表现于德意间的摩擦的减消,希特勒对慕沙里尼“天然愿望”的支持;表现于欧洲的黄金向美国的外流,表现于巴西隆纳的陷落,敌寇对于海南岛的突占;表现于德意西日在欧洲的集会;侵略集团进步的合作;表现于日苏渔业协定之陷于僵局,表现于目前上海、天津,以至于香港的紧张的局势,表现于意大利法西斯目前在北非洲之调兵遣将,德国法西斯的后备兵役之入伍。这一连串的事实,都足以说明战争之很快到来,和侵略者东西协击的态势。

的确,戈林的四年计划已经把全部德国的经济都军事化了:国内的阶级矛盾,财政的枯竭,已迫使着法西斯蒂的国家疯狂地速求战争,但是张伯伦先生还在梦想着“经济合作,籍泯政治危机!”的确,法西斯已经在北非,在莱茵河,在比利牛斯,在米诺加,甚至在阿拉伯半岛,在海南岛,在加罗林群岛,已布置了他们的军略据点了,但是英法的政治家还妄想着意大利从西班牙撤兵,“德法的和平”,“法意的调解”。当德意法西斯蒂已把西班牙的利益紧紧地抓在手里,当意大利已在西班牙投了二十五亿里拉的巨金,德国已耗费了八亿的马克的时候;英国的政治家们却想从火堆里去抓出烧坏了的栗子般去抢回比尔波的铁矿,用英镑的法宝去驱逐法西斯蒂的武装,这的确是一场幻梦,但这场幻梦却损害了全世界的和平。法西斯的恶魔们早就算准了,不用战争,矛盾是无法解决的,同时以法西斯蒂国家的财力也无法来和民主国家作长期的扩军竞赛。因此当西班牙全部都陷落到佛兰哥的魔掌里,因而法西斯蒂国家在军略上已占有了很大的优势的时候,那么法西斯军阀东西两方放火的时候也就要到了!

是的，世界大战已迫于眉睫了，那么它对于我们中国的抗战将会发生什么影响呢？无疑的世界大战将会增加抗战的残酷性，但也许它会加快促催敌人的崩毁和缩短我们抗战的进程。

自然当世界大战还没有爆发以前，我们愿以坚持抗战来答复法西斯蒂对我们的进攻，同时还希望着和努力促使着世界民主国家的合作以维持和平。但是，就是如果世界大战终因为受英法的妥协政策所鼓励而由法西斯强盗发动起来，我们亦决不会因此而感到气馁。

这一次的世界大战同前一次的比较起来，已有许多不同之处了。

第一，在第一次世界大战的时候，世界还没有作为和平堡垒的苏联的存在，现在不同了，在地球的六分之一的土地上已有了愿意永远维持和平的国家，它不仅愿意本国和别国的维持和平，而且还愿意与全世界的民主国家为维持和平而奋斗。

第二，当第一次世界大战的前夜，世界资本主义还没有经过1929年～1937年的资本主义的总危机的打击，腐烂还没有达到这样透澈的程度，现在不同了，经过了九年来的经济危机和特种萧条，每个资本主义国家都已千疮百孔，特别是法西斯蒂的国家，整个的经济机构都变成为战时的体制，金融巨头占有了一切千百万的人民被囚禁在集中营里或被驱送到战争的前线受到中世纪的压迫和虐待。显然的这一类的国家是无法来支持长期的战争的。

第三，当第一次世界大战的前夜，敢公开的宣言反对战争的只有欧洲的社会民主党左派和俄国的布尔什维克派，但是现在不同了，反对战争的不仅包括着工人的政党而且还包括着中间阶层知识分子，人道主义者，开明的教徒；就是在民主国家里那些暗中支持着法西斯蒂的人们，也还不时用着和平的假面具来遮掩着自己的罪恶。这样许多反战分子的潜伏必然的会使到世界大战很快的变了性质。

第四，当第一次世界大战的前夜，全世界的殖民地民族运动还没有起来，除了年轻的中华民国以外。但是这一次可不同了，无论是印度无论是阿拉伯都有着丰富的民族革命运动的经验，而中华民族则正在继承着数十年来民族革命的传统，手拿着武器同敌人搏斗着。

如果前一次的世界大战，各被压迫民族只做了帝国主义的尾巴，那么现在，他们将要成为未来的大战的主要的角色。

第五，在第一次的世界大战时候，和平阵线和侵略阵线的分野并不分明，但是这一次可不同了，中国为了自身的利益，无疑的是要站在代表民主势力的和平阵线方面，因此如果和平阵线和侵略阵线两者间的战争爆发起来，中国既然站在民主国家这方面，当然它可以得到许多友邦的帮助，特别是西北方面我们与苏联邻接，我们更不怕敌人在海岸上封锁。

有此五点，所以我们说，就是世界大战如果到来，我们的抗战还是充分的有着胜利的条件。

也许有人会问，现在西班牙的政府军因为受英法的压迫而惨遭挫折了；那么英法两国在远东会不会因有受日寇威胁而同样的出来调停中日争端，压迫我们妥协呢？

我觉得我对于这个问题的答复是否定的：

第一，中国所处的国际环境比西班牙还要复杂，而且在今天说来，太平洋上能举足轻重的国家不是英法而是美国；英法如果要压迫我们向敌寇妥协，那它们不能不顾虑到我们会同苏联美国更亲密的联合起来，而使它们完全失去远东固有的地位。

第二，敌人对我们的侵略是直接掠夺的方式；而德意法西斯蒂在西班牙，则通过佛兰哥采取内战的形式，正因为这个缘故，英法两国的近视的政治家们乃利用政府军挫败之余，赶快压迫人民政府妥协，想以另外一种形式把佛兰哥夺回到自己的手中，以维持其原有的地位并和缓法西斯蒂的进攻，但是在中国，敌人的野心是要整个的吞灭中国，这根本上就同英国的利益相抵触，所以压迫中国中途妥协这对于英法二国并不见得有多大的利益。

第三，在一年多的抗战以来，中国不特没有损失了自己的主力，反而在战斗的过程中，一天天的加强起来，而同时在敌人方面，随时都在暴露着自己的弱点，最近几个月来敌人军事行动之消极，国内阶级矛盾之尖锐，士兵厌战情绪之高涨在在都足以减低他自己的国际地位。所以在目前，英法绝对不致有压迫我们妥协的行动。

同时我们必须紧紧记住，英法之承认佛兰哥政府，压迫人民阵线政府妥协是在于巴西隆那的陷落，政府军遭受到挫折之后；所以在我们中国，只要我们能够坚持抗战必胜的信念，能够在未到决战时期以前，始终控制着自己的主力与敌人作长期的苦斗，不特敌人没有办法来屈服我们，就是我友邦亦无法来劝我们妥协。

以上所说，不过就个人的观感所得写了出来，当然还说不上是什么政论啊！

我也来谈宣传工作

载 1939 年 3 月 16 日《救亡日报》

黄药眠

夏衍先生在三月十一日的救亡日报上写了一篇《论新阶段的宣传工作》的文章,有些人对于这篇文章认为好是好,但夏先生并没有把今后应该怎样做宣传工作的积极的意见提供出来。至于我个人,因为看了夏先生的文章,不禁也想起了平素对于宣传工作的几点意见。兹特将它们拉杂写下,以就正于读者并以就正于夏衍先生。

第一,我们的宣传工作必须要具体,而能够切合于当时当地的实际。过去我们的宣传工作总是犯着刻板的公式主义的毛病,比方,在甲地这样宣传,在乙地亦是这样宣传,在工作讨论会是这一套,在群众大会同样亦是这一套。对学生群众这么演说,对农民,工人亦是这么演说。至于宣传的效果如何,群众的反应如何,似乎大家都不十分注意。当然这是一件很不妥当的事情。

所以,今后我们的宣传工作,必须要注意到在什么时候,在什么地方,要注意到被宣传的对象是谁是属于哪一个阶层,在举行宣传之先要大致的了解那个地方的特点,风土,人情,我们要细心去谛听民众们的意见,知道他们所要求的是些什么,所最感痛苦的又是些什么。必然要了解了这些被宣传者的心情,那么我们说起话来才不会搔不着痒处才能够真正的说出了他们所要想说而不能说或不敢说的话,才能够体贴到他的痛苦,给予慰安和给予解释。

当我们,对农民老百姓说话的时候,我们总不能够一开口就是从世界大势,西班牙战争,说到中国的抗战。我们一定要从他们身边平常的琐事讲起,要从他们日常最感痛痒的地方说起。文化水准比较低下的人们的思想,常常不是"第一,第二,第三"那种抽象的逻辑的排列;越是接近下层社会的人,他们的思想越是实际,越是具体。高尔基告诉我们“要具体地想”,所谓“具体地想”,实是一切写实主义者和唯物论者在一切部门中工作的主要作风。

第二,我们的宣传工作的效果,必须在组织上能够巩固起来。过去我们的宣传工作在群众里而始终还没有植下根基。一队宣传队,走了过来,歌咏大会、演剧、晚会、座谈会就是一连串。是的当地的救亡空气被鼓动起来了,但是那队宣传队走了,一切似乎都又没有多大改变,当地的救亡工作并不见得因为这一次的宣传和鼓动而比从前更热烈更活跃起来,不管当宣传队演说的时候演剧的时候,群众是多么受着感动。所以今后的宣传工作,不仅只是做到扩大影响而已,把人民的情绪兴奋一下而已,它必须要在组织上能够巩固它使由同情变成具体的组织。当一队宣传队在某一个地方停留下来的时候,我们必须邀集当地的青年来参加一道工作,我们必须耐心教育他们指导他们在当地建立起救亡工作的基础。无论在开什么会的时候,我们都必须留心当地的积极分子,把那些最热心于我们的工作的人们立即组织起来。宣传队必须在一个地方停留一个相当的时日,直到当地的救亡团体已能够独立工作。甚至有时为了工作便利起见,还得留一两位得力的工作人员在那里长期的同他们一道工作。过去的经验告诉我们,外地来的一种新的进步势力常常能够冲破那些,偏僻的小地方的保守势力的包围。

第三,宣传工作必须同政府的行政机关,党部,民众动员机关,军事机关有很好的联系。过去宣传机关同民众动员机关是各不相谋的,宣传队只能做做开大会散传单写标语,演戏这样一类的工作,不能越权。宣传机关同政府机关也是很少联系的,宣传工作人员对民众只能够说些比较蹈空的说话,对于政府施行的新政令既没有很具体的解释;而同时民众们向宣传者所提出来的要求和对政府的意见,宣传员也不能很直接,督促政府去施行。因为宣传机关后面没有实际的行政力量做后盾因此宣传者在群众面前常常不能解答群众所提出之问题,而他们所允诺的又多是不能兑现的支票,这样积而久之,自然会引起一般人对于宣传者的轻视，认为他们都是“吹牛皮”，“放空炮”的家伙。所以要使宣传能够生效，必须使人民在他们自己本身的生活经验上去证明宣传者所说的话都是正确。必须能够用他们目前的例证去解释他们为什么会痛苦，和告诉他们解除痛苦的方法。同时这个方法也要真的能够解除他们的痛苦。

第四，是关于宣传者本身的修养问题，记得日前曾经碰见过一位久住中国的外国友人，他说，现在的宣传工作，很像是“一批失业知识分子的专门职业”，当然这句话也许有些过火，但也的确够使许多做宣传工作的人们的反省了。常常看见过许多热心救亡的青年男女，他们整天的开会、演说，写标语散传单到各处去接头，他们忙，忙到没有时间学习，忙到没有时间来考虑问题。甚至有一部分人还自己觉得自满，以为我能够做一千几百字的文章，我能够在大庭广众中演说，我能够同社会的名流交接，因此也就足以证明我自己能力的不差了。他们总说，什么工作太单调，我不能做；什么工作太机械，我不能做；或是说，我不能老蹲在屋子里，我不能花许多时间在这无意义的事情上。其实这种观念是完全错误的，它同旧中国的官僚意识实有血统上的因缘。开会、演说、贴标语、散传单固然是要，但宣传工作并不只限于这一些。

当然在抗战到了这样紧急的阶段，我们不同意一些人的主张，要青年们回到学校里去学习抗战建国的理论和知识，但是我们主张，在工作中，一定要分出一部分时间来学习，同时工作也就是学习。无论是社会科学的知识也好，技术的知识也好，我们都得学习。

有些人也许会这样想：我是一个宣传员，我为什么要学什么技术？其实他这种想法是错了。一种技术不仅是在建国时候有用，同时就是在目前抗战时代对于一个宣传员亦是非常之有用处。

比方一个女宣传员，如果她能够懂得一点医学的知识，助产的知识，甚至于厨房里烧饭的知识，这对于她的宣传工作是不会没有很大的帮助的，因为她将来跑到农村里去，看见乡间老太婆生病，或是产妇生产，她立即可以跑过去帮忙，这对乡下无助的农民们是多么有力的帮助啊！他们以后将永远信赖你，尊敬你，愿意听你说话的，这也许比你在会场上慷慨激昂的演说更能够深入人心！又比方在乡间农忙时候，你如果能够跑进厨房里去同他们帮些忙，他们也一定会感激不尽，此后再不会把你看作只会说空话的外来人，至于男的宣传员，学习一些医学的，机械的，农业的知识亦并不是无益的事情。

总之，抗战已到了第二阶段，而最高当局这样提出“宣传重于作战”的今日，我们是应该怎样来使到我们的宣传工作更深入到民众中间去啊！

发扬传统的光荣

载 1939 年 3 月 29 日《救亡日报》

黄药眠

今天是黄花岗七十二烈士广州起义的纪念日。当我一想到这七十二烈士，埋骨的地方，黄花岗，现已为敌寇所盘踞，革命策源地之广东正受敌寇所蹂躏，回思先烈的丰功伟绩，及其当年牺牲壮烈之精神，真不禁令人发生无限的感慨！

以先烈之精神创造了中华民国，这中间经过二十余年的苦斗，然而当七七事变爆发，全国人民莫不奋起杀敌，是足见先烈之流风余绪犹能被及于全国的人民，而这种传统的革命精神，亦实为国家的至宝。

所以我们今天纪念七十二烈士、广州起义的时候，我们必须了解革命精神之伟大。回想当时，少数的革命党人在孙中山先生指导之下，不顾生死以手枪炸弹向强寇进攻，这在一般人看来，当然是认为愚蠢，然而，七十二烈士的起义虽然失败，辛亥革命不久便告成功，以少数的革命党人，竟能推翻满清数百年来之基业。这就不能不归功于不可抵抗的革命精神。

现在我们中华民族面前，虽然有一个比满清政府还要数倍顽强的外敌，但是我们的政府，有数百万的正规军队，有统一的政权，有千百万人民的拥护，敌我力量的对比，远胜于当年革命党人之于满清，因此我们今天抗日战争之最后胜利之谁属，不在于物质上超过敌人，而在于精神上超过敌人，只要我们能发扬过去先烈的革命精神，我们必然的就可以得到胜利。最近敌人厌战反战情绪之高涨，敌寇之急求妥协和平，在在都足以看出他们精神的衰败，战志的消沉。所以蒋委员长说“精神重于物质”，传统的革命精神的确保，实是最后胜利的最主要因素。

第二,我们必须提高对于民族本身力量的信念。黄花岗的七十二烈士当时之所以能奋不顾身,主要的原因正是因为他们确信中华民族的确有推翻满清政府的力量,共和政体必定可以成功,所以孙中山先生有了十分的信仰,我们才能够经过牺牲,亦不致失望和消沉,或是对于外援发生过分依赖的幻想。

我们知道这次伟烈的抗战,同样确信必会打倒日本帝国主义者的暴力,建国必定可以成功。我们要学习先烈的牺牲精神,发挥人民自信的强毅的风气,以自己民族的力量,复兴自己的国家。我们知道捷克之所以亡是因为捷克不知道利用自己强大的武力去反抗德国的侵略,在抵抗中去找寻兴国,而幻想着德国的要求会适可而止,英法的担保可以维持着自己的独立。事实证明,如果一个民族不求自力更生,不信赖自己民族本身的力量去奋斗,结果一定会覆亡。

所以当抗战已经到了第二阶段的今天,当南浔路吃紧,当鄂北、北海敌人均蠢蠢欲动的今天,我们纪念先烈,我们必须提高自己对民族力量的信心,必须谨记着当年先烈艰苦创造的精神,而踏着血迹前进!

论游击战术之社会的基础

载1939年4月16日《国民公论》

黄药眠

战争是为了达到某种政治目的而遂行的最有组织的集团的行动，而这种集团的行动，显然的是建筑在当时整个的社会机构上面而受他制约的。因此每一个时代，每一个不同的社会机构，常常也就有不同的战术。

野蛮人与野蛮人中间的斗争是用着矢石。

游牧时代，畜牧的事业发达了，人民逐水草而居，且常得远行，以此各游牧民族间的战争是惯用突袭的骑兵。

在游牧和耕稼时代的过渡时期，国与国中间的斗争惯用战车，如春秋列国时代的战争。因为这些战车在战时可以作战，在平时则又可以装载，牲畜、帐幕和家室。所以车辆平时是居室，在战争时候又是武器。

在农业时代，军队比较合于防守。因此他们编成了方阵，以拒骑兵和战车的突袭。所谓"寓兵于农"，所谓"屯田"，这些都是这个时代的特点。

到了商业资本时代，特别是当哥伦布发现美洲以后，各国均竞相派遣商船队远征，以寻找海外的殖民地。因此这些商船不仅是运输的工具，而同时又是攻略殖民地征服土人的武器，商船上装起了火炮，海军的成立于是开辟了海上战争的时代。

工业资本主义时代，整个的社会机构已有了突变，因此在军事上它表现三个特点：一、根据于生产力之加强，他拥有旺盛的火力，二、因为拥有近代的交通工具它的行动表现得非常迅速易于集中，第三、组织力的强化。根据这几点，因而发生了集中火力，在远距离间先行压倒敌人，联合诸兵种作战的战术。

但是到了没落的帝国主义时代，整个社会机构的变化又决定了帝国主义国家的战术。由于国内阶级矛盾之加深，他不能不采取速战速决主义；由于机械力的高度的发扬，由于内部团结的不稳，他不能不侧重于精兵主义。一切战略战术的决定，一切战争技术的改良都是朝着这个方向走去。但是战争一旦爆发，这样一种战略，并不能得到预期的效果，因而钜量的消耗反转来在整个的社会机构面前提出了他所不能解决的问题。这种生活条件与战斗条件的不一致，就决定了没落的帝国主义的不可免的灭亡。

大家都知道中日间的战争是次殖民地国家和帝国主义国家间的战争。这两个国家的社会机构不同，因此在抗日战争中，我们不能应用同敌人一样的战术，同时也不应该用同一样的战术。

是的，近代的战争是国力与国力间的斗争，战胜与否不仅决定于前线，而且还决定于国家政治经济文化各种力量配合的对比；是的，一个国家的社会机构较高于别的国家的社会机构的时候，它的国富比较大，它的组织力比较强，那么在战争中这个国家也常常能占优势。但是最后决定胜负的条件却并不是由于这一个国家的社会机构较高于那一个国家的社会机构，而是决定于这一个国家所采用的战略和战术是否能够适应于该国家的社会机构，而最后把整个的社会机构都能意识地改造到能适应于战争。

落后民族征服了先进民族，这在历史上也曾有过。野蛮的口耳曼征服了先进的罗马；游牧民族的成吉思汗征服了欧洲。一九一八年落后的俄国战胜了西欧的十数国的联军。这一个历史上的例证同样的也还可以适用于今日：即虽然落后，但含有进步性的民族解放运动是可能战胜他的强敌帝国主义的。

没落时代的帝国主义的军事家就是在战略和战术上也感到苦闷。整个的资本主义机构既然驱使着他们不能不用战争去解决内部的矛盾，而采取速战速决的战略，但是战争一爆发，钜大的破坏力就伴随着钜大的消耗和杀伤，这样又加深了社会机构的内部的矛盾，和加速他的死亡。帝国主义国家的社会机构无法来支持长期的战争特别是这个先天不足的日本帝国主义,这就决定了帝国主义在战争中死亡的命运。

根据着这一个观点来观察目前的中日战争,那么我们很可以肯定的说,虽然在抗战的初期,敌人常常占着优势,但这并不能保证敌人的最后的胜利,只要我们能够根据我们中国的社会机构,来建立新的战略和战术,灵活的应用这种新的战略和战术,调整整个的社会机构来适应目前的战争,那么无疑的,我们是可以得到最后的胜利的。

很可庆幸的,自第二期抗战以来,最高当局所提倡的游击战术全面战术正是适应我们中国国情的战术。

第一,游击战争的主要特征是在于以比较散漫的形式来围困敌人,到处散布着自己的据点。恰好这一种战术正适合于中国的散漫的农村经济,虽然在中国的沿海各省已有了近代的都市,虽然中国的经济已经达到相当程度的商品化,但是它的主要的经济命脉不是在于城市而是在于农村,当沿海各大都市给日寇封锁以后,农村经济正慢慢的走上自给自足的道路。既然是自足自给所以他不十分依靠着远地方的市场,因而也不至受到战争的间接的很大的影响。同时农业生产并不需要高度的技术,因而它不需要别的产业支持,故在人力上也不会感到缺乏,所以散漫的农村经济正给予了游击队伍以建立各种大大小小的据点的可能,而农业生产之固定性又给予了持久抗战以物质的基础。

第二,游击战争的主要特点之二是它常常不能不离开后方与敌人作战,它的队伍是常常采取比较散漫的形式。但是贯通乎这些散漫的队伍中间必须要有一贯的精神,高度的战斗意志,和机动的战术。同时为要使每一个小队伍都能够自动作战,因此战斗意志必须下达到队伍中每一个战士,因为只有这样,才能够使各地的队伍进退有法不会为敌人各个击破,恰好这种战术正适合于我们目前民族意识的高扬时代。最近政府所采取的各种民主的措施,对于士兵的政治教育,对于民众的抗敌宣传,这些都是在有意识地加强这个战术的精神的基础。

第三,游击战争的特点之三是在于避实就虚,灵活的配备兵力,在决战以前设法削弱敌人,疲惫敌人。恰好中国的众多的人口供给我们无穷尽的人力,而中国的自然环境又给予了这种战术以地理的基础。蒋委员长在五中全会报告上所说的:“我国面积广大,东西经度跨有六十五度以上,由北至南兼有寒热温三带的气候,所以我国论述军事的成败,就以天时和地理并举,内地及西部,湖沼纵横,山岳错杂,平原沙漠无所不备。”这样众多的人口,这样广大的面积,这样复杂的地形,恰好正给予了我们以潜伏主力,乘虚出击的社会的和地理的基础。

第四,游击战争是离不开群众的,没有群众的拥护,不特在给养上会发生许多的困难,就是在兵员的补给上也会无法解决。恰好我们这一次的抗日游击战争它同国民的基本利益是完全一致的,因此只要我们能开放民众运动,给予人民以自由,以民族主义的精神教育民众,那么,这些民众不仅能起来拥护军队,帮助军队,而且战争愈久,敌寇的屠杀愈烈,民族意识也愈益高扬,训至整个民族都锻炼成战争的机构,民众与军队之间打成一片,(如今天河北一带之民众组织)这样人民的生活和战争的条件之统一正是我们最后胜利的战略的基础。

* * * * *

敌人是帝国主义的国家,因此它有它的以帝国主义国家的社会为基础的战略和战术;我们是半殖民地的国家,因此我们也有我们以殖民地的社会为基础的战略和战术,我们的战术有它的长处,也有它的缺点;我们只要善于利用我们的长处,我们就可以有获得胜利的把握。

过去一年多以来我们所用的战术是什么战术呢?大家都知道我们用的是正规战术,所谓正规战术也就是从资本主义国家输入到中国来的外来战术。完全拿着这种战术去同有雄厚的近代产业做基础的资本主义国家去作战,当然很少有胜利的希望。这正所谓以己之所短去攻别人之所长，所以行营白主任在分析过去抗战所得的教训的时候，他很沉痛的说：

“……在南口、山西、鲁南、武汉各次大会战中我们的战术思想，完全是一种正规的战术思想，当然这种战术的思想的由来，是根据于书本上学理上研究的结果。在一般说起来，当然是非常合理的，可是将这种战术思想来应付敌人，来用于战场，就是变成阵地战，而不是运动战，消耗战，以我们劣势的装备与优势装备的敌人作战，还是用同样的战术，而一定要做到战必胜，守必固，如何可能呢？”

此外，白主任对于新的战略也有一个概括的说明：

“……用我们劣势的装备与敌人的优势的装备来战斗，我们只有几年的准备与敌人几十年的准备来竞赛，胜败的结果，任何人都可以预料的。所以我们的战略，要采取持久的策略；但是我们怎么样能持久呢？这一点若是我们用老法来作战，当然是不能达到持久的目的，因此对于我们过去所运用的战术，就有加以改进的必要，这也就是说，全面战术在主观和客观的条件上，都必然要成为我们所采用的战术。”

孙子说的“知已知彼然后百战百胜”，白主任的说话真可以说是知已知彼了。

现在再把敌我双方军队作战的长处和短处比较一下，那么我们就可以充分明了目前我们新采的战略之正确性：

在敌人方面

1. 敌人是利于速战速决。

2. 敌军的火力旺盛，有钜大的破坏力，长于攻击据点。

3. 敌军利于集中使用。

4. 敌军利于作平原战。

5. 敌人的兵力缺乏，而无斗志。

6. 敌军深入中国内地，地形不熟悉，而又不能离开后方作战，交通线易为我切断。

在我军方面

1. 我国是利于持久战。

2. 我军火力虽弱，武器装备虽落后，但善于袭击，善于白刃战。

3. 我军在某种程度内是利于分散使用。

4. 我军长于作山地战。

5. 我军兵员众多，攻击精神旺盛。

6. 我军地形熟悉，且到处得到群众的拥护随时有包围和袭击敌寇的可能。

自从第二期抗战开始以来，我们在最高当局领导之下，我们已开始了新战略的运用，这个新战略的本质就是在于运用我军的长处去打击敌人的弱点！

民族革命战争是进步性的战争，为得要使这个战争能够胜利，我们就不能不采取新的革命的战略，但这个新的革命的战略的内容，却正包括着国内政治、经济、文化的各方面的改革。所以战争又促使了国内的统一和进步。

我相信我们是有一切精神的和物质的可能条件来把整个的民族都组成一个战斗的整体，去适应目前的战争的。所以说最后的胜利的基本因素也就是植根于此！

三个特点与两点意见

载中国青年记者协会1939年4月编《战时新闻工作入门》

黄药眠

1938年5月5日在苏联的“印刷节”那一天，苏联《真理报》曾用大字的标题写下了斯达林关于印刷的一句话：“印刷是我们唯一的武器，借助于它，我们才可以时时刻刻以工人阶级自己的语言，他们所需要的语言去同他们接谈。像它这样能够在党和阶级之间拉紧这种精神线索，和这样富于伸缩性的是再没有别的方法和工具可以同它比拟的了”。他这一句话正表示着苏联当局是如何重视着报纸这一个武器。

不过根据苏联的立国精神和它的社会机构，苏联的报纸是有着同其它任何国家不同的特点。这些特点有许多是足以给我们参考和学习的地方，现在我只举出下面三个特点来给大家参考。

苏联报纸的第一个特点就是它是完全政治化了的。不论是党报如真理报，政府机关报如新闻报，它们都是根据着当时整个政治路线来规定它的内容的，它不仅登载着政治提纲和政治论文，而且就在新闻记载上亦都含着有严肃的政治意义；根据着某一个时期的政治任务来规定新闻材料之选择，和各种材料的配合之比例。它的新闻并不是在满足人民的低级趣味，如欧美资产阶级的报纸一样联篇累牍登载着桃色新闻，一大张一大张的广告，一幅一幅的低级趣味的漫画；它是在用活生生的具体事实来证明某一个政治路线。某个政治提纲的正确：用通过了艺术形式的文字来煽动起人民向前进取的热情，例如在执行第一第二五年经济计划时期，所有报纸都用钜大的篇幅来登载各工厂各集体农场生产计划执行之状况，和用生动的笔法描画着五年经济计划的英雄，冲锋队和斯泰汉诺夫主义者的功绩。

且用照片登载着他们的像。苏联当局正借助于这些新闻来鼓舞起人民对于政府的热情。的确,有许多初到苏联的人,会觉得这种报纸太干燥了些,但是生活在紧张空气中的苏联人民,是感觉不到这些的,他们觉得这才是他们斗争生活中的粮食。

苏联报纸的第二个特点就是它的组织性。根据列宁的学说,报纸不仅是一个宣传者,而且应该是一个组织者。所谓组织者的意思,就是它不仅能吸收广大的读者群众去读它,而且还能够把读者组织在自己的周围,给他以鼓励和办法。苏联的报纸为得要做到这一点,所以常常通过下层通讯网,将执行某种政治任务中所碰见的许多实际的困难,和在执行中主观上所获得的成绩和缺点,通通都提供到报纸上来,使下层的实际情况能够真切地反映到上层,同时上层的领导者按着这些实际情形,在报纸上写成文章,在理论上加以阐明。在实际上给予具体办法。这样一来,于是这个报纸便不仅成为理论斗争的机关,而且成为实际工作的推动者和帮助者。从横的方面说来,则某个地方在实际工作中所犯的错误,和达到成功的方法,都可以从报纸上读到,因而别的地方的组织者便知道怎样避免它或效仿它,读者们读完了一张报纸以后,不仅知道要干些什么,而且还知道怎样干。在苏联常常看见许许多多的青年男女,围绕着一张报纸,开小组会议。从这一点,我们也可以看到报纸所起的组织的作用。

苏联报纸的第三个特点,就是它完全代表集团的意见,而不像资产阶级的报纸,他们的一切言论都是为主人效忠,不是的,苏联的报纸是群众的报纸,是民众的喉舌。它不是几个主笔先生的专有物,一时发表些政治空论,一时因偶有感触而发牢骚,不是的,它的一切言论,都是把从实际工作中所得的材料加以集体的研讨,经过一番分析,以后得出来的结论。但是为得要使这些结论都能正确而且合乎目前的需要,为得要使它真正能反映出人民公意,报纸就必须同群众建立起密切的联系。从那些文化水准比较低下的广大工人农人中,从许多下层的初学写作的记者们中,得到宝贵的材料,同时还要听取他们的意见,这就是所谓“报纸不仅应教育群众,而且还要向群众学习”。

关于这一点在纪念印刷节的《真理报》篇首论文中,曾有以下的警辟的言论:

“我们必须警告你们,印刷纪念节是不能以一般的空洞的誓言,来开一个无甚内容的庆祝晚会为满足的,在会里面,必须有各报编辑的报告,和对于他们报告的讨论,这个讨论必须以自我批判的精神,研究编辑的工作,想出种种具体的方法,来改善报纸的行动,和它与群众的关系”。

“我们的报纸的力量,是在于它同群众的联系,是在于它能够把成千成万的工人农人,智识分子,党和非党的群众都吸收进来帮助我们,参加报纸的工作。我们绝对不能认为这种报纸是我们党的机关,因此它只是几个固定的工作人员,特别通讯员,和从业文士所办的,我们的报纸应该是为广大的党和非党的活动分子所围绕着”。

从这上面的几句话,我们也就可以看到苏联报纸是如何注重和民众联系的问题,它是具有多么广泛的群众性质了。

说完了苏联报纸的三个特点,我又不能不联想到我们中国目前的报纸。自从抗战以来,中国报纸的严肃性和政治教育性,是不可否认的增长了。但是怎样使这些报纸成为一个战斗的组织者,和真正能代表人民的意见,却直到现在还没有充分做到。

当许多的青年已经踏进了实践的革命的战场,但是编辑先生还是在那里背诵着书本上的几个原则和理论,因为自己没有在战斗的火焰中锻炼过,没有在实际的工作中生活过,因此不会提出实际工作中的许多问题,更不会解答实际工作中的许多问题。结果报纸不仅不能领导读者,帮助读者做实际工作,有时反而落在读者的后面。这的确是我们新闻界一个严重的现象。

一年以来,虽然游击战争已有广泛的展开,救亡团结亦有蓬勃的生长,但在报纸方面似乎还没有在这些团体和队伍中建立起普遍的通讯网。(当然这里有许多经济和交通上的困难,但我不相信我们不能在这些团体里找到些热心新闻事业的业余通讯员。)因为对于下层实际工作的不甚明了，因为对于各社会团体的活动没有洞彻的了解，因而对于敌我力量的对比上，对于中国抗战的前途上，也只有模糊的概念的见解。做起文章来只能够写"最后胜利必属于我"和"动员群众，军民一致"等蹈空的抗战八股。

为了要免除上面所说的几个缺点，我想：第一，我们不仅需要加强我们的自我教育和政治修养，同时还必须真正的参加一部分实际工作，在斗争中锻炼自己，使到每一个新闻记者都是抗战中的斗士，不仅能够写文章分析目前的政治形势，而且还要能够在实际工作中拿出办法来。第二，我们必须在各部队各团体各机关各学校迅速建立我们下层的通讯网，使得一切下层的内部情形都能充分反映到报纸上来，我们不要怕那初学写作的人们文字技术的不够高明，我们要耐心地去教育他们，在这些人们中培养出一些通讯的干部。同时还要尊重他们，听取他们的意见。我们现在是再也不能满足以上层访问式的通讯，我们得更深入，更钻进下层去。

现在，抗战已走到了更紧急的阶段，我觉得我们工作的作风，实在有彻底转变的必要。为了要顺利地执行转变，我想上面所说的苏联的几个报纸特点是大有供我们参考的价值的。

关于“五九”的记忆

载1939年5月9日《广西日报》(五九国耻纪念特刊)

药眠

记得我第一次纪念“五九”国耻纪念日是在一间小学校里。校长是一个留学日本的留学生,因其在日本读书的时候,曾受了日本人许多的侮辱,因此纪念起“五九”来他觉得特别沉痛,在演说的时候,他竟然哭起来了,我那时年纪还小,除了长大了眼睛望着先生哭以外,心里只是觉得怪难受,自己也差不多也跟着先生流出眼泪来。

从此以后,我对“五九”的印象就特别深。

到了一九一九年“五四”运动到来的时候,民族意识就在我的灵魂里生下了根,虽然年纪还很小,但已经在学生群中活动了。那一年我对“五九”纪念节特别卖力。五九那天,我们这一群小孩子还抓了许多奸商的仇货,拿到校场里去烧,当我看见那些仇货烧得黑烟直冒的时候,我心里觉得非常高兴,于是就高举着右手大呼“打倒日本帝国主义”。站在我身旁边的小伙伴们也就一齐叫了起来。当我们把仇货烧完,整队回去的时候,我们心里面简直愉快得像打了一次胜仗。

中间曾有过一次,因为纪念五九,朋友叫出一句“永远纪念五九”的口号,使得我生起气来,同他们打了一架。

后来年事渐长,随着我的思想的进步,我的民族意识也愈益加深,我开始了解到敌人为什么要提出这样苛刻的条件,和这些条件的意义。

以后每经一次敌人的进攻,就加增了我对敌人的愤怒,这种愤怒常常左右着我的思想。“五九节”常常都是在悲愤抑郁中过去的。

自从七七事变以后,“五九”节已经不是我们悲哀的饮痛的日子了！今天我们已经用着战斗的姿态来纪念他了。我相信在不久的将来,他会变成为我们光荣的胜利的日子。

论英苏谈判

载 1939 年 5 月 23 日、24 日《救亡日报》

黄药眠

据昨天报载英苏谈判已经因为苏联已拒绝了英国所提的新对案而暂告停顿了。究竟英苏谈判是怎么一回事呢？我想要明了这个问题我们必须从所以引起英苏谈判的国际形势和英苏两方的外交政策说起。

自从希特勒不顾国际信义，并吞捷克以来，欧洲形势突告紧张，而英国的保守党亦于这个时候才开始觉悟到对法西德国如再向前伸展，它将不可避免地危害到大英帝国的根本利益。于是开始了英法波罗四国反侵略的团结。那个时候，张伯伦的"妙计"还是想把苏联排斥在这集团以外去，他心里在作着这样愚蠢的打算："让我们在德国周围组成一个严密的封锁线，然后让德国向波罗的海沿岸去进攻罢。让他们去攻打莫斯科去！"根据着同样的原则，张伯伦一方面宣言援助波兰和罗马尼亚，而同时又企图调解法意纠纷，把意大利从德国的怀抱里拉过来，甚至还梦想意大利去调解德波的争端。

但是德意法西斯蒂对这位可怜的老翁的答复是什么呢？首先德国军队在波麦拉尼省集中，在西利西亚活动，曾经有一个时候甚至谣传德军已集中到瑞荷比的边境，而西班牙则加入了防共协定，和德义签订了秘密军事同盟，直布罗陀附近遍布了法西斯蒂的军队。比里牛斯山法国与西班牙的边境也吃紧起来。四月七日意大利更开始了他向阿尔巴尼亚的侵略战，断然地撕毁了英意协定，破坏了阿德里阿海和地中海现状，法西斯蒂的触须延伸到希腊和土耳其的边缘。情形已和从前不同了，英法二国的联合并不能阻止德意法西斯蒂的疯狂的进攻！

可是就在这样形势十分紧张的当儿，英国内阁中最顽固的分子如财相西门内相霍尔还在梦呓似的主张邀请意大利共同保障巴尔干半岛的现状，并以撤退驻西意军为条件成立地中海公约。但是这种无远见的顽固的主张，终究是违背英国的根本利益而不为英国人民大众所能容忍的。所以当四月十四日张伯伦在下院演说时曾受到反对派议员的大声质问，要求和苏联合作。张伯伦受不了内外形势的压迫，眼看着英法二国的联合不能维持着欧洲的均势，大战的爆发已如箭在弦上，于是才开始考虑到挽苏联出来帮助，组织英法苏三国空军共同行动的问题，而四月十七日英政府更与苏大使迈斯基谈判，谈到扩展两国间的合作范围：即苏向波罗二国提供保证；苏英间作一般性的互助协定；将法苏互助协定更加以具体化，其实英国既然要苏联出来保障欧洲的安全，那么照理，英国同样亦应在远东保障苏联的边境，但是，英国的外交家不愿意把合作的范围牵涉到远东，结果，谈判的范围只及于欧洲的部分。

正因为了英苏的亲密的接近，和美总统四月十四日所表示的明确的态度，这样才暂时的把德意强盗的侵略凶焰压下去，可是德意法西斯蒂的进攻才放松一步，而英国的态度又在开始动摇起来。在四月二十日，霍尔在英国上院的演说中居然宣称英国仍愿与德国成立新谅解。接着四月二十四日英驻德大使汉德森又突然返任。这些事实正证明了英国的保守党政府始终还没有忘情对德的妥协，虽然在形势危急的时候，又不能不请苏联出来帮忙。

但是德国政府对于英国保守党政府的答复是怎样的呢？首先希特勒就拒绝接见汉德森，予英国政府以一种难堪。到了四月二十八日，希特勒宣布废止德波互不侵犯条约，要求但泽归德，同时更宣布废止英德海军协定。当英国政府宣言保障波兰安全的时候，而德国法西斯蒂却于此时提出对波的要求，他的这种强蛮态度自然又给予了英国的妥协外交以一个打击。

经过了这一次的教训，英苏谈判才开始了进入比较更具体化的道路。据路透社五月三日的电讯，英国是主张“由苏联与各国成立协定，对援助各国之方式则无须议定，由各国自身决定之。”但是苏方的对案，则是：（一）各关系国在军事上须商定办法；（二）各关系国提供保障应及于波罗的海诸国，经过了两个星期以来的磋商，英苏谈判并没有获得具体的结果，在这里显然可以看出英国保守党政府所玩弄的狡狯。因为他们一方面要苏联出来担保波罗两国的安全，然而对于波罗的海沿岸诸国则始终诿卸他的责任。问题是很显明的，英国保守党在原则上并没有改变他以前的方针，即一方面。他要把德意周围封锁起来，然而却又要在波罗的海沿岸替德国的法西斯蒂的军队留下一条到苏联去的道路，这就解释了英国政府对于但泽问题所持的迟疑的态度。自然如果德国向苏联进攻，那么英国尽可以不负任何约束而坐收渔人之利，可是苏联方面对于英方这样狡狯的提议，是不会同意的。

于是经由法国的斡旋，提出了折中的方案，把英法苏三国的保障范围扩大，其他各国亦包括在内（即指波罗的海沿岸诸国而言。）但是英国在这里对于英法苏三国军事同盟问题又始终诿卸着他的责任，因为英国的保守党人很怕三国军事同盟一缔结，那么将来苏联对外的一切军事行动都要牵涉到英国。于是这个谈判遂至暂时陷于僵局！当然，谈判失败的责任是要由英国来负的。

现在再来看——看苏联的外交方针，自然，在原则上苏联的和平外交是不会变更的，但是，我们不能不注意：在这国际和国内形势的激变中，苏联的外交有着她的新的特点。

当苏联还是国力未充，埋头于国内的经济建设的时候，当法西斯蒂的残暴还没有充分的暴露，威胁到许多弱小国家的生存和损害到英法等民主国家的直接利益的时候，苏联的政策主要的是一方面加强国防，保卫着自己的国土，另一方面在国际舞台上则以“和平”相号召，联结许多的与国和法西斯蒂侵略者相对立。但避免过分的突出，可是到了目前整个的欧洲以至于整个的世界，都在受着法西斯蒂的威胁而杌棿不安的时候，战争的危机已经是一触即发，而英法二国正希望苏联在欧洲方面有所帮助的时候，苏联的和平政策自应具有更积极的意义。

第一,他再也不能满意于那空洞的和平的言辞,而要求有更切实际的保障了。因此,最近他确切而明了的提出与英法军事合作的建议,并以此来完成一个强有力的反侵略的核心。因为只有英法苏三国紧密的团结才能坚定各弱小国家抵抗的意志,而把她们团结在自己的周围。

第二,英法二国虽然在他们的根本利益上是和德意侵略国家冲突,但是,他们,特别是英国,在反侵略的行动上是非常之怯懦的动摇的。因此,苏联的最可靠的反侵略的朋友还是那些直接受到法西斯蒂侵略的弱小国家。斯大林在苏联共产党第十八次大会席上曾说"对于受侵略为自身之独立而斗争的国家,吾人应与以援助"。这句话的意思就是说苏联并不能受英法政策的限制,而做了他的尾巴,相反的,她必须对那些受法西斯蒂威胁和受侵略的国家,予以主动的实际的援助,使他们同苏联团结在一起。根据着这个原则,所以有苏联最近在土耳其波兰和罗马尼亚的外交上的积极的活跃。显然的,如果英国再这样妥协动摇下去,那些结果受到孤立的将不是苏联而是英国。

第三,苏联的外交是不能以获得国际条约的保证就引为满意的,同时它还要直接诉诸于全世界爱好和平,民主的人士的同情,她明白:只有广大人民反法西斯的反侵略的运动,才是监督各国政府忠实履行反侵略的条约义务的最好的担保。我们知道英国之所以亲苏固然是由于国际形势的紧迫,但是同时也是因为受到国内反对派议员的压迫,而德国对于进攻苏联之踌躕更是因为在国内有着"后顾之忧",苏联在这几年来维护和平的努力已在全世界的民众中间竖下了强有力的信心;即相信苏联是世界和平的堡垒,这一种道德的力量是苏联打破一切帝国主义者阴谋破坏的精神上的长城。所以在这里我们应该把斯大林在苏联共产党第十八次大会上说的"我们要小心不要给帝国主义者拉进战争的漩涡里去"的话,应该解释成外交上更积极的意义。

综合英苏两国的外交政策看来,我们可以看到苏联对于这次谈判是完全出于诚意的,可是英国则始终在企图诿卸他的责任。但是,是否英苏关系就要因此破裂呢?

我的答案是:谈判固然不易成功,但也并不是说就此完结。第一,英法目前所处的国际地位,不容许英法二国不在欧洲找寻像苏联这样强有力的与国,最近日本帝国主义在鼓浪屿和上海一带的横行,正告诉了英国,英苏谈判的决裂将会发生怎样的影响;第二,英国国内的人民的压力使到英国政府不敢正式和苏联谈判决裂;第三,法国和其他受着德意直接威胁的国家不愿英苏谈判的失败;第四,苏联现在正在波兰、罗马尼亚、土耳其施展着她的积极的外交活动,英法二国如果得不到苏联的帮助,那么他们不仅无从得到足够的力量来维持各弱小国家的安全和保护自身的利益,以成立一个体系与法西斯对抗。而且结果必至它们政治地位都要极端的低落以至于无法挽救。

我个人相信英苏两国的合作是终有一天要实现的,但因为了英国保守势力作祟,他的谈判前途,也许还要经过一些波折啊。

文艺家的团结

载 1939 年 10 月 2 日《救亡日报》

黄药眠

“文艺作家，一向是很难团结的，”在一般人看来，这似乎是一个确切不移的真理。

自然这种意见未尝没有它的理由，因为文艺的创作，如果从他的劳作的过程看来，他总是比较适合于孤独的、个人的，这种生产方法当然或多或少地养成了文艺作家的强烈的个性。此外思想的不同，作风的差异，生活习惯的各别，自然更增加了他们中间团结的困难。可是团结的困难，并不即是说团结的不可能。而且事实也正是如此。

自从抗战发生以后，文艺家是再也不能以关在房子里以纯粹的写作生活自满了，他必得参加许多社会活动。可是就是在这个社会活动的过程中，文艺作家们也就开展了他自己的眼界，扩大了自己的胸襟，他教育着群众，同时也就让群众教育着自己，慢慢地把自己融化在群众中，而把自己的个人主义的色彩渐渐淘汰出去。

在从他所描写的对象来说，如果在战前，作家们所描写的多数是关于个人的生活，但是抗战发生以后，作家们开始看到群众运动的伟大，战场上的几千几万的死亡，使到人们觉得纯粹的个人的悲喜是十分渺小。这种对于群众的力量底认识，更从而想去接近他们，理解他们，赞美他们，这更不能不使作家们感觉到本身团结的必要。

最后，近二年来思想上的统一，“民族至上”之成为全国人民一切行动之依据，文艺的斗争性等自然更给予了文艺家们以团结的思想上的基础。文艺界抗敌协会正是这种团结精神的具体的表现。

文艺抗敌协会自从成立以来，到现在已有一年多了，在这一年多中间，它曾做了不少的工作，而到了今天桂林分会，经过了长时期的筹备也已经开始成立。桂林分会除了做总会所委托的一般工作以外，自然最重要的是要团结在桂林的文艺作家们，使他们更能够发挥他们的集体的力量，以配合目前大西南的防卫战以打击敌寇汉奸的阴谋，和少数文艺界败类之捣乱！

除了这个任务以外，我们自然还希望文协桂林分会能够沟通文艺作家们的情感，时时交换些创作上的意见，集体来研究些文学上的问题以加强自我教育。

我很庆幸的，文协桂林分会成立了，我和许多有经验的作家们有更多的接触的机会，从而我们的团结也能够更巩固起来。

反对汪逆

载1940年4月30日《救亡日报》

黄药眠

正当敌寇国内的矛盾日益加深，前线的士兵反战情绪日益高扬，敌军侵华战争连遭打击，中华民族抗战胜利已必然在握的时候，汪逆精卫竟然不惜出卖自己，出卖国家，悍然上台为垂死的日寇奔走，吸吮我中华民族的膏血以△△△敌人，企图分裂我民族阵线，以便利于日寇的进攻，这是多么可耻可恶的行动！

所以今天，当汪逆粉墨登场的今天，我们必须更认清敌人，对于一切破坏我们团结的理论，对于一切主张和平的邪说，对于一切外来者诱降的阴谋都应该加以反击，因为这些人，不管他们说得怎样动听，态度怎样"天真"，可是他们客观上都惟有走上汪精卫的逆途。

在另外一方面，当敌人以汪精卫为鹰犬，加强其经济的和政治的侵略阴谋的时候，我们为得要△△△汪的企图，我们必须要整饬我们的抗战营垒，巩固我们经济政治军事的组织的力量。我们用农村去封锁城市，我们首先就必须维护农村，使农村成为不可破的堡垒，特别是当日前走私之风日益加剧，敌伪正企图以经济的力量来分解我们的壁垒，动摇我们的人心的时候，我们应该无情的制裁奸商，同时加强我们自己后方的生产，确保农村安定越岁的基础，而安定民生。

所以加强团结以击破敌人的政治经济的进攻，应该是我们今天首要的任务！

战地两月的经验与教训

载1940年6月1日《国民公论》第3卷11号

黄吉士

一

抗战已踏进最艰苦与争最后胜利的阶段，站在"军事第一，胜利第一"的光辉旗帜下，在广大的战区上，发动与组织千千万万的民众，参加到抗日战争中来，进行广泛而普遍的游击战，建立许多新的抗日根据地，坚持持久战，在政治经济军事文化各方面去求得更大的进步，生长伟大无比的新力量，以争取抗战的最后胜利，建国的彻底成功。加强战地工作，该是今天抗战过程中，当前最迫切而最重要的任务！

抗战将近三年的战地工作，由于前线将士英勇作战，战地行政人员的艰苦奋斗，广大青年学生、妇女的甘苦与共，中国近代史的新篇幅上，毫无疑问的已经写下了光辉灿烂的一页，他们已经在前线敌后动员起成千整万的民众，卷于伟大的抗日战争的狂涛中，树立起许多坚强的抗日根据地（如山西、山东、河南等地），给予侵略者以极大的打击。敌人改变"速战速决"为"以战养战"的政略和战略，便是畏惧战地新生力量，而要急急肃清敌后的明证。所以我们说战地工作从没有像今天这样进步的快，但也从没有像今天这样越做越感到不够，鲜明地表现着许多缺点和弱点，如工作发展的不平衡，动员的程度还不够深入，很多战地工作同志，还不能很好地去接近民众，把握民众、武装民众，仍老是运用开会、宣传、呼口号的呆板方式去组织民众，或者用政府的命令去组织民众。这种工作方式是不够的，是不会发生很大力量，得不到什么实际效果的，将近三年的血的教训，铁的事实，告诉我们要深入民众动员，要高度的发扬群众斗争的积极性，就需要我们痛切地反省，坚决地接受将近三年的战地工作经验与教训，脚踏实地地去快干，尤其是当今天桂南战事正在剧烈展开的时候，来总结占地两月的经验与教训，该是很必要的吧。

去年十二月正当我军夺回昆仑关，收复外慬，围攻南宁的胜利前夜，我们在政府紧急号召下，集合整整一百个青年男女同学，组织学校战地工作团，大家怀着满腔热血，充满工作和战斗的热情，奔赴到桂南前线，工作在宾武线上各重要据点，任务是促进军民合作，协助基层政府机构推行战时法令，动员民众，组训民众！

因为在△△△六个月的洗礼，在集体自我教育洪炉中受过严格的训练，大家在“手拉手一路走”的互相帮助，互相学习中，多少有了一些进步，建立了一般政治理论的基础，革除了旧的生活习惯，创造了学会了一些新的工作技能。因此，在战地两个月的工作时间，工作能相当顺利的展开，获得一般军民的热烈拥护，当地军政机关、救亡团体的热助与赞扬！在士兵方面，通过小组会，歌咏、写信，补衣，政治讲话，游艺会等，我们建立了很好的情感，好像家庭中的亲兄弟。在民众方面，最先进行普遍的家庭访问，跟着利用封建的方式同他们发生亲密的关系。住在契爷契妈家里，同他们生活在一起。接而在各村组织儿童歌咏队，儿童工作队，慰劳队，成立武鸣战地妇女队，发动广泛的捐募和慰劳工作，设立乡村街头壁报站，举办妇女成人班，协助军民合作站，切实改善军民关系，还帮助乡村公所推行一切战时法令。

战地两月，工作难有多少收获，但我们的成就，和客观环境需要比较起来，实在不够得很，当这敌人又向西江骚动的今天，让我们本着“失败不灰心，胜利不骄傲”的态度，去接受两月来的宝贵经验与教训：

第一要在工作未开展以前，首先必须彻底了解当地的社会环境。就是所谓的“入乡问俗”，必须对于当地军民关系，军民对战争的反映，地方行政机构的机能，战时动员及汉奸活动等情形，都能有个透切的了解。根据这些去规定我们工作的方式和内容，提出适合当地具体形情的口号，进而去取得当地军民以及一般人士的赞助。这样，才能获得人家的热烈拥护，在你艰苦的工作中，军民便会自动地动员起来。

第二统一战线是进行战地工作的前提，因为在战地有各种各样不同的机关与团体，在“争取最后胜利”的共同目标下艰苦奋斗。因而，我们在战地必须要充分运用民主的精神，建立统一的组织形式，如像党政军民联合办事处等，来共同策进工作，完成共同的任务，只有经过由民主产生的统一组织，工作才能开展，军民才能动员。第一期抗战及今天战地的经验教训着我们，只有在统一战线基础上，才能大大地开展工作，收到“事半功倍”的实际成果！

第三要想工作得到顺利的展开，首先要健全自己，天天有进步，要把握事件当前的发展而反省和改良自己的作风，不怕困难，不嫌麻烦，诚恳虚心，刻苦勇敢，从万分困难的艰苦的工作中去取得别人的信任，避免只讲不做，切实实现“身教重于宣传”的口号。

第四做民众工作，自己应该就是一个民众，绝对要同民众共艰苦，生活在一起，行动在一起，不脱离民众，不高出民家之上。最好住在民众家里，无论穿衣吃饭，言语行动，日常习惯，都要同他们打成一片，切不可玩弄新花样。要设法使他们一点不害怕你，不怀疑你，不讨厌你，我们才能有开展工作机会。广西学生军在前线，所以获得军民的拥护，被视为“姜太公”，原因很简单，就是他们确能真真实实同民众一致。

第五接近民众最好的方式，最好先从儿童工作入手，继而利用封建方式，如认契爷、契妈、老庚等去同民众发生深切的关系，学生军在前线待遇这样低，物价那样高，结果还能愉快地维持，固然由于他们能刻苦，但契爷、契妈给予他们的帮助和鼓励，也是不容忽视的。

第六宣传的最有效方式，是行动的宣传，即把民众吸引到宣传的行动上去。以加深他们的认识，提高他们的热情。同时利用慰劳伤兵，检查私货，严辑汉奸，战地民众的英勇故事，军队的壮烈行动，去扩大和深入宣传的影响。

第七深入民众，动员民众为最有效的方式，要去组织、武装民众，单靠宣传不行，鼓励也不行，这些工作是有限度的。定要能够战地军民切实合作起来，民众组织武装起来，才能对付当前的敌人。但这样工作却是不容易做的，因为社会的落后性，战时动员的不够，民众的抗战意识是薄弱的，要想马上武装，组织什么自卫队，游击战是不可能的。即许组织起来，没有坚强的干部领导，给民众以很好的训练与组织，结果终要遭到汉奸敌探的破坏。这次学生军在武鸣伊岭长隆等乡，都已先后组织了好几百生产游击队，后来汉奸造谣说是："变相的征兵"，于是便随而瓦解。因此，在民众还没有感觉到有组织游击队需要的时候，最好利用旧时的组织，如战时七种勤务班，冬防队等形式出现，而去充实其内容，加紧动员和训练，在同敌人胜利的搏斗中，自然会慢慢变为强而有力的游击战。

第八无论军队政治工作或是民运工作，从开始发动继续发展深入民众组织的巩固，如果不能在军民群众间大胆的提拔许多新干部，培养许多干部领导工作，这民众运动是不能开展，士兵工作是不能深入的。只有提拔和培养群众中的干部，使这些干部去巩固和坚强群众组织，组织才能扩大加强，这是明显的事实。

第九战地工作不可忽略宣传和教育的作用，这次桂南前线就有这种现象，许多比较后方或者前线的墟市看不得一张报纸，结果民众仍在梦里一样。这是非常危险，尤其是二期抗战中不应有的现象。这次我们的乡村街头壁报站是起了很大的作用，所以在战地普遍建立壁报站，以及出版战地小型报纸，是目前急应该而且可能做到的工作。

第十在工作中不要忘记学习，要时时记着我们只是一个小学生，不可自大、骄傲或顽固。要时时向工作中去学习，要时时向群众去学习，尽管战地工作紧张，也应该在战斗中加强学习，武装自己。只有这样我们工作才能更充实，情绪才能提高，自己才有进步。这次本团工作结束，在总结检讨会中，大家都一致感到同民众谈上两个钟头话的时候，便要发生没有材料的困难，这教训还不够明显吗？所以我们应不断的从理论和实践的两方向去学习，并须向环境斗争！同自己做奋斗，才能在战斗工作中坚强长大。

这些经验当然是一般的，最后的结论，我们在总结这两月的经验与教训，不仅要作为今后工作的指南，准备去迎接更艰苦的任务，同时还希望战地工作同志，以这宝贵经验与教训，来克服目前战地工作上的弱点与缺点，使我们能在二期抗战中有更大的贡献，有更大的成就来迎接胜利的到来！

希特勒的烦恼

载 1940 年《浙江青年》7 ~ 8 期

黄药眠

希特勒所借以夸耀的战术是闪电战术，可是当他这个闪电战术屈服不了英国，而战争要拉向遥远的将来的时候，希特勒的确有点烦恼。

直到今天为止，在希特勒面前摆着的是胜利，然而在希特勒后面站着的正是更可怕的“饥饿”！

据美国国务院最乐观的估计，一九四〇年欧洲的小麦收成，至少亦要减少百分之廿，这即是说，今年至多只能收到 34,000,000 吨的小麦，丹麦本来是一个农产丰富的国家，但自从给德国占领以后，畜产减去了三分之一，挪威的牲畜减少了四分之一，波兰的牲畜也由七百万头减到二百多万头；最可怜的是那亡了国的法国，殖民地的农产品已经不再输进，而本国的田地又因受了兵焚，和人力之缺乏，而整块的荒芜，所以有人说：他的食粮至少要缺乏百分之三十。

当然，希特勒是早就把许多农产品掠夺过来堆进仓库里去了，可是，没有羊那得有羊毛？而且在后方的许多饥寒交迫的人民，不也是对于希特勒的统治的一个严重的威胁吗？不也是牵制了德国军队的远征吗？

英国的报纸宣传着说：“要饿死德国！”在目前，也许还没有达到这一个程度，然而，希特勒所怕的倒不是饿死，而是给饿死威胁着的人民。

再从德国的财政收支上说，德国要这样长久的支持下去，也是一件不容易的事情，虽然他从法兰西银行掠夺了现金，由法国维琪政府每天得到赔款八百万美元，可是每天德国就需要六千万美元军费，六百八十万美元的行政费，为了应付这每月五十万万马克（即二十万万美元）的开支，德国希特勒政府不能不每月举债二十七万万马克，提高了二十万万马克的税收，提高了三十万万马克的国营产业收入，照现在的情形看来，国家直接税已吞去了国民总收入的百分之三十四，间接税吞去了百分之十六（一九〇〇年统计国家的税收只占国民总收入的百分之八，至百分之十），合计起来税收已达到国民总收入百分之五十，至于明年度的税收，据说还要提高到二十五万万马克，事情有更严重于此的是，希特勒登台的那年德国国债的数目，已经有一一七万万马克了，可是现在呢？国债已经差不多达到七百五十万万马克（三百万万美元）最近德国政府为了解救他自己的经济上的困难，曾临时要求挪威政府拿出二点五万万马克（一万万万元）作为"保护"费，然而这一点点小钱在庞大开支的德国是无济于事的。

英国是有着许多殖民地可以租让给美国用以获得大量的军火，但是德国呢？他有什么东西可以用来换取国外经济的支援呢？

再从军事与外交来看，德国的陆军已爬不过英伦海峡，空军虽然能给予英国以很大的损失，但终究不能摧毁大英帝国的心脏，现在雾季开始后，德国要占领英伦三岛自然更加困难了，这一点希特勒也很知道，所以他一眼就望到地中海去，他的战略是：抓住直布罗陀，封锁苏彝士，把希腊变为插入地中海的剑，使地中海的英国舰队成为了囊中之鳖，根据着这一个战略，所以，他要出兵罗马尼亚，加强其对巴尔干的控制；所以他要鼓励意大利向埃及进军，并由意大利出面威胁希腊屈服，所以他要劫持法国，加入轴心，增强意大利的海上阵容；所以他要引诱西班牙入伙，攻占直布罗陀丹及尔，以为远征的准备；所以他要组织日德义同盟，在太平洋牵制美国的力量；所以他要劝诱中国，对日屈服，把中国变成为日本南进的补给基地。

然而德国的这一连串的攻势却并没有得到很大的成绩，首先是义军攻埃，始终停顿在那里。师老无功，德国出兵罗马尼亚以后，原拟可以席卷巴尔干跨过近东，然而达达尼尔海峡是苏联黑海的门户，没有得到苏联的谅解,德国军队就不便东进;在希腊的意军因遭受了希腊的坚强的抵抗而遭受惨败;在远东,则不特日本并没有如德国之所望立即南进,反而引起了美国强烈的反响,美国大选罗斯福总统的胜利,更是给希特勒先生一个很大的打击。

最令希特勒感到失望的是,照原来的计划,本应该有一个堂堂的阵容;德意法西日结成一个同盟,在全世界范围内点燃起战争的烽火,然而在实行起来的时候,依然是貌合神离!

贝当和希特勒会面以后,本来是决定要参加战争,可是首先是碰到魏刚从非洲来的抗议。又加上了戴高乐在赤道非洲的活跃,而贪婪的美国更不客气的要求把马提尼克岛收为已有,眼见着法国如一参加战争,法国过去大部分的殖民地就不能为法国所有,也即是说不能为德国所有,为了这,所以老奸巨猾的贝当又迟疑起来,不断的声明德法之间并无军事协定,在这两周以来,赖伐尔简直就在巴黎和维琪之间,跑来跑去会不停蹄,结果只得暂时来一个现存关系的合法化,“德法经济合作”,可是法属赤道非洲的利伯维尔港却反而落到戴高乐先生手里了。

西班牙的佛芝哥本来就是德意法西斯嫡传的儿子,孙纳外长既然是在德意两国仆仆征途,而且最近还有希特勒曾经亲到西班牙边境去会谈过一次,那么照理,西班牙应该立即参加战争,然而事实上,前一次孙纳回国以后,西班牙并没有何种表示,原因是西班牙内部既存在着菱吉士特和列克吉士派的冲突,而外面又有英美两国的压迫,(我们看这一次西班牙接管丹及尔后,美国的抗议就知道美国是如何关心着大西洋彼岸的问题),所以佛芝哥同样的也不能不迟疑起来,原来革命以后的西班牙不过是银样镴枪头的国家,不堪一战的。

至于日本,现在远东的力量已因了对华战争而大大的削弱了,除非对华战争已经获得了结果,或是在西欧方面德义获得了很大的胜利,日本对于南进也还有些踌躇,意大利本来是德国的老盟友,然而在匈牙利南斯拉夫问题上面,两国间的关系也就未见得是怎么调协。

从九月廿七日三国同盟签订以来，希特勒先生的奋斗，简直可以说是失败，为了解决当前的难题，所以希特勒先生转头东向，希望从苏联方面获得商业上的利益，他需要苏联的煤油（罗马尼亚年产六百万吨的煤油是不及德国战时消耗量四分之一的），和农产品，他需要听取苏联对黑海问题的意见，德苏会议正证明了社会主义国家对资本主义国家的优胜！这也许是希特勒先生所不十分愿意的，然而资本主义的规律决定了他的方向。

意大利在科律萨区的惨败，迫着使莫沙里尼，恢复了他对希特勒的恭敬，而希特勒呢？对于自己的盟友的战败自然是不能坐视的，因这不特有损于联军的威望，而且也会影响及于国内的统治，所以他不能不再来一个轴心会议，如果威胁无效的话，必然的又要在东南欧展开攻势，地中海上的海战将成为今后战争的重要的一幕，可是就是假使德意在地中海获得了胜利，切断了大英帝国到东方的去路，希特勒是不是就能够使美国屈服而获得决定的胜利呢？既然他的力量不能摧毁大英帝国的本部，既然他又没有方法来停止美国对于英国的援助，那么无论如何英国还是要在美国的支持下，继续战争下去，不过这个时候，德英的争霸战将变成为德美的争霸战，希特勒先生面前将树立起一个更大的敌人。

那么怎样办呢？听取银行界的意见，掉过头向苏联去进攻吗？这时希特勒先生恐怕既无此勇气亦无此力量。帝国主义间觅取妥协的和平么？即是说如尽达之所提议，牺牲英国，而出德意美日分配世界的资源？这当然是希特勒先生之理想，但是美国是不是愿意呢？而且除非革命的力量已足以威胁到资本主义的生存，帝国主义的国家机构是绝不轻易放弃帝国主义的争霸战争，因为战争停止将会使资本家失去利润，千万个退伍军人失业，整个经济生活陷于更大的混乱，因此希特勒还得选择“战争”，战争愈久继续下去，英国方面固然殖民地的解放运动将继长增高。可是在轴心国方面呢？恐怕不特轴心国家间的矛盾要加剧，即国内的各种社会势力的矛盾亦将更形尖锐。

希特勒不久将会明白，这个战争是没有胜利希望的，然而他又不能不战争！只有被压榨的人民大众才知道要用什么方法去找寻真正的和平，当他们的这种意志变为行动的时候，一切帝国主义战争都要变成灰烬！

论战地文化工作

载 1940 年 8 月 18 日《救亡日报》

黄药眠

我们拿着拙劣的武器在困难的经济条件之下和敌人抗战已有三年多了。我们所以能够这样长期的艰苦支持，人们多归功于精神力量，其实所谓精神的力量也正是文化的力量。除开了全国人民和士兵的民族意识要来坚持这个抗战，那不是一件难于想象的事情吗？即从纯粹的军事的观点说现代战争需要用近代的武器，而近代武器的使用亦正需要有一定的文化的高度。当此我们日益接近反攻的阶段，我们尤其需要提高士兵的文化那是不言而喻的。

自从汉奸汪精卫等投降敌寇以来，他们无日不在造谣中伤挑拨离间实行政治上的进攻，其中特别属于敌寇铁蹄所到之战区的士兵进攻尤烈。因此我们为了反抗敌伪的政治进攻，我们对于战区人民的文化教育自然亦更形重要，因为我们目前不仅需要士兵们了解抗战，而且还需要民众们了解抗战，不仅需要士兵们艰苦斗争，而且需要民众们起来艰苦斗争，建立起意识上的长城，防正敌伪的侵入。

其实战地文化工作的重要性早在两年以前就已被我政府当局深切感到了。自从战地文化服务处在汉口成立以来，对于战地文化推动已有了统筹的机关，而其又复加以驻防各地的政工工作者的协助，于是到了今天战地文化可以说是有了相当的萌芽，例如书报之输送战地巡回剧团之成立，社教巡回工作团的组织等之推行，他们大家埋头苦干，给予前方战士以精神上的武装，在民间散布着文化的种子，这种艰苦卓绝的精神实在是非常值得我们敬佩的。

不过由于物质条件的困难，交通的不便，运输工具的缺乏，战事才推移，以及人民文化水准之过于低落，致战地的文化工作并不能如我想象的这样好亦自是在意料之中的。现在根据记者在粤北战地所看见的情形来说。

后方的报纸,要送到距离百里以外的战地的团体或部队,即有汽车可通亦须三日以上,各站各报馆(包括连中日在内)并没有建立对各部队各团体的直接发行网,或用其他特别迅速的方法输送。

作为乡村中的推动文化运动核心之小学校,并不能负起他们所应负的责任。例如在英德县境的一家小学校里面,它的课程是东来传义,作对,诗学,它不特拒绝青年会服务团对它之帮助,而且反对政工同志找那些小学的儿童唱歌。

由于乡村人民极端的贫穷,以及他们的偏见和顽固,使得扫除文盲的工作很难展开。

各团体各部队里在师以下就很难看到有中山室及军民书报阅览室等的设备,所办的壁报亦多数是只能适合于一般的文化青年的阅读,而不适合于那些粗知文墨的乡下老百姓的阅读,所有的电讯、新闻、论著都没有用通俗文字去改编。

在战地里面,以至于靠近战地的后方,甚感剧本的缺乏。因为普通都市上所排演的大戏,在战地即无这样多人才,又无此设备,而且排演起来多为大众所不喜,因此对于浅显通俗而富于趣味的民众剧本之需要非常之迫切。

战地的文化工作并没有得到部队长官全面地积极地赞助,有些长官认为文化食粮的需要只限于官长,至于士兵的文化水准之提高他是没有顾及的。曾经有一位军官告诉我说:“现在要训练新兵,小学程度的半年就可以训练成功,假如是一个不识字的老粗,那是半年不够了。”这里我们已充分看到,文化水准之提高和士兵战斗力的密切关系。然而当我们问他,部队里现在用什么方法来提高士兵的文化水准的时候,我却得不到一个具体的答复了。

从上面所说的这些现象看来,我们至少可以得出下列的结论。

第一,组织上,战地的文化运动直到现在为止,还没有和战地的部队长官和政工工作者取得密切联系,并从他们那里获得积极的赞助。同时在后方和前方之间也很少建立有直接的发行网,或利用其他的一切交通工具,人事关系来把集中在后方都市的文化食粮迅速地输送到前方去。

第二,在文化运动的立场上说,目前的战地文化工作还是没有超过五四运动以来的“智识者”的文化运动的范围,他并没有做到真正的通俗化大众化的境地。即在书类的数量上说:通俗读物亦没有形成为今天战地文化运动的重臭。

第三,抗战教育并没有贯彻到乡村,许多乡村的小学都还是在半通不通的老学究手里,他们不特不能推动抗战中的文化运动,而且还潜存着反抗战的意识,因此乡村中的小学始终不能成为推动战地文化工作的核心。

为了要免除这些缺点:我觉得我们应该做到以下的几件事!

第一,我们应该说服部队中的长官,说明提高士兵的文化水准对于士兵战斗力的关系,使得他们能够协助我们的工作,除了建立直接的发行网以外,即在前方后方与一切民众团体建立关系,利用他们的来往,分批带到各地且要尽量分发以免妨碍运动的迅速。至于后方的服务站的人力应该尽量减少,应把许多的工作者分派到各落后地区的分站去,对所经过的军队团体,应即商请他们的官长的同意,立即将书报直接分散给他们,以免辗转传送发生许多的浪费。

第二,战地的文化运动不能局限在狭小的范围,而必须动员许多群众团体来参加,无论在组织方面,交通方面,书报方面都需要着他们很大的帮助,同时通俗的文化运动应该成为战地文化运动的主流,大量的通俗的小册子、故事、民歌、戏剧应该被输到战区成立的巡回图书站,分发给民众阅读。

第三,战区的乡村小学,必须彻底改造,乡村中的小学教师需重新加以审查和训练,我们要做到每一间小学都成为战地文化的发动机,而它的目前最中心的任务就是要加紧扫除文盲,并对与敌伪的虚伪宣传加以打击,使到汉奸的理论无从输入到我们的战地,用以完成文化的封锁线。

当然这些工作都不是一天就可以做到的,而且战地的文化运动实际就和今天的新民主主义的文化运动有着密切的关联,不过战地的文化运动工作比较更具有艰苦性而已。

论政工工作者的基本修养

载1940年8月30日《救亡日报》

黄药眠

目前的军队政治工作，无论在前方与在后方，都在起着很大的推动作用。这是大家都知道的。而军队中的政治工作，现在正在日益进步之中，这亦是大家都知道的。在过去，有许多人看见墙壁上政工工作者的口号和标语，也许会讥讽他们说是商业上的广告罢，可是现在这些标语和口告，已深入到人民的脑际，人民从他的本身的政治经验中已证实了这些标语口号之正确性，因而成为了社会的力量。比方政工同志告诉老百姓说，"日寇是奸淫掳掠的强盗"，现在人民从他的政治经验中已证明了这一点了。比方政工同志告诉老百姓要空室清野，果然人民也就清野空室了。他们告诉百姓要武装起来抵抗敌人，果然人民就真的起来抵抗敌人了。所以我们说目前政工工作的展开已比以前有更多的顺利的条件，而且也已初步的学会了动员民众的艺术：因为动员民众的艺术的最主要的关键就是在于使人民从他自己本身去经验到我们的宣传之正确从而使一般的宣传的口号变成为真正的行动的口号。

可是政工工作的这些进步并不能掩饰去政工工作者本身存所存在的许多弱点，所以要这样增强政工同志主观上的力量，就成为今天的重要的课题。

我觉得我们的政工工作者，至少要注意到以下的几点：

第一，由于政工工作者经常驻在乡村里面，或是在行军当中，所以对于外界的政治事变常常因交通关系不能很快地知道，因而政治的感觉也渐渐的迟钝起来，慢慢养成了对政治事件不甚关怀的态度，为针对这种弊病，所以我们觉得，在政治工作者所在的队伍中，要能经常接到外间的杂志、报纸及电讯，经常地注视着事变的发展，并从一些微小的变动中看出它的政治的征兆和它的发展的前途，同时并能够把许多事变联贯起来看出它的规律性。当然这一类的政治分析能力是要靠长时间的对于时局的注视和关心去取得的。

第二，不可否认的，直到现在，军队里的政工工作者，还保持着强烈的学生的作风，从学校里带来了许多青年人浪漫的梦，可是在另外一方面，却没有足够的力量来注意当前的现实。他们可以只会注意到大的和远的问题，可以侈谈着国家大事，可以用逻辑来把它们贯穿成一大套的演说，然而这些话却往往距离大众的理解很远。你想一个终日为油盐柴米所困恼的农民，他会不会有很多的余暇，一下子就全来听范围很广的很复杂的国家大事呢？可是我们政工同志恰恰正有许多人不知道当地的米价和盐价。而向农民们做着很长的国家大事的演说。最好的宣传并不是说教，最好的宣传应该是从人民的日常的具体生活慢慢引伸到国家民族问题上去。我们要向人民宣传，必须了解人民的痛苦，人民的需要，从其最感切肤之痛的地方说起，文化水准越低的人，他们的思想是越具体的。比方你问一个受过教育的人，“你近来的生活怎样呀？”他一定会告诉你：“生活太苦了！”可是一个农民的答复一定是“没有饭吃呀！”从这两个答复中我们可以看出一个是抽象的，一个是具体的。政工工作者如果想深入到群众里面去，那他就必须抛开用一大套抽象的理论向民众们展览的办法，而要用更多的具体的例证，找寻更多人民在实际生活中所感觉到的东西去向他们解释。所谓“我们要具体地去思考”，要向人民学习，这是这个道理。

第三，政工工作者必须从现实的日常生活中去加深我们的研究，我们都知道目前的政工同志，都是整天和士兵民众在一起，他们都是非常吃苦的，但是政工同志的吃苦耐劳是不是就只限于陪着大众吃吃蕃薯、芋头、薯根呢？我想不是的，因为我们不是苦行的学者，以苦行为人生的归宿。有人说，我们所以要学习吃苦，目的是在于使我们在工作上能愈加接近群众；不过，我想这还不过是说出了真理的一部分。我认为我们之所以要学习吃苦耐劳，其主要的目的乃是出于从生活上与民众打成一片，走到意识上的同民众打成一片，因为当我们今天吃着糙米芋头的时候，我们一定会问，米为什么这样贵，人民何以会这样贫穷呢？因此并从这一个意念出发，去研究问题的答案，找寻出根治这种贫穷的办法。如果一个青年整天在谈民族、国家、社会，而同时却忘记了构成民族社会的人群，忽视了他们的痛苦，那么所谓国家民族亦完全是空的。所以我说和人民一道生活，了解他们的痛苦，寻求这些痛苦的原因，并想法去真正解除他们的痛苦，应该是每个青年政治工作者所应有的怀抱。

第四，政工工作者既然是在军队中生活，那么自然理应在生活上有严格纪律，可是在某些地方，我们还常常看见，一些青年保持着浪漫文人的态度，把自己放在一般的纪律之外，这是很糟糕。我们是处在抗战时期，当然我们应该学习军事，政工工作者的工作环境既然是军队，自然更应该学习军事，和保持着军队里面所持具的严肃的工作作风。如果仪容不整，态度懒散，那么首先就会给予同事们和士兵大众的以不良的印象，威信不建立，自然以后就很难开展工作，我曾经看见过有些政工工作者，在大街上一面玩玩打打，一面在哼着救亡歌曲，一位老百姓于是就对我说，“你看他们真快乐，一天到晚是唱！”明明唱救亡歌曲是很好的，可是如果态度不严肃，就马上会引起了一种相反的效果。也许有人会说：“我现在虽然在做政工工作，可是我对于这，没有兴趣”，我的目的还在于文艺，所以懒惰一点也不要紧，其实这不过是一种诡辩，难道写《战争与和平》的托尔斯泰，和写《铁流》的菱拉菲莫威支不是一个洞悉于军队生活的人么？当此军事与政治息息相关的时候，一个政工工作者竟然对于军事知识军队生活漠视起来，这也许是一件怪异的事情罢！所以我想一个政工工作，应该熟习于军队的知识，习惯于部队的生活，应该是最起码的条件。

以上所举数点，可说是青年政工工作者的基本修养。现在发展政工工作的客观条件是比较顺利，而人民接受我们的政治宣传之程度亦日益增高,因此,如何提高政工工作者本身的素质,以及怎样力求本身的进步,乃是今天每个政工工作者所应该思索的问题,以上所说不过就个人所知,提出来以供大家参考而已。

地方报纸发展之路

载1940年9月1日《救亡日报》九一记者节特辑

黄药眠

过去，中国的报纸正同中国的游资一样老是壅塞在都市里的，在都市里，你办一间报，我也办一间报，然而在小的城市里则很凄凉。抗战以后，这种现象部分的改过来了，与都市上的大报平行出的许多地方性的报纸也蓬勃地生长起来，可是由于过去的传统，这些地方报无论在形式和内容方面，都得是模仿着都市上的大报，他们并没有很充分地了解到地方报纸所负的任务和它自己的读者对象，同时在编者个人，他们也总是希望从横的方面去发展他们的发行网。希望从一省发到邻省。可是并不努力去加强发行的深度，深入到下层的民众中去。

现在抗战已到了第四个年头，广大的人民已有了惊人的政治觉悟，他们正需要更适合于他们的每日报纸这是一件事实，至于从政府当局说来，对于实施宪政亦早具决心。它同样亦需要开发民智的工具，因此为配合着当前的客观要求，今后的报纸应如何注意到都市以外的落后群众的教育工作实为当前的急务。过去把办报当作为个人的宣传的机关，或者是当作为自己提高地位的手段的观念都应该休息了。

近一年以来，在中国学术界和文化界，不还曾有过关于"中国化"和"大众化"的问题的讨论吗？我想今天我们亦同样的要把这个问题提到新闻界同人的面前，即我们需要着通俗的报纸到民间去散播着文化的种子。

这种通俗的报纸应明确的制定他自己的读者对象是那些粗知字墨的士兵、工人和乡村中的农民。这种报纸应该把全部的电讯、征文和新闻改编使其成为易读易懂;这种报纸应该是态度比较轻松,使读者们感到亲切,对于不常用的名辞,必要时还要加以注释,对于一件事发生的原因必要时也得有概括的叙述。至于发行方面自然要更多的注意到从纵深上去发展。

当然办这一种报纸是非常之艰苦的,也许在一个时期,它在社会上不为人所知,它在文坛上不会有显赫的声名,然而他是在广大的无文化区域的一个开荒者,随着广大的落后群众的文化水准之增高,它的报纸将为最大多数人民的解读,它在报业上将构成新的类型,即在报纸的文体上他也将会造成功一种革命。

我所见到的中国农村

——广东战区视察记之一

载 1940 年 9 月 5 日《救亡日报》

黄药眠

这次我们在广东战区中旅行,看了农村中许多值得注意的现象:

大家都知道现在广东的米价是异常的腾贵的,在韩江流域一带,最贵的时候,一元钱只能买到十四两米。因为米贵,所以刺激到地价上涨,在梅县一带,以前一亩出价三百多元的,现在要加到千元左右了,可是米价与地价的飞涨,并不能刺激到广东各地荒地的减少,据广东建设厅长官黄文彬氏谈,广东现在有可耕的荒地十五万平方里,而广东全省每年缺米一千万担。因为在目前我们看到了这样的现象:即一方面是粮食缺乏,粮食、物价及土地价格飞涨,然而在另外一方面,却是有着广漠的荒地没有人耕耘。

当我们走进粤北吕田沙田那一带,我们所经过的八十里左右的地方,荒地竟占去了百分之八十至九十,为什么会有这样的现象呢?原因是:

耕牛的缺乏,敌人所过之地把耕牛通宰完了,同时现在沦陷区各地,敌人正以高价收买耕牛,据说一条耕牛从非沦陷区偷运到沦陷区去,除原价外,还可以得到五十元的"赏金"。

种种的缺乏,农具的缺乏,在粤北一带敌人所曾经过的地方十分严重。一切生产工具与家具,敌人都尽量加以毁灭,现在有些农家竟两三家人共用一支锅了。

可是,这些都还不是其基本的原因,其中最基本的原因是乡村劳动力相对的缺乏,为什么是相对的缺乏呢?当然壮丁们的参加抗战曾使到乡村中的劳动力减少了,可是照目前的情形来说,乡村中的劳动力,并不是绝对的缺乏,如果好好地加以动员,拿来开发目前的荒地，是尽量够的，可是，有些富裕的中农，他们认为目前战争时常变化，且扭于一向自足经济的灵活，不愿多耕种田地白费力气，那些富农则宁愿投资到商贾流道中去，绝对不愿多租地来耕，贫穷的农民则多愿意做点小贩，做点零工或短工，再不然则索性离开乡村，逃避兵役到都市上去混，同时由于田赋太重，地租和高利贷的盘利太烈，于是许多荒地没有人耕了(在广东翁源三分利是起价的)。

我们在旅行途中所看到的第二个现象，是各地物价的差额非常之大，比方从吕田到沙田相距不过七十华里，在吕田米价一块钱两斤，而沙田的米价则是一块钱二斤十两，现在假定一个人从沙田买二十五元钱米(六十五斤)到吕田去卖，那么除了一天的伙食费之外，他可以至少赚五块半钱，至六块钱。可是在乡村里面，这种作为乡村与乡村之间的媒介的商人是很少的，而且其所贩运的数量也很微小，价格的变动以及它所受到的外地的影响，也是极端迟缓。在这些落后地区里，资本主义社会的平均市场价格是没有的，各个地区都还保持着自给自足经济的形态。各个地区各自保持着一定的供求关系。

可是，这不过是事情的一面，与废租现象同时并存的，我们却又看见一种投机资本，正利用着各地物价的巨大的差额，做着他们的投机生意。例如在五月间，当粤北会战的时候，翁源地境各地的米价突然由三十元一百斤涨到一百元一百斤，一时且买不到米，它的原因据说是这个时候，突然由瓯江流阜来了一大批有组织的商队，大量地收买米粮，于是米价飞涨起来。又比方在曲江一带可以从湖南买到便宜米(平均约一元八斤左右)，再由曲江运到潮梅一带去卖，除了汽油，水脚费以外，还可以获得高额的利润，他们利用种种美名，永远把米粮的价格停留在垄断的价格上面，例如由曲江贩米到梅潮去卖，照平均利润率来计算(假定中国存在有平均利润率的话)，那么至少要卖一块钱四斤，可是事实上，梅县的米价永远的三斤以下，垄断商人利用着自己的特殊势力和雄厚的资金，等人民饥馑之际，正好大发其财！

我们所看见的农村的第三个现象，是农村里面手工业生产，并没有丝毫增加的征兆，日用必需品的价格日益腾贵，并不能刺激到农村手工业之复兴，其中的原因大概是，第一，原料缺乏。第二，资金缺乏，贫穷的农家连最必需的生产工具都买不起，当然谈不上购买生产工具，有钱的家人，则又不愿意投资到生产部门，而宁愿到投芦苞、惠州一带去贩运私货。第三，如投资到生产部门，资金的流转比较慢，而买现成货卖现成货，则不特获利丰厚，而且资金的流转亦比较迅速，受到空袭和战争的影响亦比较小些。于是资金都给运流部门吸收进去了，这种大批外货的输进，当然反转来又会增加了发展生产事业之困难。

政府为了保全税收，对于外货之流进，常常只利其多不利其少，于是外货流进而资金则外流，同时又因为贩运外货的商业资本愈发达，他不特不能刺激国内生产事业之发展，反而促使流入国内生产部门的资金相对减少。国内的生产事业因为有了外货的竞争，更加难于展开。政府不能把财政政策，建立在国民经济的基本政策之上，促进国民经济之发达，相反的，为了顾全税收，反而压抑着国内生产事业之发展。中国一向传统的购买钱主义的财政政策，直到现在还没有很大的改变。当然这就构成乡村生产事业里落后主要因素之一。

为了要加紧开垦荒地，解决广东的粮食问题，广东建设厅长黄文彬先生曾有“增加本省粮食生产的九项农政”的报告，其中有一段是：“今年拟定在东区、西区、四邑各地，选择一百万亩荒地，积极开垦，其办法由县长督促区乡保甲长，发动壮丁举行公耕，作为乡有垦田，或数乡共有垦田。至于垦费，在一定的条件之下，拟由政府设法资助……”

对于乡有垦田的办法，我想是很值得研究的。

我们都知道，俄国当一九零五年革命之后，曾施行过著名的斯托柳宾的土地政策，即准许乡村的富裕农民购买份地的改良办法，可是我们现在所施行的所谓乡有垦田呢？客观上其目的就是在于巩固正在腐烂中的农村公社。

据我在东洞乡和乡长及农民们的谈话，我可以看出以下的事实，即乡村公社的财产田地,正在以迅速的步调转入到乡长或族长的私人手里,他们利用自己的地位以贱价收买公有的土地,所以,现在如果政府又把开垦了的荒地交给“乡有”,那么里面有问题,这种乡有的土地又要归之于乡长手里,而下层对于开垦的工作,只有看成为一种劳役,一种负担,认为是他们本身毫无利益的事业。很显然的,如果农民们不把垦荒的工作看作是对于自己有利的事业,要他们积极参加是很困难的。于是上面就不能不强制实行,结果是农民的负担加重,而乡长与农民之间也就建立了更深的鸿沟。

所以我的意见以为:为得要提高农民们对于垦荒的积极性,最好是实行“耕者有其田”的办法,让那些参加垦荒的农民们,根据其劳动力之多少,余地开垦,这些田地开垦之后,即为农民本人所有,并免去其相税,这样一来,只要政府在种子肥料上稍加支持,他们即能积极开垦而用不着那乡长县长们之干涉。这种办法如能施行,不特可以奖励人民开荒,同时还可以适当地解决了乡村农民们,对于土地之渴望。

至于关于物价的评议问题,前广东省财政厅长顾翔群先生,曾有一本小册子专门讨论,他所提议的办法同样有许多值得商榷的地方,可惜那本书不在手头,而且超出本文范围,所以只得从略了。

是荣誉的和平还是耻辱的战争？

载 1940 年 11 月 3 日《救亡日报》

黄药眠

当六月二十二日德军占领凡尔登击破马其诺防线，法国政府酝酿向德投降的时候，贝当就曾就以领袖资格公开的向法国人民说，要向德国寻觅“荣誉的和平”。

其实贝当所寻找的既不是“荣誉”，也不是“和平”，我们就要看看德法停战协定的内容，我们就可以知道这里面一点也找不到“荣誉”，而且德法签订协定的第一天起，就已决定了法国的命运，而是——它必须继续战争。

因为它既然向德帝国主义屈服，但德帝国主义是要继续战争，那么它自然也就不能不给主人牵着鼻子走，踏入战争的漩涡里去，谁会相信在战争的凶焰已烧遍了全欧洲的时候，而这个殖民地的法兰西却可以保持着他奴隶的“和平”。谁会相信当英德战争还在继续着的时候，而这屈了膝的法兰西却可以对英国永远保持着这种不战不和的局势。

果然在德法停战协定签订以后四个月零五天，法兰西在德意压迫下，又弄来一个德意法协定。这协定的签订，表面上是法德合作，和平建设欧洲。可是事实上就是说法兰西还得要战争，做了德国的殖民地，还要替德国去抢别人的殖民地，这个战争，是可耻的战争！

在六月二十二日德法停战协定里面不是规定了“德方控制了各海口之法国军舰，德方决不在战争期间调来作参战之用么？可是现在法海军将加入意方舰队作战，在六月间，老贝当不是宣言法政府仍为有自由之政府，法人民仍为自由之人民么！”现在呢？“德法间将缔结永久性之协定，法德间将采取尽可能之密切合作……”在法西斯蒂看来,本来就是无所谓国际信誉和国际条约,为了解除敌方的武装,最先不妨用“和平”来诱降,可是等到他的基础打好,力量巩固的时候,那就要更进一步来压迫,直至到使它完全做了德国的奴隶为止。至于那昏庸老朽的贝当,他出卖西班牙的人民是有很丰富的经验的,如今正不妨把这个经验运用来出卖他的祖国,只要他能够做一个奴隶的元首,那他就不惜把全法兰西的人民都变为奴隶。既然以四个多月前,他可以在希特勒指示下来一个“和平”,那么现在他也就不妨再在希特勒指使之下来一个战争,因为希特勒每一次和平攻势之后,接着就是一个大的进攻。

我们试来看贝当政府对德的“和平”究竟赐予了法兰西人民以什么?

除了割让了领土,解除了全部武装以外,法兰西的人民每年要担负四万万法郎的赔款,国内有一千多万的难民,三百多万失业的工人,一百多万无所依归的复员军队,粮食只有全国产量的八分之一,每人每月所能凭券购领的,只有三百公分面包,在希特勒指使之下,一八七五年的法兰西宪法被完全取消,在短短的四个月中,被捕的政治犯就达一万七千多人。这就是法国屈辱和平后,社会生活的图案。

可是现在新的德法意协定签订了。屈辱的法国又将重新穿上了军服,可是这样的一种战争能够使法兰西的人民恢复自由么?这样和德国比肩作战能够恢复法兰西旧日的光荣么?不,谁也知道,这两个并立着的国旗,哪一个代表着奴才,哪一个代表着主人,三色国旗现在象征着的不是自由平等博爱,而是奴隶、耻辱和饥饿。

巴黎的繁华还是不减于往昔,可是在这里的主人已不是法兰西的人民,而是日耳曼的军官,至于法兰西的人民呢?他们正在为德国的法西斯忙着修筑堡垒和港湾。正要为这些敌人的利益而开到异国去远征。按照贝当的计划,法兰西的人民的血应该拿到近东和非洲去流,法兰西人不应该保卫祖国!至于法兰西的土地,法兰西的城市,则应该为保卫德国的利益而受到英机轰炸。

我们回想一下一年以前,法帝国主义的政治家,军事家是多么神气:他们计划着如何压迫着德国向东北欧去进攻,魏玛将军且拟好了一个从近东去进攻苏联的美丽的计划。达心第不可一世地禁闭了人民的团体,逮捕了人民的领袖布鲁姆,拆散了人民阵线,向统治者投降,可是现在呢?不仅这些美丽的计划成了空烟,他本身并不能自保做了阶下的囚人,他们的计划原来是替法兰西二百行家打算,同时也是替希特勒打算的,可是现在却给希特勒的鹰犬加以叛国的罪名,这是多么大的一个历史讽刺,同时也对于那些卖国求荣的人们又是多么大的教训!不过这些人都是不足惜的,所值得同情的倒是那些被压迫着的法兰西的人民,他们后面有着德国刺刀,前面有英帝国的大炮和炸弹,他们应怎样在这夹缝中逃脱出来呢?

法兰西的人民现在已失去了一切,但我们相信只有失去了一切的人才能最勇敢地斗争。巴黎正如同波德莱尔的诗篇的题名,是一朵“罪恶之花”,然而巴黎的人民现在所需要的已经不是罪恶之花,而是一把锋利的武器!这朵花他们尽可以慷慨的送给日耳曼的希特勒的匪徒。

也许有人会把将来的法兰西的自由,寄托那位远住伦敦的戴高乐将军吧!不过这位戴先生如果会在这位魏刚将军的指挥下去远征北方之熊,也许还是一个勇敢的英雄,可是现在要希望他来负担起解放法兰西人民的任务,那是十分的困难了。我们试想想,这位戴先生在邱吉尔的眼中会比希特勒眼中的贝当高些么?即使英国战胜了德国,英国会把自由双手送还给法兰西人民么?在第一次欧战的时候,英国答应了印度自治,答应了巴勒斯坦的阿拉伯人独立,可是现在印度自治了么?巴勒斯坦的阿拉伯人独立了么?一个民族的独立与自由,是要用全体人民的血和肉去争取来的,像戴高乐先生这样整日奔走于英国政府之间,依人为活,除了在宴会中做一个慷慨激昂的演说,陪伯爵夫人跳跳舞之外,他至多只能替大英帝国带一批法国人马参加协议,他不过是法兰西亡命的资产者的幽灵的化身,他不相信人民的力量,不用自己的力量去斗争,而却依赖外国为荣,借外力以排外力,这在本质上不过是贝当的兄弟!

我们相信今天能够解放法兰西的只有法兰西人民自己。现在德国法西斯不又逐渐要把法兰西的人民武装起来了吗？是恰好这一系列的武装将会成为了英国邱吉尔和德国希特勒的敌人！

意大利——轴心国脆弱的一环

载1940年12月23、24日《救亡日报》

黄药眠

慕沙里尼常常说："大炮是最雄辩的法官！"那么当大炮不能吓退它的敌人的时候，慕沙里尼的雄辩也就应该是休息的时候吧。

意大利的人民说："我们要工作和面包"，可是慕沙里尼的答复是："我们要胜利的光荣。"那么现在，胜利的光荣已不能兑现，自然意大利的人民就更不客气地要起"工作和面包"来了。

当今年四月七日，慕氏巡视阿尔巴尼的奥尔维都城，在菜市演说的时候，他很骄傲地称赞着自己的武功，他说："意大利法西斯富于朝气，四年前，七个月就征服了一个非洲帝国，到去年，又在三天里面解放了一个民族！"

可是一九四〇年却是慕沙里尼最黑暗的日子。首先格拉西尼将军对埃及的进攻就没有顺利的进展。

历史上埃及的征服者都是从东方来，可是这次意大利却从西方去。他不能从利比亚越过沙漠去远征。

意大利进攻的目的地是在亚历山大港和苏伊士，然而这并不是一件容易的事情。意军如果沿着北非海岸东进，那么第一它就要碰到马特鲁要塞的英军强烈的反抗，而且在沿海的交通要受到英国海军的威胁。如果意军从雅拉佃攻斯华，经英哈拉内进攻亚历山大，那么意大利军就必得渡过这四五百英里的沙漠，意大利军既然征服不了这个沙漠，于是沙漠也就变成为意大利军队的敌人，因此格拉齐尼将军手下的五十万大军就停滞在西特巴拉尼，三个多月以来，没有向前踏进一步。格拉齐尼将军伸着手向慕沙里尼要军火给养，军火给养准备好了，大军才能够前进；但是地中海的英国海军却又随时睁开着警戒的眼睛,这就使慕沙里尼和格拉西尼将军相距得格外远,于是意大利的埃及进军就受到了顿挫。

慕沙里尼为了打破这一个僵局,所以就发动侵希,最先是想用威吓手段来达到目的,那时,谣传德国有七十个师集中在东南欧准备做意大利的帮手,可是谣言还是谣言,从十月二十八日意希战争开始起,十五个师团的意军只在最初的十天曾表现过他的英勇,此后就一直挫败着。

在厄比鲁斯山第一次意军惨败了,人们说这不过是意军的冒险轻敌,可是第二次班都的山的意军又惨败了,人们说这还不过是前锋的接触,可是十一月二十二日,意军退出科里萨了,意大利军队此后就一直没有站稳过脚,接着波格拉台失陷了,接着阿吉罗卡斯(此处文字残缺)罗又失陷了,现在希军已追到埃尔巴森以西,这一连串的败讯,正证明了慕沙里尼的大炮并不足以"做'胜利'的证人"。

慕沙里尼原来想不战而迫降希腊,可是希腊因为有了英军四万人的登陆,两千万英镑的借款,它已在意大利的威胁之前站起来了;慕沙里尼想在德国的帮助之下,保加利亚也来参加这侵希战争,可是保加利亚在苏联的影响之下中立起来了;慕沙里尼原拟用他的闪电战术,一举而消灭这动员力不过六十万人的希腊,可是很可惜,它并没有了解到自己的力量。

十一月十五达兰多岗的被炸,意大利的主力舰受了很大的损失,亚得里亚海的两次英意海战,意大利的巡洋舰、驱逐舰又受到了很大的损失,意大利不仅没有把地中海变成为自己的内湖,就是连亚得里亚海也还没有变成为自己的内湖,这样就使得希腊前线的意军和意大利本土的交通益加困难,而前线的意军也就没有了喘息的机会;还有就是在这些山地作战,意大利的机械化部队,本来就很难展开,再加上连天的雨雪使得这些现代化的部队失去了他用武之地;于是希腊用这个机会,从中央突破,当希军冲破了科里萨意军的防线之后,意军的南北两端就不能兼顾,以至整个的法西斯军也就只得用背脊向着敌人来夸耀他的英勇。

二十个师团装备不良的希腊军对十二个师团的意大利军，结果是意大利打败了，这不仅是对慕沙里尼的老脸皮上掴了一掌，而且也在希特勒的大腿上踢了一脚，这是自从轴心国开战以来，所遭受到的第一次的惨败。

为什么在这以前希特勒不替慕沙里尼帮一手呢？自然大家都知道，强盗与强盗结伙，各人还是有各人的心，慕沙里尼的天然愿望是要把法国北非的属地掠夺过来，把地中海的法国海军交给意大利接管。瓜分法国的殖民地，这当然是希特勒先生一贯的主张，可是怎样来分配呢？这倒是一个很大的问题，而希特勒看见风不是向这方面吹，这样硬迫，会使法国殖民地都转到戴高乐那里去，所以他就宁可牵着法国的贝当政府的鼻子，同时却不妨给它的尾巴和足以自由，为了保持法国的属地，所以不妨维持着法国的独立的外壳。关于这一个问题，德国是胜利了，它把法国变成为德国的经济的附庸，可是意大利没有份，德国要罗马尼亚的油田，意大利也要罗马尼亚的油田，关于这一个问题，德国又是胜利了，德国掌握罗国的全部油田；从前奥国是意大利屋背后的草场，匈牙利是慕沙里尼眼中的盆景，可是现在又都给德国抢过去了。自从参战以来意大利得到了一些什么呢？慕沙里尼有点发急了，他伸出手来抓希腊，可是希特勒除了在这期间发动了一些外交攻势以外，直到现在为止，还是按兵不动，当然苏联支持保加利亚的中立，打击了法西斯纵火者的计谋，但是也许在希特勒心里面有这样的想法，让慕沙里尼去碰一碰钉子，多碰一次钉子，以后他就会多听一分话，这就是所谓“轴心”。

而且慕沙里尼尽管可以在威尼斯宫的广场上放大喉咙，拍着胸膛，对着黑衫队员们说与我是世界第一，可是事实上齐亚诺先生早就代表着这位首相向德国的领袖拜了下风！在那一家意大利的大银行商业机关找不到德国的顾问呢？德国的贸易就估了意大利对外贸易总额的四分之一。意大利是一个穷国家，他和东方的强盗有同样的苦痛，走过杂马市叫化子满街走，这一向都算是欧洲第一。

一九三五年，意大利军队过海去向阿比西尼亚散布“文明”，结果是死伤了上万人，花去了一百二十万万里拉，现在呢，从阿国的京城到马加尔·贡广阔的土地都喷出了反抗的气息。一百多万的阿比西尼亚的游击队却牵制了二十多万的意大利军队。这样穷的意大利，每年需负担阿比西尼亚十二万万里拉的行政费，要输出二十三万万里拉的物资；而从阿比西尼亚输入意国的物资则一共不过两万万里拉多一点。慕沙里尼的殖民政策失败了。阿比西尼亚没有成为了意大利的宝库，相反的它成为了一只压着意大利背上的破铁柜，只有使意大利为了这个负担而感到忧愁！

一九四〇年至一九四一年的预算，意政府的财政赤字就有六十万万里拉，如果把这五年间的亏空的数目加起来，它共有五百六十万万里拉。也就是说，它比意大利政府每年的经常支出多两倍半，然而政府虽然穷得像一付骨头，而意大利大托拉斯的袋子却塞满资财，在这四年间赚到了四十万万里拉的利润！

近代战争需要煤，需要石油，需要铁，需要钢，和其他的军需材料，可是贫穷的意大利，没有煤，没有石油，没有铁，也没有钢，意大利每年需要一千四百万吨的煤，可是其中一千二百万吨的煤是靠海外的输入，一九三九年本国的产油量只有一万公吨，而输入的油量达三百万吨，一九三九年本国生产的铁矿不到一百万吨，而输入的铁和生铁则有一百三十万吨，此外它还得输入百分之九十三的棉花，和占同样百分比的铜、锡、镍和橡皮。农业也衰落下去了，一九三九年麦子的收成只有六十万万公斤，还不够供国内人民的需要，丝茧的生产在这五年来降低了百分之五十，工人的生活自然更是恶劣，一个意大利工人的收入平均只有美国同样工人的百分之五十。而同时却要支出高出百分之七以上的物价去购得同样的食物。

至于意大利要输出去的水银，硫磺、橄榄油和葡萄酒那自然更没有了出路。

我们试想想吧，意大利在地中海虽然占有军略上的优势，可是它是三面环海的国家，它的对外贸易有百分之六十是要通过地中海的三个大门：可是现在因为了战争，这三个大门差不多等于完全关闭，地中海变成为死海，意大利成为死海上的半岛，而慕沙里尼就是这半岛上创造“死亡”的暴君。现在占石油输入总额百分之六十的美国，南非、墨西哥的石油输入停止了，占石油输入总额百分之十八的罗马尼亚也给希特勒占了先，而阿尔巴尼亚又处在战争中，意大利的飞机、坦克和载重汽车都饥渴着石油的供给；从德、奥、波、捷运来意国的煤，一向都是从水路运来，可是现在困难了，从铁路运煤，其载重只能够有水运的一半。

这样一个橄榄油和蚕丝的国家，怎样去支持长期的近代战争呢！难怪它过去想抓住奥大利，奥大利给德国夺了去，想抓住西班牙的牛，结果也只是抓住了这条牛的尾巴，现在这个情况更坏了，整个意大利就像破烂不堪的桌子，轻轻的给希腊一碰，在它的每一个缝隙里，都吐出了轧吱的声音。

意大利这样跟着德国跑，有什么好处呢？奥大利、捷克、波兰、西班牙、罗马尼亚、匈牙利都先后给希特勒抓在手中，而黑衫宰相直到现在都还在向着地中海吸着从沙漠吹来的空气，甚至多跟希特勒投一次机，意大利最多来了一个德国的上宾，意大利没有抢到更多的奴隶，可是自己却渐渐的要变成为那人的半个奴隶。

因此，意大利反德的情绪抬头了，代表这一派的人物就是最近去世的意大利参谋总长，巴多格利奥将军，当一九三九年意大利最初进攻阿比西尼亚的时候，不中用的戴波诺将军失败了，后来接替他的△△△而美国的罗斯福总统更不惮麻烦，向慕沙里尼建议，“将意国△△△地位的一些意见，代为转达英美当局，……以意国不作战为条件，我有意教有关的列强，担保他的将和平的手，将所达到的任何协定置之实行……”

这些人的目的是想使意国从德国拉开去。

可是法西斯蒂的思想是有国际性的。慕沙里尼之所以跟着希特勒走，正如今天的赖伐尔要跟着希特勒一样，意大利的大托拉斯要意大利参加战争，希特勒要慕沙里尼参加战争，于是慕沙里尼也就不得不战争了。今年九月里，慕沙里尼开始下令要肃清失败主义，齐亚诺

是蹲在黑衣宰相脚下小动物，然而它的头顶上，却系有希特勒手中的红线，

由于希腊前线意军战事的失利，因而影响到国内亲德和反德两派的冲突，而藏在两派后面的闪烁着反对帝国主义战争的革命的火花。佛罗朗斯早就和热那亚一带已有反战的行动。

现在希腊军还是继续推进，亚得里亚海岸上的两个港口瓦罗那都拉索之争夺应该是意希两国决定胜负的战争了。

由于前线军事的失利引起了国内的不安，而国内的不安又反而影响到前线的士气，究竟是意大利的军队还能不能挽回目前的颓势呢？这是很难说的了。

至于德国的希特勒，虽然不必希望意大利获胜，但他一定不愿意大利战败。因为意大利的败绩也就是轴心的败绩，革命的意大利史是德国法西斯蒂所畏惧的。那么怎样来援助意大利呢？

从保加利亚进攻希腊吗？保加利亚已受着苏联的支持而严守中立，假道南斯拉夫吗？如果南斯拉夫也和保加利亚站在一起呢？所以现在德国所取的攻掠方针，有几个可能，第一，是索性以巩固轴心援助意大利攻希为名出兵控制意大利，肃清意大利国内的反德势力。当然这是一个很大的冒险，可能性很小的。第二，是策动西班牙进攻直布罗陀，先行割断英国本土与地中海的联络，然后以强大的空军袭击地中海的英国海军，当然，在目前的形势看来，后一种可能比较大，从德国最近大批潜艇在大西洋的活动，和德机的轰袭英伦，我们都可以看到德国对慕沙里尼似乎已比较以前关心了。

英国的邱吉尔已准备向这个轴心国最薄弱的一环加以猛烈的一击，埃及的英军已向南进军，无论具体后果如何，这都够使慕沙里尼忧愁，最令他担心的是希特勒并不是很好的伙伴。

一年之计在于春

载1941年1月11日《广西日报》

药眠

“一年之计在于春”,现在是一九四一年的第一天,我们文协今后应该怎样来工作,这是值得我们考虑的问题。不过说起来,大家也许会觉得这是老生常谈。因为本年度的工作还是以团结文艺同人为第一义。

怎样来团结文艺界的同仁呢?我想首先文协不仅应该多多做些文艺家当中私人的联络工作,而且应该更多注意到如何开展工作使文艺界同人都感到文协对于他的确是有帮助,有利的;而同时一般爱好文艺的青年们也同样的感到文协对于他的确是有帮助的,有利的。因为他们从文协可以获得很多的教育。更具体一点说,我们对于爱好朗诵诗歌的人,帮忙他组织朗诵队;对于爱好弄街头文艺的人,帮忙他作街头展览;对于有好的作品而没有机会出版的人,我们想法帮忙他出版;对于爱好文艺而苦于不得其门而入的人,我们帮忙他们解答许多问题;在春秋节日,我们组织一些小规模的旅行;在雨雪之夜,我们就召集一些小规模的座谈会;当文艺上发生了什么大的争论,我们就来一个讲演,召集全体会员来讨论一下。至于将来如果能发行一种机关志,出小丛书,给会员们以更多的发表机会,那自然是更好的事情。

当然这是从文协的工作上说的,可是在另外一方面,文艺界同人的团结,还有赖于文艺界同人的本身。过去文艺界同人之所以很难组织起来,很多都是因为文艺界同人自己存在着些不好的习气,如过分的注意到主观的情感,而没有考虑到别人的困难,便为了一些小事,便互相不能容忍。所以我想以后无论做什么事情,如果大家能够建立一个原则，大家都遵守着这个原则去做，那么许多纠纷是可以不会发生的。

最后，我们从文艺界同人的团结，我们可以进一步去使得几个不同的团体的联络。过去桂林文协和音乐界、戏剧界、绘画界的同人差不多没有往来，从一九四一年起，我想我们应该和他们取得更多的联系，现在文学与艺术都是逐渐倾向于以综合性的形式来表现，如诗与音乐之间，诗与舞蹈之间，小说与绘画和木刻之间，我们都有取得密切合作的必要。这种合作不仅对于文学和艺术各团体有好处，就是对于我们个人也有好处。

以上所举的许多事情，自然不是一时间就能做到的，同时也不是一二个人所能做到的。他是要靠群策群力，每一个会员都愿意拿出一部分力量来替大家帮忙才能做到的。

联军退出希腊以后(上)

载 1941 年 5 月 1 日《华商报》

黄药眠

四月廿七日合众电:“雅典民众正在闭门锁窗等待德军闯入。”而且报纸还吁请民众“以不介意之微笑对付德方军队……”。

远在纪元前四百八十年,波斯人远征希腊,希腊人战败了,放弃了雅典,可是科林士王一战而卒,把波斯人驱逐出去,现在这一个历史事件的重演显然是不可能了。

当第一次大战的时候,联军最初在希腊半岛的西部吃了败仗,可是他们把军队移到希腊半岛的东部,从萨隆尼加反攻,结果卒获胜利。然而这一个历史事件的重演,显然也是不可能了。

希腊政府已搬到克里特岛去偏安;而萨隆尼加的降军则正在和德国的将军们于签订降约之余,互相称赞着对方将士之勇敢。

代表古希腊文明的雅典,从此,再一次蒙上了耻辱的颜色。

原来联军的计划是要联合土南希三国,在巴尔干半岛拖住敌人,消耗敌人,同时也就是为将来反攻欧洲大陆的据点,可是由于德军进展的迅速,联军显然的已由主动重新复陷于被动了;地中海的海权虽然还握在大英帝国的手中,可是希腊半岛和意大利半岛却好像两枝剑般插进地中海的东部。这个形势不仅决定了英国在长时期以内,不能有反攻的企图,而且也使这个战争,不能不在更大的规模上去寻求解决:

德国一方面以强大的空军压迫着英伦三岛,吸引着美国最大的兵力,而一方面则加强其大西洋方面的水底的、水面的、和空中的封锁,这样使得美国不能不扩大它的中立巡逻区到大西洋中部,美国在大西洋方面成为了战争中重要的角色。

同时由于近东形势的紧张,地中海的交通又受到威胁,因而英国不能不在苏伊士运河的后面,打开后门,使美国的接触直接从太平洋通红海,这样又使得美国在太平洋方面成了战争中的重要角色。

从这一整个战争的形势看来,目前德国对苏伊士,亚历山大港进攻只能看作是德国企图切断大英帝国欧亚非联络,和对英美联合阵线的中央突破。

现在就让我们来看一看这围绕着地中海周围的争夺。

巴尔干半岛上的战争已告结束,今后围绕在这个半岛上的战斗不过是这一个战争的尾声。问题是集中在地中海南岸的北非,和地中海东西两端的土耳其和西班牙。

北非的战事因为轴心国的军队要从地中海的彼岸运来,而且要冒着五月的酷热,补给和行军都有很大的困难,而在英国方面则因为苏伊士运河为整个大英帝国生命之所系,现在正屯驻着大军而且还有海军的掩护,所以双方在这里大体都还可以相持一个时期。

然而在另外一方面,巴尔干剧烈的战争过了以后,现在又已经是希特勒展开政治攻势的时期了,这一个政治攻势,正落在土西两国。

从土耳其的地理形势看,无疑的它是过渡到近东的最好的桥梁,而且土耳其的作战能力比南斯拉夫还要弱!希特勒如果要向土耳其进攻,一条路是从达达尼尔和博苏曾鲁海峡东奔,一条路是从罗马尼亚之康士丹达和保加利之互兰纳横过黑海到土耳其之桑孙切断土耳其的中部直攻底格里河的平原。可是希特勒顾虑着苏联,他用不着这些。他一只手是飞机和大炮,另一只手是金钱,所谓政治进攻,就是从内部去腐蚀对方的抵抗的意志。

日苏商约的政治背景

载 1941 年 6 月 19 日《华商报》

达史

当日苏中立协定签订的时候苏联的《真理报》,就曾说过,“这中立条约和宣言开辟了解决苏日间尚未解决问题的道路,这些问题包括了渔业会议贸易协定在内”。至于日本的报纸更是在描绘着日苏贸易发展后的美丽的图画。所以如果我们只从法律的见地看来,六月十一日日苏间所订的通商条约,不过是苏日中立条约的一个补充。

然而在今天,在国际间的矛盾错综变化的今天,我们对于一切的条约和协定都应该从政治上去估计他的意义。

大家都知道,自从松岗回国以来,日美间妥协的暗流是始终激荡着,不过我们也不能不承认,在日美双方觅取妥协的论调当中,最近一旬以来已受了一些波折(当然这不过是一个波折,绝对不是说妥协的暗流已经停止)。赫尔否认日美之间签订互不侵犯条约的传闻,而日本也表示着他对于轴心的效忠。在这个波折的过程中,美国对于太平洋方面,自然不能不表示更积极,以为将来的妥协达成更有利的条件,颜露尔说,美海军愿在太平洋采取攻势,美国空军人员对于中国的抗战也表示热心;而它所给予日本的正面打击,就是促使日本和荷、印问题的谈判陷于停顿。荷印政府虽然答应在贸易上可以给予日本以多少让步,可是在原则上并不承认东亚共荣圈的说法。这个打击,同时也可以说是美国对日本是否决心南进的一个试探。遭受了这个打击以后,日本自然也不愿示弱,所以急于打开难局,首先向北方推开窗子。过去日本是以反苏来做邀宠的条件,现在相反,日本是以亲苏来向美国要价了。

至于苏联呢?我们知道在欧洲反苏的暗流,是越来越加汹涌了。

罗斯福总统艾登首相都不断地斥责和谈，声明作战到底，可是在许多报纸上则又热心的传出，德苏关系紧张的消息。希特勒一面发动和平攻势，而一面则又扬言攻苏。显然的，希特勒是要求和平，然后攻苏，而未必同意于先攻苏，然后可以和平的办法。在欧洲局势这样微妙的发展中，苏联依照已定的国策，根据日苏中立协定的基础，和日本订立通商条约，自然是一件平常不过的事情。而且当太平洋日美间的微妙关系继续生长着的时候，苏联和日本维持着正常的国际关系也是十分必要。

只有明瞭了以上所讲的国际政治形势，我们才能够了解到日苏商约的意义，至就商约本身所含的经济内涵说来，它的意义是很小的，两国间贸易的总量每年才不过六十万日元，这比苏联所给予我们的援助少，比日美间每年的贸易总额更小。而且我们知道日本所急需从国外输入的是军用品和战争资源，苏联所需要的是生产工具和若干金属，可是苏联在目前是不会有军用品输出给日本，而日本也不是生产工具输出的国家，这两个国家的经济情形就决定了两国间贸易的某种限度。

至于就我们中国的立场说来，我们固然希望日本在外交越孤立越好，但是苏联是独立国家，它有它自己的立场，虽然是我们最可靠的友人，但它不能把我们的敌人看成就是他自己的敌人。而我们为了打击敌人起见，只有更多地尊重友邦的立场，争取外交的主动，谋取双方的利益，倘遇事嗷嗷，不明大体，除了暴露出自己没有常识以外，并没有什么好处。

这些先生们大概也都知道美日之间的贸易，每年达两亿三千多万美元吧，而且日本的飞机零件和汽油多是来自美国，可是这些勇敢的人物为什么连美日间存在着妥协的暗流都不敢承认，而偏却大惊小怪于日苏的“明流”呢？

日本外交的动向

载1941年7月8日《华商报》

黄药眠

六月三十日下午，德、意大使到霞关去访问，七月一日，德意和罗马尼亚就正式宣布承认南京汪逆伪组织。

希特勒不愧是一个阴谋家，它知道德国的突然侵苏，给松岗的外交掴了一掌，因此他急忙又把它拉回来，塞给他一把糖果。希特勒要拉住日本，因为日本对他还有用处，日本在远东可以牵制苏联，日本在太平洋上也可以牵制英美。

就是在德意两国承认汪逆伪组织以后，日本才于七月二日下午三时开了历史上第八次的御前会议，接着松岗于会后，发表了如下的声明：

“德苏战争不能单纯地看成德苏两国间的战争，因此必须密切注视直接围绕着这一个战争的各种环境，和列强对于这一个战争的行动和看法，并以有自信的准备坚决的意志，严密注视事态的推移。……我感觉到我们在远东，有异常紧急之情势发生，因此我们更需采取冷静与镇定之态度，遵从日皇意愿，在我们进程中勿蹈丝毫的错误……”

在这一个声明中，我们看到第一段说话，他是完全同情希特勒的；至于关于今后日本的外交方针，则似乎说得十分朦胧。

为什么自命为善于运用舌头的松岗先生，今天说话竟会说的如此朦胧呢？这除了国际形势“异常微妙”，松岗不愿意把日本的真正意图过早地披露外，他还有一个苦衷。据伦敦方面传出来的消息，日本统治层的意见是并不那么“一致”，而是异常的分歧的。有些主张立即发动攻苏，有些主张全力先解决对华事变，有些主张继续南进，有些更主张放弃轴心，而与英美调协。因此，在松岗的空洞的语言中，实包含着日本统治层的无限矛盾，所以他特别要说出“遵从日皇的意愿”。

不过，日本的外交方针是不是到现在还没有一个决定呢？那倒不是的。日本的外交方针经过七月二日的御前会议，原则上是的确已经有了一个决定了。正如伦敦泰晤士报，七月三日发表的评论所说：“德意西及其它轴心决定承认汪逆伪组织之消息，适于松岗声明数小时以前抵达，已使一般对松岗声明的重要性之推测，大为增加，该一决定意义之重要，在于其发表的时间。”

那么，什么是今后日本外交的基本方针呢？日本外交的基本方针，无疑的，乃在于反苏。我们知道近卫内阁是签订日德意同盟的内阁，今天，日本在外交上，受了德国几次的欺骗，然而近卫与松岗，还能够始终恋栈不去，这就意味着，日本对于亲轴心的政策并没有变更。而七月三日，苏联侨民一百五十人之决意撤退，更足为日本今后反苏外交之旁证。

围绕着这一个基本外交政策，所以日本必须向美国采取调协的态度。近卫在七月一日对合众社记者谈话的时候，他曾说“日本渴望与美国维持友谊关系，美日两国实无理由不能维持友谊”。又说，“德日同盟之目的，在使美国置身于欧洲之外。三国同盟之目的，系防守性质”。他说到“防守性质”时，还特意用英语来强调。

同时当全世界都注目于德苏战争的时候，日本暂时亦绝不放弃它对南太平洋扩展经济政治势力之积极的态度。近卫在他最近的演说中曾说过，“不管国际形势的发展如何，别的国家如何说法，日本必须依靠自力以推行大东亚的共荣圈”。根据这一个决定，所以日本与荷印的谈判要恢复了，伦敦四日合众电，亦有日本在金兰湾设立海军根据地，在越南南部设立空军根据地之消息。而日越与日泰所订之担保与政治谅解之草约，以及法日两国所订关于航运、关税、贸易与付款方法之正式条约，亦都于七月五日换文。希特勒一定曾对日本说过，德国将来有事于近东的时候，他必须更多的靠日本帮忙！

而日本也就乐得利用这个资态，来做他和美国谈判的资本。

至于在对华事件上，日本除了加强其对汪精卫的援助外，他必会以反苏反共来做幌子，加强其对中国的经济、政治、和军事的压迫，特别是对华北的进攻，或甚至想办法切断中国对南太平洋的国际交通线，以完成其解决对华事变之目的。

为什么日本的基本外交政策要反苏呢？这因为征服满蒙是田中奏章里面早就有过计划，而为日本军阀的宿愿；这因为，日本如果脱离了轴心，日本在外交上将变成十分的孤立，而失去了自己和英美讨价还价的资本；这因为，日本至少在主观上还企图着，用反苏来使它自己在轴心国和英美之间得到微妙的“统一”。

而且这样，以反苏外交为基调，日本内部所争论的南进与北进的问题得到了一个妥协，效忠轴心和亲近英美的问题得到了一个妥协，解决对华事变，和同时南进或北进的问题得到一个妥协。

可是这并不是说日本现在已经有了发动反苏战争的决心，虽然日日新闻是怎样的强调的说：“御前会议所决定的国策，日政府必须发挥同程度的决心，来把它变成事实！”

为什么？

因为，第一，日本在发动攻苏以前必须考虑一下自己的实力。东西两军应战，这早就是苏联的国策；而远东红军之力量，日本是领教过的。所以，在德国在欧洲还没有得到决定的胜利之前，日本还必须耐心地等待“丝毫勿蹈错误”！

第二，日本在发动攻苏以前必须考虑一下美国的态度，美国在目前的阶段上，不特对于苏联的自卫战争表示同情，而且在太平洋上积极建立军事据点，积极援华，美缅政府间更订立商务协定。美海长若克斯且提议，“美海军应立即利用其力量扫除太平洋之德国威胁”。美国这些步骤，自然目的是在建立世界的霸权，而且为将来大西洋有事时，在太平洋先造成一个可战可和的局势，可是在日本看来这是一个威胁，如果它要攻苏，它必须获得日美间的谅解。这就解释了近卫为什么郑重声明：“日德同盟目的在于自卫”。

第三，日本如果发动攻苏，它必须考虑到中苏间可能在军事更进一步合作，同时日苏间的战事一发生，日本内部的阶级矛盾也将会空前尖锐起来。六月二十八日，孟却斯得导报所说的话是对的，他说：“当中国还是坚强的抗战，英美表示了它对苏联的声援，而德苏之间又尚无决定的胜负的时候，日本如要于此时间向苏联进攻，那是一个很危险的赌博”。正因为有这样的危险，所以日本在目前才故作镇静来等待时机。

不过，德国既然是承认了汪伪，日本为了表现它对轴心的忠诚，总不能无所表示，它不能不摇旗呐喊。所以六月二十七日，伦敦方面早就传出日本可靠方面的消息：“美国如以战舰巡逻西太平洋，来保证美国货物对海参威之到达，日本决不坐视”，而七月四日，东京已正式披露日本考虑在太平洋西北部设立一“安全地带”。这显然又是和美国的“海洋自由”政策冲突。日本企图用反苏来“统一”它效忠轴心和与英美妥协的外交政策，在一开始就受到严重的考试。

至于今后日本如何去执行它的反苏政策，自然主要的还要看德苏间的战事如何，不过日本，如没有获得美国的默认，他还是不敢发动反苏的战争。至于德国失败了，那么日本的地位恐怕更是一落千丈。这就说明了日美的妥协，对于日本是如何的重要。

但是美国的态度怎样呢？自从德国发动攻苏以来，美国在大西洋所受的威胁是减少了，因而在太平洋的地位加强了，所以它对日本的态度比较强硬起来，虽然在基本上还是为威尔斯所表示的，希望与日本“和平”。至于和平的条件，六月二十八日华盛顿早报就曾这样露骨地说过：“美国和日本达到和平折冲的时间已经过去，除非日本重新改变它的政策。”

这里所谓“改变政策”，自然指日本独霸东亚的政策。日本无论想南进好，想解决对华事变好，想北进好，它的面前都屹立着一个美国，为了贯彻反苏，日本惟有向美国让步，而且也只有贯彻反苏才有可能获得美国若干人士，如胡佛、林白、丁汉姆、麦尔文之流的拥护。

然而在这一条件之下来反苏，日本的东亚霸权，也就成为了纸上的老虎。

可怜的日本，它比西方的意大利还要可怜啊！

法国大革命纪念
——想起了一百五十二年前的今天

载1941年7月14日《华商报》

一百五十二年前的今天，法兰西的人民不是曾以英勇的姿态冲破了巴士底狱的黑暗之门吗？当我们想到了法兰西革命的当时，法兰西的人民手上拿着庄严的“人权宣言”，向全世界宣告，不惜对全欧洲的封建势力投下愤怒的巨火，再和今天贝当统治下的法国人民比较一下，我们一定会感到感慨无比！

是的，人民的巨手曾把路易十六、查理第十之流一个个从政治舞台驱逐出去，可是今天，从另外一个社会基础上却撅起了新的法西斯的暴君。他以牛油取代面包，以特务代替了法律，以专制替代了人权，以飞机大炮代替了国际正义。在法西斯统治下，没有自由平等，只有服从，只有奴役，只有阿谀；在法西斯统治之下，没有人权，人民都被视作为聋人，为盲人，为虫沙，为草芥。卢梭、福禄特尔、狄德罗的故乡的自由、平等、博爱、人权所从而诞生的土地，现在是在希特勒的坦克车的铁链之下呻吟，而曾经过无数次革命的锻炼，流过无数量的鲜血，建立过灿烂的文明的优秀的法兰西民族，却受到最可惨痛的侮辱和剥削。我想只要是稍有一点正义感的人都会对于法兰西的人民寄予无限的同情。

可是法兰西之所以会有今日，远在一八七一年公社失败的时候，已经替它种下了远因。

经过了一七八九年，一七九六年，一八三零年，一八三四年，一八四八年多次的流血斗争，人民的政治觉悟是愈来愈高，革命的浪潮是愈来愈汹涌。到了一八七零年拿破仑三世在色当一战被人俘去的时候，巴黎的人民就已高举着“共和万岁”的旗帜，于是那些法兰西的无耻的政客们就不惜向普鲁士人转身投靠。

从前指天誓日，高呼着国家民族的甘必远之流是逃走了，贝柴因之徒是当敌人还没有来时，就把密茨要塞先献给敌人了，至于留在政府里面的梯厄尔、特罗卢、希姆、法威尔之流则正企图乘国家之危难来发一笔横财。

特罗卢说："巴黎总督决不投降！"

发露尔说："不割让国家寸土，不损失要塞一石！"

可是同时特罗卢之流却又暗中无耻地说：

"只要吃一次打败仗，断送了几万人，他们（巴黎的人民）马上就要投降了！"

意奥将军给师团长塞尚因的信，也特别关照他，要如何作假装防御的姿势，来行卖国之实。

他们甚至不惜以波尔多议会多数派的名义，无耻地恳求普鲁士的军队立刻占领巴黎！"宁予外寇，勿给家奴"，这似乎已是统治者的法则了。

至于梯厄尔自己最后跑到俾斯麦面前摇尾乞怜，并以法国政府能变成普鲁士的准政府为荣。他所领回来的十几万的俘虏，不是去杀别人，正是去杀巴黎的民众！

法兰西的第三共和国就是诞生在这"巴黎变成为漂流在血海中的废墟"的时候，就是正当奥尔良派和波旁王室正统派阴谋复辟的时候，共和宪法虽然是终于在一八七五年颁布了出来，可是它先天的在血管里就包含着有腐败的血液，民族叛徒的血液。

革命者的血和肉，都成为了泥土，于是法兰西逐渐成为二百家富豪们的股份公司。第一次欧战胜利以后，财富更集中了起来，十几个金融巨头操纵着法兰西帝国。巴黎是永远成为了奢侈和糜烂的象征，成为全世界冒险家、强盗、赌徒、无赖暴发户的销金窟！巴黎的卖淫妇向每个有钱人睐送着秋波，游乐场里，妇人们脱光了全身，扭动着屁股，这样来博取看客们的称赞；大理石的酒池里，明星之流脱光了全身在那里游泳，然后这些富豪们再从酒池里掏出一杯一杯的酒来，向这样勇敢的女人祝福！在海外的地方，法兰西的最腐化的官僚们，早就忘久了什么是人权宣言，早就忘记了自由平等博爱，早就忘记了他们自己所唱的马赛曲，到处散布着愚蠢与无知，到处引用着酷刑与欺诈，只要有钱，一切作奸犯科，鼠窃狗偷的行为都成为了正义。越南的青年跑到巴黎去，如果是认真读书的，那他是永远逃不了警察的眼睛，如果他是整天抱着女人的大腿的，每天到咖啡店里闲逛的，反而会被法兰西的官僚们认为是可爱的种子。他们自己腐化，他们一定要使别人更腐化；他们所夸耀的不是狄德罗，不是卢梭，不是雨果，而是巴黎的花、酒和女人。

至于那些所谓政治家们，他们只会在议会讲坛上指手画脚，口沫飞溅地说些连他自己都不知在说些什么的假话，他们只会选择最美丽的字句来欺骗人民，他们只会背诵着道德的教条来掩饰自己的罪恶。莱诺是给妇人缠昏了头的胆小家伙，勃伦是他要带路，而自己却先迷路的好汉；赖伐尔是出卖法国最早的先驱，赫里欧是惯于走江湖的说客，佛兰亭是慕尼黑事件后，无耻地向希特勒庆祝捷克胜利的叛徒，卢纳是最不愿意得罪希特勒的勇士，波多恩是安南银行的董事长，又是墨索里尼的义子，述拉第是屠杀法国人最勇敢，而被人宰割的时候最客气的礼让之士，甘茂林是坐在马其诺防线后面幻想希特勒东征的幻想家，而贝当则更是法兰西第二帝国遗留下来的渣滓，绞杀西班牙共和政府的凶手，法西斯火十字党罗克上校的灵魂，魏明是保皇党的滑头，洪特辛格尔是发梦多过于工作的老朽，而达尔兰则是希特勒一手提拔起来的流氓，做法西斯驻巴黎代表的伯里浓更是著名的德国第五纵队的小卒。他们这些人继承着梯厄尔、特罗卢之流的可耻的传统，而且还超过他们。没落的法兰西富豪们，他们竟能网络到这样多的垃圾和渣滓来当民族的精华！

然而他们始终也不承认是他们自己毒害了法兰西，他们要这样无耻地说：是左派的捣乱灭亡了法兰西。维希政府肉麻的说，是法国人民的身体太差，酿成了法国军事的惨败。达尔兰对人民说：“法兰西人民的责任就是锁着贝当和我来！”那么他们这两位究竟想把人民带到什么地方去呢?

法兰西的富豪们、将军们一向是把法兰西的人民看成是他们自己的奴隶的!奴隶的主人们是从来也不会感到自己出卖奴隶的权利为可耻,因此说,法国是战败了,所以法国有出卖自己给战胜者的权利!法兰西的统治者们是一向对法国的法西斯并没有什么仇视的,早在欧战爆发以前,就曾有人奔走于德法之间,努力结成法西斯蒂的阵线,对原料和市场都实行了"合理"的分配!现在法国的富豪是打败了,所以他至多不过是把他的利润再分配多一点给希特勒的老板,他们能有什么民族的观念呢!我们不看见法兰西的官员们,大金融巨头们,还是照旧逗留在巴黎与德国的将军们周旋于灯红酒绿之间吗?我们不看见法兰西的许多军火工厂还是加紧开工吗?只要杀人的事业还是进行,那么自然有更多的利润,所以不足为奇的,法兰西的富豪们是拥护希特勒的,他们既是做了希特勒的同事,他们自然希望希特勒有更多的奴隶,所以他们要帮助希特勒去征服别的国家。老贝当一见德苏战争发生,马上睁起朦胧的眼睛对希特勒的勇敢表示"满意"!

然而尽管贝当、达尔兰、洪特辛格尔门的背叛民族,甘愿在纳粹德国的铁靴下磕头,法国人民是绝对没有忘记一七八九年以来的革命传统,绝对没有忘记他们的祖先是如何挣脱路易十六、奥尔良王朝和波拿巴的铁锁的。我们开始看到荒废的村庄里,才复工的工厂里,传播着反抗的语言,闪动着忠诚的,热情的面貌,在纳粹的刺刀旁边交流着复仇的眼睛!而且今天,革命已经不仅是一个巴黎,而是整个法国,不仅是整个法国,而且是全世界反法西斯侵略的人民,如果在一八七一年胜利的是梯厄尔之流,那么我们相信在不久的将来,是公社的英雄们的子孙获得胜利!在法西斯蒂的侵略者的废墟上,在民族叛徒的废墟上,建立起新的人权,新的自由、平等、博爱的法兰西!

今天我们中国也正是在和法西斯蒂侵略者作殊死战斗的时候,而且我们中国亦同样可发现有贝当式的民族叛徒,可是我们是一直主张抗战到底的，我们是愿意永远和法兰西的人民肩并肩地战斗！

“冬天如果到来，春天也就不远了”，我们不久将看到新的法兰西的人民的春天！

检查一下自己

载 1941 年 10 月 11 日《华商报》

黄吉

今天是民国诞生三十周年纪念,我们如果把这三十年的历史回顾一下,那我们就一定会觉得这一个年轻的共和国真是经历了不少的苦难的日子!乃至七七抗战爆发,中华民族才算一洗过去屈服的耻辱,而且对外树立了抗战政策,对内提出了民主的口号,中华民族重新寻到了自己的灵魂!如果过去的双十节只是沉痛的纪念仪式,那么抗战以来,双十节已经是充满着革命的光辉,成为人民纪念新国家诞生的骄傲的日子了。

在中华民国诞生的三十周年纪念的今天,我们旷观未来大势,的确可有无限的乐观;国际之援助日增,胜利之期日进,敌伪之困难百倍与我,此乃有目共见之事实。不过我们如果只知善颂善祷,自满自足,忘记过去所经历的艰难,和所做下的错误,那是绝大的错误。相反的,我们以为今天我们实有根据中国人民的立场,来对政治的措施加以批评的必要,而自称民主的政府亦应该欢迎人民的批评,因为我们的批评的目的正是要督促政府,改善它的措施,使它和人民的要求一致,以此来增加抗战的力量。

抗战四年来,我们看见了有哪些缺点,当然如果细说起来,绝非这样的短文所能尽,现在只能举出其荦荦大者:

首先从军事方面说,抗战军兴到现在,已足足四年有余,在最初一年敌人以优势之兵力席卷华北,西抵汉皋,南封粤海,声势赫赫,但我军以逸待劳,以静制动,敌人之师老无功,到现在已三年于兹,照理,我们在这三年中应该早已储蓄足够之实力,当此英美苏荷联结一起,国际援助日益增加之际,乘机作战略反攻,收复失地,然而事实上并不如此。在外交上由于国际环境之有利，于是曾经有人希望借英美之助来压迫日本吐出其赃物，也有人希望日本南进或北进，出于英美或苏联对日本的冲突，自己可以坐以获利。正由于这些投机心理，训至民族自信未山提高而反映在军事上，我军不特不能乘敌人之疲，加以反击，反而陈精炼之师于河西循、函之间，以为对内之准备。敌人的铁骑尚未出国门，而抗战阵营已先兆分裂之端，今年春季，敌乃乘此间隙，袭击中条山，继之，再袭豫西复窥上高，突袭长沙，虽敌人结果无甚所得，可是其找寻我主力各个击破之企图则至为明显。可惜的是当敌人在一隅蠢动之际，而我军在其他各地却无牵制之师。如此坐以待敌，任其寻找主力以消耗我军，绝非主动的战术！所以，今后长沙之役的胜利为基点准备作战略的反攻，同时准备敌人于无法南进，北进之时倾巢西进，应该是今天我军在军事上主要的课题。

再从经济上说，自从敌占华北及沿江财富之区，封锁沿海各地，我生产减少，贸易停滞，人民生活困难，而同时国家的税收，因军需浩繁，增发通货，遂至引起物价昂贵。照理我们对此，应本孙中山先生的遗训实行平均地权节制资本，奖励生产和自由贸易，加重富者之负担，减轻平民之剥削。然而事实上却又并不如此。在生产方面，政府正在原料、交通、工具上加强各种“统制”，且以交通不便，物资难于内运，遂驯至大后方的生产事业不能顺畅发展，□□。在农业方面，实物征收已开始实行，农民之负担已增加了二三十倍，而政府却从无确实的办法，以保证此种负担不完全落在中产贫农和佃农身上；在奖励垦荒的政策上，政府的着眼点，仍企图恢复残破不堪的农村公社，间接加强地主乡村保甲的力量，而不肯放手给农民自由开垦；财政方面，差不多以增发钞票来做填补财政赤字的手段，而忽视如何去从战时利得身上，开发财源，关税的着眼点，只是注意于增加财政之收入，而忽视如何去造成繁荣国民经济的条件。外隅统制不能与对外贸易之统制平行，在原则上仍维持上海国币的外汇价格，至使以平准会有限之基金拿来大量填补上海每月平均七百万美元之入超。正于这些错误之措施，至结果抗战四年多，而大后方的生产事业不能开展，至于囤积居奇，走私偷运，自然更增加人民之痛苦。

再从政治方面说，一面高喊民主，而其实并不民主，特务政治到处纵横，所谓参政会更不过是政府的咨询机关，并不能相与于英美之议会，更与孙中山先生所规定之人民权利相差甚远。所谓从健全地方基层组织来实行民主，其实亦不过是加强地方保甲制度，提高家长地位，而且如此由县而省，由省而国，其中间尚不知需要若干时日，当此全国上下均须一致团结迅速决胜的时候，更何能久待！所以这种办法实际上只是拖延时日的政策、其结果一定还是照旧一党专政，照旧是几个地方绅士点缀门面，而在抗战中牺牲最大，对抗战出力最多的人民反而没有最起码的政治地位，发表其政治主张。民怨既无从上达，而特务政治又势必更加嚣张，如此辗转相循，其自坏长城是决无疑义。

凡此种种，均是目前抗战中最大的弱点，如不改革必至损害自己抗战的力量。

现在国际环境有利于我，正是我们反攻敌人，求得彻底胜利的千载一时之机会。在这样有利的条件之下，首先必须自立自强，□□□，余毒涤除，把满清过去“宁予外寇，不给家奴”的恶劣传统打破，必如此才能说到真正的团结驱逐外寇。

□□□□□□□□□□□□□□□□□□□□□□□□□□□□□□。（被检）

略论美国援华的意义

载 1941 年 10 月 6 日《华商报》

药眠

自从纳粹的铁蹄向东欧迈开了脚步，大西洋的风浪暂时的和缓下来，以后，山姆大叔的世界政略是一方面援助英苏打击希特勒，而同时却在太平洋方面不断地巩固着自己的地位，美国之积极援华就是根据于他这一个整体的政略出发的。

自从蔻里来华以后，美国对华援助逐渐紧张，最显著的是：

它借给我们以五千万美元的巨款，它派遣飞机及航空技术人员来华，它派霍克斯来华参加财政部的工作，它派拉第摩尔来华做委员长的顾问，它派格拉第来华调查中国的经济资源，它派遣工程师来中国帮助建滇缅公路，它派遣使节来扫除滇西南一带的热带病，它派遣以马格鲁达为首的军事时节，他答应就中国的美国红十字会要继续扩大规模。这一连串的事实使我们看到，美国的援华的确是考虑得十分周到，它不仅借钱给我们，而且还注意到这些钱的用途，它不仅供给我们的武器，而且关心到教育我们怎样使用武器，它不仅供给我们以物资，而且还关心到怎样才能使这些物资内运。所以在今天，自由中国的政治、经济、军事各首脑部门都有着美国的使节了。

当然在目前我们对于美国的这些援助是表示欢迎的。第一，它增加了我们抗战的实力；第二，它提高了我们对抗战最后胜利的信心；它促使了我们中国国内若干的进步；第四，它提高了中国国内比较倾向于民主的亲近英美的势力；□□□，因此，如何改善中国本身的政治组织，站在民族的立场来善于利用友邦的帮助仍是当前的课题。

显然的,中国内部目前正存在很大的困难,□□□□□□□□□□□□□□□□□□□□。我们有了物资,必须能善于利用物资;□□□□□□□□□□□□□□□□□,我们有了人才,必须能知道应怎样来使用人才。横在我们面前的,像如何平抑物价的问题,如何减低劳苦人民的负担问题,如何保障人民之生命财产和思想之自由的问题,如何实施宪政实现民主政治的问题,这都是决定抗战成功或失败的基本问题。这些问题既非友邦人士所能解决,而且也不应该友邦来越俎解决!比方改善人民生活问题,难道这也要远住在白宫方面的罗斯福总统来关心吗?比方民主问题,□□□□□□□□□□□□□□□□□□□□□□吗?又比方后方工业建设的问题,如果自己不努力,而专靠美国的投资,那么即使在中国内地建立了许多工厂,但归根到底,究竟还不是中国的民族资本!所以中国抗战的成败,主要的不决定于友邦帮助的多少,而决定于国内政治之是否进步,只有在政治上能够不断进步,我们才能利用友邦的援助,并使这些援助真正的有利于抗战,而不至于浪费友邦的援助。(以下一百六十字被检)

□□□□□□□□□□□□□□□□□□□□□□□□□□□□□,但是我们相信在中国全体人民用一切的方法努力要求改善之下,在政府的某些眼光远大的人士的善意考虑之下,我们绝对不能宿命地断定,其绝没有若干进步的可能:我们也承认中国国内经济的危机日益加深,各种矛盾日益错综复杂,但是国内战争并不是宿命的不可能避免,因为目前中国各党派在抗战的前提之下,均一致主张加强团结,拥护抗战政府,中国没有一个政党,一个政治派别,愿意发动内战,我们相信在民族危机如此深刻的时候,我们中华民族能有此魄力来承受一切最艰苦的历史的考验,能有最大限度的忍耐!

所以我们今天欢迎美国对我的帮助,同时还希望今后有更多的帮助,不过为的使这些帮助获得实效,我们人民本身还得加强努力。

最后我们希望热心帮助我们的友邦人士,他们能够技术上物资上帮助我们,同时还应在民主政治方面,民主经验方面,多提供一些有益的帮助。□□□□□□□□□□□□□□□□(被检)

斯大林的战略思想

——纪念苏联十月革命

载 1941 年 12 月《青年知识》第 14 号

黄药眠

十一月七日是苏联的十月革命纪念节,年年此日,苏联人民都有着盛大的庆祝。可是今天当希特勒倾巢向苏联进攻的时候,莫斯科列宁格勒的周围都笼罩着一重乌黑的暗云,德苏战局正进入于紧急的阶段。至其结果如何,不仅有关于苏联人民之命运,而且有关于人类历史的前途。所以今天,我们约略的来了解一下苏联最高统帅斯大林的战略思想当是一件有意义的事情!

我们都知道斯大林是一个政治家,我们又都知道战争是政治的延长,所以斯氏的战略思想是从他的整个政治的经济的理论体系出发的。他没有一刻忘记苏联是在各列强包围中的社会主义的国家,因此他无时无刻不警告苏联的人民外国侵略的危机。本来在社会主义国家里,正如恩格斯所说,采取民兵制度也就够了,可是苏联经常的拥有庞大的常备军,有十四间的陆军大学,有遍及民间的航空化学会。在苏联,每一个党员必须懂得基本的战术和指挥,每一个青年必须会做准确的射击,每一个儿童团员相见的时候,不是说"晨安",而是说"随时都在准备着!"从苏联的诞生到现在,这二十四年间,苏联的领袖就无时不以"我们要建设和平,但必须随时准备迎击外寇"的基本原则教育民众。

可是斯氏很知道光在政治上思想上武装是不够的,要从事于对外战争与强敌周旋,苏联必须要有近代化的产业基础,必须要有新式的武装。所以当第一次五年经济计划开始的时候,他答复右派布哈林之徒说:"我们必须立即完成产业化的计划,决不能延迟,因为我们是在列强的包围中的社会主义国家……"他说:"让我们把苏联放在汽车上去和资本主义国家竞赛吧!”当第一个五年计划完成的时候,他更毫不掩饰地说出了这个计划的完成之军事的意义。他说“苏联由衰弱的及国防没有准备的……变成了有力量大规模生产一切现代的国防手段,及在外来袭击的情况下把他们供给自己军队的国家”。

有了这精神的和物质的基础,现在才说得上如何去运用由这个战斗意志和物质凝成功的军队的战略,和保证这种战略的执行。

我们都知道,在苏联内战,和反对干涉的时期,斯大林氏在柴里津之役,培尔姆之役,列宁格勒之役,南战场之役,都会建立下辉煌的功劳,也就在几次战役中,他表现出他的战略上的才能。他的战略简单的说起来,可有如下特点:

第一,当他规定作战计划的时候,他不仅从双方的兵种、兵力、装备、企图、运动速度、地形、天候及其作战的习惯去估计,而且还估计到每一种军事行动之政治的意义和人民的向背:当他在南战场作战的时候,他估计到乌克兰和顿巴斯工人阶级对红军的同情和援助,因此决定把主攻的方向放在经哈科夫顿巴斯,到罗斯托夫这方面,而坚决抛弃当时高级指挥部的九月计划,即从柴里津向诺夫西罗斯克经过顿河草原的攻击。

在他给列宁的备忘录中,他这样写着:“如对着哥萨克乡村进军,只能使哥萨克联合起来反对我们以保卫他们的乡村……这无异给丹尼金创造一支哥萨克军……”如果换上新的计划呢?他又指出了几种好处:“第一,这里没有敌对关系反而有同情我们的环境……第四,我们有可能使哥萨克去反对丹尼金,因为他在我们胜利进军的场合要哥萨克部队投到两方去,这却是大多数哥萨克不同意的;第五,我们可以获得煤,而丹尼金却没有煤;第六,我们可以获得非常重要的铁路网和给养……”

我们都知道,普通的战略家是不会把人民的意志和力量当作为决定战略的重要因素的。

第二,正如他在政治上常常能够抓紧主要的一环一样,他在战略上也是主张几种一切可能的力量，向敌人的弱点猛攻的。

在他一九一九年十月所下的两个指令中曾有这样的几句话：

“在执行规定的任务的时候，不要全线推进，而是要用两翼集中兵力的袭击，加给在最重要的方位上活动的敌人的主力，要注意到，只有机动才能获得成功，要特别注意到适合目的的地利，用骑兵队来袭击敌人的两翼和后方，把骑兵队大规模结合起来集中在两翼，同时保证着联络……”

“我对各军的指挥员证实了：要记着我们在奥略尔和伏罗涅支附近所达到的成功的条件，是不分散自己的力量，而是在选定的方向上，把突击队集中在狭小的战斗上，突进地和坚决地战斗。在全部期间都和自己的部队及相邻的部队保持巩固的联络。”

根据着他这一个原则，他会不顾当时最高指挥部的反对，而将第一，第二骑兵团及一个保卫旅组织成一个骑兵军，以最大的机动性向敌人突击。这一个骑兵军的成功，曾转变了整个南战场的局势。

第三，他在政治上的战略和战术的见解，同样的可以运用到军事上。他在论战略和战术的时候曾这样说过：“战略最重要的任务，是决定这样主要的方向：即工人阶级所应当沿着它的方向前进的，是为着达到纲领所规定的目的，而替无产阶级最有利地加给敌人以重大的打击的。战略的计划是在某种方向中，组织决定袭击计划，并使这种袭击能够最快地收到最大的效果……”

“换句话说，决定主要的袭击方向，这就是表示预先决定战争的全部期间的作战性质，可以说预先决定了全部战争的十分之九的命运战略的任务就在这里。”

至关于战术的定义，他是这样说的：“战术是战略的一部分，它是服从战略的，为战略而服务的，战术不是处理着全部战争，而是处理着它的个别事故、战斗、交战……战术最重要的任务，是决定着这样的方策和手段，这样的斗争方式和方法：他们首先是适合这个时候的具体情况，是最忠实地准备着战略的成功。因为这种缘故，战术的行动的结果，不应当按他们本身来评价，不应当以直接效果来评价，而应当以战略的任务和可能性的观点来评价。”

把他这两个定义应用到今天的德苏战争上来，那么它的意义更明白了，即目前苏军对若干地区之撤退是不能从这些战役的本身来评价，而应当从他所能阻止纳粹执行战略计划的程度上，和保证苏军有可能来执行自己的战略计划的意义上去了解的。

总括的说起来，斯氏的战略思想是包括以下几点：第一，强调战争的政治意义不仅在军队里面，规定明确的作战的政治目的，而且在国民全体中间亦使之贯彻的明了作战的目标，以保证整个国家机构的顺利的军事动员。第二，注意于战时人民的生活的维持，和军队的给养，武器之生产，运输和分配，把整个国家变成战时的经济机构；第三，从敌我双方之政治、经济、军事、文化各种力量的对比以及国际间和敌国内部的诸种政治力量的交错来决定整个战略方针，在适当的时机，大胆的、机动的用一切可能的力量集中向敌人的一点突击。

在对法西斯蒂的对外侵略的力量，斯大林曾有一个很好的比喻，他说：法西强盗向外侵略正如一个小动物在棍子的两端跳舞，当他向外面一端走去的时候，他里面的一端却翘起来了。从他这一个比喻里，我们就不难看出藏在他袋子里，能够预先决定全部战争的十分之九的命运的战略决策是怎样的一个东西了。

恩格斯在一八四五年曾这样写着：“……这种社会的成员，在战争情况下……应当保卫真实的祖国，真实的根源地……所以他将来会兴奋地，坚决地，勇敢地战斗，在他们面前，机械地教练成现代军队，当然会像干草一样地飞散的……”

当苏联十月国庆纪念的今天，我们以站在同一的反法西斯战线的朋友的资格，正衷心地盼望着法西侵略者们在苏军的抵抗下能像干草一样地飞散啊！

不要太悲观也不要太乐观

载 1944 年 4 月《青年生活》第五卷第一期

达史

现在首先谈到欧洲战场，自从二月二十二日邱吉尔在下院发表战局报告，说他从未说过一九四四年可以结束欧洲战争以来，各方对于欧洲战局又发生了许多悲观的猜测，甚至有些人回想到一月底《真理报》所载的关于英苏的和谣。其实，西欧战场之不能不开辟，已经是一个决定的事实，英美盟国为了维持它们在世界上的威信，为了巩固他们将来在欧洲大陆上的发言权，为了履行英美苏三强会议的诺言，为了满足欧洲的人民和英美国内的人民的要求，他们都得开辟第二战场。到了四五月间，天面干燥，英伦海峡的海面风平浪静的时候，这一个历史上空前壮烈的场面，大概终于是要揭幕的。

也有人从这一次盟军在意大利安其奥登陆作战的经验，怀疑到盟军在西欧登陆之能否成功，不过我想，盟军不在西欧登陆则已，如果是登陆，它一定已经有了胜利的把握。在西欧登陆虽然有比在意大利西岸登陆较困难的条件，但也有比较有利的条件。英伦海峡最狭的地方，才二十二哩，可以得到远射程炮的掩护，盟方在空中占有优势，而英伦三岛已储蓄下了最强大的空军，此外法国人民的内应亦必然会起相当大的作用。

至于说一九四四年是否能胜利地结束欧洲战争，我想，这当然有大部分要看军事上的进展如何，不过，当我们谈一九四四年可能结束欧洲战争，绝不仅是指单纯的军事胜利而言，因为盟军要想完全靠军事力量在今年以内打垮德国那是很困难的。（在过去一些时日，有些美国的政论家希望以对德国的空中战略轰炸击败德国这是多么大的空想啊！）因为德军虽然失去了主动，但当它缩短防线采取守势，则还尽可以维持一个时期。所以要击败德国,军事的进攻还不够,一定要配合政治的进攻。当然我们在这里由于消息来源的缺乏很难了解到德国内部的情形,但无疑的,由于战祸的延长,胜利的无望,生活的困难,损失的惨重,空袭的频繁,封锁的加紧,资源的缺乏,这些都会影响到它国内的民心和士气的。只要盟国能施以适当的政治攻势,先支解其附庸国家,提出德国人民认为比较合理的条件,则当外面的军事力量压迫发展到相当程度时德国内部的崩溃是一定会到来的。

另外,芬兰如果退出战争,这会给予德国以战略上一个很不利的形势。这不特会使到它很难在挪威立足,而且会使得它在右侧翼受到很大的威胁,苏联波罗的海舰队的活动,同样的会增加德军守势战略的困难。

如果人们对于欧洲战场怀抱着过分悲观的情绪,相反的,有许多人对于太平洋战场却持着过分乐观的意见。特别是当美国海军舰队从吉尔培特向马绍尔群岛跃进,接着又占领安尼维托,向杜鲁克,向加罗林群岛之塞班岛进攻的时候,人们以为美国海军如能保持着这样迅速的闪击的速度,则半年以内即可攻进日本的本土,他们以“千里眼”从夸加林,一望就望到波那普、杜鲁克,由杜鲁克一望就望到菲律宾,望到台湾,而北面则由马尔库斯岛,一直就望到东京。不过这种看法,我们觉得未免太天真一点了。

不错的,从这一次中太平洋的各次战役看来,日本已暴露出了不少的弱点。第一它的空军力量不足以掩护它的远洋的海军;第二因为缺乏空军掩护,它的海军就不能充分保护远在千里以外的外围岛屿;第三因为战线拉得太长,运输的船只不够,兵力分散,又难于得到海上的增援。然而这些一切都不能作为日本于半年内就会垮台的论据。这里有几点可以注意的地方:第一,杜鲁克岛之役,证明日本海军主力并没有驻在杜鲁克,但是美国海军并未能迅速予以占领;第二,即使杜鲁克能够打下来,这里距离东京还有两千哩的海程;第三,从中太平洋进到日本的内圈防线,它在广阔的洋面上还有不少足以为抵抗中心的岛屿;第四,日本海军主力始终还埋伏着不肯出来;这是盟国海军作远洋出击的最大敌人;第五,日本海军如能获得地面上强大空军的掩护,对由于航空母舰为基地的空军所掩护的美国进攻舰艇处于有利的地位,因此进攻菲律宾等决定的战略中心决不是一件容易的事情。第六,愈走近日本的内围防线,敌方的交通运输一天天缩短,而盟方的交通线反而一天天拉长,所以这里要提防敌人退到一定的程度的时候,突然作猛烈的袭击和反攻。第七,美国的海陆军领袖曾不断指出要击溃日寇必须在亚洲大陆上击败它,这就意味着光靠太平洋海军的胜利,是不能击败日本的;第八,诺克斯在对新闻记者发表谈话的时候,曾指出在中国的滩头登陆是件不容易的事情。

这些一切都说明太平洋战争的前途还是相当艰苦。美国的有识之士曾估计,对日战争可能于一九四六年结束。这种估计虽未必准确,但这至少可供一些速胜论者的参考。

至于日寇的海军为什么始终隐藏不出,有许多外国专家和记者表示了意见,认为日寇没有远洋作战的海军传统。这种估计,我亦认为过于轻视了敌人。日本之所以把海军隐藏起来,第一是在政略上它应该这样做。因为德国在前线的不断失败,使得日寇不能不在政治上考虑到德国失败以后它自己所处的地位。到那时它唯一可能的策略是吐出占领区的一部分向英美盟国发动和平攻势,而目前则努力保持着自己的实力;第二,它在战略上亦应该这样做,因为,为了要获得陆地空军的掩护,它的海军主力绝不能冒险驶出远洋去作战。诺克斯说得对,他说日本海军目前还是效法日俄战争的故智,让敌方力量分散,到最后,才选择最有力的地点集中火力向敌人一击。

总之,我们不能远望着太平洋的战争而在那上面寄托以全部的希望。“最后击溃日寇的地方是在亚洲大陆”,盟国人士的这种说法是值得我们警惕的。

至于缅甸战场,由于蒙特巴登将军始终不肯作积极的行动,在下一次雨季停止之前,恐怕很难有什么大规模的动作。在胡康山谷苦战中的我远征军虽已打到了孟关,但距离密支那的直线路程还有一百二十公里左右,这条路是很难走的,缅甸的雨季,两个月以后就要来了,这一方面的战事恐怕终于要因气候的影响而停止下来。

贝瓦列治计划及其批评

载 1945 年《大学》第 4 卷 1 ~ 2 期

黄药眠

(一)贝瓦列治计划的缘起

贝瓦列治计划——这是近年来英国一般社会人士极为重视的文件。自从披露以来,曾引起了不少人的议论,有些人认为这是国家的个人经济生活表示负责的开始,有些人则认为这是社会救济的最良好的模范。现在这个计划已经用英政府的名义公布出来了,我想现在就趁这个机会让我们来把它研究一下。

贝瓦列治爵士工作的开始是在一九四一年六月,当时英国政府曾指定以威廉贝瓦列治为首的委员会开始调查国内各种社会保险和社会服务的现状。一九四二年十一月,贝氏提出了他个人的报告,一九四三年二月,在议会里经过了一次详尽的辩论。一直到去年九月二十五,英国政府才正式把它公布。

因为政府公布的计划和贝氏原来的草案差不多很少有大的改动,所以今天我还是以贝瓦列治计划为题,来加以介绍和批评。首先在这篇文章里我是说明产生这个计划的政治背景,和在这以前,英国的各种社会保险和救济;其次,则约略地介绍它的内容和附以我个人的批评的意见。

(二)产生贝瓦列治计划的时代背景

不可否认的,经过了这几年来反法西斯主义的战争,英国的容貌已有很大的改变。不仅国内各社会阶层的力量对此和以前不同,就是人民的心理和精神也已经起了一个很大的变化。

当一九四〇年到一九四一年间,法国已经灭亡了,差不多只有英国在那里支撑着危局。在这时候,德国纳粹们的长射程大炮从多弗兰海峡那边打过来,纳粹们的成群的飞机在威胁伦敦八百万市民的生命,就是围绕在这古老帝国周围的海洋也并不见得完全是同情于它的苦难的命运。在这海上有轻快的纳粹舰艇鱼雷,有潜艇,有飞机的袭击。“饿死英国!”这是希特勒在柏林广扩出来的豪语,在这个时候,的确英国是已经到了生死存亡的关头了。

也正是因为这一个严重的民族危机,使得英国人民从百多年来的安富尊荣的生活中惊醒过来,从坐收利润的安乐椅中惊醒过来,全体人民都被动员起来,为了保卫祖国自由参加了战争。不管当时英国政府作战的目的如何,但有一件事实是不能忽视的,那就是这一次英伦的保卫是具有伟大的人民战争的性质的。

从最近英国政府发表的白皮书看来,也正是证明这一点。全英国四千六百万人口中,就有二千二百万的适龄男女(男子从十四岁到六十五岁女人从十四岁到六十岁)被动员到军队或产业中直接参加作战的服务。根据一九四三年的统计,参加生产,国防或军队的男子已有一千四百八十九万六千人,占英国全体适龄男子的百分之九三.六。适龄的女子有七百万人在穿着军服,在各军事或生产机关服务,占全体适龄女子百分之五十五,独身女子百分之九十。这些数字,都在说明联合王国的全体人民已自觉地成为了一个战争的整体。

为了要挽救祖国的危亡,就得要人民的彻底动员,就不能不实行经济上合组的负担。动员富有的人的财富来维持这千百万为国家出力的男男女女,一方面则鼓励节约和储蓄,在这一点上英国政府的的确也做到了相当成功的地步。例如私人的储蓄,据一九四三年的统计,已由一九三九年之三万六千万磅增加到七万五千万磅,消费量从一九三八年到一九四三年减少了百分之二十一,衣服的消费减少了百分之四十五,靴鞋减少了百分之二十七,家具减少了百分之七十七。因此每个人每十三个月才能买一双靴,他的妻子每年只能买五双至六双的袜子；所得税从战前的三万三千六百万磅增加到每年十一万八千三百万磅，纳所得税的人从四百万增加到一千三百万，每年有一万磅收入的人，必须纳三分之二以上的税给政府，那些收入更多的，则其纳税的累进率也格外提高，最高的达到百分之九七．五。虽然这其间，难免有富有阶级逃脱的弊病，但至少英国政府已相当的做到了有钱出钱有力出力的原则。这是不容否认的。

然而这不过是事情的一面，在另外一方面，我们可又看到了大英帝国在这次战争中巨大的财富的损失。大家都知道从战争开始以来，英国所耗去的战费已达到二百五十万万磅，而一九四三年一年即花去了五十七万八千三百万磅。此外商船的损失达到一千一百十多万吨，输出减少到只有战前的百分之二十五，海外的资产十一万六千万磅是被卖光了，而负债却增加到二十三万万磅，这些的确都是惊人的数目。

从我上面所引的那些统计数字上，我们可以得出什么的结论呢？我想我可以指出三点：第一，经过了这次法西斯的可怕的进攻，英国的人民也和其他国家的人民一样，在政治上有伟大的觉醒，而且在这个长期的保卫祖国的战争中，他们也已有了比较坚强的团结；第二，产业自由的原则已被修正，资本的扩张也达到了相当的限制，可是也就是在这个基础上，英国才完成了国内的休战和一致对外的统一战线；第三，战争的消耗过大，这使英国的产业大伤元气。

可是现在胜利的远景一天天接近，英国政府将如何把这些在战争中发展出来的局面，再收拢来回复到和平的基础上去呢？以前被战争推到远处的问题，现在都一个个紧迫起来了。战争一旦做到大部的复员，国内的休战状态，也就可能随之停止。在人民方面所关心的是如何保障不会失业，和如何容纳这数百万从战线上归来的士兵，他们曾经用汗血和劳役保卫了祖国，他们是再也不愿意看见同战前一样，都是数百万的常备失业军流落在街头，何况苏联的宪法早就以国家的力量保证了人民的工作和生活的权利，罗斯福总统也一再强调经济的民主，而大西洋宪章也保证过战后社会，人民有不虞缺乏的自由呢？

可是在另外一方面，在富有阶层方面，战争一旦结束，他们所希望的是要如何立即取消战争时期，政府所加于他们的沉重的负担，他们所关心的，不是经济的民主而是产业的自由。再就英国的一般的产业情形说，这里也横着有许多的困难，如何把生产机构恢复到和平状态的问题（在这一点上，英国比美国和苏联都要落后）如何去找寻到足够的原料以继续生产行程问题，如何在生产技术和生产组织上改进的问题。这里每一个问题都和整个的政治立场有关。保守党和工党各有不同的政治立场，因此，对于每一个问题也就各有不同的解决方法。

邱吉尔很明白，如果依照他自己的政治立场来草拟一个积极的经济政策，一定不容易得到人民的拥护，而且还会引起了他和工党间过早的纠纷。因此，为了提高他自己的威信，为了增高他自己的国际声音，他就先把积极的经济政策和计划放开，而先从消极方面着手。他不是说如何根本地消灭失业，而是说如何救济失业，他不是说如何消灭老者，病者，家庭，居住的困难，而是说如何救济这些人，减轻他们的痛苦，贝瓦列治爵士的社会安全计划正是一个消极的救济计划。

（三）在这个计划以前，英国的社会保险救济事业

如果一个不十分明了过去英国的历史的人，匆匆的把这个计划一瞥看去，他一定会给它的计划的周详和范围的广泛所震惊，特别是我们中国人，一向都是把痛苦和灾难归咎于神和命运认为与国家社会无关的人，一看到这样详尽的计划，更会认为这是了不起的改革。因此我觉得为了更客观的了解这个计划的意义，我必须在介绍这个计划之前，先把它所从而产生的历史的背景，约略的叙述一下，它决不是从天而降，只要仔细研究一下，就可以知道它不过是从二十世纪开头以来许多的社会改良，社会服务，和社会保险所发展出来的。

大家都知道近百年来，大英帝国是全世界数一数二的资本主义

国家,它拥有广大的殖民地,拥有丰富的资源,和广阔的市场。他有巨额的海外投资,和众多的商船,每年从殖民地以利息和利润的形态流进大英帝国的数目总在万万磅以上,正因为有这样丰厚的利润,所以英国的富豪们才比较的慷慨,不惜分出一部分赢余来救济本国的贫民。据统计,英国全国用在社会服务上的钱,约等于国民总收入的百分之十。所以英国的社会安全保险是除了纽西兰以外,占世界第一位的。

还在一九〇〇年,政府就曾宣布有贫穷法,对于工钱劳动者之因年老等意外,而没有收入的人,给予收入维持费,那时每年的支出才不过三百万镑,可是以后,各种救济项目,预算每年都有增加,到了一九三九年,养老年金,每年达九千车百万镑,失业救济金九千万镑,医药救济金一千八百万镑,连合其他的救济金,每年社会服务的预算总数,达二万三千六百万镑,这些钱主要的都是由人民自动或强迫缴纳的保险费募集得来的。除此以外,还有工业补助费六百七十五万镑,公众协济费(即过去的贫穷法)二千四百万镑,这些预算实际上还没有包括实物,社会救济,如教会及慈善机关的救济,教育费(战前每年约需一万万镑)和公众房屋设备等。(每年均需二千万镑)如所周知,从一九二〇年到一九三九年,就一共建了四百五十万间工人式的住宅。

即在战争爆发的一年,社会救济失业都还是没有停止,其中特别重要的如把女人的退休的年龄由六十五能低到六十岁,这样就增加了四十万名妇女享受养老金的权利,而且以前每周只能领十个先令的,现在也增加了一倍。

然而这些救济之不能解决由于现代工业所带来之贫穷是很显然的。当一九一二年七月国民健康保险法实施的时候,每一个病人只能领到每周十先令,女人七先令六便士的救济。一九四三年男人增加到每周十八先令,女人增加到十五先令,然而这还是不够的,一个主要的生产者一生病,老婆孩子就无法生存,据一九四二年的统计,由于这一个原因,而流落在街头以依人救济为生的就有二十五万人。

此外的养老金每人每周只有十个先令(夫妇共二十先令)而且还只限于纳入保险费的人,至于那些没有纳保险费而失去了一切劳动力的殒运无告的老人究竟有多少,则英国统计家直到现在都还没有清楚告诉我们。

再还有是因经济困难人民都不敢结婚,更怕生育孩子,因而影响到国民的生殖率。即便有些人有孩子,或孩子过多的,则又以贫穷的缘故,缺乏教养,拖累了整个民族,生存和发展。

总之,在资本主义社会里,结婚,生子,疾病,残废,和衰老都是贫穷的原因,而贝瓦列治计划的基本内容,也就是在企图把这些社会救济保险事业加以扩充,和把那些分歧的行政机构加以统一。

不过如果我们把这个新计划的预算和过去的保险救济费加以比较,那么我们就可以发现这个计划的进步程度亦并没有如此想像之大。据政府会计师的估计,如果照以前的社会服务办法,一九四五的预算约需四万五千万镑,而照贝瓦列治的计划所论亦不过七万万镑,而这新增的二万五千万镑中,保险曾将抵去了一万三千万镑,雇主方面只增加了五千万镑,国库多支出了八千万镑,而且只要劳动的生产率略略提高,则这七七镑的数目还是占国民全体收入的百分之十弱,一点也没有提高,所以有人说,这个计划可以把国民总收入加以重新分配,实在是没有什么根据的。

现在就让我来简单地介绍一下这个计划的本身。

首先这个计划是把全国的人民分成六类。第一类是手工或是薪给劳动者,不受年龄的限制,所有的人都要强迫加入保险,已婚的男子,则夫妇二人成一组,不管是薪给多少,这一律缴纳一星期四先令三便士的保险费,而雇主方面,则对于每一个保险者费赞助其本人的保险费之百分之八十,即每周体裁三先令三便士。

第二类是自雇工,这一类人当中包括店员农业家(farmer)自由职业者艺术家等。这些人过去都是没有收入过保险的,现在也同样要强迫加入保险,不过他们不能有失业,和产业的意外事件之救济金,生病四周以后,才能领取疾病救济费,此外在年老时,他可以领取养老的年金。

第三类是主妇，她们都是六十岁以下的已婚妇人，她们自己是不须要缴保险费的，他们自己有职业和一定薪给者不在此列，但由于她们的丈夫纳有保险费，所以她也有享受保险的权利，她们可以领取产妇津贴、养老金，而丈夫生病时则可以领取家庭辅助费。

第四类，是其他到了工作年龄而又并不靠自己的工作来获取收入的，主要的，如靠私产收入者，如从事于家庭工作的单身妇人，如十六岁以上的学生等，他们的权利和义务将与第二类同。

第五类是在劳动年龄以下的，这些人，主要的是享受儿童津贴。

第六类是超出劳动年龄以上的老人，他们领养老金，但不必交付保险费。

现在再来进一步的研究一下，在这个新计划之下，人们将获得什么新的好处。

第一，对于失业者，当人们的薪给因故被停的时候，每一个人（男的或女的）每周可领得二十四先令，每一对夫妇可领取四十个先令，作为她们的生活维持费。另长子津贴五先令（家庭津贴项下，长子是不在内的。）

第二，对于儿童，采取儿童补助费的形式给予公民的家庭以补助。除女子以外，由儿童出生之日起，一直到十五岁（如果入学的话，可延长到十六岁）每个孩子平均给予其父母每周五先令的补助费。因此一个人如果有二个孩了的话，他除了自己的薪给以外，可以每周领到十先令的补助费，如家庭经济的负担者生病，或失业，则他和他的妻子可以领到每周四十先令的救济金，而他们的三个孩子则一共可以领到每周十五先令的补助费。此外，所有在校的儿童，可由政府供给膳食和牛奶。（以上二项不属于保险范围以内）

第三，对于疾病，死亡，和老者，所有的公民都能享受免费医药，和住院的治疗。缴纳是一六五份保险费的人，可以领取医药津贴连续至三年以上。（惟属于第二类的人，则须于生病四周以后，才能够有领取医药津贴的权利）死亡或治丧补助费，规定为二十镑，男人六十五岁女人六十岁，可以领养老金，单身的每周领二十先令，一对夫妇领三十五先令，以后从第二年递加，单身的每次加一先令，一对的，每次加一先令六便士。

第四，对于失业者，如遇必要，其失业救济可延长到三十个星期此有因意外或受伤而失去劳动力的人，十二个星期以后，可以领取产业抚恤金。

第五，对妇人，所有的主妇可以领取结婚补助费十镑；薪给劳动的妇人，可以领十三个星期的产妇补助费，每周三十六先令，此外还可以领产妇费一次过四镑。如有遗孤则十三个星期以后，可领二十四先令的津贴；五十岁以上的寡妇，结婚十年以上者，可领取每周二十先令的年金。（这以上三项，是属于保险范围以内）

如果把这些许多抚恤费，补助费救济金，奖金列成一个表，那我们就可以看见以下的几个项目。表内的数目都是根据一九四二年的生活费规定的。战后，如物价变动，可临时重新改订。

1. 失业，残废（疾病）救济金

a. 二十一岁以上的男人或女人二四先令，

b. 已婚男子而其妻在工作的二四先令，

c. 已婚男子而其妻在工作的四〇先令，

d. 已婚女子，而其夫在工作的一六先令，

二十一岁以下的男子或女子其所得则较此为低

2. 养老金（以一九六五年计算）（如别有收入，则必须减低其年俸）

a. 一对夫妇三五先令

b. 单身的男人或女人二〇先令

c. 男人而其妻工作的，或女人而其夫要六十五岁以下的二四先令

3. 女子特有的补助费

a. 产妇津贴（十三周）三六先令（外加产妇津贴十镑）

b. 产妇赞助金

4. 家属补助费

a. 每一个孩子五先令

b. 每一个十六岁以上的家属一六先令

5. 产业抚恤金

全部残废者于领了十三个星期的疾病补助费以后，可以领产业抚恤金；其数目是以原有的工资三分之二为准，每周连儿童补助费在内不得超过三镑，但不能少于工资和补助费之和。

6. 结婚，装奁

薪给劳动者的妇女，一次付给十镑。

7. 安葬补助费（一次付清）

a. 成人十镑

b. 三岁以下的小孩六镑

你瞧，一个从母亲的肚子里，到生出来变成小孩，受教育，结婚，就业，疾病，养老，一直到死亡，都是在受着国家的津贴和补助。这不能不算是一个周详的计划了。

同时贝瓦列治爵士还提议，为了便利于工作，在内阁里应成立一社会安全部，总理有关一切的事务。如过去属于卫生部的国民健康保险，养老金；过去属于劳工部的失业保险；属于内政部的劳动者补偿处，都应该划为这新的社会安全部处理。

贝瓦列治计划的内容大致就是如此。

（四）我对于贝瓦列治计划的批评

现在让我来简略的说一下我的意见：

第一，这个计划虽然非常之详尽，但是正如我上面所曾说过的，它是建筑在资本主义制度上的消极的救济，它并不能对于资本主义本身有所修正。所以它和以国家来保证全体成员的工作和生活权利的社会主义制度根本不相同；而且就是经济的民主也还没有做到，因为贫富的差别还是悬殊，财富分配的不平均还是依旧，我们并不能够因为那些失业和贫困的人民得到仅足以维持生活的最低生活费以为满足，以为这就是社会主义或以为已达到了社会平等。

第二，这个计划，既然不能对于资本主义有所修正，因此它的价值是依存于资本主义制度本身之是否能够顺利地行进，换句话说，即这个计划是必须在经济市场相当稳定的条件之下才能发挥它的作用。比方如果世界市场不断的繁荣，失业的人数不多，那么自然救济起来也比较容易，而且要资本家付出工资的百分之八十的额外保险费，也不会十分困难。可是如果一碰到萧条或恐慌时期，生产机关迫于不能不减缩生产，到那时候，缴纳保险费的人日少，而领失业津贴的人则日多，同时在另外一方面，资方因为生产萧条，要他负担每个工人工资的百分之八十的保险费，这无异要他付出一大笔额外的工资，此以其结果不是企图卸脱这个负担，就是更大批的开除工人，更增加了两者间的矛盾。至于在政府方面到了这个时候则不能不动员国库的资金来维持着这一批被迫闲着的工人增加财政赤字，因而更暴露出了社会的病态。

第三，我上面也曾说到，由于英国的生产机构和技术的落后性，以及他的对外的传统政策，今后英国的产业复兴有着重重的困难。所以如果要使英国的产业真正的有所革新，至少它必须大大限制私人的垄断资本，有计划的建立国营事业，同时对外必须有平等互助，和平的政策，与一切民主势力合作，以发展市场获得原料。只有配合着这一个积极的改良主义的政策，这个计划才能真正发挥出它的作用。所以我的意思以为这个计划的根本意义，还是在于它的消极的范围作用。

第四，依照这个计划，保险费的缴收，所有的人都是每星期四先令三便士，即每年收入五千镑的大经理，和每年收入不到一百镑的农村劳动者，都纳着同样数目的保险费，而没有累进的增加，这是表面上平等而实际上不平等，这是一；第二，以每星期收入最低工资三镑左右的工人，他是否能付得起这每周四先令三便士的保险费，这是二；第三，诚如达威逊在论社会安全的那本小册子上所指出，依照贝瓦列治的新计划,每年社会保险费要多支出二万五千万镑,而这二万五千万镑中,有一半是完全由收缴进来的保险费支付。同时,他在另外一个地方又指出“有百分之八十五的保险费,和大部分的直接税和间接税费是由这些中小家庭负担”。从他这些话,我们就可以看出,支持这个庞大计划的经费最后还是从最大多数的中下阶层取得,因此,这完全是羊毛出自羊身上的政策。

总之,贝瓦列治计划的提出,是有着他的政治契机的,至于他的内容,自然在今天说来,我们并没有任何理由来抹煞它的改良和进步的意义,因为它至少是修正了贫穷的自然律的观念,某种程度由减轻人们的痛苦,然而所可虑的是,这样的一种改良,是不是能够满足时代的要求,因为严格地说起来,连说它是资本主义的改良主义也还嫌太不彻底,太偏于消极。所以英国人民如果真的想走上自由和幸福的道路,他们还得经过一段长时间的奋斗,这样吃不饱饿不死的救济是永远也救不了贫穷的。

一九四五·一·十四于成都

论一九四五年(专著)

载 1945 年 2 月《大学》大学月刊第 4 卷 1~2 期

黄药眠

(一)往事的追怀

一九四四年是一个充满着不平凡的日子的年代。在这些日子里,我们看见了千百艘船艇渡过英伦海峡,冲破了希特勒的海岸长城;我们看见了法国的内地军突然从地下崛起,把昨天都还是很骄傲的以征服者自居的纳粹凶徒一个个变成了无抵抗的囚徒;我们看见了苏联的乌克兰人白俄罗斯人牵男带女携着家畜牛羊,满怀着愉快的心意,回到他们那上面的青天无际下面有发香的泥土的故乡;我们看见了罗马尼亚,保加利亚的那些它的纳粹帮凶,一个个像泥塑的偶像般纷纷塌台;我们看见了乌克兰红军从容地越过了一条河又一条河,开进到喀尔巴阡山的内腹,蓝色的多瑙河辉映着胜利的红旗。到了今天千百万的铁与火的洪流正敲击着纳粹莱茵河上的西墙,而中欧的古城,布达佩斯和维也纳,也正受着铁的巨流所冲刷。这是在欧洲。而在另一方面,在东方战场,我们同样的看见尼米兹的强大的船艘正纵横驰骋于太平洋的中部和西部,广阔的洋面凶恶的波涛并不能阻碍它的进程;我们看见了日寇散布在太平洋的岛屿,以前是自吹为炸不沉的母舰的,现在一个个变成日本军人的荒凉的坟墓;我们看见了盟国海军在苏鲁海的大捷,和他们对台湾的拜访,我们看见了以印度,以塞班,以东亚大陆为基地的空中堡垒到东京上空去旅行;我们看见了,美国军队经过了上半年的科希玛的苦战,而越过了秦山渡过了更的宛河,冲进到伊洛瓦底江的平原。我们看见了中美联军从胡康河谷苦战以后,一路经过丛林密菁,一面和敌人的炮火斗争,一面要和淫雨猛兽，毒蛇水蛭，蚂蝗疫病抵抗，由孟关一直南行，绕过八莫，现在能够遥登瓦城和腊戍。我们看见了盟国的运输机，一直冲上了云霄以上，飞鸟所不能到的万尺的高空，爬过层层峨峨的驼峰；我们看见了许多盟国的工程师，印度的工人，当地的土著，不顾烈日的煎熬，淫雨的渗透，敌人炮火的袭击，在了无人迹的荒山穷谷中，日以继夜的建筑世界最长的油管；我们看见了麦克阿瑟将军的部队在肃清了新几内亚的残敌，在雷伊泰，在明多罗胜利地登陆。试闭着眼睛想一想看，这是多么伟大和悲壮的场面啊！世界上每一个角落，由贝萨摩的北极的荒原到前方的炎炎的赤道，由万尺以上的高空，到深藏的海底，由美丽的近代的城市到人迹罕到的山区，从前线的堡垒，沟壕狐穴到后方的工厂，作坊，农场，鱼舍，到处都有人满怀着悲愤，渴望，和复仇的心情，在紧张的工作着，到处都有人不辞劳苦地流着汗，不惜牺牲地流着血，工作着战斗着，到处都有人以英雄的气概在书写着最美丽而多色的，最复杂最富于节奏的诗史，它的发展和变化，有时是那么急骤，那么迅速，使到我们一时感到惊意，一时感到痛快，一时感到喜悦和雀跃，有时我们来不及呼吸，甚至有时不敢相信自己的耳朵和眼睛。自然在这些胜利的令人兴奋的事件当中，也夹杂有令人悲愤和惋惜的事情，比方苏波谈判之始终不能成立，中国战场的挫败，和希腊的流血事变，然而这些一切，在一般地说起来都不过是伟大潮流里面反动的波澜。所以如果我们把这一年来的事件的演变仔细地去思量一下，我们一定谁也会充满着喜悦和安慰之情。因为的确在这一九四四年中，同盟国家已把自己的血汗和眼泪，劳苦和牺牲奠定了胜利的基础。法西斯主义必然死亡，民主和自由必能胜利，这在有些地方已不仅是希望和理想，而且是成了历史的事实。

然而今天，一九四四年已经结束的今天，由过去推论到将来，一九四五年的情况又将会如何呢？显然的，是不会给一阵风吹来的，这中间还必须经过许多曲折和变幻。所以我们可以预料得到，一九四五年里面还要有许多的离奇和紧张的场面，一阵狂风暴雨，一阵迅雷闪电以后，还要夹着一些细雨阴云；波涛还是同过去一年般汹涌奔腾,但波涛与波涛中间一定会有许多残渣碎屑冲激出漩涡与暗流。一定要经过这一个时期,胜利才会像冲出了云层的太阳,普照到大地,给予渴望着自由,民主,与和平的人们,以最大安慰。

今天就让我以推论一九四五年的世界局势作为我这篇文章的主题。

(二)谁来敲纳粹的丧钟?

首先提到欧洲。

如果想对于一九四五年的战局有所估计,首先我们就得简单的检讨一下当前的形势。

显然的,战事愈接近到德国本土,它的艰苦性也就愈益增大,盟国苦战七个月,直到现在为止还是被阻于齐格弗列防线的外沿。

不过我们也得说明,在到现在为止,盟军事实还没有大规模的攻势。由于天气的寒冷(气象学家早就预言过今年将特别寒冷),由于道途的泥泞,由于安卫普的主要供应港口的才被打开(在这以前,巴顿的第三军曾严重到军中只剩有一天的军火),所以从尼美根到贝尔福三百六十多英里的前线,只有一百英里左右的战线上有着战争。盟军攻击的重点显然是着重在北段,那是通柏林最短的道路,也是盟军获得补给的最短的道路,从尼美根到杜丽道短短的一条线上,集中了加拿大英军第二军和美第九第七两军。但就是在这条线上,德军自从退过卖士河以后,都直到现在还是在那里顽抗着没有后退过。至于在南段,法军和美第七第三两军正沿卧斯日山的斜坡东进,它的进展是比较顺利,可是在这里,我们要知道德军并没有认真地抵抗,他们一面抵抗,一面焚烧房屋,逐渐退向莱茵河的旁边。至于我们原想消灭敌人于莱茵河的西岸,和把萨尔区的敌人包围歼灭的企图也同样没有达到。

至于在北段与南段中间,比利时和卢森堡边境上,直到现在还是平静无事。

十二月十九德国人的岁末反攻却正是在我们南北两段中间隙地楔了进来，它的企图很明显是想包围歼灭现在卖士河和罗尼尔河中间的美第一军和第二军。并想借这一次反攻来延迟盟军的大规模的攻势，来振奋一下国内的士气民心，来争取时间，准备明年春间，新兵七十万人的入伍，特别是与比利时意大利都才闹过阁潮，英希军且在作正面冲突，而日本人在东亚大陆正在加紧其对我们中国的压力的时候，它这一个反攻，我们不能不说它是具有政治上的作用。

然而不管他这一次反攻的成败如何，纳粹匪徒是决不能够挽回他整个战局的颓势的；因为他缺少人力，他没有足够的兵力作决定性的战略反攻，因为战争逐渐接近他的本土，生产机构被大量破坏消耗达到了惊人的程度；因为他现在已被四面封锁，没有足够的作战资源。即使他还有七十万至一百万的后备兵，在两条战线上使用，也就不见得多，半年多来的前线战事就已经消耗了他将近百万的兵员。

至于东线的苏军，他可在沉默地，一部追紧一部地，作着挖去纳粹们心脏的工作。纳粹们尽管可以死守着华沙，死守着布达佩斯，但他都无力出击，无力制止苏军的不断的延伸到查格拉普，延伸到维也纳，延伸到捷克的东疆。如果纳粹们失去奥地利和捷克波希米亚的工业基础。则他将会发现单是西里西亚的产业是决无法维持他的庞大的军事机构，就可能突然变成头重脚轻的巨人，一下子崩倒下去。

所以要击败纳粹，会师柏林，并不是一件最重要的事情，而且这也许还不是一件容易的工作，最重要的，乃是在于挖去它的产业的心脏，消耗它的人力，断绝它的物资的来源。

那么照这样说法，是不是意味着，纳粹们的军事失败耳！一定的限度以后，德国内部会可能发生变化呢？

对的，的确是如此。

那么，是不是会有可能再来一个兴登堡将军出来收拾残局呢？

不，不是这样的，因为这一次大战比前一次大战性质上已经不同，尽管国防军和纳粹们内部的冲突，但易北河的容克贵族们深知道，如果纳粹的统治垮台，他们亦断难避免死亡的命运。像过去第一次大战以后,让战争的罪魁祸首逍遥法外的情形是再不会有了。

那么是不是在德国也可能来一个巴多格里奥的过渡政府呢?

不,不可能的,因为德国法西斯的统治究竟比意大利的法西斯统治坚强。在一九四三年秋天的意大利是外面有盟军的强大的压力,内部有德国纳粹们从内部去占领,下面有人民的反抗,上面有亲英的皇家的掣肘,巴多格里奥政权乃是代表保守的皇室的势力,企图以牺牲墨索里尼来维持法西斯的体系,并以获得对外的和平的。但是在一九四五年的德国可没有这样的条件。

但是我们是不相信,像纳粹这样反人民的制度可以找到一兵一卒的。

那么德国将会怎样变化呢?在这里,我想不要忘记一件事实,就是德国曾有过一百年的工人运动的历史,它是科学的社会主义所从而诞生的故乡!

这一个伟大的时刻的到来是不会远了的,我们从德国人员的消耗看,从它的生产机构的萎缩看,半年左右的时间,大概也已足以把纳粹们的可憎的记号埋进历史的坟墓。

(三)我们所需要的是民主的德国

纳粹一倾覆,马上就发生了如何处置德国的问题。在这一个问题上,我们看见有不少的人,提出了不少的方案。有人主张把德国变为农业国家;有些主张德国除了割地赔款以外,应保存一部分工业,以保证德国人民的一定水准的生活;有些人主张根本把德国分成若干小邦,使到他永远不能成为欧洲安全的威胁;但也有些人主张德国的统一不妨维持,主要的是要使德国的产业,自己不能独立,而非得依靠盟邦不可。

但对于这些提议,莫斯科政府始终沉默着。

根据十月间的《美国消息》所载,则美国政府对于如何处置德国的问题,早已拟下有腹稿,如鲁尔区基尔运河交由国际共管,如萨尔流域割予法国，如哥尼斯堡的东北部割予苏联，如西里西亚和东普鲁士割予波兰，如德国西北部的狭长地带割予荷兰；此外还根据宗教的视点，把北部德国的非天主教区域另行划分成立一国。这个计划的确算是规定得十分详细了。

但，对于这，莫斯科政府还是沉默着。

其实苏联在对德战争中，负责有最沉重的任务，他对战后德国问题的处理应该有很大的发言权；而且莫斯科的报纸曾不断的指出苏军在东线所吸引着的德国兵力有一百三十多师，超出于西线的德军约有一倍。这些话，显然的也是以暗示着苏联绝不会放弃他对于处理战后德国问题的发言权。那么苏联的改造德国的方案，又将是会怎样的呢？

我们记得史达林曾说过一句话，即苏联的目的是在于消灭德国的纳粹，但从无意于消灭德国的人民。从这一句话，加以猜测引伸，我觉得我们至少可以得出以下的几个要点：

第一，苏联认为德国作为纳粹侵略的最基本原则，并不是在德国产业的发达，而是在于建筑在这个高度发展的生产力上的社会经济制度。所以改造德国，最重要的是彻底肃清德国法西斯份子和他的经济基础，扶助德国的人民建立各党派联合的民主政盟。根本上铲除掉那制造侵略政权的原因。

第二，因为德国法西斯的统治已经有十年的历史，而且他们的阴谋诡计层出不穷，且在全世界范围内，还有不公开的或隐藏的伙伴，因此英美法苏政府必须建立一个盟务机关，帮助新法国政府，肃清纳粹的余孽，清洗法西斯在德国人民头脑中所散布下来的有毒的思想。

第三，战争的罪魁祸首虽然是应该归咎于纳粹的匪徒，可是德国的人民对此亦不能完全脱去责任。因此，所有过去纳粹从别的国家劫夺到的机器资源应当归还原主，而且对于各国的损失，亦应该有若干合理的赔偿。

第四，根据摩根韬的世界繁荣不可分割的理论，根据莫理逊氏所提倡的只有别的国家愈繁荣，我们自己才能够有无限度繁荣的说法，我想苏联也绝对不会有理由来使德国变成一个穷困的德国，把德国的人民变成贫困的人民。根据同样的理由，亦没有必要，把德国分成两个或几个小国。因为工业的德国是并不足以危害和平，足以危害和平的倒是在于帝国主义的制度。

可是，将来的德国究竟要变成什么样子，这主要的既不能决定于苏联的计划，也不能决定于美国的方案，不能决定于邱吉尔的主张，也不能决定于戴高乐的提议。将来德国的命运还是决定于德国人民自己。希特勒执政了十年，德国人民也就受害了十年，在全世界的人民都还没有受到希特勒的荼毒的时候，也正是德国的人民首先领略到他的皮鞭和警棍的滋味。假如以前曾经为他的大言炎炎所迷惑，或是狂妄的论调所蒙蔽，可是现在是应该觉醒的时候了！谁使你们倾家荡产，在这样风雪交加的时候，还是瑟缩在破败的墙角里间呢？是谁拉去了你们的丈夫和孩子到前线去充当保卫纳粹政权的人情呢？是谁去挑起了这样可怕的战争，使你们遭受到这样惨烈的祸害呢？假如德国的人民一旦觉悟过来，首先在纳粹们的心脏部分竖起了反纳粹的大旗，或者如法国内地军一样，在一夜之间，把一个山头一个城市，变了颜色，重新带来了自由民主的光辉，并以此来缩短战争的行程，减少牺牲的命，如果能够这样，这将是多么令人感动的伟大的行动啊！这将会证明，德国的人民也同样是纳粹的敌人。这一向我们都是在排演着悲剧，你想，当盟国的士兵以大炮，炸弹，火箭投向德国土地上去的时候，他们知道这将会殃及许多无辜的人民，将会伤害到许多反纳粹的德国的兄弟，然而他还是不能不这样做的时候，心里是感到多么的悲痛！这时，他们所唯一希望的，终有一天他们可以同德国的反纳粹的弟兄站在一起，用刺刀去戳破那些法西斯恶棍的喉头！

但是德国的人民是否是能够不负大家的希望而真正的起来呢？我想，拥有优秀的文化的德国民族，在这样危急关头，必然知道如何战斗，并从地底下昂起头来。

(四)欧洲要从废墟上新生

还有一个问题是,当欧洲战争因德国的失败而告终的时候,整个欧洲的情势又将会变成什么样子呢?

有些人以为今后的欧洲将是英苏两国平分秋色。苏联以斯拉夫同盟的骨干建立中东欧的势力范围,而英国则以西欧为根据地,树立起自己的霸业。可是这种说法是错了,因为它侮辱了苏联侮辱了英国,也侮辱了欧洲已觉醒的人民,因为它还是以过去强权政治的观点去测量欧洲的局势,而没有看到全欧洲蓬勃的人民的意志,民族的意志,它看漏了从苏联到英国,整个欧洲的一致的民主浪潮。而且就是苏联的斯拉夫民族同盟也是根据于这些国家最大多数的人民的需要,而决不是从外面去加干涉。而英国本身也正走向更民主的急剧过程当中,即使它有这个建立霸权的企图,也全给国内和国外的民主浪潮所淹没。

历史不可重演,经过了两次战争,我们人民实在不愿意再来第三次悲剧。

是的,我不否认,在唐纳街也许还有人这样想:把挪威,丹麦,荷兰,比利时,法兰西,葡萄牙,西班牙,意大利,希腊,和土耳其这些沿海的国家拉进自己的圈子,建立起从西欧到印度去的安全的航线,同时还要把全世界法、西、比、葡的殖民地组织起来成立一个集团。可是这个主意,如果在二十年前还算是聪明,在今天则可不能不佩服他的愚蠢了,因为它不懂在国外要受到抵抗,就是国内也一定不会得到欢迎。

现在全欧洲的人民已经觉醒了。

捷克的人民绝不会这样健忘,他一定还记得捷克沦亡在什么人手里的。他再不会相信,还在千里以外的擎着雨伞的绅士们了。

西班牙的人民一定还记得,是谁创造了这样的条件,让北非之狼闯进了西班牙的宫廷的,他们是再也不会相信依靠着别人而可以获得自己的自由和幸福了。

法兰西的人民一定不会忘记，是谁使他们遭受了这一次亡国的惨祸，他们是再也不会相信达拉第，赖伐尔，贝当，甘末林之流的政客官僚的漂亮的语言了。

当第一次欧战以后，匈牙利的革命运动像野火烧着秋天的草原般炽热的时候，霍尔第骑着白马走了来，以拯救欧洲的文明自命，可是现在匈牙利变成了一个什么国家去了?！假如你能够问一问匈牙利人，这位白马将军是怎样拯救着欧洲的文明，那他所能给你的答复将是一大泡眼泪。慕索里尼同样的以挽救人类文明的使者自居，率领着一般暴徒进军罗马，在第一次欧战后的十多年来，也曾俨然是地中海上的霸主，然而结果，意大利在他的手里造成了什么局面，皮尔苏斯基是看守北方之熊的骑士，然而他所统治下的波兰平原是充满着荒废的田园和骷髅，而且在欧洲许多国家中第一个覆亡。

如果第一次欧战以后，全欧洲除了苏联以外，是一片法西斯独裁的逆流，我们看见了波兰的皮尔苏斯基，芬兰的曼德兴，意大利的慕索里尼，匈牙利的霍尔第，希腊的马达隆斯，奥国的陶尔福斯，德国的希特勒，西班牙的佛朗哥，罗马尼亚的安东尼斯哥，吃人的魔鬼一一登场，那么今天这一次大战以后，形势是完全不同了，全欧洲澎湃着人民的反法西斯的洪流，我们所看见的，再也不是那些以最卑怯的心肠装出最英雄的姿态的皮尔苏斯基之流，而是狄托，萨拉飞斯，比鲁特等真正的人民领袖了。

经过了这样长期的法西斯主义黑暗，血腥的惨痛的教训，经过了这一次可怕的战争和异民族的蹂躏，这欧洲最大多数的人民也已有了一个觉悟：即只有靠人民自己本身亲密的团结，只有人民自己本身的力量，才是最好的自由和平等的担保！真理来自东欧，他们亲切地知道，谁是反法西斯的战士，谁是民主主义的最忠实的友人。

难道千千万万人的死亡，难道千千万万的村庄破灭，千千万万的财富的消耗，还不够么？还要再来一次战争？不，人民不需要战争，人民需要和平。难道经过了这么多年的苦难，牺牲了这样多珍贵的鲜血，换取得来的自由，还要交给什么政客和将军去做他们的政治资本吗？不，人民自己已经在反希特勒的斗争的火焰中锻炼出来了自己的英雄，学会了怎样来组织自己管理自己了。

过去西欧的财阀，富豪，政客和士绅掌握政权的时代已经过去了，过去，东欧国家的王公，贵人，将军和骑士，玩弄着人民愚昧，以神话般的故事装饰着自己的贪婪的时代，已经过去了，他们有些是早已被希特勒所吞食，有些是早已拜倒在异民族的纳粹面前，公开叛变了祖国，还有些则受不了战争的艰苦，早已向国外远飘，只能在沙发上作些激烈的言辞，早已和国内的人民要求十分地隔膜。即使他们能够回到祖国来，他们又能够什么呢？以前的统治机构已荡然无存，以前作为统治制度的忠仆，也已烟消云散，他们除了感伤着自己的黄金时代永远逝去以外，他们还能够有什么作为呢。

我们都知道，西欧的中产阶层是旧社会制度的最驯服的良民，然而现在也不同了。这里我不妨引用美国前驻法大使布列特的话。他说："法国全境所有中层阶级的公务人员都因为通货膨胀和黑市关系，而家产荡然，据说其中有许多人因为失望而转入共产党的。"(见八月十四生活杂志)你瞧，这就是西欧中产阶层的最大的趋向。

你想，当旧的势力已凋谢死亡，这时候，除了人民自己以外，谁还能够配作这些国度的主人呢？

当这些游击队的战士，当这些林业里的狙击手，当这些天天生活在路上的情报员，当这些每天伏在秘密机关里的技术的助手，在纳粹们退出以后，回到自己的家乡，看见过去的许多亲戚故旧多半死亡，看见自己的村庄庐舍半成灰烬，看见自己的田园长着荒芜的野草，牛蹄羊角散满了庭院，他们想起了过去几年来所过的日子，谁不会对纳粹的凶残切齿痛恨，谁不会对于过去政府的腐败无能发生无限的愤慨。可是这可咒诅的，黑暗的逆流时代已经像一场恶梦般过去，广大的人民的觉醒已经开始，就是在这些给纳粹给官僚们糟蹋蹂躏得不成样子的废墟上，他们会用自己有力的手散布下更多的种子，生长出更多的果实，建立起比以前更舒适更美丽的家乡。

所以在这样一个伟大的人民觉醒时代，如果还有人想用阴谋诡计，把过去的古董搬上政治的舞台，或是用挑拨离间的方式酿造什么事变，其结果至多亦不过是在这历史的洪流里多添一点无意义的波澜，把腐烂的沉渣涌在水面上更多打几个斛斗。

所以在这样的一个伟大的人民觉醒的时代，如果还有什么国家忽视人民的利益企图应用过去强权政治的方法，或以经济的操纵，或以政治的压力，或以军事的行动去直接干涉别的国家的内政，则其结果是一定会遭受到人民的反抗。无论你是谁，谁要不是面向着进步，谁就得不到欧洲人民的拥护，不仅建立不起霸权，而且会自陷于异常孤立的地位。只有这样一个国家，它本身有了高度的民主能遵循着大西洋宪章，它能够尊重各民族的利益和主权，它能够不偏不倚的主持着国际的正义和公道，它，只有它才能够真正的成为欧洲大陆的领袖国家。但领袖国家并不是强权的霸主。

所以如果把欧洲的政治看成为两个大国争取霸权的政治，那是看错了。而且东欧和西欧也根本对立不起来，因为无论是在东方和西方，同样是有一致民主的潮流。戴高乐从苏联回来以后，曾表示过，法国不愿意签订苏联所没有参加的西欧任何同盟！你瞧这句话是对于那些好作杞忧的短视的人们以何等有力的答复。

但有人要问，强国与小国之间，虽然不会有问题，可是问题是落后的小国与小国之间也有着无穷的纠纷，比方巴尔干的民族问题，国境问题就不好解决，其实这个问题，在今天看来是绝不会如一般人所想像的难于处理，它过去之所以复杂，是因为欧洲几个强国为了想在巴尔干插足而在暗中煽动，是因为巴尔干各小国的政府，不断的想开扩自己的疆土，来在国人而前建立自己的威风。这其中再加上宗教习惯的不同，语言的差异，于是就格外表现得错综复杂，充满了各民族间的偏见，嫉恨，阴谋和仇杀。在民族问题没有得到合理和公正解决的大前提之下，尽管列强在巴尔干的势力有消有长，尽管各小国政府不断的嬗变，尽管各国的国界在那里不断的划分，但是偏见，愚昧和仇视还是依旧。所以难保之间的多不鲁甲的问题，保希之间的马其顿问题，罗匈之间的外西尔瓦尼亚的问题，永远是闹着纠纷。就是在巴尔干半岛上多建立一个罗马利亚来，也还是一样得不到解决的。在第一次战前是塞尔维亚人反对奥匈帝国，但等到后来塞尔维亚人和黑山国组织起南斯拉夫来的时候，塞尔维亚人又在压迫乏纵蒂亚人。这样循环往复自然积恨越源。

然而今天，当伟大的人民觉醒的时代，欧洲已没有侵略的强国在那里勾心斗角做背景。一切事件如果能公开讨论，根据当地人民的经济生活语言宗教习惯的不同，来作公正的国界的划分，或甚至用公民投票来解决，各民族互相尊重，这样巴尔干的永久的和平是不难建立起来的。在这里，苏联各民族和平共居，共同建设不是已经给各民族合作以最好的榜样吗？南斯拉夫的解放军里面包含有南国所有的一切民族，这不又是给共同战斗共同争取自由的各民族合作以光辉的模型吗？

（五）大英帝国面对着难题

希特勒的德国如果一倒台，英国虽然需要参加远东的战争，但它已可以作局部的复员？然而也就是这和平在大英帝国面前摆下了一个难题。

根据英国政府在一九四四年十一月二十九日向议会提出的白皮书所报告，在这几年来的战争中，英国已用去了二百五十万万镑战费，战前存储在美国的金准备是完全用光，对外贸易减低到只有战前的百分之二十九，海外的资产被用去了十一万六千五百万镑，而在另外一方面却增添了二十三万万镑的负债，商船损失去二千九百三十一艘，全国被炸毁或炸坏的房屋占总数的三分之一。

显然的，这个报告，是说明了英国在这一次战争中牺牲的严重。我们大家都知道英国过去一向是靠海外的投资来获收巨额的利息和利润，靠他的庞大的商船队伍来扩大市场，维持各殖民地间的交通的，可是现在遭受着这庞大的损失；所以今后，如何重新开阔世界市场，如何整刷生产机构，如何保证这些从战场上退下来的士兵的工作，如何奖励储蓄削减消费，如何调整大英帝国和各自治领间的关系，如何平衡各阶层间的分配，在在都有着许多困难，而这些困难又都交错在一起，更使人不容易清理出一个条理。

而其中最迫切而且须首先解决的问题有两个。第一个是：这些复员下来的士兵，如何保证他们的工作和生活。很明显的，当战时工业一转进到和平时期，他们也正苦于无法找到和平工业的原料和市场。自然也就无法容纳这些人力，在这个时候，唯一要负责任的就是国家，他得拿出一大笔资本来经营一些事业，容纳这些工人。但国家哪里去筹出那么一大笔资本呢？这是第一个问题。第二个是：国外的金准备和原有的资产已经用完，以后如果英国还想维持过去一般的输入量，那么它就必须增加输出，然而要增加输出，首先就必须先输入原料，和有广阔的世界市场，怎样去获得原料和开阔贸易市场呢？这是第二个问题。对于这两个问题的答复，英国国内也有两种不同的意见。

第一种意见是认为在欧洲战事结束以后，英国应该回复到维持个人产业自由的原则上去。至对于如何收容退伍的战士，他们认为国家只能居于协助的地位，动用一部分国家资金，和吸收一部分从节约储蓄而来的民间现金，建立一些生产事业，或甚至欢迎资产集团投资合作。此外则推行社会改良政策，如积极推行失业保险和扩大救济范围等。总而言之，这一派人的主张是消极的，可是在另外一方面，在国际方面，它却表现非常之积极，它企图利用战胜者的地位，暗中建立起一个经济集团，以便首先获得原料和市场。

但第二种意见，认为今后的英国政府应该积极的负起责任来建立国营的生产机构，政府一方面要维持着战时的高度的税额（英国战时最高的所得税率为百分之九七．六），一方面募集公债，作为国营事业的资本。第二是奖励科学，应用新的技术来减少成本，增加劳动生产率，不断的自求进步。而对于国际市场方面，则他们主张要经常的注意市场上新的需要，而设法去适应这个新的需要，同时根据平等互惠的原则以英国的工业品拿去换取原料。

显然的，第一种主张是英国保守派的传统的政策，第二种主张是工党的急进的改良主义的政策。

大英帝国，这近百年来，拥有雄厚的资金，广大的殖民地，众多的商船财富甲于世界，然而也正因为他有着这样多的优越的条件，它的生产技术的进度反而很慢，经过了这次大战以后，它以前的优越条件均已逐渐损失，今后如何去立足于世界市场，这不能不需要一番改造。工党领袖莫理逊氏关于国家与工业的演讲中曾这样说过。他的大意是这样说，由于企业主联合一个同盟，大家都不讲求生产技术的改造，而只是利用着自己的垄断的地位，维持着高额价格以获取丰厚的利润，所以结果，英国的产业正逐渐衰颓。关于今后开阔贸易市场问题，他同样亦有精辟的意见，他认为，利用压力去获取市场，其结果是一定引起对方的反感，或是必须同第三者竞争。商业的竞争最后自然又一定会引起武装冲突。所以他认为世界市场是不会有一个极限的。主要的是在于自己去创造。在这里威廉佐威第的话可以做他的经济政策的注脚，他说："别的国家越繁荣，那么我们亦将变得更繁荣"。"The more Proppuraus the othan nations are, the mre Prospcroar we shall be"。

从我以上所引述的话，至少我们对于英国工党的政策，可得到一些轮廓了。

自然我们不能否认邱吉尔首相对保卫大英帝国的贡献，对全世界人民的贡献。而且△△△的态度和胸襟，尤使人仰慕，然而同时不能否认他究竟是出身于保守的贵族，他的思想不能不受历史所限制，他的施政方针不能不受因袭的传统所限制，所以欧战结束以后，面对着这样复杂的现实问题。还是不是能够拿得出有效的办法。如果不能采取新的政策而还是采取因袭的传统的方法。那样是不是行得通，而不会受到国际舆论的抨击，国内的反抗？所以我的意见认为到了那时候，除非他能够采取新的政治方针，打开难局，大大改组内阁，更多招揽年青的新的政治人材，不然他就惟有翩然引退。让工党来试行一下他们的纲领。

显然英国工党的政纲,隔离社会主义还是很远,不过如果英国能够向新的改革道路走,无疑的,是英国人民之福,也是全世界和平之福。

我想在战争中受祸最深牺牲最大的英国人民,他是知道如何替自己选择一条能和全世界人民和平共处的大道的。

(五)东方战场

最后,我们要回头来看看东方。

不错,在这一九四四年年终的时候,我们还是听见了不少的好的消息。在陆上说,英西非军克复了缅甸西部的帕列瓦;英东北军克复了卡列瓦,△△△更的宛河,最远到达了耶岛,距离△△△才一百公里左右;在瓦△△△毗邻的中国的三十六师英三十六军出平城,△△△,现已绕出卡沙之南伊洛瓦△△△江边。还有一支中国的二十二师,则从十月中旬起,由加△△△一直步行△△△二百多公里,现在已抄出△△△,进入到△△△和△△△之间,离瓦城的空中距离,现在已只有一百多公里左右,△△△形势看来,水陆交通中心的瓦城已在我们中美英印联军的孤立包围之中。此外还有一个可△△△消息,那是在密之△△△保。离开们有二百六十公里的公路交通于一九四四年年底建筑成功,由加尔各答到昆明的世界最长的油管也正在加紧建设,从此以后国际援助的手,可以直接伸到我们的后方。另外一方面,在太平洋上福莱塞海军上将已抵达澳洲,英国海军不久将在太平洋上直接和敌人见面,尼米滋的总部已迁到关岛,准备下一步的挺进,菲律宾群岛上的雷伊泰岛残敌已肃清,明多罗岛的登陆又极告顺利,从此,由日本本土到新加坡和荷属东印度的道路,已受到直接的威胁,总括的说起来,我在外线作战的盟军已把它的包围圈愈缩愈小,使得敌人一天天感到穷路起来了。

然而盟军在太平洋和缅甸进攻的胜利,并不能阻挠日本向东亚大陆的加紧进攻,相反的正是由于盟军对日寇的△△△可以打通亚洲大陆交通线以补偿其在海上所受的损失。毁坏我桂军的空军基地,以减少南中国海的空中威胁。

从这点出发,所以我认为如果把这次敌人打通大陆交通线只认为是它企图建立一个守势的△△△,那是不对的,因为这会使我们忽视了敌人向我们大后方发动大十规模攻势的意图。根据同样的理由,我认为如果把敌人这次大进攻只看成战略上守势的进攻,也是不对的,因为从全世界几个的态势看来,它是战略上采取守势的,可是如果从我们中国本身的立场看来,它可具有很高的战略目的,很高的政治意义!即击溃我们的主力,扰乱我们的后方,使我们根本上不能成功为一个抗战的独立力量。

现在综合以上所说来估计到一九四五年远东的局势,我想情形是异常的错综复杂。这条线上是单纯的进攻,而在那一条线又差不多是进攻与防守分不清的野战,一方面是战争,而另一方面可潜伏着政治外资的阴谋。

很明显的,一九四五年盟军在太平洋上攻击的对象是:一条路是由赛班△△△岛向小笠原群岛挺进,以威胁敌人的本土,一条中是由菲列宾向海南岛进攻用为到中国去的桥梁。同时不断袭击安南△△△驰取缅甸时后备队伍。由于在印度洋那方面,则一条路是进攻仰光,以配合从△△△的盟军,一条路是进攻苏门达腊,以便克复新加坡的△△△。

然而尽管盟军在这方面是战无不胜,攻无不克,可怜在亚洲大陆上敌人还是居于优势和主动的地位。他可能为了阻止△△△国际路线的畅通,效法今年春天进攻科希马的故智。我军由滇西南下,而盟军却从滇越路北来窥伺昆明,或则东出曲靖,△△△,威胁我们的陪都。到了今天,我们是绝对不能希望敌人还是和从前一样,半年一年毫无动静了。为了挽救他自己的危亡,敌人必须进攻,它的目的是:即使不能全占领我们的大后方,它亦一定要横冲直撞把我们的后方分割成零碎的小块,到处焚烧劫杀,造成一片政治经济的混乱,尽可能使我们无法集结成反攻的主力。

所以一九四五年是我们中国抗战以来最艰苦的一年，也是胜败关键转折的一年，假如我们能够实行民主，刷新政治上的人事和机构，肃清贪污中饱，实行合理的负担，减轻穷苦人民大众的痛苦，动员全国军队的力量，来抵抗敌人的进攻，我相信我们是有一切的力量来击退敌人的进攻的；而且在盟军的帮助之下，我们还可以△△△反攻。可是，假如我们的政府还是照旧拖△△△敷衍，而且还是：不恃我之有备，而只恃敌人之不来，那么中国的混乱局面恐怕终于不可避免的要到来。

自然我不会怀疑最后的胜利还是要属于我的，而且我相信，在大最混乱的过程中，必然很快会生长出新的力量，然而这将会延长战争，更加强人民的痛苦和更多损失人民的鲜血。

（六）日苏之间

最后，我要来谈谈苏联在远东的态度问题。有人曾这样说，民主和法西斯两个集团的对立是壁垒森严的，其中就只有日苏之间是一个最大的缺口，假如以前苏联是忙于应付希特勒的德国无暇东顾，那么现在假定一九四五年可以结束对德战争，那么是不是苏联可以掉转头来向东方的法西斯算账呢？这个问题我认为是值得答复的。

大家都知道，苏联的远东区滨临着日本海，海参威是轰炸日本本土的最理想的空军根据地，而且在大陆上正环绕着日本大陆生命线的满洲，即单从苏联所处的地理上的地位看起来，它已经是十分重要了，但假如我们再深一层去考虑到，将来中国大陆的反攻重点，将要放在北方，而国际交通线又远偏在西南，最后还得在北方开一条交通线，那时我们就更可以看出苏联在远东战局上所起的作用，所以从我们中国人的立场看，我们自然极愿意那时候苏联在远东能够有积极的行动。

可是，现在试问苏联本身，从他自己的立场看，他又会做怎样的看法呢。首先从日苏关系的历史说,历史是从未会替他们写下愉快的回忆,有名的田中奏章的内容苏联的人民是不会忘记的。一九一八年至一九二三年日本对苏联革命的干涉,苏联的人民是不会忘记的,还有一九三四年以来伪满和苏联边境上日本人不断制造出来的武装冲突,苏联人民是不会忘记的,一九三八年夏天,著名的张鼓岭事件,一九三九年七月间的诺门坎事件——那是德国纳粹大规模闪击的演习——苏联人民也是不会忘记的,再从目前的日苏关系说,日苏之间虽然存在着日苏协定,可是事实上,日本并没有遵守这个协定的约束,而秘密地接济苏联的敌人,德国的纳粹,那是公开的秘密,所以日本,在苏联看来,至少是敌人的友人和友人的敌人,而且法西斯日本在东方的存在永远是苏联的一种威胁,那更是苏联当局所十分明白的事。

然而是不是从这个原则就可以推论出苏联在东方必然会采取消极的行动呢,不,不是的,因为一般的原则不能作为实际行动的基础,这里还需要具备着现实的具体条件。

那么,作为这些具体条件的是些什么呢?

我想第一是德国纳粹上台以后,欧洲政局相当稳定,而不会发生重大的波折,第二是,美国对于苏联在远东的进出,完全是谅解和同情,而同时还能够给予物质上的支持,第三是中国政府已完全执行民主主义的政纲,对于苏联采取着亲密的合作态度,第四是日本海军已消耗到差不多不能严重威胁到苏联远东的领海的程度。

苏联经过了几年来的对德战争,他知道无论是从租借远东基地给美国亦好,或是组织反法西斯的华侨义勇军亦好,其结果亦一定是引起日苏战争,苏联为珍惜自己的国力,自不能不十分审慎。

所可惊异的,倒是我们中国有些人整天在呼唤着苏联出兵,完全忽视苏联本身所处的条件,而在另一方面则又不愿意施行民主政治,对苏联怀着歧视的态度,他们不知道外交和内政是有着密切的关系,而国际上的友谊是必须依靠我们积极的外交去努力争取的。

（七）结语

纵观一九四五年的全局，虽然这中间一定还有许多起伏的波澜，迂回曲折的变幻，但胜利的光明的前途已有如早上初升的旭日，最先是蒙着一重薄雾，然后是泛滥成弥天的灿烂的云霞，再以后是阳光满地，百花开放，连草木都吐出苏生的气息，然而在这里最令我们痛心的是，当欧洲许多人苦于从纳粹的蹂躏的人民已随着盟军进展而获得了解放，他们正以狂欢的情调庆祝新年，而我们中国则还有数百万的难民在寒风中做千里的逃难，我们不得不承认，在一九四五年中国战场，是盟国所有战场中最艰苦的战区，我们自然希望盟国的帮助，盟国亦必帮助我们，但这必须要我们自己能够站住，能够有办法，能够勇敢地负起收复失地的主要责任，如果一切都靠别人，希望别人去替我们争取胜利，那么即使能够胜利，我们可怎能以四强自居，并以此为光荣的标记呢。

由战争到和平

载 1945 年《大学》第 4 卷第 3 期

黄药眠

一、再不容许有第三次世界大战

由于盟军在东西两战场的不断胜利，法兰西的处境已日益穷蹙，柏林战栗，东京震惊，现在我们盟方之必然胜利，敌人之必然失败，已成为被决定了的事实。

可是也正因为胜利的日期日益接近，因此未来的和平问题被提到前头。问题是纵使我们能够取得胜利，但假如我们于这次战争结束以后还是斤斤于目前小利，如何去分割殖民地，如何去划分势力范围，如何去获取更多的资源，如何去维持自己的武装，削减别人的武装，如何去以防止别人的威胁为名，努力使自己成为了别人的威胁，假如不能把胜利放在和平的基础上，那么也许经过一个时期，比这一次战争还要惨烈的战祸还是要到来！

经过了第一次大战，死伤了三千万人，再加上了千多万的寡妇孤儿，不到二十五年又发生了第二次大战，死伤的人更多，所受的祸害更惨，几十万吨的铁弹从空中飞泻，整个城市毁灭为废墟。的确人类已再也禁不起有第三次大战了，而人类的智慧到了今天，我相信也的确应该能够防止再来一次自相残杀的野蛮的行动了。

为了这个缘故，所以今天一切关心时局发展的人，一切关心于人类未来命运的人，对于如何保障未来和平的问题，都感到十分的关切。

二、为什么会有战争

要答复如何保证未来的和平问题，首先我想就先得研讨一下，为什么会发生战争。

早在1924年日内瓦议定书里面，人们就曾很清楚替侵略国下了一个明确的定义，在1927年开罗公约里面，也曾明白的指摘战争为非法。而且在这次大战爆发的前一二年间，早就有人指出了战争的危险。苏联的外交家曾不断的警告过我们，美国的有识之士也曾同样的警告过我们，然而战争终于是不可避免地来了。这是什么缘故呢？

所以我说战争并不是漂亮的政治家的和平的演说所能阻遏的，它也不是堂堂皇皇的决议宣言所能阻遏的，也不是几个有识的政治家所能临时废止的，更不是凭几个人道主义的善良之士的奔走呼号，所能止息的。它是滋生在不合理的经济制度里面，它是潜伏在每一个不合理的政治措施里面，如果我们不注意它，随时警惕，让它日积月累，潜滋增长，那么等到有一天成为了一种社会趋势的时候，那是谁也无法去临时把它根绝了。所以当我们讨论到战争所以发生的原因的时候，我们必须更深刻的去研究一下，推动这个战争的基本动力是什么东西。

随着时代的不同，不仅是作战技术，战略思想，有着显著的进化，即作为战争的基本动力的因素，也已有很大的变改。至于这些基本因素的演变的过程，因为不属于本文范围，我们且放开不谈，不过今天我们所必须指出的是：作为近代战争的社会动力究竟是什么东西。

我想这里有三个基本动力：

第一是经济的因素。由于不合理的经济制度，盲目的生产致使先进的资本主义国家，一方面是生产过剩，另一方面是失业和饥饿。而金融寡头为了发展市场于是各挟其优秀的技术竞向落后国家倾销或是用投资的方式吸收巨额的利润，或是用货币贬值以压倒对方，或是用特许的方式垄断落后国家的资源或甚至进而掌握其生产交通的命脉，干涉它们的内政和关税，这些办法，一方面是使落后国家永远无法执行其产业化的计划，农村生产永远停滞在小农经济上面，其结果是引起了落后国家人民极大的不满，另一方面，则各强国间互相竞争，以致引起了正面的冲突。英国工党领袖摩理逊说的：商业竞争和因商业竞争而引起的不平，实际上就是战争的先声。这句话是完全对的。

第二是民族的因素。由于语言、习惯、宗教、文化的不同，生活方式的差异，地域的远隔，常常就造成了民族的分歧。而这分歧，不幸得很，又常常和刚才上面所说的经济因素关联在一起，一个技术发达的资本主义先进国家里面，虽然也有着不少的贫困的人民，可是在对外关系上说，他们总算是以先进国家的人民的状态出现的；另外一方面，在联合国家里面，虽然也有不少的富豪或产业资本家，可是他们总是以落后国家人们的姿态出现的。而且由于肤色、习惯、语言的不同，是显而易见，而经济上的压迫者与被压迫者，则常为别种因素所掩覆而不易察觉。于是经济上的对立，很容易被看成为民族间的对立；一方面是先进的民族，另一方面是落后的民族，一方面是富有的民族，另一方面是贫穷的民族，一方面是经济上占控制地位的民族，另一方面是经济上留在半独立状态的民族。这期间再加上了历史传统、政治制度的不同，宗教信仰的差异，和民族的成见，因而造成了民族间异常复杂的对立面。互相猜疑、嫉忌、仇恨。在国际舞台上，便成为了国家与国家间的对立，在同一个国家里面就造成少数民族问题，在产业先进国家和落后国家之间，就成为了殖民帝国和殖民地的民族解放运动的对立。

第三是意识上的因素。由于金融寡头的垄断，生产制度的不合理，由于民族间的积恨，于是在意识上乃造成了一个极端的民族自大主义，极端对外扩张的侵略主义，这两个东西合拢起来就成为了近代为害人类的法西斯主义。可是这个法西斯主义，虽然是极端的民族自大主义，虽然是把国与国之间的矛盾弄得非常之尖锐，可是在侵略和平国家、吞食弱小这一点上，又大家完全一致。只有明了这一点，我们才能解释为什么在和平反战裁军的声浪中，希特勒竟然能够登台并逐渐长大起来，吞食了一个国家又一个国家，所以法西斯主义并不仅是存在于日德意三国里面，而是存在于世界范围以内。即在轴心国完全失败以后，法西斯主义将仍是思想上扰乱世界和平的最危险的敌人。

这上面三个因素是推动战争的基本动力。廿世纪以来每一次战争，无论它是大是小，表现看起来虽然好像是很复杂，有些是地理的历史的因素，有些是偶发的原因，可是假如我们更仔细地去分析起来，那我们就不难发现这里面潜藏着这三种基本因素之一，有时候这三个因素又是结纽在一起的，很难彼此分开来。

再从战争所表现的形态说，那我们就可以把它分成四个基本的形态：

第一种，是由于每一个强国都有它的附庸和势力范围，因而在各强国推动之下产生了各小国与小国之间的战争，或是同一个国家内此派与彼派间的内战。

第二种，是由于小国或落后国家不愿意永远受强国的支配，起而反抗的武装冲突。这是殖民地的解放战争。这显然是彼此强弱悬殊，但方面常常能获得别的强国的支持，因此战争也就拖延起来。

第三种，是强国与强国之间矛盾达到极点，因而不能不亲自出马，于是造成了大规模的战争。而前两种又常常是第三种的序幕。

第四种，是侵略者受了初期战争胜利的鼓舞，于是不顾一切信义和手段，企图征服世界，向所有国家挑战，于是把战争的规模更加扩大，而成为了全世界爱好和平人士对侵略国的战争。

这些战争虽然有大有小，有些原因单纯，有些原因复杂，但都是互相关联互相影响，只有我们明了这一点，我们才能够充分理解和平不可分割的意义。

三、第一次欧战后和平运动的失败

明了了战争的基本动力，和它的基本形态，现在我们再进一步检讨一下第一次大战后一切和平运动何以会失败的原因。

首先谈到威尔逊总统的十四点。

我觉得威氏除了关于民族自决的原则外，实际上完全没有接触到我刚才所指出的三个基本因素。威氏好像在相信和平正义的演说，公平的签约和决议，可以解决一切国际的纠纷。也许是由于历史的制约使到他看不到这些因素，也许是由于他自己的出身使到他不愿意看到这些因素，总之，不仅他所用以执行这些原则的办法是失败，即他所提出的原则本身也完全是失败。

第二谈到国际联盟。

除了一些技术上的成功以外，国联在整个计划上可以说是完全失败。过去的秘密外交依然存在，和平建设欧洲的计划完全失败，强制的仲裁方法在实际运用上完全不灵，废除不合理条约的诺言，完全不能实现，普遍裁军的计划更是徒托空言。国际联盟事实上成为了英法二国遂行“国策”的工具。最先法国是惧怕德国复仇，在国联以外广结同盟，而英国则又惧怕法国在大陆强大，暗中向德国送情，而德国则一方面利用英法间的矛盾，另一方面又利用英法害怕苏联的心理，时时作出亲苏的姿态来作为向英法二国讨价还价的张本，再从整个欧洲的范围说来，国联是以反苏为它的中心工作。那个时候，意大利正岌岌地谋取地中海的霸权，日本正想把中国一口吞食，苏联被排斥于北欧，美国坐在大西洋彼岸过着孤立主义的生涯。因而作为国联支柱的五大国真可以说是同床异梦。

由一九二二年意大利出兵进占希腊事件起，一直到后来一九三一年的满洲事件，一九三五年的阿比西尼亚事件，一九三六年的西班牙内战事件，国际联盟不仅不能作有效的制裁反而事事替侵略者弥缝，国联的威信已一落千丈。

而在这同时，希特勒上台以后，德国更成为了撕毁条约的专家；一九三五年他借口列强并未执行裁军的诺言，于是重整军备，一九三六年他无视洛加诺公约，而进占莱茵，一九三七年德意结成了轴心，一九三八年并吞了奥国，对于一切破约行动，国际联盟总是装聋作哑。虽然由于苏联加入了国联，稍稍增加了它的活力，然而苏联外交家的和平呼吁，却在英法政治家的耳朵里睡觉。到了一九三八年英法德意四强开了一个慕尼黑会议，作为国联支柱的英法二国已离开了国联的立场而去迁就德国侵略的企图，事实上国际联盟已寿终正寝。这时西欧的政治家正在醉心于法西斯主义，正引希特勒为同志，唆使他去做东征的英雄。在他们眼中看来，国联已失去了它反动堡垒的意义。

你说国联的条约上没有反对侵略的规定吗？没有防止用武力的规定吗？然而为什么这些规定都无法执行呢？这原因是那时的英法二国本身就是倾心于法西斯政治的国家，原因是要在这些规定后面，并没有和平的力量做他的后盾。

第三谈到国联以外的和平运动。

除了国联的国际活动以外，美国自然也不会自甘寂寞，他一眼就注意到远东的问题，因为这里有无限的资源与人力尚未被利用，因为这里美国的贸易数额每年有巨大的进展。因此在美国主持下，乃有一九二一～一九二二年的华盛顿海军会议。限制一万吨以上的造舰，废止了英日同盟，保护了中国主权的完整，规定了英美日海军力量的比例。这从技术上说，还算是获得了多少的成就。

至于其他如一九二五年的洛加诺条约，那不过是战胜者的法国企图以条约的方式来巩固他自己的获得；一九二七年的凯洛公约，不过是精神上给予战争以谴责；一九三〇年的伦敦海军会议，则不过是华盛顿会议的延续，把五∶五∶三的比例扩展到辅助舰艇，所以严格说来，对于世界和平并没有什么多大的贡献。

可是在这里，又有一件可以注意的事情，即一九二五年，当德国社会民主党的爱倍尔死了以后，德国社会民主党和共产党合计的票数才不过九百六十万票，而复辟派的票数则已超出了千万票了。正是一五三二年希特勒上台的前夜，德国的失业工人已达到六百万人。尽管西欧的政治家们能够说许多高尚和好听的名辞，可是正是这些数字，说明了德国的容克贵族金融寡头早就预测着要用战争来解决这历史遗留下来的矛盾了。

四、和平的力量在哪里？

经过了第一次战后和平运动失败，那么这一次战争以后怎么样呢？是不是我们还要再蹈前一次的覆辙，不久以后又要来一次战争呢？

苦痛的生活经验，是一个最良好的教师。经过了这一次惨痛的教训以后，人们在认识上，已比以前进步了。

我们认识了民主与和平是不可分离的，我们认识了世界繁荣是不可分割的，我们了解了思想自由和发表自由的重要，我们把民族自决的原则更具体化成为“予解放之民族以权利及自由，使能按照本身之愿望规定其本身之国家生活”。而孤立政策也已修改成“彼等承认有于最早可能实现之日期成立一普通国际组织之必要，以各爱好和平国家主权平等之原则根据，此原则国家无论大小均可为会员，以维持国际和平与安全”，对于反法西斯思想，大家也已经有一致的认识，为法西斯就是战争。

然而有了这些认识并不就能够制止战争，要真的能够防止战争，必须要有和平的力量。有人认为所谓和平的力量就是将来国际安全机构下面所直属的武装。是的，国际安全机构能够拥有武装，固属重要，可是如果以为只要国际安全机构等有武装就可以维持和平，那也似乎是太简单化了问题。

正如罗斯福总统所说，和平的维持，是日常的工作，真的等到战争的危机已经暴露，才来用武力去镇压，那已经是太迟了。所以我说的和平的力量，乃是指那些作为和平动力的社会因素。

我们有些什么社会力量可以作为将来世界安全与和平的担保呢？我想至少有如下几种：

第一是资本主义国家里面的进步的革新的力量。经过了一九二九年的危机，长期的萧条，世界币制的混乱，经过了独裁制度的蹂躏，战争的破坏，广大的人民已开始痛定思痛的追究到战争的来源而有所觉悟了。英国的工党，美国的新政派，他们已提出了如何限制经济上卡特尔的垄断，和如何保障工人的就业。而在对外政策上，亦已多少了解到只顾自己的利益以至造成世界其他部分的贫穷之非计。英国法国在第一次世界大战时候，所得显然很多，但比起这次大战所受的损失来，则又是太不值得了。因为世界的繁荣是不可分割的，所以在获取资源上，开拓市场上，他们都倾向于采取比较开明的政策。其他如使落后国家产业化，普通的战后救济计划，农业生产的改良，国际货币流通的改善，以致于各民族地位平等的确定，这些一切，虽然我们不能寄于过分的期望，但这至少可以弛缓过去国际间的紧张的关系，而逐渐一步步的走向和平的大道。当然，这种力量还正在生长，在它发展的过程中，必然还会受到许多保守派的攻击，遭遇到许多曲折和困难。可是这种力量是正在逐渐扩大，受到群众的欢迎，这是无容置疑的。

第二是苏联的力量。何以苏联是和平的力量呢？它不是拥有世界上最强大的陆军吗？它不是相当于第一次大战以后的法国吗？对的，苏联是世界三强之一，可是这并不能妨碍它是一个和平的力量。因为苏联本身的原料可以自给自足，并没有尖锐的原料问题。因为苏联的生产品都是拿来满足人民日常的需要，他没有权力扩张国外市场的急需，它的对外贸易政策完全是根据于有无相通，平等互利的原则上来执行的。因为苏联是一个多民族的国家，而在国内又已顺利的解决了民族问题；在苏联，从没有民族的自大主义可以为任何侵略主义者精神上的温场。第四，苏联的有组织的经济使得每一公民都有他自己的工作，生活安定，没有失业的恐慌，苏联人民所企求的，是如何增加生产，使到生活更富裕更美丽，他有何必要去流着千万人的鲜血去侵略别人的国家呢？所以苏联是一个和平的力量，这是从社会的内在结构中看出来的。

一九四三年十一月苏联国庆的时候，史达林曾这样说："建立欧洲秩序以消除未来德国再施侵略之可能，和建立各民族间持久之合作……"他这句话，的确不是外交辞令。因为在解决南斯拉夫问题上，和解决波兰问题上，他始终都是居于卢布林政府与波兰覆亡政府之间，狄托元帅和南国流亡政府之间，希望他们在一个进步的政纲之下合作的。这次雅尔塔会议英美两国的首脑都表示满意，这是一个有力的证明。

第三是殖民地的力量。诚如我上面所说，战争的因素主要的和殖民地的争夺有关。可是这一次，殖民地的人民或则是在自己自求解放的斗争中站了起来，或则是在反纳粹的战争中起了很大的作用。殖民地人民的觉醒，正是从根本上消灭列强纷争的对象，殖民地国家的繁荣和壮大，乃是使全世界走向繁荣和均衡发展的第一个步骤。

第四是新兴的被解放国家的力量。经过了这一次艰苦的解放斗争，这些国度的人民已觉醒过来，被组织起来在战斗中锻炼出了自己的英雄和领袖。这些人民是绝对不会同情于任何侵略战争的，这些国家的人民，是绝对不会再跟那些挂着民族主义的招牌，而为一些少数人的利益去开疆拓土的野心家效劳的。本质上，他们是法西斯主义的敌人。

这四种和平力量是第一次大战后所没有的。只有依靠它们，和平才算有了保证。

五、和平的纲领

不错，和平的力量的确是存在着，然而假如我们不能够把它组织起来，让他散散漫漫的存在，那这是不能发挥力量的。我们必须把他们通通组织起来，然后才能发挥集体的意志和集体的力量。无论哪一个国家的公民，假如你握住他的手问他是不是愿意发动战争，他一定会说:“不,不愿意发动战争。”

所以今天我们的任务,就是把上面所说的和平力量和整千数万的善良的公民组织起来,成为保卫和平的战士。每一分钟都不要忘记,那些战争的魔鬼在利用少数富豪们的自私贪婪来在人民中间散布疑惧恐怖,怨恨和复仇的种子。

要把这些和平的力量组织起来,我们就首先必须有和平的纲领。

我认为我们的和平纲领至少应该包涵以下几点:

第一,所有卡特尔、托拉斯和其他的私人独占经济必须逐渐加以限制。这种一方面可以改善财富的分配,另一方面在国际范围内可以和缓各集团的矛盾。由于垄断而引起的资源不足,也可以逐渐消灭。

第二,由国家来负责保证人民的工作的生活,使到每一个人都能够有工作,都能够安居乐业,没有失业的恐慌,没有饥饿和贫穷的恐惧。

第三,保证所有的人民有思想,研究、的发展的自由。并在这个基础上建立所有一切国家的健全的民主制度。使到独裁的野心家没有办法存在。

第四,停止所有武器制造,强制军火商人,逐渐改善增加生产母舰,使新的产业革命在世界规模中进行。

第五,和平机构是里面动员科学家参加,奖励他们发明制造,开发资源,使一切科学的发明,都以增加人类的幸福为目的。

第六,普遍的裁军,所有军事机构缩小到至少限度。

第七,落后国的贫穷和愚昧是世界上一切灾祸的泉源。因此必须根据各个国家的经济情形,历史条件,改善各个落后国家的生产和经济现况帮助他们加速产业化的过程。

第八,国际贸易应以自由为原则,但为了顾全到落后国家的利益,应根据具体情形作适当的调节。

第九,铲除愚昧和民族的宗教的偏见,养成全世界人类共同运命的关心。

以上十点是就我个人管见所及摆出来以供大家的参考，如果敦巴顿橡树会议所揭穿的和平机构的宗旨与原则，其涵义比大西洋宪章和莫斯科二国会议宣言还要抽象，那么我这上面的提议也未尝不可以作为旧金山会议中的补充建议。

六、和平机构是不是能保障和平

既然有了对于和平的基本认识，又有了和平的力量和和平的纲领，自然连带而来的就是和平机构的问题了。

自从去年十月敦巴顿橡树会议，对于未来的和平机构作了一个初步的决定以来，全世界的人士对于它都表示极大的关心，最近经过雅尔塔会议，旧金山会议就快要召开，于是这个问题更引起了极广泛的讨论。

我想关于旧金山会议的缘起，和和平机构的问题，我已有另外一篇文章详细去讨论，这里用不着复述，现在我在这里所要答复的问题只有一个，就是将来在旧金山会议所成立的和平机构是不是能保障和平这一点上。

我认为这次旧金山会议，不管在它的会议过程中间要经过多少曲折和变化，但在基本上，它是能够有积极的建树的。而将来的和平机构，即照现在所草拟的草案要求，虽然说不上十全十美，但基本上它是能够保证未来的和平的。

有些人，因为看见将来的和平机构，和过去的国联有相似之处，因而就以为这次和平机构，将来恐怕也难免过去国联的同样的命运。这种看法，我认为是过分注重于它的形式而忽视了它的内容。

第一，从这个机构的起源和发展看，它是和旧国联不同的。旧国联的诞生是基于威尔逊总统的即兴式的建议，事实上对于这个事业他自己在国民心理上和平力量上都是毫没有准备，至于英法二国，早在战前就有过秘密条约，他们对于国联本毫无诚意，不过既然觉得国联将来可以成为自己操纵的工具，所以也就乐得顺水推舟。可是这一次情形可不同了，为了争取胜利的缘故，最先是有英美的核心，莫斯科会议以后，加上了苏联，再加上了中国，将来还可能加上法国。在一九四三年一月的莫斯科三国宣言中，曾这样说："彼等为进行与其各个敌人作战而约定之共同行动，将使继续以致力于组织及维护和平与安全。"又说："彼等承认有于最早可能实现之日期，成立一普通国际组织之必要，以各爱好和平国家主权平等的原则为根据，此种国家无论大小均可为会员以维持国际和平与安全。"很明显的，这一次的和平机构是在战争还在进行当中，就已开始筹备的，它是根据于这几个国家的基本利益出发的。先由这几个大国的团结，然后促成许多其他国家的团结。这是和旧国联不同者一。

第二，从这个机构的核心组成部分看，它也是和旧国联不同的。在旧国联里面，英法二国是主要的领导国家。苏联和美国都没有参加，中国还是居于弱小的地位。可是这一次我们中国经过了八年的苦战，已列于四强之一，法国已经不是克里蒙梭的法国，而是反法西斯人民阵线的法国。英苏二国在这一次战争中受害最深，美国，基于罗斯福总统的进步政策，也是极愿迅速恢复和平，所以作为今天的和平机构的支柱的几个大国，那的确是具有和平的志愿和和平理想的同家。这是和旧国联不同者二。

第三，从环绕在这个机构周围的人民心理状态、意识觉醒的程度看，它也是和旧国联所处的环境完全不同的。在旧国联时代，战胜国的人民方陶醉于民族的虚伪的光荣，落后国家的人民，当时也为协约国的慷慨的宣传所迷惑，并希望从战后世界中得到解救。可是这一次可不同了，为了要获得反法西斯战争的胜利，就是最保守的英国保守党也不能不执行比较民主的纲领，动员广大的人民以从事战争。可是也就是在这进步的战争过程中，人民被广大的组织起来，坚强起来，至于落后国家，以至于殖民地的人民，他们经过了前一次战后的教训也都学会了斗争的艺术。全世界的人民都明白：世界和平不可分割，而各国国内的民主，又和国际的和平不可分离。这是不同者三。

根据着这三个特点，来回顾研究一下时下流行的言论，我觉得以下的几个问题有加以阐述的必要。

第一，有人认为照敦巴顿橡树会议所规定的和平机构的草案，安全理事会的权限过大，而安全理事会又是以几个强国为核心，因此很显然的是过去强权政治的复活，大国统治小国。

这个意见我觉得是过分重视形式，而忽视了内容。强国并不是坏，我们打垮希特勒也是用着强权，问题乃是要看这个强权是属于谁，和为达到什么目的而使用。它是属于侵略者呢？还是属于民主政权呢？是用来发动侵略呢。还是用来保证和平呢？根据我上文所分析，这几个强国的核心，是在反希特勒的战争过程中长大起来的，他是由几个民主政权团结起来的。你相信我们中国、法国、以至于苏联会发动侵略战争吗？不，这是不可能的。

你相信世界的和平可以由许多小国的投票获得保证吗？这一次战争告诉我们，由于战争规模的扩大，战争技术的发达，小国的力量是变得越小了，小国的力量不足以维持世界和平，这是事实问题，而不是理论问题。过去的国联，每一个国家都有否决权，但是问题解决了没有？所以如果空谈平等，而忽视了目前现实的环境，那其结果是一定会流于空谈而毫无补于实际。

过去国联，每一个争端的当事国，都可以把问题交到理事会或大会去，但也可以不交到理事会或大会去，而理事会方面，则他可以对这些事情负责，也可以对这些事情不负责，毫没有明确的规定。可是这一次把保证世界安全的责任，交到安全理事会去，我想这在法理上说起来，也应该算是一种进步了。

第二，有人认为既然把维持世界安全的责任交给以强国为核心的安全理事会，当然，在各强国还能互相合作的时候是可以维持和平，但是问题是，假如强国与强国之间也发生了冲突，那么还不是一样又要爆发一次战争？

对于这一个意见，我认为是他过分重视了遥远的未来的可能，而忽视了当前一现实的意义。刚才我说过，这些大国之所以愿意维持世界的和平,这不仅是基于空洞的理想而是有它的现实的基础。所以在现阶段内,这个和平机构的确是具有推进和平的作用。也正因为他有着这个作用,所以我们才愿意积极的去参加和不断的去充实他的工作,争取进步政策的实施,一步一步的去巩固和平的基础。所以和平机构本身,它也应该是不断的在进步。如果我们不从这个观点去出发,而光想从文字的条文上去研究出一个和平的最后担保,那是不可能的,假如我们只遥想到未来的某种可能,而放弃了我们目前有利的条件,忽视了我们自己主观的努力,那不仅是愚蠢,而且是错误。

任何法律和国际条约,它都不过是在某一特定阶段内,现实的政治要求的反映。而今天的和平宪章自然也不能例外。我们之所以要支持它拥护它,积极的去参加它,也无非是因为这个和平机构,这个和平宪章确实能代表着一种政治要求。可是这些法律的外形是绝不能保证这些政治要求都永远存在的,反过来说,倒是要有积极的政治的和平运动,才能充实和保证这些法律的外形。如果用话更具体的来说,那就是任何国际安全条约都不能保证强国与强国之间不起冲突,即使用最平等的投票解决的方式,倒反而是这些国家的最大多数人民的政治的觉醒,全世界人民的政治的觉醒,不断的监督政府,督促政府使到他们不能不执行和平政纲——这才是最好的和平的保证。

第三,有人认为过去的国联,有许多国家没有参加,而这次的和平机构,亦还是有许多国家没有参加。因此认为遗憾。

关于这一个意见,我认为过去国联由英法把持,排斥苏联、美国,是不对的;可是这一次的世界和平机构,只限于那些向法西斯宣战的国家,这是对的。因为我们绝不能为求形式上的大同,因而允许有法西斯的国家,或同情于法西斯的国家参加和平机构,他们的参加不仅不能有益于国际和平,反而将会有害于国际和平。自然我们不是说我们要永远排斥德、日、意以及许多其他法西斯附庸国于国际家庭之外,不是的,我们有一天也要欢迎他们进来,但这必须在他们已经具备了民主政治的条件以后。

总之,我们今天立场,一定要顾全目前的现实环境,而不能在脑子里预先想好了一套十全十美的和平理想,然后用这个理想来衡量现在的和平机构,如果这样做,其结果一定会陷于失望和悲观。罗斯福总统在他从雅尔塔会议回来以后,对国会的演说中曾说过:“我们尚不能认为这些提案已经是十分完满,但和平的工作乃是日常的工作。”他这句话是对的。

我们现在正从战争第一步走向和平。这还是在开始。今后和平之是否能永远维持,这还是有赖于各国的开明的政治领袖,各国的政党,和全世界每一个公民的努力。

欧洲、从混乱中组成了行列

载1945年《民主周刊》第2卷第10期

黄药眠

(一)

战争像噩梦般过去,在欧洲的田野和山峦,钟楼和山顶,都在飘扬着胜利之旗,和平的阳光普照四方,人们从战争的恐怖中一下子被解放出来,都不觉手舞足蹈,歌唱着法西斯之永远的死亡。然而战争虽然过去,战争所遗留下来的灾害,却还没有过去,于是经过了一次兴奋和狂欢以后,人们又突然觉得饥饿的冬天正在每一个人的屋檐下徘徊,痛定思痛地感到未来日子的严重。

是的,欧洲还是浸沉在苦难的深渊里面。

经过了几年来战火的焚烧,法西斯的破坏,田里荒芜了,机器损坏了,屋宇倾倒了,牛羊和家畜减少了,整个的欧洲都痛感到煤和食物的缺乏。欧洲需要复兴,但目前最主要的是如何击退这寒冷的冬天。

不仅是欧洲大陆是这样,就是英国也同样感到困难,九月十二日,阿特里首相向全国职工工会的演说里曾坦白的说:“作战的努力已经把全国的经济机构解体了,六年的战争把几个世代以来所积蓄的资产消耗殆尽……”

不错,盟国的善后救济总署正在考虑如何去救济这些灾难的人民,可是战后资本主义的美洲的经济力量是否就可以养饱亚洲和欧洲的饥饿,在今天看来,这是谁也不能担保的。去年下半年美国曾放运了三十万吨的供应品到法国去,然而法国的人民还在埋怨着他们还不如德国占领时期温饱。何况现在,美国本身也在喊着缺乏煤和食物呢。

由于经济的困难造成了社会生活的不安,这是很自然的事情。

其次,法西斯的巨头倒台了,过去附属于法西斯的各种类型的傀儡也倒台了,可是人民势力的伸张却也带来了一批从反动阵容逃脱出来的假装民主的分子,他们装腔作势,好像他们早就是反法西斯的英雄,企图以这个伪装来击退日益蓬勃的民主的洪流,企图以这种伪装来把古代的庙堂重新装修一次门面,企图以这种伪装来恢复他们的地位与尊严,并为那些潜伏的法西斯营筑巢穴。于是在比利时有利奥波德的企图复位的问题,法国有保持第三共和的宪法的问题,意大利有左翼政党"不守秩序"的问题,保加利亚有选举法"不够民主的问题";另外一方面,还有各国之间的纠纷,如法国之要求西境边疆的保障,如波捷之间的生铁问题,南希之间的马其顿的迫害问题,南意之间,有伊斯第里亚,第马爱斯特问题,这些领土问题,实际上都包含着许多经济的,民族的矛盾。

第三,欧洲现在不仅有经济上的不安,政治上的斗争,内在的和外在的矛盾,同时还有英美三强之间意见的出入。比方苏联在法占领区是极力扶持一切反法西斯的力量,允许民主党的活动的,可是在英美占领区可不一样了;比方苏联是极力主张和西班牙的佛朗哥断绝一切关系的,但美国只主张不允许西班牙加入联合国;比方苏联是承认奥大利的临时政府,而英美则主张不承认奥国的临时政府;比方苏联是支持保加利亚的选举办法的,可是英美却反对它,比方英美是接受派人监视希腊选举的办法的,可苏联却认为有干涉别国内政的嫌疑而反对它。显然的,这三大强国的步骤之不十分调协将会妨碍欧洲一般政治形势的澄清。

就是这三种因素造成了今天欧洲的错杂纷纭的形势。

(二)

现在再来看一看欧洲大陆以外的英伦三岛,自从英国的工党上台以后，有许多人都以为英国的对外政策将会改变；但事实上，英国工党的上层分子，尽管说话说得漂亮，尽管在形式上，方式上有所改变，但在基本上它的大英帝国的传统精神是没有什么改变的。这从九月二十日贝文外相的演说中充分地表露了出来。英国的国防线在莱茵河，从前是如此，在这一次大战以后，还是如此，所以英国政府对于欧洲的事情，始终抱着干涉态度。

为了这个缘故，所以英国曾死拉住法国，虽然法国的上层分子也很愿意和英国同盟，然而新的形势使法国再也不能和第一次欧战以后那样，追随着英国了。这第一是因为法国的二百家贵族，已经失势，新起的人民的势力并不十分和英国的趣味相投；第二，英国的武装力量并不能保法国在大陆的安全，而英法的合作亦并不能造成优势；第三，英国的经济力量并不能满足法国当前的需要，和促使法国的复兴。我们只要看美国的租借法案停止以后，英国当局对于本国的衣食供应问题感到很大的恐慌，我们就不难理解到英国本身是如何的穷迫。

戴高乐这次远涉重洋到美国去，这是一个象征，象征着英国对于西欧已失去控制力了。尽管在伦敦还寓居着不少的王公，大臣流亡政客，可是他们都随着大英帝国的力量削弱，而失去了他们的重要性了。

那么怎么办呢？历史的车轮虽然是不可挽回，可是英国政府还得找寻补救的政策。

因此，它一眼看上了西班牙，因为那里的统治的体系，还是很完整，守旧的势力还是倔强到底。佛朗哥政府一面改组它的政府减去几个长枪会的成员，装成民主的姿势，一方面则又提拔阿尔罗梭的旧人准备复辟。是的，佛朗哥的西班牙是法西斯的孤臣孽子，他们把它当作为看守欧洲人民的警犬。

第二个的他们看上了希腊，经过了前一次思考比将军的英雄表演以后，现在希腊也正忙于筹备选举，忙于讨论恢复帝制的问题，他们正想把侨居伦敦，闲得无聊的佐治王再一次送回雅典去。

第三个，他们看中了土耳其，这个国度里，守旧的体质也还是很完整，有现成的工具可以利用。最近土耳其因为苏联要要求收回过去阿尔美尼亚的两省，而和苏联的邦交紧张起来，同时又因为要求巴尔干半岛的盟主的地位，因此对于巴尔干许多新起的国家都鼓起了敌视的眼睛。说问土耳其有什么力量可以做这个盟主呢？说问土耳其在反法西斯的战争中，曾出过什么力量能够做这个盟主呢？这不是一件滑稽的事情吗？可是假如我们沉思一下，一切的线索都在伦敦，由西班牙，经希腊到土耳其，可以建立一条地中海的长城，那我们就不难索解了。

阿特里向职工大会的演说里指出的，“中东将会是可能发生许多麻烦的区域”，他这里所指的中东问题，是和地中海问题，巴尔干问题，一脉相通的。

（三）

既然战后的欧洲，生活是如此其艰难，党派的争执又如此其剧烈，列强们的意见又如此的分歧，那么这里有两个问题发生；第一个问题是：今天的欧洲会不会和第一次欧洲后一样，爆发一次革命；第二个问题是，会不会因为了欧洲的争执，列强之间再来一次战争。

现在让我来首先答复第一个问题。我的答复是否定的。

经过了一九二九年的经济危机，一九二三年以后的长期萧条，经过了纳粹的统治和剥削，经过了战争的破坏，欧洲资本主义和封建的王朝的组织和力量是大大的削弱了，即从人民的意识上说来，要完全恢复过去的规模已经是绝不可能的事情。所以从统治者的力量说，和第一次欧战后的形式不同，这是一。

第二，在这次大战以前，西欧的中产阶级因能分享着一些从东方殖民地剥削得来的余涎而感到自满，安于现状，而中东欧的农民，则在地主和第三等级影响之下，追随着西欧强国，做它们的后备军，可是受了这次战争的破坏以后，广大的人民都觉醒过来找寻新的道路，这就使得革命的队伍，大大的扩大起来，所以从进步的力量说，和第一次战后的形势不同，这是二。

第三，在第一次大战以后，社会民主党和共产党是分裂的，社会民主党主张维持现状，采取渐进的改良主义，结果把资产阶级推上了法西斯的王座，可是这一次左翼政党经过了惨痛的教训，是团结合作，步骤一致了，而所提出的政治要求，亦比以前更能依据于各民族的政治、经济、文化历史的条件，和依据于人民本身的政治经验，而其内容亦比以前温和，本质上还没有超出民主的改良主义的范畴。这样就使得这次的革命运动，更能吸收落后的广大的人民，经由合法的体系，和合法的方法，用以取得和保护人民的政权，所以从革命运动的纲领和运动的策略说，也是和第一次战后的欧洲形势不同，这是三。

第四，在第一次大战后，欧洲强国的核心是英法，而英法当时的政策是在镇压革命的人民，防止苏俄力量的扩大，所以极力用种种方法在东欧造成"防疫地带"。可是这一次大战以后，情形可不同了，苏联是欧洲第一个强国，它虽然无意于干涉别的国家的内政，但同时它也不愿意别的强国去干涉别的国家的内政，而这也就减少了人民政权所受到的外在的压力。所以从国际形势说，也和第一次大战后，欧洲形势不同，这是四。

综合以上四点，我们可以说，在今天的欧洲要来一个广泛的武装暴动，然后再来一个反动的镇压，那是不可能的。很明显它的，唯一的前途，是结合所有民主的力量，配合国际的民主势力，执行进步的民主的政纲。当然反动的力量还是有的，但无论从国际的以及各国内部的情势看起来，他都比前一次大战以后的反动力量微弱多了。

现在让我来答复第二个问题，即这样艰难不安的欧洲是不是可能再引起另一次大战。

我的答复也是否定的。

因为第一，作为侵略好战的地主资本家的经济基础，以及它的统治体制，已大大的被削弱了。我们知道，在战争的过程中，纳粹毁坏了大部分欧洲的经济组织，而这次盟军的胜利更把那些甘心为虎作伥的反动的资本家和地主打击下去。不久以前，波兰临时政府所施行之土地改革，以及最近东普鲁士，萨克逊省之没收容克贵族的土地，以至于奥地利、捷克政府之决意把重工业收为国有，这些措施无疑的都在从根本上铲除战争的因素。

第二，这些进步政策之所以能够执行，显然的是因为这后面有进步的政权作为它的后盾。也就是说，因为有强大的人民的力量，和政权作为它的保证。这些国家的人民力量的抬头，再加上苏联在欧洲力量之强大，无疑的都是在推向我们走向国际合作的道路。所以说，不是战争，而是和平。

第三，英国诚然是欧洲保守势力的堡垒，可是这一次战后，英国的国力已遭受严重的打击，无论在经济上或在政治上，它都没有力量来控制欧洲，更没有力量来挑起第三次世界大战。而且在战争期间，各自治领的经济地位被提高，今后英国的政策将受到更多方面的牵制；其三，英美经济会谈以后，眼看英帝国的优先贸易制度势将开放，英镑将一步一步地变成金元的附币。至于他的前后的结果，将一定是更增加了英国对于美国的依存关系。所以英国的政策在今后的欧洲决不能起决定的作用。

最后是美国的态度，罗斯福总统虽然死去，但其民主与和平的政策，还未尽泯灭，所以今天美国政府虽然有意无意地厌弃欧洲新进国家，把原来给予斯拉夫的谷物，运到希腊去，对于反动的希腊特别帮忙，但是美国的政策究竟不能把欧洲拖回到战前的状态复古起来。还有一层，美国今天所注重的，与其说是欧洲，毋宁说是亚洲，因为亚洲才是它最好的潜在的市场，最近中苏关系的合理而公道的解决，一定会和缓美苏之间在欧洲的关系。美国所要求于欧洲的，是更多的市场和贸易用以销纳他的剩余生产品。只要欧洲的国家，不会威胁到它的军事安全，它是绝对不会因为欧洲的问题而发动一次世界大战的。

这几天五强外长正在伦敦开会，对于各战败国的和约，将可继续拟定，过去的已不可复活，各国之间虽然还有许多不同的意见，但在五强合作的基本前提之下，一切问题，都必然会经过互让和妥协来解决，或逐渐失去其尖锐性。

经过了几年的战争，由于历史遗留下来的许多矛盾，在这由战争过渡到和平，由破坏过渡到复兴期间，一时间的混乱是不可避免的，因此问题的关键是要看这些矛盾是日趋和缓还是日趋尖锐，混乱的程度是日益增加，还是日益减少，作为战争的基本因素是日趋削弱，还是日趋增强。只要我们看清了这些关系，那么我们就不难知道欧洲目前正在走上民主与和平的大道。波兰、捷克、南斯拉夫、保加利亚、罗马尼亚、意大利、奥大利、以至于法国和瑞典，都紧紧地握在左翼政党和民主派的手中。无疑的，欧洲的改进和新生将给予全世界人民以新的模范。

大家都只知道美国是战后首屈一指的国家，但是我们不要忽视苦难的欧洲，已在这时候组成了走向民主的伟大的行列了。

从战斗中锻炼出来的国家的新型

载 1945 年《民主世界》第 4 卷 4 ~ 5 期

黄药眠

一、南斯拉夫是这样的国家

大家都知道，南斯拉夫是第一次欧战以后，以塞尔维亚为中心所建立起来的新国家。

塞尔维亚本来是土耳其帝国属国，一八七八年才正式宣布了独立，经过一九一二和一九一三年两次的巴尔干战争它才逐渐的强大起来。和保加利亚希腊共同分割了欧洲土耳其帝国的土地，然而在这时候奥匈帝国盘踞着波斯尼亚，赫兹哥维那和达尔马西亚，坚持要保持着阿尔巴尼亚的独立，目的是要把塞尔维亚关在内陆，不容许它在亚德里亚海有一个出海的港口，塞尔维亚人当然很失望，因为它刚挣脱了土耳其帝国的羁绊，却又立即碰到了奥匈帝国的干涉。没有了出海的港口，所以所有的对外贸易都得道过多瑙河，奥匈帝国的疆土。

奥匈帝国和塞尔维亚的矛盾从此一天天的尖锐，最后由于萨拉热窝的一弹，遂引起了第一次世界大战。

第一次世界大战的结果，奥匈帝国是解体了，塞尔维亚又是一次做了胜利者，塞尔维亚联合了卡尼几拉，斯蒂里亚，克罗西亚，波斯尼亚，赫兹罗维那，达尔马西亚，蒙的内罗成立了一个王国，这就是今天的南斯拉夫。

南斯拉夫一成立，虽然马上又遇到了新的敌人，意大利，可是究竟它在亚得里海已经获得了出海的地方，以阜姆让给意大利而换回来了一个巴罗斯，而最重要的是它在希腊获得了一个自由港沙明尼卡。

从此塞尔维王朝的地主军人，不觉就踌躇满志，他们忘记了从前峨托曼帝国是怎样压迫他们，他们忘记了从前哈斯堡王朝是怎样压迫他们，今天他们居然以主人的姿态压迫起别的民族了。

塞尔维亚，克罗西亚，斯洛文尼虽然是从他们的远祖说来是同属于一个来源，然而经过几世纪以来的分别的统治和生活的隔离，他们在经济上，政治上，社会上，信仰上都有着极大的差异，塞尔维亚人用的是息利尔文，克罗西亚斯洛文人却用的是拉丁，天主教在北方占有势力，而希腊正教则受南方人的信仰，克罗西亚罗布着产业的城市，但在波斯尼亚则横亘着高耸的山峦，南得拉瓦河和莎夫河之间在响着工厂的巨轮，而狄那力山区的人们则还在发展查格鲁达的大家族的噩梦。最糟的是，落后的塞尔维亚地主居于统治的地位，再夹杂以犹太教，和回教，马其顿人，保加利亚人和土耳其人，五方难处。以峨托曼帝国遗留下来的愚昧，再交织以德意帝国主义侵略的阴谋，其复杂的情形，是不难想像的。

你试想一下吧，假如你到波斯尼亚们的内哥维一带去旅行，那地方虽然隔海不远，可是自由的海风给狄那力阿尔卑斯山所遮断，崇山峻岭掩闭着日光。在这里是一个基督教的市镇，可是在那里却又是回教的村庄，在这里是希腊正教的球形金顶的教堂，可是在那里却又是土耳其人礼拜的寺院。这里有着西服的男女，但在那儿却又有蒙着面幕的妇女，白布缠头的男子。每当日落黄昏，老年人叼着长长的卷烟各自重复着早已为都市人所遗忘的老远的故事。而各族的牧童则又各人挥着鞭子驱赶着羊群回去，嘴里唱着各自不同的牧歌，在表面上看这里一切都十分安静，然而在每一个人的心中都盘踞着苦恼与忧愁。不管命令是来自君士坦丁，或来自维也纳，或来自贝尔格莱德，他们的生活都还是一样处在苦难的深渊。所以除了几世纪以来，给统治者散布下来的愚昧和偏见以外，他们总是以淡淡的心情注视着外在的世界。

南斯拉夫就是这样的国家。

二、狄多元帅和他的民族解放委员会

可是德国的纳粹们却并不允许南斯拉夫的人民过这种贫穷的，然而是平静的日子。

一九四一年春天，希特勒向南斯拉夫进兵；塞尔维亚王朝的军官平时是雄纠纠气昂昂的，俨然是保卫国家的骑士，可是一碰到纳粹的武装却显得十分的无能，不到十天，有组织的抵抗就完全土崩瓦解。于是剩下来给这些王公贵族，地主富豪们所要排演的，就只有逃亡。以前是一举一止都合乎礼节的，一言一笑雍容华贵的士绅贵妇，现在也都面如同死灰一般惨白，手足无措，仓皇出走。也有些人突然痛哭流涕，好像到了今天，才觉悟到这个国家以前实在是完全没有抵抗的准备。

但是在这时候，贝尔格莱德，有一个工人，他并没有仓皇逃难，他知道他过去的估计是正确的，而今天他是要策划将来抵抗的大计。

他看着纳粹们的铁靴骄傲地踏着贝尔格莱德的马路，他看着薛地尼克的朋友们排演一幕一幕的丑剧。他有时一个人坐在酒馆里，看着那些特务警探像狼犬般匆忙地出出进进，有时他大踏步的走在街上，骄傲地睥睨着死亡的恐怖。他在纳粹和他的伙伴的刺刀手枪缝隙里若无其事地游泳着。谁也不知道他是一个什么人。

然而他，就是狄多先生。

在一九四一年四月二十日，南国沦亡后的第二天，在贝尔格莱德贴满了狄多和塞尔维亚民主党领袖利巴尔博士共同署名的《民族阵线》宣言。

在这不久以后，在查西的普勒瓦的瀑布旁边就竖起了向纳粹们挑战的旗子，号召着全国的民族英雄和战士。到了一九四二年夏季，南国的人民解放军已有五十师左右的武装。

一九四二年六月和十一月在南国曾连续的召开了爱国人士的政治会议，和南国人民的反法西斯会议，在这两个会议里面公布了“促进南国人民的民族团结，以便完成民族解放事业”的政纲，谴责了米海洛维奇的破坏团结的阴谋，建立了自己的电台，创办了自己的报纸。

一九四三年春以利巴尔和狄多的名义宣布了一个更明确的政纲。其主要的内容是：第一，争取民族解放建立真正民主政权；第二，维护私有财产权，保证工农业活动中的个人自由，第三，社会生活与国家组织方面的一切措施战后由人民决定；第四，承认南国境内各民族的平等权利。

同时南国人民解放会为了要集中力量打击敌人，会不断的向伦敦的南国流亡政府表示欢迎合作。但是住在伦敦高等旅馆里面的流亡贵族，却宁愿敌人永远占领着南国，自己永远在伦敦流亡，可不愿意为祖国的解放掉下一根头发。而且坐在镶金框的沙发椅上，还不断的幻想出许多恶劣的罪名向民族解放委员会投掷，他们认为这是他们的聪明，他们可以此来获取民主国家的信任。

可是南斯拉夫的人民并没有因为他们诽谤而停止了自己前进的脚步。一九四三年下半年，首先在解放区里实行用普选的方式成立了各地方的反法西斯人民代表会议，然后于同年十一月二十八日召开了人民反法西斯解放会议第二届大会；在大会上通过了临时宪法九条，把大会变成为立法和行政的最高权力机关，并由大会推选出民族解放委员会作为最高的执行机构。而最重要的是大会根据民族平等，和在民主的基础上组成了由六个自愿结合的民族单位所组成的南斯拉夫民族联邦国家。

几世纪以来，封建的王朝，资产阶级的统治者，帝国主义的政客所认为不能解决的民族问题现在是被新的政权解决了。一切民族的嫉妒，猜忌和积怨都一笔勾销，不管他们是操着不同的语言，信仰不同的宗教，穿着不同的服装，但大家都在反德国纳粹，和反对独裁的斗争中忘记了此疆彼界，忘记了旧恨新仇，大家都同样的抱着热烈的为祖国而战的决心，站在民族解放的大旗之下奋斗着，狄多元帅变成了南斯拉夫人的爱情。从此塞尔维亚人再也不仅是塞尔维亚人，克罗西亚人再也不仅是克罗西亚人，斯洛文人再也不仅是斯洛文人同时他们也是南斯拉夫的公民。正如玛耶科夫斯基所高唱的“我是苏维埃联邦的公民”一样，他们也要挺起胸膛，为着自己是一个南斯拉夫的公民而骄傲。

于是各党派各阶级各民族的代表，新的旧的人民战士，都向着人民解放会议和民族解放委员会走来。这里有塞尔维亚的犹太教徒，有斯洛文尼的牧师，有正教的教士，有回教的领袖，有马其顿联合独立党，有克罗西亚的农民党，有南斯拉夫的共产党，有塞尔维亚的独立民主党，就是那位曾经追随过米海洛维奇的哲塞维克，现在也率领着他的军队奔赴到解放委员会的组织之下，做了内政委员；就是那位曾经做过南国驻梵蒂冈教廷公使的斯麽特拉卡，也回到了解放委员会的旗帜之下做了外交委员，就是那些从前因失望而消极的老政治家如雅布尼克也从南国的伟大的未来远景中，获得了希望，恢复了他的青春。

波斯尼亚的山已从愚昧的夜雾中向着晨辉昂起了头，老诗人劳莱阿第也给这爱国的热情所激荡，而重新弹起了他的竖琴，为这些觉醒了的山岳与河流而称赞，在山巅与河谷听到的，再也不是从前的忧郁的牧歌，而是雄壮的战斗的歌声。

三、邱吉尔如是说

但是南斯拉夫人民的这一个伟大的胜利，决不是偶然的。它是从人民的珍贵的血泊中生长出来的花朵。希特勒企图用铁与火去消灭它。米海洛维奇企图用匕首和短刀去戕害它，南斯拉夫的流亡政府更是制造流言和咒语魔术家的药罐，不断的向解放委员会倾注着谣言咒语。全世界的人士都对它盯注着惊奇的眼睛。然而南斯拉夫的解放委员会终于像一个巨人般站了起来，他无视着一切纳粹们的虫蝗般的炮弹，米海洛维奇的刺刀和匕首，无视着一切的谣言和咒诅，而屹然像山岳站了起来。于是人们才逐渐寄与同情和赞美。因为它的确是反对纳粹的英雄,盟国的有力助手。

可怜的米洛维奇!他自己是十分焦灼,眼看着赤手空拳的人民组成一列一列的武装,而自己只挂着一个空招牌,实力却一天天削弱。他希望盟国的帮助,他忌嫉人民的力量,一方面要"抵抗"来获得盟国之欢心。一方面又要想保存实力。以为对付叛逆的武器,可是他既不要人民,人民自然也摒弃它,他和人民的距离一天天远,于是也就和纳粹的距离一天天近,终至于暗中勾结,最先他还想希望以漂亮的辞句遮掩着自己的无能,和反复,可是这个黑幕一旦给人揭开,他就变成为时代黎明中的阴影,若隐若现的摇晃在屋角里,偎傍着灰尘。

一九四三年初,英国政府派德京上尉到狄多元帅的总部去访问,住了八个月,他回来了,一九四三年秋天,英国政府又派麦克伦准将率领了一批军事代表团去访问,听他们的报告,那时,狄多元帅的部队已扩充到二十五万人,都超过了米海洛维奇的力量。

所以一九四四年五月,邱吉尔向下院的报告就如是说:"建立新的政府将会意味着和南斯拉夫的皇家政府隔绝,米海洛维奇将军是以军政部长的资格领导着这个政府,我不能预料南斯拉夫的塞尔维亚那一带将会发生何种事件,米海洛维奇并不和敌人作战,他的部下甚至容纳敌人因而引起和狄多部下的武装冲突,双方互相诋毁,以至于损失了许多爱国者的生命,有利于敌人……"

"米海洛维奇是一个统帅,在本地方仍居于有利的地位,所以免去了他的军政部长的职位,并不就是说,剥夺了他在南地的影响,我们自认为是狄多的强有力的拥护者,我们送给他许多给养和武器,因为他的确会和敌人作着英勇而伟大的战斗。"

"在塞尔维亚有二十万的地主,他们虽然反对德国,但他们都是道地的塞尔维亚人,自然他们都还保持着农奴社会的观点……"

"但现在也有许多塞尔维亚人加入狄多元帅的队伍,我们的目的是把所有的南斯拉夫的力量,和塞尔维亚人联合在一起,使他们能够在狄多元帅的军事决定下共同工作,争取联合的独立的南斯拉夫,……因为狄多元帅牵制了十二个德国师团……”

邱吉尔的话说得很清楚，他虽然爱惜南斯拉夫的皇家政府，但他不能不承认米海洛维奇的部下在容纳敌人；他不能不拥护狄多，因为他们的确会和敌人作着英勇的战斗。

一九四四年八月，邱吉尔对伦敦的南斯拉夫的流亡政府摸了摸圆头飞到意大利去。那儿狄多以元帅的资格和邱吉尔作了第一次的会谈。

同时，伦敦的流亡政府也开始着慌，从前以为大英帝国是一个靠山，但现在这个靠山已开始动摇。从前以为只要捧住彼得国王，则其他所有的人都可以称之为叛逆，可是现在人民的力量一天天强大起来，人民的声音一天天宏亮起来。那些流亡贵族于手脚忙乱之余，才开始感觉到人民意志之不可拂逆，人民力量之不可抵抗，于五月间改组了普力奇内阁，把苏伯西奇从美国召了回来，撤去米海洛维奇军政部长的职务。

由于流亡政府的这一个改组才造成了民族解放委员会和流亡政府间合作的可能。

四、狄多和苏伯西奇的协定

一九四四年六月，苏伯西奇在南国的解放区和狄多元帅开始谈判。谈判的结果是：一，皇家政府必须由民主和进步组成，其主要的工作就是对南国人民解放军的一切援助，把所有的民主力量结合成一条人民阵线；二，双方必须任命一个机构在对敌斗争中相互合作，以使尽可能迅速地成立一个全民联合政府，三，双方同意，关于国家组织问题，战后由人民作最后决定；四，皇家政府，必须发表宣言，承认南国人民解放会议和南国民族解放委员会及南国人民解放军，谴责一切公开和秘密的通敌分子。民族解放委员会则宣言与苏伯西奇合作。

根据着这四个原则来改组流亡政府，因此流亡政府事实上就成为苏伯西奇狄多协定中所规定的共同对敌作战的机构。

尤其重要的是苏联红军在民族解放委员会允许之下，开入南斯拉夫，十月底解放南国的京城贝尔格莱德，如果十九世纪的八十年代俄国军队开进了巴尔干半岛，把峨托曼帝国逐渐驱逐出欧洲，那么这一次可又是俄国的军队驱逐了从西方来的野蛮的纳粹。可是由于联军已不是沙皇的军队，而南斯拉夫的人民也不是过去的人民，他已是从愚昧中解放出来的拥有武装的觉醒了的民族，自然这更使它具有着历史的意义。

一九四四年十一月二十日，苏伯西奇和民族解放委员会前主席卡德尔到莫斯科去；那儿，苏联政府对于南斯拉夫流亡政府和民族解放委员会的合作表示欢迎，同时又表示对于被解放了的南斯拉夫的人民愿伸出他的同情和援助之手。

十一月一日苏伯西奇和狄多更作了进一步的协商，其结果是决定成立联合政府并选举国会，团结南国一切的民主力量改组南国政体。由宪政会议决定采取民主联邦制，依种族，文化，历史分成各邦。但在未经民众选举前则由南王在塞尔维亚，克罗西亚及斯洛文尼族中指定代表各一人组织摄政会议。

苏伯西哥十二月回到伦敦，但他却受到南王和他的左右的责难。他们明知道大事已去，但仍不能不表示他们的无可奈何的愤忿，南王彼得几次反对这一个协定以后，又几次压迫苏伯西奇辞职，可是南王的这些举动，除了表示自己的顽固与无知以外，是毫没有用处的。邱吉尔在一月二十日声明：如南王彼得不于数日内同意于狄多苏伯西奇的协议，则该协议将不顾一切执行。二十四日美国务副卿也声明：美国虽未参加有关南斯拉夫总理苏伯西奇与狄多元帅建立联合政府的协议之讨论，但对促进南国流亡政府与其国内多种组织在国内共同执行解放各项任务之主要目标则表示赞同。

现在南王是屈服了，苏伯西奇组织了新的内阁，南斯拉夫正以新的姿态走上了国际舞台，它将成为将来巴尔干民主运动的基本动力——那是很显然的。

五、新的南斯拉夫(八个字空白)*

南斯拉夫民族解放委员会的成功,我们可以得到(七个字空白)

第一,尽管近代战争比任何以往的时代要残酷,尽管敌人依靠着自己优势的装备,迅速的运动和炽盛的火力,可是只要能得到人民的拥护,指挥得当,游击战术依然还是可能成功。一切轻视游击战的人都是错误。

第二,尽管是民族复杂宗教各异,语言隔开和利害不一,可是只要你能够真的以整个人民的利益为前提,同时尊重他们各个组织民族的利益和习惯,在斗争中教育他们,训练他们,那么,他们自然会逐渐凝结在一起,而成为一个不可分割的力量。南斯拉夫正给予了我们解决民族问题的很好模范。

第三、在南斯拉夫,我们一方面看见有普力奇内阁的米海洛维奇,他们利用自己的合法的地位,挂着抵抗的招牌,而暗中和敌人互通声气,企图保存实力,既不自求进步,又怕民众起来,甚至压迫民众自己以为得计,然而结果是完全失败;同时,在另外一方面,则有狄多和他的朋友他们依托于人民大众,不怕牺牲,和敌人血战,但是其结果是实力日益雄厚,人民相信他,连盟邦也相信他,终于争取了合法的地位,而成为新南斯拉夫的主要支柱。

(以下空了五行)

* 原文如此,可能是因开天窗所致——编者注。

旧金山会议与世界和平

载1945年5月新世纪丛刊出版《旧金山会议与世界和平》

黄药眠

一、旧金山会议的由来

旧金山会议快要开幕,被邀请的国家到目前为止已有四十四国。我们都知道在一九四二年一月一日曾有过二十七个联合国家会议,并发表宣言。但那时候,会议的目的,不过是"深信对其敌国之完全原则是绝对必要,用以保护生命,自由,独立及宗教自由,保持其本国及其他国家内之人权及正义……","运用其所有军事或经济资源,对抗该国政府现在作战中之三国公约国家及其附庸……"和"与其他签约政府合作,不与敌人单独停战或媾和……"。总之,那个时候会议的目的乃是团结一致,对付敌人争取胜利。

可是这一次旧金山会议的联合国可不同了。由于胜利的日益接近,它主要的目的,是在于继续团结所有的联合国家以维持未来的世界和平。其主要的任务是起草国际和平宪章,建立国际和平机构。

关于谋取国际和平的问题,远在一九四一年八月,英美所共同起草的大西洋宪章就曾有"两国相信,在广泛永久之普遍安全制度未建立之前……"等字样。

一九四三年十月间,莫斯科三外长会议,那时胜利的曙光已露端倪,所以三国会议的宣言里面就曾这样明白声明:"彼等为进行与其各国敌人作战的约定之共同行动,将使继续致力于阻滞剂维护和平与安全。……彼等承认有于最早可能之实现之日期成立一普遍国际组织之必要,以各爱好和平国家主权平等之原则为根据,此种国家无论大小,均可为会员,以维持国际和平与安全……"不久以后德黑兰的三头会议，对于联合国家所负的和平的责任显著的指出："我们确信我们的和谐必将使和平成为永久的和平，我们完全承认我们以及所有联合国家负有无上的责任，要创造一种和平，必将博得全世界各民族绝大多数的群众的好感，而在今后许多世代中排除战争的灾难和恐怖……"

一九四四年战局日见好转，于是根据着三国会议的结果乃有十月间的敦巴顿橡树会议。在这个会议里面，初步的把国际和平的机构的宗旨原则和机构草拟了出来。其中再经过今年二月份的雅尔塔会议的协商，于是乃有旧金山会议的召集。旧金山会议乃是由以英美苏为核心的联合国不断的扩充发展而成的，只有我们了解这一点，我们才能够正确的估计这一次会议的意义。

二、论保证和平的原则和宗旨

旧金山会议既然以制定宪章为主题之一，因此现在就让我们首先讨论一下关于和平的原则问题。

一九四一年一月六日，罗斯福总统在他的致国会的演辞中，他曾表明：他所期望的未来世界是要以下列四项人类主要自由为基础。即一、言论与表现自由；二、每人依其个人的方式崇拜上帝的自由；三、免受缺乏的自由。此即经济的谅解，使每一个国家能为其人民获得健全而和平的生活；四，免受恐惧之自由。即普遍性的世界军备之缩减。

当时美国虽然还没有参加战争，但罗斯福总统企图用这四项自由来和纳粹们的新秩序对立起来，那是很显然的。所以它说此种世界亦即"独裁者企图以炸弹威力造成之所谓暴政新秩序之反面"。

一九四一年八月，罗斯福与邱吉尔在海上会晤，因为"他们认为有将两国的国策共同之点，加以宣布的必要，他们认为根据此种政策，世界局势才有改善的希望"。因此于八月十四日发表了一个共同宣言，这就是所谓大西洋宪章。

这个大西洋宪章虽然好像不过是英美两国的基本政策，但它显然是一个有关于未来世界和平的重要文献。这里共包括八点：一、两国不自行扩张势力或领域或其他。二、凡未经有关民族自由意志所同意之领土改变，两国不愿其实现。三、尊重各民族有自由决定其所赖以生存之政府形式之权利；各民族中此项权利有横遭剥夺者，两国俱欲使其恢复原有主权与自由政府；四、力使世界各国，不论大小无论胜败，对于贸易及原料之取得，俱受平等待遇，两国对各国现有之组织亦予以尊重。五、希望促成世界各国在经济方面之全面合作，以提高劳工标准，经济进步与社会安全。六、待纳粹之专制宣告最终的毁灭后，希望可以重建和平，使各国俱能在其领土以内安居乐业，并使全世界人类悉有自由生活无所恐惧，亦不虞缺乏之保证；七、所有各民族应可在大海及大洋，自由来往不受阻碍；八、两国相信，全球各国无论为实际原因或精神上之原因，必须放弃使用武力，盖国际间倘仍有国家继续使用海陆空军军备，在边境以外实施侵略威胁，或有此可能，则和平势必难保。两国相信，在普遍永久之普遍安全制度未建立之前，此等国家军备之解除实属必要……

不过我们得承认：这不是条约，所以他没有严格的拘束力。而且既然定名为大西洋宪章，则它是否适用于大西洋以外的国家也成问题。当世界强国之一的苏联，加入了战争不断的反攻胜利以后，整个形势已经改观，大西洋宪章显然是不够了。

于是一九四三年乃有莫斯科三外长会议，会议的结果有以下几点决定：一、在重新恢复法律秩序与成立普遍安全制之前，为维持国际和平与安全起见，彼等得随时会商，并于必要时与其他联合国家商议以代表国际社会采取共同行动；二、彼等在战争终止后，除非为实现此宣言之目的，并经共同协商后，不得在他国使用武力；三、彼等将共同，并与其他联合国家磋商并合作俾能于战后军备之规定获得一实际可能之普遍协定。

接着一九四三年十一月六日的斯大林演说中，他对于未来政策又阐明了以下几点："一、自希特勒束缚之下解放欧洲；二、予解放之民族以权利及自由，使能按照本身之愿望规定其本身之国家生活；三、罪行及暴行之负责者应受惩处；四、建立欧洲秩序以消除未来德国再施侵略之可能；五、建立各国民族间之持久合作。”

在这里斯氏着重于建立各国间民族之持久和平。

根据着这些上述的原则，再酌量参照过去的国际简章，于是乃成立了顿巴敦国际安全机构里面的第一章和第二章宗旨和原则的部分。

“第一章宗旨：国际组织之宗旨应为：一、维持国际和平与安全，采取有效及集体步骤，以防止并消除对于和平之威胁，并制止侵略行动或其他破坏行动，并以和平方法解决足以破坏和平之国际争端；二、发展国际友谊关系，并采取其他适当步骤，以加强普遍和平；三、在国际，经济，社会，人道等问题方面，求国际之合作；四、在一定期间内，应以本组织为中心，协调各国行动以达成上述的目的。”

“第二章原则：为实现第一章所述各项宗旨起见，本组织及其会员国应遵守下列原则。”

“一、本组织应以一切爱好和平国家主权平等之原则为基础；二、会员国应依据会章各尽其责，以保障会员国权利与利益；三、会员国应以和平方法解决其争端，俾免危及国际和平与安全；四、会员国在国际关系中，应避免与本组织不符之武力使用，或武力威胁；五、会员国对于本组织根据会章所采之行动应尽量予以援助；六、凡受本组织制裁之国，各会员国不得给予任何援助；七、倘为维持国际和平与安全必须时，本组织应使非会员国之行动亦符合上述之宗旨。”

现在再把这些原则和上次国联的宗旨比较的来研究一下。国联的宗旨：一、尊重和保存领土的完整和政治的独立用以反对外来的侵略；二、努力协商，调解，仲裁，和法律的方法解决纠纷；三、所有不愿意通过人道的过程而进行战争的会员将被认为是反对所有其他会员国的战争；四、普遍裁军；五、重新考虑所有不适用的条约；六、提倡国际间的合作，用以减少犯罪；七、（从略）；八、保护少数民族。

这样两两相较之下，我们这一次和平机构所列举的宗旨和原则对于各会员国的责任部分是比较加重了，但还没有莫斯科会宣言及大西洋宪章具体，他们只强调和平，但并没有具体的说明在什么原则和基础上去获取和平。比方旧国联所列举的某一些宗旨其实亦还可适用。如第三条“所有不愿意通过人道的过程而进行战争的会员国将被认为是反对其他所有会员国的战争”；如第八条“保护少数民族”都是比较具体的。我认为将来的和平机构除了上述的宗旨与原则以外，在原则上，至少应加上下列几点。

第一，经济的民主，和全世界人民不虞缺乏的自由应包括在内。因为一切形式的经济侵略，都是战争的远因，而全世界任何角落的人民的灾难和贫穷，都曾直接或间接的影响到其他地方的人民的经济生活，而且也是造成未来战争的有力因素。我们都知道金融寡头的垄断，乃是一切形式的经济侵略，和使全世界大多数人民贫困的源泉，因此，我们必须提出经济的民主作为将来和平的保证。

第二，民主与和平不可分。每个国家最大多数人民的能够充分享受思想，言论，集会结社发表的自由，对内来说乃是国内安定繁荣的保证，对外来说，更是安全与和平的保证。因此，这一点必须强调。

第三，民族自决的原则，和保护少数民族的原则必须确定。使全世界的民族都能按其自身之愿望规定其本身之国家生活。

第四，种族肤色的分别，和殖民地制度都必须废除，并根据他们原有的经济情形，生活方式，历史条件和民族需要促使他们逐渐走上产业化的道路。

以上四点原则我认为是必须包括在宗旨和原则里面去的。

对于和平机构的宗旨上没有保障领土完整这一条曾经有人表示关心。但这个问题，我倒认为没有再提的必要。因为所谓领土的完整是指第一次欧战以后的领土而言呢？还是指第一次欧战以前的领土而言呢？无论是战前的或战后的国界的划分，显然都是有着许多不合理的地方。所以国界的问题归根到底的说起来，还是民族的问题，只要民族问题有了合理的解决，国界的问题，自然也就能够很顺利的解决了。

三、和平的力量在哪里？

只有了具体而详尽的和平宪章，和明白而公道的规定是不够的。因为在旧国联的盟约不是明明规定某一会员国如果用武力去侵略别个会员国，就将被认为向所有其他会员国宣战吗？然而何以侵略国竟敢无视这些法规呢？日本占领满洲，希特勒并吞奥国捷克明明是侵略的行为，为什么作为国联支柱的英法不敢去制裁他们呢？而且一谈到这一次的战争，人们马上就联想到希特勒的登台，但是德国的魏玛宪法不是被人们视为很进步的吗？为什么希特勒能够登台呢？这些一切问题自然都是超出了法律问题以外，而必须从社会经济的基本动力上去找寻了。

为了这个缘故，所以在我们进一步去考察和平机构以前，我们必须先来研究一下和平的基本因素在哪里。只有当我们了解了是哪些力量在运用着和平机构，我们才能正确地了解到这个和平机构之是否比以前进步。

首先我认为从今天世界的政治形势说，这已比前一次大战后的形势完全不同了。和平的民主力量已从反希特勒的战争中成长起来。以下这几种力量的参加新国联乃是未来世界安全与和平的最大的担保。

第一是苏联的力量。我们都知道苏联是社会主义的国家，在国内实行了有计划的经济制度，它本身有着足够的资源，因此它没有市场问题，没有原料问题，它没有生产过剩的经济危机，它没有失业。一切的生产都为了增加人民的幸福。因此它无需向外侵略。第二我们都知道苏联是一个多民族的国家，而在它国内又已顺利地解决了民族问题，在苏联，从没有民族的自大主义足以为任何侵略主义者精神上的软床；第三我们都知道苏联的有组织的经济，使得每一个公民都有自己的工作，文化有无限度的提高，他们对于政府有监督的权利，苏联人民所祈求的是如何增加生产使到生活更丰满更美丽，他绝不愿以自己的血肉去换他们不必要的别人的领土。所以我想这不是偶然的:是苏联第一次揭破了第一次战前列强间所定的分赃的密约,首先实行了威尔逊总统废除秘密外交的原则;是苏联第一次废弃了对殖民地的不平等条约,在法律上承认了殖民地人民的平等的地位。在这一次战争前夜,也是他首先提倡和平不可分割和普遍裁军。所以苏联是一个和平的力量是没有问题的。

第二是资本主义国家里面的进步的革新的力量。不可否认的,在反希特勒的战争中,英美两国作为一个国家单位来看,已经向民主迈进了一步。不管在战争其中形式上民主制度受了好些限制,但从它的内容看,英美两国政府为了要和希特勒做一个明显的对立,为了便于动员,和加速胜利,他不得不向人民作若干让步。这是一。假如我们再进一步,从国家的内部去看,那么更明显的,经过了前一次的大战,经过了一九二九年的危机和以后的长期萧条,币制的混乱,再经过了这次独裁制度的蹂躏和战争的破坏,最大多数的人民已开始痛定思痛地追究到战争的来源,而有所觉悟了。英国的工党美国的新政派,他们都已提出了如何限制经济上卡特尔的垄断,和如何保障工人的就业,而在对外政策上亦已多少了解到只顾到自己的利益,以致造成世界其他部分的穷困之非计,因而在获取资源上开拓市场上都采取了比较开明的政策。当然这种力量还正在生长,在它发展的过程中必然会受到许多保守派的攻击,遭遇到许多曲折和困难,可是这种力量是正在逐渐扩大受到群众的欢迎,这是无容置疑的。

第三是殖民地的力量。我们都知道,战争的爆发主要的和殖民地的争夺有关。可是这一次殖民地的人民或则是在自求解放的斗争中站立起来,或则是在反纳粹的斗争中起了很大的作用。殖民地人民的觉醒,正是从根本上消灭列强战争的对象。回想起第一次大战的时候,殖民地人民大半都还是在昏睡状态当中,可是今天殖民地人民已有了很大的进步,而足以作为保证世界和平的有力的因素了。在旧国联的时候,中国还是一个次殖民地的国家,而今天我们已经是常任理事会的一员了。

第四是新兴的被解放国家的力量，经过了这次亡国之痛，又经过了这一次长期的反纳粹的残酷斗争，这些国家的政治力量已起了一个根本的变化。过去那些保守的守旧分子，或则是在纳粹面前投降，或则是为纳粹所吞食，或则是向海外逃亡失去了依据，广大的人民在斗争中觉醒起来，组织起来，在斗争中锻炼出了自己的英雄和领袖。这些新建立起来的人民政权是绝对不会同情于任何侵略战争的。

我想只有我们了解了这四种保证和平的力量，我们才能正确的估计这个旧金山会议的意义和和平机构的健全与否的问题。假如我们不从政治内容去研究，而光从形式去立论，那么我们就一定以为过去的国联是以大国为中心，而这次的和平机构也还是以大国为中心，过去的国联讲的是强权政治，现在讲的也还是强权政府，并从这里得出一个结论以为战争还是必不可避免。

我认为问题是得更深刻去了解的。过去的大国，是哪些国家呢？现在的大国又是哪些国家呢？过去的大国是什么倾向呢？现在的大国又是什么倾向呢？过去大国当中没有苏联，但是这一次苏联是一个反纳粹战争中最有贡献的国家，它是和平的支柱。过去大国当中没有美国参加，而这次美国成为了新国联的主要支柱之一。罗斯福总统的政策至少比当年的张伯伦，路易乔治，克莱门梭，普恩赛的眼光要远大，思想要进步一些。过去的大国当中没有中国，而这次却有了中国，过去的法国是克莱门梭的法国，而现在的法国，则是解放阵线的法国了。只有英国政府表面看起来还是在保守党的手中，可是同时可不要忘记英国的工党已经成为了英国的第二个大政党，它已形成了足以左右英国政局的力量。英国的人民已有了普遍的觉醒。只有当我们具体地理解到这些大国的经济动向和政治内容，我们才不会为“大国核心”强权政治所吓倒。

四、论和平机构

根据着我们上面所作的政治分析，现在再进一步来研究机构问题。

我们认为在敦巴顿的和平机构草案中，有着以下的几个特点。

第一，我们看到这一次安全机构的保证和平的权力，差不多集中在安全理事会手里。在第五章第二节论大会的职权的时候，它这样写着，“大会的研讨关于维持国际和平与安全的合作原则，包括裁军与管制军备之原则，得讨论会员国或安全理事会提交有关维持国际和平与安全之任何问题，并得对于上述任何问题有所建议。任何此类问题若须采取行动，无论已否讨论，均应由大会移交安全理事会，大会不得自动对于任何有关维持国际和平与安全而正为安全理事会所处理之问题，有所建议。”这里很明白，大会对于许多问题只有建议之权，而在采取行动的时候，则必须有安全理事会决定。但安全理事会，依照敦巴顿橡树会议的草案的规定，是由英美苏中法五个常任理事和其余由大会选举的六个非常任理事组成的，所以五大强国成为了安全理事会以及整个和平机构的核心是很明显的。反过来说，也就是五大强国负有着维持和平与安全的责任。

第二，安全理事会的表决程序，并不向旧国联采取一致表决的办法，而是采取有限制的多数表决的办法。按着雅尔塔会议的修正案，七票多数的表决中，必须包含五大强国的一致，但为了使小国在安全理事会里面亦有他们的作用起见，所以表决的时候必须有两个非常任理事的支持。但争执中的当事国则不能参加表决。不过在安全理事会采取行动的时候，则仍需五大强国一致行动才能够有效。这样的表决程序可说是很复杂的了。第一种办法在于一方面顾全强国在保障安全时候的实际的力量，另一方面，则有顾全到各小国的地位；第二种办法是一方面政治的双方不参加表决，使安全理事会的决定能够比较公正，至少可以使理屈的一方在精神上要受到打击，另一方面，则在军事行动上还需五大强国一致同意，以免和平机构内部发生对立的营垒。

第三，是过去的旧国联对于各会员国只能提出建议，但这一次的和平机构依照敦巴顿会议的草案则有权决定。例如第八章第二节第二条，“在大体上安全理事会应判断任何和平威胁，和平破坏或侵略行为之存在，并应建议或决定维持或恢复和平及安全之办法”。如第三条“安全理事会应有权决定采取武力以外之外交，经济或其他办法，以实施其决议……”即对各会员国间的争端亦并不是如过去的国联一样，各国有单独行动的自由，而是“有争端之各会员国，若不能以上述和平方法解决其争端，则各该会员国应负责将争端提交安全理事会”。这些规定无疑的使安全理事会的拘束力强化起来。

第四，新的和平机构可以有权决定某种争端是否将妨害到国际和平，而不是像过去的国联一样，须等到侵略国有了军事行动以后，才能够加以制裁。如第八章第一节第四条的规定“……安全理事会对每一争端，应先决定其继续存在是否将妨害国际和平与安全之维持，并以此而决定安全理事会是否应处理此项争议，以及若应处理，安全理事会是否应根据第五项采取行动。”同章第二节第一项：“倘安全理事会认为某一争端，未照第一节第三项所规定之程序，或未照第一节第五条所述之建议解决，即成为对国际和平与安全之威胁时，应按照本组织之宗旨及原则，采取必要办法，以维持国际和平与安全。”这个规定使安全理事会能预先采取对侵略国家的及时的制裁。

第五，这一次和平机构可以依他和各国的特殊协定，拥有自己的武装。如同章第二节第四条：“如安全理事会认为此项办法尚不充足，应有权采取必要之海陆空军行动，以维持或恢复国际和平及安全。此项行动可包括本组织会员国之海陆空军封锁，示威及其他军事行动。”第五条：“为使本组织之所有会员国对于维持国际和平及安全，有所贡献起见，应于安全理事会发出号令时按照其相互订定之特别协定，负责提供必要之军队，及其他便利与援助，已达到为国际和平及安全之目的。此项规定，应规定军队之数目与种类，以及便利和援助之性质，此项协定应尽速商定，每一协定由安全理事会核准，并由签字国依照其宪法手续批准之。”这个规定使安全理事会本身能具有一定的武装力量。

第六，这次的安全机构和前一次的国联不同，它承认区域之存在。如第八章第三节第一条,“本组织会章之任何规定,并不排除区域组织的存在,俾得应付,以就地处理为宜之维持国际和平及安全之事件。惟此项办法,组织或行动均须与本组织之宗旨及原则相符。”同节第二条:“安全理事会认为必要时,得利用此项办法组织,以执行其权力下应采取之行动,但如无安全理事会之授权,区域办法或区域组织不得有任何执行行动。”这种办法无疑的,可以使许多区域事件就近解决,而不必牵涉到许多并没有直接利害关系的国家。

第七,这次的和平机构比较更着重于积极的增进全世界各国的社会和经济的福利。并希望从这一个积极工作,用以消灭战争的因素。所以第九章第一节第一条的规定:“为造成国际和平友好关系所必需之安全与幸福起见,本组织应设法便利国际经济社会以及其他人道问题之解决,并促进对人权及基本自由之尊重……”同时还特别设立一个社会与经济理事会来专门负责任。这比起过去国联只把这一类工作看成为消极的减轻犯罪是进步多了。

当然,我在上面所讨论的都是敦巴顿橡树会议所起草的草案。至于这一次的旧金山会议是不是原则上照这一个草案通过,抑是还要有什么修改,我们现在还很难预测,但我相信经过了雅尔塔会议以后,其中的根本原则是不会有很大的更改的。

五、我们对于和平机构的看法

最后让我们来讨论一下我们对于这一个和平机构应该采取怎样看法的问题。

显然的,对于未来的旧金山会议有着两种不同的意见,一派是表现着乐观的态度,以为只要把和平的宪章起草好,机构一成立,于是就天下太平。其实这完全是错误的。诚如罗斯福先生所说,和平的工作是日常的工作,是要从不断的努力中去求其实现,从处理日常事务当中,不断地排除那些足以造成战争的因素,扶植和平的因素。所以和平机构的成立,和平宪章的规定不过是和平事业的开始。不错,我曾经说过和平的机构已比以前加强，这绝不是意味着，一切和平的事业都可交由这些强国去管理，更不是说，在环境演变的过程中，某些强国不会有变坏的可能，也不是说这个和平机构已达到十全十美，国与国之间没有一些歧异。不是的，我只是说，在目前的条件之下，的确我们已向和平踏前了一步，但真正的永久和平还是有待于每一个国家每一个公民的努力。假如过分乐观，那我们就一定会在有意无意中放弃我们日常的反战工作，和肃清法西斯余孽的工作，忽视了这一个国家或那一个国家有悖于和平正义的行为。

同样还有另外一派人，他们对于未来的旧金山会议是怀抱着悲观的看法。他们认为这是强权政治的复活，认为这还是大国统治小国，和过去的国联无异。这个观点我亦认为不对。关于这，在上面我已曾约略的提到，现在让我再来详细的研究一下。

第一，政治这个东西，显然需要有高尚的理想，他同时他又是很现实的。如果我们只把原理原则提得很高，而不顾全到当前的环境是不是可行，那我们一定会弄到只有空洞的高调。比方有人提议未来的和平机构应该以每一个国家站在平等的地位表决。这个提议当然是很理想的了，然而这种办法是不是能加强这个组织的力量，是不是有现实的基础行得通，那是成问题了。如果有人认为强权政治不好，所以就想把他一笔勾销，而不顾到这个强权是属于谁的，和这个强权究竟是用在哪一个方向，那其结果一定会只有理想没有实际。

还有一层，就是我们对于未来的和平机构亦好，原则和规章亦好，我们决不能把它看成固定化的。美国李普曼亦曾说到这点，他认为目前的和平组织不过是过渡性质的。这句话是很对的，只要和平的因素一天天增加，和平的力量一天天增加，那么这些规章这些组织都可以逐步改善的。罗斯福总统也曾说过，他认为“我们今天当然还有许多不能尽如我们的理想，还有着许多缺点，对这些缺点，只要我们能够在不断的和平努力中，互相让步，我们才能最后获得改善”。我觉得这句话是对的。

唯有对于今天的许多和平因素有清楚的认识，对未来的和平机构有正确的估计，我们才能够对于未来的和平有着信心。在现阶段的情形看来，旧金山会议无疑的是有着进步的推动和平的作用。而且也正因为它有着这样的作用，所以今天我们才乐于去参加。不然的话，我们何必不远万里去赴他们的热闹呢？如果我们始终抱着悲观的态度去接近它的话，那我们在心理上至少会觉得这不过是一种形式，这不过是外交上的敷衍。

直到现在为止，还有许多的论客们，保持着一种矛盾的心理，一方面希望和平机构要有力量，但一方面又怕大国去把持。一方面在和平机构里面大小国在表决上完全平等，但另外一方面又怕这些小国无力维持和平，一方面觉得多数表决，会使全世界分裂成两个集团，更容易引起战争，另外一方面又怕全体通过制会使这个机构永远不能够有所决定。一方面对旧金山会议表示悲观与怀疑，但另外一方面又似乎十分愿意出席。我想这都是由于纯粹法理上去理解问题，而没有从政治上去追究它的根源的缘故。我始终认为，为了使安全机构真正的有力量，以强国为核心也未尝不是好的现象。问题乃是这些力量是不是能够真正的为拥护和平的力量。如果是真的，那就只有好处没有坏处。

有人问，如果这些强国都联合起来，欺凌弱小怎么办呢。如果它们又一次分裂成两个对立的强大的营垒又怎么办呢？我想这都是政治问题。照目前一般的政治情形说来，我们没有理由相信这任何一个大国，愿意发动战争。因为在目前和平的因素超过了战争的因素，和平的力量超过了顽固的好战的力量。

所谓和平的力量超过于顽固的好战的力量，自然是包含着有顽固的好战的力量还依然存在的意味。因此要消灭它，还得要有长期的努力。

那么我们要怎样努力呢？这里我有两点意见：

第一，这一个和平机构本身它并不是一个超国家的组织。它的权力乃是根据于各个主权国在维持和平的原则下根据一定的协议自动让与的。从这一个观点出发，我们就不难理解到这一个和平机构，事实上还是以各个主权国为单位的协同组织。机构中的安全理事会，它并不是向全世界的人民直接负责任，也不是向全体大会负责任，而是各自向起自己的本国政府负责任。因此为得要使这个国际组织真正能够执行和平政策，我们首先就先得使全世界各个国家的政府特别是各理事国的政府能够执行和平政策，并从而训令他们的代表执行和平政策。可是要使到这些政府能够真的忠实于和平事业，这就有待于每一个国家的每一个公民的和平的努力，随时睁开警觉的眼睛，监督政府，批评政府。所以国际的和平与每一国家的民主与和平运动，是不能够分开的。

第二，在前一次的大战前后，有许多地方都曾有过人民的反战团体。不过这些团体，或者是偏于一隅，没有世界性的联系，或者步骤凌乱，到了战争的局势已经形成，才来开始考虑实际的办法。经过了这一次的教训以后，我想我们应该就各人的职业组成全世界的职业团体，如工会，商会，农会，工程师，大学教授，科学家，新闻记者，文艺作家，学生，各就其现有的组织扩大成为国际团体，并由这些团体依照其所代表之人数组织成人民的，反对战争，拥护民主与和平的国际组织，并驻在国际和平机构的同一个地方。这一个人民的团体，对于代表政府的和平机构，虽然还说不上各主权国家里面议会和政府间的关系，但这至少可以代表全世界的人民，作为和平运动的中坚，监督和平机构，给予精神上的压力。

我想只有当全世界的人民都能在反法西斯反战，和为民主与和平的运动中结成一起，我们才能够慢慢的清除国与国间的偏见，随时揭破野心家和侵略者的阴谋，使全世界的人民真的能够永远免除战争的苦痛。

“美国全国制造业者协会决议案”的介绍和批评

载1945年5月新世纪丛刊出版《旧金山会议与世界和平》

达史

在一九四四年十二月，美国制造业者协会曾开了一次大会，并通过了一个决议，在这个决议里面，他们坚决拥护企业自由，私有财产，及个人主义的权利。换句话说，他们是反对国家经营企业，和国家干涉自由贸易的市场，反对对任何资本主义现行制度之修正。反对罗斯福总统的政策。大家都知道美国的制造业者对于美国的内政有着不少的潜力，而且他们所提出的论据亦颇足供研究国际政治经济人士的参考，爰特将其要点摘择如次。原文一共分成六个大段。

第一段，他们首先标明他们的信仰是自由。据他们的意见，自由是不可分割的，我们不能说是这种自由或那种自由。他们所信仰的是自由的本身。最后他说：“这一个自由的观念已受到国内若干人士的蔑视。在战时状态的压力之下，我们日常生活的环境里，自由的应用已被大大的停止。我们坚决的相信自由是必须恢复。”

在第二段里他们首先标明：“我们相信，普通所称为自由企业的经济制度将提供全体人民以最高可能的生活水准。”接着它又说：

“美国产业之魔术般的方式，已经能够以较少的成本造出更多的商品，以使更多的人民能以较低廉的价格购买到更多的东西。而且也就以这种方法，美国人民才能比任何时代，任何地方的其他民族享受更高的物质幸福。生活里面大多数好的东西都是由于劳动而获得。高额的工资，放假不扣薪的制度，养老金等之所以可能，和维持下去，正是由于这种高度的经济的生产率（Economic Productivity）。我们人民用以改善我们的物质幸福的办法也就是在于更能够生产。所以除了公共卫生，和公共安全以外，任何对经济的生产率的干涉，不管是出自政府，是劳工，或是企业界，都一样是反动的，反对人民最大利益的举动。”

接着他就指出自由企业的三个基本因素。

美国的自由企业制度，是基于三个基本原则：即个人负责，私有财产，和自由竞争。个人负责制，是给予每一个人以选择的庄严，并给予他们以创造自己的命运的热情和机会……

“财产权利，在本质上说来，实际上就是人类的权利。私有财产的安全的保证，乃是一种报酬，由于这个报酬，才能刺激个人的努力，提高节约，阻遏浪费。所以这是对生活的丰足和庄严的莫大的贡献。”

关于自由竞争何以能够成为社会生产消费的调节器，这似乎是他们的经济理论的中心，所以它在这里有一个很详细的发挥，为了读者们便于研究起见，因此我也就不惮繁的把这一大段全部译出，作为关心战后资本主义经济的人士参考。

“自由竞争，乃是调节经济的民主的办法。它用不着专政。在商品市场上，一切的人都贡献出他们的商品，他们的劳力。买者和卖者都各以他们的价值观念来达到双方都认为公平的价格。在自由竞争的制度之下，人们给予那些对于他们服务得最好的企业以奖励，而同时却用拒绝购买的办法，来教训那些不能适应公众要求的企业。政府是永不会像人民自己般这样恰切的决定在什么时候要买和卖些什么，买多少，卖多少，用什么价钱的。”

“自由竞争是必须有坚定的法律制度，在这个制度保证下才能进行贸易。它必须任由每一个人都有自由贡献或供给，而其他的人则又有自由来拒绝或接受那些商品或那些劳力。而这种交易又是每个人都相信是对双方都有利的。只有在这样的自由交易中，我们才能发现那种调节，而这种调节最后乃是创造最高的经济正义的杠杆。这是调节的一个原则，在这个原则下，人们才能够长期的继续享受自由。”

“为了要在自由竞争制度下成功和生存，所以重要之点必须而且要继续放在‘贡献’上面，而不是放在‘获得’上面，宁可放在‘供给’上面而不是放在‘取得’上面。”

“那些习于我们生活方式的人们，因为没有融会贯通，所以产生这种生活方式的精神，因而不断的威胁这种文明的继续生存。在我们中间，阶级对立的分化力，自私和贪得都延缓了文明的发展，甚至有时还好像要在我们这个国度里威胁这种文明的继续，但我们这个国度，却正是最先发现那个基于互相服务这个观念建立起来的社会经济制度的远景的地方。”

在第三段里它的最主要的警句是：“我们相信我们的自由企业制度和政府的美国形式是不可分割的。——而在自由经济和国家的统制经济之间是不会有任何的妥协不致危害到我们的经济自由而至于政治自由的。”

接着他就解释说，所谓美国政府的形式，就是采取代表制的，受宪法限制的政府。而政府之所以为政府，就是在于合法的使用权力来处理国内公民的事务。因此：

“……在政府监督经济的任何形式之下，这种力量之使用，就会意味着政府的不可抵抗的力量，侵入到人民生活的日常事务里面。这种侵入是必须由政府的雇员来执行的，所以这是政治上的官僚主义，而且也就在这里布下了专制的种子。”

“即在战前，这现象就已十分明显，我们这个国度里的个人自由的活动范围，是日益缩小，而致政府对于个人的权力则日益扩大，当政府机关的权力日增的时候，议会制度的威信，——如议会，国家立法，和小镇里父老管理当地事务的权力——则日益缩小。”

从这里它得出了这样的结论，政府监督经济，不仅自由企业要被扼死，就是政治自由也受到危险。在这里它又极力攻击政府，认为政府官僚通过最近日益扩大的行政法，而执行着立法，行政司法的职务。因此它说：“这种行为，无论是以任何的托词，无论在任何国家，在任何条件之下都是专政！”

在第四段里，它的主张是：“政府统制的国际贸易必然会走到扰乱和平和制造战争的地步。”它的理由是：统制经济必然会妨碍了国际贸易的自由竞争，使自己和世界的其他各部绝缘，一切都唯有依靠政府的垄断机关。而同时，因为政府本身成为了贸易的单位，因此商品的交换不是用竞争来调节而最后不能不诉诸于武力。所以结果是扰乱和平。

在第五段里，它认为稳定的通货政策是保存自治的基本因素。而稳定通货的先决的前提就是要服从于支付力的简单的法则。因此它说：“现在世界上有好些政治理论在流行，认为政府的义务就是不发行债券，并把它用来作社会政策的工具。”这个观念已被提高到成为经济学的理论。即所谓赤字支出原理，或所谓补偿预算原理。但这种通货贬值和发行债券的办法，（尽管它的利益是很好）是有着长期的，悲惨的失败的历史的。如果在和平时期，我们坚持走向这条路线，那我们是一定会得到破产的教训，或甚至还要更坏一点，我们会走到全能主义的政府的形式。在这个政府形势之下，这种计划是可以能够做到的，但也不过是一个很短的时间而已。

“一种可以用黄金去收回的通货，和在政治统治范围以外的银行制度是最能够给自由人民以最好的保证，保证它不致受政治上的欺骗煽动所影响，和受政府的不慎重经济措施所扰乱。在有些人看来，似乎为了适应战时的紧急措施而放弃稳定的财政原则是可行的，然而这决不会损害在和平时期中施行这种原则的妥协性……”

在第六段里，它又着重的指出：“我们相信把国家课税的合法的权力转变成为实施所谓经济改造的间接的努力，是对于我们的生活方式和政府形式之稳定的一种严重的威胁。”

“课税的目的，应该是适应于有限制的政府，之有限制的用途。所有超过这个限度的计划，比方那些想依照政府中人的观念，以重新分配国民总收入的计划，都必然会直接走到这样的社会状态之下，在这个社会里，人民是再也不支持政府了，再也不会，经过支持政府的方式而控制政府了，相反的，他们反而受政府的支持，因而也就受政府的控制，失去了自由。”

“由于有和平转到战争和由战争转到和平而发生的许多社会，经济，政治的问题中，大家对于许多细节尽管有不同的意见，但在基本的原则上必不能有任何的妥协。”

“我们，战争和复原的美国产业界大会，相信，在以上所指陈的广泛的原则之下，美国是能够而且愿意替他自己的命运打开一道坦途的。”

最后它复强调美国的生活方式，他说：“我们在美国已演化成统一的生活方式，而这种生活方式又使我们能够创造出一个伟大的民族。我们的人民，由于远见，由于有富足的资源，他们已替自己积累成一个富足的国家，创造了超出一切以往的自由；我们对于国内外的同胞是一向都保持宽宏的态度的。社会地说，我们是民主的，而在许多方面说，我们已经表现了我们对于被压迫者的同情……”

“我们的社会组织并不是硬性的。机会对一切的人都在招手。阶级仇恨和阶级斗争在这里是没有地位的。很可惋惜的是，这种争论已被介绍到我们人民的生活里面……”

“我们从未看见政府统制经济能产生出堪与我们相比的成果，任何种类的独裁都足以受我们的憎恶，因为它是和自由不可并存。以我们人民的自治的天才，我们必须反对政府集中和集合权力的倾向，和把我们的生活限制在条文和规则里面的倾向……”

最后它认为在全面战争所迫切需要的条件之下，政府采取若干的规程，限制人民的生活，也许是必需的，但这种方式是不合于美国和平时期的传统。“我们必须意识地争取一切之进步，争取一个每一个成员都对他的同胞充满善意的社会。这就是美国的传统，这就是美国产业界所宣示的传统，这也就是美国所要努力争取的传统。”

译完了这个决议以后，我觉得我个人不能不附一点意见。因为这个决议事实上就是美国产业界对战后美国内政的基本立场，它很广泛的接触到许多战后的问题，所以无论他的主张是否正确，但无疑的它是一个重要的文献。

不过如果把它所提出来的论点都一一加以批评，那事实上就非接触到战后资本主义往何处去的问题不可，因为不仅在美国就是在英国同样对于内政问题也有两种不同的意见，一派是革新派，如英国的工党，它坚决的主张把主要的工业收归国营，但另外一派，即英国产业界的人士，则坚决主张在战后英国仍应恢复战前的自由主义的经济，代表这一派的经济学人虽然对于共党之主张会不断的加以讪笑，认为是空中楼阁。可是要对于这一个问题要有所论列，那是非另外写一篇文章不可，所以今天，我只能对上面美国产业界所说的论据，附带的提出几个意见。

第一，在这篇决议里面，他们好像认为个人自由，是美国生活的神髓，是不可侵犯的东西。其实个人自由，早在法兰西第一次大革命前后，即为欧美人士所提倡，中间经过一九四八年的欧洲各国的自由民主运动，个人的自由更成为了先进的资本主义国家的圭臬。所以个人自由的哲学，纵使在程度上有所不同，但并不能算是美国生活方式的特点。

第二，个人自由固然需要尊重。但所谓自由必须站在平等的基础上；尽管你说是机会均等，可是一个百万富翁，一个囊无一文的穷汉，这中间是无法平等的，因为不平等，所以也就不自由。如果十八世纪的时候提倡个人自由是有进步的意义，那么到了今天个人自由的学说已经成为了顽固派的盾牌。而且就事实上说，美国经过了前一次的世界大战，且以得天独厚之故，它的生产规模，和生产技术的确是能在世界上首屈一指，可是一提到人的生活和幸福，那又谁都知道它远远赶不上它的生产规模，在战前失业工人经常在百万左右，而一到恐慌时期，则更是厉害。即在战时，生产工具还有六分之一没有动用的闲着，这些都是指明自由竞争，无政府状态的生产有着什么毛病。所以今天美国革新派所主张的，并不是要干涉个人的自由，他们所要干涉的是少数人的特权，要他们牺牲一部分利益来让大多数的人过更好的日子，更充分的利用优良的生产工具，使每个人都能够得到工作。这不能够叫做干涉个人自由，相反这是发展最大多数人的自由。

第三，在战时虽然有不少为适应于战时而实施的临时的措施，可是以为战争一完结，一切都可以恢复到战前一样，这种意见，不能叫做是进步而只是倒退。而且即从实际情形来研究，这也是不可能的。你想想看，当战争一完结，前线的战士几百万跑回来了，在这时候，政府所要最先考虑的问题，是如何安插他们，使他们都有工作。在这时候，私人的企业是不是能够完全容纳他们的，如果不能完全容纳他们，政府是不是要对他们负责？再从一般的情形来说，在战争的时候，一切都是为了战场的消费而生产，可是一下子战争停止了，产业家从哪里去找寻到这样大的市场呢？而且全世界有许多地方受战争的破坏，产业家又从哪里去获得生产平时商品的原料呢？所以在战争一结束的时候，如果马上就恢复私人的产业自由，那么在最初的一个短期间，故可因为商品的缺乏，一切货物价格高涨造成假的繁荣，和前一次战后一样，可是当许多商品找不到出路的时候，立即继之而来恐怕就是经济恐慌，到那时候，今天为自由而流血的战士，就惟有踯躅街头，做一个失业者了。所以在战后时期，政府的经济统制还是免不了的。那时候政府可以把消耗在战场上的东西逐渐转移用到生产事业上，把那些退下来的士兵逐渐安插到这些生产机构里面去。等到这些生产事业逐渐发展，国家才能对个人的企业逐渐放松。但这些计划是非由政府负责不可的。而这些生产事业也是非由政府经营不可的。空谈产业自由，空谈反对国家干涉生产，其结果将是造成资本主义的极大的混乱。

第四，从国家的财政上说，目前不仅是美国，即所有参战的国家亦莫不担负有很高的债额，将来如何还清这些债务和如何弥补战后一个期间财政上的赤字都是很大的问题。为了解决这个问题，政府只有两条路，一条路是走上通货膨胀的道路，一条路是以增税的形式，或者是以发行公债的形式，增加有钱人的负担，以此来吸收现金，而从事于生产事业，将来即以生产的利得拿来摊还债务，这是避免通货膨胀的唯一的办法。当然这种办法，对于那些有钱的人是比较不利的，可是这在大多数的人民看起来还是有利的，如果说这种办法是社会主义，那当然还是差得远，不过它至少可以弥补资本主义所暴露出来的缺点。所以终极的意义说来，它还是对于资本主义有利的改良主义。

第五，通货的稳定当然是必要的，可是除了政府的通常支出外，国家为了要举办一种生产事业而量出为入增加税收或甚而至举债都还是必要的。因为国家经营生产事业，这正是国家积极的向人民负起经济责任的表示，这是一种进步。通货的最后保证不是黄金，而是物资，所以如果以为一定要有黄金准备随时兑现，通货才能稳定，这是拜物主义。

第六，照上面决议所说，似乎是国际的自由贸易才是国际和平的基础。可是照他们的结论，远自十九世纪以来，国际贸易是完全自由主义的了，然而何以不到五十年发生了两次大规模的战争，其实依照严格的意义说来，从二十世纪初头起，国际间的贸易，金融巨头的垄断已占了统治形式；正是由以这些金融巨头集团间的冲突，才引起了战争。所以今天假定由国家代替了金融巨头的地位，至少这对于战争的危险只有减少。因为这里主要的问题，是这个国家是不是代表人民的国家，这个政府是不是受人民所监督所控制的政府。如果是的话，那么它不仅不会危害到世界的和平，而且还要大有助于世界和平。因为这些作为国际贸易单位的国家，它必须对于国内人民的生活和工作负相当的责任，无论在输出或输入上面，它都必须首先注意到国内人民的要求，因为国家要受人民所监督，它不能利用自己垄断的地位来提高国内市场价格而一方面则贬价向国外倾销。所以如果经过国家的统制，而多少的走向计划经济之途，在国内做到大家丰衣足食，在国外做到有无相通，这倒真是和平的福音。

总之，这一个决议充分表现了美国一部分大产业家根据自己的狭隘利益出发来向新政派的攻击的偏见。不仅在理论上有许多毛病，如果实行起来，则无疑的将加速美国的经济危机，从而危害到世界的和平、不过无论如何这个决议是一个很可注意的文献，因为它是代表这一部分反政府的力量。大家都知道，在美国内部，这两种新旧力量的斗争将来还要发展下去，今后谁胜谁负，它将会直接影响到它的对外政策。我们面前研究国际问题的人已不能单纯的从外面而望进去，而应该更多的注意各国国内各种社会力量的微妙的交错的关系，从而认识他们的外交政策的动向了。

论外交和新中国的外交政策

载1945年《大学》第4卷5~6期

黄药眠

(一)

胜利与和平之神已降临到东方,未来的中国决不是闭关自守的中国,也不是半封建半殖民地的中国,而是列于四强之一的新中国了。那么未来的新中国的外交政策将是怎样的?——这是一个很有趣味的问题。

为了要答复这个问题,我想我们首先就必须从政治学的见地阐明外交的本质和特质,然后根据目前的国际形势和战后新中国的国家形态来确定我们的外交的方针。

外交(Diplomacy),这在外国文的原意不过是文书的意思。显然的,在封建时代,经济上自给自足的时代国家间的来往是并不频繁的:只有当国家与国家间有不可避免的交涉,皇室与皇室之间有重大的庆典,这才会有特派的使节,带着委托的文书去出国。在这个时期外交不过是偶然的事件。到了十六世纪,北意大利的商业城市勃兴,威尼斯的商业特别发达,于是才有经常派往国外的使节,到了十七世纪初,外交才开始成了制度,驻外使节才成为了国家的驻外代表。

很明显的,近代外交制度的形成是随商业发达和资本主义的兴起而来的。最初外交使节的主要任务,乃是在于开拓市场和保护国外商人的利益。后来由于这些商人发展成为近代的资产阶级,在政治上掌握了政权,因此这些曾为商人利益代言人的使节也就逐渐升格成为了国家的驻外代表。

明了了外交制度的史的发展,那么我们对于外交的定义也就容易下了。什么是外交？关于它的定义，曾有不少的庸俗的学者费了不少的脑筋。有些人说："外交是办理国际关系的技术"，有人说"外交是政府与政府间往来的方法"，有人说，"外交是办理国与国间的公务之智识与原理"，或是"处理外交关系与国家外交事物的科学"，我觉得这些定义事实正是在模糊了外交之本质的意义。如果用这些定义来解释"商务代办"时代的外交，也许还有些中肯，可是当工商业者已登上了政治舞台以后，这种定义显然就不够了。如果照他们这样的说法，如果照他们这样的说法，外交岂不是成了处理日常事务的科学和艺术。从本质上说起来，我觉得应该这样说："一个政府在对外方面，为了要贯彻国家的最高目的而采取的一切方法和活动——这就是外交。"

什么是国家的最高目的？国家的目的是根据于国家的形态来决定的。在阶级的国家里面，所谓国家的最高目的，事实上就是统治集团的目的。在资产阶级的国家里面，它的目的自然就是以保卫巩固，和扩展资产阶级的利益为最高的原则。所以换句话说，一个国家的外交，基本上是决定于这个国家的形态和政权的形式的。

由上面这一个命题，我们又可以推论出第二个命题：就是一个国家的外交是不能够和它的内政分开的。无论是内政或是外交，在统治集团看来，其目的无非都是以保护巩固和扩展本身的利益为最高的原则。资本主义国家有资本主义的内政和外交，社会主义国家有社会主义国家的内政和外交，即同属于资本主义范畴的国家，民主国家有民主国家的内政和外交，法西斯主义有法西斯主义的内政和外交。不过外交和内政有一个基本的区别，那就是在内政上政府是唯一的拥有武器，法院和宣传的机构，因此在执行上它有种种的便利；可是在对外方面，它所碰到的是和它一样拥于武装的国家或许多国家，因此在贯彻自己的利益的时候就不能不受别的国家的影响和采取曲折的道路，装饰以许多外交的辞令，比方，明明是要侵略这个国家的，但是为了不愿意那时开军，或是为了免得别的国家的妒忌，于是首先就用威胁和恫吓，然后用拉拢和利诱，再然后变成"共存共荣”。又比方大家的利益是有冲突的但是为了拆散敌人的联合阵线，为了加强自己的与国，所以又不能不放弃小的利益，而成为了友邦。有时内政和外交的一致是很明显的可以看出来，比方 1929 年英国工党麦克唐纳出组内阁，他的对内政策比较开明，所以同时对外政策也就改变了保守党敌视苏联的方针。但有时内政和外交间的一致性是不能够很明显看得出来的，比如普法战以后，法国的对内政策尽管有改变，可是它的防备德国的外交方针是一贯的，因为德国始终是他在欧洲大陆上的最可怕的敌人；又比方德国由俾斯麦到德皇威廉第二，在内政上可说并无多大的改变，可是在外交政策上却有显著的变化，因为那时候在德皇威廉第二看来，英国才是他争取世界霸权的最主要的对手。所以二个国家的外交政策，虽然在原则上它是和内政政策一致的，而且可以说是国内政治的延伸，可是他的伸缩性和偏向却是要受国际环境的影响，和受本国和对手国间力量对比的影响的。

第三，从上面的这一个命题，我们又可以推论出第三个命题：那就是一国的外交虽然是以实现一个统治集团的目的为最高原则，可是在对外关系上说，他是以贯彻民族国家的意志的姿态而出现的，是以整个民族国家的力量来做它的背景的。而且也只有当一个统治集团还能够在它国内维持着对立物的统一的时候，外交才能够表现出他的力量，如果国家不能够维持自己本身的统一，而发生内战那它的外交就无从发挥它的作用。所以一个国家的外交的实施，是以国内能够维持完整的统一来做它的前提的。

第四，正因为各国的外交官虽然实际上是代表统治集团的利益，而在国际关系上却是以代表一个国家统一体而出现，因此由各个国家的统治集团的对立遂表现为国家与国家间的对立。我们都知道资本主义的生产是一刻也不能中止的，它必须有不断的原料输入和广大的市场供给它们的输出，因此每一国的外交家，都无时无刻不在为自己所代表的统治集团打算。在争取市场和原料上各国（其实即各国的统治集团）间的利益是冲突的，因之，各国的外交关系也是无时无刻不在勾心斗角，无时不在紧张状态中。所以现代的外交，事实上就是战斗，不公开流血的战斗。当这些国家里面社会机构内部没有改变，以前无论他们的外交辞令说得如何美丽，无论是什么条约协商，同盟事实上都不过是用暂时的和平来准备更大规模的厮杀。所以第四个命题就是一国的外交虽然直接的决定于该国的统治集团的意志，可是终极的说起来还是决定于那一个国家的社会结构。

第五，一个近代国家的外交，虽然在其对外关系上是假定为代表一个整体，但是事实上，国内的两个集团间的矛盾却正一天天尖锐起来。如果在封建时代，一个封建国家是只有在它的统一全盛时期，才会有对外扩张的侵略，但是资本主义国家却有一特性，即当它本国两个营垒一天天尖锐的时候，它的对外侵略性反而会愈益显著，即当国内的经济危机，失业的恐慌愈益严重的时候，它的对外扩张欲也就愈益强烈。因为这个时候，统治集团正企图以对外的占领来和缓国内的经济危机。由于内在的矛盾在促使着资本国家的外交力求向外扩张，但对外扩张反过来又要求着国家必须按照统治集团的意志来统一，因为只有统一才能够使外交胜利和作为外交后盾的武装胜利，于是法西斯主义对于这一个内政和外交的矛盾，就采取了对内绝对独裁排斥异己，对外无限制的扩张和侵略这一个政策。所以说法西斯主义就是战争。

第六，可是现在法西斯主义垮台了。苏联在反法西斯战争中强大起来，许多新的国家在反法西斯主义的战斗中诞生出来，即在英美两个强大的资本主义国家里面，人们目击着战争的残酷，法西斯主义的强暴，资本主义制度的缺点，即一向作为资本主义支柱的中间阶层也逐渐不满起来，于是他们乃主张用民主来对抗独裁，用限制卡特尔的方法来修正资本主义，既然在对内政策上有了这样的改良来和缓国内的矛盾，所以在对外政策上也就主张用繁荣落后国家的方法来维持先进国的繁荣。对内是民主，对外是和平，这是两者不可分的，而且当全世界的民主力量联成一气的时候，其结果自然也就会在国际上造成维护和平的力量。

这是我对于外交的一般原则的看法。

(二)

刚才我已经说过,一个国家的对外政策是由这一个国家的形态,社会结构,和内在的统一的程度来决定的,同时又是由于当时的国际形势,和本国与别的国家的国力对比来决定的,因此在论述新中国的外交政策之前必须根据上面所指出的一般原则来检讨一下新中国的国家特质和当前国际的一般形势。谁都知道未来的新中国是三民主义的新中国,因此它应包含有以下的几点:

第一,将来新中国的国家形式决然不是一个阶级专政的国家,而是由许多阶级共同执政的国家。因此它的对外政策,并不是执行一个统治集团的意志,而是执行许多集团的共同的意志,特别是人民的意志。它以新民族主义的姿态出现的。因此它的对外的基本政策就是和平。

第二,新的中国既然是以多党同盟来执政的国家,因此在政治上它必须是略其小异求其大同的互相让步的民主政治,以最大多数人民的参与政治来保证对外的和平和国际间的持久的合作。但这一个民主政治,并不是和过去的法国和现在的美国一样由各党交替执政,而是由各党共同执政。

第三,通过民主政治的形式完成新中国的真正的统一的民主国家,当然在内部还是有矛盾和斗争的,而且这个矛盾和斗争是需要经过长久的时期;可是这个斗争并不足以妨碍它对外的统一,同时也并不会和帝国主义的国家一样由于内在的矛盾,反而会促使它向外的侵略。

第四,中国是首先向法西斯侵略国家抵抗的国家,在这八九年的抵抗中,中国人民对于消灭法西斯,建立世界的民主与和平有其不可磨灭的贡献,因此它是东方许多弱小民族和殖民地的最合理的代言人。

第五,中国在国际上的地位当然是加强了,可是中国是一个产业落后的国家,经过了这几年的对外战争,再加上了这几年以来财政经济政策措施的失当,国民经济已濒于破产的境地。现在不平等的条约虽已取消,但距离作为一个强国的工业基础和国力是还差得很远的。

以上这几点是就我们中国内部的情形说的。现在再说国际的情形:

第一,战后的世界,虽然依旧是社会主义国家资本主义国家和平共居的世界,但是有两个和战前不同的特点:一,是苏联成为了世界上最强的强国,它的影响无论是有形的或无形的,已及于全球各地;二,欧洲好些资本主义国家,已有逐渐改良资本主义,转向人民的民主的趋势,而且也就是站在这一个民主的反法西斯的和平政纲上,英美苏三国可能相当长期的维持着世界的和平。

第二,在纳粹崩溃的废墟上,现在已经诞生了许多新型的民主的国家,他的领土已占有了大半个欧洲,拥有二万万的人口。这些国家受了这一次希特勒和内奸的教训,不仅是成为了民主的,反法西斯的最忠实的斗士,而且同时也成为了反卡特尔,经济垄断,反半封建地主的最忠实的执行者。所以他们的民主已有了经济的基础和强固的有组织的力量。

第三,德意已经倒台,日本法西斯也跟着就要覆灭,法国和荷兰且曾经过一次亡国之痛。这些国家以前都是强国而且除德国外都有不少的殖民地,经过了这一次大战,殖民地民族运动的勃兴和要求独立自主的浪潮将必然澎湃。

根据着我们国家的立国精神,和今后国家的形势,我们的外交政策应该如何呢?我想应有以下几点:

第一,现在世界上最大的强国是英美苏三强,这三强的行动事实上就是决定世界命运的核心。我们现在中国所处的地位仅次于三强,因此不仅在原则上说我们应该加强对于英美苏的外交,即就政策上说,我们亦应加强对它们的外交,增强我对他们的联系,因为和它们的关系弄好,乃正所以提高我们自己的地位。我觉得现在有许多人对于英美苏这三强间的关系作了不正确的估计。有些人以为这三强之间的冲突必不能免,第三次世界大战马上就要到来,因此预先就企图在第三次大战的时候站在某一方面来和另一方面对垒,另外一方面又有些人认为这三强间的合作是亲密无间,毫无冲突的,因为预先有了这样天真的估计,所以一看见国际上发生了什么波折,马上就起了许多疑虑,或则是把英美苏三国等量齐观看成一样的好友。其实在一般的民主政纲下面,英美苏三强是完全可能保持持久的合作的,因此我们的外交政策不应该紧抓住这一个国家而放弃那一个国家,或打算准备站在任何一方面来和其他国家对立。可是我们也得承认,在另外一个方面,这三强之间在某些局部问题上是有矛盾的,因此我们对于这三强的外交在轻重之间,也不能不斟酌,而不是等量齐观。我们得站在自己的民族的立场,看看它们谁的主张对我们有利,来决定自己的主张。并利用它们之间的矛盾,来增高自己的地位。我们应该反对无原则地死死追随着一个国家的政策。

第二,除了与英美苏三强结成民主强国的核心以外,我们必须与许多其他的民主国家,广泛地缔结多角的同盟和平等互惠的商约,用这种办法来加强自己在四强会议中的声势,同时也正所以造成国际间的民主联合阵线,用以消灭一切法西斯主义的残余以及法西斯主义的反民主主义的倾向,消除一切恶势力的潜滋增长。

第三,联络所有新解放的殖民地国家,和未解放的殖民地的民众,展开殖民地要求独立自由的外交攻势,这个外交攻势,当然不是说最后要诉诸于武力,而是说我们要逐渐的强韧的争取更多的与国,把它和欧洲的民主运动连成一气,而对于一切反对这种运动的人施以压力。

第四,在上面我已经说过,我们是一个产业落后的国家,因此我们必须从产业先进国里面大量地输入生产母机,来加速工业化的过程。可是我们的工业化是不能依据于别国的需要来设计的。相反,我们的工业化应该适应于我们本身的需要使到它慢慢的能走上经济独立的道路。自然要达到这一个目的，需要有着很大的外交上的努力。

以上这四点，是我们中国今后外交政策的一般的路线和原则，至于在外交技术上面，我觉得我们应该注意以下几点。

第一，我们要使到未来的外交能够真的贯彻我们本身的要求，我们一方面固然要知道一般的国际形势和潮流的趋向，但这还是不够，我们必须进一步的更多研究各国内部的经济政治情形，历史传统，地理环境，人物性格，或甚而至于文化，风俗，习尚。我们必须深切地知道他们所需要的是什么，然后我们才能够满足他们的需要，用以换取我们所需要的东西。这是第一点。

第二，我们必须充分利用国际法，及最近在旧金山会议所通过的和平宪章，一切外交上的交涉都应该根据这一个宪章来做武器。有人过分相信这个宪章，以为今后大家都自然会自动的诚心诚意遵守这个宪章，这固然不对，但以为这个宪章完全是白纸上面写的黑字毫无用处，亦同样的不对。这些宪章和条文只是给我们以一个行动的标准，而如何去实行这个规定和条文就需要我们努力去争取，并需要表现出力量出来。过去，有人说"弱国无外交"，这固然是不无真理，因为外交必须有实际的力量做后盾，可是现在完全不讲理的法西斯主义蛮干的外交已成过去，国与国间之平等和民主已在原则上为旧金山会议所承认，所以所谓力量，并不仅是指武力而言，即国际会议上所通过的条文和法规也是力量，举国一致，民气蓬勃，据理力争的战斗精神也是力量，国际的帮忙的协助和声援也是力量，国际舆论的同情也是力量。如果自己以为自己的物质的力量太贫乏，遇事畏缩，或事事仰人鼻息。那么自己在精神上已经露出了怯战的消极的态度，自然要在外交战线上获胜是不可能的。

第三，由于百年来的积弱，中国处处都表现得落后，更由于过去少数传教士的恶意的宣传，致使许多外国人士对于我们有许多不合理的偏见，目之为劣等民族，或无文化的国家。所以今后，必须发展国民外交展开国外的文化宣传，使到他们知道我们的艺术和科学的成就，知道我们中国人民实际生活的状况，落后的原因，以及中国人民所渴望的是什么东西。必须在平时就预先做下工作，使到其他国家的人民普遍的知道我们中国，在感情上有相互的了解，然后真的有起事情来，我们才能够动员国外许多有正义感的人们起来为我们声援。可惜，在过去，我们对于这些工作是完全没有注意，甚至有时政府，对内则摧残文化，对外则又自居于落后。这些毫无见识的行为，严格地说来也正是外交上的失败。

第四，为了执行我们的新的外交政策，我们必须要一批新的人才。过去我们中国外交界虽不无老练的人才，但大多数都是庸懦无能之辈，脑子里充满着买办思想，对于本国的政治经济已一无所知，对于驻在国的政治经济情形同样的亦一无所知。平时既然是对外国人五体投地，一到有起事情自然更无法来和外国人抗争。有些人以为能够说外国话的人都可以办外交，其实这完全是买办心理。能懂外国话固然是有助于做外交工作，但未必能懂外国话的人都可以做外交工作，而做外交工作的，也未必就一定要懂外国话，负责的外交官主要的还是要有政治眼光和政治手腕，即驻外使节下的工作人员，亦必须有政治、经济，或军事的基本智识，不然国家花了许多钱养着那么许多的“半洋人”去陪外国荡妇跳舞，实在是没有道理的。

当然培养人材绝不是一朝一夕之事，我们必须建设更多的图书馆，搜集更多的资料，同时要利用科学方法来研究国际问题；而在平时的杂志报刊里面，需要更多的介绍国际上所发生的大小事件，建立国家的新闻网，一方面独立的采取国家新闻，同时又可以作为播送，传达我们的人民的意图和政府的政策。

自从鸦片战争到现在这百年来，中国的对外交涉差不多没有一次不是失败，民国以前的满清政府，对外交更无一定的政策，一时傲慢无礼，一时又卑躬屈节，一时主战，一时主和。但是我们都知道满清政府外交的失败，是和他的封建官僚体系的腐烂有直接关系的，和满清朝廷之“宁予外寇不给家奴”的独裁专制有直接关系的，是和当时此仆彼兴的农民暴动有直接关系的。要了解中国的近代外交史，我们必须和当时的政治经济情形联系起来看。所以与其说是外交的失败,毋宁说是整个政治的失败。民国以来,欧美的帝国主义已进入到金融资本时代,它的侵略方式已不着重于地域的占领,而着重于经济的侵略,金融的控制,所以在外表上好些还能维持着一时的稳定。特别是抗战的那几年间欧洲的列强事实上已无暇东顾;可是在这个时期,最富于封建性的日本帝国主义却企图蚕食中国以实行其大陆政策,在这个时候,我们中国的外交还是受内部的政治混乱的影响,有些人是以能够向外借一笔外债为了不起的人材,有些人是以能向日本叩头为能事。买办主义的精神统治了整个的外交。抗战军兴,我们的国际地位是无比提高了。

现在已经是到了胜利的前夕,将来的新中国必然是民主的中国。我们在内政上和外交上都必然会有一决然的刷新和转变是可以预料得到的。

七·二五·于成都

略谈当前的远东战局

载 1945 年《青年园地》第 7 期

黄药眠

自从欧洲的法西斯德国无条件投降以后，东方的日寇显然是完全孤立，而莫斯科又在这时宣布废弃日苏中立协定。这更增加了日寇在伪满的负担和忧虑，最近琉球本岛继硫磺岛而被攻陷，盟军的海空军基地离日本本土已只有三百多英里了。不管日寇还拥有五百万的正规军，不管它所占领的面积还有数千万平方英里，可是它的产业心脏部分已完全暴露在外，这是目前日寇在战略上所遇到的最大的危机。

在这一个形势之下，日寇的最主要的防线不能不摆在下列的三个地方：第一是在本土，第二是在伪满，第三是在亚洲大陆的北部。至于荷属东印度那一带地区，日寇在目前只能把它们作为自行抵抗的外围据点了。

那么为了挽救这一个危局，日寇将采取怎样的一种办法呢？

我想在政治上，第一它是采取和苏的态度，纵使不能够使苏联不出兵，但至少亦要使得后者的出兵越迟越好；第二是不断表现顽抗到底的姿势，而一方面则不断的发出和平试探；第三是通过汉奸敌探，挑拨中国内部的斗争、或甚至内战，并从中国事件上再挑拨美苏间的矛盾。在战略上则首先巩固日满鲜华北的防御体系，第二是对于战略上不十分重要的地区实行撤退，而在几个重要地区集中兵力，准备顽抗；第三对于荷属东印度群岛，以及泰越马来则采取不增援也不撤退的策略，死守在那里，用以牵制、延缓和消耗盟军的实力。

根据着这个原则来看目前日寇的军事措施，我们就可以答复以下几个问题：

第一，有人问敌人为什么要从福州、温州仓皇败退呢？我们的答复是：因为在盟军的海空军的优势力量压迫下，这些港口反正不能坚守，这是一；第二，这些港口并没有通到内陆去的近代交通设备；第三在坚守亚洲大陆这个观点看来，它们并没有什么重大的战略意义。

第二，有人问敌人为什么会在南宁败退呢？我们的答复是：第一，是因为这条交通道路在军事运输上并没有很大的价值，修筑铁路太费钱也太费时间，日寇不能专门为了撤退而修筑一条铁路；第二，它既然在越南一带准备不撤退也不增援的策略，因此也无需乎这条交通线；第三，即使将来有少数部队从越南撤退，敌寇为了避免受我军截击起见，他们也一定采分路逃窜，到处焚劫的办法，绝不会循着一条干路退却。

第三，有人问敌人为什么在宜山南宁退却，而在赣南方面则采取攻势呢？我们的答复是敌人虽然在福州温州败退，但这并不是说，敌人也要从广州上海撤退，只有经过一个时期的顽抗达到消耗的目的以后，敌人才会撤至内陆的丘陵地带来和盟军对峙。这原因是因为盟军的一切给养，都要从海上来，中国大陆没有近代的交通设备，物资贫乏，因此离开海岸越远，盟军的给养越不容易，而且南中国一带多山，长江下游湖沼纵横，装甲化的部队不易使用。根据着这些有利的条件，敌人必然会在战略的重要地区顽强据守。以达到消耗盟军的目的。为了这个缘故，所以它必然会坚守曲江，今天他向赣南一带的活动期其目的乃是在于企图打通曲江至赣州汾阳这三个据点间的联系。

以上是从敌人的战略位置看，现在再从盟军的进攻形势看。

不错，盟军在欧战结束后可以陆续东调，可是美国在欧洲的远征军必须先调回美国，还要休假，还要有新训练△△△大军的到达起码要四个月以后，而军火给养储蓄，亦差不多需要同样多的时间，第二，不错，琉球攻陷以后，日本的九州已受到直接的威胁，但如果以为盟军马上就可以在日本本土登陆，那也还是过于性急的估计，盟军在日本本土的登陆，是必须等到盟军的主力已经到达，一切给养基地都已准备完毕的时候;第三,为了要在中国大陆上打击敌人,和建立进攻日本本土和台湾的基地,盟军可能先在闽浙粤海岸先行登陆。盟军在中国登陆所受牺牲的多少,和以后推进速度如何,这就要看中国内部政治团结的程度如何,和中国反攻军团的作战力如何了。没有中国陆军的支援,盟军要在中国大陆迅速地获得胜利是不可能的。

现在再从中国方面来看。

无疑的,我们中国在目前这样有利的形势之下,第一个任务是夺回柳州,从柳州东下梧州肇庆,以接应盟军从南中国海岸的登陆,北出桂林衡阳,以接应从鄂西北反攻老河口出击武汉的队伍。第二任务是由山西高原出击河北平原,作亚洲大陆的决战。本来中国的地理形势是从西而东逐渐平坦,正有利我们切断敌人从北到南这样漫长的战线。

但是很可惜的直到现在许多人都还在幻想中找寻胜利。

有许多人,因为看见敌人从南宁、福州、温州败退,因此就幻想着敌人会迅速地从南中国撤退。其实敌人如果真的要撤退的话,首先它就应该撤退越南的队伍到广西然后再由广西撤向湖南。但现在何以日寇在越南的大军没有撤退而先行退出南宁?第二,如果他们真的要从华南撤退,为什么又还要向定南虞南进攻?这些事实都在说明,敌人直到现在为止,还没有从华南撤退的意图,相反的,他们正在企图盘踞大陆的重要据点以为将来顽抗的准备。

有许多人,因为看见盟军攻克大琉球,便以为盟军的下一步骤就是直攻日本本土,只要日本本土一攻下,则亚洲大陆的数百万日寇,自然会崩溃,其实这种看法,完全把盟军在日本本土登陆的困难和日寇防卫的力量都过低的估计了。杜鲁门总统的演说辞里面,也曾特别指出日本空中防卫的密度因防卫的范围缩小,将愈益增加。所以在日本本土登陆并不容易,要把它全部占领更不容易。而且在我看来,盟军在日本本土的登陆,对于死守大陆据点的日军,并不会发生很大的影响。例如,当盟军已日益迫近日本本土的时候,远在南洋数千里外的孤岛上的日军却始终不肯投降。所以如果以为日本本土被占领了若干地方以后，大陆上的日军就会投降，那完全是幻想。

还有许多人以为，只要盟军在我海岸一登陆，那么马上一切问题都就可以解决了。其实我们只要稍稍知道近代战争的消耗量之巨大，和知道中国的地理条件交通设备，技术和物质条件的落后，我们就不难想象盟军要深向大陆推进之不容易。

归根到底说起来，解放中国大陆的战争还是需要自己的努力——依靠自己政治上的团结和军事力量上的增强。一切空洞的乐观的幻想，都是有害的，照目前的情形看来，敌人不仅不想撤退，相反的他们正打算在大陆的重要战略据点上死守起来呢！

但是有人问，如果苏联出兵，是不是日寇也会效法欧洲纳粹的东碰西让来一个北碰南让呢？我们的答复是，不错这个可能是有的。可是也正因为有这样的可能，所以英美苏的团结非常之重要，而中国国内的团结也非常之重要。如果我们国内在政治上不能团结合作，那么，敌人刚刚一退，国内战争马上就又有爆发的危险，苦战了八年的中国又还要再来一次内战，这是不可想象的事情；也是全中国人民反对的事情。

目前敌寇所努力从事的是以拼死的挣扎，来争取有条件的妥协，制造种种谣言，分化中国的内部，分化盟国的合作，分化盟国国内的人士。但是敌人的诡计，是一定不能成功的，因为盟国人民不允许日寇的有条件的投降，因为苏联不愿意远东有法西斯的余孽的存在，因为盟国在全世界范围内的合作，是必不会动摇的，所以最后的重要因素乃是在于中国内部团结。

不错，胜利是就在眼前了，但胜利还有待于争取，胜利还有赖于团结。必须经由团结得来的胜利，才是真正胜利，不然胜利还没有到来，而团结即已酝酿裂痕，那才真是中了敌人的诡计呢！

论英国工党上台的政治意义

载 1945 年《青年园地》第 8 期

黄药眠

英国的大选结果揭晓了。选举的结果是:工党占三百九十席,保守党占一百九十五席,工党占了压倒的优势。尤其可以注意的是,这一次的工党政要和以前的工党政府不同,以前的工党政府,在议会里不能不找寻与党来支持,而这一次,它在议会里面的席次,已占有那么多,使它完全可以独立执行它自己的政策,而无须受到别的政党的牵制。

也许有人会奇怪:保守党不是执政了十年的政党吗?何以会惨败得如此利害?邱吉尔不是反纳粹的英雄吗?何以竟也不能挽回保守党的颓势?

问题的答复是很简单的。这一次大战虽然是爆发于一九三九年,可是大战的起因,却远在一九三八年的慕尼黑会议,甚至于乃在一九三九年大战前夕,英法苏谈判的失败。保守党的张伯伦的绥靖政策,实际上正是把希特勒的战争火焰一步一步引到英伦。英国人民不会健忘当不会忘记这一个惨痛的教训。

在德苏战争爆发以后,邱吉尔不为德国的阴谋所动,立即宣布英苏互助,这样英明果断,自然是值得赞许的,然而我们当还记得,对于西欧开辟第二战场,英国统帅部始终表示游移,对于赫思飞英之谜,政府始终不愿揭破。保守党中的顽固分子始终在胜利的光芒中散布着阴影。

等到大战已渐近尾声,希特勒捧着头颅等候着最后一击的时候,英国的顽固分子的脑子里,又立即幻想起了控制欧洲的憧憬。波兰的伦敦流亡政府始终态度倔强,企图在东欧再建立起“防疫”的防城;缔结西欧同盟的呼声,又在法兰西的某些人士的口里喊出。雅典城,斯考比将军的铁甲车在人民的尸体上阅兵,西班牙的佛朗哥还企图把皇室从伦敦迎接回去替长枪会当政。这一连串的不可思议的事情,显然都和伦敦绅士们的手指有过关系。

英国的人民很亲切地知道,如果照这个方向走去,英国之舟是会有再一次触到战争的暗礁上去的危险的。为了这个缘故,所以邱吉尔的灿烂辉煌的名字,铿锵雄辩的言辞,并不能挽救保守党在竞选中的惨败。

那么,究竟保守党和工党在对内对外政策上有何不同之点呢?有的。

第一,在内政方面,保守党企图在企业自由的名义之下,把战时政府加在产业上的限制都放开来,直到它们恢复到原来的位置;可是工党相反,它主张,国家对于大规模的产业应该加以适当的控制,同时还要加重它们的负担,并用这笔资金来做社会福利事业,来做国营事业的资金,

第二,保守党认私有财产为神圣,所有重要的经济部门仍应该和战前一样,由私人经营;但工党的主张相反,它主张一切大的矿山和动力工业都应该由国家来管理或经营,以免资本家为了私人的利益,而操纵国家的经济命脉。

第三,在对外贸易上,保守党仍主张一仍既往,把许多弱小国家,或附属国,控制在手里,一方面榨取它的原料,一方面占有它的市场,并企图在全世界范围内,建立自己的经济集团,控制着由大西洋到地中海、红海沿岸,到印度的通道;但工党的主张相反,它主张利用战时技术的进步,彻底刷新生产事业的技术和机构,以价廉物美的货物运到国际市场上去和投入竞争,同时利用战后各国正饥渴着商品的时候,英国和各国订立互惠的商贸协定,以比较合理的和平的手段开展市场。

第四,对于印度问题,保守党始终保持过去的态度,利用印度宗教语言等级的复杂,仍是采取分而治之的方法,对于印度落后的势

力，不仅加以优容，而且还给予鼓励，用以和进步势力相抵抗。可是工党的主张相反，它主张向印度的比较进步的势力让步，给予自治的地位，在对于英国有利条件之下，允许它在某种程度的产业化。

这样两相比较起来，显然的，工党的政策，是比较现实，而且从更远大的眼光看来，是对于英国更为有利的。因为战后的世界已不比战前，在战前，英国的国力仅次于美国，它有巨量的国外存金，有巨量的海外投资，有众多的商船和殖民地。英国过去一向就是靠着这些，来控制着世界。可是这一次战后，它的力量削弱了，美国无论在国力的对比上，技术上都远远走在英国的前面；第二，苏联在战败了法西斯侵略联军以后，它已成为了世界的强国之一，在对殖民地的政策上，对民族问题的解决上，表示了它的公正的态度，自然这更增加了它的政治影响；第三，各民族平等的原则已明确载在世界宪章，民族自决，殖民地的解放运动，已成为了世界的潮流，所以如果在这时候，英国政府还保持着它那垄断控制的作风，不特是它的力量不足，而且惟有引起别的民族的反抗，而反抗的结果则又惟有使英国的产业更难于找到市场。这同时也就为美国制造机会，所以保守党的对外政策，如果继续执行下去是只有使英国的市场愈来愈狭窄，凡是英国利益所牵涉之地，愈来愈多纠纷，世界的合作与和平，愈来愈没有保障。

再就国内的情形说，在近百年来英国一向是靠海外投资的利息和利润以及其他的无形收入来维持着国际收支的平衡和国内的繁荣的，可是由于国内金融巨头长期垄断的结果，一方面造成功技术的落后，一方面造成功经济上的病态，经常保持着一百万的失业工人在街头流荡。战争一旦结束，过去的大批的利息和利润以及其他的无形收入都减少到差不多没有了，有些国家如加拿大已由入超的国家变成出超的国家，有些国家则受了战祸的影响，苦于缺乏购买力，在这时候，如果照保守党过去的老办法，岂不是一方面要增强国际争夺市场的矛盾，一方面又要减缩生产的规模，增加失业恐慌，使千百万从前线归来的战士无工可做么？工党的政策是对的，因为它主张用国际的合作和互助打开国际市场，而在国内则主张限制金融寡头，实行扩张国营的企业，保证那些战士们的就业的机会。

所以并不仅是为了国际的利益，而且也为了英国人民自己的利益，英国人民才选择了工党的政纲。

不过工党的上台，对于国际政治是有很大的影响的。因为第一，既然英国工党的对外政策是以促使国际合作为基本方针，那么今后，在世界范围内，英美苏三强间的合作将更加紧密。在欧洲方面，英苏之间的合作将更和谐，这是第一；第二，英国工党的上台不仅是表示英国的进步，而同时也是对于欧洲许多反动政权的最大的打击，对于其他各国的进步的民主势力的一种很大的鼓励，一切那些企图以伦敦的某些死硬派为它们的灵魂的人们将会失去了最后的依据。第三，英国工党的上台，将直接的促成印度僵局的打开，以及英国今后在中东方面所采取的比较开明的政策。

当然我们如果把英国的工党估计过高，或希望它来执行社会主义的政纲，那是错误了的。不过无论如何，从国际形势看，从英国国内的情形看，工党的得势都是在表示民主力量的抬头，进步力量的抬头。

为了这件事，我们替英国的人民祝福，替全世界致力于和平民主的人民祝福。

七月二十九日

论文艺上的肃奸运动及其他

载 1946 年 1 月 4 日《华商报》

又载 1946 年底《新世纪文艺月刊》第 1 卷 1 期

战争结束,我们胜利了,胜利以后,我们应该怎么办?这是摆在每一个中国人面前的问题,文艺工作者也不能例外。自然我们所要做的工作实在是太多了,说起来,真是千头万绪,这里,我想,我只能提出几个要点:

第一,我想,我们须得加强文艺界的肃奸工作。这次中国的对日抗战,是我们中国历史走向新的道路的转折点,所以抗战与不抗战、是忠和奸的分水岭,是友和敌的试验,这中间绝不能马虎。不管附敌者们之投降敌伪,有各种不同的原因,或者是贪生怕死,或者是舍弃不了都市生活,不管他们有怎样多的辩解词,比方说是“为家庭儿女所累”“为一时从权之计”或是说“舍不了多年相伴的图书”或是说“放不下多年积聚的艺术上的天才的珍品”!其实这一切说词都绝对不能为那些汉奸文人宽恕,所谓家庭儿女,所谓天才的作品,艺术的杰作,如果拿来比起民族的利益,千万人的幸福,和文艺人的人格和自尊心,那是多么微小啊!如果那些文化汉奸企图用这些辞句来掩饰他自己丑恶的疮疤,那就适足以表现他们自己的卑劣与无耻。

一个落了水的人是常常抓住一根水草当作为救命的船的。现在我们已很清楚看见好一些附逆的文人,在地里抓住那的水草了。

我们都是一些来自农村的人,我们从农村的土地里带来了封建的温情。附逆的文人于是就在温情之下找到了寄托。他们七手八脚的到处伸出了他们的“友谊的触角”,他们卑躬屈节地向人拉同乡的关系,同学的感情,同志的友谊,他们努力把人们的视线牵引到过去的交情上面,企图用温情的色彩涂去他们暴露在万人面前的罪恶。

可惜的是，有些抗战营垒中的文艺战士，过去对于敌寇是如此其慷慨激昂，对于附逆之徒是如此其深恶痛绝的，而到了今天，却给那些魔鬼下面的小卒们的谀词所软化，魔术所迷惑，或为之前的利害所诱，或为过去的追怀所牵，于是竟然也有人从“温情主义”的软床里培育出来了对于附逆者的同情。反过来，这些小丑们也就十分得意了，在咒诅和仇恨的海中找到了一根水草了。他们穿起了这些人所送给他们的“同情的外衣”作着化装跳舞，以滑稽的姿势，表现出他们对于国家民族之“无上的忠诚！”他们企图从肃奸的宽广的纲罗里面跳出，到处飞溅着腥臭的泡沫。

朋友们，让我们把这一种丑陋的手势戏停止了罢！或是或非，或黑或白，或忠或奸，是必须用抗战的尺度去量的，一切私人的意气，个人的情感是丝毫也不能够窜改这个尺度所告诉给我们的冷酷的事实。谁要想去窜改他，谁就有一天会发觉，在他自己的光荣的手上沾染了一些可怕的污点。

如果对这些人也可以宽恕和原谅，那么那些为国牺牲的战士们的血，岂不是白流了么？那些在抗战中受着灾难的同胞们，岂不是白白的把幸福抛掷了么？试想想吧，当敌人整个的摧毁我们的城市和村庄的时候，当我们携男带女，爬山越岭，千里逃难的时候，当我们在荒凉的野地里依靠着结了冰的山岩睡觉，手抓着泥沙和饭粒一齐吞进肚子里的时候，他们，这些落水的文人们，却正坐在敌人的旁边，祝贺着“胜利”的夜筵，从炖着民脂民膏的汤罐里分饮着羹汤，以卑鄙的谄笑，承迎着征服者胜傲的睨视，试问在这时候，他们也曾想到我们是他们的朋友，同乡，同志，和我们正在远方的山地里受着迫害，和磨难，试问他们也曾为了自己的国家，民族，朋友落下一根头发？如果他们也念旧，也有友情，为什么那个时候，他们不来同我们站在一起！如果对于这些背叛祖国，出卖友谊，唯自己个人的利益是图的人们，也有什么宽恕，那岂不是我们这些奔波万里，为敌骑所追迫，为敌机所威胁，始终坚守着祖国所给予我们的战斗岗位上的文艺战士是愚人是笨伯，而那些翻来覆去，毫无气节的人们，反而成为了识时务的俊杰，成为了时代的英雄，不是的，是非必须明白，黑白必须分明，民族的正义必须伸张，我们必不容许有任何的贪混。也许他们有的是钱、但让那些乌鸦们去啄食魔鬼们的筵宴吧。我们不要为他们的巧笑所迷惑，如果我们一想起，这些人们会以这同样的笑脸去迎接我们的敌人，那我们就会觉得他们的巧笑不是表示友谊或同情，而是表示无耻和卑劣。对于这些人，我们必须硬着心肠，把残余在我们的意识的角落里的温情杀死。

问题必须公开，我们反对，在事情未曾明白调查清楚以前，任何团体或私人，对于这些落水文人，加以轻卒的委托。我主张组织一个文艺界肃奸委员会，着手调查和搜集证据，对于叛逆的文妖，作公开的审判。我们反对以个人的资格去倾听那些人的洗刷，或是偷偷摸摸地往来。因为狡猾的狐狸是最会在黑暗中弄鼓是非，和偷偷地用舌头去舐人们的脚掌的。

我们要做肃奸工作，这是第一点，也是最重要的一点。

现在被人占领的城市已次第收复，而这些城市都曾经敌人的长期占领，在各种程度上受了敌人毒化政策的影响。所以今天，要如何来肃清敌人在文化上毒化政策的影响，这就是我们的第二个任务。

有些人是在攻击色情文学了，攻击低级趣味文学了，可是事实告诉我们，攻击的尽管攻击，这种文学还是照旧在市场泛滥着。于是有人说光是理论的攻击，还是不够的。我们必须有好的作品可以去代替它。

可是现在新的问题又提出来了，就是说我们出版的新文艺作品，（包括翻译在内），也不为少了，何以《绿野仙踪》，《济公活佛》这一类的小说，还是风行一世呢，我们并不是没有好的作品去代替他，何以人家不要读，而偏要去读低级趣味的小说呢？自然要答复这个问题，是包括有整个的政治问题，和教育政策问题，只是有一点，我们是不能不承认的，就是在过去，文学作品的出版，是从来和文艺运动没有直接的连系的。

一本文艺作品出版了，除了做一些广告外，他就惟有等候读者群的购买，文艺运动者就从来没有想到如何设法使这些好的作品送到读者群的手中,更进扩大读者群的范围。

本来文艺运动和出版事业脱节的问题,过去后方也是存在着,不过,在文化上受了毒化过的新收复的城市里,这个现象表现得更特别尖锐。因此我们必须把它克服。

我们再也不能把出版的新书放在橱窗里等候读者们的光顾了,我们必须强化我们对于收复区的文艺青年们的再教育的工作。我们要通过组织的形式去推动读者,创造读者。在广大的群众中建立无数的小的读书集团。

和这组织工作同时,我们还得向读者们下一番宣传的工夫。光是写文章宣传是不够的,我们必须直接向青年们说明如何去理解作品,如何去欣赏作品,从作品的主题,人物,故事,结构,语言的运作上去阐明一篇小说的好处,养成这些青年们对于艺术作品的欣赏的趣味。

在这里,我不妨介绍一下,成都女青年会所主办的文艺欣赏夜会的办法。即由组织者选择一篇比较适合于群众口味的作品拿到会场上去,用说故事的方式,复述小说的内容,当然在最初的时候,为适合于听众的趣味,不无有过分宣染,过分夸张的地方,也就是趣味还不够高级的地方,可是我相信,用这种方式是可以慢慢把读者们引导到高级的趣味上面去的,是可以把那些读者们从《济公活佛》之类的迷雾里解脱出来的。当然这种方法,还是在尝试的阶段。至于过去曾有人提倡小说朗诵,这种方法自然不错,但这只能适合于有高度文化水准的人。

高贵的文艺理论家们,请你也从高高的读坛上下来,到十字街头去和广大的群众们直接谈谈话罢。这虽然有类于中学教师的工作,但当中学教师不能完成他们的任务的时候,我们不也可以走上前去,作他们的补充么?如果你相信,只要用你那博大精深的理论就可以把低级趣味的文学打倒,那才是奇迹呢!

第三,文艺人必须为实现民主而奋斗。

本来文艺虽然是有政治性,可是文艺工作者可并不必一定的要直接参加实际的政治斗争。不过在今天的中国,民主主义之能否实现，将会决定今后中国的命运，即中国将变成殖民地的中国，抑是自由独立的中国。因此这一个斗争，并不是某一部分人的责任，而是每一个中国人的责任。

特别文艺工作者是人民的喉舌，是灵魂的工程师，因此他更应该享受广泛的自由。没有言论自由，而想文艺的花朵能繁茂起来那是不可能的。

可是在至今天，还有人相信，文艺只能写光明面，不能写黑暗面，只能为政府说话，不能为老百姓说话，只能背诵宣传大纲上所发下来的歌诀，而不容许文艺家自由发挥自己的意见。其实，如果要这样的话，政府何不雇用几个鼓吹手来歌功颂德，而一定要来损害艺术家的创作的尊严呢！

在过去，人们在相信，只有机关枪会说话，只有手里的大刀会有眼睛，至于老百姓，那都是盲目的哑巴。“民主”那更是荒唐之辞，可是，今天他们似乎也学得聪明一些了，他们用鹦鹉的绕舌来造成了“民意”！于是他对国际的友人说，我已经是民主了。……

我们要反对假的民主，我们所需要的是真的民主。因为只有真正的民主，中国才能够强盛起来，文艺的活动才能活跃起来，文艺的视野才能开展起来，文艺家本身的生活才能改善起来。所以为了国家的利益，为了人民的利益，为了文艺的前途，我们这些文艺人都必须站到战斗的民主的行列里去。

为真正的民主主义的实现而奋争，这就是文艺工作者的第三个课题。

最后，我们中国既然是列居于四强之一，因此我们中国作家不仅有为中国人民发言之责任，而且有为世界所有被压迫者们代言的任务，再则中国的民主运动，同时也是世界民主运动的一部，因此作为灵魂工程师的作家们，他应该作为各民族间精神的联系，并使到全世界的人民更密切的合作，所以中国文艺作家应该准备向世界舞台上跃进的工作。

作家们，让我们乘着胜利的羽翼勇敢地冒着一切威胁向未来的光明的民主的大道飞去吧！

佛朗哥政权之末日

载 1945 年 12 月《文萃》第 23 期

又载《愿望周刊》第 11 期

黄药眠

希特勒在柏林给自己点燃起来的战火烧死，墨索里尼被吊死在米兰的街市，可是由希、墨两个魔王所一手栽培的佛朗哥却依然坐在马德里的皇宫里做着法西斯的暴君，对西班牙人民挥起了他的奴隶的鞭子，对于全世界民主的潮流投掷出恶意的嘲笑。

这不是很奇怪的事吗？最顽强的纳粹政权都已在联合国铁鎚鎚击之下，猝然崩倒。为什么这脆弱的佛朗哥的小法西斯政权却还能够巍然独存呢？难道佛朗哥政权不是法西斯的孤臣孽子吗？难道佛朗哥之帮助德、意暴徒不是证据确凿吗？既然我们说这一次的战争是反法西斯战争，那么为什么对于这一个法西斯西班牙政权这样客气起来，把消灭法西斯的佛朗哥也认为是“干涉内政”？难道今天当我们已经把法西斯最主要的壁垒摧毁以后，还要再来重复一次这不名誉的“不干涉”政策吗？

是的，“人之有舌，乃所以自欺其思也！”最美丽的名辞里面常隐伏很多阴谋诡计，仔细追寻起来，所谓“不干涉”这原因是不难索解的。

当希特勒一倒台，在伦敦的某些保守分子，早就认为危险并不是法西斯的余孽，而是从左方面来的人们，希特勒虽然倒了，但伦敦却还有不少的人在追寻着希特勒的旧梦。而且地中海是从伦敦到东方去的道路，这里必须确保着安全，大英帝国需要一个聪明的警犬，佛朗哥一眼就看透了伦敦保守分子的灵魂，也就不惜以警犬自命，从“亲爱的领袖”的肉麻的叫唤，突然变成“西班牙一向是独立国家”，再一变而高呼着“西方集团”和以反共的调子。这一来佛朗哥果然获得了全世界保守分子,顽固分子的暗暗点头,认为他将来还是有可用之处,而伦敦、梵蒂冈、里斯本、马德里之间也就连成一气。佛朗哥还是佛朗哥,但在保守分子的眼中,他已变成和平之神般那么美丽!

佛朗哥虽然是自命为英雄,但他的全身甲胄都是腐烂了的生锈的中世纪的破铜烂铁。在他旁边站着有加斯的尔的贵族,他拥有中南两部的大田庄的三分之二;有教士群,他们里面的耶稣会倒控制了西班牙整个财富的三分之一;有军人集团,附属在长枪会底下,贪婪地吸着人民的膏血;还有长枪会,到处发动了长矛在杀人越货。——你瞧,就是这些宝贝,被那些保守的顽固分子认为是保卫文明的战士!

然而,泛滥于全世界的民主的浪潮,是不可遏阻的,同时佛朗哥八年来血腥的统治,早已引起了国内人民高度的不满。自从吉拉尔的临时政府成立以来,西班牙国内和国外的民主分子,已逐渐接触,而广泛的反佛朗哥的统一战线也正在形成了。

这个形势使佛朗哥恐慌起来,他立即调动军队,加强他对革命的镇压。这个形势使得梵蒂冈的教徒们恐慌起来,据二月十七日意大利前进报的报道说:“现在会集在罗马的天主教人物,将竭力设法保全佛朗哥政权。”同样的,这个形势也使英国的保守分子也恐慌起来,为了佛朗哥的不能维持,所以又把唐琼从瑞士请出来,作为防止人民革命浪潮的第二道防线。唐琼一方面与佛朗哥讨价还价,一方面又和共和派送秋波,要求以临时国王的资格回到西班牙去,将来的政体的问题于九个月以后,让公民投票去解决。伦敦的顽固分子这样想着:即使西班牙共和国要恢复,但君主势力、僧侣势力、法西斯势力必须保留,以便和右翼的共和主义者连在一起,作为防止人民革命浪潮的第三道防线。

正当西班牙之再在民主浪潮中岌岌可危的时候,佛朗哥于惶恐之余,又突然从国际形势的动荡中找到了希望。他从英、苏的矛盾中找到了联合国家间的裂痕。于是他又大胆起来,他要向国际的和国内的民主势力示威,他于二月廿二日把那些会参与解放巴黎有功的西班牙共和党人处死。

可是佛朗哥这一个冒险的试探是失败了，它遭受了全世界民主人士的反击了，全世界的职工联盟，以及伦敦的职工联盟常务会议提出了抗议，法国的进步政党坚持了和西班牙绝交的提议，奥斯陆鹿地丹的工人，布鲁塞尔的学生举行了示威，美国国会里组成反佛朗哥的团体。而法国政府在舆论的督促下，也就继一月十七日的绝交，而宣布了三月一日起封锁法西边界，致谍英、美提议对佛朗哥的西班牙，三国共同绝交。

然而对于法国的建议，英国政府是冷淡的，英政府的外交人员认为法国这一个举动是受左翼政党的压迫所作成的决定，它只有增加了英，美两国政府的困难。它反对和西班牙绝交，和把这问题提到安全理事会去。美国政府则始终强调只主张作道义上的谴责而不干涉的原则。

经过了辗转的磋商，三月四日，英、美、法三强对西班牙人民的共同声明发表了。

然而这个声明是微弱的不能令人满意的。

第一，虽然它表明不赞成佛朗哥政权，可是它并没有宣布与佛朗哥政府绝交，亦没有采取其他有效的制裁手段；既然没有对佛朗哥政府绝交，自然也就不会承认西班牙共和政府而予以积极的支持。第二，它还是采取不干涉的原则，让西班牙人民自己去抉择自己的命运。这在表面看起来，虽然好像是非常之公正，可是在实际上，正是表现了英、美当局对于法西斯残余还保持着非常温情的留恋，因为推翻佛朗哥政府，乃是全世界反法西斯人民的事业，绝不是西班牙国内的问题。第三，它要西班牙的人民和平地起来推翻佛朗哥。大家都知道佛朗哥到目前为止，都还受大部分反动军人集团的支持，人民如何能用“和平”的方法，去推翻他的统治？这个说法明明是暗示西班牙人民：英、美、法三强无意于运用它们的政治的、经济的、军事的压力去加速佛朗哥政权的崩溃，它们对于西班牙人民的反法西斯斗争，只能够采取中立的同情。而且它还暗示着西班牙问题最好是用妥协的方式解决。这样,法西斯分子就还可以在将来新政府之下潜伏起来。

正因为这个联合声明的过分软弱,所以才会引起了佛朗哥及其门徒之强硬的态度。

不过就一般的形势看来,这一个联合的声明,还是对于佛朗哥不利的。因为这至少告诉了西班牙的人民,佛朗哥政权一天存在,西班牙就一天得不到英、美、法三国的支持,它就一天不能挤身于联合国之列。尤其可以注意的,就是不管英国不赞成法国的提议,把西班牙问题提到联合国安全理事会上,但是苏联却支持了法国的提议;一当西班牙问题被当成为国际安全问题而被提出来的时候,佛朗哥的寿命是终究不长久的。

自然西班牙的命运主要的还是要由西班牙的人民自己去决定。国际的压力只能给予西班牙人民有利的条件,和缩短斗争的行程,减少流血的痛苦。如果西班牙人本身没有力量,即使佛朗哥挤下了台,但是代之而起的,还是那些封建残余,表面上虽然粉饰一下“民主”或是“共和”,骨子里仍是那么一套中世纪的渣滓,那么西班牙的人民还是得不到幸福的。

在这里我们要表示惋惜的,就是过去反对佛朗哥政权之各党各派还是不能合作,吉拉尔政府还没有广泛到足以包含所有反佛朗哥的各党各派。据二月十七日路透社伦敦的消息:流亡共和政府的农业部长约瑟列瓦在伦敦所提的共和联盟,对西班牙共和国的计划草案,其所说的同盟就没有包括西班牙共产党在内,唐琼所提的复辟的计划,又独受到西班牙无政府工团主义者无条件的接受。很可注意的是西班牙共党领袖菲立比,对当前的时局发表的意见,他说:“在佛朗哥政权未被打到,和一个真正代表民意的政府尚未建立起来以前,人民投票是不能举行的,我们以为唐琼和巴伐里奥一定要等到人民投票以后,才可以结束他们的国外流亡生活,吉拉尔政府可不可以作为一个临时联合政府的基础,那要看他愿意扩大到什么程度来决定。”同时他又说:“我们寻求和平解决的途径,并且准备和一切反对佛朗哥的团体(包括保皇党在内)协商,我们宁愿组织一个代表各党各派的临时政府,其后再由人民来投票决定最多的形式……”从这些话看来,西班牙共产党的立场是比较宽广的,而且根据塔斯社二月十九日巴黎的电讯,则西班牙共产党已于公报中正式宣布参加西班牙民主联盟的决定。

是的,国际国内的形势已再不容许佛朗哥的法西斯政权继续下去,即在目前无政府工团主义的、社会主义的劳工团体以及共产党的游击武装已有三万多人,如果大家能够同心协力,那就可以加速西班牙法西斯主义的死亡,在混乱的南欧间开辟一块新的园地。

西班牙人民从中世纪的落后和黑暗中解放出来的日子已经不远了,我们愿寄予最深切的同情。

三月廿日

内战时期

东方殖民地问题的今日

载 1946 年《半月文萃》第 1 期

黄药眠

一

法西斯的战争机构突然解体，盟国的人士是在没有准备的情形之下迎接了这个突如其来的胜利。

然而在这个胜利的光芒之下，却带来了可怕的阴影。首先是饥饿的欧洲，不少的阴谋家正企图在这个沸腾的药罐里投下战争的毒素，其次是金元王国里，泛起了失业的恐慌和罢工的浪潮，再其次是东方，从巴勒斯坦到越南燃起了反抗的怒火。

战争是胜利了，可是当法西斯的余烬还没有消灭，而资本主义本身的缺陷，却由于战争之突然停止而充分暴露了出来。

东方殖民地的问题不过是这许多问题之一而已。

二

如果把这次战前和这次战后的殖民地和殖民国家间力量的对比拿来检查一下，那我们就可以对于目前殖民地问题有一个明确的概念。

我们都知道在第二次世界大战以前，主要的殖民地国家有英、法、意、荷、日五国。但是经过这次战争以后，意日两个殖民帝国是已经不再存在，法荷两国，亦曾经一度覆亡，大伤元气，而英国亦远非昔比。所以从一般的说来，殖民国家的力量是削弱了，这是一。其次，在这次战争中，有许多殖民地是曾经直接为殖民帝国的敌方所占领，如法属越南，荷属东印度，英属马来亚和缅甸都是。不管日本法西斯的反动本质如何，但这些占领，至少是给予以前的殖民帝国的统治以莫大的打击，这是无可置疑的事实。这是二。现在再从殖民地本身来看、第一，有好些殖民地，在日本法西斯占领期间，曾自动组织武装，和敌人抵抗，因此他们对于盟国这次的胜利不无功勋，而同时在主观上也就是增加了他们的自信，其次，中国，以百年来积存的半殖民地的国家，现在经过了八年的抗战，竟成为了四强之一，中国的胜利显然刺激了殖民地人民要求独立的决心，这是二，再其次是，法西斯日本的失败已经决定，因此在投降以前，故意向这些民族施恩，故意抛弃些武装，这在日本军人看来，自然目的是要为他日扰乱和平的地步，可是在客观上这也就是增加了殖民地人民的力量。

今天，正是这一些因素，促使了殖民地人民要求独立的武装斗争。

当然，殖民帝国政府，当这战争疲痹之余，也深知，要完全恢复过去的统治制度是不可能甚至不必要的了。所以英印谈判是由英帝国允许印度自治来做谈判的基础的。而荷印副总督樊穆克关于荷问题，亦这样表示，“女王威廉明娜一九四二年十月六日之宣言将为印度尼西亚将来政治机构之根据，召开圆桌会议，由荷兰及帝国各部派代表出席，成立包括荷属印度尼西亚杜立南，冠拉科之帝国联邦，帝国各部得享有内政之自主及彼此之互助；女王并表示希望由此独立与合作，王国及其各部得有力量以贯彻其内政与外交上之责任。此种帝国联邦，对种族与国籍亦无歧视。”可是，尽管荷兰帝国主义者愿意在允许自治范围内对殖民地作若干让步，可是他对于殖民地广大民众之直接起来参加政权，是极力反对的，所以他必须要把人民的武装力量镇压下去。对于这一点，樊氏的谈话亦表示得十分清楚。他说：“……荷兰政府甚愿与苏加诺举行会议，惟在此全国骚乱之时，根据荷女王威廉明娜一九四二年宣言之未来印度尼西亚计划，实未能提出讨论”。同时美新闻处海牙十月十八日的电讯，关于荷印总督辞职之说明里面，亦曾暗示出了荷兰政府的意向，他说：“斯塔辙威尔之辞职，系因不同意政府宣布在该地殖民恢复之前，意图即与印度尼西亚国民领袖进行谈判之故。”

即关于越南问题，戴高乐亦曾表示，愿给予自治的地位。

总之，今天殖民帝国，既能给予殖民地的是拉拢一部分上层土著参加统治（自然上层的土著亦正乐于接收这种赐予）作形式上让步，可是殖民地人民所要求的是民族的独立，广泛的民主，和消灭贫穷。就是在这一个问题上发生争执，也就是从这一个问题上，表现出了殖民地运动的新的场面。

三

为什么殖民帝国竟然会这样慷慨，允许殖民地人民的自治呢？是不是这些当局者的脑筋里已添了些什么新的血液？是不是在杀人不眨眼的魔王心里涌现出了良心呢？不是的。那么原因在哪里呢？

有人说，由于在苏联的统治之下，许多落后的弱小民族都被解放了，它们已经能够完全享受自由和独立的生活，为了这，所以殖民国家的绅士们也不能不在表面上做点功夫。也有人说，在反法西斯的战争中，殖民地的人民，也曾尽了许多力量，因此殖民国家不能不慎重的考虑它们的要求。也有人说，在和希特勒的优越民族的学说对立的时候，盟国曾提出了民族平等和自治的原则，因此现在不便自食前言。总之，在他们看来，殖民国家之所以允许殖民地人民的自治，完全是因为潮流所趋，不得不尔，因为殖民地的人民已经发展到能够自治的程度，不得不尔。

当然，这些论据都未尝没有一部分理由，而我们在上面所说的，由于力量的对比上起了某些变化亦未尝不是一主要的原因，却还并不在此。我认为这个原因是应该从今天金融资本之占有统治地位，这个特点上寻求的。

让我们回忆一下过去的殖民史罢。从十六世纪开头起，首先是葡萄牙和西班牙在东方击溃了阿拉伯人和埃及人的舰队，那时是海盗式的掠夺和商人的诈骗在一起的。可是这个殖民的方式不久就为新兴的荷兰(十七世纪初头起)所代替了。荷兰人和西班牙葡萄牙所不同的地方,就是除了掠夺以外,还加强了对殖民地的封建领主们的贿赂。到了十七世纪中叶,英荷为了争夺殖民地,曾发生了三次战争,结果都是英国胜利,于是从十七世纪末起,作为商业支配的荷兰就又让位给英国。十九世纪以后从工业品的推销,和原料的贱价的获得上,英国一直保持着它对殖民地的霸业。

到了二十世纪初头,金融资本占了主要的地位,因此在统治殖民地的方式上,也渐渐起了变化,它的特点是:一方面承认殖民地的民族独立的原则,可是另外一方面,则极力加强殖民地对于宗主国的经济的依附性;一方面声言它将来可做到不干涉殖民地的内政,可是在另外一方面,则又极力在加强对于金融货币和几个主要经济部门的掌握。在过去民族的界限是很森严的,现在据说是可以“平等”了,过去殖民地是不容许产业化的,现在由于各资本主义国家机器工业的生产过剩,而在若干限度内可以产业化了。这种趋势,于第一次大战后,从资本主义国家中最强大的美国对外政策上表现出来。

显然的,金融资本家所采取的殖民政策是很高明的。用这个方法,他可以把殖民地的上层分子拉在自己那一边,同时通过这一些人来管理殖民地,这样它自己既可以能免干涉该国内政之嫌,又可以博得实行民族平等的美誉。第二,用这个方法,它可以免去许多管理事务,镇压反叛的麻烦,而照旧可以收获实利。在这些人看来,让猴子去管理猴子,岂不是比主人来管理更方便一些吗。

所以,所谓允许殖民地自治,事实上就是由直接控制过渡到间接控制,由政治的统治到经济金融的统治。这是一种趋势,正如过去商业资本的殖民政策不能不让步给工业资本主义的殖民政策一样,今天工业资本主义的政策也一定不能不让位给金融资本的殖民政策了。美国之统治菲律宾,就是一个最好的典型。而经过这次战后,以美国领导的资本主义的殖民政策,更不能不遵循着这个趋势。

反过来说,帝国主义的这种新的统治方式,对于殖民地的人民有什么影响呢？我认为，在基本上，这对于广大的贫困中的殖民地的人民是不会有什么很大的帮助的。所不同的，只是新的统治者的地位上加上了一些新兴的土著富豪，他们装腔作势在本国人民的面前说着洋话来威吓同胞，而在洋人面前又说着土话来讨价还价罢了。

四

根据着我上面所作的分析，来考察一下世界各列强对于今天东方殖民地的态度，是不会没有趣味的。

比方苏联是社会主义的国家，大家都知道，是在苏维埃联邦内，实行了民族平等的原则，实行了各民族在经济上适当的平衡发展的计划。而且在对外政策上，它首先放弃了不平等条约，这次旧金山会议，关于托治问题上，也是苏联提出了托治的最后目的，要使各民族独立的建议。

其次是美国。美国对于殖民地问题似乎是始终保持着冷静的旁观的态度，有时甚至表现得模棱两可。这理由是很明显的，它一方面不愿意殖民地的人民过分“嚣张”或者是真正获得独立，特别是由殖民地人民用武装流血换取得来的独立，所以它眼看着英国，法国，荷兰的炮舰逞凶，仍是表示出不干涉的绅士风度，但在另外一方面，它却又嫌弃着这些炮舰政治的不够高明，而同时为了施惠与殖民地的人民和为将来扩展市场起见，所以又装出一副美国式的同情。特别是当美国正企图以对殖民地问题的中立，来获得太平洋大西洋各英法领土上的军略要地的时候。而且华盛顿的外交家也很明白，尽管殖民帝国把这些殖民地圈进到它自己的帝国的圈子里，可是金元王国是有一切的自信，以它的雄厚资金，它是可以冲破这个圈子的，到了必要的时候，只要它稍稍加以压力，这些落后的殖民帝国也就会不得不把门户打开。因为这个缘故，所以对殖民地的直接控制，表示没有兴趣。中央社纽约的十月十七日电曾这样说：“美国一般的评论都强调这一个事实，即美国永为民族自决原则的拥护者，美人对于殖民地民族独立之愿望,决无不同情之举……”所以“对于越南问题,美国决不就法国在越南之权利提出问题,然决不参与解决法国与土著间及中英两国在该地之争执,美国亦不反对土著之权利。关于荷印,则美国愿意遵守善意的中立。”

你瞧,这些话是多么的两面讨好啊!如果把它的美丽的外衣剥开,那么我们就可以看到美国的真实的态度,那就是它既然赞成荷兰,和法国的政府的屠杀政策,同时它又同情于土著的独立要求。

第三,我们看看英国的态度。英国是老牌的殖民地国家,它深深地懂得统治殖民地的艺术。可是经过了这次战后,它的财政资本的力量大大的削弱,生产技术和生产组织的落后性,也大大的暴露出来。然而也正因为它的金融和生产力不能用新的方法来控制殖民地和金元王国争衡,所以它就力求用武力来补足它的缺陷。工党在未登台以前尽管唱出许多高调,可是一到和现实的政治接触,便依旧是应用着高压政策的老套,不过可怜的大英帝国,它有着不少的顾忌哟。它要留心着苏联,因为当英国政府以老牌的民主国自夸的时候,苏联的报纸就曾经质问它,英在殖民地所执行的是什么民主?它又害怕着美国,因为如果它对殖民地压得太利害的时候,美国会向殖民地送出同情的秋波;它又要顾忌着,它所统治下的广大的殖民地,会一致的起来对它反抗,因为尼赫鲁就曾宣言,他不愿意有任何印度军队,和任何印度的物资拿来用在压迫殖民地独立运动上面。

正因为这个缘故,所以英国的政策虽然是要积极的镇压,可是表面上总是尽可能的做得十分文雅。在越南,明明是英印军用铁甲车开路,可是在外表上却极力要做它的中立的姿势。在荷印方面同样也是如此。以致手忙脚乱的荷兰政府竟急不及待的踩起脚来。如十月十六日伦敦电报所传:“荷兰广播,最近屡对东南亚战区的统帅作严厉的批评,谓盟方并无充足军队以支持其承认荷兰政府为荷印唯一合法政权之政策,同时又批评英国未能以船只运输荷军至荷印。虽在上周,荷外长与殖民部长在伦敦会议,此点曾获致协议。”这些话,如果不是荷兰政府,因急躁而露出来的天真,就是有意在为大英帝国文饰。

至于荷兰和法国,因为受了这次战争的严重的损失,急于恢复它过去的帝国的地位,所以对于殖民地的态度表现得特别凶残和顽固。企图从殖民地的剥削中捞回一笔,来延续它的殖民帝国的寿命。可是很明显的,如果没有别的国家支持,荷兰和法国是没有这种勇气和力量来推行屠杀政策的。

对于这些征服行为,山姆叔叔自然只有敛手微笑。因为它眼看着荷法政府用"自治"为饵去把殖民地的土著钓上钩,而它则又紧紧握着了金融世界霸权。它很知道将来是谁才是殖民地的真正的主人。

五

资本主义国家对于殖民地的政策既然是如此,那么我们回头来看看殖民地人民的态度又将如何呢?

经过了数百年来殖民帝国的压迫和剥削,殖民地人民所要求的,已经不是形式上的平等,形式上的"自治",而是真正的独立,和真正的经济自由。整个东方都在酝酿巨变。即在目前来说,我们已经看到好多地方爆发骚动和不安。

第一个是印度。英印谈判始终是没有结果,而孟买一带已开始了骚动。英印谈判之所以没有结果,其原因,并不是国民大会和回教同盟的争执,主要的还是在大英帝国利用比较顽固的宗教团体来和比较进步的国民大会对抗。回教同盟之所以要坚持巴基斯坦,主要的又是因为害怕国民大会的比较进步的土地政纲。整个印度的骚乱,现在正在酝酿之中。

第二个是荷属东印度,那里事实上已发生战争,荷兰政府,一方面在谈判拖延时日,一方面则又在集结兵力准备依靠大英帝国的帮忙,作血腥的镇压。

第三是越南,西贡的巷战已经结束,但全面性的革命潮流的泛滥也正在开始。

究竟这些独立运动,将发展到如何田地,它的后果又将如何呢?

首先从国际的形势看:

苏联和中国虽然对于殖民地人民的自由和独立运动表示衷心的同情,可是这两个国家经过了这几年战争的消耗,实在再没有力量来对殖民地人民作实际的援助,多只能给予声援和精神上的帮助。

在过去,殖民地的解放和独立之所以能够成功,常常都是利用列强间的尖锐的矛盾,可是现在照我们以上所分析的情形看来,强大的美国并无意于夺取殖民地的管理权,它所希望的,只是在原有的殖民政府统治之下,照菲列宾的方式略事改良,并如何使这些殖民地成为美国更好的市场和更好的投机所在地。只要做到,它也就满足了,如果对于美国还存奢望那是错误。

最后,殖民地的解放运动,可能希望从宗主国家的左翼政党方面获得援助。可是照目前的情形看,英国的工党上层领袖,早就声言不能放弃大英帝国对印度的特殊地位。法国的大选,虽然眼看左翼政党可以获得胜利,但胜利以后,是不是就可以允许越南的完全独立,这是一个很大的疑问。从一般的情形说来,殖民国家左翼政党的得势,只能在某种程度内对殖民地的人民作较大的让步,因为这些政党本身的组织,意识觉醒的程度,和它在国内的威信,都还没有如此巨大的魄力来允许殖民地人民的完全独立。

再从各殖民地的内部看。

大家都知道东方殖民地的人种,宗教,经济概况,意识觉醒的程度都是非常之参差的复杂的。

比方印度经过了大英帝国长期的分而治之的政治策略,国内有等级的差异,宗教的仇视,有阶级的矛盾。所以当孟买骚动的时候,有不少印度资本家却正在急于和英国妥协,以便实行他们的“战后建设计划”。比方荷属东印度,那里有白种人,阿拉伯人,马来人,印度人,中国人,论宗教则有回教,印度教。在经济地位上说,则白种人居于上层,中国人处在中间,土著则多居下层。在越南,虽然有柬埔寨人,老挝和越南人的不同,可是一般的说来,宗教和民族问题都比较单纯,照理,它的独立运动的最后胜利的保障,应该依据着中国之能挺身而出,然而根据我国政府发言人的说法,中国军队之开入越南,不过是暂时性质,中国无意于过问越南的事情。由这个态度看来,则将来越南的民族主义者之不能以越北山地为抵抗的根据地,是很明显的。

所以总括的说起来,殖民地的人民经济上既然落后,政治上又尚缺乏一致,即从军事的观点,在沿海和平原一带既不能与殖民国家的近代武装为敌,而后方又缺乏广阔的幅员(印度除外)足供游击武装的活动。特别是那些散布在大洋上的小岛,更容易为敌对者所消灭。由于这些原因,殖民地的人民,在今天军事技术如此其发达的今天,想用武装的力量来争得完全的独立和自由是很困难的。

六

可是,是不是从这里可以得出这样的结论,认为殖民地人民的独立斗争应该休息呢?不是的,我上面所说的,不过是要指出今天殖民地人民的独立运动之客观的困难,和主观上的弱点。只要殖民地的广大的人民愿意拿出武器来和压迫者斗争,用鲜血去换取自由,那么谁有权来反对这一个英勇的行为呢?只有在斗争中,人民要求自由的意志才能够锻炼得更为坚强,一切系派和宗教的分别才能够被融合在一起。即使会失败,但这也是对于未来的巨大运动的一个总的演习。

一切谈判,都是殖民政府的缓兵之计,只有殖民地人民能够表示出自己的力量以后,他们才能够从殖民政府手中获得最低限度的让步。

所以只有把力量更深入更蔓延开去,只有把战争能够延长和持久下去,殖民地的人民才能获得有利的条件。

因为战事和此伏彼兴的斗争一延长,战争的残酷性一暴露,世界上其他各地同情和声援就会增加起来，舆论的压迫就会增大起来，这是一；第二，革命的范围越广，时间越延长，美国那些等着做生意的老阔们，就一定会对于殖民政府的无能感到不满，而露出同情和干涉的姿态，这是二；第三，英荷法三国，现在国内有着严重的经济困难，人民亦正在渴想和平，如殖民地的事情扩大，一定会引起许多国内人士的不满和反对，这是三。

"天助自助"，只要自己有力量站得住，能够善于利用各种国际任何最微小的有利条件，那么要获得高度的自治，要获得比较广泛的民主，和若干经济上的改善是并非不可能的。而中国人民，除了同情以外，只要环境许可，自然也愿意为殖民地人民的独立要求负起支持的责任。

金融资本经过了这次战争以后，已把整个世界变成为一个单位。世界的任何一部都和全局有关，所以殖民地的独立自主运动，已再也不是某一个殖民地某一个殖民国家间的问题，也不是几个东方落后国家的问题，它是和美国的经济恐慌，失业和罢工，以及欧洲的民主运动有着密切的关联。因此殖民地人民要求独立自主和经济自由的斗争，必须有世界规模的战略，它必须和社会主义国家，以及资本主义国家内的民主运动采取配合的行动。殖民地人民的最后解放是必须和资本主义国家人民的反贫穷的斗争的胜利联在一起的。

一向被人看作为神圣的，静穆的东方，现在是连桌子也跳起舞来了。但是历史是残酷的，每一分自由都需要着人民的血！

反苏的迷雾是从哪里来的？

载 1946 年 1 月 16 日《自由世界》第 1 卷 9 期

黄药眠

第二次世界大战才告结束，第三次世界大战的谣言又在到处传布，国际间充满着反苏的阴谋。

在不久以前伊朗的阿塞尔拜然的事件，曾有不少的反苏专家乌鸦般咕噪不休，而最近的加拿大的间谍案，中国的东北问题，更有不少人在无中生有，把一切罪恶都向莫斯科抛去。

其实，从法西斯屈服的第一天起，就有不少的死硬分子在那里布置着反苏的活动。为了这，所以德国的纳粹武装，始终还有一部分被保留，第二波兰军团始终还被保留在意北，而反动的佛朗哥政权也始终还能在欧洲巍然独存。

刚告闭幕的伦敦联合国会虽然在一般原则上不无多少成就，获得了相当的调协，然而有许多问题，还没有解决，主要的列强，还在误会之间跳跃，倒也是事实。

所以保守党的麦米伦还在议会里大声埋怨着“苏联的外交政策好像正是集中于对英国在地中海和中东的已存利益加以压力”。法国的黎明报，则更带有挑拨的口气说：“开罗的罢课，达位威夫的操作，加于美国的死硬派的反苏战争的鼓吹和准备，前不多时罗伦斯在《美国新闻》上这样的指出：美国现正开始‘采取’一种观点，认为美国必须拥有强大的海陆空军。为什么？要打德国还是打日本？但我们想这两个国家都已失去它们潜在的侵略力量。是打英国么？自然，美国并不是武装起来对付英国的。打苏联吗？美国有些人这样公开地说，另有些人则暗下里说。”

伦敦三外长会议，曾澄清了不少国际间的暗云，解决了英美苏间一些争执，和重新巩固了三大强国的合作。然而，正因为三国外长会议成功之故，英美的反动派便加紧他们的破坏三国团结的阴谋和活动。英国的顽固分子硬说莫斯科会议牺牲了英国而成全了美国和苏联，而美国一部分人也认为美国对于苏联让步太大。在这样的逆流和暗流的冲击之下，联合国大会便起了一些波澜。因苏联代表维辛斯基指摘英军留驻希腊危害和平，贝文外相竟拍起桌子，不分青红皂白地攻击共产党的"反英"宣传。这自使那些以反布尔什维克为职业的论客们更振振有词。加拿大政府对于所谓"原子能间谍案"的小题大做，一时间使人发生"第三次大战前夜"的错觉。在美国，苏联在朝鲜占领区北部的措施本已成为反动分子的集矢之的，雅尔塔会议关于千岛让与苏联的秘密协定之发表，更引起这一派人的攻击。于是，美国除了保持强大的海军力量，准备在北大西洋举行海军演习之外，还保留相当数量海军陆战队于华北，以防中国"为外国军队占领"，并积极协助中国建立海军和海军基地，俾作为未来战争的前哨。特别可注意的，就是在主张"西欧集团"的戴高乐下台之后，组织"英美联盟"的策动，似更趋积极。外间揣测邱吉尔访美，是与策动这种组织有关，不无蛛丝马迹可寻，至少我们听到英国驻美大使哈里法克斯狂喊英美密切合作的论调。由于英美反苏活动的露骨，连阿根廷的法西斯首领裴伦也认为反苏的英美集团将要形成，阿根廷可以参加进去。

对于西方民主国家这种反苏运动，苏联是察知而且具有高度的警觉性的。例如莫洛托夫在竞选演说中谴责"企图制造第三次世界大战之危险党徒"，他指出若干非共产主义的国家，正在鼓励此种组织，列城共产党领袖日丹诺夫的演说也说："现在有一种不友谊的运动，阴谋颠覆苏联。"

为什么在这时候，国际反苏的逆流这样的汹汹呢？关于这，苏作家苏科罗夫在《国际合作与其敌人》（十一月十五日"新时代"半月刊）一文中有这样的观察：

"一方面某些反动派想用对外冒险的政策来解决目前国内的困

难，在那些恶名昭著的帝国主义者中间，自然有些人欢迎再来一次战争，借以避免解决和平时期复杂问题——失业，市场等。为了逃避一些头疼的问题，例如印度的局势，越南和印度尼西亚民族解放运动，叙利亚的冲突，巴力斯坦问题，希腊的可悲的事态，西班牙，阿根廷等等的局势，这一条路也像是对他们有吸引力的出路。”这种观察是对的。恰与东北问题的发生同时，美国工潮还是一波未平一波又起，在东方一带，除了仍没有解决征象的印尼和越南独立问题以外，埃及，印度，马来亚各地又掀起争独立争自由的浪潮。为着逃避这些问题，好战分子，自加紧作战争的鼓吹。同时，他们认为东方各地的骚动，那是出于共产党的“援助”，△△△以外去找寻，我们不能不看出，正是同一个导演者在同一个时间，在所有联合王国的旗帜飞扬的地方，煽动着武装的叛变。

在美国舆论中，同样的我们亦不难找到许多反苏的论调。美国全国产业家协会二月二十四日的新闻就直截了当的说：对所有在俄国“势力范围”下的各国，不能够获得借款。二十二日的新闻周报，则又在怀疑，苏联代表和阿拉伯首领的会议，“恐怕俄国会在巴勒斯坦采取反犹的态度，”美国代表银行街的政论家李普曼，对于中国的东北问题，亦故意强调苏联的关系。他说：中国之东北问题，实为测验美苏合作之程度，以及全球作强权及势力竞争之厄运之多项问题之一。又二月十七日星期报记者说，“苏联联合国首席代表维辛斯基正与意大利外交代表卡兰丁尼伯爵秘密会谈，拟分离意大利与西欧集团的关系，扩大苏联在地中海的庞大潜力……”

最有趣的是澳洲首相休士二月二十二日在自由党的会议中，一方面说，英美苏要合作，但一方面又说：“没有任何人在阴谋反对俄国，但在这里以及其他每个地方都有俄国间谍在破坏这种友谊……”

照这样说来，俄国侵略的阴影，似乎正是在每一个角落里徘徊。

尤其带有神秘意味的，是邱吉尔先生直到现在还在佛罗里达州的迈阿密度假。据说邱吉尔先生此行与英美借款有关，与英美军事同盟有关。原来美国对英的贷款是以英国开放它的殖民地来做主要的交换条件的,那么现在把借款和军事同盟放在一起来看的时候,岂不是意味深长了吗?△△△攻势。反动报纸如哈斯特系报纸,反苏专家如鲍威尔(前密勒士评论报主笔),对苏大肆狂吠,与中国的反苏的狂妄行动互相呼应。

这一切造成和加强了反苏战争势无可免,以致可能在东北爆发的幻觉。

可是,我们可以肯定地说一句,这些幻觉还只是幻觉而已。

不管法西斯余孽,英国的死硬派,美国的孤立主义者怎样挑拨西方强国与苏联的关系,团结合作仍然是国际的主流。不管这些人怎样鼓吹反苏战争,各主要国家的政府和人民一般地还是不愿意战争,要保持和平。在美国一片反苏声中,我们也听到了参议员丕泼斥责企图以反苏宣传动摇世界和平的严正的话(二月五日),另一参议员布鲁斯特所说的排斥苏联行动必然走向战争的警告。参议员倍波尔更引述斯大林所称苏人不愿作战,侵美不可能的谈话,以强调对苏维持友谊关系的必要。在英国,即使代表保守势力的报纸如《每日快报》也不能不强调三强合作对世界和平维持的重要,而促使工党政府改善对苏关系。特别可注意的是艾森豪威尔和前美驻苏大使戴维斯的谈话。艾帅明智地指出,“苏联和它的盟邦之间的纷歧,可能用容忍与和谐克服过来”。戴维斯除了指摘英美加不应拒绝把有关原子弹的情报供给苏联之外,还对于结成“西方集团”一事猛烈反对。

事实上,目前英美等国家在势是不容许发动任何大规模的战争的,他们的政府当局对于国际合作的信心也仍存在。因此,在清醒的舆论督促之下,英美的外交当局,也不能不重申三强合作的必要。贝文外相在最近的下院辩论中否认正在策划反苏战争,强调英苏友谊是一个例子。在远东委员会上,贝尔纳斯国务卿指出:盟国如果要“根绝将来可能发生战争的根源,就必须保持行动上和目的上的同样团结,这种团结会使我们战胜敌人”,这又是一例。经过苏联的指责之下,起初把原子间谍案小题大做的加拿大当局,也想大事化小,小事化无。这实在是大扫中国和国际间做反苏战争梦的人们的兴。贝尔纳斯暗斥中国的反苏盲动,是足以危害四强合作的“没有头脑”的行为,更是给中国的死硬派当头一棒。反苏论客虽然还是在叫嚣,但东北问题的真相现已逐渐明了,中国死硬派的掩眼法失了效,他们所企图造成反苏战争爆发在迩的幻觉,自然更站不住脚了。(二月廿八日)

是的,疑苏病者,和反苏的阴谋的阴谋家正在到处去布置反苏的迷雾。这迷雾虽然不能改变历史所要循遵的道路,可是这迷雾却能使到一些没有经验的人感到迷惘惶惑。所以今天把反苏阴谋的主动者,和他们的动机是什么,剖露出来是有益的。

究竟是哪些人策动着反苏的阴谋呢?

很明显的,正是那些希特勒徒子徒孙们在做着这种愚蠢事业,他们在战争中是失败了,他们吃了苏联的亏,他们要报复,所以他们不烦惮地要从鸡蛋上找寻最微小的缝隙般找寻联合国间任何不调协的分歧,来做他们挑拨离间的宣传,他们梦想着只要反苏战争一爆发,他们就会以反苏先锋的姿态,复活起来。一石三鸟,所以他们将戈倍尔的老调不断重弹。

很明显的,正是那些失去了权力,地位,和金钱的东欧的王公,贵族,地主将军在做这种愚蠢的事业。他们不怨恨希特勒的侵略使他们失去了一切光荣,他们不怨恨希特勒的优秀民族的气势凌人,他们所切实不满的是,为什么希特勒失败以后,这些老百姓不欢迎他回去做王公、大臣、贵族、将军,因为不满意于老百姓,所以也就对那些与老百姓为敌的法西斯的余孽同情起来。他们把莫斯科看成为他们的一切不幸的源泉。

很明显的,正是那些独占资本家在做着这种愚蠢的事业。他们怨恨,他们把法西斯强国打垮了,可又不能把法西斯国家占领下的市场全部抓在手中,他们悲欢市场的狭窄,原料的有限,和工人的跛扈。他们痛恨殖民地人民的骚动,和一般的民主势力的高涨,因为他们认为所有这些灾难都和苏联的存在有着关联,所以他们由对内的不满转化成对外的仇视。

正是那些依附于独占资本的殖民地的腐化势力在做着这种英雄事业。这些少数的极端顽固分子，自己不能进步，不能为人民谋利益，整天都在惶恐着别人要推翻他们的统治，所以他们不能不依附于外国的独占资本，企图借他们的力量来削平内乱。为了这个缘故所以他们不利于英美苏的团结，而利于英美苏的分裂，他们整天所希望的，是一天反苏战争爆发，他们也就可以依附在外国独占资本势力之上去做反共的英雄。

是的，正是这些少数的人在兴风作浪，造成了国际间的阴霾。

为什么在最近以来，这个反苏的活动特别活跃呢？我想这有两点契机：

第一是由于资本主义社会制度内部表现着深刻的危机，如果第一次大战以后，经过短期的混乱就来了一个战后的繁荣，那么这一次战后的繁荣似乎还是十分的渺茫。一方面是资本的有机构成无比地加高工人的生产率增加，另一方面则又是国际国内市场异常地缩小，于是资本家在埋怨商品没有出路，工人在埋怨有力无处使用。今天澎湃在美国的工潮，正是资本主义社会制度矛盾的表现。这一个客观形势一方面固然迫使着广大的人民去追寻新的改良的道路，可是同时另一方面迫也使着独占巨头企图用武力去开拓世界市场，用强大的金融压力去控制落后的国家的人民，而在国内则用独裁的方法镇压人民。这就是遵循着希特勒的老路。由于这一矛盾的对立，所以从资本主义社会的金字塔的尖端制造出了反苏的阴谋。

第二是由于殖民地人民的觉醒和反抗。经过了这一次反法西斯的战事，殖民地的人民或则是于沦陷敌手，以后从事于残酷的战斗，或则处在战线的后方从事于生产。他们在反法西斯的战争中显然有着不可磨灭的功绩，所以在旧金山联合国大会宪章中，曾决定有无肤色宗教的歧视，和每个国家的人民有选择其政府形式的自由的决定。可是有些宗主国家不明大势的政治家，直到现在还是忸于过去统治习惯，不愿根据新的形势作必要的改良与改革，照旧是有种族的歧视，照旧是不允许殖民地的人民有高度的民主与自由。这样一来，就引起了殖民地人民的反抗，而这反抗又立即召来了他们对苏联的疑惧，以为一切殖民地的反抗运动中都有苏联在作祟。

这不是很奇怪的事情么？这些政治家们，自己不愿用进步的方法，去解决当前的问题，而在事情闹了起来以后，却又在怪怨别人在那里阴谋鼓动，试问如果本身存在着有许多不合理，人民的反抗不是很自然的事么？

由于这一个资本社会制度内部的矛盾，又加以金融巨头在英美政府里面占有极大的势力，因此，由这一个内在的矛盾又能化成国与国之间的摩擦。这个摩擦在英美和社会主义的苏联之间是存在着的。

首先从美苏之间的关系看："我们可以说，美苏之间是并没有什么基本利益的矛盾。但是有几个分歧点：第一，在美国企图以金融力量控制整个世界的时候，苏联的存在的确使他觉得它的力量并不是可以无限使用；第二，在美国看来，英伦三岛是它在大西洋彼岸的前哨，可是在英国看来，它又必须在大西洋以及地中海沿岸的国家中建立自己的卫星国，因为这个缘故，在欧洲问题上，美国总是或多或少地支持英国；第三，在对中东的油田问题上，美国感到很大的兴趣；第四，对远东问题上，美国感觉到自己有优先的发言权。"

至于英苏之间呢，很明显的，从每天报纸上，我们也可以看到，这里有许多争议的地方，比方意北的的里雅斯特的问题，希腊问题，叙利亚黎巴嫩撤兵的问题，土耳其问题，伊朗问题，印度尼西亚的问题。过去的东欧问题，现在已经由于互相让步或由于承认已成事实而逐渐解决了。

美苏和英苏之间，既然存在着有这么许多矛盾，那么，这些矛盾是不是可以经由妥协的方法解决呢？我的答复是肯定的，不过我之所以作这一个肯定的答复，并不仅因为这些每一个问题的本身都存在有可以循妥协的途径解决的因素，而主要的是因为在今天国际的和平和民主的力量大过于好战的独裁的力量。

这个因素是:第一,苏联的力量强大,没有一个国家敢于贸然发动反苏战争。第二,反战的民主的力量,已在有些国家里面,建立了强固的基础,而在有些国家里面,也正在蓬勃生长。第三,经由人民大众的努力,遵循着改良主义的道路,广泛的民主的道路,资本主义内在的矛盾还可能有一个时期的和缓。第四,经过这一次大战的痛苦的经验,一般人民厌战心理非常浓厚,特别是当这战争之原子时代,绝大多数人民都不愿战争,最近英美士兵之要求提早复员也正是这种倾向的表示。第五,殖民地的广大的人民都是反战的巨大的潜力。

正因为这个缘故,所以英国下院辩论外交政策的时候,虽然充满着不满于苏联的情绪,但是贝文外长还是强调英苏要合作,澳洲休士首相也声明:“世界的和平依赖于英美苏三强的合作。”美国驻苏大使史密斯中将也说:“这两个国家除了和平与安全之外没有什么希望更为确切了。”

所以在今天当我们分析国际问题的时候,如果只注意到某些事件的本身,或只注意到外交家的言辞,或迷惑于报纸上的宣传战,而不把这些外交问题,和资本主义国家内的民主运动的消长,生产的动态去配合起来看,那就一定会陷于形式主义的错误。

不错,反苏的阴谋正有人在积极的进行着,但是这种人究竟是少数的,我们也知道有好些人正在估计着,以为第三次大战很快就要爆发,但是这些人是错误的。正如德苏战争爆发时有人估计苏联必然失败一样,让他们重复一次愚蠢的想头吧!

二月二十五日

邱吉尔先生的阴影

载1946年2月《自由世界》第2卷10、11期

黄药眠

自从保守党的选举失败以来，邱吉尔一向都在寂寞地度着他的日子，大英帝国的黄金时代已一去不可复返，保守党的政治主张也已失去了时代的光辉，邱吉尔虽然是能言善辩，但也掩饰不了他的主张的矛盾和空虚，人民都背向了他，于是他也就只好寂寞地下台，满怀着一腔牢骚和怨恨。

是的，他眼看着大英帝国循着老路一天天在苦闷中找不到出路，回想起他过去的光荣的日子，他怎么会不一腔的牢骚和怨恨呢？

既然他的苏联势力扩张的危言，不能耸助选民，既然他的企业自由的主张得不到广大的英国人民的鼓掌，那么他为什么要老呆在英国呢？在大西洋那边，不是早就有范登堡主张要对苏联强硬，李普曼主张要建立大西洋轴心吗？作一次政治旅行不很好吗？于是他一飞就飞到大西洋的对岸。在迈阿密度起假期来了。

果然，一起到那里，他就不寂寞了，杜鲁门曾亲自去找过他，贝尔纳斯国务卿从伦敦联合国大会一跑回来又去找过他；邱吉尔先生对他们谈了些什么，自然是有关国家大计，大家都讳莫如深，但从一位国会战后政策委员会主席威廉康姆的口中，我们也可以得到一些消息了。他说："在几天以前，我曾经和邱吉尔先生谈过一次，我几乎给他吓倒了，即丘先生对于世界政治的看法是如此其惊惶，而且他认为全世界人民能够信任他乃是一智慧而又必需之举。"

既然邱吉尔先生同这位康姆先生都谈了这么许多世界政治问题，而且还是如其"惊惶"那么难道他同杜鲁门先生，贝尔纳斯国务卿谈的会是邱吉尔先生头上戴的帽子，或是以艺术家的心情来欣赏

一下他在假期中所画的几笔山水画吗?

不会的,我们可以想像得到,邱吉尔先生,一定提出了许多足以使杜鲁门总统贝尔纳斯国务卿“吓倒”的情报和证据,一定以预言家的姿态,说他早就预料到事态的发展必然会有这么一天,他一定以他那在英国议会里不十分受到欢迎的雄辩去极力说服他的美国的友人,使迈阿密的小屋子里都震荡着英国绅士们所特有的重音。

你说,在邱吉尔作富尔敦的演说之前,杜鲁门总统贝尔纳斯国务卿一点也不知道他的演辞的内容吗?这似乎是不十分合情理的。英国的外交部在丘氏的演辞发表以后,曾立即表示英国当局事前完全不知道,但过不了几天,又有一个消息说,在演说发表之前几个钟头,贝文外相曾阅读了他的演说稿子!

是的,邱吉尔先生的演说,是并不是偶然的,他是代表着英国以至于全世界的保守势力的日益衰微的神经衰弱症的“惊惶”,通过这一位寂寞的老人口说出了他们的反动的计划。所以我说,邱吉尔先生是很坦白的,因为他把整个灵魂都写在纸上了。

如果把邱吉尔先生富尔敦演说前夜的国际局势考察一下,那么我们就更可以明瞭这位先生说话的意义。

我们当还记得当战争初告结束的时候,英国的策略是怎样的。那时候他的计划是再来一次东欧的防疫地带,所以关于波兰的问题,德国的问题,奥大利政府承认的问题,英苏之间都曾有过激烈的争辩但是究竟是人民的力量比第一次大战强大了,东欧的防疫地带没有组织成功,而民主政权却次第建立起来,于是英国的策略退了一步,认为西欧集团无论如何要建立起来,可是由于法国选举左翼政党的胜利,戴高乐的下台,比利时的国王始终没有办法送回去,于是西欧集团又眼见得前途渺茫,本来这已经够使得大英帝国感到悲哀了,然而事情还要更糟的是,沿着地中海,到近东以及远东的殖民地,到处都在爆发着骚动,西班牙的佛朗哥既然是摇摇欲坠,埃及起着反抗,希腊显露着不安,此外,黎巴嫩,叙里亚,巴勒斯坦,伊朗,印度,印度尼西亚,没有一个地方的人民不在举起要求独立自由的旗子。正如一个生皮肤病的天真的女孩对她的母亲埋怨着说‘为什么这些烂疮疤老生在我的脚上呢！’同样的，大英帝国的保守分子也因为这一连串的不愉快的事件而感到焦燥起来，因而把一切的罪恶都向莫斯科投去了。

同时在大西洋的那一边的美国，则正又苦于生产过剩，工人罢工，失业，为了世界市场的缩小而感到苦恼。于是在他们的幻想里浮起了一连串的天真的疑问，那就是为什么苏联不会有经济恐慌呢？为什么那里的工人不会罢工呢？为什么那里的少数民族不会闹独立问题呢？为什么苏联可以不尊重美国在世界规模内的政治发言权呢？为什么苏联需要借款而又不好好答应美国所提的条件呢？资本主义的脓包的头脑对于这一切都得不到正确的答案，于是美国的华尔街的代理人也就同英国的保守派一样把一切的罪恶都向莫斯科投去了。

在这个情形之下，于是贝文先生在下院外交问题的辩论上在咒诅着英苏两国老“在误会里跳跃”，而在这不久以后又有贝尔纳斯的“七不可”的演辞。希特勒、墨索里尼的鬼魂，正在世界的每一个角落里制造着反苏的空气，甚至有人预言，什么时候苏联将向土耳其进兵，第三次世界大战五月就要爆发了。……

邱吉尔先生对于这一些事件的发展，一定会以自信的心情点头微笑的，因为他想这正是他“一语惊人”的时机了。

果然，机会到了，邱吉尔出台了。

当他三月五日到富尔敦的西敏斯忒大学去演说的时候，是杜鲁门总统亲自陪同前往的。他对邱吉尔先生的介绍是“伟大的世界公民”。

自然是“世界的公民”。因为他所谈的是世界的政治，他所关心的是世界的“秩序与文明”，如果联合国将来能够组织一个世界性的国家，邱吉尔也许可能做第一任的首相，因为他正要求全世界人民都对他信托。

那么他说的是什么呢？

他说,“英美两国,不仅血肉相关的社会体系之间,要有互相了解,和日益增强的友谊,而且要在军事顾问之间,共同研究危险的潜能,武器的相同点军令的法规以及军官和军校学生的交换……甚至将来可以有‘实际的共同首领’……”

他说,“没有一个人知道苏联和共产国际在最近的将来要做些什么!和他的扩张的倾向有什么界限。”

他说,“联合国应该立即赋予国际的组织以武装力量……每一个强国应该被邀请贡献其一部空军以为世界组织服务……”

他说:“不过在目前把原子弹的秘密交给联合国是很大的错误和鲁莽……”

他说,“英美的特殊关系,并不会妨害他们对于联合国的忠诚……而且只有用这个方法才能够使世界组织充分发挥其力量。”在这里他并举了美国和南美洲及加拿大的关系做例子。

他说,“东欧已入于苏联的势力范围……”他抨击着说,“这些警察政府正在不正当地侵入德国……除了捷克那里还有民主以外,警察政府正在到处流行。”

他一方面不乐观地反对以为战争已经过去,但另一方面他又说“我反对那些认为战争已不可避免的意见,更不赞成战争就快要到来的说法。我很确定的感到我们的命运是在我们自己的手中……我不相信俄国愿意战争,但它所希望的是战争的果实和他们的权力和主义之无限制的扩张……”

他说,“过去的均势政策是不对的,我们不能让我们的力量与对方的力量相差无几,使对方敢于作角力的尝试……”

他说,“如果西方民主国家能团结在一起,坚持联合国宪章,那么将来发展这些原则的机会是很大的,而且也不致有人敢于来打搅他们……”

率直的说起来邱吉尔的意思是很明显的。

第一,他主张英美的军事同盟,以造成压倒的军事的优势,以英美军事为核心控制联合国;第二,他承认加拿大南美洲已入于美国的势力范围；第三，他认为东欧已入于苏联的范围因此引为痛心；第四，所有的强国都应该在英美的领导之下为联合国服务；第五，东欧国家都是警察政府，只有捷克除外，希腊是因为有英国的保护所以人民还有选择其政府的自由；第六，警察政府正在不正当地侵入德国；第七，苏联想获得战争的果实，其权力和主义的扩张不知道止境；第八，必须英美有强大的力量才能够使对方知难而退，如果他不服从英美的主张，那就是不服从联合国宪章，那就可以加以讨伐。

是的，这就是邱吉尔先生的挽救“世界文明”的大计。

也许丘先生说话说得太多了。所以他竟然忘记了逻辑，他一方面强调英美的团结，一方面又要拉住联合国；一方面说要组织国际武装，一方面又说原子弹的秘密绝对不可交给联合国；一方面他说羡慕苏联的英勇，一方面又丑诋他在无限制的扩张，一方面说他并不相信战争不可避免，然而在实际上又在暗示着战争必不可避免。

是的，这就是邱吉尔先生的伟大的逻辑。

很显然的，邱吉尔先生在恫吓着苏联，你如果再这样无限制扩张，我们就要联合起来使用原子弹了；他恫吓着东欧的国家，你们如果“再跟着苏联走”，那我们就要制裁你们了；他恫吓着殖民地的人民，你们如果再不遵从我们的命令，那我们就要实行联合国的宪章来了——并且他还举了希腊做个例子，那里是英帝国的铁甲车征服人民意志的最辉煌的成就。

是的，这就是邱吉尔演辞的反动的本质。

自然对于这个反动的演说是有人会欢迎的。

首先是那些英国的保守党认为“这是关于国防的最伟大的演说。”在自治领里面，则有人称之为“无畏而真诚的演说”，加拿大的舆论则对于丘氏之主张英美加的合作，感到“极大的兴趣……”然而可惜的是，美国的国会人士一般的对于这个演说是很冷淡的。

即美国国会军事委员会主席梅氏亦说：“美国已加入联合国，如果我们想叫苏联说出他的目的，这事亦应先向联合国提出……”共和党议员史密斯则说，“英美间立刻的同盟将意味着第三次世界大战,而美国则负着最大的负担……”。

至于来自英国的批评,那也是不见得对丘氏有利,萧伯纳说:“丘氏所提议,还是均势政策,以西方集团反对俄国集团——结果就是战争……如果工党政府要执行这个政策,那就只有走向毁灭!”英国作家比里斯勒说:“邱吉尔完全是十八世纪的眼光,原子时代,是要求比这个看法更深远一些的。”拉斯基教授则直斥之为“继续英帝国主义的最好的托词”,他说“我想这是邱吉尔的情绪使着他反对俄国,如他反对本国的工党,当然我们要英美合作,但并不是只要英美合作……”英国独立工党的秘书布鲁克威说:“当邱吉尔和工党政府已把大英王国取消以后,他还尽有多余的时间来批评俄国的扩张政策……”。

经过了一个时期的沉默,三月十一日,苏联真理报也开始了严厉的抨击,说这是挑动反苏战争企图英美统治世界,瓦解联合国的挑衅的演说。至关于英国的外交,英国内部也起了分化,七十个工党议员反对贝文的外交政策,三月十二日英工党的议员华彼质问首相说:“首相是否将阐明政府完全不赞同此有恶意之演词之语调……”这样尖锐的质问是使得工党政府都有点难堪的。

邱吉尔先生是自命为英雄,他也许梦想着一天全世界的反苏战争的成功,他就可以做联合国的“首相”。依旧叱咤风云,然而,只可惜他的第一次试探已经失败了,全世界的舆论都对他表示厌恶,斥责变成了风,吹散了他的微弱的呼声。

而且即从英国的立场看起来,邱吉尔的说法也是很可耻的,他企图向美国投降,从美国得到帮助,以获得出路,同是又借助于美国,来向苏联恐吓,邱吉尔先生,像你这样的行为也能算是英雄事业吗?可怜的保守的顽固派,为了要维持自己手里的奴隶,却不惜把自己也卖给别人做奴隶!

英国的人民是知道,这是绝对不是他们的出路的,他们的出路,是自己不愿意做人家的奴隶,同时也不愿别人做自己的奴隶,然而这种看法,是非邱吉尔先生这一类的人所能理解的了,也许他还要认为这正是苏联的主义，扩张到大英帝国的心脏里来了。

不过，如果说邱吉尔的演说，绝对没有什么政治影响也是不对的，你不看见，邱吉尔先生的演说正受到重庆人士的拍手欢迎吗？而且，在丘氏发表演说以前，所有的反动分子都早就有过默契和事先的布置的。这个演说在丘氏个人自然是一抒胸中的积念，但是在全世界的顽固分子看来，邱吉尔的嘴正是反苏战争的号角。战争已经停止了六个多月了，可是英美联合参谋部还在继续工作，据说须俟紧张状态结束时才取消。阿特里首相对于上述英工党议员华彼的质问、就不得不立即含糊其辞起来。

不可否认的，在世界政治的幕后，已有少数的顽固分子在磨刀霍霍，企图奔向希特勒的旧路了。然而这些好战分子的企图，是终于要受人民的反击的。在这里，意大利的阿凡第报说得最为坚决，他说，“为了反对这种为想避免死亡而自杀的妄想，欧洲的社会主义者，是百分之一百的和所有劳动者们团结在一起，来保卫他们自己的生存，和保卫他们的国家，使他们不致陷于危险的冲突之中，而能够有发展的可能……邱吉尔的演说就是绝不能改变今天所已存在的事实。”

是的，这些话，正是回答邱吉尔的最有力的声音。

邱吉尔说：“曾为胜利的光芒所照耀的迷雾又重新罩上了一重阴影”，我想，这个阴影不是来自东欧，倒正是邱吉尔自己。不是吗？邱吉尔先生。

三·十二夜于香港

怎样看伊朗问题

载 1946 年 4 月 6 日《人民报》

黄药眠

最近国际上最惹人注意的莫过于伊朗问题了。而英美报纸对于伊朗问题,更是小题大做,好像是苏联违约在伊朗驻兵,而且认为即使苏联撤兵,则其中亦必有阴谋,更查询是否其中包含有什么不可告人的秘密条件。前几天因为格罗米柯反对安理会对讨论伊朗问题遭受到否决宣布苏联不参加伊朗问题的讨论,而闹得非常之僵。究竟是怎么一回事今天我想在这里简单的陈述一下:

自从希特拉跨台之后,英国就立意要在东欧建立一个反苏堡垒,记得去年这个时候,旧金山会议里面英苏间为了波兰问题的争执,就曾闹得非常之紧张,但后来苏联胜利了,人民的波兰胜利了流亡政府的波兰。东欧的反苏堡垒没有建立成功,于是又有人梦想建立西欧的集团以为抵制,无而这个企图又因为法国大选,左翼各政党获得空前的胜利,戴高乐下台而宣告失败。于是英国的帝国主义的外交家就把反苏的堡垒移到近来了,同时它利用义苏之间在全世界范围内的思想生活习惯的不调协,和美国对近东一带的油田的关心,于是就无形中形成了英美两国在近东方而共同反苏的联合阵线,自然其中英国是最积极的,最近由英国和外约旦谈判而草拟的英外条约,据说是将包括将来外约旦的国防,英方的经济援助,和外约但对英国的煤油让与权和空军基地等。同时还商谈到外约旦和伊拉克的“进一步的关系”。在这以外,伊拉克又和土耳其订立类似同盟的条约。在英国伦敦,且正在商量着如何建立大叙里亚国,把叙里亚和外约旦及巴勒斯坦之一部联合在一起。至于美国方面,除了煤油托辣斯早已侵入到伊朗以外,同时在沙特阿拉伯境内也建立了一个规模宏大的飞机场，作为看守着伊朗一带油田的，和随时出击的基地。

所以今天，许多英美报纸所宣传着的伊朗问题，事实上就是英美企图在中东建立反苏堡垒的问题，连美国的比较开明之士都承认，苏联今天对伊朗问题所采取的立场是自卫性质的。

为什么这些高贵的绅士们要在近东来布置这一个堡垒呢？问题很明白，这是因为这里距离巴库的油田区和苏联的黑土区，以及苏联的新的产业心脏乌拉兰最近的缘故，我们只要记起，在第二次大战爆发之初，魏尔老将不把重兵屯到马基诺防线，而要摆在叙利亚一带，以及希特勒如何想越过高加乐山脉，夺取巴库的油田就可以十分明白了。

英美两国之想借伊朗问题来给予苏联以政治上的打击，是早就布置好了的，与安理会开会的前后英美报纸上一时传说苏联在伊朗增兵，一时传说库尔族人在叛乱，一时又说伊朗的都德党要密谋政变，等到苏伊谈判已有了头绪的时候，苏军一开始从伊朗撤出的时候，美国的官员们马上又暗示着伊驻美大使阿拉，把伊朗问题提交安理会的期限，意思是说要提就赶快提出来罢，而贝尔纳斯先生，则始终一口咬定苏伊之间并未获得任何协议，英国内阁则坚持说，如果苏联撤兵，他一定要知道其中秘密的条件。至于那位伊驻美大使阿拉先生呢？他原来是邱吉尔富尔顿演说以后立即就去拜会他引他为知己的，并且是伊朗的费罗兹亲王所认为“激于爱国心而言过其实的”人呀。

本来苏伊问题，已可由苏伊谈判去解决的了，然而英美的外交家却偏要把它提到安理会去，可是照联合国党章第八章第三条的规定：“凡继续发展下去，会危及国际和平与安全的维持的任何争执的关系国，理应首先磋商、调停、和解、和仲裁……”那么现在安理会将来是不是仍把苏伊问题交回苏伊去解决呢？在外国驻兵的国家，不止苏联，但现在苏联撤兵了，而安理会却还要来一套，那么未撤兵的国家，岂不是更应该由安理会讨论吗？

时事述评六篇

载 1946 年 4 月 6 日《民主星期刊》(广州版)第四期

药眠

所谓伊朗问题

最近一周来国际上最引人注目的就是联合国安理会,因苏联要求延缓讨论苏伊问题被否决,苏联代表格罗米柯步出会场而引起的僵局问题。本来照联合国宪章第八章第二条的规定,“凡继续发展下去会危及国际和平与安全的维持的在何终端的关系国,理应首先磋商,调停,和解,仲裁,或司法解决或自行抉择,其他和平方式以设法解决……”,但据我们所知,当安理会开会的前夜,伊苏间已有了协调的端倪,而苏军亦已开始撤退,那么在这个时候,苏伊之间是否仍可被称为存在着争端已成疑问,而且即使认为这个已经是足以危及和平与安全的争端,但解决争端的办法,还是首先由“关系国磋商调停……”那么英美两国之要急于在安理会讨论苏伊问题,这是什么道理呢?自然英美外交家的意思,是在于趁苏联还未曾把全部军队撤出伊朗之前,先把违约不肯撤兵的责任家在苏联身上去,同时还想借联合国安理会的机构来压迫苏联使他让步,而他们自己却可以把伊朗抓在手中,作为窥探苏联高加索油田和黑土的最好的跳板。但苏联代表对于这些一切举动,并不表示屈服,这样一来反而使安理会觉得难于下场了。结果还是只得延会以等候苏伊双方的答复,事实上还是延缓了苏伊问题之讨论,现在苏军已陆续从伊朗撤退,眼看英美之外交攻势又将落空,而他们自己在希腊,印尼,埃及,冰岛,中国的驻军却又迟迟不撤,所以安理会的下一幕一定是苏联在安理会内所发动的外交攻势了。

在许多人看来安理会里苏联和英美的面对面的冲突,感到高兴,以为这一次苏联使要失败了,战争史要到来了,然而事实上,事件的发展常常是超出乎这些死硬派意想以外的。

希腊的假民主的"胜利"

希腊的假民主的大选是已经有一部分揭晓了,在希腊首都175个选举站中,人民党在95个中获得了压倒的胜利,其他各地人民党(即保皇派)亦占优势,据4月1号,路透社的消息,人民党占55,487,中间联合党占67,578,自由党占497,90人,然而谁也知道,这些保皇派的胜利,是完全靠着外国驻军的压力获得的,是完全靠外来的干涉获得的,连路透社也承认,在马其顿还有占60%的选民拒绝投票。希腊的人民已公开的宣言,这一个选举是不算数的,只有外国军队撤退以后,才能够有真正的自由选举。

究竟英国的军队还在什么时候才能撤退呢?贝文外相说,希腊的选举以后,秩序恢复以后,英军是不会有理由长期驻在希腊的,但是问题是如果希腊的秩序永远不能恢复呢?英国的军队是不是要永远驻下去呢?英国这样起劲要要求苏联从伊朗撤兵,但是自己呢?伦敦是储蓄国王的仓库,他们是希望把伦敦所有的国王都一一送出去才会感到满足啊!

和会开幕前夕的欧洲

五月一日,签订合约的会议就要在巴黎开幕了。可是直到现在为止,各强国对于和约的基本问题还是没有得到协议。英国政府对于匈牙利的佐治吉府的左翼政权也认为他的基础还不够"广泛"。不过在目前表现得最尖锐的是特里埃斯特的问题,威尼西亚朱里亚的问题。在两周以前,英国新闻社就迭次传出了,南斯拉夫军队在摩根线移动的消息。但是这个消息给狄托元帅郑重否认了,事实上倒是英国政府把大批的法西斯流氓送到特里埃斯特去，同时盟国的飞机又飞过了南斯拉夫的上空去示威。为了对付这些挑弄的行为，南国政府已决定加强防卫，狄托元帅在四月一号关于外交政策的演说里面，他曾强调指出四点：一、为和平而努力。二、实现南国在威尼西亚，朱里亚，和科林西亚的要求。三、加强和苏联所领导的各斯拉夫国家的政治文化机关。四、保卫祖国。可是这四点并不妨碍南斯拉夫和英美两国维持△△△知道，在狄托发表这个演说以前，南斯拉夫早△△△互助协定了。

中国和平团结的危机

现在回头来谈一谈中国问题吧。

自从马歇尔回国以后，国民党的二中全会虽然表面上拥护政协会的决议，可是事实上死硬派还是死抓着政权不肯放手，同时还企图以民主的外表来使他的独裁成为合法化。这次，国民党员占绝大多数的参政会的开会，亦无非是想把二中全会的决议的基本精神再通过这个参政会的讨论二成为“民意”而已。

然而也正因为国民党中的死硬派，不肯把政权开放，实行民主，所以原来拟定的改组政府问题也不能不搁浅。

在3月30日重庆举行政协综合小组会时，王若飞代表中共代表团作了如下的声明：“鉴于政府对于四项诺言迄未切实履行，国民党二中全会造成违反政协之混乱情势尚未澄清，宪草修改原则至终端未解国大代表名额总数，政府又提修改决议，而中共应有国府委员及行政院政务委员之名额，政府亦未作最后之肯定，在此种情况下，中共实无提出国府名单之可能，中共代表团只有在上述各项问题解决后，中共方能考虑参加国民政府及行政院之人选。”又美联社延安二日讯，有这么一段：“如果这些措施被通过的话，民主同盟将不参加国民大会和联合政府，无疑地中共也将采取同样的行动。”这样看来，所谓改组政府问题，在态势还没有澄清以前，显然的又将搁浅。

和这同时，中央的飞机飞到延安示威，各地的政府军和中共军还到处发生冲突，北平国大代表选举，国民党死硬派完全采取包办的方式，这些等等都在证明民主运动的周围还笼罩着一重暗云。

但是民主运动是绝不会给任何恐怖势力所吓倒的。谁要想破坏团结，破坏政协，破坏政协会的决定，谁就要遭受人民的唾弃，尤其重要的是马歇尔将军本月中旬就要反华，他将继续为中国民主△△△

不过有人怀疑，目前美苏之间在联合国大会里面已有不少不协调之处，那么马歇尔将军反华以后，他是否会改变以前的政策。对于这个问题，我认为不管米歇尔将军个人的态度如何，我们还不能妄加臆测，但美国的对华政策。倒是确定了的，那就是要尽快的使中国复原，恢复和平与秩序，以便美国的大量投资。他们不愿意中国整个的经济崩毁下去，并从而造成了混乱局面，因此他当然是赞成民主，反对那由专制独裁所造成的贪污腐化的官僚政治。

东北问题是外交问题吗

其次我要说的是参政会。这次的参政会好像比以往开得特别热闹。不过这次参政会开会的意义，我在上面也已经说过，那就是把二中全会的决议，再一次在这国民党占压倒优势的参政会里通过以下，使二中全会的决议，能够化装成比较“民主”而已。

可是既然如此，为什么这次的参政会质询得特别利害，把所有的贪污劣迹都揭露出来呢？我想这正是国民党独裁△△△击，造成了人民对他的幻想，以为他们这一批人已使国民党重新改造，事实上恰好相反，他们正想利用这些激烈的词句来掩饰他自己过去的罪恶，来委过于异派。同时我们必须知道参政会并不像民主国家的议会，他并不能够对政府提出不信任案，改组政府，所以他的质询和攻击，绝不会有损于官僚制度的毫末，而那些官僚也早就面皮三尺厚，抱着“笑骂由他笑骂，好官我自为之”的态度。所以如果有人对于这一次的参政会存着什么幻想，那是错误的。

而且在几个基本问题上,参政会的态度显然是站在坏的一方面的。比方直到今天还有人否认经济危机的存在,现在全国有多少荒地!有多少饥民饿殍!全国的工厂大半关门、物价飞涨、通货发行到惊人的数字,谁道这还不算是经济危机吗?

尤其注意的,是蒋主席在参政会里面最后一次演说。他认为东北问题本质上是外交问题,当这苏军已陆续从东北撤退的今天,何以能够说东北问题是外交问题△△△交涉?这是一;第二,谁也不否认国民党曾经参加过解放东北的工作,但是不能因此而否认了其他党派以及东北的地方贤达们和广大的民众的抗日的功勋;第三,东北的地方武装虽然有共产党的军队参加,但并不全是共产党的军队,因此对于东北问题,也不能看成为单纯的共产党问题,更不能由此牵涉到苏联,把他扩大成国际问题。据参政会所提的质询中,中国政府方面在东北已发行了惊人的钞票额,试问久处日人铁蹄下的东北人民如何能消受得了,试问抗日战争中锻炼了十余年的东北人民,今天政府还不容许他们发言,不允许他们参加政府,这如何能说他是民主?

东北问题,整个中国的民主和平团结问题的一部,我们希望用实现民主的办法来统一东北,而不要以东北为契机来加深中国团结和平的危机。老实说打了这几年仗,老百姓已穷困到万分,如何在不给予人民以安息的机会,那中国的前途是不堪设想的。

(药眠执笔 4 月 5 日)

莫再蹂躏东北

载 1946 年 4 月 6 日《民主星期刊》(广州版)第四期

黄药眠

最近几天的消息,东北方已有点杀气腾腾了;看过蒋主席 4 月 1 日在国民参政会的报告,犹使我们为那已遭了十四年灾难的数千万东北同胞担心。

中国人们渴望和平,东北人民尤其渴望和平。在这民穷财尽的今天,获得了和平犹有了不能免于饿死的人,失掉了和平岂不是同归于尽?因而我们恳切地向政府当局请求,万万不可只想到单方面的“法统”,“体面”之类而忽略了人民的生命。牺牲其他一切以取得和平则可,牺牲和平以取得其他任何东西也万万做不得!

蒋主席一向声明同时主张和平,是本于“政治问题应以政治方法解决”的一贯方针的;然而近日不断地调遣配备精良的大军出关,恐怕只有加深内战的危机吧?

既然苏联政府照会我国外交部“苏军决定于本年 4 月底自满洲撤退完毕”,而我国外交部亦照覆“中国政府对于苏军本年 4 月底自满洲撤退完毕,可予同意”,是则所谓“接收领土”和“收回主权”,实没有派大量军队去帮忙的必要。

事实既证明大军出关不是对外,那就只是对内了,是对付十四年来在那里守土抗战的武装民众,对付那里的民选政府。这恐怕是大反乎蒋主席“和平”的初衷吧?恐怕是妨害了“政治问题以政治方法解决”的一贯方针吧?

蒋主席又说:“我们可以说东北九省在主权的接收没有完成以前,没有什么内政问题可言;如果有人在东北主权没有收回,外交问题没有解决期间,提出内政问题作为中央交涉的条件,必然妨碍我们主权的接收,加重外交的困难。”这实在有点费解,“提出内政问题”的人们,并没有怂恿苏联不撤兵,苏联也没有说过须待我们内政问题解决了而后撤兵,如何说得上“妨碍我们主权的接收”?倘若所谓“主权”一定要归国民党的官吏和军队“接收”才算数,那就难说“全国各省”,是有许多地方是共产党领导的部队从敌伪手上夺回而“接收”其“主权”的吗?如果不予承认,就只有牺牲和平。

十三年来,国民政府对东北的责任如何,东北爱国人士在那里如果奋斗,这是有目共见的事实。如果存心以武力解决就不必说了,如果要和平解决,就必须依据事实,斟酌情理。

从参政会质询案看国民党政权的社会本质

载 1946 年 4 月 16 日《自由世界》第 1 卷 12 期

黄药眠

国民党二中全会才开过，接着就来一个参政会，因为参政会大多数的参政员都是国民党员，所以它的决议自然也就不会超过或违背二中全会的主旨，而且二中全会的决议和精神一经参政会的通过，那么国民党的死硬派就可以把它的一切措施都加上一套民主的外衣来向人民说话了。

所以从一般的政治形势看起来，这一次的参政会的开会，实在丝毫没有进步的意义。

不过有人要问，这一次的参政会，参政员所提的质询，和对政府的批评都是很多中肯的，这不是已经进步了吗？要答复这个问题，我想应该更深刻的去研究一下，这些提出批评，提出质询的是什么人。因为正有许多批评别人的人，他们本人正是贪污腐败的最反动的分子。所以这次参政会，对政府的攻击和批评，有许多倒正是反动派们玩的苦肉计：他的目的是，利用反贪污腐败的美名来攻击民主派和异已，利用反贪污腐败的美名来装出国民党的革新的姿态来和缓民心，所以这些质询，这些批评和攻击，说起来，实在也没有丝毫的进步的意义。而且参政会根本就是国民党政府的咨询机关，它并不像普通民主国家的议会，它本身并没有不信任改组政府的权力，因此即使有些进步的民主人士在参政会里发言，其立意虽未尝不善，可是实际上亦不会发生什么作用。

可是在这里有一点是我们必须注意的，那就是，在许多质询案中，（不管质询者主观的动机如何）我们可以透视出目前的国民党政权之社会的本质。现在让我不惮烦的把参政会里面的许多质询摘出,然后再从这些质询中归纳出几个结论。

一、参政员饶凤璜提出询问:(一)经济部派员接收矿厂,一去就贴封条,以致矿厂工人及技术人员失业,接办等于停办,接收仓库物资盗失,接收人员贪污舞弊……(四)……纺织工业为轻工业,应由人民经营如何要归官办,以往官办,为花纱布管制局,弊端百出毫无成绩可言,为何胜利后重蹈覆辙……且我国家岁入预算一大部靠出售接收物资弥补,但政府非但不拍卖接收纱厂反拨十亿用作资金,使国家对此无收入反而支出,究竟是何用心?且众人周知,物价高涨之一原因是游资充斥,为何政府不放民营之门,引导游资,使生产事业一切官办与民争利,且据精确统计,纱布价目九月以来涨价最炽,考其原因,系纱布售价乃由中纺公司挂牌规定交该公司,掌握全国纺织半数,不平抑物价反而领导涨价,中纺公司因此而盈利,然已间接刺激其他物价殊为失策。(十)若干战时经济规定均已废止,为何"战时管理矿产品条例"迄今尚未废止?(十一)皖浙苏区工矿接收最早,经济部报告该区已接收之工厂为五五二单位……但闻该区失业工人仍有十七八万……(十七)上海燃料管理委员会措施不当滥施管制,以官价统购煤斤致使上海煤价二月前黑市不过十一万元左右,不二月竟高涨至四十万元,此种舞弊失职现象亟应纠正。(十八)胜利后,工矿建设应普及全国,目前西南工矿陷于停顿政府应注意及此……

二、(八)台湾省当局为何拒绝国家银行设立分行?查台湾光复已逾半载,仍沿用敌币,比率不定,汇兑不通,工矿商业无法复员……金融机关毫无联系,政府为何不许国家银行在台湾设立分行,以畅金融?(为什么政府不实行政令统一!——作者)(十五)官商一致挟其优越势力,通露消息,操纵囤积,以致物价飞涨,即就广州而论,私家为通报金融消息而设之无线电台,即有四十余处,此非大力者不办,政府对此,似应有全盘抑制的办法。(十七)湖南灾情严重,已饿殍遍地,政府为何至今尚无妥善救济办法?

(三)对于粮政的,质询要点如下:(一)中央对于皖赣等省一面停止征实,一面又与各省府订立代购军粮合约,其代购数量竟超过已往征实之数量,所发粮价,仅市价的四分之一,且强迫人民代为运送,以致勒索摊派,迫死人命,请问粮食部能改善否?(二)目前粮价飞涨,已至严重时期如能全面管制得法,也不会使投机者从中操纵。贵部对此有无优良办法?阅读粮食部报告,有两处提到"台湾情形更出意外,不但无粮输出,且须祖国运粮接济,"究竟已运往台湾之粮食其数几何?又闻台湾行政长官公署派员在上海以高价购买粮食,致刺激粮价高涨,是否属实?是否得粮食部之同意?……湘赣等省原为产米之区,现亦发生严重粮荒,各省每日死亡几以百万计,不知粮食部有何切实有效办法,从速救济粮荒各省?……又卅五年度田赋收入共列四七四亿余元,而卅五年度支出项下属于粮食部的(一)经常费廿一亿元,(二)临时费一六八亿元,(三)事业费五〇亿余,(四)生活补助费二四六亿余元,四项支出为四七六亿元,国家全年田赋收入不敷粮食部当年行政费开支之用,这究竟是怎么一回事?……收购军粮应以大粮户为主要对象,但事实上大粮户多为大权势者,如何能使其全部应购?赈济粮食应以贫苦无告之平民为对象,但事实上办理赈济者多数糊涂混乱,未能泽及平民此为各省之普遍现象,尤其是灾区为然……(五)国家银行现定工贷利息三分四五厘较之战前增加了十倍,此种高利贷似为世界各国所罕有,实属阻碍生产发展,当兹复员伊始,大部有无调整计划?(六)伪钞掉换日期已将截止,偏僻各县,迄今有未设银行掉换者,即设有银行之处,亦因限于数额,弊端百出,不识大部有无改善?……(十三)购买黄金储券的人要捐献四成给国家,而购买美金公债和美金储蓄的人们,为什么又安然无事?(十七)……中央预算尽量扩大,省级预算尽量缩小,以致省级事业无法推进,财政当局有无办法改正?(廿三)台湾光复半载,但迄今仍使用日本通货,所谓台湾究竟用至何时为止?(廿五)目前盐税名目繁多,边远地方人民负担愈重,政府有无实行新盐税之意?(廿七)地方捐税十之八九落于中饱。(根据两广监察使报告)

以上的材料都是根据国民党的党报香港国民日报摘录下来的,

所以总不会错吧。从这些材料里面我们看出一些什么来呢?

第一,国民党的官僚资本,现在正利用接收敌伪资产的机会,疯狂的抓住各大都市的生产机构,诚如他们自己所说,乘此机会,打好他们的经济基础。然而由于受他们的本身的社会性和历史的客观条件所限制,他们抓到了这些生产机构以后,不特不能增加生产,相反的他们反而在摧残生产,目前上海许多接收下来的工厂关门,即其一例。

第二,政府不仅滥发钞票刺激物价,同时,他还利用管理统制的名目,拼命的提高垄断的价格,上海煤斤的领导物价上扬就是一个例子。

第三,政府虽然天天喊着“政令统一”,可是在他们的党权所能直接统治的区域,政令还是未能统一,比方台湾当局禁止设立中国银行分行,就是一个例子。

第四,事实证明这个政府是完全自己都不能向自己负责的一个机构。第一道命令它可以这样说,但第二道命令,又可完全取消它,皖赣等省,一面下令停止征实,一面又大量的征购军粮就是一个例子。

第五,事实证明,这个政府是出卖人民利益的政府。比方“湘赣等省,原为产米之区,现亦发生严重粮荒,各省每日死亡几以百万计”,但在粮食部的报告,则又说台湾不特无粮输出,“且须祖国运粮接济”。同时还派人到上海高价购买粮食,其实“接济”是假的做生意是事实。无孔不入的官僚,只要有生意可做,有钱可赚,至于每日死亡几以百万计,他们是不管的。

第六,事实证明这个政府是完全虚耗国币,吸尽人民膏血,豢养着一大批官僚而丝毫不做一点事的政府,比方国家全年田赋收入还不够粮食部本身全年支出之用就是一例子。

第七,事实证明,这个政府是完全袒护大地主的利益,剥削贫苦农民的政府。上面关于粮政质询案中就有这样一段:“……收购军粮,应以大粮户为主要对象,但事实上,大粮户多为大权势者,如何能使其全部应购?”事实上,乡村中,有钱商人兼绅士的大地主是从来也不需负担收购军粮的重负的。

第八,事实证明官僚资本已和殖民地的商业金融资本,水乳交融在一起,操纵囤积,形成了一个网状组织,质询案第十五项,关于广州情形的描写就是一个例子。

第九,别的健康的国家的国家银行,是用来支持国家的工业建设,回消资金的,可是在我们中国,国家银行则在赤裸裸的实行高利贷,吞食着工业资金,质询案第五项说的话,就是一个例子。

第十,事实证明,政府不仅合法地掠夺老百姓同时也非法地掠夺老百姓,比方“伪钞掉换日期已将截止,偏僻各县迄今有未设银行掉换者……”又“地方捐税十之八九落于中饱”就是一个例子。

第十一,事实证明,这整个政府是上层大下层小以中央剥削地方的。比方质询案第十七“中央预算尽量扩大,省级预算尽量缩小、以致省政事业无法推进……”就是一个例子,其实县级的预算那是渺小得更可怜了。

事实摆在面前今天的政府是代表着全中国极少数人的利益的。一大批的官僚,或以血缘,或以区域,或以其他封建关系结成大大小小的集团盘据在国家机关里面,他们或藉法令的掩护,控制着生产机关,或以非法手段利用权势,向老百姓敲诈,或和殖民地的商业金融勾结在一起,操纵囤积,利用特殊地位控制交通工具,构成商业金融网,或是借高利贷和欺骗,在乡村疯狂的集中土地,以土著的绅士的地位,成为了官僚政治的基层组织。所以中国政府的整个机构就是由官僚资本,殖民地的商业金融资本,新兴的依附于土地的封建势力构成三位一体的统治。一切法西斯主义半法西斯主义都从这一个集团里孕育出来。对于这一群腐烂的,然而又极端顽强的势力,要靠无力的咨询机关如参政会的几个参政员的质询来加以改善显然是没有用的,何况这些质问还有许多是那些最反动最顽固的一批人,用此来遮掩自己的罪恶移过于政府的把戏,所以,如果要想把其中最反动的力量打击下去,是必须动员最广泛的人民,发动民主运动,同时利用从国际方面来的民主压力,逐步的长期的去清洗才能够有效的。

最后我说:如果这次参政会还有一点意义,就是由他们自己的口中更公开和更广泛的暴露出了这个政权的社会的本质。至于最后一天,蒋主席在参政会所作的政治报告,因为不是在本文范围,而且我在别的地方已有所论列,不再在这里复述了。

四月七日晨

沉痛的呼吁

载1946年4月19日《民主星期刊(南方版)》第五期

药眠

经过了马歇尔将军来华的调解,经过了政治协商会议的协商经过了军事三人小组的调处,中国国内的和平团结,本来已露出了一线的光明,可是由于死硬派的紧抓住政权的不肯放手,由于反苏的冒险家还认为今日的国际形势有机可投,由于那些亦官亦商的腐败官僚深恐民主一旦实行,则他们再无机会吮吸民脂民膏,于是曾经一度显现的和平民主的光明又复阴霾四合,到处响着杀伐之声。

我们瞧吧!今天的中国是成了什么世界呢?从东北到海南岛,到处是一片荒灾,洞庭湖成为了饥饿所包围的死水,人民鬻妻卖子,掘食着草根树皮,至于工商业,则工厂关门,工人失业,一般的中等之家,及自由职业者,则每天均在物价高压下喘息,汲汲皇皇真是不可终日,在这样全国人民都在死亡线上挣扎的时候,那些国民党的死硬分子偏要粉饰太平说中国并没有经济危机,在国家的主人,人民面前摆出了十足的官僚架子,坚持着要维持法统,为了要维持他这个"法统"和尊严加速,甚至不惜千千万万之人,像泥沙般死亡,甚至不惜以前从抵抗法西斯侵略的武器用来屠杀人民死亡的速率。其实什么是法统呢?说来说去还不是要维持他们自己的统治吗?还不是要把人民的尸骨建立起自己的宫廷吗?还不是要把整个中华民族吮吸到油尽灯灭的地步,然后飞到外国去过他们的"高尚"生活吗?

最可惊异的,是当苏联军队已开始从东北撤退,并正式照会我国政府以后,竟还有人把东北问题看成为外交问题,大概,当苏伊的问题被提到安理会,美苏之间,情势紧张的时候,有些策士们是这样想吧:他们认为机会来了。扩大东北问题,并把它提到安全理事会去,以造成英美和苏联之间的更恶化的，这样一来死硬分子，就可以挂起反苏反共的招牌向外国借一笔款子，以东方骑士的姿态出现于具有世界规模的反苏战场了。

然而我要问阴谋家们，如果第三次世界大战爆发起来，这对于我们中国有什么好处呢？难道我们在这八年抗战中，所受的苦难还不够吗？难道我们还要再来一次挈妻携子坐上难民船去远方逃难吗？难道我们还要想让原子弹光顾到这已经贫穷得不堪的土地上来吗？试想想吧，当这物价高涨，人民生活如此艰难，产业机构如此破败的时候，他们还要希望再来一次世界大战，这是什么居心！

当然，我们知道，他们这一批特殊阶级，是欢迎战争的，因为在战争中他们才可以发国难财，他们才可以借国难为名，尽量的压迫人民，他们才可以浑水摸鱼，他们才可以尽情掠夺，他们才可以维持他们的独裁的统治，然而苏伊问题，已由两国自己谈判解决，这个国际投机又惨然失败。

现在我们要在这里再作一次呼吁，中国史再不容许战争了。中国人民是，反对国内战争，也反对国际的战争。谁要是想借维持法统来阻挠政协会决议的执行，谁要是想用假民主的口号来打击民主，用假和平的口号来反对和平，谁就是民族的罪人。老实说，我们再也不能忍耐了。如果那些政治阴谋家还在那里装腔作势，自尊自大，不愿意倾听人民的意见，那么他们应该知道，千百万的饥饿的人民是不会永远沉默的。

“五四”纪念日谈青年运动

载1946年5月4日《人民报》

药眠

廿七年前的今天，北平暴发了一件惊天动地的大事，那就是今天我们所要纪念的五四运动。

那时候因巴黎和会袒护日本帝国主义侵略中国，和否决了中国在和会上所提出的要求，因此激起了中国留法学生及平北学生的公愤，在“拒绝和约签字”“废止二十一条约”，“誓死争回青岛”，“抵制日货”，“外争国权，内惩国贼”的口号之下行动起来了。由这一个运动马上又引起了六月初上海商人的罢市，和上海铜锡业工人的罢工，和沪宁铁路工人的罢工等△△△又由于这一个运动，政府终于罢免了曹，陆，章的职务，并拒绝了巴黎和约的签字。

大家都知道五四运动是发生在第一次大战以后，是发生在苏联的十月革命成功，资本主义制度走向下坡路的时候，而在这时候，中国的资产阶级虽然在欧战结束后，获得了一些经济发展的机会，可是因次殖民地的实际性限制了它，因它和土地的关系限制了它，使它在反对帝国主义和清除封建势力的革命斗争中表现了动摇和软弱。为了这个缘故，所以发动这一个资产阶级性的民主革命运动一开始就由急进的小产者的学生领导起来，而不是由资产阶级领导起来。

五四运动以后，中国知识者的青年学生，对于中国民主运动的事业，始终是表现得非常之积极的，甚至有时还起着前卫作用的。比方一九二五到一九二七年的大革命运动当中，青年学生起了很大的作用，即在大革命失败以后，许多许多的青年学生遭受了牺牲，但是九一八事件以后，青年学生的抗日运动还此伏彼兴，成为了抗战运动的有力的推动器。

抗战军兴,青年学生更是大批迈进到抗战的激流中参加前线和后方的抗日救亡工作,尽管条件如何的艰苦,还是继续努力,前仆后继。现在抗战已经结束,中国人民的最主要的任务已由争取抗战胜利转到国内的民主与和平,在这一个阶段中,青年学生所能起的作用是更大了。

因为经过了这廿七年来的政治的锻炼,青年知识者们很明白,中国如果让国民党独裁派把持下去,继续内战,中华民族是要陷于万劫不复的地位的,而中国知识者群的出路是愈来愈狭,愈没有办法的。唯有中国的和平能够获得保证。工商业能够一天天发达,农民能够有田耕,工人能够有工做,中国知识者才能够真正把生活安定下来,和获得他们所希望的工作的。这是中国人的唯一的出路,也是青年群众们的唯一的出路。

一点也不奇怪,青年学生们每经过一次事件,他们的政治倾向性也就更加一次明显。青年们很明白谁才是民主运动中的最好的同伴。

纳粹投降以后的一周年

载 1946 年 5 月 10 日《民主与文化》第 1 卷第 1 期

黄药眠

一

一九四五年五月一日，德国宣布了希特勒死讯，由杜尼兹继任了元首，五月七日德国正式宣布无条件投降，于是欧洲战争首先宣告了结束。全世界的人民瞻望着柏林的胜利之旗，莫不感到十分愉悦，因为人类的害虫希特勒和慕索里尼究竟是死了。

每个人似乎都有这样的感觉：即这个胜利，来得比我们所敢期望的还早，当一九四四年末，希特勒在西线发动岁末攻势的时候，大家都还在吃惊：希特勒的的内围堡垒还有着那样坚强的反攻力量！

然而英勇的苏军逐步突进，四月二十五日，他的箭刺已刺入到柏林的心脏，希特勒最先是乞灵于秘密武器，可是秘密武器无灵，然后又求助于游击战，可是游击战并不能成功，最后又幻想着他也来一个斯达林格勒的奇迹，然而法西斯的组织虽然坚强，究竟不能代表人民的意志，于是希特勒像一支野兽般被烧死在柏林的废墟里面。纵火的人究竟是给火烧死了！

八月十五日，日本也正式接受了盟方的投降条件，民主的势力终于战胜了独裁的势力，几百万拥有现代装备的敌人，不战而举起了双手，打破了战史上的先例。

这时全世界的人都为胜利的光芒所照耀，大家都说：但愿永远不要战争。

二

然而法西斯主义，是不是跟着纳粹的德国，法西斯的意大利，日本的垮台而死灭呢？战争的毒素是不是从此可以消灭净尽呢？

才一个周年呢，法西斯主义者，经过了一个期间的隐匿，现在又逐渐猖獗起来了。

我们当还记得远在一九四四年底，纳粹的头子们，一面在高呼着抵抗，而一方面，则早已在筹谋，一旦老巢倾覆后，如何去找寻一些安身的去处。他们恢复了外汇的自由悄悄的把钱汇了出去，他们以商人的姿态，以企业家的姿态，暗暗的和国外的富翁们建立下经济关系（据本月二十二日西班牙人道报说的，西班牙的股份公司里就有60%系直接或间接由德国人管理）他们以技术协助的名义派了“专家”“教授”到国外去替别人“服务”，他们以慈善家或教会的名义在国外建立了些学校和医院。

我们当还记得，当德国纳粹们已经正式宣布投降以后，有些国家却为此而示威巡行起来有些国家今天才向纳粹头子希特勒的死讯，致其哀悼慰问之辞，明天却硬起心肠向杜尼兹的政府绝起交来，甚至有些国家明明是绝了交，但对于它的外交使节，还特意给予私人的优待。

我们当还记得，去年当戈林和巴本在美国军营里做了俘虏的时候，美国军官竟然也有不少嘉莱尔的信徒，把这位杀人的魔王，外交界的狐狸当作“英雄”来崇拜，害得艾森豪威尔于受人攻击之后，不能不下令声明，认为这些纳粹头子并不是“友好的敌人！”

就是现在，我们也还很清楚地看得见：希特勒和墨索里尼的徒弟，弗朗哥和斐伦却还稳坐在西班牙和阿根廷的政府里面，以皮鞭和绞架款待着民主的信徒。你们不要说这些小法法西斯没有多大能量吧，他们的神通可不小呢，斯退丁纽斯在旧金山会议里面特别拉拢阿根廷，今天英国的绅士支持着弗朗哥。当弗朗哥向瑞士购买军火武器以四十五万的大兵布置在法西边境，威胁和平，豢养着十多万德国纳粹余党，秘密制造武器的时候，英美外交家还要坚持弗朗哥政权问题是“内政问题”，“不干涉主义”的灵魂复活在英美外交家的“雄辩”里面！

也许有人会感到奇怪，战争结束已快到一年了。为什么，在德境英军占领区里，始终还有未曾解除武装的德国军队，在荷印，在中国，还有大量的日军，大量的英美军队驻屯在许多其他国家里面，还没有复员回国，几经驻在国人民的叠次抗议，他们还是装聋作哑地，照旧逗留！

也许有人会感到奇怪，明明是有波兰政府，但英国却始终要在义北支持着差不多十万数额的波兰流亡军队，明明是有南斯拉夫政府，但在德国的美占领当局，却偏要另行成立南斯拉夫的武装。这似乎是很难案解，这些武装究竟是为了什么而存在！

也许有人会感到奇怪，英国的绅士，既然对西班牙，如此其着重“不干涉”，但为什么，他们对希腊又这样有兴趣，偏要千万百计的，想设法把那位做礼拜都感到不耐烦的希腊国王送回到希腊去。莫非英国的绅士，偏不喜这个斗半的国度，而偏爱上这个继承着雅典文明的文物之邦！

也许有人会记得奇怪，当战争还未结束的时候，美国一再宣言，日本天皇是第一号的战犯，可是，战争胜利地结束了，除了尼米兹将军牵走了天皇的一匹名马以外，这个第一号战犯还是稳坐在皇宫里，成为了国家统一的象征，现实主义的美国人为什么竟也会有这样多余的同情！

也许会有人觉得奇怪，中日战争八年，中国人民受尽了日寇的屠杀的劫掠，这次日本投降，理应立即严惩战犯把日俘遣送回去，可是，事实上，有好些日本军人依旧是全副武装，在另外一个旗帜之下进行着“圣战”。

也许有人会觉得怀疑在大西洋宪章，德黑兰宣言，波茨坦宣言，联合国宪章里大家都立下了许多应该遵守的规章，可是美国一手抓住中美，南美，和太平洋各岛，英国则死抓住埃及，巴勒斯坦，外约旦，伊朗，印度，马来亚，荷属东印度，谁也不愿意放松一下他的军事政治的，或者是经济的控制。

当然这些矛盾的现象，是有它的根源的。这原因是作为德国法西斯主义的经济基础的垄断资本，同样亦在英美资本主义国家里存在着缘故，这原因是，以美国为首的金融势力，正迅速地企图和德国原有的独占资本汇合在一起的缘故，这原因是殖民地的封建残余势力，为了维持他们最残酷的剥削为了反对人民大众最微小的生活上的改善，又不能不和资本主义国家中最反动的势力联结在一起的缘故。

大家都知道德国和意大利法西斯的后台老板，比法西斯暴徒们还要聪明，早在纳粹们的败徵毕露以前即已将他们疯狂地搜劫得来的资金，投效到“不可侵犯”的地方去了。他们早就在欧洲或甚至美国的大资本家集团中建立了网状的经济关系了，诚如孟德拉瓦在自由世界杂志中所说：“最近美国财政部的外国基金管理主任奥维斯，须密德在参议院的克尔哥，战时委员会提出证明说：“德国工业对欧洲商家的‘秘密的金融关系’据称悉有一〇七种存在着，又中立国家至少有七五〇种企业在实际上隐蔽这纳粹的补助费。关于这方面的资金也许多到美金数亿元……”大多数欧洲国家的合法机构，使经济范围以内，法西斯侵入势力的彻底消除，变得极其复杂……西欧盟国……对敌人的经济协作往往被认为纯粹个人的不名声事件，没有被引为现存的社会寡头制度应有深远的改革措施的理由……”你瞧，就是这些德国纳粹资本家的无孔不入的混进到资本主义的王城，解释了为什么在政治上会有怎么多混乱的现象。为什么英美资产阶级中的反动集团对于德意日法西斯余孽这样同情那些大托拉斯康拜恩的账簿上的数字，比一切资本主义的外交家所列举出来的理由，还要更多理由，更多真实。

过去，德日意法西斯主义者，以最露骨的暴力的侵略向外扩张，这使到其他资本主义国家本身感到威胁，因此，他们要以反侵略，反法西斯为名而宣战了,可是一等到德意的法西斯政权垮台,当他们的力量已不足以威胁他们本身的利益的时候,他们立即又站在他们自己的本身的利害观点上,收容着这些过去的敌人,而把他们看成为血肉相亲的同志了。

让我们回想一下过去吧,当第二次大战爆发的开头,战争之帝国主义的性质是非常明显的,一方面是德意日帝国主义,一方面是英法帝国主义,英法帝国主义在最初的一年始终都还是在玩弄着战争,始终都还是幻想着希特勒会向东方去开辟一个战场,可是当德军一举而击破英法比联军而向巴黎进迫的时候,英伦的绅士才真正的从反苏幻梦中醒了转来。为了对付这一个强大的敌人,于是他们不能不把民主主义抬了出来!以对抗独裁的法西斯主义,同时为了要动员广大民众以参加战争起见,又不能不逐渐将这个旧的民主主义,再充实以一些新的内容。

而且在充实旧民主主义的内容这点上,大西洋彼岸的罗斯福总统在他就任以来的新政上,已或多或少地获得了资本主义改良主义的成效了。

所以,在这一个阶段以内,一般的说来,战争的性质是帝国主义的争霸战。然而我们并不否认,在这里面,包含着或多或少的民主的,改良的成分,在这里或那里包含着或多或少的人民自卫战的成分。比方希腊南斯拉夫等国对于纳粹和意大利法西斯的抵抗,便是一个例子。不过,由于这些解放运动的领导权不是操在人民大众自己手里,所以很快就失败了,到了德国侵苏战争爆发,于是这个战争的性质就改变了,为什么说战争的性质改变了呢?这原因是因为,苏联一加入战争,民主和法西斯独裁之间对立的形式更加明确了,一方面是野蛮屠杀,一方面与文化的对立是更加清楚了,千百万人民为保卫祖国而斗争的性质,更加凸出了。罗丘的大西洋宪章就是在这个条件之下完成的,它的目的,就是在于提出作战的目标,对广大的人民主立下自由的允诺,以此来加强自己在战争中的政治力量。也就在这个残酷的战争中,英美苏三国结成了同盟。由德黑兰会议,雅尔塔到波茨坦会议,由三大巨头发表出来的宣言,无疑的都是带有着进步的意义的。联合国宪章,联合国大会事实上也正是在这进步的国际政治潮流中所诞生出来的婴孩。至于在内政上,不可否认的,即而那以保守党为首的英国联合政府,在某些地方也或多或少地执行了一些进步的政策。

战争的性质,虽然变了,但另外一方面我们不能否认,在里面,还夹杂着有英美帝国主义和德意日法西斯主义者间争夺霸权的成分。我们不能否认,在英美政府的某些角落里还潜藏着一些法西斯的成份。所以一当战争结束,德意日法西斯的威胁已经解除,形势已经变化,于是那些隐伏着的法西斯主义马上显露出来,它不仅想攫取德意日法西斯过去的地位,同时还想收编那些德意日法西斯残余的爪牙,以供自己的驱策。这就解释了为什么过去是反法西斯的英雄,而现在则在另外一个形式下,经营着法西斯的事业!过去是敌人,而现在忽然会变成了亲密的同志。

当然我并没有意思说,现在英美政府已经是和过去的德意的法西斯政权一样,我不过是说,现在英美政府里面,正盘踞着一些法西斯分子,这些分子显然的还拥有相当大的力量;当然,我也并没有意思说,现在这些法西斯分子能够立即组织起来发动第三次世界大战,不,我的意思不过是说,这些法西斯分子,正在逐渐嚣张,逐渐在新的基础上团结起来,威胁着世界和平的建立。

同时,我并没有意思说第三次世界大战必不可避免,或很快就要到来,不,我的意思,是一方面要指出战争的危险,法西斯主义者的猖狂!但同时我们要指出经过了这一次世界大战以后民主的势力已无比的壮大,人民的觉醒已无比的加强,法西斯要抬头发动战争,是必然会遭受到人民的反对的,惟有依靠全世界人民的力量,才能保障和平,因此我们必须加强警惕,加紧动员,把反对战争,反对法西斯的工作摆上我们的议程。

三

究竟这些法西斯分子,和过去的德国纳粹们在本质上是不是相同呢?我认为他们在本质上是相同的,相同之点是:第一是他们同样的有种族的优越感,歧视殖民地的人民,第二是,他们只维护金融巨头和资本家的利益,完全忽视人民大众的利益;第三,他们同样的崇拜权力,不讲正义;第四,他们同样的热心于反对苏联,反对劳动者,从他们自己的利益出发,自然他们更反对土地改革和企业国营。

最近这半年多以来,我们可以很清楚看见这些法西斯主义的阴影,是在到处作祟的,比方伦敦三外长会议的时候,有人故意否定波茨坦的协定,在第一次联合国大会的时候,有人在企图修改联合国宪章,此外,比方英美政府对弗朗哥政权的优容,英国在荷印的军事镇压行动,英国对希腊的内政干涉,在埃及的违约驻兵,美国之挟着原子弹来威临世界,延长军役法,英美联合参谋部之继续工作,邱吉尔的反苏演说,美国三 K 党的活跃等,这些一切都在证明,英美二国里面,的确存在有强大的法西斯倾向,它们在鼓动着战争。

不过,第二次战后的法西斯的活动方式是和战前的德意日法西斯不同了,过去他们公开的树立了旗帜,公开的向人道与正义挑战,拥有着具有近代企业设备的大国的政权,现在自从德意日三国的法西斯政权倒台以后,全世界的法西斯分子都不能不改变他们的活动方式了。这里有如下的四个特点:

第一,他们把自己伪装成爱国,民主,和和平的支持者。使任何的独裁制度,都穿上了“民主”底外衣。你想,连弗朗哥自己也自称为民主主义者了,而且还有小邱吉尔去为他证明,西班牙的政治制度,和英国的民主制度,并无不同之处。这些法西斯分子的策略是很明显的:最先是以假的民主打击或分化真的民主,然后以假的民主代替真的民主,再然后从假的民主回复到法西斯主义去。第二,他们知道,他们既然独立不能的显露在天光白日之下,他们又知道,战后的世界,人民生活困难,在许多国界问题,民族问题,资源问题上盟国间存在着许多的摩擦,所以他们现在的策略是把自己分散开来,投奔在各个集团里面去,只要有机会,便从各种不同的角落里发出各种不同的声音,挑拨苏联与英美间的矛盾,民族与民族间的仇恨,这个集团与那个集团间的摩擦,他们的唯一的目的,就是在制造混乱,制造战争,以造成法西斯复活的机会。

第三、他们加强地下活动,我们知道早在希特勒政权崩溃以前,纳粹暴徒们就知道他们的寿命不长而大批的派遣门徒潜伏地下,而这些地下英雄又和各国的最落后最反动的秘密结社勾结在一起,和那些伪装的民主分子互道声气。

第四、他们知道,如果他们用公开面孔出现,他们是很难获得广大群众的支持的,而伪装的民主,又终于会有一天给人揭露,所以他们认为最有效的办法,还是利用近代科学,豢养着少数的法西斯信徒从事于秘密武器的制造,即以最少数的人,用最简单的方法,作世界规模的屠杀。显然,这个秘密已从波兰政府在安理会上对弗朗政府的控诉里揭露出来了。

四

当这英美的法西斯分子,一天天猖狂,一天天和希特勒的门徒,从经济上到政治上汇流,而希特勒的余孽也正在用各种各样的伪装,在各处活动,企图制造第三次大战的时候,我们对于法西斯的警惕,对于战争危险的警惕,是一点也不能放松的。不错,和平的力量,民主的力量正是在壮大之中,比起第二次大战前,它和好战的,独裁的力量的对比是增大了许多了,然而如果有人以为既然和平民主的力量大过于法西斯,独裁好战的力量,因此便放松了我们对法西斯主义的斗争,那是很错误的观念。

既然,今天的法西斯主义,有这样复杂的来源,有这样雄厚的经济基础,有这样多的伪装和变形,有这样多不同的容貌,因此我们对于它的斗争，应该更小心，更多方面，从一千个不同的地方发出子弹向同一个目标射去。我们应该遵循着许多途运，来和一切公开的，或隐藏的，旧的，新的，成形的和未成形的法西斯主义斗争。

第一，我们应该根据大西洋宪章，根据联合国宪章，根据历次三巨头会议的宣言，和决定，来反对任何企图歪曲这些宪章和决定的作法，我们要要求列强实践在战争期间所作的一切进步的诺言。

第二，我们要经常注意一切国际事件，揭发所有表面上主张和平而骨子里在准备战争的阴谋，抨击一切外交上的伪装的姿态，同时要求立即严厉的处置战犯，立即消灭所有潜伏着的德意日法西斯余孽。

第三，我们赞成一切进步的土地改革，赞成限制垄断资本的跋扈和操纵，必须从经济上到铲除金融寡头独裁的制度，消灭法西斯所从而诞生的经济基础，我们才能够最后保证法西斯主义不会再生长出来。

第四，法西斯主义之能否再一度逞凶，第三次世界大战之能否不会发生，这全要看民主力量的发展的程度如何，人民的觉醒程度如何，所以为了要真正使战争成为不可能，我们就必须加强每一个国家的民主运动，并建立国与国间，民主主义的民众团体的联系，使到我们的民主运动真正能够成为国际的民主力量。

第五，我们要在科学工作者里面，发动反法西斯主义的斗争，目前科学的发达已到了如此的程度，一个科学家的卓异的发明，可能影响到全世界人民的命运。所以我们必须使到科学家们明瞭他们对于世界人类的责任。科学的主要的目的，是在于增进人类的幸福，并使战争成为不可能。

第六，我们要明了，殖民地人民要求自由独立的运动，资本主义国家的工人要求改善生活的运动，事实上都是今天民主运动的一部，因为这些运动正所以削弱法西斯的力量，使到他们不敢轻于冒险的发动战争。

是的不容否认的战争的危险是在一天天增大着，只有当我们把反法西斯的所有的民主力量团结起来，从经济上从政治上，从科学文化上发动反法西斯的民主运动，不放松任何法西斯欺骗阴谋的揭发，并以此来提醒人民大众，配合着苏联的力量，我们才能把一切形式的法西斯分子扫荡开去，才能把一切希特勒的余孽隐藏着的法西斯分子暴露出来，加以消灭。

纳粹德国的投降已一周年了，而日本帝国主义的正式投降，到现在也已经有了八个多月，然而这一个反法西斯战争的炮声才停，在荷印一带即又已发生了殖民帝国和殖民地人民间的武装冲突反法西斯的武器被用来屠杀那些在反法西斯斗争当中有功的人民，屠杀那些渴望着自由和独立的人民。一切殖民帝国在战争中所立下的诺言都被撕毁了。而在我们中国则万千的日俘被利用来在另外一些主人统治之下，执行着法西斯的意志。

同胞们，战争的烽火还在这里那里燃烧着，千千万万人在巨大无比的生产机构下失业，千千万万人在受着粮荒的影响挨着饿，千千万万人无家可归，可是法西斯分子是看不见这些人类的灾难的，他们现在正在想鼓动起第三次世界大战，由原子弹来大量屠杀人民，绝灭文化。希特勒是死了，可是希特勒的灵魂还在死硬派如邱吉尔之徒们的脑子里徘徊。我们必须警觉，为保卫和平民主，为保卫全世界人类的幸福和文明而奋斗。

四、廿一日

略论巴勒斯坦问题

载 1946 年 5 月 16 日《人民报》

黄药眠

最近这几天，中东形势突告紧张，伊拉克为同情巴勒斯坦已于九日发起全国性的大罢工，开罗的阿拉伯人亦举行总罢工。这个风潮显然将波及到整个近东中东和印度的许多回教国家和回教团体，而且阿拉伯人的斗争，一方面将因获得了苏联的支持，而被提到安全理事会，成为了主要的国际争议的课题，一方面则又将和其他殖民地的民众运动联在一起而增加了它的复杂性。

究竟这个问题是怎样搅起来的呢？从本质上说起来，这完全是英国在那里捣的鬼。他在近东一带的政策是带有多面性的。他一方面要奖励犹太人移民到巴勒斯坦去，一方面又怕犹太人太多了难于控制，所以他经常要挑拨犹太人和阿拉伯人的冲突，同时限制犹太人移民到阿拉伯的数目。一九一七年的贝尔福的宣言，英国政府是答应犹太人在阿拉伯建立“民族之家”的，可是始终没有实行，一九三九年张伯伦政府所发表的白皮书期限制犹太人五年内不得作超过七十五万人的移民。

战事结束后英国更想把巴勒斯坦改装成“独立”而事实上则把控制权紧抓在手中，一方面想控制巴勒斯坦的资源，一方面又想以之作为反苏的根据地。可是在战争期间，美国的触角也早已伸入到这些地方，因为美国对于这一带的丰富的油田，和它的未来的军事价值也早已十分注意。所以去年年底就组织了一个英美巴勒斯坦调查委会。并于四月底发表了一个报告书，内容七点大致如下：一、所有受了纳粹损害的犹太人，其移殖他国，应该被视为国际的义务，各政府应设法供应食宿；二、一九四六年应运发出十万张移民巴勒斯坦的执照；三、巴勒斯坦不是犹太人的国家也不是阿拉伯人的国家；其政府形式在国际的保证之下，必须保护犹回两民族的利益和信仰；四、除非犹阿间的冲突消除，在联合国托管制实施之前，该国政府必须继续受委任统治。五、委任统治政府应该依照委任统治制执行其统治权，在不歧视别的民族的条件之下，协助犹太移民之推行。移民之多少，不受阿拉伯人的承认与否的限制。六、一九四〇年的土地转移法，应改为土地完全自由租赁和买卖不受信仰和种族的限制。七、巴勒斯坦的土地改革，应与犹太人服务处，及各阿拉伯邻邦作广泛的咨询。八、对于上述建议之执行，阿犹两民族不得运用任何暴力加以阻碍。

显然的这些决定是完全无视阿拉伯人民的意志的。同时，由于英国坚持阿犹双方的武装都必须解除因而引起了犹太人的剧烈的反对，因为犹太人在抵抗纳粹帮助英国方面亦曾尽很大的力量。而且他们认为既然要向巴勒斯坦移民，则必须有武装的保护，至于英国和美国，意见上显然也不一致，美国主张十万犹太人可以无条件移往巴勒斯坦，但英国主张犹太人要到巴勒斯坦去，必须先解除武装。英国主张，在巴勒斯坦如发生扰乱，美国应负出钱协助犹太人移民和派遣军队保护的义务，可是美国所答应的只是前一项而后一项则不负责任。

从我上面说的事情经过看来，我们可以清楚看见，英国志在挑拨阿犹两民族的恶感，以便于自己的统治，一方面把美国也拉进漩涡里，作为将来反苏的准备。可是，事件的发展恰好和他们的意料相反，阿拉伯人既然广泛的反抗，犹太人也大表不满，美国又不愿负维持治安的责任。原来想借此以建立反苏的基地的，现在也相反，阿拉伯人反而向苏联的史达林呼吁起来了！

论自治领会议

载 1946 年 6 月 1 日《自由世界》2 卷 2 期

黄药眠

一

这半月来,世界有三个会议在同时举行着。一个是在纽约举行的联合国安全理事会,一个是在巴黎举行的四强外长会议,一个是在伦敦举行的英帝国自治领会议。前两个会议,因为有强国的代表出台,有许多重要的问题,如伊朗问题,西班牙的佛朗哥问题,特里埃斯特的问题,大家在争论着,报纸上用大字标题记载着,所以大家都很注意。可是第三个会议,则始终沉默地在伦敦举行,它似乎是隐在幕后。不过假如我们知道这个会议影响到大英帝国未来的命运是如何的巨大,那么我们是没有任何理由来忽视它的——今天我所想提出来讨论的就是这个后者。

二

第二次大战后的大英帝国是不比战前了,在它的面前横着许多的困难。而这些困难是由于大英帝国本身的历史的传统和社会机构的不合理而致更难获得真正的解决办法。大英帝国的苦闷是很多的。

第一,目前在美英苏三强当中,它是国力最弱的一个国家,在美苏两国面前一天天显得地位低落。第二,经过了这次战争,有些市场是一时不能恢复,而有许多市场则已为美国所代替,因为没有广大的市场,来供英国的输出,所以也就很困难来支付日益增大的输入,大家都知道英国是一个资源并不丰富的国家。第三,过去英国靠对外贷款和投资获得高额的利息和利润,以此来维持繁荣,可是战后海外的投资已经大半消耗,而且反过来还积下了许多债务,面对着国际贸易的逆势而无法挽救。第四,由于金融控制力的削弱,英国不能不加强它对于殖民地的残酷的剥削,并加强武力的控制,可是由于残酷的剥削,反过来又削弱了这些海外市场对于英国货的购买力(为此现在工党政府已开始想稍稍改变作风了。)第五,由于殖民地人民的觉醒,在英国控制下的许多殖民地都正在起着骚动,而英国的武力镇压政策,反更加速了殖民地人民的反抗运动。第六,过去英国曾靠着雄厚的金融力量维系着各自治领的向心运动,可是在这几年的战争过程中,这些自治领,逐渐建立起自己的工业,而且和强大的美国金融资本结上了因缘,从而也就造成了对于英国的离心的倾向。究竟这小小的英伦三岛将靠什么力量来维系这庞大的大英帝国呢?将向金元王国拜倒,做它的经济上的附庸呢?将仍旧对殖民地实行炮舰政策呢?抑将放松对殖民地的压制,订立了许多互惠条约,来繁荣海外贸易呢?将死硬到底依靠着美国的支持来干涉东欧事件呢?抑将尊重苏联在欧洲以至于世界的地位来和苏联敦睦邦交呢?究竟何去何从,这都是大英帝国所最感苦闷的问题。

三

就是在这个苦闷中,于是英国召集了各自治领的总理会议。关于这会议所讨论的内容,虽然没有正式公布,但从报纸上零星透露出来的消息,我们也就不难知道其中的要点了。

美联社四月廿三日伦敦电,曾这样写着:“各自治领总理会议目的是在统一帝国在世界范围内的国防和复兴政策。”同日伦敦的泰晤士报更说得清楚,“要求各邦计划一个共同的战略。”并且警告说:“这构成帝国的五邦,如果分开作为一国,那么它是再也不能起适当的作用来保卫世界和平了。”这个意思很明显,那就是说:大英帝国正企图在这个会议中，以军事的安全为号召，来重新把各个自治领结合在一起。这是第一点。

伦敦四月廿八日的路透消息，又这样说："一般相信，这次会谈实远超出国防政策的范围以外……他们正企图制定一个共同的外交政策……诚如伊瓦特先生所常指出，在自治领，大家已一天天觉得，英国如一旦受到威胁，则其战斗准备是应该和指挥外交政策之能力相辅而行的。"很显然的，这次自治领总理会议之召集，其目的是在找寻各自治领的共同政策以此来加强英国代表在未来和会，以及现在正在开会的四强外长会议的发言权的。因为它知道，在强大的苏联和美国面前，英国代表的地位，是要能够代表整个帝国才会有力量，一个代表四千万人的岛国的外交家是再不会受人重视的了，这是二。

四月廿三日伦敦路透电说："这项会谈，正反映大英帝国对俄国的扩张行动，表示关切。澳洲纽西兰，和南非联邦特别对于苏联之要求在地中海获得立足点，表示焦虑，而它的势力之渗入伊朗更引起了帝国方面的不安……"。从这些话看起来，我们可以很明白的知道，这一次的自治领会议，是带有浓厚的反苏的色彩，和反对殖民地人民自求解放的情调的。这是三。据五月一日伦敦路透社的消息，自治领的总理们对于东欧苏联控制区域的情报不够充分已经表示焦心了。

美国对英的贷款是以取消英帝国的优惠办法为条件的，可是这个办法一旦取消，眼看大英帝国的经济长城，就要被美国的金融资本的力量所冲破。究竟自治领当局对于这一件事，采取什么态度，和以后怎样才能加强整个帝国各邦间的经济纽带？这是这次自治领会议的第四个目标。四月廿七日路透电曾这样说："贷款的延迟，所以使英国困惑者不止一端，这次自治领会议，现在还没有讨论到贸易问题，不过如所周知，澳洲和纽西兰非常怀疑，英国对于美国贸易政策之建议，表示支持，是不是智举……"

总括说起来，这次的英自治领会议，其所讨论的内容是有系于大英帝国整个的政治经济军事的大政方针，它的成功和失败，将影响及英帝国将来的命运。

四

这个会议还没有结束，我们如果想从现有的材料来确切地判断它的意义或成功失败，这似乎还嫌过早，可是把散见在各个报章上的零碎消息归纳起来看，我们至少亦已可以看出他们对于某些问题上的一般倾向。

第一，对于军事国防方面，他们是主张分散几个据点来布置的。联合王国和澳洲的代表们，都一致反对在伦敦这样的地方，建立一个较大的帝国参谋总部，集中一点来指挥。他们主张在英国和自治领里面的几个重要中心点建立独立联合军事代表团。以使就近计划和筹备。五月一日路透社康伯拉的消息说："联合王国坦白地向澳洲代表承认英伦本土的易受击毁性，因此认为某种程度的分散，对于英帝国的未来的生存和幸福实甚为重要。"英首相阿特勒且曾与澳洲总理棲佛莱谈到如何把英国军事工业分散到帝国各处的问题，甚至阿特勒还提议在七月间到澳洲去访问。同时根据了以上的分散的原则他们又决定由联合王国，澳洲，纽西兰共同组织军事代表团来负责太平洋的防务。

第二，对于欧洲的问题，他们一般是反对法国要求在政治上和经济上把鲁尔区和莱茵区从德国割裂出来的提议。因为这样做法，他们认为将会分裂德国，使成"巴尔干化"，引起许多经济的困难。同时他们以为目前美国对于其所占领的鲁尔区，应该监督其工业；将来则设置国际委员会负责监督他们，不得转变成武器的生产。但国际委员会负的只是监督的责任，必须有一个公营的机构建立起来（德国的行政管理人员亦要参加）来管理鲁尔两区的产业。当然这里他们主张要把德国看成一个整个的意思，其目的，并不是在于反对法国而是在于反对苏联。所以南非总理史末兹表示，"我们必须了解苏联对于东部德国底未来的观点。”据路透社所传的消息，对于德国问题，他们已决定了三个原则了：一、盟国必须确切保证不使德国再成为一个军事的强国；二、为此，盟国必须帮助德国发展稳定的经济，和使它在欧洲事务上起适当的作用；三、任何对德事件的处理，都必须照顾到政府之民主的形式，和民主机构之发展。

第三，对于西南非洲托管制度问题。他们认为是要尊重南非联邦的意见。对于这个问题，南非联邦总理史末兹曾发表了强硬的意见。他说：“二十五年来，南非联邦的人民曾因欧洲政治的腐败而受到从西南非来的威胁。联合国的托治制将会造成无限制的移民，以致淹没土著人民，而其结果一定会造成对于南非联邦的政治经济稳定的威胁。南非未来的和平之确保，是有赖于联邦的中央政权对于西南非之继续管理，而且当地的议会已经表示了他这个愿望了。”根据着史末兹的这个提议所讨论的结果，英纽澳还是同意把委托统治地交给联合国托治委员会，不过他们的条件是必须保持当地的行政管理权。

第四，对于美国对英贷款的问题，它们是表示怀疑的，的确，站在自治领的立场，它们是不好表示什么确切的意见的。事实上，加拿大，澳洲和纽西兰早已在经济上依附于美国比较依附于英国为大了。加拿大在这次战前，从美国输入的总值，才不过四万二千四百万，可是到了一九四三年，则已增到十四万二千三百万。输出到美国去的，则由一九三八年的二万七千万元到一九四三年的十一万四千九百万元。至于澳洲和纽西兰也同样的走上了加拿大的道路。所以对于向美国借款的问题倒是帝国产业协会的人们表示了积极的意见，他们认为关于帝国的优惠制度是不能作任何让步的。（最近报载自治领会议认为帝国优惠制，可以让步，但以美国在关税制度上让步为条件。以目前美国的雄厚生产力来和英国竞争，自然胜利的还是美国。同时美国在关税上的让步，只有更加强了加、澳、纽对美的贸易，和两者间的经济关系。——笔者）

五

如果我们把这一次自治领会议的整个过程研究一下，再把那些已经获得一致协议的原则和方针研究一下，那么我们觉得，这次会议是和它所欲达到的目标距离很远的。

第一，它并没有加强大英帝国各组成分子的向心力，来构成一个政治上，经济上，军事上的强有力的单位。在组织一个类似战时的帝国内阁制的建议上，被加拿大和南非联邦否决了，其次，加拿大对于这次的会议就没有表示十分大的积极，南非联邦所关心的是，西南非的问题，埃及的问题，阿拉伯的问题，甚而至于地中海沿岸的问题；纽澳所最关心的是，西南太平洋的问题，或甚至扩大一点，是太平洋的问题。至于欧洲大陆的问题，虽然从联合王国的眼光看起来，是顶重要的问题，而且为了维持英伦三岛对各自治领的主导作用看来，这个问题应该是占有首要的地位，然而这在各自治领看来，可并没有如今天伦敦政府当局对它的重视。

第二，从军事的国防的观点看，他们既然承认英伦三岛之易击毁性，而不能不把防卫系统，以及军火生产分散在各个地方，那么这不就意味着，把英伦三岛之作为防御重点的地位降低，而把各自治领的地位提高吗？而这不也就意味着，相对的削弱了主要部分的装甲，而加强了次要部分的装甲吗？不，这不是对于目前的现实有所改善，而是对于现实的迁就。从整个的说起来，这不是大英帝国防御力量的加强，相反，而是他的力量的削弱。

而且，就是这样，大英帝国还是深深感到自己的力量不够的。美国方面既然要求把整个南太平洋和西南太平洋的基地拿到手中，自然英帝国是没有力量来拒绝这个要求的。所以自治领会议里面，他们公开的说："南太平洋和西南太平洋的安全责任是应该由所有直接有关或地理上有关的国家共同分担。……这些基地应该是由这些国家共同控制，而不应该专属于某一个国家……"（四月廿六日路透电)可是口头上尽管说是联合控制,事实上这个控制权将被完全操在美国手中,这是极明显的。现在美国已不客气的要求把曼纳斯岛交给他做永久的独立的基地,而澳洲一般的舆论也完全赞成这个要求,认为澳洲的防卫要建立在和美国密切合作上。所以今后澳洲和纽西兰,与其说是属于大英帝国的国防体系,倒不如说是属于美国的国防体系了。(据最近报纸所载的消息,自治领会议已有拒绝割让太平洋各岛给美国,但可以用租借的方式给美国利用的倾向。——笔者)

第三,在获得美国贷款的条件方面,英国要想从自治领那里得到什么有力的支援,是很困难的。由于贷款问题始终悬而未决,英国所有工业的现代化的进程和扩展,都奉令停止,尽管英国政府在夸大地宣传出口的数目如何的增加,可是据三月份的统计,入超的数目仍是一万一千万美元,(这也就差不多等于去年以来每月平均的入超额。)所以不管阿梅里之徒如何的大声疾呼的反对这次借款的条件,但眼看这次是非借款不可了。自然英国所要付出的借款代价是很大的,这在自治领看来也许不十分重要,他们不过是把向心的方向由伦敦转到纽约,可是在久住伦敦的吃利阶层看来,这才真是恶运的开始呀。

如果说,这次的自治领会议,一点成绩也没有,那也不是。这里有两点,阿特勒和他的助手们要以为骄傲的。第一,他们把自治领引上了反苏的道路。我们只要看在这次会议里面,他们曾不断的提到对"俄国扩张"主义的关心,对俄国之渗入伊朗,企图插足地中海表示焦虑,对东欧各国表示关切,就可以知道这次会议里面,他们是如何的注意到反苏的问题。第二,他们把自治领引上了镇压殖民地人民的道路。史末兹将军在开罗曾两次延缓了他赴伦敦之行,据说他不仅积极的参加英埃谈判,而且还研究了伊朗问题和阿拉伯问题。至于纽澳之所以被重视,与其说是加强帝国的防卫,倒不如说加强对殖民地镇压的核心。如果硬要说这也是成绩的话,那也不过是如此而已。

戏虽然还没有演完，但唱的是什么歌是早已听清楚了，可怜的没落的大英帝国，你也不能唱一个更好的调子吗？

五·九日夜

论美国之全球性的扩张主义

载 1946 年 6 月 24 日《民主与文化》第 1 卷第 2 期

黄药眠

美国在资本主义世界里登上了王座

经过了这次世界大战,整个资本主义的力量虽然在全世界的范围内被绝对的和相对的削弱了,然而美国却在资本主义世界里登上了王座。

在战争期间,美国的生产力之突飞猛进是惊人的。据统计,从一九四一年到一九四三年止,美国机器制造业生产了 70 万架车床,按其价值相当于战前高度繁荣时期的 15 年生产量。从一九三九年底起到一九四三年底止,新的生产工具之增加,以其价值言约估战前所有生产工具的三分一,(但这里必须估计到物价比战前增高了)而且其生产效率比战前高得多。美国的生产力是提高到如此程度,就是在战时它亦还是没有充分利用,比方机床的生产,一九四二年底就已达到了最高峰,至于一般的战时生产则在一九四三年年底升到最高限度。

虽然有一千多万人从事于作战,可是生产却比战前大大地增加了,有些军火生产部门,其生产量是比欧战爆发初期多出二十四倍,产钢量增加到年产五千六百万吨,同样在农业生产部门中,生产是亦在急剧地增加,如以一九三五到一九三九年的农业生产量为一百,那么一九四四年的一般生产指数则为一三二了。其中增加得最多的是食用牲畜,飞禽及其副产物,其增产的指数达一五零以上。据"远东经济学者"的统计,一九四四年底,它底生产量约占全世界的三分之二。(我怀疑这个数字稍夸大一些,但因手边无别的材料可引,只得

引用——笔者)

此外美国的黄金存额,据一九四四年的统计,共有三百零三亿美元。至存在银行里的存款则有二千二百亿美元。

看了这以上的数字,我们再回头来看一下,在欧洲以及其他蒙受战祸的国家所受的损失,我们就不难得到一个关于目前整个世界经济状况的图画。

很明显的,经过了这一次战争,美国在世界所处的地位是无比的提高,资本以世界的规模向美国集中着。美国的华尔街成为控制整个资本主义世界经济金融的枢纽。其次,过去在资本主义世界里,有着英、美、法、德、意、日各帝国主义国家间的多边的矛盾,可是现在日德意三国已经垮台,法国还在重新建立中,而大英帝国的国力也已损失到难于补偿的田地,美国的力量是如此其庞大,致使得它成为了资本主义国家的魁首。如果现在还存在着帝国主义国家间的矛盾,那这个矛盾也是建立在新的对立形势上面,建立在美国向其他帝国主义国家的攻势上面。第三,美国既然是资本主义的国家,而资本的集中又达到了这样的高度,于是和这个经济制度相适应,在美国国内就形成了一种对内独裁对外侵略的趋势,企图用金元的力量把全世界放在自己的控制之下。可是这一种侵略的倾向是遭遇到抵抗的,它受到苏联的抵抗,受到东欧兴起的民主主义国家的抵抗,受到殖民地人们的抵抗,受到本国工人大众以及自由主义者的抵抗,也受到其他帝国主义国家的抵抗。

有人说:面前世界上存在着社会主义与资本主义世界两个体系间的矛盾,殖民地人民与帝国主义间的矛盾,帝国主义与帝国主义间的矛盾,资本主义国家内部的矛盾。当然这些说法都是对的,但是问题不是在于指出许多矛盾,问题乃是在于从这些矛盾中看出最基本的对立。我认为目前世界对立的形势是这样的:一方面是以美国反动派为首的侵略主义,在这里包含着英加荷等国的帝国主义,德意日法西斯的余孽,和殖民地的半封建的买办政权,另一方面是以苏联为首的新民主主义的联合阵线,在这里包涵着东欧新民主主义各国,殖民地的解放运动,资本主义国家的民主运动工人运动。至于帝国主义的矛盾,无论其剧烈的程度如何,但在世界政治里面,显然已没有在战前那样重要,而落在第二位了。

金融钜头把美国推上了扩张的道路

看过刚才我所引述的美国的生产统计数字,也许有许多人会为它的强大的生产力所骇住了。但是在资本主义制度下,生产力的膨胀正足以使生产力和生产关系间的矛盾更加尖锐化,这是美国的弱点,同时也就是这个弱点促使着一部分大资本家金融钜头企图向外扩张。

上面,我曾经说过,就是在战争中,美国有些产业部门已经于一九四二年底就已达到了高峰,而一般的生产力则于一九四三年秋间达到了高峰,甚至有些重工业的某些部门,就是在战争期也还始终没有全部使用。战争一停止,军火生产的定单没有了,据统计,美国从一九四二年七月一日到一九四五年六月三十日的费用是三千零四十七万万美金。因此,战争的停止,也就无异是说减少了每年一千亿美元的消费。虽然随着和平期的开始,日用品的消费将要大量增加,可是其增加额是不足以补足军火消费所遗留下来的空位的。在为市场而生产的资本主义社会里,消费市场减少了,自然也就只得缩小生产的规模。

不错,有人很乐观,因为据估计,美国目下私人手中所有的现款大约有二千二百亿美元,(又据一九四四年四月联合准备银行会报上的记载,则私人的银行活期存款,证券,银行储蓄金等有一千一百三十余亿,公司商号的有八百十余亿,一共一千九百四十余亿),这都是潜在的购买力,他们都等候着日常消费品的到来而向市场上涌去。同时全世界都在饥渴着商品,这也将给美国提供广大的市场。这两个条件都将会造成美国战后的繁荣。

然而我认为,对于美国市场的估计是不能够过分乐观的。战争停止后，就是假定在这短期内美国一般日用品的消费量可以相当增加，同时政府还可大规模扩军，可是其增加量必不能赶上军火订单。而且我们必须估计到战争停止后，有千万以上由前线归来的士兵，他们很难找到工作。由于资本有机构成的增高，劳动力的容纳量减少，又由于战争停止，生产机构正在缩小，或在转化成为平时工业生产的过程中，所以数百万人的失业将是不足为奇，（据统计，一九四五年底，海陆军还保持着七百万人，而失业工人已达三百五十万，又据统计，一九四六年美国将有七百万的失业工人，如一九四六年美国生产水准将降到一九四〇年，则失业人数将有一千五百万至二千万）。还有，有些在业工人，也因失去了战时生产加工的额外收入，名义工资和实际工资都要比战前减低，大批工人失业和工人工资的收入减少，无疑地将削弱了国内市场的购买力。所以作为这一次战后繁荣期的特征的，就是：不管是繁荣期，可是有很大部分的生产机构还是闲着没有用，有数百万的劳动力的出卖者还是在饥饿状态中获不到工作。

再从国际市场看，不错，目前战后的世界正在饥渴着日用的商品和食物，这照理应该是美国过剩商品的最好市场了。据美国商务部的统计，一九四六年三月份之商业出口贸易总值为 816 亿美元，较二月份增加了 118 亿美元。（联总租借法案或政府输出者不计）输入为 314 亿美元，较二月份增加了 666 亿美元。从这个统计数字看，国际贸易的确正在发展中。

然而是不是由于输出之不断的增加，我们就能够为美国未来的国际市场做一个乐观的估计呢？显然是不能。这原因是，无论欧洲也好，亚洲也好，除了少数未受战争破坏的国家以外，都是面临着饥饿，他们是太穷了，他们没有余钱来购买美国商品，美国如果想在国外获得广大的市场，它必须首先帮助它们恢复生产，予以钜额贷金。

再从美国所需的原料看，美国虽然是物产丰富得天独厚的国家，可是由于生产规模的增大，原料的需求也一定跟着加多。据美国国税委员会的估计，战后美国每年的输入约需五〇亿美元左右，（其中原料占百分之五十)美国的铁沙储量已日益减少了,它必须大量的从智利、古巴、瑞典输入铁砂,它必须从委内瑞拉、哥伦比亚、秘鲁和中东获取更多的石油,它必须从加拿大、墨西哥、巴西输进更多的木材,它必须从澳洲、英国、印度和阿根廷输入更多的毛和毛织品,它必须从智利,加拿大,秘鲁,和墨西哥等国输入更多的铜,它必须从中国、苏联、加拿大输入更多的皮货。可是橡皮、油脂、生丝和肥料的输入却要减少了。

显然地,美国最尖锐的原料问题,是铁和石油,美国总商会会长约翰史顿在其论“美国对世界市场的机会”一文里,他曾坦白的说:“我们缺乏某些原料,我们从前藏有很多的某种原料,现在却急速地逐渐减少起来,我们曾是世界最大的产铁国,而现在我们却正在制造世界最大最快的船只向智利运输铁苗以供我国之用。我们对于制造品的输出,将迫使我们输入更多的铜、铅、锌、汽油以及许多其他原料……”

又据去年十二月二十二日基督教科学箴言报的消息:“美国现时在油井取油的速度超过油井自己充满的速度,而过去十五年来,虽有不断的勘察,但并无大油田发现,据卓越的工业经济家预告,美国到一九五零年国内所耗油的数量将与战时盟国之油产量相等,美国向美洲找求油藏的企图,最近又遭到拉丁美洲各国石油国营的排斥,因此官方估计,如果今后五年内美国无新油田发现,则不仅美国将成为最大的石油输入国,而且将失去金元帝国的光彩……”

美国之急切地需要更多的石油,说明了它在中东的积极的政策。

上面我们已经检讨了一下美国社会的内在的矛盾,和它的市场和原料问题,在这里我们可以得出这样的简单的结论:即美国是急需某几种原料的输入,国内的生产品必须加速输出,同时战后许多苦于生产不足的国家亦正欢迎美国生产品的输入,不过问题是美国采取什么政策去增加它的输出,和输入它所必须的原料。

瓦尔加在“战后资本主义国家的工业趋势”一文里面,曾推算美国的战后繁荣期约有二年至四年的期间。瓦尔加先生是经济专家,因此他的估计是从纯经济的观点去看的，可是事实上这个繁荣期的久暂，主要是决定于政治，决定于美国的政策。如果美国在对内政策上，利用劳动生产力的增加，减少工作时间，增加工人的工资，使全体公民都有就业的机会，以此来保证国内市场的扩大；在对外政策上，能严格遵守各民族自决的原则，不干涉别国的内政，以低利率作大规模的对外贷款，帮助那些被战争所破坏的国家从事生产建设，以邻国的繁荣来营养着美国的繁荣。这是宽广的民主的道路，和平的道路，也就是繁荣的道路。要不然，在对内政策上则维持着垄断的高价加强对劳工的剥削，宁愿把机器闲着，不愿意使工人有工做，以致国内市场日益缩小，而在对外政策上，则企图以武力征服或控制世界，镇压全世界民主力量，不撤外国驻兵干涩别国的内政，支持落后的，腐化的，反动势力，土著的富豪买办，以贷款来做控制，奴化落后国家人民和收买上层分子的武器，以致这些国家的社会秩序永远混乱，币值永远不能安定，生产事业永远不能发展，而其结果，美国的国际市场也无法开展。这是反民主的道路，战争的道路，同时也是加速美国本身经济危机的道路。

从美国金融巨头的观点看来，显然的是宁愿选择后者。因为它宁愿用独裁的方法控制着国内的人民，垄断着物价，操纵着政权用以猎取利润，对外征服世界垄断资源，以殖民地人民的膏血来饲养一批贵族的劳工，并以此来稳定国内的趋势。不幸的是，今天美国所执行的政策也正是遵循着后面一条道路。自从罗斯福总统逝世，杜鲁门总统接任以来，美国的政策显然是在逐渐右倾。搭虎脱出入于白宫之门，范登堡成为了原子弹外交时代的红人。美国政府始终脱离不了托拉斯金融巨头所左右，自从伦敦联合国大会失调，贝尔纳斯作了七不可的演说，杜鲁门亲自陪着邱吉尔到富尔顿去演说，美国的反民主的外交政策已格外明显，而最近杜鲁门的反罢工法案之最后被参院修正通过，又更显示了杜鲁门政府将向右倾。

内政和外交是互相联系的，而且又是互相推动的，今后美国政策，如果不受到国内人民大众的强烈反击，和全世界民主势力的反抗,它将一天天更走向扩张主义和战争的道路是毫无疑义的。

我说美国正走向扩张主义的道路,是有根据的,这以下就是事实。

惊人的军事预算和扩军

对法西斯战争已经胜利了,但金元王国的政府还在整军经武,那是为了什么,和为了谁呢?

战争结束已经七个月了,可是华盛顿三月九日电:“杜鲁门总统星期五宣布,在战时紧急状态宣告终止以前,英美联合参谋部将仍继续执行任务。他说,以后该部是否将仍继续工作,需待战时紧急状态已成过去以后再行决定。”

我们必须紧记,这位总统先生发表这个谈话,是正当邱吉尔提倡英美同盟以后不久的事情。照这位总统先生的意见,紧急状态还没有过去?但这是对谁的呢?

五月九日华盛顿合众电又有一段消息:“参议院已全体通过决议,将兵役法展延至七月一日。”

五月六日,杜鲁门总统又向国会建议了。五月六日,合众社华盛顿电是这样的:“杜鲁门总统今天向国会建议拨款七十二万四千六百万元,作为陆军部本年度(自七月一日起)用费杜氏请求拨给陆军的款项中,有二万万元是用于继续研究陆军原子武器的。”同日的路透电说:“杜总统要求国会授权拟定计划,实行于美洲其他国家在军事合作,这计划包括一个训练组织,和美洲各共和国武装部队的配备……”

你瞧,杜鲁门总统已经老实不客气的把所有的美洲共和国都看成为美国的军事基地了。

美国不仅对于陆军有着庞大的预算,而且对于海军同样的也有着它的伟大计划。中央社华盛顿二十三日电“据美众议院本日通过之计划,美国战后第一年全年海军军费仍将超过四十六万万三千九百万美元，保持士兵五百万人，及军官五万八千人之费用，并保持军舰一千零四十五艘。”

还有值得注意的就是，合众社华盛顿二十三日电说的：“美国众议院海军经费小组委员会委员汤姆斯，在辩论 1947 年度海军预算时，突然脱口说道‘我们有些东西较之现在——不是将来——的原子弹更为厉害，并且他的使用是很简便的……’这样便引起了种种推测，从细菌战以至死光主席史柏德证实：‘美国拥有科学的各种要素，这些要素是足以使人妒忌的，现在所有的这些要素，其毁灭力量即使不能超过原子弹，至少也跟原子弹相等……’有人问他，他以为政府什么时候，才能把这种秘密武器正式公布出来，史柏德答说“也许永远不会公布……”

美国人对于他的秘密武器，一方面是怕人家不知道，所以广事宣传，一方面又是怕人家知道，所以又故意说得这样神神秘秘，这是他们的宣传艺术。

再其次是空军，美国政府也正在疯狂地扩张，五月二十日，纽约合众社转播的每日新闻报评论说：“美国建立一万六千架飞机以防御美国大陆，但我们需要在我们自己的国土上充分获得空军基地之外，需要在太平洋和大西洋遥远地区，以及对我们最有利的地方获得充分的基地，这些基地，必须有原子弹和其他的设备，并须有重兵和海军驻防。我们必须有充足的长距离轰炸机，以便随时载炸弹由这些基地飞往任何敌国的重要工业城市和军事设备。据说，直到前为止，防御原子弹攻击的最好方法就是报复——即是说，用更多和更好的原子弹反攻任何以这些武器来袭击我们的国家。”

如果每日新闻报的评论，还不过是新闻评论，不足为据，那么现在就让我来引一段航空总司令史巴兹对一批空军后备队员的演说吧。他说，陆军的新式 B36 轰炸机，能够载原子弹飞行一万里，他详述建立五十万正规空军并辅以国防警备空军及空军后备队的计划。并说“这一组织的有效程度将决定美国的安全。”他说，战后的轰炸机飞行距程以数千里计，而战斗机每小时也能飞六百里，因此，在这原子时代美国不能不准备有效力的空防。他说,如果国会准予拨款,陆军航空队于本年七月在四十个基地上开始训练后备驾驶员和地上工作人员,并将于一九四七年七月以前,在另外九十个基地开始逐步施行训练,并有计划征募二十万名后备军官和把 12 万名已入伍的后备队加以地上训练和飞行训练。

尤其值得注意的是,杜鲁门总统于五月十二日演说中,特别强调原子弹的恐怖性。他说,在世界未能懂得人类关系的科学以前"原子弹仍然是一种恐怖的武器,大有把我们一切人类毁灭的可能。"

美国当局对于扩张军备如此其积极是为了什么呢?是怕德国纳粹的报复吗?是为世界和平而努力吗?但美国当局对于日皇裕仁为什么是如此其仁慈呢?对于弗朗哥之制造秘密武器为什么又如此其优容呢?对于小法西斯之斐伦政权又为什么如此其爱护呢?显然的,美国军事当局所假想的敌人不是法西斯的余孽,而是法西斯余孽的敌人。它的目的不是在防守而是在扩张。如果落后的日本军阀实行以飞机大炮来做财阀的前驱,那么美国的野心家却企图以原子弹和火箭炮来做金融钜头的后盾。而且空军的预算不在内,单海陆军的扩张计划,已年达一百一十八亿八千五百万美元,约等于美国全年的对外贸易输出的总额了,军火商人是欢迎这一大笔定单的。

环绕着地球的基地之环

记得在战争结束后不久,去年八月九日杜鲁门总统在一次广播演讲中,曾这样说:"为了保障我们的权益和世界和平起见,我们要坚持保持必要的军事基地,我们的军事专家认为是保障我们所必要的基地,即我并未控制的基地,而认为必要的基地,我们都将获得。"

杜鲁门这个话,拿来译成中国的俗语,就是"我的是我的,你的也是我的"的精神。显然的,这八,九个月来,美国正执行着这一个政策。到处在安排着自己的基地,至于当地人民的反对,他们是一向不给予耳朵的。

美国为什么要这许多基地？三月十七日纽约先锋论坛报刊载阿尔素朴斯所著的专文里作者曾这样指出："凡允许美国在其领土上保留航空基地的任何一个国家，都是加强了美国在商业航空方面竞争的优势，而牺牲了一些国家的主权……联合参谋部长们，认为保持住位于大英帝国各邦中的，以及位于丹麦冰洲如南美的基地，对于美国是生存攸关的。它们的终极的意义是具有政治性、和军事性，以及经济性的。不从海军战略而从空军战略的观点来看，在格林兰，冰洲，阿剌伯，印度，阿远尔（北大西洋中的孤岛）和那塔尔（南非联邦的一省）以及在巴西区域中的基地，对于美国说来，除了少数太平洋岛屿以外，都比一切太平洋岛屿更有价值，联合参谋部长和美国国务院人士都同样乃至更加着重关于空军基地的问题……"

一九四五年十二月六日，美国陆军航空总司令安诺德将军在全国报纸协会更直截了当的说出了他的真心："美国必须在冰岛建立基地，因为这使美国军队可以较接近其他国家的经济中心。"

据美众院海军委员会的报告，美国对于军事基地的要求，计太平洋有二十七处，大西洋有十三处。

在太平洋方面拥有作战基地15处：科第亚克岛、阿达克岛、夏威夷岛、拜尔波烈岛、关岛、塞班岛、小笠原群岛、火山岛、琉球岛、塔维塔维岛、苏别格岛、雷伊泰岛、萨马尔岛、王子港岛、玛奴斯岛。

有限作战基地十处：迦拉拜奇斯岛、阿关岛、约翰斯顿岛、中途岛，威克岛、萨摩烈岛、安尼威托克美、瓜加林岛、特鲁克岛、帛琉岛。

暂设基地五处：荷兰港、束当岛、巴尔密拉岛、马越拉岛、乌特洁岛。

在大西洋方面永久基地有七处：阿根都亚岛、科科索禄岛、危地那摩岛、波多里科岛、佛及尼亚岛、铁里尼达岛、不慕达群岛。

暂设基地有六处：圣汤玛斯、安抵圭、乔治顿、大阿哈玛、牙买加、圣鲁济亚等。

除了上述这些地方以外，美国在所有重要的地方都在企图建立基地，比方在珠江口旁的澳门，他们也正在和葡萄牙政府谈判。路透社五月二十二日里斯本电“今日自此间可靠方面得悉,美国现在进行谈判在澳门设立空军基地。”

在中国沿海,美国也想设立基地。据合众社伦敦十九日电:莫斯科电台今天引述上海的谣传说:美国正在与中国的政府进行谈判,以便在中国建立美海军基地。美国希望在谈判中订立和约,规定美国将让中国价值三百七十五万磅的设备,已供造船之用……而作为交换之用的是美国将得到权利,可以在上海及其他中国港口,重建美国军舰,该广播结语说:“这个和约的订立,将使美国海军或有留驻中国领海之权,这个权利是其他国家没有的……”

在东京湾上,美国同样亦在建立基地。合众社东京四日电:“一个军事航空基地现正在东京湾建筑中,这基地的庞大,堪與纽约的拉加第亚机场或三藩市的宝岛媲美。现约有二百万人,日夜开工,构筑这机场,预料本年夏初,飞机即可在该机场降落,而全部工程的最后完成约在秋初……”

在北大西洋方面,美国同样亦没有放弃它的攻势。据华盛顿二十四日电讯:“美轻级巡洋舰豪斯顿号由驱逐舰格兰能号及康纳号护航驶入裨尔根港,这是战后美舰访问挪威军港的第一次。一般相信,此事或与向挪威租借基地,建立北大西洋攻势圈问题有关。”

除了这些基地以外,美国军队还以重重借口停留在各战备基点,比方在中国大陆上,美国是几乎参加中国的内战,比方在意大利,本来在巴黎会议所修改的意大利停战协订条款,意即结束盟军对意大利军的占领,但英美却要和意大利做特别协议,以保护他们在奥地利占领军的供应线,在意大利驻军。

然而美国野心家们的全球性的扩张主义,是不会不碰到强烈的抵抗的。最先美国政府中的少数疯狂的扩张主义者甚至想利用对英的巨额贷款,把大西洋各岛全部割让过来,但终以英方的反响不好,而不能不放弃了。

在五月下旬,英自治领会议里曾有这样的表示:“各总理愿意给美国以充分的便利,但将拒绝放弃太平洋或大西洋的任何基地……”

在杜鲁门总统的参谋长李海上将抵法的前夕，法政府方面就来了一个谈话，“法国不想把它在太平洋所占有的任何基地让给美国，但将保护这些占领地而无需任何其他强国的协助……”（见五月十八巴黎合众电）

四月十五日古巴参议员玛宁纳洛在纽约记者招待会上发表声明：“美国应把军队从拉丁美洲各国撤退，因为西半球获攻击的危险目前已经过去……”四月八日厄瓜多尔政府也发表声明说：“厄瓜多尔政府已要求美国政府，将美国武装力量从厄瓜多尔以北加拉巴果斯群岛上的军事根据地撤退……”

三月十七日瑞典首都斯德哥尔摩的新闻报晨报，一面称赞苏军撤退波尔荷姆，同时提出要求美军撤离冰岛。四月十六由伦敦美联社转发的莫斯科广播，说冰岛人民正要求外国军队立即撤退，并抗议准许某外国（美国）建立基地。而美国政府对于这个抗议所采取的办法就是：要租借三个特定基地，以支持冰岛加入联合国的申请为条件。

在中东，美国想利用犹太人，在巴勒斯坦一带建立下强固的据点，在沙特阿拉伯，美国人正在建立一个规模宏大的机场，在菲律宾，美国正在赶修十多个飞机场，而一面是说准许菲律宾人独立。据我们所知，美国所要求的基地有些是距离它本地万里以上，你会相信，这也算是保卫本国的安全，而不带有强烈的侵略性吗？美国金融资本家所签养的宣传员到处宣传着：苏联在执行着扩张政策，但是看了我们上面所列举的事实，我们也就不难明了谁是在作着无限制的扩张政策了。

带着白手套的手指到处在蠕动

美国不仅在全世界各地建立基地，而且对于世界许多国家加以直接的或间接的干涉，他有时是利用本身强大的生产力和金融力量，以门户开放，机会均等，公平交易的招牌，打开别国的藩篱；有时是以贷款的引诱，使对方不能不答应它的条件；有时以直接的收买渗透到各国政府里面，丝毫也不露痕迹，有时是以投资形式，在土著中栽培着亲美势力；有时是以救济的名义使反对者失败，使亲美者抬头，有时是以不救济，不投资的威胁的方式企图迫使别的国家低头就范。再不然则夸张着原子弹和新式武器的恐怖，以作为外交上逐行扩张主义的武器。

当英国要求贷款的时候，美国就不客气的要求英帝国取消优惠制度为条件。这无异是说要求英帝国敞开它的大门，好让大批的美国货涌去。

当法国新宪草交给选民复决的前夜，杜鲁门听取了贝尔纳斯的电话报告《法国经济危机的危险》的时候，就忽然用老板的神气说“请你把皮杜尔找来和我谈话！”在电话里面，杜氏向皮杜尔保证，“华盛顿对援助法国已有重要决定”，允诺给予法国五十万顿小麦，和贷款。在五月间廖致中寄自伦敦的通讯里，分析到这次宪章复决之所以挫折的时候，就这样说：“美国于复决前数天，宣布美国将尽可能以巨款援法，法反动派借此便问人民说，投赞成票将引起美国的反感……”而结果在法国大选前也就借了十三万七千万美元贷款回来了。

对于苏联，美国始终不忍放弃希望他们能够以巨款带给苏联，所以当他们一听见苏联提议要贷款十亿元的时候，美国的众议院立即十分兴奋起来讨论贷款的条件。总院银行委员会主席斯班德说“我们一定要坚持苏联应参加布里敦森林协定的世界银行和贷款基金”，原来照布里敦森林协定，各国企图把苏联也放进它的殖民地的圈子里去。

我们要了解美国如何以贷款来做武器以施行政治压力，只要看波外长波美德西里斯基的一个声明也就可以获得证明了。这是美联社华沙十九日的电讯说的。‘波外次第一次述及波兰政府要求美国贷款九千万元，一事说，美国正在延搁该项贷款不放。他说，美国利用这件事情对波兰施以政治压力，并供某些党派利用来追求出乎维持友谊并增强美波关系以外的各种目的，他又说，这种方法，必然引起波兰的诧异，波兰的舆论是把他们国家的尊严和主权看做比一切都重要的……'

再看一看捷克，美国的外交官是如何在替资本家效劳啊！美联社巴黎五月二十四日电，有这样一段新闻："无党派的日报秩序报二十三日说，该报得到了美国驻布拉格大使史坦哈特亲笔函的影本，'证明'史氏在捷克大选中，支持温和分子，该报说那封信是写给纽约美孚系域琴煤油公司的董事长的。其中声述，史氏期望温和分子无论如何在国会的三百席中取得一百五十席……这样就可以使美国的金融计划在捷克实行了……"

再看保加利亚，三月七日，苏联政府曾以照会递给美国国务院，指出："华盛顿于二月二十二日曾致电保加利亚，要保国各反党领袖设法破坏莫斯科协定，在该协定中英美三国曾同意扩大巴尔干各国政府的基础，"苏京电台同时亦广播指出："美国驻保加利亚政治代表巴尔尼斯曾经有系统地煽动保加利亚各反动党分子采取行动"

再看奥国，奥国的副总理舍尔夫于四月五日接见合众社记者的时候，曾这样说："在只由苏军占领期间，奥国在行政和立法上，享有极大的范围的自由，但自盟国共同占领以后，四强的干涉，非常厉害，竟使政府和自由选出来的国会，实际上简直没有发言的余地……"这一段消息如果拿来和三月二十九日美国务院，致美占领军司令克拉克上将的指令参照一下，我们就不难明白，美国在这里起的作用。指令内容大致是："克拉克上将应尊重其主权，迅速筹组一独立性之奥政府，为达到此项目的，克氏正协力剥夺德国财政势力，以消弭一般违反奥国民主复兴之其他力量……协助奥国建立一健全之经济体制……"

再看罗马尼亚。大家都知道美国对于阿根廷，对于西班牙的弗朗哥的法西斯政权是如此其优容，可是对于罗马尼亚政府的"民主化"问题它却一再提出异议。

再看西班牙。美国事实上是在支持弗朗哥政权。一月二十九日,美国西部的三个民主党议员联名要求美国西班牙断绝关系。议员之一的沙威治批评美国务院运军火到西班牙说,这种做法仅次于卖国,他说美国把两船的机关枪和军火,运到西班牙去……最妙的是,一月二十五日,美代理国务卿的声明,"他否认将剩余之军用运输机及建筑机场之设备售予西班牙系含有政治性质。彼指出,西班牙之有美国设备,可使美国偏于该国之航空线,获得技术上之便利云……"(合众社一月二十五日电)

再看土耳其。去年十二月五日,土总理沙拉育鲁宣称,"关于管理达达尼尔峡为谈判基础之蒙德娄协定,土耳其已准备原则上接纳美国之修改计划。美国之建议是:一,各国商船随时概能自由通过海峡;二,在黑海沿岸各国,苏、保、罗、之军舰得随时自由通过;三,非黑海沿岸国之军舰,除不越过已经议定之吨数或已得黑海列国之允许,或替联合国组织工作外,概不得通过……"

如果把这一段消息和美国要求将多瑙河的航行权国际化的消息参照起来,我们就可以知道,美国简直就想把地中海、黑海和多瑙河打成一片。

自然美国的提议,土耳其是不能不同意的。美舰米苏里号之访问土耳其,曾起了土国反苏的人们以精神上的很大的鼓励,最近据说现在土耳其正和美国接洽着数百亿美元的借款,目的是和军事有关。

再看希腊。美国主持下的联合国救济总署的粮食供应,都是交由保皇党去分配的。这就使得保皇党获得了许多饥饿之手去为他支持。

再看南斯拉夫,美国驻南代表却要去为南奸米海罗维支洗刷,美国务院特别为此发表致南斯拉夫外交部的照会,赞扬米海罗维支,说他对盟国反侵略战争曾有贡献。

再回头看看中东和近东,因为美国要争取油田,参加了英美阿拉伯调查国,支持移民十几万人到巴勒斯坦去,至引起了阿拉伯国家的不满,五月十日,五个阿拉伯国家的代表,至送代理国务卿阿其森备忘录一件，抗议英美阿拉伯调查国的建议，认为这建议，对阿拉伯国家含有敌意，对这些国家的意见置之不理……”（美联社华盛顿十日电）

再看伊朗，那个多事的国家。大家都知道，自从第二次大战发生以来美国势力，已逐渐侵入了伊朗，美国技术协助了伊朗油田的改进。（由日产二十五万桶到今天的日产四十万桶）现在伊朗政府的军队也是拥有美式装备的军队（约十万人），当苏联决定撤兵的时候，美大使就不断对伊朗施以压力。合众社伦敦十八日电，“据可靠方面消息，美驻伊大使茂利昨日会见伊王时，请求伊王即将苏伊纠纷，提复联合国安全理事会……”又合众社传，每日邮报通信称，“美国驻伊大使茂利敦促伊王‘自己发动’澄清伊朗的情势，将纠纷提交联合国。”这位茂利先生一方面压迫伊王要他怎样做，同时又要他‘自己发动’。

再看印度，据美联社孟买三月一日电，印度每次连续的暴动，似乎都是增加印度攻击美国的倾向，一如他们的攻击英国，印度要从它们（指英美）觅取自由……印度人民为什么要攻击美国，难道不是因为美国在那里做了些给人民印象很坏的事情吗？

至于在东方，美国维持了日皇裕仁的皇位，美国在中国一方面调解，一方面又支持某一方面去打击那方，美国硬把菲奸罗克萨斯放到总统位上，美国把朝鲜南部弄得混乱不堪，就是对于印度尼西亚，美国表面上尽管装出对于英荷不满的姿态，然而实际上则又在暗中帮助荷兰，企图经过荷兰帝国主义者之手，来控制印尼的人民。合众社华盛顿一月十六日电曾有这么一段可注意的新闻。“美海军代理部长亨塞尔，前天否认美海军部曾训练及装备荷兰军队去对付印度尼西亚的暴动……亨塞尔说，对日战争胜利之后，美方仍继续训练荷兰军队，是因为要使他们能够参加在太平洋中解除日军武装，和遣散日军的工作……”

此外杜鲁门总统派了一个声名狼藉，在第一次欧战以后假借救济为名到处干涉欧洲内政的胡佛去充任美国粮食紧急救济委员会的主席到全世界去视察，自然他的工作一定不会超出他所熟知的范围的，他又派了艾森豪威尔到太平洋去视察基地，派了加州的油商鲍莱去调查东北的苏联搬运物资，这些一切，显然的都是美国扩张主义的一部分工作。

你瞧，在全世界那一个角落里，没有美国商人外交家带着白手套的手指在那里蠕动啊！

外来的反抗和内部的斗争

但是美国的这样做法，是不是会引起全世界人民的强烈的反抗呢？是的，事实上也却如此。不仅是印度的人民，阿拉伯各国的人民印尼的人民对美国的这种扩张主义，和暗中用金元操纵的政策表示不满，就是英国的保守派人士，如卑瓦布露克，澳洲的布莱姆之流，都发生强烈的反感。不仅国外，就是国内也发生了广泛的不满。因为这种扩张主义损害了别的国家的利益，对落后国家，则到处想利用落后势力和土著的金融资本，去控制战后疲惫的国家，其结果只有使社会秩序更加混乱，无法进行复兴生产的工作，而这也就无形中缩小了美国的国外市场，这不仅增加了美国的失业，同时也损害了美国中小工商业家的利益。比方，在三月间，美国国会本来就通过了三十二亿五千万元的对外贷款的计划，（对英贷款的数目不在此内）可是到目前为止，除了法国、中国、芬兰、意、地利获得了较大数目的贷款以外，其他如捷克（五千万）波兰（五千万）泰国、匈牙利、希腊、黎巴嫩所获得的贷款都是非常之小，这原因是美国始终想利用贷款来获得对对方的经济上和政治上的控制权，而使许多国家视向美国借款为畏途。因为受战争损害的国家得不到大批借款来从事于复兴，于是美国的繁荣也受到了阻碍。杜鲁门政府，对外既然不能为国内的庞大的生产机构打开一个广阔的市场，对内又走着压迫劳工的路线，以至不断地引起工潮，这不特影响市场，影响到美国的整个经济生活，同时也影响到美国对外的威信。难怪美国内部就是上层的人物也表示反感了。比方华莱士就主张美军应从速撤离冰岛，比方对于的里雅斯特的问题，民主党参议院培佩尔就不赞成贝尔纳斯的反苏的立场。

从一九四四年十二月起，首先爆发生了华莱士与琼斯之争，接着又有连任十三年的内政部长伊克斯因总统提名任命鲍莱为海军次长而与杜鲁门总统之争，接着又有物价管理局长鲍尔斯与复员处长史乃德之争，最近又有史退丁纽斯因怀念故罗斯福总统之政策而愤然辞职，这些斗争都是比较有远大眼光的进步思想与狭隘的和只知维护大资本家利益的商人政治家的矛盾，据五月十四日美联社华盛顿十四日电，就是美国务院内部也起了很大的分裂。他说:“这次斗争似乎起于外交官员(以外交为专业的人)和外交界比较新进的人士之间的传统的斗争。职业外交官，坚决主张他们必须控制美国对任一外国关系的各方面，得以保证某一政策，有健全发展而前后一贯。非专业人士包括律师及经济学家等，认为美国必须发表一个比外交家更具远见的外交政策，并认为假使美国不能促成可实现的和平，其他国家也决不能够做到。为了这个理由，美国应该诚意设法，以一切可能的方法与苏联和平相处，职业外交官主张采取坚定的立场，反对苏联作任何向西欧发展势力的行动。艾其森，克莱顿和蓝洁是属于国务员中非职业人士……”(现在正酝酿辞职——笔者)从这一段小小的新闻看来，显然美国对外政策就是国务院内部大家也还是意见分歧的。

杜鲁门和贝尔纳斯走的是独裁的战争的道路，他们对内是大规模的扩军，对外着不顾一切在制造战争的因素，替金融巨头和军火商人制造生意。邱吉尔在富尔顿演说，正是他们借丘氏之口，走上战争的道路的公开的表白。

把和平的力量组织起来

所以现在我们再也不能如一般的论客所说，和平是主流，战争是逆流了。因为这个陈旧的公式已再也不能说明当前的局势。不错，一般的说来全世界最广大人民是反对战争,主张和平的,然而我们不能说今天的局势和平是主流,并从而使读者相信主流一定可以胜利而任由其自由发展。我们不能忘记,今天掌握着华盛顿政权的都是金融巨头的代言人,他们蓄意要掀起第三次世界大战,把全世界的人民都奴役在他的脚下。所以今天我们所要强调的不是“和平是主流战争是逆流”的问题,而是如何加强我们对战争危机的警惕性,把所有爱好和平的力量,科学家,艺术家,工程师,以及广大的人民,组织起来,成为坚强的和平的力量,随时揭破战争制造者的阴谋,使战争的恶魔胎死腹中。这就是我们今天在和平受到威胁时候的巨大任务。

总括说一句,邱吉尔,和华盛顿的某些外交官员是企图把全世界都推向战争的火焰中去,所以战争的前途并不是不可能(这并不是说第三次大战必然会发生或即刻会发生),可是,这个战争的可能是可以扑灭的,只要我们能够把和平的力量及时的组织起来。最近在美国不断发生的蓬勃的工潮正是人民的反战力量的充分表现。

总之,美国是资本主义到达了烂熟时期的国家,他一方面挟其无比的强大的生产力作为后盾去向外扩张,但同时在其内部则又表现出强烈的社会各阶层间的矛盾。我们相信只要我们能够及时地把所有的和平力量以及反对这个扩张主义的其他力量组织起来,(连美国内部的和平力量也在内),和这个扩张主义对抗,那么我们相信这个扩张政策终于是要在人民面前失败的。

六月三日

和平诚意的一个考验

载 1946 年 7 月 6 日《人民报》

药眠

最近两个月来广州一连串的发生了“五四”事件，“六五”事件“六，廿九”事件。这一连串事件之发生，是和政府最近几个月来之准备内战的方针一致的。因为国民党内的独裁分子，总是希望只要一天把内战发动起来，那么时候，就一切都可以任手做去，一切都可以照旧独裁，更用不着管你们什么许多民主不民主了。所以我们也可以说这些事件都是打内战的前奏。自从抗战胜利以来，全国有识之士莫不主张用和平的方法停止内战，用民主的方式奠定永久的和平。可是政府始终不愿意执行民主政纲，始终不愿意以宏大的胸襟来容纳各党派，始终迷信用武力可以维持他过去独裁的统治，也因为有这样的成见横亘在胸，所以和平谈判断断续续的已谈半年，而始终未有获得良好的结果，内战始终还在内地此伏彼兴。这次国共两党的停战谈判，又已经三个星期，双方都在说对方没有诚意，但我们要首先询问政府，它自己有和平谈判的诚意没有？中国之和平团结统一是要建立在民主的基础上？可是政府实践了蒋主席的四项诺言没有？履行了政协决议没有？保障了人民的基本权利没有？实施了民主政治的那一项？照今天的情形看来，政府的施政不向着民主化的道路，相反正是走向反民主化的道路，试问这种做法，政府将何以取信于民取信于各党各派。所以我说今天政府的这种做法，正是表示了他对于和平谈判，对于政治民主化的没有诚意。

和平的关键在于民主

载1946年8月7日《民主报》

黄药眠

从七月开头起，由于上海产业界人士之坚决主张和平，由于美国对华政策比较明朗，于是原来箭在弦上的内战危机乃得稍见和缓下去。然而很明显的，内战危机，并没有因此就变成过去。最近经美方戴柏尔门和克莱门少将所筹划的杜聿明、林彪的会见，王耀武、陈毅的会见都相继流产，中原区因李先念部队之突围引发了双方军事形势之紧张，再加蒋主席突然飞到庐山区避暑，据传要把谈判搁到秋凉以后。以上这些事实显然对于和平前途投下了巨大阴影。今后的局面，大有变成且谈且战，亦战亦和的拖延局面。

然而这种拖延局面，对于中国的老百姓是十分不利的，因为所谓且谈且战，亦战亦和，事实还是无间断的此伏彼兴的"非正式"的内战。所以我们反对内战，也反对内战的这种且战且和的混沌的拖延的局面，反对这种敷衍的和平谈判，我们要求有真实意义的诚诚恳恳的谈判，要真正能够达到目的的和平谈判。

可是要怎样才能使谈判达到目的，才能打开目前的僵局？有人说要使谈判有成绩，必须首先双方要具有谋取和平的诚意。

对的，要有和平的诚意十分重要的，然而当双方都说具有诚意的时候，我们要用什么方法去辨别哪一方是否有诚意呢？

我想，今天与其强调对于和平的诚意，倒不如首先检查一下，内战所争的究竟是什么东西，必须明瞭了这一点，然后才能够断定谁是否有诚意。老实说今天国民党和共产党之争，以及在野各党派和国民党之争，都是在于争取民主制度的实现，谁也不能否认，今天的国民政府，完全是非民主的政府；政府首先是非由人民选举的，国家的施政方针是不受议会监督的，人民没有选举自由，言论自由。所以今天要消弭内争，最主要的还是在于遵循政治解决的道路，迅速废除一党专政，还政于民。只有当政治民主化，各党派在政府机关里面都有发言权的时候，只有当军队都附属于政府而不附属于政党和私人的时候，国内战争才不致发生，才会无从发生。所可惜的是直到今天，双方的谈判，还不是从政治问题，从改组政府，实现民主政治的问题着手，而首先是从军事技术问题去谈判的。如驻防的区域问题，如国共双方军队的比额的问题等等，我们相信这样谈下去，是不会有什么结果的，而且这种谈判，会使人获得这样的印象：即中国的问题不过是国共之间夺取政权的斗争，而不是民主与反民主之争。

国民党政府方面，既然自恃拥有武力，没有诚意来实行民主，于是在野各党派联合成一条阵线来要求民主，这是极其自然之事。要求不能达到，于是发生斗争，这也是极其自然之事。国民党与共产党之间的军事冲突，不过是民主与不民主这两大势力的斗争的最尖锐的部分。所以如果有人把今天中国的问题，只简单地看成国共两党之间的党争问题，或甚至只看成为双方军事冲突的问题，那不特是把问题的本质看漏了，而且也可以说是受了政府的欺骗，因为这样，他就可以把民主化的问题暂时摆在一边，而把大家的注意力，引到军事方面去。

政治问题不解决，老实说军事问题是谈不了的。不错，我们主张停战，但我们认为这种暂时的停战不过是作为替政治解决先布置些良好的空气，如果想把这个暂时的停战变为永久的停战，那是非把政治上的民主化的问题解决不能成功的。

大家都知道，军事不过是政治的延长，作战的目的，不过是要屈服敌人的作战意志，而获得自己政治主张的胜利而已。那么现在既然双方的政治意见还存在着很大的距离，大家都存在着互相猜忌的心理，自然敌对的形势是不可避免的。既然双方敌对的形式还存在，那么军事上双方都在争取主动也是不可避免的。凡稍有军事常识的人都知道，没有一个在战场上的指挥官是愿意站在那里被动挨打的。于是甲占了这一地，乙就必须占领另一地，以维持自己在战略上的优势的地位，于是互相争取主动，各自向左右伸延，其结果就不免一场大战。所以在报纸上我们每天都看见双方互相指责侵占对方防地的文字。其实这种现象表面上看起来似乎是很复杂，实际上是理所必然的，如果我们想研究谁在动手打人并从这一点去辨别是非，显然是不对的。我们应该要从双方的政治主张上，现行的政策上去估量谁对谁不对，而不要从个别的军事行动上去判别某一方面对和平之是否具有诚意。戴柏尔门之筹备杜、林会见，克莱门之筹备王、陈会见，虽然其用心未尝不佳，但是他们如果企图把这些冲突，经由地方化技术化来解决，显然是注定了要失败的。

当然，我不是要反对军事上技术上的谈判，但是我们认为，内政的主要原因是在于政治，那么要根绝内战的祸害，也就必须从政治问题的解决着手。如果把政治问题放在一边不谈，专门去谈军事，这不仅会谈不出结果而且站在民主各党派的立场根本也要反对，因为政治民主化的问题，不仅是国共两党间的问题，而且也是全国人民所关心的问题。各在野党派必须参加的问题。

所以今天，要判断谁才是真的有和平之诚意，这不应该从军队的调动上去看，而应该从谁是有决心和诚意去执行民主政纲上去看，只有从这一角度去看才能辨别出真正的是非，辨别出谁对谁不对，很可惜的如果从这一点去看，国民党政府可以说始终没有诚意去执行民主政纲。试问蒋主席的诺言，有哪一项的自由是实现了的呢？政府一方面要邀请各党派合作，可是一方面，对民主书刊则认为反动加以焚毁，对于经营文化事业的商店则加以捣毁和封闭，对于一般鼓吹民主的人士，则不惜殴打侮辱，现在则更进一步加以暗杀，试问如此做法，何曾有一点民主气息？如何能表示出他对于和平的诚意？如何能使共产党相信政府的确已有实行民主的决心，以使大家在军事上获得一个合理的协议？这些都是昭昭在人耳目的事实问题，一切文字上的宣传都是没有用处的。

所以我最后一句话是：谁愿意实行民主，谁就是有和平的诚意。和平的关键就是在这上面。

德奥问题的症结

载1946年8月16日《自由世界》2卷5期

黄药眠

一

七月十三日四强外长会议闭幕了，在这次会议里面，虽然意大利殖民地问题，赔偿问题，的港问题等逐渐获得了妥协的解决，可是作为这次会议的主要问题之一的德奥问题，却始终没有获得协议，结果只好是暂时延搁下来，决定于本年九月联合国大会以后，再行召集四强外长会议专门讨论。

自从去年八月波茨坦会议以来，四强对于德国问题，一向是有许多不调协的意见。不过问题之所以表现得特别尖锐，则是由于三月间贝尔纳斯正式提出了廿五年解决德国军备的计划。这个计划的内容如何，我们虽然直到现在还是无法窥其全豹，但是从四月廿九日巴黎合众社的电讯中我们已可以看出他的要点了。它的内容大致如下：废除一、所有德国武装军队，及半军事性质之党卫军及秘密警察；二、参谋团或同样之机构；三、军事设备之生产，制造，或输入；四、海军船舰及任何附属物品，尤其包括潜艇等；五、飞机及其任何装备，包括高射炮等防御物；六、任何军事基地、军械库或防御工事之维持；七、战时工厂研究院，实验室及新发明之特许权及计划图表等。

表面上看起来，这个草案所规定的都是如何解除德国的武装，然而如果拿这个草案和波茨坦会议所解决的关于处理德国的各项条文比较的来研究一下，显然是十分不够的，因为有些地方，它是重复了波茨坦宣言，而其中最重要的部分却又被省略去了。比方德国的真正民主制度之建立，和在经济上解除德国侵略的武装和消减德国的非常集中的经济形式，如卡特尔，辛迪加托辣斯等，在这个计划里就根本没有提到。所以实质上说起来，这个计划是比波茨坦宣言退后了一步。

莫洛托夫对于这个计划曾提出了八点批评：一、对于防止德国的恢复军国主义和重整军备没有充分保证；二、二十五年为期太短，至少应有四十年，三、在消灭德国的军国主义的意义上还比不上雅尔他协定和波茨坦宣言，四、该条约没有规定消灭德国的战争工业，五、该条约没有规定继续消灭德国的纳粹主义，六、该条约缺乏防止德国重建国家主义的政治基础，七、该条约没有包括关于继续支付对苏联赔偿的建议，八、该条约把占领期缩短了。显然的，贝尔纳斯是想把占领期缩短，抽身出来以后，关于解除德国武装和非军事化等问题他也就可以无需直接负责了。

莫洛托夫在提出这八点以后，在四强外长会议上还作了一篇很长的声明。他强调的说："我以为我们的目的并非毁灭德国，只是把德国改变为一个民主的爱好和平的国家。这样的德国，除了以农业为主以外，也应有他自己的工业和对外贸易，但须在她的工业和对外贸易上，剥夺其经济的和军事的潜在力，俾使这些潜力不能再度崛起成为一种侵略的力量。"

莫洛托夫除了历数美国管制计划之缺点外，他还谴责德国西部占领区并未将波茨坦的决定付诸实施。他指出西部占领区并未进行土地改革，把土地重新分配，并未解散德国的垄断企业组织，并未完成产业赔偿的任务，并未执行非军事化计划，并未按照苏联的提议对德国的复员的整个问题加以调查。

经过了莫洛托夫的这一个声明以后，贝尔纳斯的即席答复，显然就表现得非常之无力。

他说，他这个计划，是因为听到斯大林说的"在二十五年间受了德国两次侵略"而起草的。

他说，他这个计划是他在莫斯科的时候，亲口和斯大林谈过，而且获得他的支持的。（至于他所谈的计划是不是就是今天拿出来讨

论的计划,他可有点含糊其辞了——笔者)

他说,他这个计划原来就不打算把占领的时期,政治目的,和赔偿问题包括在内的。

他说,他这个计划是要盟国认为再用不着占领的时候,才拿出来实行的。

他说,如果莫托洛夫要延长到四十年,那他亦是赞成的。

他说,莫洛托夫的反对是由于他没有仔细读清他的计划,因为他这个计划是完全和非军事化,和解除军备的精神是一致的。最后,他还说是莫托洛夫误会了他的意思。从贝尔纳斯的这些闪烁其辞的,避重就轻的答复,我们也就可以看出莫洛托夫对他的攻击之箭,不是射中了他的肩毛而是射中了他的眼睛了。

二

外长会议刚散,七月十六日贝尔纳斯回到美国广播起来了。他对于巴黎外长会议是这样描写的:"苏联当时曾陷于困难之境,因为他必须寻求一真正之目的,作为反对该建议之根据。关于德国问题之另一面,(改组其全国经济,以代替现有之四管区制)德国现正受通货膨胀与经济麻痹之威胁,此种情况,实不应继续。美国在巴黎曾提出设中央行政机关,英法亦曾予以支持,但苏联方面却阻止其立即进行。余已清楚言明,吾人不负使德国经济痹麻与痛苦之责任……至四国在划分地带基础之上管制德国,非易于顺利进行,乃为无可讳言者。在波茨坦协定上德国应视为整个之经济单位来管制,但相反,现在成为四个占领部分……"最后,他还加上了一句:"苏联对美国提出成立解除德国武装二十五年条约之建议表示敌意,已在'欲与苏为友'之人士脑海中引起疑虑。"

其实,在四强外长会议里陷于困惑之境的不是莫洛托夫,而是贝尔纳斯。至于那些欲与苏联为友的美国人士要有什么疑虑的话,那这个疑虑也一定是贝尔纳斯的一套胡言所引起的。

贝尔纳斯的话是毫无根据的,苏联从来也没有反对过德国的统一。莫洛托夫在七月十日的巴黎四强外长会议上曾说:“不用说,我们没有理由反对建立一个德国中央政府,这对于未来的德国政府是一个过渡的步骤,我从前已经说过,在谈判对德和平条约之前,必须解决建立一个全德政府问题。”

也许贝尔纳斯先生事情太忙,有点记不清楚。以至把别人的话错误地装在莫洛托夫的口上。因为主张分割德国的,不是别人,倒是追随于贝尔纳斯左右的贝文先生。合众社巴黎十日电曾这样报道过:“众信,关于德国问题,贝文将在美国支持下把德国联邦化,将目前分为四个占领区的局势,予以改变。众信法国亦将支持这一个建议,惟苏方究竟将采取何种态度,至今尚为一疑问。”

而且贝文先生的这种主张,也许还是受了美国军政府的暗示,因为是美国军政府在计划着要把德国分成十三个邦来统治呢。也许是贝文外相看见情形不对,没有勇气提出来,所以在会议里面他简直就没有提到这个联邦的计划。他只是这样说:“如果各占领区还是互相隔绝,那么这将意味着欧洲的分裂,而且会引起严重的困难和危害和平。”

然而贝尔纳斯先生是不会不知道贝文外相皮包里装着一些什么计划和这些计划的来源的。现在英美占领区间已开始要打通成为一个单位了,难道这不是分裂德国的开始吗?

至于说德国的经济麻痹状态是由于苏联对工业的压制所致云云,我们可以用四强外长会议里面的一个显著事实来揭穿这个谣言,事情是这样的,在四强外长会议上皮杜尔建议要指定专家来研究德国的煤的生产情形。当时莫洛托夫曾赞成这个主张,并指出目前鲁尔区每月的煤的生产量三百五十万吨,可是在战前则每月产煤一千零五十万吨。而在苏占领区现在每月产煤八百九十万吨,差不多已赶上战前的九百七十万吨了。为什么苏联占领区煤的生产是恢复得如此其快,而在鲁尔区的恢复又如此其慢呢?是谁压制了生产呢?能言善辩的贝尔纳斯和贝文先生在这个残酷的事实面前却沉默无声了。美国泰晤士报对于这段新闻结束得非常之妙。他说:“皮杜兰的提议并没有什么人反对,可是并没有作最后的决议。”既然有皮杜尔的提议,莫洛托夫的赞成,那么为什么这个提议不能通过呢?这不是一件耐人寻味的事情吗?

现在英美外交家所叫得最响亮的要算是苏联对于德国的经济政策的攻击,说他并没有依照波茨坦协定来执行,许多东部占领区的过剩物资都给苏联当作赔款运到苏联去。而西部占领区则苦于物资的缺乏,所以他们要求物资共享。据说每年英国对其占领区必须耗费八千万磅,而美国则必须耗资五千万磅。贝尔纳斯曾痛苦陈词地说:要使得美占领区的生活能够过得去,美国每年必须消耗二十万万美元,而且他说“苏联已把德国的西里西亚的土地的一部分割给波兰,而苏联则从波兰获得了寇松以东的土地。在割给波兰的地区上,有可供征税的财产一百一十万万美元,康尼斯堡可供征税的财产共值二十五万万美元。”因此贝尔纳斯说,对于赔款问题,盟国已尽量地同苏联合作了,苏联现在要一百亿美元的赔款实在是没有理由。

我认为贝尔纳斯先生之所以如此“同情”地描写德国的经济的灾难,和如此其强烈地反对苏联的要求赔款,其真实的意义并不在于这位外交家对于德国人民有什么同情,或者对于这些赔款的数目有什么了不起的争执,其主要的着眼点,还是在于,故意把苏联的要求赔款,作为德国人民的经济灾难的主因,故意在德国人民面前示惠,表示美国一点也不像苏联那样“仁慈”。

其实苏联之要求赔偿理由是很简单的,因为她要使德国人民明了他们在战争中所负的破坏的责任,而且为了加速她自己的复兴,她也不能不需要赔款。不过如果把今天她要求的赔偿的数额,和她在对德战争中所受到的实际的损失比较起来,还是很渺小的。而且赔款的数额,不能把割让的土地也计算在内。既然迈斯基在雅尔达会议里把这个数目提了出来而又为罗斯福总统给推翻了。

还有一点,也是英美外交家攻击苏联未曾遵守波茨坦宣言的证据。那就是说,在波茨坦宣言里面,曾有这样的规定:即从日常生产及存货输出所得的利益,必须首先用来支付对德输入的商品。可是现在苏联并没有把它的占领区的剩余物资用来支付英美对德的输入,所以苏联违背了波茨坦宣言。

然而照我们所知,三国柏林会议公报里是并没有英美外交家所指摘的那一条规定。相反的,我们倒看到了以下的几条:

十五、对于德国经济,必须建立一统一的协约国的统制。惟此仅限于下列必要范围之内:a. 为实施工业上的解除武装与非军事化,赔偿,与获得允准的输出和输入。

十七、必须立即采取迅速办法,借以:a. 对于运输作必要之修理,b. 增加煤斤生产 c. 使农业生产发展到最高度……

十九、德国人民于偿付赔偿以后,必须使其保有足够之资源,使不赖国外之帮助而能维持其生存……

关于赔偿部分,也有以下的几点规定:

一、苏联之赔偿要求,将以征用德国苏联占领区内及德国在国外之相当投资以满足之……三,美利坚合众区,联合王国与其他有权要求赔偿之国家之赔偿要求将以西部地区与德国国外之相当投资加以满足。四、a. 苏联除在其自己之占领区中获得赔偿外,将自西部地区获得对于德国和平经济并不需要而适于使用之重要工业配备百分之十五,尤其是金属,化学,与机器制造部门之配备。此等配备必须取自西部地带,用以交换(东方)相互同意之相等价值的食物,煤斤,钾,锌,木材,瓷器,煤油产品与其他物资。b. 对于德国和平经济并不需要而由西部占领区获得之此类重要工业配备之百分之十,将给与苏联作为赔偿,必以任何形式偿付及返还。在 ab 两节中所提出之配备移交,将同时举行。

由以上这些条款看来,苏联的行动是并没有什么不依照波茨坦宣言的地方。英美报纸,甚至英美外交家,对于苏联从东部占领区内获得赔偿要求之满足,认为是违约,实在是有点滑稽的事情。难道他们忘记了,波茨坦宣言里面曾经有过这样的规定吗?英美报纸对于苏联不把德国东部占领区内的食物运到西部英美占领区去,认为是自私,然而对于克莱将军之禁运工业品到东部苏联占领区去,则有意的沉默,难道他们忘记了波茨坦宣言的规定是双方同时举行的吗?

至于说英美政府要耗资这样巨额的金钱来维持占领区,那我就根本怀疑,这些输入是不是德国必需的,而且这些输入是不是经过"统一的协约国的统制"? 其次是我怀疑,英美占领当局是否认真执行了第十七项所列举的四种办法。第三是我怀疑德国需要这样多的输入是不是由于英美统治下的纳粹余孽在那里对生产事业怠工,鲁尔区的煤生产量的减少即是其中的一个例子。如果是这样的话,那么这个贫乏是根本有赖于政治的澄清,而不能责苏联放弃条约所已允许之赔款,以填补这个无底的深渊了!

英美的外交家一面高唱着维持德国的"经济的统一","经济的整体"用此来攻击苏联,企图取消他在德国东部占领区获得赔偿,可是当他们觉得不能成功的时候,马上就主张英美占领区间的汇合,实行对于德国经济的分割。他们手指指着月亮,口里却要高呼着太阳,英美外交家的"聪明"真不能不令人有点"佩服"了。

四

从普通一般的报纸上看,我们好像是有这样的印象;那就是对于德奥问题英美法都是一致的,只有苏联在捣蛋,正如在其他一切问题上一样。可是仔细研究一下,事实上是不是如此呢? 不是的。

我们且看七月十日路透社的消息:"法外长皮杜尔说他觉得他们关于德国问题之共同目的是同意的,他和昨天苏外长所发表之俄国观点相同。"这个路线大概是这样:1. 解除德国的武装,2. 毁灭纳粹主义,建立民主生活,3. 对于战争受损害的国家加以赔偿。皮杜尔表示,法国觉得,实现共同目的的方法,首先是解决下列的三个问题:(1)采取必要的决议规定新德国的领土的轮廓,(2)确定占领区列强政策,(3)确定德国的新的规程之一般的路线。

这样看起来法国的立场和苏联的立场在基本问题上是完全一致

的。苏联要真正的解除德国的武装，法国亦是这样；苏联要求建立民主的德国，法国亦是这样；苏联要求德国要赔偿，法国亦是这样。

法国和苏联的意见如果有相异之处，那就是在下面不十分重要的几点上。

七月十二日合众社的巴黎电曾这样说："皮杜尔在会场上宣读一个准备好了的声明，宣称法国政府愿意接受建立中央机构的建议，但不要损害它在鲁尔区的地位，同时萨尔区必须列于这个中央机构的统治之下，并要立即和管制国家的经济和通货系统溶汇起来。"

是的，法国的这一个声明，是和苏联意见不相同的。苏联反对在目前立即就成立中央机构，因为必须在政治上已经把纳粹分子肃清，然后才能考虑到成立中央机构，这是第一点。第二，苏联反对萨尔区的分割，除非当地的人民愿意。

其次是法国和英美一致赞成由四强指定一个委员会，调查各占领区产业上和军事上解除武装的情形。可是苏联对于这个建议，有一个修正，即他主张要有两个委员会，第一个是调查军事上解除武装的，这和英美法三国的意见相同。但第二个委员会是专门调查产业上解除武装的，它主张在目前不能立即开始调查，但必须在一定的时间内，起草一个计划和程序，以便履行实际的步骤，去毁灭所有可能用于军事目的和重整军备的生产机构。莫洛托夫这个提议是贝尔纳斯先生也已接受了的，这不过是对前一个提案之补充和修正而已，但是有许多报纸攻击苏联一方面主张调查，但当别的国家提议调查时，他又反对调查，并把这个事情看成为苏联和西欧列强对立的主要问题之一，那亦真的未免是小题大做了。

五

关于奥国的问题，贝尔纳斯的提议是这样的，他要各国外长的助手们立即开始准备对奥条约，以便盟军可以撤退。这个提议是受到英法两国的支持的，但是莫洛托夫提出另外一个提议，主要的有

两点:

一、六月廿八日驻奥国的盟国委员会所签订之新管制协定,相当的扩大了奥政府的统治范围,它并希望能加速摧毁希特勒主义的残余,和把奥国从德国最后割开,同时还要更加巩固奥国的民主的秩序。

二、他要求大家要注意,在奥国的西部占领(波兰的)有乌拉索夫军中的叛徒以及许多其他在战争中站在希特勒一边的人物,只有把这些分子完全铲除后才能够给予奥国政府以全权,而且才能够使奥国真正的独立。

贝文外相和贝尔纳斯都承认这些流散分子的复杂性,但认为不能以解决这个问题为起草对奥和约的条件。贝尔纳斯并且要求莫洛托夫先行起草对奥条约,但莫洛托夫还是拒绝了,认为他这个提议是一个整体,不能够分开来解决。

在这里于是有戏剧性的场面展开了。贝文和莫洛托夫开始了一连串的有趣味的问答:

贝文问:“请问莫洛托夫先生所谓加速地把奥国从德国最后割开是什么意思呢?”

莫洛托夫答:“因为有许多纳粹德国的法律还在奥国生效,大德国运动还是非常之强烈。”

贝文又问:“请问莫洛托夫先生,你说的更加巩固民主的秩序是什么意思呢?”

莫洛托夫答:“因为有许多曾为德国服务的官员还被留在政府机关,特别是在法院里。希特勒主义的信徒也没有被判罪。”

结果不是被问的被问得哑口无言,倒是问人的被答得哑口无言了。从以上所述,我们也就可以看出奥国问题之所以不能讨论出一个结果来,其症结是在哪里了。

有人说,苏联反对讨论对奥和约的起草,但莫洛托夫曾这样声明着:他并不反对讨论对奥条约,但他认为没有理由把这个问题交给外长助手们去处理。

尤其有趣的,是外长会议才告结束,美驻奥占领军的首脑克莱克将军却把原名赫尔曼戈林的经济安定,把这个财产交还给奥国,我们愿意其他占领区的盟国,亦能有同样的行动。美国,作为一个签字国是不向奥国获取任何东西的……

克莱克将军的这一个举动证明,美国是无意于解除奥国的经济上的武装,相反的,他们正在维持这个武装,而且还在进一步的,挑拨苏联和奥国的情感。

六

总之,在报纸上看起来,英美和苏联间关于德奥问题的辩论似乎是十分复杂和纷纭的,但是仔细的研究起来,我们也不难摸清这其间的重要线索。

在苏联是主张立即消除法西斯余孽,并以这个为前提建立德奥两国的真正民主政府,但是英美则主张收容希特勒旧部以为己用,在表面上不妨挂起一面民主的招牌;在苏联是主张,摧毁法西斯主义的经济的武装,和它的垄断制度,同时加速日用必需品的生产,以解除人民的困阨,但是英美则不仅没有决心去重新改组法西斯的经济组织,而且还想保持这个组织,利用这个组织,对于法西斯余孽的暗中活动则保持着放任的态度。在苏联是坚持要获得赔偿,但英美则主张减少赔偿,以此示惠于德奥的人民,把他们所受的一切灾害都推到苏联身上去,并企图以减少赔偿之所得用来豢养自己袋子里的人物。最后,苏联是要把德奥变成为欧洲和平的堡垒,但英美则希图把它变成为反对东欧的堡垒,因为有这样基本路线上的不同,所以谈起来也就格格不入。

转眼又近秋凉,我们预料,在未来的外长会议中,对于德奥问题还要有场舌战,但是如果以为这个问题可能引起战争,那就言之过早了。

八月一日于香港

卢森堡宫墙内外

载 1946 年 9 月 1 日《自由世界》第 2 卷第 6 期

黄药眠

七月廿九日廿一国的代表齐集于巴黎的卢森堡宫开这次战后的第一次欧洲和会，讨论的主题是：完成意、保、罗、匈、芬的五国的和约。其实关于这个和约的草案，早在四强外长会议里面已经起草好了，虽然其中还有些争论之点，这次和会不过根据着这个草案来讨论就是，照我们所预想，应该是很顺利就能够完成的，七月廿九日，塔斯社巴黎电就曾这样说："预料和会将可成功。"

然而不幸得很，和会一开始，作为和会主要国之一的美国就表现出对于这个和会毫无诚意。在贝尔纳斯的七月三十日的致辞中，就曾强调说"如果和会中有三分之二的大多数国家，反对外长会议所拟订的和约草案，美国将支持和会的建议。"又说"对于和约草案，我希望各代表能自由表示他们各国的意见，无论那一个国家，不管是大国或是小国，都不能抹煞世界的意见。"

在这篇演说里，显然他是在向和会各国代表表示他是并不赞成四强所拟订的和约草案，同时他也并不受四强会议的决议所约束。并且强烈地暗示那些到会国的代表去反对，只要你们反对我就可以支持，这样一来就无异于要求推翻了四强所拟定的和约草案。这是第一点。第二点，他是在暗示，他能掌握着和会里大多数的国家，所以大多数的意见也就是"世界"的意见，在和会里占少数的国家就得服从于这个多数的意见。

另一方面，苏联外长莫洛托夫在七月三十一日的演辞中却和贝尔纳斯针锋相对的说："以前和德国在一起的国家……站在民主国家方面起积极作用，并实施民主改革的结果，已走上了新的道路，而且在某些事情上曾给予盟国以很大的帮助。正因为这个缘故，苏联认为各盟国所应得到的赔偿不是全部而只是一部。另一方面对于前德国各附庸国的经济生活加以各种外来的干涉的企图，以及对这些民族的压迫，苏联都坚决反对。并且我们不能忽略目前这种事实：外长会议一切决议遭到了各种各样反动分子的攻击，他们心目中充满了荒谬的反苏偏见，并以各强国合作的失败作为他们的基本观点。提交到和会上来的和约草案又是给这些先生们一个打击。”这里莫洛托夫是预先警告着：正有些分子企图破坏各强国的合作，和破坏和约的草案。

不错，这个和会对欧洲未来的和平是很重要的，可是一开始就有些强国不愿看见它的成功。

在卢森堡宫里正在开着的欧洲和会是如此，同时在卢森堡宫外，由于好战分子的鼓动，也正在扬起了杀伐之声。在东亚的中国，美国的野心家正在鼓励着中国独裁派动员数百万人发动内战，摩托化的美国陆战队奔驰在中国北方的原野。美加的海军深入到北极圈去远征，巴力斯坦还处在恐怖的铁笼之下。和平是不可分割的，别的地方的动乱和不安，自然也会影响到欧洲的和平会议，以至于欧洲的和平。

和会开会的第三天，马上就因规程会的表决法引起了争论。南斯拉夫代表提议规程委员会要有三分之二才能通过，说“只有大多数的协议，才能保证这次会议的成功，才能奠定永久和平的巩固的基础。”但纽西兰，荷兰，巴西则反对三分之二通过的表决法，而主张过半数的表决法。苏联是支持南斯拉夫的建议的。莫洛托夫说：“如果一切都由过半数来决定，则苏联势将常居于少数的地位……英美将居于有利的地位，因为该等国家可能组成一个集团（在二十一票中，拥有十二至十三个票）”。美联社巴黎卅一日电也说“这将使西方各国得以反对东欧各国，苏联对此表示忧虑。”

显然的，某些强国的集团正企图用过半数表决的办法来控制和会，不然则故意延滞和会的进行。对于这个问题，莫洛托夫曾对贝尔纳斯提出了指责。他说:“贝尔纳斯说,他认为不应受四强关于程序法规所作决议的拘束,这种见解真教我莫名其妙,假如他说,关于程序法规,今天作了决议,明天就不受拘束,那么关于其他的决议,他也就可以不受拘束了。我要问一声,那些企图通过过半数表决法的人们,他们是否打算制造更多的意见分歧,装造一条裂痕,并加以扩大,而从这裂痕中来取利?”

争论的结果是,以十五票对六票通过了英国的修正案,即关于修改和约方面的意见,和会中过半数或三分之二多数表决法通过的,都可以提交四强外长会议。贝尔纳斯在这里,还加上一个尾巴,他说,他要在四强会议中保留投票赞成三分之二多数建议之权。

同时南斯拉夫对这一个表决法也提出了一个声明:即对于和会中少于三分之二多数票所通过的决议南斯拉夫不受其约束。

因为这个表决法,事实上将决定今后大会的决议,势在必争,所以在八月九日和会大会席上,莫洛托夫又重新声明:“……外长会议曾一致赞成决议用三分之二表决法。……联合国大会用的是三分之二表决法,在战时的外长会议席上,用的是全体通过表决法。”他又说:“如大会通过了委员会的错误规程,那就会破坏大会决议的权威……”

在卢森堡宫里,美国首先自己违背了四强外长会议所提的草案,破坏了旧金山会议以来国际会议的惯例。和会还没有接触到和约本身,就起了一个很大的争执,而同时在卢森堡宫外,国际战争的挑拨者也正在制造混乱。

美国的军事当局起草了防御原子弹的计划;英印军开入到巴斯拉去,造成了伊朗的紧张的局势;巴力斯坦犹太的反抗,并没有停止;越北,法越军发生了冲突;菲列滨在发生着激烈的内战。

和平是不可分割的,别的地方的动乱和不安,自然也会影响到欧洲的和平会议,以至于欧洲的和平。

接着就是听取前德国附庸国的代表们陈述他们的意见了。

这里有希腊总理反对邀请阿尔巴尼亚参加和会,有意总理加斯波里在和会里所作的带有挑拨性的演说,他认为四强对于建立的港为自由区的决议,简直是使“我国成为残废并咬进我们的肉里!”他指摘南斯拉夫有扩张主义的倾向。这个演说马上受到贝尔纳的赏识,他起来和他握手,他还约他去作了一次长谈。在八月十日那天,南国和苏联又因阿尔巴尼亚问题,和希腊代表起了一场辩论。南斯拉夫代表毕加德无情地揭露出萨尔达利斯和他说过的要共同瓜分阿尔巴尼亚的提议,这使得萨尔达利斯真的老羞成怒。在罗匈保芬继续陈述其意见的时候,最值得注意的是美国在暗中借口的港的法律地位问题不能获致协议,威尼亚朱理雅的现状势必要维持,因而主张把四强外长会议所决定的共管的港问题暂时搁置,同时从法国及其他小国放出了空气,要使和会延期。关于这一点美联社莫斯科十一日电曾这样说:“苏联各报抨击美国国务卿贝尔纳斯,并说即使联合国大会要因而自九月廿三日延期到本年底再开,巴黎和会也应继续进行。”塔斯社巴黎的电讯更详细的揭露了内幕。“……这些人已在计划使巴黎和会延期再开,借以在和会幕后玩弄一些新花样。英美对于外长会议所决定的议事规程问题,曾设法加以破坏。法国的态度也是值得检讨的,法国首先提出一个合乎外长会议决议的精神的表决法,但又转而加入反对阵营中去。显然在和会幕后,有了某种勾结,才会有这样反复无常的态度。”

苏联报纸的抨击,是有根据的。当和会开始的时候,英国首相就曾和贝尔纳斯作长谈,内容始终没有宣布。贝文外相八月九日飞到巴黎,可是一直就没有出席和会,隐在幕后,不晓得活动一些什么。加拿大总理金氏曾提议,在和会同时,应举行四强外长的协商,但苏联同意美国却不同意。澳外长伊瓦特在和会开幕致辞时就强调小国的权利,呼唤着各国“平等”。大家都知道这位先生是惯于以小国的身份来替大国发言,他说是为小国谋利益实际上则是在为大国撑腰。法国对于秘书处的工作也表示着慢吞吞的神气,为了这事还不惜和苏联争吵。

在卢森堡宫里是在不断争论,在卢森堡宫内外往来的人,又在玩弄着秘密外交，同时在卢森堡宫外则又泛滥着战争的气氛。英国声言不必先咨询伊朗政府，就可派兵到伊朗南部去保卫科齐斯坦油田的利益。犹太委员会号召罢工，巴力斯坦阿拉伯执行委员会副主席公开攻击美国策划干涉圣地。纽约时报公开说："美驻欧海军增加实力，证明美国决心不准未经和会通过，就发动政变或以武力改变国际边界或造成政治上的既成事实……"美陆军部次长罗耶尔说："美政府正立即着手准备一旦发生紧急事件，所迫切需要的战争物资二十亿美元。"美国陆军拥有一百七十万陆军还不够，还要继续征兵十八万。并且继海军之后要调集人马向北极地带做军事演习。此外印度王公和印度的回教同盟对于印度的临时政府表示不合作。在近东方面，英美积极的支持着土耳其反对苏联修改蒙德娄条约的建议。

和平是不可分割的，世界上任何角落的混乱和不安，自然也都会影响到欧洲的和平会议，以至于欧洲的和平。

八月十五日，苏联外长莫洛托夫正式在大会上反对提议和会延期，而贝尔纳斯在十六日的演说，则硬称"违背波茨坦协定而缔结的经济条约，势将演成奴役和剥削。"他赞扬意大利和希腊，他强调说，"平等的门户开放政策，不会引起剥削，相反会防止剥削。"

听取过去每一个纳粹附庸国的报告之后，就有一般的辩论。当这些问题都辩论过了，然后才由大会正式选举出草拟前德国附庸国的各委员会的职员，组织了十个委员会。可是就是在这时候，关于各委员会中的投票权，大家又发生争执了。在苏联方面，维辛斯基是坚持根据波茨坦和莫斯科协定，坚决主张在讨论芬兰和巴尔干和约的委员会中，法国无投票权，因为该国并未跟那些国家任何一个宣战，因此该国不能跟该等国家签订和约。美国代表柯汉则特别声明：关于巴尔干和约委员会中，法国的表决权问题，苏联所表示的意见，美国将予反对。但在芬兰和约委员会中，美国的权利问题，美国采取何种态度，他却没有表露。

本来已经在莫斯科和波茨坦会议中决定了的，应该是不成问题了，可是现又节外生枝起来。一直到和会开始第四个星期各小组委员会才开始对于各附庸国的和约问题交换意见。

对于的港问题,原则上已大家同意了,在细则方面在三十一项草约中,英美已同意了十一项,法国已同意了二十八项。但现在英美又与苏联对于该港之自由转运的范围,首发先生争执,接着澳外长伊瓦特且提出了对意和约草案的修正案,反对的港由安全理事会管理,他提议的港应由和会七个会员国组织一特殊的行政机构来管理,并反对四外长延期一年后再来处理意大利殖民地问题的决议。照伊瓦特的提议,则又是根本要把四强外长会议的决议推翻。

在卢森堡宫里,会议是进行得非常之慢,所争议的,又都是本来不应该成问题的问题。这里好像有一群人,故意要拖延这个会议,使这个会议没有成就,而同时在宫外,则风云紧急,山姆叔剑拔弩张好像马上就要来发动一个战争。整个世界都在震响着刀剑之声。美航空母舰罗斯福号驶入到地中海去示威。美国的乌莱博士宣称要用原子弹统治世界。朝鲜的美苏军冲突。美国飞机大批飞过南国的领空,遭受到南国的抗议。此外巴力斯坦的犹太团体 IZL 宣布要与英国不断战争。希腊和菲列宾的内战愈演愈烈。英埃谈判搁浅。印度的回教徒宣布直接行动,加尔各答以至于整个彭加尔省,新德省郡被陷入于骚动的狂流当中,至于印度的王公则亦宣布不愿受将来新组成的国民大会党的临时政府的节制。可怜的印度,同样的亦面临着内战的威胁。

尤其可以注意的是,杜鲁门总统突然于十六日起宣布请假十七天到英格兰海岸去游览,但在这世界多事之秋,杜鲁门先生为什么会有这样的闲性逸致来远出国门去游览呢?据传说他现在正在大西洋的百慕他岛上有所会议。果然这个秘密给美联社二十三日的巴黎电讯透露了出来。它说"法内阁秘书伐莱,否认谣传法主席曾被邀请和英首相艾德礼及美总统杜鲁门在大西洋上举行会议,即使英美两国的领袖'或有可能'会晤,但也并未邀请法主席参加。"

在巴黎,正在开奠定欧洲和平基础的和会,在巴黎有着四强的外长,有什么不调协之处尽可商量,可是英美的领袖们,却不要在巴黎开四强外长会议,而却要秘密地跑到大西洋岛上去另开会议,那其意义,不是不言可喻的吗?

这不是偶然的,在八月十九日莫斯科的广播电台广播着斯大林的警告:"在从事于社会主义和平建设的发展中,我们一时一刻也不要忘记想要发动再一次战争的国际反动派。我们要……经常保持警惕,以我们的武装力量和一切可能的方法,来保卫我们的国家。苏联人民将不惜一切努力,从事加强我们的武装力量,并增进我们这个社会主义国家的防御能力,以保障世界的持久和平。"为什么斯大林要选择这个时候来作这样的警告呢?其意义不也是不言可喻的吗?

卢森堡宫外的风云紧急,这使得坐在宫内的和会代表们不能不用一个眼睛望到宫外。会议的进展是十分慢的。九十二页的对意和约草案到廿四号为止,意大利政治委员会所通过的不过是占半页篇幅的序言。如果照这样速度进展下去,三个月也还是讨论不完的。但曾经如此堂皇地开幕的和会,就这样让它冷落下去吗?卢森堡宫里虽然热闹,但每个人都会感到苦闷和焦灼——除了那一些有意要造成这样局面的人们以外。

那么这个和会将怎样下场呢?

首先是会不会发生战争——有些人的确已在肚子里私自发生问题了。不错,由于国际反动分子的鼓动战争,国际形势已愈来愈险恶了,然而如果说马上就会发生战争,那也是神经过敏的。老实说美国致南国的最后通牒,完全是神经战性质的。巴黎南国和会代表团的非正式谈话曾说"这是美国有意挑衅,目的在影响和会的进行。"这是对的。如果帝国主义国家真的要发动战争,早也用不着发出最后通牒了。如果照美国致南国的通牒说,如不于四十八小时内答复,则将诉诸于安全理事会去,在安全理事会不是又还要有一次折冲吗?美国的这个最后通牒已经是背时的东西。可是由于美国的这样外交上的进攻,已使得美国的帝国主义的面目显露无遗,同时也使已十分紧张的国际局势一时无法弛缓下来。美国的飞行员虽然被释放了,可是南国拒绝正式答复美国的最后通牒,同时还强力指责美国侵犯了南国的领空，要把美国非法扣留南国在多瑙河的船只的事件提到安理会去。而在这同时，乌克兰已把希腊和阿尔巴尼亚的争端提到安理会去了。此外巴勒斯坦问题伊朗问题西班牙问题亦都有陆续被提到安理会去的可能。显然的，今天最紧急的问题还不是如何签订条约以奠定和平的基础。问题是在于如何使目前危险的局势稳定下来。所以安理会在目前所处的地位，比过去任何时期都更形重要了。

那么，这个卢森堡宫的和会，应该怎么办呢？据我个人的估计，要吗，就是在开和会的同时，举行四强会议以加速会议的进行，要吗，就是索性休会，延期到联合国大会开会以后再说，可是后者的可能性是比较大些。

和会，这不是和平会议，而是争取和平的一种斗争，当卢森堡宫里获不到结果的时候，那就换过一个地方来斗争吧。

八月廿六日

世界将往那里去——战争呢？还是和平？

载 1946 年 9 月 18 号《光明报》复刊新一号

黄药眠

现在正是世界多事之秋，战争才结束一年多，到处扬溢着杀伐之声，在政治斗争的帷幕后面隐藏着惊人的杀人利器，有些地方已经是一面在谈判一面在撕杀，和平成为了战争的烟幕。从义南边境的摩尔根线起经希腊，埃及，土耳其，巴勒斯坦，伊朗，印度，缅甸，暹罗，越南，菲列滨，中国，到处都在蕴酿着巨变，泛滥着骚动与不安，有些则已经双方动员了百万的军队，在面对面地对战。

究竟这世界是将走向战争呢？还是走向和平呢？许多人在这样问着。

对的，这个问题是必须答复的。

首先我觉得今天从世界的范围来看，双方的对立是民主与反民主之间的对立。而在这两个营垒中，则各自站着苏联和美国。第二次世界大战是反法西斯战争，在这个战争里面，美国为了要战胜敌人，曾经向全世界人民立下了不少的诺言和采取了若干进步的措施，但当德意日法西斯一旦垮台，美国就立即在民主的招牌之下，实行着他的法西斯侵略。这个侵略企图在今天已经是十分明显，泛滥在各地的骚动，不安，罢工，冲突和战争，正是美国的侵略派，金融寡头，军火商人，和军事投机家以及他们所豢养的鹰犬，对人民力量的进攻；自然这中间因为加上了英美两国的矛盾而益增其复杂的情势。

如果我们认为今天全世界范围内的对立，是民主与反民主的对立，那么，我们也可以说，这两种已经是在作前哨的接触。不过这两种力量的斗争，因为各地的具体的情况不同，因而所采取的形式也不同。有些是以殖民地和宗立国间的对立表现出的如荷印和荷兰的冲突,法越间的冲突;有些是以国家和国家间对立的形式表现出来的,如希腊与南斯拉夫,希腊与阿尔巴尼亚的冲突;有些是以国内战争的形式表现出来的,如中国与菲律滨。所以,广义的说起来,目前正是在发生着战争。

然而有人会说,我们说的第三次大战并不是指这些散漫地爆发在各地的战争,而是指美苏间的战争。究竟这个战争会不会发生呢?

这个问题,在我们看来,事实上也就是这样的一个问题:即这些散漫地爆发在各地的战争是不是有一天会发展成为美苏间的大战呢?

对于这一个问题的答复,因为各人的立场不同,因此也就是不同的见解。

在国民党独裁派看来,它是不惜借外力以摧残异已的,它是不惜用美国原子弹来屠杀镇压中国人民的,他们希望第三次世界大战,他们希望美苏战争,他们希望在战争中来巩固自己独裁者的地位,他们希望在战争中来抬高自己对美国的身价,至于中国人民将在战争遭受到怎样颠沛流离的痛苦,将受到怎样家亡人散的惨祸,他们是毫不关心的。正因为他们希望美苏战争,因此他们不断的散布战争的谎言,制造战争的空气,并到处宣传着美苏战争必然会爆发,而且很快会爆发。

但是从我们主张民主与和平的人士看来,首先我们是反对美国政府里面的少数野心家干涉别国的内政和支持别国的法西斯余孽摧残民主,其次站在民族的立场说,我们是反对美国,以反对苏联的名义把别的国家建立成反苏的基地,最后我们是坚决反对美国的挑衅所造成的第三次大战。因为这个大战将使中国人民遭殃,全世界的人类遭殃。所以为了民族,为了民主,为了全世界的人类,和文化,我们都是反对战争主张和平。这是从主观方面说。再从客观的形势来看,我们认为美苏战争还不会马上就爆发。

因为目前紧张的国际局势,有许多是好战分子独裁派,法西斯的残余故意制造出来的空气,比方前一个时期"鬼火箭"的谣言以及南斯拉夫出兵希腊的传说,都是这些例子,我们分析国际形势的时候,不能以此为根据。第二,美国发动战争,它必须要一个准备。目前它在国内的物质准备(拼命储备作战所需要的物资)和精神动员(拼命造成反苏的舆论)还没有达到完成的阶段。第三,在发动大战之前,它必须试探一下全世界民主的,反战的力量,并努力把这些国内外的反战力量肃清。第四,他要发动美苏战争,他必须首先要确切地估计到苏联的实力。虽然美国知道他自己的生产力和军事实力是超过苏联,但其所超过之程度如何,是否能保证他迅速的获得压倒的胜利,他可没有把握。

根据这几个原因,所以我们说美苏战争是不会马上爆发起来的。

然而这并不能说,美苏战争不可能。不,我们必须强调他的可能。如果说美苏战争不可能,这是最危险的估计。

在,今天我们必须估计两点:

第一点,今天掌握着美国政权的人都是些垄断金融资本的代理人,军火商人,和军事投机家,他们正企图把美国整个国家推向战争,第二点,美的侵略分子很明白,时间进行对于他是不利的。不能否认的,目前苏联的工业是比美国落后,而且在第二次战争中受了很大的损失,可是苏联每年投资到扩大生产过程中的资本却超过了美国,因此在生产竞赛上,经过若干年后苏联一定可以赶过美国。美国的侵略分子,为了要解决目前的市场问题,为了预防苏联之获得优势,因此他们要争取以最早可能的时间来发动战争。美国很知道,目前他的原子弹技术是比苏联先走了一步,因此,他更要尽速的利用这一个优点来从事于决战。

有人说,美国如果要发动第三次世界大战,他必须要有发动战争的基地,在目前看来,美国并没有作为进攻苏联的强大国外基地。其实这个问题是很容易答复的。现在麦克亚述不是在宣布"日本不是战争的跳板,就是和平的堡垒吗?"贝兰纳斯的斯图加特的演说不是在企图示惠于德国的人民,而先在德国建立下军事上的前哨据点吗?美国不是以大批剩余军火,以贱价卖给中国国民党和意大利的查尔达利政府吗?美国不是在沙的阿拉伯建立了强大的空军基地吗?美国不是在不断的演习北极作战吗？这些不正是进攻的据点吗？在原子弹战争时代，空中的距离才是真正的距离，如果过分斤斤于地面距离的远近，并以此来测量战争准备之程度，那是不大妥当的。第三次大战（如果真的不幸爆发起来）则双方最先接触的不是在国境线上，而是在空中，其最先攻击的不是有战略意义的城市，而是生产业的中心，油田，煤油厂，钢铁工业和矿区。美国的战略显然是集中空中的优势力量以摧毁对方的经济中心交通命脉，使到它全国陷于疲痹状态，然后提出条件，如对方不接受条件时，然后再加于地面的占领。

不错，如果用原子弹战争起来，美国的生产大都是很集中的，处于不利的形势，但是我们不要忘记美国是处于攻势的地位而且目前美国已经在国境几千里以至万里以外建立下了攻击基地。这些布置无疑的正是所以补救他自己的弱点。

不错，这些计划是过于冒险了。然而美国也正和法西斯的德国一样，越觉得长期战争没有把握，因此也就急聚精会神去企求冒险速胜的战略。在我们看来是冒险，可是在他们看来，却是认为最有效的，最新型的战略和战争。如果我们不着重注意注意这些“军事专家”的投机性和冒险性，以及他们仇恨苏联的心理，我们就无法理解希特勒何以敢冒两线作战之险去攻苏，而且会使我们对于这些冒险家的闪击，不知道有所防范。斯大林对于苏联人民的警告要他们警惕是一点也不会错的。

不错，全世界的人民是厌战的，美国人民也是厌战的。但是人民的厌战心理，不过是和平的潜在的力量。从人民的厌战，爱好和平，到人民起来反战，争取和平，这中间，还需要一个时期的宣传和组织工作，只有当人民的意识地和有组织地起来反对战争，人民的力量才能真正发挥出来，和平的力量才能真正发挥出来。如果人民不愿意战争，因此战争就无法发动，这未免是过分忽视了那些侵略主义者们是在控制着政府，和他们的政治，军事的组织的力量。

那么战争是不是如许多别具心肠的人所说，一定会发生或不可避免地发生呢？

我认为不是的。战争是可以避免的,但这必须人民的反战的力量,和平的力量,民主的力量能及时地广泛地组织起来,把那些好战分子侵略分子的自私自利阴谋,把国家民族拿来给他们一小集团人做赌注的阴谋揭露,把他们从政府机关里面剔除出去。只有这样我们才能遏止战争,变战争的可能为不可能。

是的,美国的好战分子侵略主义者以及其他国家的同伙,和独裁派正在疯狂地准备战争企图把全世界都推入到战争的火焰中去,可是人民的力量,和平民主的力量也正在蓬勃地生长着,苏联也正在警惕着,加速地生产着。所以这是好战的力量和和平的力量的竞赛,只有当和平的民主力量一天天强大,使到那些好战的侵略分子,军事投机家,独裁派觉得无机可投无险可冒,一发动战争,他就立即命定的要失败,只有这样,战争发动的时期,才可以不断的拖延,而终于无法发动。

正因为这个缘故,所以我们今天要不断的警告大家战争的危险,警告大家侵略主义者是怎样疯狂地准备战争,强调地告诉他们战争的可能性,使到他们能够警觉起来,由无组织的变成有组织的,由分散的变成集中的,由无力量的变成有力量的,只有这样,我们才能够把那些好战分子侵略分子独裁分子的企图打击下去。

所以今天我们必须地勇敢地承认有战争的可能,然后我们才能够提出反对战争的口号。而反对战争,争取和平的口号,乃是我们今天动员民众发动政治斗争的武器。如果我们说,战争没有可能,那岂不是,我们今大所说的"反对战争",成为了无的放矢了吗?那岂不是把民众永远停留于不愿战争的消极状态下,任那些制造战争的魔手乱作胡为吗?为了这个理由,所以我认为说,"美苏战争不可能"是不对的。

总之,世界是走向战争呢还是走向和平呢?在侵略主义者和独裁派,看来是决定地走向战争,而且正在不顾一切准备要走向战争;可是我们人民呢?我们是反对战争,我们要团结起来,行动起来,不仅厌战,而且要为争取和平而奋斗。

九月十三日

读华莱士先生演说以后

载1946年9月18日《光明报》复刊新1号

药眠

本月十三日华莱士先生在全国公民政治行动委员会和艺术科学职业独立公民委员会主持的会议上发表了一篇惊人的演说，其中最重要的警句是："统一和平的中国必须建立在中国各党派合作和各外来国家不干涉政策的基础上。"这一句话，是对的，如果我们把这一个主张和今天美国在华所执行的政策比较一下，我们就会觉得，美国现行的对华政策是完全和华莱士先生所主张相反的。美国以大批的剩余军火贱价的卖给国民党政府，鼓励内战，美国的海军陆战队直接参加华北的国共战争，东京美海军司令宣布强大之混合舰队要于下月中旬来上海青岛访问。马歇尔元帅和司徒雷登大使之调解明明已经失败，但是始终不肯承认失败，而硬要挂着调解的美名来掩护国民党独裁政府作战，来欺骗中美的人民，好像美国，这种政策如果继续下去，无疑的将会引起中国人民的普遍的不满和愤慨。所以今天华莱士先生的主张是十分足以重视的。我们希望美国人民要正视现实，要明了美国政府如果还是继续它浇油救火的政策，中国的内战如果继续打下去不仅不是中国人民的利益，而且也不是美国人民的利益。它将使美国在东亚大陆市场大量溃灭，他将引起中国人民强烈的反美情绪，它将使美国有牵入世界大战的危险。

尤其可以注意的，据说华莱士先生的这篇演讲词是曾经杜鲁门总统同意的，可是我们知道，杜鲁门先生正是今天美国对华政策的制定者和最高负责人。如果他真的同意华莱士先生说的话，那他得就立刻改变目前美国之对华政策。如果不然，只是模棱两可，口头上说些漂亮话，或是故意作些姿态以欺骗选民，以求获得选举上的胜利，那是有失政治家的风度的。而且美国的选民,所要求于美国政府当局的,并不是空头的允诺和进步的姿态,他们所要求的是实际的进步的措施和行动。如果没有实际的行动,一切空头的诺言都是假的。

所以今天摆在杜鲁门总统面前的问题,不是他是否同意于华莱士的演说,而是他是否愿在实际行动上改变他的对华的政策。

广州生意难

载 1946 年 9 月 18 日《光明报》复刊新 1 号

达史

在今天国民党政府统治之下，是经营什么都困难的，比方做生意吧。一向以来，中国人的传统观念，是以为做生意就可以不管政治的，然而现在，事实上国民党独裁腐化的政治机构已在直接或间接地扼杀着商业。如果你们做生意不同那些官爷们，特务们事先打好关系，包管你一开门就是什么营业税，所得税，及其他种种临时派捐加上来，使得你非亏本不可。现在据广州来人说，连开出一条船，开出一辆汽车，都非事先用钱不可了，不然的话，不要说你的船你的车开不出去，就是你开出去了，他来一个检查，把人货扣留下来，那也会使你吃不消的。万一不小心，开罪了那些老爷或特务，他马上加上你一个罪名，或者说你和汉奸有过关系，和共产党有过往来，或者说你在什么时候曾触犯刑章，于是喊打喊杀，喊封屋，喊抓人，喊没收财产，硬是使得你惶惶不可终日，一直到你找到了他们的头子，送他们一笔钱，说一两句好话，才算是烟消云散。所以现在广州的商人，都有“非有官亲戚不要做生意”的说话，这是一点也不假的。可是问题还不止此，现在内战再打下去，通货越膨胀，物价越飞涨，购买力越缩小，交通越困难，有许多商人都感觉到既无货可买，也无货可卖，即使勉强去买卖赚了些钱，但也是虚盈实亏，所以他们也都感到有点彷徨，究竟将来的生意怎样做法。其实今天广州商人所感到的困难，是和其他各地的工商界人士所感到的困难一样的。如果想在商言商，在生意上去找到困难的出路那是没有办法的，只有大家团结起来，肃清国民党贪污腐化的统治机构，刷新政治才是使生意好转的最好的办法！

特务到了香港

载1946年9月18日《光明报》复刊新1号

吉

据九月十二日的《华商报》载，九月九日，坚道小祗园食物店，曾发生过一位全副武装，自称中国谍报组组长肆扰附近居民陈崘的事件。他一时说陈氏是共产党要予以逮捕，一时又强迫陈氏写回条子，证明“吴组长并无无理取闹及盗窃财物情事”，写完以后，又指着陈氏说，“现你我手续清楚，出门后，我被枪杀，你被刀斩两不相关”，临走时还放声高歌，高呼“民主同盟是我们的敌人”。这件事骤然看起来，似乎那个滋事的组长有点疯疯癫癫，有点不伦不类，但仔细研究一下，我们就知道这全是特务们的有意的示威，他们好像是在向民主人士说：“我们到了，你们要当心啊”！

其实特务们之被大批派来香港，我们早已有所闻，他们要做些什么，用不着他们示威，我们早也知道。但我们自问，对于国家，对于人民，对于自己，都没有对不起人的事，因此我们的姓名是公开的，主张是公开的，行动是公开的，我们没有秘密，也没有武装，我们主张的是用和平民主的方式促进中国的统一，我们不是主张推翻政府，我们只主张，以民主的方式改组政府，正因为我们自信我们的主张是大公无私，一切都是为了国家民族，因此就理直气壮，一无所惧！我们并不因为李公朴闻一多两先生被特务们暗杀，就从此躲藏起来，或从此歇手。我们认为恐吓是没有用处的，有理由拿出来讲，不必假装疯癫，贻笑友邦。

不过，这里有一件事不能不提起的，就是这些特务们可能制造许多谣言挑拨民主人士和本港政府间的关系，可能制造出一些事件诿过中伤。这一点可不能不加以警戒，同时还盼望友邦政府注意。

反动派为什么终必失败

载 1946 年 10 月《青年生活》第 5 卷第 5 期

黄药眠

谁是独裁派?

我们都说国民党里面有独裁派,究竟这些独裁派是谁呢?有人说这些人包括大资本家,大地主,大官僚,高级军官,混合起来的集团,我想这个话是对的,不过,这里需要一个解释。

第一,这里所谓大资本家,已经和抗战以前的大资本家有些不同了,因为抗战以前的大资本家,经过了上海,广州,天津的沦陷,已经受了相当大的损失,后来在衡阳,桂林,柳州的撤退当中又受了相当大的损失,即使有些工业,经过了艰难困苦的过程,迁到了重庆一带,但是因为受到了物价高涨,交通困难,赋税繁重,原料缺乏等种种困难以致虚赢实亏,弄得毫无办法。甚至有些工商业家在赔累不堪以后,把机器拆下来当作废铁卖掉。所以在抗战期间,只有那些同银行有关系的,同政府有关系的,同特殊势力有关系的,才能够在战争的混乱中优先地获得交通工具。他们利用政府机关里面有人,可以很快地获得金融方面的消息,大作投资买卖,或者控制交通工具,利用各地物价差额巨大,作囤积居奇,走私漏税的生意。他们的资金不投在工业生产部门,而投在商品流通中,他们以高利贷的形式,获取巨额利息,大量的集中土地,所以这一大批资本家集团,是和政府的官僚机构,殖民地的买办金融资本,血肉相关的。

第二,这里所谓大地主,也已经和抗战的大地主有些不同了,过去出身与贵族的,只会吟风弄月,读书写字的书香之家,逐渐因为不会作投资买卖，不会作高利贷，在政府机关没有人事关系，日益趋于没落了。一方面又因不善于经营，于是经济上一天天入不敷出，陷于贫苦的地位；而另一方面又不愿意把祖宗遗留下来的田地出卖，为了维持门面，不能不向高利贷乞怜。一走上这高利贷的路，家庭的情况更一天天的贫苦下去，终于不能不把土地出卖，可是代之而起的却是新兴的地主，那就是：做保长乡长贪污赚了钱的，外面做大官僚赚了钱的，做生意高利贷赚了钱的，所以这些新兴的地主又是和政府的官僚机构，高利贷血肉相关的。

第三，这里所谓大官僚，也和抗战以前的那些官僚，他的主要的收入，是靠土地，是靠那些在虚伪的掩饰之下所得来的非分之财或贿赂。可是抗战以后，特别是在抗战的后期，国家，国家机关的大官僚没有一个不经过他的太太，或者太太的兄弟经营生意，利用自己在政府机关的地位，投机操纵，或者是包庇走私。即使不直接参加商业经营，但大都和商人勾结，按月分红，所以他们的主要收入来源，或者是商业利润，或者是高利贷的利息，或者是投机的来的金钱。从他们的生活到思想，都和半殖民地半封建的商人混合在一起。当然他们也在乡村里面，利用农民的贫苦，土地价格的低落，大量的收买土地，尽管他们的收入是靠做生意，但是他们半封建的，地主的泥土气息，还是非常浓厚的。

这里所谓的高级军官，虽然在表面上比抗战以前更洋派一些，娶太太还要找一个口操英语的，但是在本质上他还是封建军人。除了他们也和政府的大官僚一样，也做生意，也投机，也囤积，也包庇走私，但是他们脑子里，一点也没有近代的科学思想，一点也没有民主的观念。他们企图把他们封建性的军事学校里学来的“绝对服从”那一套，用在治理国家上面。他们平时治军既然是一排的排长就是一排的皇帝，一连的连长就是一连的皇帝，从上而下建立金字塔式的统治，那么现在把他那一种思想，那一种工作作风，应用在政治上来，自然就极容易变成“朕即国家”的独裁政治。当然这些人是绝对反对民主政治的。而且真正的国家上了轨道，我们为了减轻国家财政的支出,一定要裁军,而裁军是对他们十分不利的,他们不仅生活上失去了依靠,就是精神上也会感到异常的痛苦,他那“朕即国家,朕即法律”,对于老百姓可以随便生杀予夺的老脾气是不能够发出来了。老实说,自从民国以来,中国的政治还是受到这些脑筋最落后最顽固最无知的军人统治着的。

独裁派的力量在哪里?

我们都知道国民党独裁派是占中国人中少数的少数,既然那些人是占中国人民当中最少数的少数,那么我们要把他们排除出去,应该是轻而易举的事情了。然而事实上却不然,因为这些人的周围还有许多落后的群众。比方:有些是有血缘关系的亲戚,兄弟,子侄;有些是根据于地域关系而结合的同乡;再还有是根据于感情关系的同学同事;再还有根据于利害关系而结合的死党;通过这些人,他们又结合成功许多亲戚宗族同乡、同学、同事的小集团,成为了这个独裁派的卫星。所以我们如果把政府要人们所说的礼义廉耻的外幕掀开,我们立即就可以看得到在政府机关里面分布这那么多的网上的大大小小的蜘蛛,他们每一个人都有着他们自己的背景和历史,他们结成功许许多多的圈子,大圈子里面有小圈子,小圈子里面还有更小的圈子。就是这些人们支配着整个中国的政治。所以独裁派是建立基础于一些落后社会的上面的。

此外独裁派还掌握着国家的政权,掌握着军队、警察、宪兵、法院,和特务组织,假如我们说我们要有言论的自由,那么他们就会说:“我们也有开枪的自由”了。历史的事件曾经告诉过我们,当统治者们一天天和人民的意志背道而驰的时候,他们为了要维持自己的政权,害怕人民起来反抗,他们的警察、宪兵、军队就特别表现残酷。所以估计独裁派的力量的时候,我们也必须把这些武装的力量估计进去。

再还有是帝国主义的力量,在半殖民地的中国也起着极大的作用。从二十世纪开头起，资本主义国家对于落后的民族已开始逐渐不采取直接控制的形式了。即是说，他有意地保持着这些国家形式上的独立，可是另一方面却加紧抓住他们的经济命脉，同时在土著民族中豢养着许多买办。这些买办，不仅在经济上占有一定的地位，而且已成长到能深入于政治和军事机构里面，直接为帝国主义服务。既然它能够为帝国主义服务，帝国主义自然也就在军事、经济和政治上支持他们。通过他们来镇压那些渴望着自由解放的人民。很显然的，今天国民党中独裁派是为美国那些金融寡头的代表们所执行的帝国主义支持所支持的。大批军火剩余物资解到手中自然他们也就有恃无恐了。

最后，独裁派之所以还能够维持下去，有一部分也是因为大多数人民，还是没有组织起来的缘故。几千年专制传统所造成的结果，在中国人民中间，总是充满着害怕政治，和对政治没有兴趣的心理。加以生活的穷困，迫得许多人都终日碌碌于日常本身的生活，而没有了解到，政治的不上轨道正是他们之所以贫穷的原因。不错，晚近二十年来，中国人民有很大的觉醒，特别是经过了这两年的抗议，和胜利后这一年多的教训后，大多数的中国人都明了他们的不幸应该由独裁派负责任，因而他们厌恶目前的国民党独裁政府，然而由厌恶到实际用行动来反对它，中间还需要相当的时间。

由于上面所述我们可得出一个结论，即现在中国独裁派的统治，是靠着帝国主义的帮助，靠着他们自己最亲信集团，和这个集团下面的许多的支派的拥护。此外再加上军队，特务，宪兵，警察，以此来维持着他这个不合理的政权。

谁在反对独裁派？

既然这些独裁派还有这样大的力量，那么我们怎能够说，他们一定会死亡呢？我们说他一定会死亡，这不仅根据于主观的愿望，而且也根据于客观的现实。现在且让我们把客观现实的情形分析一下。

第一,现在政府这样的统治,首先在财政上是没有办法的,因为民穷财尽的缘故,国库的收入一天天减小,而政府为了保持自己的集团的利益,始终维持着庞大的军队来从事于内战。由于财政收支不平衡,政府就只好靠大量的印发钞票。据去年春财政部长在参政会的报告,发行的总数已经达到十万万元以上。尤其糟的是现在还在大量的印发,钞票一天天多,物价一天天高,这使到中国最大多数的人民,除了少数的官僚集团,都受着生活的煎逼,本年二月间爆发的金融风潮,正是说明了国民经济总危机已经开始,现在虽然借着美国政府的帮助,和特务的高压,而暂时稳定可是更严重的危机不久将要爆发出来,那是一定的。

第二、独裁派这样做,国民经济上也没有出路,在抗战期间,我们中国和外国的交通断绝,我们本就应该趁着这个机会加速我们的生产,但是由于中国的大资产阶级,大官僚,大地主违反了国家民族利益,只知道维护自己的集团利益,执行着错误的财政经济政策,以致许多的资产金都投到走私投机和国债上面去了。到了抗战后期。政府统制着生产企业,最显著的如矿产,政府所规定的收买价格照例是低于成本,以致许多的产业机构都赔累不堪,或甚至倒闭。而政府机关,用低价收买来的东西,却用垄断的高价卖出去,这样政府的少数官僚,一转手间就可赚到大批的钱。第二,在生产的原料方面同样是受到政府方面的统制,有些是政府垄断着交通工具,使到生产原料的来源,一天天缺乏,这样也使到生产事业窒息。第三,从市场方面说,因为人民一天天贫穷,物价一天天高,购买力自然也就一天天低落,又由于交通工具的困难,制造好了的生产品运不出去,因此也无法推广销路。再有是由于币值跌落,生产企业家即使在帐面上可获得盈利,可是第一次生产品出卖所得来的货币,却不足以从事作为下一次生产的成本,所以虚盈实亏,而有时政府反而根据帐面上的盈余来抽所得税。正因为经营生产企业有这样多的麻烦,首先要积累一大笔的资金来经营来组织,而其结果不能赚钱反而要赔本。这样一来就难怪大家宁可把资金投到商品流动去做生意。只要同政府里面的官僚集团多少有点亲戚因缘,投机取巧,又便利,又痛快,一转手之间就可以获得巨利。所以在独裁派统治之一,很少很少人愿意投资到生产事业方面,以此生产带来一天天萎缩,而已经创立的生产事业也因为上述的种种理由而一天天凋敝。抗战胜利以后,大批的价廉物美的美国货,像潮水般涌进,独裁派的政府,只知道取媚外人,连领空权,内河航行权,海关权都拱手送给外人。对本国工业既不能加以保护,又不能予以奖励,以致民族工业的幼芽,眼看被人摧毁,工业界的人士眼看自己所创立的事业纷纷溃灭,自然也是痛心疾首极力反对。

第三,再从商界来说,除了一小部分有特殊背景的特殊商人,可以投机囤积,可以走私漏税,勾结政府官员做特殊买卖以外,一般的商人也是同样受到经济的困厄。只因为政府的苛捐杂税特别多,负担很重,交通工具缺乏,流通困难,人民穷困,购买力减弱,物价愈贵成本愈重,卖出一批货以后所获得来的货币数量,并不足以购回同样数量的商品,所以资金一天天短绌,逐渐濒于破产的地位。

第四、现在谈到占中国大多数的农民。大家都知道在抗战期间,他们出钱出力,流汗流血,但是他们并不能够因这他们对国家贡献了这样大的力量而获得应有的利益和生活上的保障。他们要负担政府的捐税,忍受警吏的敲诈,保甲长的中间剥削,要向地主纳高额的地租,和地主们转卸在他们身上的额外负担。收获的时期出卖谷子的时候,谷子的市场受地方的有力者的操纵,价格低落,等到青黄不接,农民要向市场买米的时候,米的价格就飞涨起来。此外农民因为一天天贫穷,不能不向高利贷求助,债务一上身,由于复利的累积,永远也挣不脱身,等到典尽卖光的时候,农民就只好离乡背井,出外逃荒,以致中国一方面闹粮食不够,而一方面又有许多荒地没人耕。有些农民虽然仍不忍舍弃生息于斯的乡土,但是已经处于半奴隶状态。贫穷到连最简单的农具都买不起,连一条耕牛都买不起,以致有许多地方已经用人力代替耕牛了。不错,由于农民极端的贫穷,和几千年来的封建制度,造成了他们的愚昧,可是从太平天国到现在百多年来农民自求解放的运动,已经使得农民有一般的了解,就是他要获得解放，他就得要同近代的工人运动连在一起，这一个最基本的政治认识，经过了十多年来的国内战争，在农民层里面是非常的普遍。

第五、现在再说到工人。中国的工人和农村是保存着密切的关连的。他们现在一方面受到生产事业凋敝的影响，工资低落，而且时常有失业的危险，另一方面又受一般物价高涨的影响。工资的提高仍然赶不上物价。过去中国的都市工人。常常在农村里面保持着一小块的土地，以这些土地上所得来收入，拿来补充工资的不足。但是现在农村经济破产，农民失地的速率，剧烈地增加，以致都市的工人，不仅得不到从农村方面的帮助，反而有许多失地的农民涌到都市来，成为了工人的亲戚朋友，增加了工人的负担或增加了他们的失业威胁。除了这些正式工人外。目前在都市上还庸集着许多失业的游民，从大学毕业的知识分子，失业的公务人员，以至体力劳动的工人，他们整天溜达在街头过着半饥饿的生活。只有很小一部分比较幸运，利用血缘关系，地域关系，才勉强找到一份职业。

独裁派为什么必败？

从以上的分析，我们可以看出目前的中国。由工人农民，小资产阶级，民族工业家，一直到政府里面的中下层官吏，一向不问政治的富商，都是反对政府的。虽然他们现在还不能立即起来诉诸行动，但他们对政府不满，和反对不问政府积极性却是在一天天增加着。所以从整个中国，各阶层的力量对比看，独裁派在政治上是十分孤立的。我们说他必败，这是第一个理由。

其次，独裁派不仅同全中国的最大多数人民对立，而且就是在他们自己的营垒里面，由于地盘的缩小，经济的困难，派系之间的矛盾和斗争也正在日益激烈起来。民主力量之增加，不仅不会使他们团结，反而会使他们之间的斗争更加尖锐，上层和下层之间的分化更加迅速。最近国民党政府极力拉民社党，青年党加入政府，其目的是想把过去参加民主阵营的大资产者，大地主的反对派拉到统治阵营里面去，以拆散同盟以强化自己的阵容。但是国民党的这样做，只有更增加统治阵营内的争夺和纠纷。统治层内部的斗争和分化，无疑的将更消弱他们的统治力量。我们说它必败，这是第二个理由。

内战打下去，财政收支无法平衡，据专家估计，去年用在内战上的国币约六万亿元，今年用到内战上去的费用，则预计将超过三十万万亿元，(以现在的汇率计算，约折合美金二十五亿美元)试问在全国经济和此困竭的情形之下，如何能够支持这样巨额的战费？何况战争对于全国经济生活所发生的破坏作用，又正是在制弱着维持这个坏政府的物质基础。本年二月间，国币下泻的风潮可说只是国民党统治区经济崩溃的开始。虽然现在这一个经济危机已经给国民党用残酷的方法暂时镇压下去，可是他这种办法，并不能和缓，所以造成这个经济危机的内在的矛盾。相反，反而正地加深这个内在的矛盾。所以今后，经济危机将不断的以更大的规模逆袭过来，这是可以预料得到的。到了那时候，生产事业，商品流通，以及社会财富的分配，各种业务的经营都会变成无法进行。也即是说到了那时候，除了四大家族及其他少数的官僚金融集团以外，全中国的人民都将无法生活下去。迫而走向反抗的道路，我说独裁派必败，这是第三个理由。

不错，独裁派所以为最可靠的，应该是美帝国主义的帮忙了。然而我们必须知道，美国反动政府对于中国我独裁政府的帮忙，是并不会如中国独裁少所相信的那样可靠的。第一，我们要知道，今天美国好战的侵略主义者们所主张的无限制支持全世界各地反民主的反动政权的政策，是并不能长期继续下去的，这原因主要的是，美国本身的经济危机亦正在潜滋暗长。美国的物资虽然雄厚，但他决不能永远每年以几十亿美元的物资向中国输送，给中国的这些腐烂无能的官僚们浪费。如果只供给军火的话，则根本不能挽救中国独裁政权的命运。因为目前中国政府所遭遇的，不仅是军事危机，而且是政治，经济的危机。这是一。第二今天美国主张积极支持中国的独裁政权的人，老实说都是一些好战的军阀，军火商人，和金融寡头集团，以及反动政客,但他们这样援助中国独裁派打内战,其结果一定是毁灭东亚大陆市场,损害了美国许多中小企业家的利益,何况美国大多数爱好和平的人士,以及许多自由派人士是不赞成这种政策的。所以经过一琮的时期以后,当美国的这种反动的侵略政策遭受到各国人民强烈的抵抗而碰了壁的时候,美国人民是会起来说会的。第三,美国政府的支援中国独裁政权,不过是他的反动的世界扩张主义的一部分。目前美国这种弃联合国宪章于不顾的露骨的侵略政策,无疑的将引起各国人民的反抗。当全世界民主力量日益抬头的今天,英美的矛盾异常尖锐的今天,美国援助中国独裁政权的政策必然要受到国内和国外的许多条件限制的。第四,美国政府之所以帮助国民党独裁政府,其目的无非是想借国民党的手来镇压中国人民的力量,希望它获得美国的援助以后,即能够打胜仗,并把中国的局势稳定下来。可是如果国民党军队,老是打败仗,老是把武装送给别人,老是无法安定中国的局势,那么美国政府也将终有一天会从现实的利害打算,收回他的片面援助。所以只要人民的力量能愈战愈强,美国对国民党的援助是不足以决定中国人民的命运的,相反只有中国人民的斗争才能决定美国继续援助国民党的独裁政权之是否有效。归结说一句,美国的援助是不可靠的。我说独裁派必败,这是第四个理由。

还有,独裁派所认为最可靠的支柱,是它的军队。他们很夸耀他们的美式装备。但仔细分析起来,他在军事上亦是没有把握的。无疑的,国民党的战略是企图速战速决,集中优势的兵力炽盛火力消灭共军的主力,可是以目前国民党的军力,和中共军力的对比看来,显然它是无法做到的。它的战略目的和它本身的力量不能一致这是第一点。国民党军虽有美式装备,但中国内地没有良好的交通条件,后方又没有高度了发展的工业来支持,士兵的技术水准更不足以运用,所以美工装备虽好,并不能发挥其作用,这是第二点;照战略的指导原则说,国民党的军队是应该集中来使用的,但由于地区辽阔,兵力不足,以致分散则挨打,集中则顾此失彼;本来国民党的军队是应该是利用近代的装备,高速度地前进的,可是由于怕中共军的袭击,乃不能不步步为营。采取长期围攻的战术。这样的战略和战术不能一致,尤其是在战术上处于被动地说,这是第三点;国民党军,内部派系纷纭。中内嫡第与地方系之间,陈诚系与何应钦系之间,军官私人之间为了利害关系,斗争激烈,以致作起战争来指挥不灵,进退不能一致,以致在战场上暴露出许多弱点和间隙,这是第四点;国民党政府早已失去了人民的信仰,国民党军尤其残暴,人民敌视国民党军队,这是第五点;国民党上上层军官,剥削士兵掠夺百姓,且还要受军官们的虐待!军官与士兵之间,上层与下层之间,存在着很大的矛盾,这是第六点。前线在进行着不义的战争,后方则经济困难,人民的生活无着城市则时有骚动乡村则民变四起,士气低沉,无论军官或士兵早已失去了胜利的信念,这是第七点。有此七点,国民党的军事失败是早经注定。我说独裁派必败,这是第五个理由。

我在上面已经举出了独裁派所以必然失败的理由,但是我还必须在这城提醒大家一句,即:我们绝不能以为独裁派是必败的,因此我们可以坐候胜利。从古以来,统治者,无论是怎样腐烂,怎样无能,怎样无法解决其自身的矛盾,可是他绝不会自动垮台的。同样,我们对于独裁派的估计,也绝不能用经济学上的数字,去预测它的倒台,这里必须要有强大的民主的力量。这也即是说独裁派必败的客观条件是具备了,问题乃是在于如何加强我们主观的势力,增强我们的力量,加速独裁派的死亡。

也许有人还在焦虑着美国力量的强大,觉得我们很难以为敌,但是我们切不要忘记,我们中国的民主力量也决不是孤立的,我们也有全世界的,民主力量作我们的后盾啊!

双十感言

载 1946 年 10 月《文萃》第 2 年第 1 期

黄药眠

去年的双十节是一个狂欢的日子,因为这节日是胜利后第一个双十节大家都是兴高采烈,以为八年抗战终于胜利,今后再也不要过那种逃难流亡的日子了,今后只要大家和衷共济,共谋建设和复兴。可是谁知对外战争才告结束,内战的阴影即随着俱来呢?

在对外来说,现在虽然是号称四强之一,可是事实上,美国在华驻军久留不撤,干涉我国内政,士兵酗酒横行,简直不把我们当成有平等地位的民族,为了要打内战,领空权和内河航行权均相继拱手与人,而在海外则侨胞受人屠杀侮辱均得不到政府合理的保护,其国际地位比战前还要低落。

在国内来说,通货膨胀愈来愈凶,物价不断的上涨,人民生活一天天艰难,加以荒灾遍地,贪官酷吏,残民以逞,征实、征购、征兵,千百万人民死亡枕藉,老百姓食尽树皮草根,还得纳粮纳税,有些人不堪为酷吏煎迫,全家自杀者有之,于纳粮后,全家饿毙者有之,想不到胜利后的一年还要看这样惨酷的图画。

至于在内战区域,炮火连天,兵行所至,庐舍成墟,老百姓更是无法生活下去。

在这样的情况下来庆祝今年的双十,真不知涕泪之何从。

但是,中华民族是经过了无数次历史考验的民族,无论任何困难,它都必须要生活下去,和发展下去的。它从不会容许那些只图自己小集团之私利,而出卖民族利益的人们存在下去的。所以今年的双十节不是庆祝的日子,也不是垂涕而悲,回想当年的日子,而应该是重新开始奋斗的日子。

我们要一致起来反对耗损国力，破坏人民生命财产的内战，我们要反对征实、征购、征兵，把有用的金钱拿来做内战的军费，以同胞的生命拿来作自相残杀的勾当，大家要团结起来，以集体的力量来救灾救荒！只有我们能够停止内战，在民主制度的基础上统一起来，我们才能够谈到建设和复兴，才能够使国家逐渐臻于富强。只有我们的国家能够站起来，我们每个公民才能够有光辉，才能受到别国人士的尊重，才能够在世界上与各民族立于平等的地位。

民国成立已经是三十五年了，当年革命志士之所以愿奋不顾身，为的也无非是要建立共和，实现民主政治，但三十几年来，中国人民要求的进程，总是不断为帝国主义、军阀、和腐败政客所阻挠，野心家们，有的是想连共和两字都取消，索性要做皇帝，有的是宁愿挂着共和民主的招牌来实现着个人独裁之实，但这些落后的反动思想，已再也不能制止人民向前的决心了。而且在目前中国人民面前已明白地摆下了两条道路，一条是民主的道路，一条是独裁的道路，前者是走向新生，后者是走向死亡，中国人民已是到了非抉择不可的时候了，但我们知道，中国人民是知道要走向哪条路的。

论宣传

载1946年10月8日《光明报》第3号

黄药眠

有很多人以为宣传就是把我们自己所信仰的,所以为正确的,用技巧的语言告诉别人,其实不然,如果我们只讲述我们自己所主张的是如何如何,尽管理论是对的,可是别人根本不愿意听,那么我们就无从获得宣传的效果了。所以宣传的第一步,就是使人家愿意听。比方卖膏药的,他绝不是一开头就说我的膏药好,而是先从别的地方说起,用些很有兴趣的故事,引起人们的注意,使人们愿意听下去,然后他才慢慢说到本题,说到他自己膏药的好处。

虽然用膏药与宣传来比喻,似乎不伦。可是我们不能否认的确在技术上,我们有许多应该学习这些卖膏药的地方,有些初出茅庐的笨拙的宣传者,一开始说话就是把他自己的理论上所得出来的结论向大家演说,这些话在思想相同的人听起来,固然是很过瘾,可是在一般的,特别是一般知识水准较低的听众听起来就感觉得很陌生,很不亲切,甚至听众有时引起反感。因为有时候,这些理论上的结论是常常和群众们的生活经验相抵触的,所以我们的宣传最好是从民众们日常生活所觉得有趣味的,有关连的地方说起,使到他们一开头便愿意听下去,为了这个缘故,一个好的宣传者,在他说话之前,或者在他写文章之前,必须要了解他所宣传的对象是谁,他们生活怎么样?他们的知识水准怎么样?他们过去的历史经验怎么样?他们所最感关切的是什么东西?他们所最感痛苦的是什么东西?他们所恨的是谁?所爱的是谁?必须了解这些以后,我们对他们说起话来,写起文章来才会使他们感觉得亲切,使他们感觉得抓到了痒处,才愿意很注意的把你的话听下去,这是第一步。

等到他们愿意听下去了，我们才开始指出他们生活所以痛苦的原因，告诉他们如何去奋斗。在告诉他们如何去奋斗的时候，我们也不应该把书本上的知识，书本上的理论，书本上的公式，生吞活剥的搬了出来，使到听的人感到莫名其妙，不是的，我们应该把书本上的理论，和当前的现实生活溶汇起来，变成具体的办法，须要知道基本上的知识，事实上也不过是由活生生的现实斗争经验，归纳出来的东西，只有我们把“它”——理论，能够在生活上应用起来，这个理论才是活的理论，有用的理论生长着的理论，我曾经看见有些人，只是会空口讲第一点第二点的理论，可是到实际工作的场面，可提不出具体的办法，因为提不出办法，所以也就很难获得人民的拥护，而宣传也失去了效果。所以宣传者在报告和叙述的时候，是越具体越生动越好，而在提办法的时候，也是越切实，越具体越好。

第二，宣传必须注重人民本身的经验，有些人只把自己的话，自己的经验、理论，面向听众说教，这样做法，虽然听众好像是了解，但是这种了解，是非常之浮浅的，是没有在他们生活本身生根的，我们必须根据着他们自己的政治经验，遵循着他们自己思索路线，去引导他们，使到他们从自己的生活经验去证明，我们这些话是对的，入情入理的。所以好的宣传并不是主观的“抒情”，不是教条的复述，而是通过群众们的政治经验来把自己学理上的结论通俗化。

还有宣传要注意宣传的对象，比方我们对农民说话，要多引些农村生活的例，用的语言要简单明确，句子要短，专门名词不要用得太多，知识分子的口头禅要减少。比方对工人说话，他们虽然受的教育很少，但是因为他们住在都市里面，每天都和近代文明所产生的机器接触，所以他们的理解力比较高些，因此我们同他们说话，用的语汇要浅显，可是我们也不妨在他们的智力范围以内，引用些和他们生活有关的政治事件做例子。比方对知识分子讲话，我们就不能够空话说得太多，用的词句要简洁，不要太啰嗦，说了很多不重要的话，使听众感到疲倦。本来说，宣传要注意宣传的对象，这个道理是很明显的，可是实际上做起来，常常就不能够很适当的应用。有时对没有受过教育的人宣传，用的文字和语言，是过分艰涩，一方面对那些受过教育的人说话，又是太过啰嗦，这些技术是需要长期的训练，才能够适当应用。

第三，宣传要注意到自己本身的地位，我们在写文章和说话之前，必须要考虑到自己处在什么地位，是属于哪一个集团，是以什么姿态出现，只有根据着自己本身的地位来说话，才能够获得所希望的宣传效果，有些人不懂得这一点，看见别人这样说得好，于是自己也学这样说，这样做，结果是大大的失败，这就是因为他们说话或写文章，不注意到自己本身的所处地位。因而变成了“东施效颦”。比方一个学生在同学面前讲话，用教训式的口气，用师长的口气说，那不管你说的话，内容如何，一定会引起同学们很大的反感，又比方你去做一个来宾，在这个时候说话应该简单明了，假如你很长的作些学术的演讲，那无疑的，你会引起很大的反感，又比方你自己是某一党派的人，可是你说话超出乎你所代表的党派所应说的话，无论是过分或不及，都会引起人们不良的印象。又比方你应该以长者的姿态出现的，可是你说话的时候，筋脉贲张，盱衡奋髯，口沫飞溅弄得场面过分紧张，亦容易使人感觉得你是失态。

第四，宣传必须抓紧个中心，每一个特定的阶段，必须有一个影响到人民生活最重大的问题，因为这个问题是大众所关心，所注意的问题，因此我们必须抓紧它，利用这个机会来扩大宣传，连续不断发表我们的意见，指出他所以发生的原因，从各个角度来阐述它的意义和影响，以及我们对付的方法，驳斥那些不正确的意见，这样有系统的宣传下去，时间长久了，就可在读者面前造成功一个深刻的印象。我们普通说的宣传运动(Campaign)就是指在社会上发生重大事件之后，一连贯有系统的宣传，有些人不理解这个宣传运动的意义，在宣传上不能抓紧中心，对一个重大事件的发生只写了一两篇文章就算了事，以为这就是反映了事变，这个做法是不能抓紧中心的手工业方式，其结果是把宣传工作弄得散散漫漫。今天的文章讲这个，明天的文章讲那个，不能在群众的脑筋里造成功一个有系统的看法。

第五，宣传必须同组织工作联系起来，假如宣传工作只是讲完了就算，或者是写完了文章就算，而不能够把接触我们宣传的人们组织起来，那么这种宣传至多不过是把某种思想或主张散播出去，扩大它的影响而已，但是宣传绝对不是能以此为满足的，我们必须把所有接触我们宣传的人们，根据着他们的要求和兴趣，利用种种形式组织起来，这样宣传才能够成为组织的酵母。每一个号召，每一个宣传，都要能够在组织上巩固起来，比方组织一个讲座，我们除了请人来演讲以外，我们最好能把到听者的姓名籍贯职业和通讯处登记起来，使到大家将来有机会互相接触，或者采取各种研究会同学会的形式把他们组织起来。又比方出版一个刊物，我们最好把那些读者们组织成读书会，或者介绍他们互相认得，这样可以有意识地逐渐扩大读者的圈子。这些都是由宣传工作到组织工作的一些例子。

总之，做宣传工作一定要明了宣传的目的，不是背诵教条，而是要明了在特定条件之下，有我们自己的地位，我们要预先设计，我们要在人们中间产生出什么一种政治效果。或者是说明一件事理，或者是指给他们一个方向，或者是鼓舞他们的热情，或者是坚定他们的信心，在宣传以后，我们必须检查我们这一次的宣传，是不是达到了我们的目的，是不是发生了所预期的效果。只有通达人情事理，明白当前的形势和各种社会力量的比重，各人间错综复杂的关系，我们才能根据自己的身份来说话，或是强调哪一点，或是放松哪一点，含糊哪一点，都能够有一个仔细的斟酌。对于对象方面尤须研究，宣传并不是上课教书，并不是说教，它是一件不容易做的工作。必须明了人们的生活情况，知识程度，其所要求的东西，和他们的情绪，然后按着客观的条件，决定我们说话的态度说话的内容，接近问题的方法。这样我们才能够做一个很好的宣传者。

评彭学沛氏十月二日的声明

载 1946 年 10 月 8 日《光明报》第 3 号

吉

本月二日的国民党中央宣传部长彭学沛,在招待中外记者会席上发表了一个政府对目前时局的声明。内容大致是:政府赞成开五人会议,讨论改组国府,最近又准备开三人会议,商讨停战办法,但中共突以半官方式声明,宣布必须无条件停战,因此中共破坏了该两项会议,一切后果应由中共负责云云。彭氏的这些话,似乎是指最近中共代表拒绝参加国民大会,和中共代表周恩来氏对合众社所发表的谈话,“须待马司二氏明白声明他们的意向,才能重开谈判”,以及周恩来向马帅所提的备忘录要求政府马上停止进攻张家口而言的。如果是这样的话,我们认为中共的提议完全是防卫性质的,而且今天目前中国的内战,政府军是采取攻势,如果政府有诚意谋取和平何以就不能先停战然后再来谈判?何以中共提了无条件停战就应该负今后内战的责任?何以对于中共要求停止进攻张家口,政府就一定不能答应,非攻不可?谁是好战,谁是内战的责任者,应从这些最简单的事实中去看出。此外,彭氏还发表了政府对解决时局可能让步之最大限度:即一、国府委员无党无派的名额中,一名可由中共推荐;二、整军方案,规定中共十八师,应迅速遵照限期进入驻地。对于此两项问题获得协议后,即宣告停止军事行动。不过,我认为这两个问题,第一个问题是和各党派在国府委员会的否决权有关,第二个问题,即参与实施地方民主制度有关。而且今天最严重的问题是内战的规模已愈益扩大,人民正遭受到难堪的惨劫。如果再这样讨论又讨论,拖延又拖延,即使能获得协议,人民已受到了莫大的损失。所以站在老百姓的立场来看这些问题,我们认为很简单,谁赞成无条件停战,谁就是应该受老百姓拥护,谁就是有和平的诚意。至于国府名额问题,共军驻地问题,这些都是早已经讨论过的老问题,如政府不愿放弃独裁的迷梦,不愿意实施地方的民主制度那是一定谈不出什么结果出来的,结果,自然还是用和平的烟幕来掩护内战。[或是攻下张家口再来和平]!

论组织

载 1946 年 10 月 18 日《光明报》第 4 号

黄药眠

组织是一个很大的艺术，你想想看要把许多各种各样不同性格的人放在一起，组织成功一个集体的意志，集体的力量，这不是一件很难的事情吗？它比读书和写文章还要难，因为读书是死的，你高兴的时候读它，你不高兴的时候把它摆在一边，可是组织工作所处理的是人，这些人本身都是有自己的意见，自己的兴趣，我们不能够高兴的时候把他拉过来，不高兴的时候把他踢开去。至于写文章，只要有正确的立场和缜密的科学方法，把许多的参考书，许多的资料，依照次序排列起来就是，可是处理人事，每个人有他自己的观点，而且人与人之间，有许多摩擦纠纷，排挤和吸引，有许多血缘，区域，事业利害的关系，我们要把他们处理适当，搞清每个人的个性，他的所长和所短，使到每一个人都心悦诚服去为一个共同目标服务，这个是一件很不容易的事情，有许多人只知道自己写文章或读书，而对于那些做组织工作的无名英雄，表示藐视，实在是不应该的。

现在让我来谈一谈一般的组织原则：

第一，组织必须适应于当时的政治形势，和决定于他这个团体本身的政治任务。如果政治形势是进攻的，那么我们的组织应该是集中的，统一的形式。如果在政治上，我们是退却的，或者是作持久打算的，那么我们的组织应该争取分散的形式，组织成各种各样的单位，使到我们不会因为组织过分集中，目标过分显露，而很容易受到敌人的打击。比方在政治形势好转的时候，人民的情绪非常高涨，那么那个时候，我们就应该在群众的积极性上面，利用各种各样形式，把所有愿意参加运动的积极分子都吸收过来，相反的，假如这个运动是在退潮的时候，我们就要能够善于保护自己的核心，隐藏起来。又比方在形势非常多变化的时候，我们的组织更应该富于弹性，可以随机应变，在形势比较稳定的时候，那我们的组织就应该比较正规化，序列分明，一切的工作按照一定的程序，有细密的分工。又比方在局势陡变，原来已有的组织，亦陷于混乱状况之下，那么在这个时候，我们就必须抓紧这个阶段的特点，组织一个能够适应于纷乱局面的组织，有些人以为一时的纷乱，而感到茫然，或者是仓皇失措，这都是因为在组织上没有训练的缘故。

第二，每一种组织形式，都必须有它所从而建立的中心，比方这里有一大群人，我们要把他们组织起来，究竟要从哪里下手呢？我们必须找到一个中心，作为这种组织形式的骨干，比方这里有许多是同一个区域来的，那我们就要以区域为中心，组织同乡会；比方这里很多是学生，那么就应该以学生的趣味为中心，组织学术研究团体，体育团体，娱乐晚会；比方这里有许多是工人，我们就应该以工人的利益为中心，组织工会，或者是合作社，或者是同业工会；又比方这里有许多贵族妇女，小姐，那我们就要以她们的兴趣为中心，组织社交的宴会，教育机关，慈善团体；又比方这里有许多是工商业家，那么我们就应该组织聚餐会，交换些时局的意见，贸易金融的情报，国际国内的新闻，务使这里面的空气不会过于严肃，而同时对于他们的业务又是有利；又比方这里有很多是大学教授，那么我们就应该以学术的趣味为中心，讨论些国际国内的某种学说的新趋势，如何提高学者的权威，增加研究学术的便利，解决学术工作者的困难。总之，对于各种不同的人群，我们要采取各种各样不同的组织形式，来网罗他们。

第三，每一种组织并不是说组织完了就算大功告成，我们必须要使到每一种组织，都要有他们自己的生活，有些人很容易把某种组织，组织起来，但是不久以后，大家都觉得加进这个组织等于没有加进，大家精神涣散，或者是貌合神离，结果是无疾而终、大家散伙，这原因就是因为组织者不能够抓紧群众要求和情绪，不能够适应当前的环境，来充实这个团体的生活。比方对于青年学生的组织，我们每次开会都讨论些很冗长的学术问题，久而久之自然会使那些会员感到没有兴趣，又比方在非政治性的团体里面，整天在那里讨论些政治问题，久而久之也会使会员们感到乏味。总括说一句，体育团体必须要过体育团体的生活，文艺团体必须要过文艺团体的生活，社交团体必须要过社交团体的生活，我们不能要求社交团体过救亡团体的生活，要求工商业家的团体，过学生青年的生活，这些道理说起来倒是很浅，但是实际上做起来，就常常有人犯到很大的错误，以少数人的主观要求代替了群众的要求，以少数人主观的兴趣，代替了群众的兴趣，或者是先机械的立定了一个群众组织工作的原则，于是把这个原则应用到任何一个组织形式上面去，这是很大的错误。

第四，组织工作一方面是要巩固它，充实它，使到每一个组成分子在团体里面，感到兴趣和愉快，另外一方面，我们也要尽可能使这些组织能不断扩大，因为组织的扩大，也正是刺激会员群众增加积极性的一种办法。扩大组织除了由会员经常介绍外，我们必须善于利用时机来扩大组织，比方在某些地方发生了某种运动，在这运动里面大家情绪非常高涨，于是我们就可以来一个号召，大规模的招收会员，猛烈的扩大组织，这些新会员因为是刚从运动中来，带来了无比的热情和积极性，这不仅会使原来的组织里面的人，感觉到欢欣鼓舞，而且会使到这个组织，突然会增加了生气。当然在大批的人涌进团体里来的时候，其中也许会夹杂着一些不良的分子，但这是不足为病的，因为这些不良分子，我们可以经过长期的考验来把他慢慢淘汰出去。

第五，组织的艺术，是在于把许多不同个性的，不同兴趣的人，根据于某种相同之点而组织成，构成功集体的意志，集体的力量，可是并不是说，我们是机械的注意到原则，纲领，和共同的目的，而忽视了每个成员的个性，地位，兴趣，长处和缺点，只有那些教条主义，机械论者，才会手上捧着教条原则，无视那些活生生的人，使得整个组织毫无生气。我们必须紧记着，组织是通过每人的意识来发生作用的，如果您只知道下命令，吩咐人要这样做那样做，而不注意到这些被吩咐的人，被命令的人，是否有可能愿意接受，是否有能力接受，是否有什么困难，那结果就会使到许多人不愿意在这个团体里继续干下去，而这也就解释了为什么根据着同样的纲领和原则，有些人是做得通，而有些人却做不通，有些人是获得到群众的拥护，有些人却很受人反对，如果更具体的说起来，组织并不是干燥无味的，根据着章程和原则做事，而是要在平时就要同许多的会员在生活上打成一片，保持着很好的感情和友谊，关切着他们个人的生活和痛苦，尽可能的用集体力量来解决他个人的困难，在他彷徨无主的时候给予鼓励，在他找不到办法的时候，帮忙他找办法。有了友谊和感情的基础，那么动员起来也就容易了。我们平时所谓组织的才能，也就是在这里。

危机紧急之时

载 1946 年 10 月 18 日《光明报》第 4 号

吉

张家口陷落,才不过几小时,政府立即悍然不顾民盟及各党各派的反对,自行召开国民大会,这样一来使得民盟领袖奔走调解的计划,顿为失败;而中共方面既然早就宣言,如国民党政府,继续进攻张家口,则双方全面破裂,一切责任应由政府负责。如此说来,中国国内战争,既成为了不可避免。何况美国政府,表面上死抓住调解的招牌,而实际上则是继续他的一贯的对国民党政府的帮助。所以中国的内战,显然的,有着国际的背景,而美国的扩张主义的政策,实应负这一次大规模内战爆发的一部分责任。

诚如为我们同盟各领袖历次所昭示!我们同盟对于这一次国民党政府不依照政协决议,不征求各党派的同意,自行召开的国民大会,是采取反对态度的,决不参加的,但中国人民八年抗战之余,正当哀鸿遍野之际,今天又要因少数野心家之企图维持专政政权而至于发生大规模的内战,国事至此,诚令人痛心!

但是我们有着信心,即和平终于要到来,政协决议必须要实现。因此我们的态度,非常之明显,即谁赞成政协决议,谁愿意为政协决议而奋斗,我们就与谁合作,谁要是反对政协决议,或口头上说要实行政协决议,而实际上则在实行独裁,我们就要反对谁。无论碰见若何的困难,无论用何种方法,我们的目的,只有一个:就是要实现民主与和平。我们不赞同那些以为大规模内战爆发以后,就将一直打下去,无休止地打下去的说法。虽然我们今天,不能预先断定,这个内战将延续多少时间,但总希望有一天人民的意志胜利,还是以和平民主的方法,结束内战,完成中国的统一。我们这一片爱国的真诚维护人民与民主的精神是可以为全体同胞告的。

当然我们也知道,现在时局紧张严重,国民党政府是会以种种名义陷害我们,以特务恐怖威胁我们,但是我们要在这里明白宣言,我们是非任何威武所能屈的。当然我们也知道,国民党政府是会用种种办法分化我们,以地位,名誉,金钱,官爵诱惑我们,但我们在这里要明白宣言,我们是非任何计划策略所能分化的。非任何名誉金钱所能诱惑的。

眼看内战已成为了全面性的,遍及于全国各地的,无分前线与后方的,如果在这个时候,还说和平还有希望,调解还属可能,那么除了说他是完全欺骗以外,还能够说他什么呢!老实说,我们是被欺骗得够了,如今国民党政府还想用这个方法继续欺骗下去,那么除了引起我们的反感和愤怒以外是什么结果也不会有的。

坚持政协决议的立场

载 1946 年 10 月 28 日《光明报》第 5 号

黄药眠

本月十二日国民党军进占张家口，随即又由国民党政府颁布依期召开国民大会的命令，这时候空气紧张，同盟同人乃决定暂缓进行调解，并认为国民党的这个措施，“无异是默示拒绝民盟的调解的建议”。大家都以为和平是绝望了。

然而好像出乎意料之外的，南京方面突然于十四日起不断的传出和平的声浪，雷震，邵力子，孙科，往来于京沪之间，对于和平竟至如此其熟诚，甚至把第三方面在张家口未被国民党军进占前之提议也作为和平的建议，而在认真地商谈起来。于是在国人脑中马上又浮起了和平还是有希望的幻影。

和平是不是可能呢？不错，中国是终需要和平解决的，但和平决不是在今天这个条件之下——即决不是在中国国民党军在胜利气焰高涨之下，所能达到的。

国民党独裁政府之没有诚意谈判和平是有证据的。

九月中旬，国民党政府提议先由五人会议谈判改组政府问题，对于停战问题却始终搁置不谈。到了九月末，当中共方面提出了如果国民党不停止进攻张家口，就会引起全面破裂的时候，国民党对他的答复却还是把张家口问题避开不谈，而提出了国府改组和共军驻地问题，又说三人会议可与五人会议同时举行。这样避重就轻，我们早就指出了国民党的企图，是打下了张家口再谈了。过去，“打下了长春以后再说”的记忆，还是很新鲜的。现在不幸而言中了，打下了张家口以后，国民党政府为了便利于准备下一个攻势，他又来弹起和平的调子了。他要向人民表示：国民党是始终要和平解决的，如果中共、民盟拒绝谈判，那破裂的责任就不应该由国民党负了。和平在国民党手中，成为了战争的前奏，成为了好战者的玩具，只要他的更大规模的作战准备完成，那么他随时又可把和平一脚踢开，借口某些问题得不到协议而大事进攻了。或者△△△

你想，政府如果有和平的诚意为什么他不能在未占领张家口以前就停战呢？他为什么要故作姿态要停战十日以迫使对方接受明知其不能接受的条件呢？为什么所答非所问，把进攻张家口的问题弃置不谈呢？为什么把民盟调解的主张放在一边，而要先把张家口拿下来再说呢？为什么没有征求同盟及第三方面的人士的意见，而就立即召开国民大会呢？

当雷震、邵力子、孙科、吴铁成忙忙碌碌，奔走于和平谈判的时候，而参谋总长的陈诚在却北平主持着军事会议。一时听说国民党军进攻安东，一时又听说国民党军向平汉线反攻，一时又说可能进攻延安。你说国民党政府如要和平，那他这样紧张的军事会议是为了对付谁的呢？孙科说，只要周恩来进京参加会议，停战命令就可以下来，可是现在周恩来进京了，而蒋介石先生却于匆匆一面之后，第二天就飞到台湾去了！前次蒋先生一飞到庐山去，苏北前线马上就大打特打起来，这个记忆对于我们还是新鲜的。

很显然的，今天国民党的策略是：每经历一次的进攻就来一次谈判，调解，以调解来巩固他在进攻中所获得的成就——所谓既成事实。一方面准备下一次的进攻，再经一次进攻，然后再来一次谈判调解，再以调解来巩固他在进攻中所获得的成就，国民党企图不断的反复着进攻和调解，一直到消灭所有的民主势力为止。到了这时候，他就可以抛弃过去和平的伪装，露出独裁者的面孔，请几个陪客作为他独裁政府的点缀。国民党这个政策是很毒辣的，他很明白知道，民主各党派是不愿意放弃任何和平调解的机会的。

我这些说法，不仅是根据国民党过去的行为来推新，而且也是根据于他目前军事的布置。一点也不会错的。这是从国民党的整个政略来看的。现在再从国民党△△△点：一，依照今年六月间三人小组所拟定之恢复交通办法，立即恢复交通；二，在军调处执行部各执行小组及北平执行部内，双方不能同意之争执，依照本年六月间三人小组所拟定的办法处理之；三，今年六月间所拟定之东北军队驻地，应即定期实施；四，华中华北之国军与共军暂驻现地，以特三人小组协议商决，国军与共军之驻地分配及整军统编与缩编诸事宜，而达成全国军队统一之目的；五，五人小组所成立之协议应即交由政协综合小组获致协议；六，国内之地方政权问题，由改组后之国府委员会决定之；七，宪草审议委员会应即召开，商定宪法草案，送由政府提交国民大会作为讨论之基础；八，在共产党同意以上各点后，即下停止军事冲突令，在下令之同时，共产党应宣布参加国民大会，并提出其代表之名单。

这里显然有好些地方是和政协决议不同的，比方政协决议是："协政会设宪草审议委员会，根据协商会议拟定之修改原则，并参酌宪政期成会修正案，宪政实施协进会，研讨结果，及各方面所提出之意见，汇综整理，制成五五宪草修正案，提供国民大会采纳。"可不是"作为讨论之基础"。这是和政协决议不同者一。

其次，依照政协协议："中国国民党在国民大会未举行以前，为准备实施宪政起见，修改国民政府组织法，以充实国民政府委员会……"，总一句话说，照政协决议是先改组政府然后召集国民大会；可是现在国民党政府一拿下令张家口立即就下召集国民大会，好像只要军事上打了胜仗，则什么政协决议都可置之不管似的，这是不妥者二。

第三，关于地方政权问题，依照政协决议关于地方自治本已有了规定：第五、地方自治甲项"积极推行地方自治废除现行保甲制度，实行由下而上的普选，成立自省以下各级地方民选政府"又丙项"全国各地凡已实行民选的地方政府，应承认其为合法，并定期举行改选。"由此看来所谓"国内之地方政权问题，由改组后之国府委员会决定之"亦显然与政协决议的明确规定不符而故意留下漏洞，为将来做文章的地步，此其三。

第四,“华中华北的国军与共军新驻地以待三人小组决议商定,这又无异推翻过去所签之停战协定,而只承认目前的既成事实”。

所以严格地研究近来蒋先生所提议的八点并不能算是让步,而是故意违背政协决议,而是要我们迁就“既成事实”。不错,我们调解人有时也不能不迁就事实,作现实的考虑,但是照我们上面所分析,国民党目前的政略是每一次进攻就接着来一次谈判,如果每一次谈判都要我们迁就事实,那岂不是要我们一步步离开政协决议,回到独裁的道路上去吗?

不,这是和我们走向民主主义的道路完全相反的。

我们觉得我们同盟是一向站在国共党中间的调停人。可是调停人也应该有调停者的立场,同盟的立场是什么?我想政协会的决议就是我们的立场,一切是非公道与不公道,应以此为准则。我们不能随着事件的迁移,不断的迁就事实,一步步离开政协的决议,跟着别人走。我们决不愿意做任何党派的“尾巴”。

假如我们自己不能坚持政协的立场,则尽管我们自己是以调停者自居,可是实际行动起来,就必然会不是偏于这一方就偏于那一方,双方都不讨好,而且自己首先陷于无立场无原则的地位,失去了调解者的威信。

不错,我们目前最大的目的是要争取和平,不错我们的怀抱是悲天悯人,愿用一切方法来制止内战的爆发。可是我们必须明瞭,只有坚决执行政协的决议,才是和平的最好保证,一切牺牲政协决议,迁就别人的办法,纵然可以获得暂时的和平,但是最后的结果还是不能获得和平。因为目前独裁者的企图正是以和平为幌子,逐步导引我们离开政协决议,回复到独裁的路上去。

朋友们,我们是再也不能受那些阴谋家的欺骗了。如果庄严的政协决议,他们都可以破坏,离开今天他们所立下的甜蜜的允诺就不会于明天被破坏吗?如果今天我们可以迁就,难道我们就不可以被引导到第二步的迁就吗?

不错,当内战正如火燎原之际,我们为须采的现实的办法,立即停止双方的行动,但我们必须坚持一点,即:目前的停战,不过是实施政协决议的前提,我们要获得真正的和平必须坚持政协决议绝不能半途而废。

不错这次同盟的政协代表之冒险赴京是对的,明知道这次调解或是国民党的玩弄手段,但是只要还有一线的和平希望我们还是决不放弃机会,并以此种忠忱昭示国人,不过我们的立场是不能放弃的,放弃立场,那就是等于和平事业的失败,而且当心国民党的阴谋家要分化我们啊。

所希望于联合国大会的

载 1946 年 10 月 28 日《光明报》第 5 号

吉

联合国大会又于本月二十三日在纽约开幕了，这一次会议要讨论的题目自然很多。和平不可分割，我们当然希望联合国的主要国家在全世界人民的公意压力之下，衷心合作，奠定世界和平的基础。不过根据中国人民的立场，我们所最关心的倒还是苏联提出的调查非敌国驻军问题。我们诚心希望从这个讨论中得出一个结果，把驻留在中国的美军迅速从中国撤离开去。所谓“保护铁路”，“保护美商”，“协助中国训练军队”都是完全违背联合国宪章，损害中国领土主权完整的行为。如果说，要等到中国内战停止才能撤离中国，那就等于说，美军永远不撤离中国，因为美军多驻华一天，中国的内战也就一天无法停止。最近报载，华北美兵又因为出外“狩猎”而被中国老百姓扣留起来了，我想美国兵如果这样喜欢狩猎最好还是回到他们家里去，不然中国对于他们也许是危险的。

彭学沛的话信不得

载 1946 年 11 月 8 日《光明报》新 6 号

药

国民党的中宣部长彭学沛的话是信不得的。这话有证据吗？当然有。比方最近国民党借着和平谈判做幌子到处向中共区进攻，进攻烟台，进攻威海卫，进攻安东，还说要进攻延安。杀得杀气腾腾。但彭学沛先生于前日在招待记者席上说："内战各前线已告平静"，到了后来明知一手不能掩尽天下人耳目，于是才又改口说各地只有局部性的战事。你想想看，明明到处在打，而彭氏却偏要说没有打，明明是到处大举进攻，而却偏要说是区域性的战事，这不是明明白白在骗人吗？如果说没有打或者说只是区域性的小冲突，那么今天应该是中国无战事了，但何以现在没有一个人不说内战在扩大呢？所以我说，彭学沛的话信不得，他是把骗人当作家常便饭的。

欢迎裁军

载 1946 年 11 月 8 日《光明报》新 6 号

吉

最近联合国大会,苏外长莫洛托夫提出普遍裁军的建议,我觉得这个建议,虽然会使许多好战的野心家、军火商人头痛,但我相信全世界的老百姓是没有不赞成的。以美国来说,每年的海陆空军的预算,就约有一百亿元,正因为美国维持着一支庞大军队,所以那些与军火商人同鼻孔出气的军人政客们才到处唯恐天下不乱,一时说"美苏关系紧张",一时说"第三次大战终不可避免",今天示威,明天演习,弄得满城风雨,全世界人民都惴惴不安。而且军事预算这样庞大,赚钱的是军火商人,而负担的却是老百姓。所以今天莫洛托夫的裁军提议正是给这些制造战争的阴谋家们一个迎头痛击,难怪这个提议一提出,全世界的舆论都表示同情,而美国的好些外交家们却显得手足无措了。我们中国人民是衷心地欢迎裁军的,我们希望中国能够和平,全世界也能够和平。

这也算是民主

载 1946 年 11 月 8 日《光明报》新 6 号

达

当政府大吹大擂要实行民主，要召开国大会，要还政于民的时候，当第三方面各代表都被请到了南京，备受款待的时候，内地各民主书刊，不断被迫停刊的又有十多种。如果照国民党中独裁分子的说法，中国共产党有武装，所以应该反对，但民主同盟是一个没有武装的政治团体，而且一向是主张用和平的方法来实现民主的政治团体，是以合法斗争为号召的政治团体，何以也不能够得到国家法律的保护呢？中国老百姓连基本人权都没有，还说得上什么民主？如果这也算是民主，那就只是独裁好战分子的民主，官僚的民主，决不是老百姓的民主。最近报载国民党政府鉴于第三方面的人士都不愿参加他们的一党召集的国民大会，因而已在暗中进行组织各种新党。国民党中的独裁分子，自以为这是很聪明的办法，把自己的人马，挂出各种党派的招牌，参加国大，改组政府，一切都可十分如意，而且还可以避免一党专政的恶名、但是民主不民主，是要老百姓心里才最明白，不然的话尽管你挂上多少民主的招牌，口里喊着多少民主的词名，人家还是简单地把你看成独裁的伪装罢了。

论领导

载 1946 年 11 月 18 日《光明报》新 7 号

黄药眠

无论是那一种运动，都一定有许多人参加，而在这许多人中，又一定要有一些领导者来照顾全局。有许多人以为领导者是高人一等的，其实不然，领导者不过是本质上代表众人的意志，执行众人的意志，当然我们不能否认领导者必须有个人的才智，然而我们把个人的才智过分夸大，好像是天生英雄似的，那也不对。其实领导者的才智，一部分是由于个人的天秉，而大部分是由于他在集体的生活中斗争的过程中，不断的锻炼，集众人之所长，而获得成功的。

那么我们所谓领导，究竟是指什么而言呢？首先是按照科学的预见，起草计划，按照世界的形势，国内的形势，主观的目的和力量，依照当时当地的具体环境，预计到将来可能的变化，起草周详计划。当然由于客观环境的急骤，计划的细节，有时是可以修改。但是全盘布置的方针，是不能改变的。但这并不是说起草了计划之后就算了，如果很好的计划永远留在纸上，那也是没有用的。所以第二步就是要执行计划，根据着计划的整个精神和方针，决定哪个先，哪个后，哪个缓，哪个急，那些应该不顾一切的坚持，哪些应该妥协让步，哪些是确因为客观的环境变化，在原定计划的某些部分，应该酌量的修正和改变，而那些是虽然客观上有困难，可是只要加强主观的努力，我们还是可以把困难克服，以贯彻我们原有计划。所以这些进退之间，变与不变之间，就包含着很大的领导者的艺术，有些人很能够起草计划，但在执行计划的时候，就表现出没有办法，因为执行计划一定要深刻的懂得政治科学，而且还要有丰富的斗争经验。

工作是要人去做的，执行计划也是要通过人事，所谓领导者必须平时就同群众们一道生活，感情搞好，理解他们的生活，同情他们的痛苦，帮助他们解决私人的困难，只要大家感情搞好，动员起来才能够顺利。不然领导者俨然以高人一等自居，对于他们的个人生活漠不关心，对于群众的情绪毫不了解，或是生活悬殊，除了工作以外，根本就不相来往，这样，即使你的工作计划万分正确，但是动员起来便发生许多意外的枝节和麻烦，或者是大家精神不属，懒懒散散，各人自己有自己的心事，反而把公众的事情摆在第二位去了。既然大家不能够集中全力，步调一致的来做工作，自然常常就不能完成计划，因为不能完成计划，或者是事业失败，以致大家互相埋怨，工作情绪低落，或甚至反转来怀疑工作计划的正确性。这种由于执行计划的时候，大家人事关系弄不好，以至发生许多琐碎的争论，也是常有的事，所以我们说领导者应该和群众打成一片，也就是这个道理。

同大家的感情搞好后，也不就是说我们的工作就有办法了。不是的，我们还要进一步对每个工作者的个性都要明了，哪个人善于做宣传工作，哪个人善于做组织工作。哪个人不喜欢说话，能守秘密，哪个人喜欢奔走，接洽，哪个人喜欢做文字工作，哪个人善于拉拢交际，哪个人善于按部就班巩固关系，领导者对于所有工作者的个性，长处和缺点，都要有深切的了解（即使不能对所有的工作者，但对于身边的主要干部，必须做到如此），而且要善于利用每个人的长处，使到他们发挥力量。如果我们的工作分配不得其当，把善于做宣传工作的人拿来做组织工作，把那些善于拉拢交际的人，拿来做案头要作，那其结果一定是弄得大家都互相埋怨事情做不好。

但是所谓长处，也不是天生成的，比方我们开创做一件事情，我们根本就没有现成的干部，那么这个时候，我们只能找那些性质比较近于某一种工作的人来做某一种工作，并由领导者在实际工作中不断的耐心的教育他们，使到他们慢慢的熟习于那种工作。但领导绝不是代替，有些人看见自己的干部做得不好，马上就卷起袖子自己来做。但是事情多了，这个人做不好你也来代替他，那个人做不好你也来代替他，结果是自己事情忙不过来，样样都做不好，而对于全盘计划的考虑,领导者所应做的工作,却反而没有做好。有些人在发现他的干部做得不对的时候,马上就要痛骂一番,这样使那些人精神慢慢萎缩起来,一切事情都不敢自己做主,一切事情都要向主持人请示,结果是把这些干部弄得没有创造精神和积极性,变成了替别人做事的机器,自己没有感觉,也没有热情,这一种领导方式,也可以说是家长式的领导,是最坏的领导。

有些人以为领导就是下命令,和吩咐别人做什么,其实不然,领导者必须善于倾听干部的意见,因为我们所做的民主的工作,根本上就是执行人民的意志,既然我们所执行的是人民的意志,那么我们怎样可以不倾听人民的意见呢?一个好的领导者,他必定是能够以众人的耳目为耳目,以众人的心肠为心肠。自然不错,自己的能力比较强,所见比较远,但是人究竟不是神,总还有许多缺点和看不见的地方,这就有赖于群众和自己的干部,不断的指出和加以补充。并把这些人的意见里面加到自己的计划上面,使它更加周密。“河海不择细流所以成其大”,同样的领导者,也应该有容人的雅量,而且即使那些干部,没有自动提出意见,我们也应该鼓励他们尽量的提出意见。因为这样可以提高他们的自信心,提高他们的积极性,使到他们觉得我们所执行的计划,也有他们的意见融汇在里面,所以这也是动员干部,鼓励干部的一个方式。

做一个好的领导者,并不是装腔作势,摆一副庄严的架子就可以成功的。也不是像老官僚般坐在那里像菩萨一样,什么事情都马马虎虎,摇头点头,就算完事;也不是在事前没有具体的指示,而到事情做坏了以后,又暴燥如雷,咤呼谴责,所能成功的。领导者的威信是建立在下面几点:

第一,他能够帮忙干部工作,考虑问题比较别人更周密细致,把整个计划和实际环境配合起来,不迟不早的选择最适当的时候,提出最合时宜的主张,根据当地的情形,根据人民的需要和主观的力量。规定组织的形式,和活动的方式。同时还要分配适当的人去做,并且还要告诉他,这样的下去会遭遇到什么变化,和什么困难,而我们要怎样来解决他，指导工作绝不是粗权大叶的分析一点政治形势，交代几句要做什么就算了。不是的，我们不仅要交代他们要做些什么，同时还要交代他们要怎样做，做了以后可能会碰见什么困难，而这些困难又怎样去克服。有些人做工作，只背诵决议和计划，也不考虑到在什么时候，什么地方，在什么条件之下，而做这个工作的人，又是什么出身，过去有什么经验，有什么长处和短处，只是吩咐他要做什么，而不交代他怎样做法，更不帮助他解决困难，这是不对的。所以真的好的领导，必须是能够拿出具体的办法，帮忙干部解决困难，及时的给予他适当的指示。只有在对工作的热情上，处理工作的能力上，来建立自己的威信才是最好的办法。

第二，一个好的领导者必须能够在危机紧急当中，时局变化急速，大家都彷徨无主的时候，他能够提出适当的办法，并能说服群众，相信他的办法，坚决的去执行他，这样使自己成为一个中心，冲破一切的困难，来完成一定的任务。只要工作能够做成功，那么他的威信也就建立起来了。所以领导者是要能够受得起困难和危险的考验。

第三，领导者应该有过人的远见，在大家还没有感觉到困难的时候，他就首先感觉到可能的困难，在大家还没有感觉到危险的时候，他就首先感觉到可能的危险。并且在组织上，人事上，作一个准备的步骤，以避免碰见这个困难和危险发生的时候，大家手忙脚乱。所以人事的变动和分配，都应该考虑到未来的远景，和可能变化的前途，而不是死顾目前的需要，把所有的人都集中在一个地方，或者把所有的人都使用在第一线上，而不估计到未来的人才的需要，预先留下后备的队伍，和储蓄将来的人才，这都是不适当的。

当然，我们并不是说具备了这几个条件，人们就可以做很好的领导者了，不是的，我认为这是领导者所应该具备的起码的条件。除此以外领导者所最重要的具备的条件，就是对于工作的热情，和自我牺牲的精神，因为这种精神才真是推动大家为公众的目的而奋斗的，最大的推动力。

反对征兵

载 1946 年 11 月 18 日《光明报》新 7 号

吉

最近华商报载军庆抗讯里有这样一段消息:四川省参议驻会委员会听了军官区谢崇楷的报告,说中央政府要于十一月底完全征齐六万零二百名新兵以后,就曾表示不满。认为在抗战期中,出川壮丁有五百万以上,返川者仅六千人。牺牲数目以及役满而未退伍者,数目之大可想而知,对于流落于京沪一带之川省官兵,政府且不予以收用,现在又要在川省征兵!现省参会已电请中央据理力争,坚决反对再征新兵云。

我们认为四川省参议会驻会委员会的决议是完全对的。在过去,为对抗外寇的侵略,为了保卫国家,我们人民是愿意忍受一切痛苦牺牲的,但是现在对外战争已经停止,照理国家对于这些抗战有功将士,死的伤的应予以抚恤,生还的应予以资遣或协助其就业。何图抗战结束,贪官污吏既乘胜利之机会大发接受财,而抗战有功的将士,反而既被裁汰又无旅费,欲归不得,流落他乡!这是多么悲惨的图画!

政府制造了这样多的流民难民,还不算,现在为了要打内战,又要在全国大肆征兵,试问这次征兵是为了打谁?是为了什么目的?我们要在这里坦白宣告,如果政府是为了保卫国家,是为了保护人民利益,是为了执行大多数人民的意志,人民是毫无疑问的,要纳粮、纳税、出钱出力,响应政府的号召的;但假如不然,政府所执行的政策与人民的利益背道而驰,打仗的目的,纯是为保护政府里面少数人集团的私利,那么老百姓实在就没有再把自己的壮丁贡献给政府以从事于损坏国家命脉的内战的义务。

所以我说四川省参议院的主张是对的,我们反对再征新兵。

独裁派的“民主”就是如此

载 1946 年 11 月 18 日《光明报》新 7 号

达

最近在上海出版，郑振铎主编之《民主周刊》被迫停刊了。照理说，《民主周刊》是主张和平民主，无党派人士们主编的杂志。而且，内政颁发登记证，应该是完全合理的，应该是受到国家的法律保护的了。然而独裁政府，尽管在南京大唱其召开国民大会，还政于民的好把戏，可是对于这个站在民主立场说话的刊物还是不能容许的。于是在广州演过的特务捣蛋，以及开抢暗禁的办法又重新在上海如法炮制。最先是雇佣流氓暴徒撕毁报摊上的刊物，接着就由警局借故没收，再以后则率性密令查禁。试问这样做法，那里还有丝毫民主的气息。

但独裁派的逻辑一向是这样的：只要我说这是民主，你们也就非跟着来喊这就是民主不可，不然你就是反对“民主”了。在独裁派看来，什么国大，什么宪法，什么选举全都是为便利于独裁的一种装饰，变变戏法可也，一点也不重要，最重要的还是维持“一党专政”的制度，只要我有力量，我说这就是“民主”，你们敢不服从我吗？所以上海《民主周刊》之被迫停刊，在独裁派看来，也许这正是他们在实行“民主”呢，呜呼！

论干部

载 1946 年 11 月 28 日《光明报》第 8 号

黄药眠

我们要做一件事情，必得要有人去做，那些比较有能力的，比较能负责任的，我们就说他是干部，干部是一个组织的骨干，没有他整个组织就要垮台。

有些人以为只要我们有钱，我们就可以招来了许多有能力的干部，其实不然，要吸引干部，作为主脑人物的领袖，必须要有具备以下的几个特点：（一）他要有明确的主张，有一个有系统的看法，看得出将来发展的前途。（二）他要有对事业的热情，在大家都垂头丧气的时候，他能够坚持对于事业的兴趣，鼓舞起同志们奋斗的精神，在大家都感觉得很危险，彷徨无主的时候，他能够挺身而出，不怕危险，表现出对事业的忠诚。（三）他要有能力，在大家都没有办法的时候，他能够拿出办法给大家打开一条出路。所以我的意思是能作为主脑人物的人必须要有主张，有热情，有能力，那么他才能使许多有能力的人才愿意跟他在一起工作。

但是干部的能力，也并不是一定多方面的，有时它长于这而不长于那，它有时又长于那而不长于这，所以干部必须有很好的分配，我们要善于利用它的长处，使到每一个人都能发挥他的所长，同是我们还要考虑到，由于客观形势的不同，运动发展阶级不同，我们所需要的干部人才也不同。比方在猛烈斗争的时候，我们必需要冲锋陷阵的人才，在长期苦斗的时候，我们是需要比较有韧性的人才，有些人在目前看起来没有用，但是将来另外一个阶段的时候，也许会很有用，我们估量一个人，是不能局限于某一特定的阶段，我们的眼光要看得长远，我们对于容纳人才的胸襟要格外宏大，有些人观察干部，只是局眼于某一小范围，某一个特定的时间，或者甚至他看人是以他这个人是否能为自己控制，能否专诚服从自己来判断干部的好坏。这种判断干部好坏的方法是过于狭窄和自私了。我们必须知道我们的运动，是需要经过许多曲折的过程，而我们的运动又是有关于整个的民族生存，和广大人民的幸福的事业，因此我们需要多种各样的人才，我们要更多的注意到他们的长处，而不要专注意一个人的缺点。我们要让他们的长处尽量发挥，要让他们的缺点慢慢改正，有些人很急燥，很想把一个人的缺点立即改正，这种人的态度是很错误的。因为一个人的缺点，是从一个人的历史慢慢发展起来的，我们要改正他，也一定要相当时间，这里需要耐性。

大家都说，纠正错误和改正缺点的最好武器就是批评，不错，这是对的，不过批评并不只是包含指出缺点和错误，不，批评并不是这样消极的，我认为批评同时也应该包含积极的鼓励，因为批评太过火的时候，或者批评没有包含鼓励的时候，那么被批评的人，就常常有因受到过分剧烈的打击，而感到垂头丧气，或者因为觉得自尊心被损害了，因而发生了无理性反抗，有许多人说，某人不接受批评，但这有时并不是被批评者的错误，而是批评者自己应该检讨自己的，所以我认为批评是包含鼓励，对于一些人的某种长处，必须加以赞扬，提高他们的热情和自信。

上面我已经说过，吸引干部的条件。现在让我再来谈一谈吸引干部的具体办法，我想第一我们必须对于干部生活十分关切。对于他们的家庭生活，经济状况，他们的要求和需要。他们的烦恼所在，痛苦的原因，以至于他们的希望和憧憬，我们都必须加以深切的了解，这样我们同他说起话来，才能够真正打动他们的内心，又比方他们生了病，我们必须去看看他，如果他有什么困难，必须想出种种办法去代他去解决困难，家里发生了什么事情，我们要替他想出各种主意，来减轻他的负担，使到他感觉得大家都是好朋友，大家人如父子兄弟一般，这样一切就都很好办了。

第二，我们必须给与干部发展他自己的条件，比方我们告诉他读些什么书，怎样读书，改正他的工作上的错误，和告诉他为什么错误，给与他一定的时间，使到他能够有自修的机会，鼓励他每一个最微小的进步，经常向他提出问题，要他发表意见，或者在某些问题上面征求他的意见。这样做，在我们自己是可以集思广益，而对于他们又可以刺激他们学习，提高他们自尊和自信。总之，我们要使到每一个工作者自己都感到自己的进步，能力是一天天在发展着，由于这个自我发展的意识，使他们感到自己精神上非常愉快，因而也就减轻了他对于物质生活的注意。有些人对于自己的干部，从来也不鼓励他学习，也不给与他学习的机会和时间，或甚至于他们一天天的进步，而当事的人还看不出他的进步，还永远把他看成为不会长进的孩子，这样不仅会损害这些青年们的自尊心，而且也会使到他感觉得没有出路，精神苦恼，或甚而至于对工作也发生厌倦的情绪。

第三，每一个青年都有他自己的希望和前途，不过有时他不大愿意说出来，或者有时因为经验不够，连自己也感觉得有点模糊，不十分明确，或者是摇摆不定，又想这样做，又想那样做。所以我们对于这些人，必须一方面提高他的工作能力和自信，一方面也就给与他以一个明确的前途，凡是能力较强的，进步比较快的，我们都要一步步的把他提高起来，或者利用自己的社会关系，介绍他们出去做地位更高的事情，这样即使他不在我们的团体或机关做事，但是我们还是和他们维持着密切的关系，接受我们的指导和动员。有些人保持着一种很狭隘的观念，老是把比较有能力的青年干部，死留在自己的身边，而不肯放他们出去，这样阻碍了他们前途的发展，同时自然也就阻碍了他们的进步，妨碍了我们把我们的影响向更深帝的地方发展开去。

刚才我们上面已经说过，我们的运动是要经过很长的时期的，因此我们使用干部，也就不能把他们全部摆在前面，或一条线的展开。我们必须预备到将来的需要，保留一部分后备的干部，或者我们执行有计划的调动。把那些工作负担很重的调回来休息学习，而把那些后备的人才的一部分调出去代替。这样可以使到不会某些人感到过分的疲劳而发生厌倦。我们要晓得一个人才，是很不容易教育成功的，因此使用干部，分配干部的时候，必须很周详的考虑，不要作无谓的消耗。我们经常要保留一部分能力很强的人准备使用在决定重要的地方。我常常看见有些人，只看见目前的需要，把人才调来调去，通通分配到前面去，自己没有保留一部分后补的干部，也没有在实际工作当中注意新的人才出现，和耐心的去培养他们，教育他们以致人才愈来愈缺乏，或者专注意他们的缺点，对这个人不满，对那个人也不满，结果把自己变成一个光杆，寡人一个。再不然则是组织和运动一天天发展，而人才几乎还是那几个老干部，整天在喊着人才缺乏，而摆在自己面前的人才，他却看不见，好像人才是从天上掉下来似的，其实人才是要从工作的过程中去选择去提拔，去鼓励，去教育，去训练出来的，这是需要经常的注意，经常的工作，而不是一天感觉到没有人使用便乱喊"人才，人才"但一到事过境迁，又把他忘记了。

最后，我想要正确的执行干部政策，必须首先清除组织上的封建主义，老实说，中国是一个半殖民地半封建的国家，在目前农村经济已经破产，而工商业又由于受到外国货的压迫，和腐败的政治机构的控制，正在崩倒之中，因此，中国现在，到处都是人浮于事，一大批一大批的无业游民，不断的从乡村涌到城市，这些人无事可做，亦无专长，只有利用同乡亲戚同学的关系，到处去钻，这些人如果打进到我们团体里面来，那其结果一定会使到我们无法执行我们的干部政策。所以我要在这里提醒一句，就是如果要想我们的事业发展，我们就必须提防这些人，大批无能的人混进来，我们要建立严格的考试制度，我们要严格执行下面的一句"天下为公，选贤与能"。

夫子自道的国民党军风纪

载 1946 年 11 月 28 日《光明报》第 8 号

达

香港某报二十五日电广州通讯，有这样一段：“……本省自复员后一年多来，以困穷苦闷种种关系各地盗匪日炽，官军既少，人民自卫力弱，遂致蔓延坐大，不可收拾，同时过去驻军，由于军风纪之坏，给予人民恶印象甚深，新一军离去广州，干练成军离去琼崖，今虽已久，然当地商民尚有谈虎色变之感……”新一军算是国民党军队里面最出色的美式装备的队伍了，可是广州人民，对于该军离去后，差不多一年，还有谈虎色变之感那我们就不难猜测它是如何可怕了。现在新一军虽然被调离了广州，可是它却被调到东北区打内战了。在平时尚且令人谈虎色变，一被调到东北战场上，则其趁火打劫，弄得老百姓无处安身，自是必然的道理。当次岁暮天寒，真是东北人民何辜，受此荼毒！

演不完的滑稽喜剧

载 1946 年 12 月 8 日《光明报》新 9 号

达史

一党国大开幕,第三方面的调解失败,周恩来返延安,全国各地震响着杀伐之声。法币日跌,物价飞涨,捉丁征粮,闾里不宁,外货涌至民族工业相继倒闭,全国大多数的人民即使不死于内战的炮火,亦将死于经济的穷困,整个民族的危机可说是已到了非常严重的地步。然而少数独裁成性的集团,却始终置国家民族利益于脑后,在南京像煞有个事的演着一幕幕的滑稽喜剧。

在国大会开幕的前夜政府突然来一个停战令,其目的自然是伪装让步来压迫中共参加国大,同时又为将来下讨伐令的地步。

可是事实是摆在面前,谁也知道这是假的。为什么早不下迟不下这个命令,而却在这个时候来下这个命令呢?北平南京军事会议,绥靖会议正在不断的开,东北前线,延安的周围,正在云集着重兵,各重要将领纷纷返防,跳伞部队正在磨刀霍霍。你瞧,这也像是下了停战命令,有诚意和平的局面吗?!

接着又来一个新的把戏,说国民政府要改组了。他企图用这个幌子来诱至那些早就欲过过官瘾的民社党的一群。然究其实际所谓国府改组又是怎样的呢?我们且来看看他们所通过的国民政府组织法修正草案吧。

修正要点,第十条:"国民政府设主席一人,由中国国民党中央执行委员会选任之,国民政府设委员以四十人为限,由国民政府主席就中国国民党内外人士选任之。由五院院长为当然委员。"这里很清楚可以看出国府主席是由国民党中央执行委员会选出来的,而不是由各党各派推选的,党外的国府委员也是由国民党的主席选任的,至于名额多少有没有否决权,更是含糊其辞没有规定。

这显然是和我们所假想的政府改组有原则上的差异。我们所要求的改组政府,是各党各派站在平等地位,共同组织的联合政府,而不是由国民党做主人请几个党外人士来做点缀的形式上民主,实际上独裁的改组政府。第二,我们所要求的改组政府是作为准备国大开会,各党派合作的民主政府,是能保证人民有言论,集会,结社自由的政府,而不是在国大召开以后,才来在书面上通过的改组政府,不是到处用特务恐吓,非法逮捕人民的改组政府,不是向各党派威迫利诱包围的拉夫式的改组政府。但是独裁者所要变的戏法还没有完呢。既下了停战命令,又改组了政府,现在他更进一步保证,政协会中所"协议"的宪草可以在这次的国大会上通过了。他这样答复了民社党的张君劢先生。然而蒋介石先生的手法是很巧妙的,他一方面可以这样很慷慨的答应你,可是暗中他又可以唆使他的门徒反对你。果然到了十一月廿五日国民党政社的武和轩氏出来说话了。他们主张国大要"自由制宪,立即行宪",并且公然敢向蒋介石先生攻击起来,他说:"国民党总裁蒋介石先生昨日与民社党领袖张君劢交换意见中,'有政协宪草各方应负责使之通过'一语,如各党派约束其党员,则宪草不必讨论,可一举手而无异义通过!"

蒋介石先生对这代表的质询,答复亦非常之妙。他说:"本人此次与民社党领袖交换函件,乃以国民党总裁名义的函覆。此系党与党间之文件与国大无关,至政协所决议的宪草原则,在当时协商时,系决定参加政协之各党派应负责使其党员将此项宪草通过,而国大行使职权时,自不受任何拘束……"

根据合众社廿五日电,则有如下的报导:"蒋主席与国民党主要代表十人同进午餐告以渠等于国大讨论宪草时可自由发表意见,惟在任何问题提出投票时,则必须投票支持政府之建议。"在这里,蒋先生似乎是十分公正,他不管许多党员的反对,还是坚持实践自己的诺言,要保证这个宪草的通过。但是如果我们仔细研究一下,这些国民宪政社的分子,是什么人,和他最反对的是什么,我们就不难了解这把戏里的秘密。原来武和轩所最反对的是“行政院对立法院负责”,而这也正是蒋介石先生心里最反对的东西。他自己嘴里是在说着他心里所最不想说的话,而他自己的心里所想说而说不出来的话却交给武和轩替他说出来了。在国大里面,这一场宪草的辩论不是滑稽的表演吗?

但是,滑稽的喜剧还不是以此为止呢。在十一月廿八日九时三十分国大第三次会议里,正式好戏开场了,关于这,中央社南京廿八日电有以下精彩的描写:“胡适宣告由国民政府正式提出中华民国宪法草案,此时蒋主席即以国民政府主席身份登台,全场起立鼓掌致敬,主席穿特级上将制服佩青天白日勋章徐坐于大会主席之左侧,旋手捧红绸精装之中华民国宪法草案一册,绕至主席台前一鞠躬后,将宪草郑重提交大会主席胡适,胡氏亦一鞠躬敬谨接受,斯时全场肃穆无声,仪式庄严隆重,水银灯光集射于主席台,谨闻电影拍摄器材拍摄丝丝作声。宪草交接毕,全场掌声雷动……”

这的确是一个动人的场面,然而我们对这个宪法草案决然不会起立鼓掌致敬。

如果这个宪草是根据政协决议精神,由宪草审议会协议的宪草,那么这个宪草应该就是各党各派的宪草;但是正如我们所知这个宪草并没有在宪草审议会上获得各党派的协议,而国民党的中常会却拿来讨论通过,并交立法院通过完成立法程序。国民党的这种做法,显然是以主人自居蔑视各党各派的平等的地位,姑无论宪法的条文如何,即从法理上言,亦已可以说是一党独裁的宪法。这样的宪草既值不得鼓掌,更值不得致敬。

现在再看蒋介石先生的演说。在那演辞里,他对于老百姓既诬蔑备至,而对于他自己则又极尽推崇。最先他说:“如果行使治权的人民不能尊重政权,同时行使政权的人又没有掌握政权的能力的习惯,则其结果必致完全违背国父创制的精神……”接着他又说“……我们如果在今天,就实行五权宪法,人民是否能掌握政权而不受治权的侵犯呢?我可以说:目前我国大多数人民还没有这种能力和习惯,如果这样毫无保障就实行五权宪法，我个人认为非常危险……在人民还不能掌握政权，巩固政权的时候，要完全信赖行使治权的人来尊重政权，这究竟是一种冒险的尝试。我相信假如我自己来行使五权宪法，我一定能以国父之心为心，以治权来保证政权，培育政权使民权充分发展……但我个人自民国十四年国父逝世以后，为国奋斗担负重责是已经二十年了，只因国基未固，宪法未行，革命天职不容放弃，对于国事义不容辞，现在国民大会已经开会，宪法颁制有期，革命建国工作已告一段落，我个人本来没有政治欲望和兴趣，而且我今年已经六十岁，再不能像过去二十年一样担负繁重的责任……”说到这里蒋先生的声音颤抖起来。

如果我们仔细来研究一下蒋先生的演辞，那么我们就会觉得他之所如此激动是一点也不足为怪的。他整个演辞的大意是：人民还没有能力没有资格来管理国家。因此才不能放弃实行五权宪法的五五宪草！如果是我个人在位，那么五五宪草当然是最好的宪草，不过，我年纪老了，管不得许多，可是你们如果要拥护五权宪法，你最好还是拥护我。只有我才能够“培育政权，使民权充分发展……”你瞧，蒋先生的真意，就是要大家拥护他实行五五宪草，但又不方便说出来，表面上还得装出一副拥护这个新宪草的神气。蒋先生满肚子委曲说不出，这就是他所以声音发抖，大有泪随声下的样子了。

然而蒋先生是不是真的会重视这个宪草呢？显然不，在他暗中默许国民党政社的喽啰们争吵几次以后，他已经把他的真意透露出来了。合众社南京一日电，有这样的报导：

“据可靠方面消息，蒋主席承诺在六个月后下次国大会议实施宪法时，渠将使出其权力，经正常之宪法程序，依孙总理之主张加以修正。蒋主席作此诺言，已平息国民党国大代表对各党各派宪草提出之反对。据可靠方面人士称，蒋主席于过去数日间，曾邀请重要代表午餐及宴会，并于午餐席上解释其理由及提供诺言，训令各重要代表投票拥护各党各派宪章……过去数日间国大会议席上对宪草之反对已意外和缓……”

这里意思不是很明显了吗？尽管今天把什么宪草通过，做一下门面功夫，只要六个月以后，军事上完全胜利，民主党派被完全镇压和分化完毕，那么那个时候他就可以再来一次国民大会，再来一次宪法修改，六十老翁于是照旧可以说人民还没有能力资格管理国家，他还得“培育政权，使民权充分发展……”在蒋先生眼里，什么民意，什么宪法，都是最不值钱的东西。他所能相信的就是他的武力，他的特务制度。但是试想想吧，如果这样一来，那么今天的所谓国民大会所谓通过宪法，岂不都是一种滑稽喜剧，都是一场恶梦吗？

老实说，对于这次国大我们一开始就看准了它是一场骗局，在法理上说，它并没有依照政协决议的程序，在政治上说，蒋先生并没有实现允许人民自由的诺言，一面是烽火连天喊打喊杀，而一面是国大会里预留中共民盟的席位，制宪的机构既如此其不健全，所谓已改组的国府又还是那么保持着一党独裁的本质，试问在如此局面之下，如何能制出良好的宪法，即使有良好的宪法，又有何办法保证其执行！何况这个宪法草案，根本尚未经由各党各派正式协议，而其提出的方式又是由国民党经由中常会批准的形式提出！以耗资一百万万元的巨款来排演这一幕滑稽喜剧，在国民党的官僚，以及急于过官瘾的政客们也许会觉得十分满意，可是在中国人民看来，这真是再痛心不过的事了。

所以事实证明我们反对这个国大是完全正确的。

民运工作者的生活态度

载 1946 年 12 月 8 日《光明报》第 9 号

黄药眠

我们都是生活在数千年封建传统的古老的中国的人，因此我们在精神上也不知不觉的浸染了许多封建残余的习惯和生活方式。我们曾看见有许多人，有口头上高呼民主，但是实际作起事情来，却一点也不民主。有些人在大会场上，群众集会的地方，表示得十分民主，但是一回到小集团里去，却又好像小独裁者一样，君临着人们。有些人当他觉得民主们对他有利的时候，他就高谈民主，但一旦他觉得民主对他没有利的时候，他马上就变成不主张民主的了。像这一类矛盾的现象，我们可是随处都可以看见。所以今天谈到民主主义者的生活态度问题时，我们首先就必须要求每一个人用民主主义的思想来检讨一下自己的行为和生活，把那些隐藏在意识里面和意识下面的封建残余思想和习惯，不断的清洗出去，这就所谓自省的工夫，不过光是自省也还不够，因为有时候连自己也不知不觉犯了这样的错误，所以最好还是更多的请朋友们批评，在工作中，在生活中不断的检讨，确立自己的完整的民主主义者的生活态度。

其次，我觉得在民主主义者中，有许多青年对于民主的意义是不十分了解的。他们把民主误解成无羁束的自由和放浪；他们以为民主的意思就是我同你平等，你管不了我，我管不了你，他们以为民主就是没有规律底的拘束，我想这是错误的。民主主义者并不否认有纪律和规则，他不过是主张一切的规则和纪律，都要通过大多数人的讨论，承认而加以自觉的遵守。还有些人以为民主就是平等的意思，你可以这样做，我也可以这样做，你要抽烟我也可以抽烟，你可以到茶馆里去同一般人应酬交际，我也可以一样同许多人应酬交际，这一种看法表面上看是对的,其实仔细研究起来还是不对的。因为在目前的现实社会,要每一个人作同样的工作,享同样的待遇,过同样的生活,那是做不到的。个人的社会地位不同,关系不同,历史不同,工作的性质不同,工作的环境和条件不同,所负担的任务不同,年龄不同,身体的健康不同,假如我们忽视了这许多不同的情况,而勉强划一的作到平等,那其结果一定是最不平等。所以民主主义者的所谓平等,是指人类基本生存权利的平等,公民权利的平等,工作机会的平等,发展前途的平等,无种族、性别、宗教歧视的平等,尽了多少力,就能得到适应于他努力的报酬的平等。至于各尽所能,各取所需的平等,那是要剥削制度完全消灭,生产的水准达到很高的程度的理想社会才能达到,今天还是说不上的。还有一种人对于民主的误会,就是以为所谓民主就是一切的事情要由大家的意思来决定,因此我对一切都没有什么意见,我只跟着大家走就是。大家这样说,我也这样说,大家这样做,我也这样做,这在表面上看起来似乎是十分民主了,但是仔细研究起来,这只能算有盲从,不能算是民主主义者的生活态度,因为要构成大家的意见,一定要每一个人都有他自己的意见,由这样许多个人的意见集合起来,才能够成为大家的意见。如果每个人都没有自己的意见,那其结果也就是没有大家的意见,只好让独裁者去独裁罢了。所以民主主义者是希望所有的成员都能够有自己的意见,都发挥自己的意见,并以此构成集体的意见。

究竟民主主义者的生活态度应该是怎样呢?我现在到想提出几点意见来供大家参考:

第一,民主主义者应该加深对于人民的理解和热爱,我们为什么要主张民主和参加民主运动,其目的并不是想自己出风头或猎取什么利益,而是要使大家老百姓都能够过很愉快和幸福的日子,比方我们中国一切事情都给独裁派弄得一团糟,士、农、工、商都没有出路,大家穷困不堪,民主主义者的一切活动的目的就是要革除独裁制度,使老百姓都能够过着好日子。但是我们既然要为人民服务,我们就必须要理解人民的生活,他们的灾难和痛苦,他们的希望和要求,热爱他们,以他们的痛苦为自己的痛苦,以他们的希望为自己的希望。我们的眼光要注视到最下层的大多数人民,并以为他们服务为自己的终身事业。离开了人民的利益,就没有真正的民主主义。

第二,既然我们是要为人民服务,因此我们在生活上要力求与大众无殊,即是说生活要大众化,不要把自己看成为了不起的英雄人物,一切人都要服从纪律,而自己却站在纪律以外;不要标新立异,以为自己是高人一等;不要装腔作势,摆出一种令人很难接近的架子;不要为了自己的利益破坏大众的利益,要处处更多的设身处地为别人着想。有些人自己以为自己有些本领,有些某方面的所长,便自骄自大起来,便以为一切都高人一等,便把别人看成泥土尘沙不值一文,便把别人的利益视为应无条件服从于自己的利益。这种作法是完全与民主主义的精神相反的。民主主义者必须经常意识到:自己不过是人群中的一员,而别人也是同自己一样是人群中的一员,自己有所长但也有所短,别人有所短但也一定有其所长,要彼此站在平等的地位,互相尊重,这样才能够和大家共同相处而共同合作完成事业。

第三,我曾经看见过有些人,一听见和自己不同的意见,马上就面红耳赤,咆哮如雷,其实一个民主主义者,是用不着如此激动的,我们对于不同的意见,也应该耐心去听,以表示我们不固执成见。但是我们也并不是盲从,我们对于对方的话只是仔细去听,其有对的地方我们就接受它,其有不对的地方,我们就加以解释并据理力争。我们曾看见有些人,他们对于地位比较低的人或知识比较低的人所说的话,根本就不愿意听下去,这种态度也是不对的,我们应该让地位最低知识最浅的人也有发言的机会,并从他的说话里面,听取他们的希望和要求。

第四,我们应该听取别人的意见,尊重别人意见,但这并不是说是跟着别人的意见走,自己拿不出主张来。不是的,民主主义者应该是有自己的主张的,在大的原则上面,是一点也不能让步,一点也不能放松的,我们要争辩、要解释、要说服,因为如果大的原则发生了错误，那是整个方向的错误，方向一错，是可能发生严重的后果的。我们普通说没有原则的政党，没有原则的政客，就是指那些没有一定方向，没有一定宗旨的投机取巧的人物。他们一时这样主张，一时又那样主张，在这个人面前说这样的话，在另外一个人面前又说另外一套的话；在口头上，在纲领上是左倾的，实际做起事情来是右倾的，是胆小的，是处处为自己，或为自己小集团着想的，或者是在环境好的时候，兴高采烈，在环境不好的时候，刚溜之大吉，毫不负责任。有些人平时主张尽管是如何强硬，但一看见有利可图有机可乘时，便立即把自己的主张抛到脑后，这些我们都叫做是没有原则性的政党或者是政客，这是我们所不取的。一个忠诚的民主主义者，是必须坚持原则。坚持政治方针，坚持政治的纲领，即使是牺牲重大，也在所不惜，因为我们奋斗的不是个人的利益，而是大多数人民的利益。我们不能够因为自己个人或团体得了一些利益，爵位，就放弃了自己的主张，违背了大众的利益，这是政治上的骗子，无论是政党也好，个人也好，一走上这条路，就一定会失去人民的信仰，无论你有怎么好的说词，以后要令人相信你是十分困难了。

第五，但是坚持原则，并不是说抱着死的教条，死的原则，一点也没有伸缩的余地。我曾经看见有些人，原则性是非常强的，但是作起事情来，总是走不通，这原因就是因为他不能够把原则实际应用在变化万端的环境里面，他不晓得在许多人事错综里面，那些应该公开坦白说出来大家讨论的，那些应该由几个负责人协商解决的，那些应该让步妥协的，那些应该变更一点方式来执行的。其实政治的运用是一种艺术，一方面要坚持原则，一方面又要能够在进退刚柔之间，运用自如，处理事情有时必须有许多回旋，转弯，曲折的余地的。所谓政治手腕，也就是指此而言。综括一句，我们对于大的政治原则是要坚持，但在小的地方，我们要学会向人让步和妥协，不过让步到多少程度，在什么时候，什么条件之下应该让步，这是需要很大的斟酌的。同样的对于妥协的限度，在什么时候什么条件下妥协，也是需要很大的斟酌的，特别是在这个统一的民主阵线下面做工作，妥协让步和进退之间需要更大的伸缩性,我曾经看见有一些人,他们在很小很小的日常生活事情上,或者在无关重要的技术问题上,大家争得面红耳赤,这种争论是不必要的,甚至还是有害。因为这些小事情天天发生,如果样样都去争论,争执不休,结果大家感情弄坏了,反而要在重大的事情上工作起来很感困难。甚至有些人原则问题和技术问题分不清,在原则问题上大家马马虎虎,一点也不重视,但在小的问题上却热烈的争论起来,这是叫做轻重倒置。还有些人,对于大的工作方针和工作方法并不重视,可是对于个人的利害有关的地方则大加争执,这是叫做只顾小集团和个人利益,不顾大团体的利益,这一种作风发展下去,一定会使整个团体极易受敌人分化。

第六,一个政治团体是以共同的利害和共同的主张为基础的,它的斗争的目标是为争取大众的利益。所以在团体里面,人与人的关系是同志,是朋友,应该互相亲爱,互相帮助,在有困难或有什么疾苦的时候,尤其应该互相照顾,这就所谓同志爱。不过这个同志爱是建筑于为共同利益而奋斗的事业上,而不是建筑在个人的血缘关系、地域关系、感情关系上。因此一个人如果离开了这个团体,或者违背了我们这个团体的规章,损害了我们这个团体的利益,那么这个同志的关系就不存在了,而同志爱也就跟着不存在了。有些人不能够把同志、朋友和个人的友谊分清楚,把私人的朋友不管他是否赞同我们的主张,也拉了进来作为同志,反过来说,有些人在团体里面,在同志的关系以外,又再以区域为中心,私人的感情为中心,组织成另外一个圈子,凡是我的同乡,我的朋友,我的同学,我的亲戚所主张的,明明是不对的,都是对的,而那些不是属于我们这个小圈子里面的人物,不管他的能力如何的强,不管他们主张如何的对,我们都一律加以反对,这种态度就是所谓小圈子主义;这种私人集团、友谊的发展,是只有妨碍集体事业的发展。我并不是说一个从事政治运动的人,就不要私人朋友,而是说要把私人朋友和同志之间的关系弄清。公事为重,私事为轻,尽管是好朋友,如果他同我们的主张完全相反,我们还是把他看成为政治上的敌人,尽管他是我的好朋友,如果他说得不对，我还是说他说得不对，作得不对，这中间是不容许有任何的情感的成分的。我们一定要避免公私拉杂不清的现象。所谓政治是无情的，就是指这一点而言。还有一点应该说明白的，就是有时候为了公众的利益大家主张不同，争论得很激烈，有些浅见的人，以为他俩个人以后感情一定搞不好了。其实也不是这样，既然所争的是公事，目的是在如何使团体能够有发展，与私人得失无关，那么不管是是非非，争论结果经大家表决以后，少数服从多数，这事就告一个段落。一个有伟大胸襟的政治家是绝不以个人的主张成功或失败而有所介怀的，他所企求的只是要大家的事业能够有所发展。所谓政治家的风度就是如此。

第七，古人有“闻善言则拜”的话，民主主义者我想也应该有这样的风度，就是不怕错误，不怕人家批评自己的错误，我们既然要从事于政治，从事于公众的事业，那一定是规模很大，内容复杂的，因此做起来也一定有很多的困难，所以错误乃人之所难免。如果怕错误，怕受人家批评，那就唯有什么都不做好了。但我们的态度，是宁可多做事，而不怕在做事的过程中犯了错误。而且既然是大家的事，那么作得好坏，大家自然有权利来批评。只要我能够把工作做得好，即使有些缺点给人家批评，那又有什么重要呢？假使做得不好，大家批评，那也是应该的。如果是小的错误，经过了人家的批评，那我们就改正它，如果是大的错误，或者是原则上的错误，大家认为是不能宽恕，那我就辞职好了。让别的更有能力的人来做，使得工作更容易发展，这又有什么不好？所以批评乃是鼓励大家向更好更努力的方向做去的推动工具，一点也不用害怕。只有强者才能受得起人家的批评，如果能够创造历史来给人批评，也总算是有魄力的人物了。有些人因为没有批评的习惯，看见人家做错了，为了碍于情面不愿意提出来批评，或者是怕人家批评自己的错误，怕人们报复，因此对于人们的错误也放了过去，如果自己犯了错误给人家一批评，就马上以为这个人对我不好，这个人打击我，马上面红耳赤或者是局促不安或者不管是他所批评的错误是有原则性还是没有原则性，就立即消极不干，或者是怀恨在心,准备给别人以报复,我想这些态度都是不对的。我们对于别人的错误,要加以公正的批评,站在发展工作的立场上,提出积极的建议。反过来说,自己的错误也同样要求别人来批评,使到自己随时警惕,随时反省,不断的改正自己的缺点,不断的锻炼自己成为更好的工作者。一个好的工作者,就是没有别人的批评,也要经常检讨自己,反省一下,作了些什么不对的事,我想只有这样做法,才能够不断的使自己进步。

但是批评不是打官话。我曾经看见有人还没有把别人的文章看完,就是这里不好那里不妥,或者是对于这些错误的具体原因,都还没有弄清楚,就凭主观的了解,认为这是错误那是错误,大肆抨击,这种批评是不能够令人心折的。第二,批评不是冷酷的算旧账,不管这个人最近的行动和工作是不是有了进步,不管他现在是不是对于过去的错误已经有了改正,但总是把过去的事情摆在心里。我想对一个人的观察,他的过去的历史当然是很重要,但我们也不能够把一个人看成为死的没有发展的人物。如果我们把一个人的过去的错误摆在第一位,来批评人家,那一定会妨碍那个人的力求进步的勇气。第三、批评不是吹毛求疵,明明是大的原则没有错误,而你却专门找那些小的缺点,或者夸大那些小的缺点来加以强烈的批评,这一种批评不仅能推动工作,而且还会养成功了人们只求无过不求有功的态度。第四、批评应该顾到受批评者的情绪和工作能力。比方有些人,他的为人的本质是并不坏的,他的工作能力是十分强的,但是因为受了打击,或者感情上受了严重的损害,因而一时精神上感到颓丧。在这个时候,假如我们只是会指出这里是缺点,那里是错误,那其结果一定会使这个人一直颓丧下去,永远抬不起头来。所以对于这一种人我们除了用比较和缓的语气来批评他的缺点以外,还应该更多的加以鼓励。有些人以为批评就是指出缺点和错误,而没有赞扬和鼓励,那是不对的。有些人他的工作能力本来就不很强,在他最初做某一工作的时候,本来就有点战战兢兢,心里有点胆怯,惟恐作得不好,假如我们对这个人一犯了错误,马上就加以迎头痛击,那其结果一定会使这个人垂头丧气，再也不敢干下去。第五，批评应该顾到客观环境和受批评者的地位，有些批评只能在私人的谈话中加以理论的说服，而不能够提到大众的面前来公开的批评（特别是对那些爱面子的知识分子应该如此），因为这样一来反而使他面子上过不去，同时也使他在群众面前失去威信，所以除非犯了很严重的大错误，我们对于那些有地位的人最好总是采取个人的谈话来说服的，只有当他坚持自己的错误意见，而不接受人家的劝告，而这个错误意见又是有原则性的，我们为了使到他这个错误的意见不致于影响到群众，我们才采取公开辩论和公开批评的形式。还有有时为了避免人事的纠纷，有很多事情我们也采取幕后商讨、互相让步和互相批评的形式，来达到一致的谅解。只有当我们感觉得这个错误是有普遍性的，或者是会影响到群众的，我们才提出来公开的讨论，公开的批判，因为这一种批判是带有一种教育群众的作用。总之，批评应该站在大众利益的立场，推动工作的立场，而不是站在小圈子的私人利益的立场。在批评别人的时候，必须明了所以造成这个错误的客观或主观的原因，错误的或小或大，斟酌具体的情形来决定我们批评的轻重和批评的方式。当我们受批评的时候，我们也一定要“虚怀若谷”，自我检讨一下，如果有什么客观的困难，也可以提出来请大家帮助。

以上所说，不过就民主主义者的生活态度中的最主要的几点提出来给大家参考，至于还有我所没有看见的地方也许还很多，那就希望大家读者提供给我更多的意见了。

在强化中的民主力量

载 1946 年 12 月 8 日《光明报》第 9 号

达

最近有不少的人，看见青年党参加国大和民社党一部分参加国大，而感到不安，认为国民党分化民主阵营的政策已经成功，第三方面的力量解体了，其实这种看法，完全是皮相的看法。我们的意见倒是相反。旧的不去，新的不来，这些混在民主阵营中的假民主分子，如果满脑子都是做官发财投机取巧的思想那就不如让他早一点退出去。

事实上也的确如此，在过去，为了要尊重他们的意见，因此对于某些问题上不能不更多的顾虑和慎重，可是现在他们已经自甘为独裁派的俘虏，在暴君面前低首，离开了民主阵营，那么我们今后的民主阵营，没有问题的，只有更加坚固了，而做起事情来也一定会感觉到没有什么内部的顾虑而可以放手做去了。

在过去，我们对于国共之间的调解费去了很大的力量，现在调解是失败了，当然我们并不是说今后就不再做调解工作。可是我们觉得摆在我们面前的还有许多比调解工作更重要的——那就是广泛的团结所有反对独裁反对内战，拥护和平民主的人士真正构成一支有力的第三方面的力量。只有当我们的力量真正的强大起来，我们才能够有资格来调解，有力量来调解，才能够加速和平民主的实现。

现在内战的烽火遍地，人民的痛苦日益加深，而同时新生的民主力量亦日益从广大的人民中生长出来，这种力量，我们相信是非国民党特务所能摧毁，是非国民党的高官厚禄所能收买的。把这些人组织起来，这就是我们今天的最大的任务。

评所谓“中华民国宪草法案”

载 1946 年 12 月 18 日《光明报》第 10 号

黄药眠

这次的国大既然是一党包办的国大，而所提出来的宪法草案又是根本没有得到各党派的协议，只是经由国民党的中常委通过，交立法院完成立法程序后提出，那么这个宪法草案根本上就是一党的宪法草案，没有什么讨论的必要，不过既然国民党政府机关像煞有介事的在装模作样大事讨论，而民社党的一批人物又在通过宪法这方面大做文章，那么我们就不能不简单的表示一下我们的意见。

首先，我觉得这种宪法草案是完全从独裁主义的宪法思想出发的——即所谓从人民掌握政权，政府行使治权之说出发的。其实民主政治的神髓就是在于人民不仅在名义上成为国家的主人，而且要在实际能够掌握和运用国家的行政机关积极的参与和消极的限制它的职权的行使，人民是统治者，又是被统治者，绝不是为国民党的理论所说人民是掌握政权，而行使治权的人是必须属于另外一群“能者”。这种理论如果用简单的话来解释，无异于是说：“这房子是你的，但是房子的使用权是我的。因为你不会使用！”我觉得这是对于人民的一种侮辱。我们只要看十一月廿八日蒋介石先生在提出宪草时候的演说：“人民是否能掌握政权而不受治权的侵犯呢？我可以说：目前我国大多数人民还没有这种能力和习惯”，就可以知道在蒋先生眼中的老百姓，永远都是没有能力的蠢材。虽然经过了这十多年的训政！根据着这一个观念出发，所谓“中华民国之主权属于人民全体”乃成为了抽象的“理念”或者是神话。

现在我们再来看一看他的代表政权的国民大会。国民大会在表面上看，他是高高在上的，他在总统和五院之上，然而事实上他能够做些什么呢?

宪草第三章第二十七条,国民大会之职权如左:“一、选举总统副总统;二、罢免总统副总统;三、宪法修正之创议;四、复决立法院所提宪法之修正案,关于创制复决两权之行使,除前三四两款规定之外,全国有半数之县市曾经行使创制复决两权时,由国民大会制定办法,并行使之。”

第二十八条“国民大会代表每六年改选一次”。第二十九条“国民大会于每届总统任满前九十日集会选举总统副总统”。

这样看起来,这个“有形的国民大会”,事实上是除了选举和罢免总统副总统以外,是什么也没有的空洞的东西。而且六年才集会一次,集会的目的,也不过是选举总统副总统。在这六年的长时期间,根本就没有常设的机关来执行人民的政权,来随时指挥和监督政府。所以总统虽然是由国民大会所产生,好像要向国民大会负责任,但是事实上是对谁也可以不负责任。

不错,第三十条有这样的规定:“国民大会遇有左列情形之一时,召开临时会议,一、依监察院之决议,请求行使本宪法廿七条第一项第二款之职权时……”(即罢免总统副总统——作者)不过,我们试想想,在平时既然没有常设的监督机关来监督,而到了重大事件发生后,要靠监察院来临时召集国民大会罢免总统,这是何等不容易的事情。

所以这个有形的国民大会事实上可说是一点内容也没有的虚体,而国民党就是把它拿来象征着人民的政权。国民党之所以一定要把国民大会变成有形的,把它放在总统和五院之上,其目的就是在于把能够代表民意实际发生作用的立法院的权力减少统总,更易于便宜行事。不过,过去国民党既然一定要力争把国民大会变成有形的,我们为了要使双方能够妥协起见,也曾表示了让步,而极力想从行政院对立法院负责这一点上获得补救。

照理,行政院既然是国家最高行政机关,依一般宪政的常轨,他就应该向人民的代表直接负责任,但不,宪草第五十八条是这样写着的:“行政院依左列规定对立法院负责。一、行政院有向立法院提出施政报告之责,立法委员有向行政院及各部会质询之权。二、立法院对于行政院之重要政策不赞同时,得以决议移请行政院变更之,行政院对于立法院之决议,得经总统之核可移请立法院复议,复议时如经出席立法委员三分之二维持原决议,该决议行政院院长应予接受或辞职。三、行政院对立法院通过之法律案,预算案,条约案,如谓该案窒碍难行时,得经总统之核可,于该案送达行政院十日内,移请立法院复议,复议时如经出席立法委员三分之二维持原案,该案行政院院长应予执行或辞职。”

这里可注意的是,立法院对行政院各部会只有“质询之权”,试问这种质询是不是一种咨询性质,或顾问性质,意义殊欠明确。立法院并没有普通宪政国家的议会之同意权和不信任权,这是第一;第二,“立法院对行政院之重要政策不赞同时……”云云,所谓重要和不重要有何一定的界说呢?第三,行政院没有提请解散立义院之权,这也就是说行政院在受立法院否决以后就根本再没有诉诸选民的机会。有人说这是总统制和内阁制的混合制。但我认为这是便于总统操纵两院的马虎制度。假定第一届总统是蒋先生的话,那么这个立法院一定只是“完成立法程序的”无关紧要的机关。行政院长还是向总统负责,而总统则不必向任何人负责。

国民党为什么把行政院,立法院,总统三者之间的关系弄得如此其不明确,这原因是很显然的,国民党根本就不愿意有行政院对立法院负责之规定,可是为了在表面上要敷衍政协决议,所以不能不拿出这一个非驴非马的宪法草案,来欺骗一下人民。现在国民宪政社,不是极力反对“行政院对主法院负责”,而蒋先生亦已答应他们,在下届的国民大会时可“依正常宪法的程序,依孙总理之主张加以修改”吗?你瞧,这才是国民党真意之所在呀!

第三,在这个宪法草案里,关于人民的权利义务有着这样的规定:“第九条,人民身体之自由应予保障,除现行法律另有规定外,非经司法或警察机关、依合法手续,不得逮捕、拘禁、审问、处罚,不依合法手续逮捕、拘禁、审问、处罚得拒之……”此外,从第十条到廿三条,对于人民之自由、权利、义务、都有了详细的规定。依照这个宪草,我们人民有:居住、迁徙、言论、讲学、著作、出版、秘密通讯、信仰宗教、集会结社之自由,有财产被保障、诉愿及诉讼、选举、罢免、创制、复决应考试、服公职之权。那么好了,我们应该欢喜,我们这些自由和权利都受到了宪法的保障了。然而假如我们再看下去,看了第二十四条的规定,我们就会很大的失望了。第廿四条是这样写着:“关于以上所列举的自由权利,除为防止防碍他人之自由避免紧急危难维持社会秩序,或跨进公共福利所必要者外不得以法律限制之。”这样一来岂不是所有人民的自由,都有可能在“维持社会秩序”“防止防碍他人之自由”名义之下被剥夺吗?当南京“国大”正在装模作样讨论“宪草”的时候,广州军警一夜之间就逮捕了三千余人,难道这也算是“宪草”就要变成真正宪草时的征兆吗?

现在一党国大会已把宪草交给各委员会审查了,最值得注意的是张知本主持下的第一审查委员会,它把第一条“中华民国,基于三民主义,为民有、民治、民享之民主共和国”,改为“中华民国为三民主义共和国。”没有问题的,这么一改,已经把国大会的国民党的‘党性’更明显的提出来了,把三民主义的色彩更硬性的规定下来了。

最好笑的是,青年党的“英雄们”,和那些甘向国民党投降的民社党的绅士们,既然参加了一党国大,又还要假惺惺作态,好像他们之所以参加国大,目的是在于通过“民主宪法”,把民主运动推前一步,但这个宪法草案也可以说得上是民主的吗?蒋介石先生十一月廿八日的演说,也能够说得上有丝毫的民主气息吗?像现在到处打内战,到处勒索壮丁,非法逮捕人民,也能够说民主运动已推前了一步,民主权利已争取得一丝一毫吗?不,没有!无论是国大会也好,无论是宪法草案也好,总而言之不过是烟幕、是欺骗,是实行独裁的一种掩饰,而青年党和其他违背政协决议的绅士们之所以参加一党国大也无非是想利用国大会和通过民主宪草的美名,来实行其投机取巧,猎取高位的掩饰。

我想,这种毫无诚意实行,而不过是拿来玩弄人民的不三不四的宪草是不值得来逐条逐项去批评的,只要知道它的主要内容和玩弄的什么把戏也就够了。

斥民社党的子敬先生

载 1946 年 12 月 18 日《光明报》第 10 号

达

在民社党机关志《再生》一四一期中,有一篇《民社党为什么参加国大》的文章。读了这一篇文章以后,老实说只有使人更加迷惑。他说:"我们但愿民主在中国有些规模,使全国人民呼吸到一些自由空气,所以对于走进民主的任何步骤我们都愿表示赞助。"照这位子敬先生的说法,今天国民党召集的国民大会乃是向民主走前了一步,但如果我们睁开眼睛把摆在目前的事实看看,我们就不难明白,今天国民党所包办之国大,不仅没有把民主推前一步,相反,倒是把民主推后了一步。

谁能否认今天的国大是国民党占绝大多数垄断了会场的?谁能否认今天的国大,国民党是俨然以主人自居,而把其他党派当作客人看待的?谁能否认今天的国大,是由国民党一党决定召开日期的?谁能否认今天所提出来的宪法草案,还是经国民党中常委审查交立法院完成立法程序后才提出来,它是没有获得各党各派最后的协议的。我们认为宪法固然重要,但制宪机关之是否能真代表民意,尤其重要!如果在制宪机关的国大会以内根本还是由几个独裁集团主持,如果在国大会以外人们根本没有身体集会结社言论的自由,整天为特务的恐怖所包围,那么我们可以断定,这个宪法,一定是钦定的宪法,即使退一步说,能够通过一个民主的宪法,但也一定不能执行。民主制度,固然必须要有一个民主的宪法,但尤其重要的,还是在于站在这个宪法背后的民主的力量,没有这个民主力量,一切宪法,都只是白纸上写的黑字,虽开了政治而谈宪法,说他是"书呆子"实在是还嫌客气,因为这种人根本没有读过历史。

如果从国民党这次召集国大会的政治动机说那更是十分明显的:他是企图把自己的独裁的外貌披上一重民主宪政的外衣来加强自己日益孤立的地位,他是企图个别的拉拢各政治派别以拆散民主阵线,他是企图在伪装的民主之下,改组政府,然后以这个新的联合政府之名大借内债,发动大规模的内战。所以这次民社党之参加国大,不管其主观愿望如何,客观上恰好协助了国民党独裁集团遂行它的政治目的。

毫无疑问的,这次国民党一党包办的国大,乃是走向独裁走向内战的表征。如果民社党的先生们想向这个国大去求民主,说"求总比不求好",我想这不是自欺欺人之谈便另是有不可告人之隐衷。

凡是有利于民主的,我们当然参加,凡是不利于民主的,我们必然反对,委屈而可以求全,求得民主,我们自然努力以赴但委屈而至于变成俘虏则智者不为。至于看人家颜色云云,则请子敬先生收回去自用或以之转送参加国大的民社党诸位先生。同时我还希望子敬先生这篇文章,并不能代表民社党全体,比方坚持不参加国大的张东荪先生,就是我们所敬佩的任务,子敬先生之流,如能多向张东荪先生学习,倒是民社党之幸呢。

中美商约见效了

载 1946 年 12 月 18 日《光明报》第 10 号

吉

中美商约签订以后，本刊曾一再指出它对于我们中国工商业的危害。最近广州来信说：现在美国厂商，拟利用美国资源发展商业，纷纷来华，择地设厂，查美商除在华中华北一带筹设工厂外，并以粤市为华南重镇△△△烟丝等资源丰富，特拟在粤设厂，就地制造各种卷烟暨丝产品△△△间该厂商拟定之计划，一经择定厂址后，即向南雄，鹤山大景收购烟叶，并派员与烟农接洽△△△本市卷烟厂因资本微薄，将来实难与竞争，前途殊堪忧虑云云。看了这段消息以后，我想谁也会替中国的工商业者担忧，不久以后，不特粤省所有的卷烟工厂要全部垮台，就是所有其它的工商业，也都要在美国资本的压迫下纷纷倒闭。中国工商业者的这样悲惨下的命运，自然是中国国民党独裁政府所一手造成的恶果了。

欢迎中国劳协领导机构达港

载1946年12月18日《光明报》第10号

史

中国劳动协会一向是由朱举范先生所主持的。最近朱先生被迫来港以后，国民党独裁集团，以为有机可乘，马上就想把他夺取过来，并把较场口的打手，和武装接收劳协机关之总工会分子谭泽霖安辅庭等捧到领导机关里去。对安谭等这种篡夺的无耻行为，朱氏已公开发表谈话，号召全体会员一致反对，同时并拟把劳协领导机构达港继续工作。我们对于朱氏这次之受到国民党独裁集团的迫害深感同情，尤希望他在领导机构迁港以后，能再接再厉，共同为民主事业而奋斗，我们知道中国民主制度如不实现全中国的老百姓都将无生存下去的。

中国，在一九四七年的门槛上

载 1946 年 12 月 31 日《光明报》新 11 号

黄药眠

一九四五年八月，对外战争结束，全中国的人民莫不渴望着从今以后，可以获得和平。然而不幸的中国，旧的疮伤还流着血，而新的内战威胁又已摆在眼前。

和平的希望像春天的太阳才一露面又给漫天的暗云遮住了。

但是全中国人民是反对内战的，而国民党当局，打开地图来一看，自己也觉得还没有一战的把握，部队还是散处在川、滇、黔、陕山国之间，而沿江沿海一带则尽是人民的武装，一打起来，连首都都不易迁还。于是一方要真正的和平，一方要假的和平，双方妥协，乃有本年一月三十日的政协决议。

政协决议，这是民主人士作了最大的让步才获取得来的，它是最温和最切合于中国实际的决议，它尊重了国民党的传统的地位，他承认了十年前所选出来的国大代表；而人民所要求的不过是最基本的的民主自由的权利，不过是要能够向人民代表负责的政府。然而给专政养肥了的国民党独裁集团是始终不愿意放弃它的政权的。他一方面向政协代表们立下庄严的诺言，签订了政协决议，可是另一方面，则又加速运兵，在平、沪、宁、汉纷纷飞来了不少收复失土的英雄和接收的大吏。

一、二月发生了沧白堂事件、较场口事件，这是独裁集团用不合法的手段向民主势力的最初的逆变。进一步，三月一日至十七日，国民党的二中全会，以一党的决定否定了政协会议的决议。这是对于政协决议的正面的反击。

三月间，邱吉尔在富尔敦的学说无疑的给予了国民党的独裁者的独裁集团以很大的鼓励。墨索里尼已悬尸在街上,希特勒也已火葬在柏林,一向以东方的宪兵自命的日本帝国主义,更已经土崩瓦解,法西斯暴君的鞭子,谁去拾起来呢,西方有位佛朗哥,但是东方呢?这个“伟大的使命”自然只好落在蒋介石先生身上了。

在太平洋的彼岸鼓噪着要苏联从东北撤兵。在重庆的马路上开出了“爱国”游行的队伍。机会不可失,蒋介石先生眼看着在平、津、京、沪一带的据点已经巩固,中共军已陆续从江南、豫、鄂一带撤出,这应该是“北征”的时候了。而且他想只要把东北问题扩大,只要把美国拉入东方的反苏阵线,它就不能不反对中国共产党,它要反对中国共产党就不能不支持我国民党,至于民主与不民主,中国老百姓的死和活,谁去管他哩!这就是蒋介石先生的逻辑。

四月中旬,马歇尔回来了,他对于反动集团的破坏政协决议,装着一点也没有看见,他所关心的是中国财政问题。东北的国民党军队,一月有两个军。三月增加到六个军,五月增加到八个军。多谢美国,国民党在东北的力量强大起来了。夏天,正是北方打仗的最好的时候,而东北的战争也就真的爆发了。

不过问题是:苏军早已于四月间撤退了,蒋介石先生说,这是外交问题,外资是以谁为对象呢?蒋介石先生说,这是接收问题,但向谁接收呢?向东北的人民接收主权么?中华民国主权在民,一党专政的政府有何资格去向民选的人民政府接收主权呢?而且一九三一年九一八事变的时候,国民党军队不战而逃,从一九三一年到一九四五,十多年间,从来也没有看见国民党派出一兵一卒去收复东北,现在东北解放了,国民党军有何面目去见东北的父老,接收东北的主权呢?国民党对于这次东北之战是完全有了预定的计划的,所以在停战协定的时候,他早就声明不包括东北,可是整军方案呢!那里不是明明规定国民党在东北只能驻三个军吗?然而现在是八个军了,这又如何说呢?然而蒋介石先生是从不讲道理,不顾诺言的,他的哲学是:“我有力量”。于是含有国际意义的东北内战首先爆发起来了。

在民主人士看来,东北问题是民主与不民主的问题,如果中央政府已经改组，不是一党独裁的政府，则东北问题的解决是轻而易举的，其次，如果我们遵照政协决议的施政纲领来处理，则东北问题根本就不成问题的。所以四月间，民主同盟曾发表意见，认为只要政府当局有实行民主和平的诚意，东北的民主联军可以退出长春城。然而政府怎么说呢？东北停战小组的中央军代表说，“中共是不堪一击的”。宣传部长吴国桢说：“取回了中共所占的长春再谈其他问题”！独裁主义还是独裁主义，一开口也就可以听了出来。

国民党在四平街挨了几场硬仗，五月廿一日占领了长春，但也因损失惨重，而没有力量再向前跨过松花江北岸了。

东北的战事已告一段落，关内的国民党军还有待于部署，于是又要来停战了。由六月八日到六月三十，继续了二十三天的休战谈判。然而谈判既然没有诚意，当然不会有什么结果。政府说：“整军实施方案中驻军地区的协定必须限期完成”。其实是正当双方谈判已完成了百分之九十的协议的时候，政府突然提出要共军撤退五个地区，由国民党去“接收”，即原有的地方政府亦概不能承认。中共拒绝承认这个要求，于是谈判乃又破裂了。谁是谁非，这最好让我们读一读政协决议和平建国纲领，附记第一条，那里曾这样明明白白规定着：“凡收复区有争执的地方政权，暂维现状，俟国民政府改组后，依施政纲领政治一项，第六、七、八三条之规定解决之”，是谁破坏了政协决议呢？自然又是国民党政府。

七月中旬，蒋介石先生飞到庐山去避暑了，接着就是苏北、山东、湖北、山西各地爆发着大规模的内战。庐山风景清幽，不愧是避暑胜地，然而可怜的中国则被淹没在灾难的苦海之中！

七月中旬，李、闻二先生在昆明被特务杀害了，这是对于第三方面的突袭，意思是说，我们要打共产党了，你们如果还要闹民主，那你们也就是共产党的一群。

七月卅日李立三与杜聿明谈判，双方协定停止进攻，然而也就在这时候，古北口发生了战事，热河又已开始剧烈的战斗。

国民党的策略很明显，一时打，一时停，一时停，一时打，或者是这里打,那里停,或者是那里打,这里停,一方面谈判,一方面进攻,打不来的时候就来休战,休战期满以后又来打,所以,谈判,调解,休战,和平,是和进攻,偷袭,欺骗,暗杀,交织在一起来使用着的——这就是国民党独裁集团的政治艺术。

事实上从七月起,全国规模的内战已经爆发,庐山的云雾里早就传出来了最高当局的决策。那就是"自动召开国大,扩大政府基础,实行宪政。"

从八月起,事态是一天天严重。八月一日中央飞机炸延安,八月五日,发生安平事件,八月十日马司联合声明,说,"要中国全面停战似不可能",意思是,要对中共施予压力,如果中共不就范,则让国民党放手干去,因为一切军事部署,早已经安排好了。

八月十二日柯克声明美陆战队决不撤退。

八月十三日蒋介石先生发表文告,还是坚持要中共撤出"威胁和平"的地区。

八月十九日,郑介民给叶剑英备忘录,说中央军将向张家口、承德、延安采取自由行动。

八月廿日,中共发布总动员令。

八月廿五日美陆长柏特逊来华,以太平洋各岛的剩余物资八亿五千万美元转让给中国。

到了这时,美国对华的真面目已完全暴露出来了。美国于日本投降前曾借给中国八亿七千万,从日本投降到今年二月止又借了六亿美元,假如再加上这八亿五千万(其实这个数目还不过原值的百分之三十左右),即就是美国对国民党政府的投资事实上已有三十亿至四十亿美元之巨。即在战后,从其额面价值亦已超过十四亿美元,美国政府既如此慷慨的协助国民党运输,协助国民党武装,如此明显的支持着他的垂危的统治,那么,它所谓的调解是包涵着什么性质也是十分明显了。国民党有这样大的后台老板在帮忙,自然一心一意要打下去,一切谈判都变成虚伪。

然而,马歇尔元帅既然表示,"不愿放弃调停中国之希望",那么谈判还得谈判下去。九月初最先是由司徒大使提出先开国府改组的三人非正式小组会议，但中共要求的是实行停战并撤回蒋介石先生所提的五项要求。后来中共再让步，要求政府在讨论国府委员问题获得解决后，应保证下停战令。然而蒋先生对这个要求的答复是他没有下攻击令，所以他不能够下停战令。

如果六月间，国民党对中共的谈判是集中军事，把政治问题放在一边，现在则问题弄得更狭小了，放下漫天的战火不谈，而专门在那里谈国府的改组。司徒大使说，先政治然后军事才比较容易，原来在司徒大使眼中，国府改组的问题，就是政治问题，可是政协决议吗？政协决议大概早已给他们忘记了。

九月中旬，中共提出先开三人小组委员会，保证停火令之颁布。然而国民党当局的对案却是：中共要接受六月底军事三人小组会议政府的永要，同时要中共于停战令颁发前，提出国大代表的名单。

一个是要停战，一个是要代表名单。很显然的，国民党政府的意思是想借着这个初期军事上的胜利，来压迫中共屈服，同时雷震、邵力子则正在上海加紧着他们分化民盟的工作。

九月末，国民党军已迫近张垣近郊，中共的周恩来发表了一个十分坚决的谈话："对张垣及其周围之一切军事行动，中共不得不认为政府业已公然宣告全面破裂，并即放弃政治解决的方针……"，但是周恩来氏的这个声明，是一点也不能停止国民党向张垣进攻的意图，而十月十一日，国民党军也就进占了张垣，并于进占张垣数小时后，立即宣布依期召开国民大会。

初期的军事胜利，已使国民党对于独裁发生了无限的信心，所以自从十月十一日以后，一切谈判与调停实都已毫无意义，虽然民主人士还是愿意把死马当作活马医，但是死马终于医不起来。一党包办的国大还是召开，以政协会开始的一九四六年，却于讨论宪草的滑稽喜剧告了终结。

综观一九四六年的中国，我们可以说，一切的斗争都围绕在政协决议的周围，民主人士主张一切都遵守政协决议，国民党的独裁集团则要破坏政协决议,民主人士主张和平民主,国民党的独裁集团则坚持内战独裁。

国民党独裁集团要破坏政协决议,同时又不能不维持着民主的外貌,他的确也费了不少的心机,有时他用正面的威力试探,利用流氓打手来毒打民主人士,有时用正面的政治进攻,有时则散布谣言向民主阵营侧击。或者是用强大的军事压力来索取代表名单,或者是利用调人的压力来实行诈骗,或者是从内而外的分化,或者是从外而内的包围,或者是拉拢上层以离间下层,或者是打击下层以孤立上层,或者是暗杀绑票来威胁,或者是用部长院长为饵来相礼遇,或者是于胜利声中,突然出其不意来一个和平攻势,或是在大家恳切要求中,故作微小的让步以示“真诚”,或者是动之以利害,或者是动之以情感,或者是拉,或者是推,或者是小题大做,或者是大题小做,或者是以假为真,或者是以真为伪,或者是以政治掩护军事,或者是以军事支持政治,蒋介石先生对于破坏政协,对于破坏民主阵线真是无所不用其极。所以一九四六年乃是极端复杂变化的一年,也是民主人士受到严格的考验的一年,所幸的是民主阵营,始终屹然不动!孙子说:“不动如泰山”。

民主阵营的确是完成了它的坚守的任务。

现在一九四六已年经告终,一九四七年已经开场,可怜的中国究将给国民党独裁集团带到哪里去呢?

一党国大就要结束,一党“宪法”也就要宣布,究竟一九四七年将走向澄清呢,或是走向混乱呢?

显然的,在国民党独裁集团看来,他认为现在国大开过了,宪法通过了,再拉几个小党派,改组一下政府,那么这岂不是实行了民主,壮大了政府的基础,符合了杜鲁门的要求吗?这样他就可以伸出手来向山姆叔叔大借外债了,这样他就可以以民主政府的名义向中共大下其讨伐命令。

然而独裁派所想的是一个方向,人民所要走的又是另外一个方向。

正当国内战争打到密锣紧鼓的时候,国际的局势却驰缓下来了。

人民不需要战争，苏联的裁军提议已获得了胜利，英国已觉悟到追随美国之非计，而对于外交政策开始欲有所更张；英美的中间力量已开始抬头，东南欧的民主势力已日益强固。这些都是目前国际局势的特点，同时也是对于中国民主运动发展的有利条件。

太平洋问题，是有关于英美苏三强的问题，美国绝不能无视英苏两国的意图来独霸中国，所以中国问题还是有待于英美苏三国之间的协议。其次，是美国的共和党外交尽管反动，可是他国内有经济危机威胁，有进步的反对派的抨击，他即使要帮助国民党，也不能够十分明目张胆，过去美国曾借了三十亿至四十亿的美元，来供给国民党独裁集团从事内战，今后美国的财阀是否还有这样慷慨供给国民党作破坏性的消耗实成疑问。

这是就国际关系说。

再从军事的情形看，如果七、八、九、十这四个月是国民党的黄金时代，则从十一月起，这个黄金时代已永远过去，不会回来。算到十一月为止，国民党的军队已消耗了五分之一强，在作战的态势上已开始失去了主动。国民党原来的计划，第一个可能是一鼓而消灭中共的武装部队，使天下"太平"，第二个可能是消灭中共的主力，把它压迫到偏僻地区然后强迫他签订城下盟。现在事实证明这二个可能都无法达到，国民党的兵力和兵士素质根本就无逐行其上级的战略目的。战争的日子一施长下去，兵源的补充愈感缺乏，交通补给愈感困难，作战士气愈益低下，部队与部队，军官与士兵，军队与人民之间的矛盾愈益尖锐，缺点愈益暴露，再过半年，别说进攻，就是退守也将会不可得了。

由于内战的拖长，交通的阻塞，外货的泛滥，法币的贬值，许多生产机构在炮火中毁灭，经济危机已造成整个国民经济崩溃的形势。而这个经济上的破产又会反转来影响到政府机构的解体和作战士气的低沉。

军事上的胶着状态，经济危机的加深，必然又会造成政治危机。这个政治危机表现于统治者阶层内部矛盾的加深，社会中上层分子对政府的不满加烈，下层人民对政府的反抗日益泛滥。这些，在目前的许多报纸的新闻上已露出了端倪了。也正因为军事上没有把握，经济危机的严重，这才使那些断然召开国大，鼓吹向延安进攻的死硬派，稍感踌躇，而不得不在一党国大开会当中，还不断发出和平的试探。

再反过来看，民主力量，并不会因受国民党独裁派的打击而削弱，从纵的方面看，从民族资本家到工人佃农，政治积极性都在加强，从横的方面看一般的民众运动正在方兴未艾。由于青年党，民社党之退出第三方面，民主阵营反招来更多新进的力量，组织上也更加团结和巩固。

总结来说，今后国民党独裁集团将逐渐被迫陷入于被动地位，它想打击、消灭、压迫、分化别人，反而要被别人打击、消灭、压迫、分化。一九四七年乃是独裁集团逐渐走向被动的一年，这是可以预料的。

然而民主力量的发展，并不是说要推翻国民党的统治，我们所要求的，是要他放弃独裁，肃清那些顽固的死硬分子，要他执行决议，保障人民的基本权利，要他尊重人民的意见，要他尊重各党派的平等的地位。我们相信只有民主力量强大到有足以推翻他的统治的危险时，国民党才会有和平合作的诚意。还有一层必须指出，一九四七年民主力量的发展并不能抹煞掉中国民主运动之长期性的艰苦性，曲折性和复杂性。有着帝国主义为后台，有着十多年统治历史，拥有着雄厚资金的独裁派，它是绝不会一下子就被压倒或消灭的，也许在表面上它是退却了。但它的潜势力还是在那里潜伏着，也许今天它是让步了，可是他无时不在准备逆袭和反攻。也许在政治上它是答应民主，可是在经济上却采取围困封锁和捣乱的政策。也许上层民主下层还是不允许民主，也许是这里民主那里还是不允许民主，也许在表面上他推崇民主然而在暗地里则组织地下集团，杀害民主。所以我们虽然要以坚定的信心来接近一九四七年，同时我们也得随时警惕，更坚定我们的步伐来前进。

希望，是战士之手创造出来的，我们相信我们能够创造出所希望的！

爱国也是受人煽动?

载 1946 年 12 月 31 日《光明报》旬刊第 11 号

无署名,由首席编辑代笔*

这次北大女生沈女士被美军强奸案已引起了全国人民反对美军驻华的怒潮,在平、津、京、沪一带,成千成万的学生市民都起来示威了。国民党腐败官僚一向是以无条件媚外为能事的,最先他们诬指沈女士为妓女,现在又说是受了中共的煽动。这样说来,照国民党的意思应该是,即使我们的大学女生被强奸,我们亦应该说这是"自愿",这是"顶好",或是"经中国政府同意"才对。即是说要全中国的人民都和国民党的独裁官僚一样无耻,硬指女大学生是"妓女",美军强奸是"合法",才是好公民,如果不同他们一样无耻,那就都是受共党所煽动或者都是共党。但是大家都明白今天大家所要争的,并不是党派问题。而是正义与人道的问题,也是民族自尊的问题。如果这样的爱国行动也是受了共产党的煽动,那么岂不是全中国的人民都有变成共产党的嫌疑吗?国民党独裁集团用一顶红帽子压人的办法使用的太多了。他总希望用这个红帽子一压就可以把这个运动压得风平浪静,然而这个运动是压不了的,他的笨拙的宣传除了暴露出自己的无耻与无能以外,还有什么呢?

---

* 原文如此——编者注。

恢复和谈的先决条件

载 1946 年 12 月 31 日《光明报》旬刊第 11 号

无署名，由首席编辑黄药眠代笔

最近由于在军事上着着失利，美国政府又始终在表面上还要维持着调停人，和主张民主和平的面孔，国民党独裁分子颇感到焦急，因此又派出兴铁成、张群出来做和谈活动。甚至有些国民党控制下的报纸，还公开呼吁从速“恢复和谈”。当然恢复和平谈判我们是很赞成的，但必须国民党当局首先要有和平的诚意，和愿意履行和谈以前的先决条件。对于这，中共的态度，已由董必武先生，表示得很清楚，即一、应先行恢复去年一月十三日国共双方的军事位置；二、谈判和平应建立新基础，应即另开党派会议；三、不承认一党国大所通过之宪法。至于民主人士方面，我们认为，谈判和平的先决条件，应该是一，一切遵照政协决议，凡违背政协决议的，概不予以承认，所有被捕的民主人士必须立即释放恢复其自由，所有被封闭的书刊，应由政府赔偿其损失，并保证其今后发表和发行的自由；三、彻查李闻案，并由政府负责赔偿和抚恤。只有政府能立即履行上述的先决条件。然后我们才能承认政府对于和平的诚意，和考虑今后的调停工作。

过去我们是上当的太多了，当政府在军事上没有布置好的时候，就要来谈判和平，就要请民主人士调解，等到军事部署就绪，立即就什么协定，什么诺言也不管，大打特打起来，等到打不下去的时候，为了和缓对方，为了要表面装出和平民主的样子，于是又来谈判，又来调解。这样没有诚意的和平谈判，我们是再也不要参加了。

所以现在问题是国民党政府是不是诚心诚意的要实行民主，在民主的基础上建立永久的和平。如果再同过去一样,真打假谈,那就只有更加延长内战的痛苦,和谈变成了徒供国民党独裁集团支撑假民主的幌子。这样的假和平谈判我们是再不想参加了。

略论一九四六年中国的政局

载 1947 年 1 月 1 日《华商报》

黄药眠

一年已尽，又是新年。回头看一年来中国的政治，其多变之曲折是极其复杂，然而整个的说起来，作为一九四六年的中国政治斗争之特点的，乃是国民在政协决议的周围的民主与反民主的政治斗争中。

大家都知道著名的政治协商会议是开始于一九四六年一月十日而终结于一月卅日的。在这一次协商会议的过程中，民主各党派虽然作了不少的让步，如承认旧的国大代表还是有效，和承认国民党的领导地位等。但终究的说起来，这个协商会议的结果还是一个最切合于目前实际的很温和的民主主义的政纲。

所可惜的是国民党独裁集团始终不愿放弃他独裁的迷梦，不惜用一切方法来破坏，以致政协决议始终还停留在纸上。

仔细的研究起来，我们认为他当时之所以愿意签订政协决议，显然是因为眼看着英美苏的合作还是很坚固，沿海日军占领区有很快给中共军占领的可能，而自己的军队则还在大后方，无法迅速开入沿海沿江各地，根据于这一个形势，国民党政府才不得已签订下了这个决议。等到他的力量一天天巩固，他的军队经美国空运部队的协助而达到了他所应到达的据点，等到他把汉奸伪军都已收编完竣，于是他的态度也就逐渐强硬起来，所谓和平，那不过是欺骗国际和国内人民的幌子，不过是打击和分化民主政党的武器。不过是掩饰他的军事进攻的手段。所以在政协决议后，才十一月里面，国民党政府口头上的和平民主，拥护政协决议和军事上的进攻，政治上的破坏政协，是互相交织着的。而一九四六年开始以后，英美两国当局的日趋于反人民的做法，无疑的也助长了国民党的反民主势力的跋扈。马歇尔元帅于四月中旬重新回到中国来以后，他一方面以物资，军火，和人才供给国民党政府，援助国民党政府，而另一方面则配合着国民党的和平攻势玩弄“调解”的把戏。当八月间美陆长柏特逊来华把八亿五千万的剩余物资转让给国民党政府以后，美国马歇尔将军调解的本质究竟是什么是十分明显了。

可是民主各党派方面，则认为政协决议乃是中国的唯一的出路，所以始终为保卫政协决议而斗争着。经过了几次的经验和教训以后，虽明知国民党政府的所谓和平民主完全是欺骗宣传，但为了要表示我们对于民主事业的真诚，为了要拆穿国民党的欺骗，我们始终不愿意放弃和平的机会。所以就是在十月十四日国民党占领了张家口以后，民主党派包括中共的周恩来将军还是不惜跑到南京去和国民党政府谈判。

只有根据着我以上的这种分析，我们才能够把握到一九四六年的中国政治形势演变的途径。现在再让我们把一九四六年所发生的重大的事件来分析一下。

政协决议才告终，蒋介石才在政协会上下了谎言，可是较场口和沧白堂的事件就发生了。这个事件在今天看来，可说是反动势力第一次对民主力量的试探和迎袭。同时这件事，也可以证明蒋介石先生的谎言是如何没有价值。

三月廿七日，国民党的二中全会召开了，国民党内的独裁分子虽显现得异常活跃。在这个会议里面，它首先企图篡改政协决议的宪法草案，并不以三月十五日协商宪草修改原则之三项修改意见为满足，而要提出五项决议来要“全体同志遵照”。这五项决议是：一、制定宪法要以建国大纲为最基本之依据；二、国民大会应为有形之组织；三、立法院对行政院不应有同意权及不信任权，行政院亦不应有提请解散立法院之权；四、监察院不应有同意权；五、省无须制定省宪。其中第三第四两项可说是完全违反了政协决议的精神。而吴稚晖的提议，要把五五宪草，协商协议事项，二中全会之决议及各党各派提出之意见一并送请国民大会“参考”更是和政协决议所规定以宪草审议委员会所制成之修正案提供国民大会“采纳”完全不同的。

此外二中全会还坚持训政时期的法依然有效,各党派推选的政府委员要由国民党中常委去选任。这一次二中全会的目的显然是想以国民党一党的决议,对抗政协决议,和取消蒋介石先生在政协会议里面所允许的诺言。这是对政协会的正面反攻。

二中全会以后,国民党内的独裁集团更加嚣张,一方面极力破坏政协,发动反苏运动,在东北大量增兵,企图增加国际上的复杂情势来获得美国的同情,而另一方面则迫催各党派交出政府委员名单。四月一日国民参政会开会,蒋介石先生首先强调指出:“东北九省在主权的接收没有完成以前,没有什么内政问题”,在这里显然的,蒋先生是想把东北的外交问题来作为他摧毁东北民主势力的阴谋。我们只要看五月初,苏军已经撤退以后,国民党的宣传机关还是在那里高呼着“接收”,我们就不难知道他们所要向以接收的是什么人了,当时民主同盟曾这样主张:只要政府当局有实行民主和平的诚意,东北民主联军可以退出长春,可是,东北停战小组的中央军代表却说:“中共军是不堪一击的”,而宣传部长吴国桢则更露骨地说:“取回长春然后再谈其他问题”。其好战情形可说是溢于言表。这时,国民党在东北的军事部署可说是已经准备停当了。

四月中旬马歇尔重新回到中国来了,但这一次回来,比前一次来的时候,已有明显的不同,他似乎对于如何借款给中国表示了兴趣,中国的独裁集团以此得到了更多的精神和物质上的鼓励。于是四、五月间,在冀中、苏北、山西山东等地国共两军的冲突也逐渐增加,规模也逐渐扩大。时经调停,才有六月七日东北休战十五天的命令。这个谈判一直谈到六月底,可是结果是失败了。其失败的原因是国民党要求中共军撤出五个地区,而且这五个地区民主选举的地方政府,亦要听由国民党“接收”,把政协决议所规定的军民分治的条文完全抛弃。其实作为这次谈判破裂最主要的原因,还是因为国民党军在军事上早已准备好了向这些地区的进攻。所谓谈判,不过是弛缓对方警戒的一种诡计。

休战期满，国共之间的关系愈发的恶化，而独裁集团之蛮横而日益显著。

七月十二日，李公朴在昆明被刺，接着七月十四日，蒋介石先生飞往庐山避暑去了。接着在苏北，胶济路湖北、山西均爆发了大战。周恩来将军虽然不断表示要求无条件停战和无限期停战，可是庐山放出来的空气，却是要“自动召开国大，实行宪政，扩大政权基础”。于是青年党的曾琦被召上山去了，青年党的“军师”，还想用“息争会议”来从侧面破坏政协决议。

八月二日中央飞机炸延安，八月五日发生了安平事件，而在这时，蒋介石先生是坚持整军方案和恢复交通，周恩来将军仍紧急要求无条件停战，依照政协决议改组政府。到了八月十日，马歇尔和司徒雷登突然来一个联合声明，说“要中国全面停战似不可能”。而国民党政府方面则声言要攻打延安，张家口或承德。既然马歇尔将军认为全面停战似不可能，那么就老实承认调解失败，回美国去好了，然而他并不这样做。如果参照当时国民党军队剑拔弩张的情形，那么我们就可以明显看出，马司的这个声明，目的是在于对中共施予压力使它接受蒋介石先生的五项要求，可是中共并不因马司的声明而屈服，八月十日，延安新华社发表了评论马司声明的文章指出了美国帮助蒋政权的各种事实，同时还表示，如美国放弃调停，则中共将把这个问题提到联合国去。针对着中共的声明，八月十二日，柯克将军也来了 个声明，说“陆战队决不撤退”。八月廿四日，马帅也表示“不愿放弃调停中国之希望”（对纽约时报记者说的）。第二天，美陆长柏特逊来华，更以八亿五千万元的剩余物资转让给中国。中国政府还在打内战，而美国政府对于他却如此慷慨起来，其所谓调停的内在的内容也就更加明显了。

八月廿四日，盟国胜利一周年，蒋介石先生又发表了一篇告同胞书，提出了六点。第一，他说十一月十二日的国民大会必定如期召开，其第四第五两点，则说：“关于停止冲突，仍必须遵守原则，忠实履行，而且我们并不必求共军全部退出其在停战令后所攻占之土地，而是只求其撤出若干已构成和平威胁和阻碍交通的地区，关于政治纷争，则仍采取政治解决的方法，只要共产党军队忠于试行停止冲突恢复交通的协议”云，他这个声明，完全是诿过于对方的说法，其实所谓“撤出若干地区”，事实上就是指蒋氏曾于八月初，一再提出的五项要求，（一、撤出苏皖区；二、撤出胶济线；三、撤出承德及承德以南地区；四、在东北于十月半前退至黑龙江兴安两省，及嫩江北半省与延吉；五、山东山西两省须撤出六月七日后中共占领地区）而为中共方面所断然拒绝的。

对于八月廿四日的蒋氏声明，民盟方面亦于廿五日发表了时局主张，指出国民党错过了几次可以获得和平的机会，同时并严正的指出，“实施政协决议的步骤：一面全国停战，一面重开政协会议，重开政协小组会议，如召开国民大会，制定宪法倘不遵照政协通过的宪草为唯一的草案，而用荟萃各方意见提供参考方式，这就违背了政协决议的精神……”。接着二十六日周恩来将军也发布了《群众周刊》的社论，其主要的主张还是：“立即无条件停战和实行政协决议。”

九月三日司徒大使建议，为举行五人的非正式小组会议，商议国府重组问题。如果七月间的谈判是只谈军事不谈政治，那么现在是反过来先谈国府改组问题，而把日益扩大的内战放在一边。世界上竟有这样滑稽的事情，一方面喊打喊杀，而一方面则又要请人参加改组政府，这显然是一面打一面拉，务使对方就范的政策。是欺骗民众，伪装他是“贯彻和平”的手法。但中共所提的对案是首先要停战和撤回八月间所提的五项要求，才能谈判。后来它再让步，只要求如国府委员会问题获得解决，政府应保证下停战令。但这个要求也给蒋先生拒绝了，因为蒋先生说：他从未下过攻击令，所以也就无法下停战令。九月初，为了打开僵局，中共提议先开三人小组会议，来保证各地的停火，可是对于这个提议，美国调人和政府方面，都采用“沉默方式来对中共施于力”，同时南京街头则正流行着“打下了张家口再说”的传说。

九月廿九日国民党军大举进攻张垣，而在第二日，蒋先生即会见马帅,三人会议和非正式的五人会议可以同时召开,不过共产党必须拟出国大的名单。

九月卅日周恩来将军鉴于张家口事件之严重,特拟出备忘录给蒋介石先生说:"中央军对张垣及其周围之一切军事行动,中共不能不认为政府已公然宣告全面破裂,并已放弃其政治解决之方针"。但是接到这个备忘录以后,蒋氏也于二日致马帅一封备忘录对于停止进攻张垣问题一字不提,反而提出两项要求:一是中共民盟在国府委员中可有十三席,并须立即提出名单;二、规定中共十八师驻地,并限期进入。这两个条件自然为中共所拒绝。于是十月六日,马司两氏又提出新建议,新建议是:"我等曾向蒋委员长建议,在下列条件,对张家口的攻势停止十天,此一停战之目的在于实行十月二日蒋委员长所提的两项要求"。

从这一个备忘录看来,我们就可以明白,这十日停战的协议,完全是一方面为争取时间便于准备新的攻势,一方面是借此十天作为让步,而实际上则向中共施以压力。对于这一个提议,周恩来将军的答复是:第一,现在只有无限期的立即停止进攻张家口,并将进攻部队撤至原防;二,只要政府答复无限期停止进攻张家口,则中共方面,愿意参加三人会议和非正式五人小组(或政协综合小组)。同时讨论停战及实施政协决议各项问题。十月九日,周氏又提出了一件备忘录给马特使具体地提出了停战和实施政协各点。然而这个备忘录终于给冷淡下去。

可是从十月十一日起,留沪第三方面人士突然活跃起来,梁漱溟先生首先赴南京,提出两点新的建议:一、停止进攻张家口重开三人会议;二、召开综合小组商讨如何召开国大。梁先生对和平民主事业之忠诚是非常之可敬的,然而他这个理想却太高了。

十月十五日国民党军占领了张家口,并于这之后数小时不顾中共和第三方面之是否同意,立即宣布召开国民大会。从这个时候起,一切和平谈判可说都是变成了没有意义,国民党独裁集团的工作重心早已集中于如何筹备傀儡国大之开幕,和如何分化民主阵线了。

然而为了表示民主各党派对于和谈只要还有半点希望亦决不轻易放弃，所以十月二十一日第三方面人士还是陪同周恩来将军进京，而蒋介石先生则于和谈的代表到达南京后，则匆匆飞往台湾去了，在这时东北的安东又给国民党“接收”而去。

国民党政府要的是“名单名单”，他说如中共和第三方面把名单交出，他们可以实行停战，一切都等到开了国大之后再谈……而中共所提的是“停战停战”。到了十月末第三方面的调解人也只好承认调解失败了。而且参加第三方面的青年党和民社党已经在国民党政府威迫利诱下动摇起来。

十一月十五日，一党国大召开，青年党首先参加，接着一部分民社党也参加了，国民党政府，原来是想分化第三方面的民主阵营，逐个击破的，可是民主同盟及其他民主人士是始终反对这个一党包办，半拖半拉的国大的。十一月十九日中共首席代表周恩来将军飞返延安，国共间的和平谈判到了这时可说已经完全停止。然而可以注意的另外一面，是在十一月这一个月，国民党进攻的锐势已经顿挫，在十一月中旬曾一度甚嚣尘上的进攻延安的浪潮也渐归沉寂。究竟国名党政府今后是不是要进攻延安，索性把未来的谈判之门也关闭起来呢？我看这要决定于美国的态度，和国民党军在战场上是胜利还是失败。关于马特使从北平回京到处又传出和平随处之声，而且还有政府特派专员到延安去的建议，美国两方似乎还没有决心全面破裂。

可是延安所提出来的条件是解散一党国大，恢复一月十三日前各军驻地，这个提议在今天是不是能够为国民党所接受呢？我想这是不可能的。

我看，今后中国的命运，主要的还是决定于人民的斗争的力量。只有当国民党政府感觉到军事力量已不足以维持其腐败的统治，经济的崩溃已造成了整个局势的混乱的时候，他才会有其真正的诚意来实行政协决议的。

总之，这一年来国民党政府或者是从正面，或者是从侧面去破坏政协，或者用军事的压力，或是藉外国人的压力去破坏政协，或者是用从内到外的分化方法，或者是用各个击破的利益方法，或者是用特务的恫吓，或者是用政治的阴谋，去破坏政协，真是用尽了种种方法。可是政协决议是一支旗帜，也是一个目标，无论国民党用什么方法去阻挠它破坏它，民主人士的团结还是很坚强的。只要人民的力量充分组织起来，他是一定可以胜利的。

论民主运动中的高等教育

载 1947 年 1 月《达德青年》创刊号

黄药眠

以整个世界的范围看，从中国本身看，民主运动都正在生长着，发展着，泛滥着，不管受到怎样的阻挠，怎样的迫害，民主主义是必然要胜利的，这是历史的趋势，这是人民的要求，我们有着必胜的信念。就是根据着这个信念，我们创办了一所民主主义的学院，虽然这个事业才是开始，正在艰难困苦中尝试，但我们相信，这个事业是要成功的，反过来说，根据着民主主义的信念所创办出来的学校其主要的目的，也就是在推动民主运动，离开了这个目的，我们的学校也就失去了它的意义。

现在更具体的来说，我们这个学校，究竟想要造成功些什么人才呢？根据些什么精神来共同学习，共同工作，共同生活呢？我想至少要包括以下几点：

第一，我们是自由主义的，这就是说，我们并不首先抱定了一个什么主义，入主出奴，以自己的学说为是，盲目的排斥另外一种学说。不是的，我们对于一切的主义，学说都采取虚心研究的态度，互相比较，大家反复辩难，务求得一个适合于我们中国人民需要的真理，我们相信一切的真理都受得起生活的考验的，所以我们愿意经常的把学说上所研讨得来的东西，不断的拿到生活上去考验，并从而得出一整个的理论的体系，确立我们的人生观和世界观。当然对于那些空空洞洞的理论，玄学上的游戏，零零碎碎的经验的智识我们是无所取的。

第二，我们在这里研究，可说一切的物质的条件，都是人民供给我们的，因此我们无论在做人方面，在研究学问方面，都不能够有一刻的忘记为人民服务，现在正是国家多难的时候，成千整万的人民在祖国的土地上流亡转徙，无量数的田园财产毁灭在内战的炮火里面，少数没有良心的人，正挥起他的残暴的鞭子，驱使千百万人民走向痛苦的深渊，我们是中国人民的儿子，如果我们忘记了我们的祖国，忘记了这些在祖国里面受着苦难的人民，那我们即使学得很多智识，也完全没有意义。只有当我们能够把我们的智识应用到为人民谋利益方面，我们的知识才不是死的知识，而是活的知识，发展着的知识，创造着的知识。

第三，近代的社会是个很复杂的社会，因此它需要着各种各样的专门人才，不错，从一般的说来，无论做什么事，都必须要政治上先有所改革，如果政治不改良，经济日趋崩溃，那是什么问题都无从做起，不过反过来，如果说政治改革了以后，我们出来做事一切都有办法那又不见得。所以我们今天在学习的时候，一方面要有一般社会科学的知识，明了政治动向，帮助人民从事于政治的改良和改革，但是另外一方面，我们决不能以空洞的一般理论自满，而必需每个人都有他自己的专门所长专门技术，以期将来能够在各种部门中发挥更实际的作用，过去有些青年，徒然只知道一般的理论，而对于各种实际的知识专门的技术则完全忽视。这种学习的作风也是为我们所不取的。

以上所举的三点，我个人认为是目前民主主义的高等教育的最大方向，反过来说，我们也就是反对党化教育，以一党主义，反对君临在人民的头上，反对思想束缚，不从客观的现实去考察，死抱着一些教条，背诵着囫囵吞枣的理论；反对官僚教育，把学校的行政人员和师长看成为官，而把学生看成为奴隶；反对特务教育，奉养一批少数的学生作为侦探，把大多数的学生看成囚犯，一言一行都受到侦察，稍一不慎，即有被人看成为“叛逆”之虞；我们反对书呆子的教育，整天抱着书本，只知道读书，不知道为什么读书，读什么书，怎样读书和读了这许多知识是为了什么；我们反对商品教育，先生教书和学生学习都不过是完成一种买卖；我们反对奴化教育，学生只知道跟着先生走而没有自动自觉自学自治的精神，老实说，目前许多学校都是有着我上面所说的这个或那个毛病，但是，我们所反对的正是这些教育。

现在本校创立伊始，自然缺点还是不免，不过我们很希望全体师生，不问老少都能够在民主主义的精神指导之下，共同学习，共同研究，以建立新型的民主主义的教育，以加速自由民主的新中国实现。

响应反对美军暴行运动！

载 1947 年 1 月 12 日《光明报》第 12 号

黄药眠

当全世界的人士都在庆祝着作为和平人道的使者耶稣降生的前夕，在北平却发生了一个有悖乎和平与人道的事件，美国水兵强奸了我们中国的女大学生沈女士。这件事，站在人道的立场上看，是对女性的一个极大的侮辱，站在民族的立场上看，是我们中华民族的国耻！

战争早已结束，美国有何理由，还逗留在以前是盟国的中国？杜鲁门总统尽管声明决不干涉中国内政，但事实胜于雄辩，美军驻华，本身就是干涉中国内政的最具体的证明。今天美国人到处强奸我妇女，到处凶殴我们的同胞，其最终极的原因正是由于美军之驻华，由于他们以为中国是他的殖民地，因此才敢于胡作妄为肆无忌惮。

有人说，这个事件不过是北平一地的事件，让北平去处理好了，何必牵涉到全国呢？不是的，这并不是一个地方事件。试问在那些驻有美国军队、水兵、地面工作人员的地方，哪一处没有发生过同一类的酗酒、殴人、强奸、杀害的事件？在去年除夕前夜，塘沽的居民罗光福不是又给美军杀死了吗？在元旦那天，上海三轮车夫程永芳不是又给美军刺伤了吗？谁无兄弟，谁无姊妹，在堂堂的中华民国的国土上竟要横遭侮辱杀害，这样的暴行还不加以抵抗，那还成什么国家！成什么民族！美军的暴行既然是普遍于各地，早已为全国人民所痛心疾首，因此，这次的强奸事件，绝不能认为只是一城一地的事件，不，它是有普遍性的具有全国意义的事件！

有人说，美军强奸女生这不过是普遍的法律问题，经由法律解决好了，何必小题大做，扩大成为政治问题？不，我们认为这完全是政治问题。因为这次美军的暴行,是和美国企图在华建立永久基地联系在一起的;是和美国之干涉中国内政联系在一起的;是和美国之参与中国内战联系在一起的,是和美国军人之蔑视中国的民族自尊,企图奴役中国人民联系在一起的。如果不根本从政治上去解决问题,光从法律上去谋得解决,其结果一定是法律被歪曲,而且也就无从保证其不在别的地方、别的时间,再来一次同样的事件。中国人的民族自尊,中国的国家主权,是不能从任何个人的赔偿和惩罚获得补偿的。

因此,今天反对美军暴行,要求美军撤离中国,乃是每个中国人的神圣任务。他绝不是如国民党的官员所说,是什么党派的阴谋,或是受什么人鼓动。事实摆在眼前,美军的如此强暴,没有人性,是不是合乎正义?是不是应该反对?如果是不合乎正义,如果是应该反对,那么就反对好了,我们绝没有义务来跟国民党政府一样,非人之所是,是人之所非。试问我们抗战八年含辛茹苦为的是什么?难道不是因为要反对日寇不断的侵略我土地,残害我人民,蔑视我民族的自尊,掠夺我中国的财富,欺侮我中国人民的妻女吗?难道我们以无量数的鲜血换取来的自由、独立、平等,今天却要轻易的让给美国的帝国主义分子来践踏蹂躏吗?不,我们中国人民是有一百年的争取自由和解放的经验的民族,是经过了八年抗战有自尊心的民族,谁要是想把我们看成为殖民地,或是企图把我们变为它的殖民地,那他就一定犯了很大的错误,有一天会感到后悔。

我们相信,我们今天反对美军暴行的运动是并不孤立的。尽管有些外国报纸,故意把这种运动描写成排外,但我们决不是排外,我们所希望的是全世界的持久和平,是没有经济危机的安定而富足的社会秩序,我们所希望的是独立自由民主的新中国,而且在民族平等经济平等的基础上,欢迎友邦的协助,因此,我们相信在太平洋彼岸的美国最大多数的善良的公民都是我们中国人民的朋友,他们对于我们这个爱国的,合乎正义的呼吁和要求必然会予以同情。因为他们也是和我们一样要求世界的持久的和平,他们也是和我们一样要求经济的繁荣与安定，他们也是和我们一样酷爱着自由与平等，不愿做别人的奴隶，同时也不愿意别人做自己的奴隶，中国人民是和全世界的民主主义者站在一起的。我们今天所要排斥所要反对的只是那些怀抱着侵略野心的帝国主义分子，侮辱中国人民的强暴之徒，这些分子，无疑的，在其本国也正是垄断资本家金融寡头的走卒，欺侮百姓的魔手。如果今天还有人把我们这次的反抗认作为排外主义，我们想，那不是有意造谣就是昧于时事的愚人。

最可痛心的是那些国民党独裁派的官吏，他们对内则压迫人民，搜捕屠杀，骗数百万的同胞作自相残杀的内战，但另外一方面对于美国则事之惟恐不周，媚外求荣，签订中美商约，以国家的权利拱手予人，只求能维持他们小集团的独裁专政的特权，即全中国人民变成美国的奴隶亦在所不惜。这次北平美兵侮辱女生事件，他亦竟同意诬指女生为娼妓，如果照这样的说法，全中国的女性莫不都是娼妓。如此无耻实有辱国家！

还有一层，美国帝国主义分子之所以不断延迟撤兵，敢如此藐视中国，横行各地，推原祸始实由于国民党独裁政府之坚决主张内战，消耗国力，降低国际地位有以致之，因此，今天要反对美国的暴行，首先就必须肃清国民党内的出卖民族利益的独裁分子，停止内战。对外求独立平等和对内求自由民主是一物的两面，不可分割的。

在辛亥革命的前夜，曾有过保路事件，在国民党北伐前夜，曾经有过五卅事件，在抗战的前夜，曾经有过一二·九事件。今天民生的困苦远过以前，因此今天的要求撤退美军，反对美国干涉中国内政的运动，乃是一巨大的争民主的浪潮的开始，乃是一种信号，他的坚强性和深入普遍性将随着时间的长久，而愈益巩固，愈益扩大，任何压迫与屠杀将只有惹起更大的反抗。

我们深愿美国政府能在事实上按照杜鲁门总统声明的原则，早日撤退在华驻军，放弃干涉中国内政的一切企图，而同时中国政府亦应知前车可鉴，放弃它一党独裁媚外压内的政策。人民的力量是不可侮的，何去何从，政府应知道有所抉择。

评马歇尔将军的声明

载1947年1月22日《光明报》新13号

黄药眠

一月七日马歇尔将军发表了一篇对中国局势的声明，这个声明对于今后中国政局的演变是有着很大的影响。特别是当此共和党的孤立派在议会登台，而马歇尔将军又以军人而出任国务卿的时候，其影响所及将更深远，因此仔细的来研究一下这个声明，乃是一件十分必要的事。

如果把马歇尔将军这次的声明和十二月十八日杜鲁门总统的声明比较的来研究一下，我觉得这次的声明显然是和杜氏的声明有着显著的不同。在杜氏的声明中他说到三国外长会议，他对中国之未能以和平方法获得统一“殊表遗憾”，他说到他盼望“中国能寻得一和平解决方法，吾等愿保证绝不干涉中国内政……”除了这些原则以外，他对于如何应付中国目前的局势，却没有明确的态度和具体的方案。可是这次马歇尔将军的声明，却有几点说得非常之具体。虽然在小的地方，他说得非常之公正，但在对于几个大问题的看法上，他是完全站在国民党一方面的。

第一，他对于目前大家争执最烈的宪法问题，他是采取支持政府的态度的。虽然他说“一年前的政协决议是自由主义的有远见的宪章，它在那时给予了中国以和平建设的基础。可是国民党内的不妥协集团，只求能维持自己对中国的封建式的控制，显然是经常蓄意破坏”，可是在下面，他又说“国民大会，的确制定了一个民主的宪法，它在各方面都能符合于各党派在政协决议中所协议的原则。”接着他又说：“民主中国的形式已经由新制定的宪法奠定，今后的问题就是要看：政府欢迎各党派参加政府负责的程度如何……”

这样说来，马歇尔将军已经肯定的说这个宪法是民主的宪法，只要把“国民党内的自由主义分子”以及小党派内部的自由主义分子拉在一起，在蒋介石主席指导之下，中国的民主宪政，就算完成，而政府的基础也就算扩大。于是美国政府也就可以向这种民主政府大批放款了。

这个看法我认为是不公允的，虽然马歇尔将军在文字上力求公允。

我们为什么不赞成这个宪法？因为在召集制定这个宪法的国民大会之前，中国人民根本就没有任何发表民意的自由。李、闻之被暗杀是其最显著的例证。第二因为这个宪法是没有经过各党派的协议，更没有依照政协决议的程序。马歇尔将军所谓，这个宪法“在各方面都符合于政协决议的原则”，完全不是事实。

再就宪法本身来说，我想，我们最好是请英国朋友来说几句话，在一向以稳健著称的南华早报十二月三十日的社论，论到中国的宪法时，他说：“据中央社传出来的宪法最后草案看来，它显露着补缀而成的特征，这个新宪章被人描写成国民党的宪法。但我以为说他是蒋介石的宪法是更公道些，上述宪法条文的主要缺点是它给予了国民党以控制政府之权……”，这是就宪法本身来说的，这个批评是对的。

马歇尔将军是政协决议的拥护者，而今天却支持着这个违反民意，违反政协决定的蒋介石先生的宪法，这不是一件十分奇异的事情吗？

其次，中国目前正在发生着双方动员共计已近三百万人的战争，而为这一个战争的一方的国民党政府其所用的军需来源绝大多数都是美方所供给，（对日战争结束以后，即就杜鲁门总统的报告来看，美国借给国民党政府的贷款就有六亿二百万美元，八亿五千万美元的剩余物资的转让还不在内），但是对于目前中国政府所发动的内战，这个危害到整个东亚和平的内战，马歇尔却故意很少提到它，或甚至说这都是双方夸大的宣传或是说只是双方哨兵的接触……马歇尔将军为什么在他的声明中要特别回避这个问题？我想这是由于他怕美国人民知道这个内战的真象，怕美国人民知道美国政府在这个危害远东和平，毁坏中国市场的中国内战中，曾向蒋介石先生投下了三十亿至四十亿美元的资本，他怕美国人民知道，美国政府之资助蒋介石独裁政权乃是造成今日中国内战之最主要的因素。对于中国目前的内战既如此其轻描淡写，但是马歇尔将军对于共产党的宣传，则如此其强调，说他们的宣传，乃是在于“掀起中国人对美国人的仇视”。这里，马歇尔将军，显然有意的想把今天由于美军强奸北平大学生沈女士所引起来的反美爱国浪潮，描写成为某一个党派恶意宣传的结果。其实，今天泛滥于中国的抗议美军暴行，反对美国在华驻军的运动，乃是美国野心家执行侵略主义所造成的直接恶果，中国人民并没有仇视美国人民的心理，中国人所反对的只是美国的野心军阀，在好听的名辞掩护之下，执行着它的扩张主义侵略主义的政策。中国人民是并不轻易于接受党派宣传的。

第三，民主同盟乃是民主力量的中坚，虽然它是由各民主党派和个别的民主人士所组成，但是在最近一年，它显出了很大的力量。可是在马歇尔将军的声明里面，他并没有提到民主同盟。他只是说各自由主义的小党派，他这种蔑视民主同盟的态度，我们实表遗憾。如果马歇尔将军以为民盟中的各小党派可以不断的分化，如过去之青年党和民社党一样，则更是错误。此外，里面还有一句耐人寻味的话，那就是：“大家亦希望，在这个过渡期间，对共党或其他党派参加政府之门还是洞开着，如果他们认为对于未来之中国他们还是分受一部分责任为佳的话……”，这句话显然意味着，你们如果不来参加政府，中国的“民主”政府还是可以在蒋介石先生的领导之下，由政府内的自由主义分子，以及小党派内的自由主义分子组成的。美国政府的政策是决定了的，来不来，悉由尊便。

本来马歇尔将军之为国民党政府效劳，这已是公开的秘密。他曾协助国民党运输军队，训练军队，他曾借款借械给国民党军打内战，甚且暗中暗示国民党装成民主的样子实行分化同盟。因此，他这个声明，一方面是说明未来政策的方针，但同时也是他对于过去所执行的政策的自白。不过有一点要注意的，就是以前他是站在幕后，现在则直接站了出来，公开宣布了他的对华的态度。那就是说，承认这次一党包办的国大所通过的宪法，认为只要政府中的“自由主义分子和各小党派的自由主义分子结合起来，在蒋介石先生领导之下，就可以造成统一的政府”，认为只要把政府这样改组一下，蒋介石先生的政权，马上就可以变成为“民主的政权”，美国就可以据此而向它放款。

为什么马歇尔将军要在这时候突然这样坦白的把他的态度说了出来？这原因是他想借这一个政策的宣布，可以加强其对中间派的民主人士的压力，帮助“国民党内的自由主义分子”对民主阵线的分化工作，促使那些动摇分子向独裁的蒋介石政府投降。我们只要看马歇尔将军的声明发表以后张群，雷震，吴铁城之流如何在上海活跃以及“青年”“民社”的政客，如何的人影幢幢，就不难明瞭马歇尔将军坦白声明的妙处了。

有人说，张群、吴铁城、熊式辉之流总比CC派的死硬分子好些了。然而，我要问这些人能够“自由主义”到什么程度呢？他们还不是一样的是独裁者手下的虾兵蟹将吗？CC是蒋介石先生的右手，政学系是蒋介石先生的左手。蒋先生是有很多副面孔的，当他觉得要表演“民主”用右手不大适合的时候，他就用左手来了。他的本质还是一样的，尽管在表面上装得更“慈悲”一些。所以如果有人以为那些国民党中的“现任死硬派”失势而表示欣慰，我想那是中了马歇尔将军和蒋介石先生的计了。我们认为这些人事上的变动，事实上都不过是独裁者调换几个部下和走卒，以此来和缓一下空气，来把“实行民主”的把戏弄得更像样，来更便利于拉拢一些从民主阵营内排斥出来的落伍分子。如果我们想从国民党政府的这些人事的调动上看出什么重要的政治上的进步意义，那是错误的。因为绝没有可能，希望他们给予我们以真正的民主的权利，除非人民的民主的力量的确已经强大到足以压迫国民党独裁分子让步。

当然，马歇尔将军究竟比蒋介石先生聪明一些，他眼看着国民党军前线的着着失败，他眼看着中国人民日益紧张的不满的情绪，因此，他觉得如果这样一点也不稍事改装，把那些不孚众望的人暂时摆开，和缓一下人民的情绪，那一定会造成国民党政府的整个的崩溃，为了这，所以马歇尔将军要劝蒋介石先生作一个“民主”的改组，并且暗示，只有这样改组以后，他们才能够获得美国政府的帮忙。——当然马歇尔将军的命令，蒋介石先生是只好照办的。

但是马歇尔将军的这一个政策是不是能够获得他所预期的效果呢？让过去的历史来说话吧。过去，美国曾借了三十亿至四十亿的美元给中国的国民党政府，（连抗战结束前的租借物资在内），但是结果呢？除了鼓励了国民党发动内战，杀害了更多的中国人民，毁坏了更多的中国财富以外，国民党把四十多万人的美式武装，送到共产党手里去了，而全中国人民对于美国之干涉内政则发生了更大的反感。所以现在就假定美国政府决定再支持这个改头换面的独裁政府，再借一个五亿十亿美元给它，那么除了使国民党政府官吏更发财更贪污更腐化和送更多的武装给中共外，又还能够有什么结果呢？显然的，问题还是不能解决的。如果马歇尔将军以为用这样的方法就可以欺骗人民，可以分化民主阵线，使他们一个个向蒋介石投降，那更是过分天真的想法，而且也太不了解近代中国人的心理了。

向广州学生致敬

载 1947 年 1 月 22 日《光明报》新 13 期

吉

沉寂了许久的广州，最近又重新燃起来了反抗的怒火了。前个月，广州军警当局曾借故造谣，大批逮捕青年学生，他们以为这样他就可以把民主运动镇压下去了，但青年的血是热的，当北平沈案发生后，凡有血气的人谁不愤慨呢？只有那些毫无民族国家观念的无耻之徒才敢说出伤天害理的话，硬指自己的女同胞为妓女。不管广州当局是如何的向青年学生恐吓，不管示威的前夜，彻夜枪声不停，可是中山大学学生的队伍终于开到马路上来了。当他们走到沙面东桥的时候，警察们虽然是如临大敌，挂起了铁丝网，拔出了刺刀，可是学生们一声呐喊竟然冲了过去，而士兵们也因激于义愤同情学生，不再加以制止，这样壮烈的场面，是足以为今天的广州青年引为自豪的。

当然我们可以预想得到，今后广州的反动当局，一定会用尽方法来诬害青年，分化青年，威吓青年，收买和利诱青年的，所以我们希望广州的青年同学今后应该更加强组织，提高警惕，养成吃苦耐劳的风气。民主运动的道路，是很曲折的，我们必须学习，再学习，在理论上加强自己以为今后长期奋斗的准备。

广州的青年们是并不孤立的，平津京沪的学生们已经走在前头，而在他们后面则更有广东各界的许多的百姓。谁会满意这个谄媚外人出卖祖国、专打内战、剥削民众的政府呢？所以今天的青年学生运动是和反对内战、反对出卖中国利益、反对中国殖民地化、反对美国的干涉中国内政、反对独裁贪污联结在一起的，我们希望广州的学生们今后更加努力，同时对于他们的勇敢表示敬意。

拜读了蒋介石先生的演辞以后

载 1947 年 1 月 22 日《光明报》新 13 期

史

在本月十三日,蒋介石在中枢纪念周作了一次对党政军各部门一年来的工作检讨。读了他的这个检讨以后,真不禁令人感慨万端。比方国民党的接收工作,他的贪污腐化的情形是早已腾笑中外的了。可是在蒋先生口中,似乎这些接收工作都做得十分合乎标准。又比方对于美国,他说:"此项任务其所以能于此短期内迅速完成者,实有赖于我盟邦美国之全力协助……美国此种纯洁友谊之工作,其价值远超过任何物资之援助,应为我国复员史上所永远铭感而难忘者也……"这种颂扬备至的话,真佩服蒋介石先生能说得出口,难道美国人强奸我妇女,占领我土地作为基地,签订中美商约,硬想把中国变成她的殖民地,这些也算是"纯洁的友谊"应该永远铭感而难忘吗?还有讲到政治方面,他说除了某某等地尚未"收复"以外,"其他各省全国一千八百余县是已复员,今后只要努力加以整顿,积极推进生产工作而已……"照他这样说法,中国今天是没有内战,天下太平,只有一些地方还没有"收复"(向谁收复呢?)而且其余一千八百余县都已复员。这真是天大的谎话,现在全国那一个地方不在征兵征粮闹得鸡犬不宁呢!原来在蒋先生看来,这已经算是复员了。

再看他对马歇尔将军批评的态度。他说:"世语有云,'有则改之,无则加勉。'吾人对于马将军的声明亦应抱这种态度方能有益于国,有益于党。"当然马歇尔将军对于国民党的批评,并不能算是批评,可是使我发生感想的,倒是蒋先生对于美国是一向如此其客气,而对于中国的老百姓又一向如此其苛虐,中国老百姓只要对于政府稍有批评,马上就有被暗杀、拒捕、加上红帽子的危险。呜呼!这难道在蒋先生看来也算是民主吗?

我们要有保障的永久和平

载 1947 年 2 月 2 日《光明报》第 14 期

吉

最近上海各业公会向国共双方呼吁,立即就地停战要求和平。对于沪上各业公会之垂涕而道要求和平的苦心,我们是同情的。可是问题是我们要和平,必须先有公正的态度,即必须首先指出这次破坏和平的责任究竟是应该谁属,第二是我们必须提出和平谈判的前提条件和和谈的基础。因为没有这前提条件,而只是含糊地要求和平,那是始终不会获得和平的,同时如果没有和谈的基础,那么即使停战,各执一端,最后,还是诉诸一战。一年来的经验告诉我们,过去的时谈时打,边谈边打,假谈真打的局面是再不要来重复一次了,因为这样的和谈只有延长战祸,加深老百姓的痛苦。所以我们今天要的是有保障的、永久的和平。但要获得有保障的永久的和平,独裁制度必须废弃,人民的力量必须组织起来。

广东军人应该觉悟了

载 1947 年 2 月 2 日《光明报》第 14 期

达

蒋介石先生发动内战,其主要目的自然是要消灭和打击中共军队,但是我们不能忘记他还有一个附带目的,那就是在内战的过程中,不断的消耗地方军人的实力,所以他的作战的惯例,总是把各地方实力派的部队放在最前线,而把自己的嫡系的部队放在后面。即以对广东军人来说,蒋介石先生只是一向认为须逐渐把它削弱的。据闻最近调到鲁南苏北的广东军的损失是非常之惨重的。我觉得今天我们广东军人实有彻底觉悟的必要。试问我们为什么要跟蒋介石去打内战?即使打胜了,这个天下还是蒋先生的,对于广东军人有什么好处呢?如果打败了,那更是要流落他乡欲归不得!而且我们有什么理由要广东老百姓出去当兵,替蒋介石先生打天下呢?所以今天应该是广东军人团结觉悟的时候,我们要拒绝蒋介石的乱命。自动停止征兵征粮,拒绝出发去打内战。而且事实证明,如果硬要出去参加打内战,其结果是一定惨败的。

媚外政策的结果就是如此

载 1947 年 2 月 2 日《光明报》新 14 期

史

最近报载，法国军舰一艘曾于一月十八日试图登陆西沙群岛之胡特岛，不久撤去以后，法军卒于一月二十一日又登陆巴特尔岛。这些岛屿本来都是属于中国的，不过是在一九三八年，法帝国主义又曾乘我国抗战之际强行占领。现在他就根据那次的占领，认为主权已经转移，这种说法，显然不值一驳。不过今天我们要问的是法国为什么敢这样大胆妄为？在这里我觉得国民党独裁政府之媚外政策实是招致这次灾祸的直接的原因。法越冲突，站在中国人的立场，无疑的应该同情越南的民族解放、要求自治的运动，可是中国的独裁政府，却偏要表示只承认越南的法国殖民政府。独裁政府的这种倒行逆施，不仅招致了千百越南侨胞的损失，引起东方各弱小民族的反感，同时也的确是损害了中国的国际地位和威信。所以如果将来西沙群岛真的给法国占去，那么这个责任是完全要由中国国民党独裁政府去负的。

政协决议与政协路线

载 1947 年 2 月 12 日《光明报》新 15 号

黄药眠

一

我们要研究政协决议,首先就一定要明白当时签定政协决议时候的客观条件。大家当还记得,那个时候美国大使赫尔利将军的对华政策,公开帮助蒋政权反对民主的路线是失败了,美国不能不"改装"一下它的对华政策的面貌。而且那时候国民党的军队还局促在山僻地区,日本投降,国民党的军队还远在内地。因此美国当时的政策,不能不首先把如何运送国民党军队到沿海沿江的大城市里去当作为主要的课题,而为此之故,马歇尔将军也就不能不装作一团和气,促使国民党独裁集团与各民主党派暂时取得协议。其次,在国民党独裁派看来,既然有美国老闾的帮忙,自然首先最重要的就是如何赶快去把沿海各地的肥美的土地和工商业中心接收过来。而且军事部署尚未完成,美式装备也尚未完全获得,因此也愿意以和平民主为幌子以掩护其积极内战的准备。第三,在民主各党派方面,目的只是在于获得国内的和平与最低限度的民主,对于美国的调停,只有一片善意的信心;对于国民党的独裁政权,也根本没有推翻其统治之意,只要他能够放弃一党专政,愿意循着民主大道前进一步,我们是不惜以妥协的精神来作种种的让步,用以换取和平民主的实施。第四,在中国一般的人民方面,经过了八年的战争,大家都是急于找寻安定的生活,急于建设,急于复兴,这一种人民的公意,当然也造成功了一种政治压力。就是根据着这四个条件,于是乃有政协决议的签定。

可是获得这一个妥协和平的政协决议,民主各党派人士,是作了相当大的让步的：第一，我们承认了国民党和蒋介石的领导地位，第二，我们承认了十年前选举出来的国民大会的代表，第三，承认宪草以五权宪法为基础，第四，承认在改组后的四十名的国府委员中，国民党占有廿一席，其委员并指明由国民政府主席从中国国民党内外人士选任，第五，军事上中共军队除退出若干地区外，还决定初期整编计划，规定政府军九十个师，中共军十八个师。

而这些让步，我们就换来了国民党方面的几个允诺：第一，国民党承认了政治民主化、军队国家化的原则，并与中共签订了整军方案，第二，国民党当局承认了对人民自由的保障，第三，国民党当局承认了各党各派的合法地位，第四，国民党当局承认依照政协决议，限期改组国民政府，放弃一党专政，第五，起草了和平建国纲领，作为宪政实施前施政的准绳。

在政协决议签订的时候，全国人民莫不欢欣雀跃，大家都相信美国是愿意帮助中国实施和平民主的，大家都相信政府既然立下了这样庄严的允诺，正式在协定上签字，中国的和平民主必然可以得到了保障。大家都相信民主的前途虽然还要经过许多艰难曲折的道路，但，只要大家能够容忍，互相让步，这样循序渐进，则内战终可以避免，建设终可以推进，宪政终可以实施。但是经过一年来的残酷的事实的教训，我们终于觉悟到，帝国主义和法西斯主义是没有所谓信义道德，没有所谓诺言、决议和契约的，他们所感到兴趣的只是如何来维持他的银行买办、地主、军阀官僚的混合的统治，对任何微小的改良，也不愿意实施。而美国的马歇尔将军嘴里尽管唱着和平民主的调子，而手里则正在操纵着那一副杀人的工具。

二

国民党独裁派是只相信力量的，只要他相信他的力量足以消灭对方，那么他对于破坏政协决议是绝对不会有所犹虑的。政协决议签订后不久，就有沧白堂较场口事件。去年春天，国民党当局借口对外接收主权，在东北就首先发动了战争，到了五六月间，他的一切军事布绪已经逐渐就绪，美国的装备也已经大批到手，于是他就不顾一切，动手打起来了。庐山胜地那里驻节着马歇尔将军和蒋介石将军，那里也就成为了中国内战的司令台。

蒋介石将军这样想：只要我在军事上有办法，什么污点还不是可以用血来把它洗得干净！在蒋介石将军眼里，没有所谓政协决议，也没有所谓人民的意志。

蒋介石将军在政协会的会议上，不曾有过四项诺言吗？在和平建国纲领第二项第一条不是这样明明规定着："一、确保人民享有身体、思想、宗教、信仰、言论、出版、集会、结社、居住、迁徙之自由。现行法令有与以上原则抵触者，应分别予以修正或废止之。二、严禁司法或警察以外任何机关或个人，有拘捕、审讯及处罚人民之行为，犯者应予惩处。政府已公布之提审法，应迅速明令施行。"但是国民党独裁派，最先是利用流氓特务捣乱会场，到了五月以后，则肆无忌惮，公开非法逮捕民主人士，封闭书店报馆，暗杀李、闻、这些不民主的暴乱行动，美国的马歇尔将军难道不知道吗？知道的！但是他始终装聋作哑，依旧是以巨量的物资，向腐乱的国民党政权输血。为自由和民主而流的血，已可以成河，而独裁者却挥着指挥刀高叫着："我这样就是民主！"

关于军事问题的协议上曾这样写着："四、改善征兵制度，公平普遍实施……"，"五、军队教育应依建军原则办理，永远超出于党派系统及个人关系以外。""甲、实行军党分立：一、禁止一切党派在军队内有公开的或秘密的党团活动、军队所有个人派系之组织与地方性质之系统，亦一并禁止。……四、军队内不得有任何特殊组织与活动。""乙、实行军民分治：二、实行划分军区，其地域之范围应尽量使与行政区不同。""实行编制办法：二、中央军队应依军政部原定计划，尽速于六个月内完成其九十师之整编"。

但是事实上有那一条执行过呢？国家的军队变成为效忠于蒋家的私人的军队。蒋介石一个人是党、是政府、是国家，数百万士兵都是蒋家的奴隶,那些百十成群披绳带索囚首垢面的人们,不是囚徒,而是被押赴内战战场的壮丁。缩军变成了扩军,和平变成了内战,蒋介石以中华民国之名义,驱使着我们全国的同胞自相残杀,而其目的无非是要保卫蒋家天下。

和平建国纲领在政治一项下明明这样写着:“六、积极推行地方自治,实行由下而上之普选。迅速普遍成立省县(市)参议会,并实行县长民选……七、自治县政府,对于其辖区内之国家行政,应在中央监督指挥下执行之。八、中央与地方之极限,采均权主义,各地得采取因地制宜之措施,但省县所颁之法规,不得与中央法令相抵触。”又附记第一条:“凡收复区有争执之地方政府,暂维现状,俟国民政府改组后,依施政纲领政治第一项,第六、第七、第八三条之规定解决之。”但是,事实上国民党在去年春天,当苏军退出东北的时候,他就硬要破坏停战协定,派八个军进攻民主联军,要去“接收”地方政权。六月停战谈判失败,其最大的原因也就是政府要求中共军队撤出五个地区,由国民党军队去“接收”,否认当地的民选政府,混军区政区为一谈。他不仅不积极推行地方自治,不仅不积极实行由下而上的普选,反过来倒要把已经实行地方自治和由下而上之普选的地区,全部“接收”下来,复归于独裁者的统治。

关于政府组织问题的协议上明明这样写着:“中国国民党在国民大会未举行以前,为准备实施宪政起见,修改国民政府组织法,以充实国民政府委员会……”但是事实上,国民党政府一方面对于中共发动军事上的大规模攻势,对于民主人士实施特务恐怖,而另一方面则索取改组政府的名单,大有一手持剑一手持金,顺我者生,逆我者死,非此则彼之概。到了十一月十三,国民党军攻陷张家口,于是国民党当局更趾高气扬,以为美式装备可以战胜一切;以为共产党军从此就可以一举而包围歼灭;以为独裁专制可以维持永久。装甲炮车谁可如何!于是十一月十五,更由国民党一党片面下令召集国民大会,悍然弃政协决议于不顾。

关于宪草问题的协议上明明这样写着:“……政协曾设宪草审

议委员会,根据协商会议拟定之修正原则,并参酌宪政期成会修正案,宪政实施协进会研究结果,及各方面所提出之意见,汇综整理,制成五五宪草修正案,提供国民大会采纳。”又宪草修改原则第二项:“立法院为国家最高立法机关,由选民直接选举之,其职权相当于各民主国家之议会。”及第六项第一条:“行政院为国家最高行政机关,行政院长由总统提名,经立法院同意任命之,行政院对立法院负责。”但是国民党当局既召集了立法的国大,勉强诱致一些党外的二三流政客,造成制宪的滑稽喜剧。其所提出来的宪草,既未经宪草审议之协议,而目前所宣布之非法宪法,其所谓“行政院以左列规定对立法院负责”,更显然的与政协宪草修改原则完全相反。所以这次国民党的一党国大,无论从他召集的动机说;从召集的程序说;从它的法律根据说;从它的代表人选说;从它所根据而讨论的宪草说;和它现在所颁布的宪法的精神说,没有一样不是违背政协决议。

这些都不过是举荦荦大者,至于他破坏国共间的停战协定,超额增兵东北,那更是有目共见的事实。

为什么国民党独裁派有这样的勇气和力量来撕毁政协决议呢?显然的,他的后面是站着美国的帝国主义者。国民党目前的政权为全国人民所厌恶,所痛恨,但是他却为美帝国主义者所宠爱。

显然的,一年来中国国民党独裁政府是遵循着下列的四个政策进行的。

第一,彻底出卖中国民族的利益,无耻的勾结一些美国帝国主义分子,以期换得大批的借款和物资以从事长期的内战。

第二,继续推行独裁专制,奴役人民,以合法或非法的手段剥夺人民自由。

第三,由国民党独裁阵营里面,分出一小部分人,作为“自由分子”,再拉上一二早已投降独裁派的小党,改组政府以完成民主的伪装,一方面以威胁利诱的方法,企图分化民盟,削弱民主力量,以孤立中共。

第四,集中全部军事力量以打击中共,同时发动和平攻势,借以欺骗国际国内的人民，企图把破坏和平的责任转卸与中共，和其他民主人士。

无疑的国民党所遵循的路线是反民主的路线，也是卖国的路线。

三

经过一年来的演变，究竟客观的形势有了什么的变化呢？或者是说，民主力量与反民主力量双方对比的形势，究竟发生了什么变化呢？不错，从整个国家的情形说，这一年来国民党独裁派的统治，已使中国的国际地位日益降低，经济的危机日益深刻，政治的局势更加混乱，人民的生活更加困苦。然而，如果从民主与反民主两种力量的对比来看，显然的民主力量是处于更有利的地位。

过去美国政府向国民党独裁派投资了差不多四十亿美元，但这些投资都是以租借物资或转让剩余物资的形式来举行的，显然的，今后美国政府很难再作如此巨额如此慷慨的援助了，他必须顾虑到投资所得的效果，考虑到他的安全的保证，特别是当国民党统治的地区里面，财政金融一天天混乱。美国的这些援助，是否能维持国民党独裁政权，已经是成疑问的时候，美国对于国民党政府的投资，必然会有更多的顾虑。另外一方面，全国人民对于反对美国之扩张主义、侵略政策的运动已经展开，这也迫使着美国政府，不能不考虑到如何缓和中国人民情绪的问题。还有，外长会议，三月间就要在莫斯科召开，如何解决远东问题的轮廓，也必然会谈到。今天美国政府声言撤兵，这虽然是一种姿态，但是这也表明了他究竟有点心虚。

其次，国民党所依靠的是军事的力量，但是在目前看来，国民党政府所储存的武器，已经消耗了百分之八十，兵员消耗了差不多六十万人以上，新兵的补充困难，将官腐败，下层士卒相率逃亡，地区辽阔，兵员不够分配，到处处于被动的地位，而在后方，则因拉夫征粮，民怨沸腾，民变四起。反过来，中共军方面，动员的民兵一天天增多，缴获的美式装备，已足以武装十三个旅，上下一心，每个人都充满了斗志，在鲁南、苏北、晋西均一次一次的消灭国民党的军队。所谓十五天消灭中共军，三个月消灭中共军的豪语，现在已逐渐成为不能兑现的空言。前线军事上的失利，已逐渐使国民党独裁派阵营里面许多人失去了信心。

第三，再从政治的形势看，国民党政府之所以要伪装民主，拉拢一些小党派参加政府，其目的无非是想把民主阵营里面比较动摇脆弱的上层分子，拉过来加进到他们的反动阵营，这也就是说要孤立和分化民主的力量，以加强反动阵营的力量。但是这个分化政策，其结果只是把代表买办、地主、上层分子的民社党、青年党拉了去。这些分子之加进反民主阵营，事实上并不能加强反民主阵营的阵势，相反倒反而在反民主阵营里面增加了许多分食的新客，并从而增加了反动阵营里面的纷争和紊乱。反过来说，民主阵营，倒因这些假装民主的民社党、青年党之离开，而逐渐净化起来。同时，由于国民党独裁统治的腐化，过去在政治上采取消极和中立态度的人民，也都逐渐在政治上觉醒起来，积极起来，投奔到民主阵营里面，形成了更大的力量。

今天这一个趋势是很明显：一方面是美国对于独裁者的支持是在公开的和秘密的进行，另一方面，人民对美国的扩张主义政策的反感已日益加深，反美国侵略的运动已日益扩大：一方面是独裁集团的军事力量日益削弱，而另一方面则反独裁的民主的军事力量日益加强；一方面是反民主阵营日益紊乱，另方面则民主阵线日益扩大和巩固。

四

明瞭了当前的政治形势，那么今天我们解决国是问题的主张究竟是怎样呢？当然我们还是主张和平民主。

但是和平并不是坐在那里等着它自己会来的，也不是消极地袖着手，让国共双方打到差不多的时候，自然会来的，我们必须发动一切运动促进和平,我们要反对三征,我们要加强对国民党内反独裁分子的争取,我们要赞助一切反对签订卖国条约的运动。只要当独裁派感到再打下去惟有自取灭亡的时候,那他才会真正的停止进攻。也只有到了那时候才真正有和谈的可能。

现在国民党当局也一天天在叫着和平,但这都是假的,他一面谈一面打,一面征兵借款,这样去恢复和谈,那客观上就只有帮助国民党欺骗人民。不,我们是再也不能以和事佬自居了。我们的和平谈判的先决条件就是:第一,要国民党政府切实保证人民的集会、言论、结社、出版的自由;第二,政府必须立即停止征兵征实;第三,国民党当局必须尊重各党派平等合法的地位。必须国民党当局能做到这三点。我们才能够认为它已具有和平的诚意,我们才能够考虑参加和谈。

那么谈判应该以什么为基础呢?是不是还是以过去的政协决议来做基础呢?我想政协决议的精神和路线是应该遵守的,但是如果死守住政协决议的条文,那在今天看来是显然不够了。

经过了一年多来时局的推移,社会各阶层的力量的对比已起了很大的变化。有许多政协条文我们是必须重新加以考虑了。第一,在过去,我们曾对国民党独裁派作了许多让步,可是现在我们是不能再有这许多让步了。比方过去我们承认十年前所选出来的国大代表,但现在我们还能够再来承认一次吗?比方国民党独裁派,表面上要把国大变成有形的国大,事实上则让总统独裁,对于这个原则我们还能够承认吗?不能够的。第二,比方过去青年党、民社党还是混迹在民主阵营里面,但现在他们都已投降到独裁阵营里面去了,当然今后的谈判,我们是再也不能够让这些背叛民主的分子,再来一次假装民主,在会场上以民主主义者的身份发言了。第三,新的民主力量正从人民中长大起来,这些分子在一年多以前,是没有地位的,现在我们应该让他们也站出来发表他们的意见了。第四,国民党独裁派既然敢于撕毁政协决议,那么今天他就应该自食其果,应负破坏政协决议的责任。

那么,什么是政协精神呢?政协的精神就是:切实保障人民的基本权利和自由;组织各党各派的联合政府,以代替国民党一党独裁的政府;实行政治民主化、军队国家化,实行停战和平,普遍裁军;实行召集能真正代表人民的国民大会制定宪法实行宪政;实施和平民主建国纲领;否认一切独裁派所订的卖国条约,维持中国的独立与尊严。

这就是政协决议的精神,也就是走向中国真正民主的大道。不怕任何困难,我们是要遵循着这条民主的大道,向前奋斗到底的。

从世界看中国

载 1947 年 3 月《自由世界》第 3 卷第 1 期

黄药眠

一

第二次世界大战以后,整个国际局势的基本特点之一,就是资本主义国家的力量一般地是削弱了,然而在资本主义世界里却涌现出一个最强大的,占有压倒优势的国家,这就是美国。它挟着近代的优秀的科学的成果,庞大的生产力和武装,向全世界各地伸出了它的侵略的手,俨然想独霸世界。当然它这个侵略势力的伸张是不会不遇到抵抗的。而且它这种对外的伸张是和对内的压迫劳工政策是不可分离的。于是一方面有美国的侵略势力,另一方面则有美国国内的劳工阶级,英帝国的力量,各殖民地要求解放的人民的力量,各新民主主义国家的力量,苏联的力量,双方矛盾着冲激着。由于这两种主要势力的矛盾,于是在世界各地乃产生了一连串的问题。这里有希腊问题,波兰问题,德奥问题,西班牙问题,巴勒斯坦问题,伊朗问题,中国问题,日本问题,朝鲜问题,太平洋各岛代管问题。其中最重要的,自然要算德奥问题,伊朗问题,和中国问题,因为这三个问题是和今天世界三强,英美苏都有其关系的。如果弄得不好,它可能成为了第三次世界大战的因子。

中国之成为世界问题之一,是有其内在根源的。在第一次世界大战以后,由于日本得寸进尺企图以武力整个吞并中国,因而打破了列强间的均势。在中国人民的强力要求之下,在英美两国或多或少的支持之下,中国政府乃不能不奋起抗战。但这些一向依赖帝国主义的买办和腐烂的官僚们对于抗战是没有信心的,是动摇的。抗战八年并没有把他们教育得更加聪明，反而使他们变得更贪婪，更无耻，把中国政府变成为几个家族垄断专利的机关。抗战的结果，中国是胜利了，可是这并不是因为中国已经有了足够的力量来战胜敌人，倒是因为法西斯阵线，在世界规模内倒台，于是那拥有数百万军队的日本法西斯军阀不能不颠覆了。

中国的国民党政府于是乃以胜利者的姿态出现于世界政治舞台，可是它始终没有忘记，那些宁愿忍受一切痛苦来支持抗战的中国人民是它的仇敌。它立意要把中国按着他们这些独裁集团的意志，拖上殖民地化的老路。然而经过了八年抗战的锻炼的人民是再也不愿过殖民地人民的生活了，再也不愿意受独裁者们的鞭笞桎梏了。民主运动广泛的兴起，这诚然使中国的独裁者十分惊惶，因为他们自己也知道自己在政治上的孤立，人民力量的强大，同时就是那还在太平洋彼岸的美国的侵略主义者和金融大亨也都不放心起来，因为他们知道中国人民是一定反对他的侵略政策的。国民党政府不能不依靠美帝国主义来生存，而美帝国主义也不能不依靠中国的反动政权来做它的助手。美国对国民党政府不能不算慷慨，三十亿美元的协助，是有其远大的政治目的的，虽然它明知道国民党政府的腐化无能。

所以目前中国的政局，从中国本身看是中国的民主阵营和依靠于美国的国民党独裁政权间的对立。从世界范围看，则是美国的侵略势力支持着中国的反动力量来和中国的民主进步力量斗争。没有美国支持，国民党独裁政权能够有这样强大的力量来和中国的民主力量斗争吗？当然没有的。这也即是说，没有反动的国际力量的支持，中国国民党的独裁政权要维持下去是不可想像的。所以我们说，今天中国民主主义的斗争乃是全世界民主运动的一部。但这句话是不是说，中国的民主运动必须在世界范围内去获得解决呢？不是的，我们始终认为中国民主主义的胜利，主要的是依靠于中国人民自己本身的斗争。以中国人民本身斗争的力量，配合以现有的世界民主势力，它是有一切可能来获得胜利的。这即是说，在目前的情况之下，中国的民主力量，仅有可能在外国侵略者还没有来得及有效地援助中国反动势力之前，已使中国的反动势力屈服或垮台了。所以，所谓中国的民主主义斗争乃是全世界民主运动的一部，其意义是说，中国的民主运动与全世界民主运动息息相关，世界的民主运动之进展可以影响到中国的民主运动。世界民主力量之强弱可以使中国的民主运动加速或延迟，更加容易或更加困难。反过来，中国的民主运动之进展同样也可以促进世界的民主运动，而世界民主主义的胜利乃是中国民主主义彻底胜利的保障。

中国的民主运动是决不孤立的，中国的民主的进步势力和反动的独裁势力的斗争是中国人民争取民主政治，和获得民族独立的斗争，也是全世界进步势力和反动势力的斗争的一部。

二

为什么中国的问题会成为了世界重要问题之一呢？

这原因是因为中国是一个东亚大陆的大国，它拥有四万万的人口，和丰富的资源。在第二次大战前，美国和中国的贸易额虽然是占很小的百分比的，然而美国一向就把中国看成为它的潜在的市场和资源的供应地。日美的冲突，主要的就是为了争中国。现在日本帝国主义是战败了，当然美国不会放松这一块肥美的沃土。这是一。

第二，美国帝国主义为了独霸世界，它是敌视着世界的另一个强国苏联的。为此它积极的布置着北极地带，它热心于建立西欧同盟，它要在希腊，土耳其，伊朗建立防苏的据点，同样在东方，它要把日本，朝鲜南部和中国变成为它独占的兵营。太平洋六百二十三个岛屿的代管是不足以满足这个贪婪的帝国主义的胃口的，而且这些岛屿的占领乃是为将来囊括澳纽，进出印度洋的准备。海洋并不能征服大陆，美国如果要把太平洋变成美国海，它必须获得东亚大陆，只有大陆才能征服大陆。中俄国界绵延九千多公里，由新疆去苏联的中亚细亚，和乌拉尔的工业区，其空中距离是并不很远的。每当中国独裁政府想从美国骗取一大笔帮助的时候，它必然作一次反苏的宣传，这决不是偶然的。

既然美国是想殖民地化中国，又想把它变成为发动第三次大战的基地，那么英苏两国呢？

苏联是很清楚知道美国反动侵略主义者的意图的。所以它对于中国问题的态度是第一，它虽然对于中国没有领土的野心，但它不愿意中国变成别的国家的殖民地，因为那时候，中国政府将只是帝国主义者手中的工具，他将会威胁到苏联的安全，因此它希望中国是一个独立自由的中国，而不是殖民地的中国；第二，它虽然无意于以共产主义向中国输出，但至少他不愿意，像中国这样大的邻国，有敌视苏联的政府。根据这两点，所以它所希望的中国是独立自由的中国，和平民主的中国。苏联的这个愿望是和我们中国人民的愿望客观上一致的。

英国对远东的态度怎样，很显然的，英国目前是急于需要恢复国际贸易，增加对外输出，中国如果陷于长期战争的局面，英国就无法恢复其在中国市场的贸易。所以他希望中国能早日获得和平，这是一。第二，中国是东方殖民地的领袖，中国民主力量的胜利，无疑的将促使东方许多弱小民族加强其争取自由和独立的运动。所以英国所希望于中国的是妥协的和平的解决内争。

由于中国内部有着民主与反民主力量的斗争，又由于英美苏三强对于中国都有直接的利害关系，因此更增加了他的复杂性。

第二次大战结束，一九四五年十二月十五日，莫斯科三外长会议，对于中国问题发表了一个声明，这个声明显然是根据着妥协的精神来解决中国问题的。即第一，三国相约不干涉中国内政；第二，就原有的国民政府的基础，加以改组，广泛的容纳民主分子；第三，用和平民主的方式解决中国的内争。那个时候罗斯福总统去世不久，美国的政策还没有决定走上死硬的道路，同时中国的反动派在军事部署上也还没有一定的把握，因此才有这样一个协议。

如果这一个协议的精神能够真正实施，则中国问题也不会成为其国际问题了。然而可惜并不是这样。

三

一九四五年杜鲁门总统的对华政策声明是这样写着:"一个强盛、团结和民主的中国,对于联合组织的成功,对于世界和平都是极端重要的……中国如果由于过去日本所作那样的外交侵略,或由于暴力内争因而处于无组织及分裂状态,那么无论目前或将来,对于世界安定及和平都有破坏作用。"老实说,他这个声明是相当公正的,可惜的是,这位总统先生说话是喜欢"冲口而出"的,说完了以后,他就忘记了。美国的对外政策,不断的向右倾,不断的屈服于国内的反动势力,于是杜鲁门总统的这个声明,乃成为了实际干涉中国内政的烟幕。

马歇尔将军是根据莫斯科会议不干涉中国内政的精神奉命来华调处的。不错,在一九四六年一月二月三月,这三个月间,马氏曾协助中国国共双方,签订了停战协定,政治协商会五项协议,整军方案,东北停战协议。但是这些协议,并没有受到国民党当局的重视,而马氏虽然曾加签名,却竟也坐视其所曾参加签名的协议被国民党一手破坏而熟视无睹。

如果把马歇尔的调解工作再和美国国务院对华实际的政策来研究一下,则马歇尔将军的所谓调解更不能令人无疑。一九四六年二月九日,美国务院向中国政府发出反苏的照会,鼓励国民党反对民主;三四五三个月,美国海军陆续运了八个军到东北、秦皇岛及青岛去。六月贝尔纳斯国务卿向国会提出了十年军事援华法案。两个美海军舰队且开到青岛和秦皇岛去"避暑"。七月间美方公布遣送日俘已经完毕,但美军依然不撤,而在这期间,国民党政府从美方获得的武器和物资的援助,实际上约达三十亿美元之巨。这样的调解,难怪愈调解,中国的内战愈打得激烈起来。

美国的这种做法,自然会引起苏英两国的关怀。七月廿三日,莫斯科电台的广播就说,“苏联对于美国的对华政策不能置之不理……现在时机已经成熟,应该把莫斯科外长会议中关于中国问题的一切决议完全实现……”九月廿四日,苏联代表在安理会席上更明确的指出:驻华美军正在支持了争权中两党之一,这样就是干涉中国的内政。同日斯大林在答记者问时也曾这样说:我以为美国立即撤退驻华美军对于将来的和平甚为重要。至于英国呢,自由党的新闻记事报早就这样说过:“世界人士再不能对显然危害世界和平的事件(中国内战)延缓考虑了。”在美国宣布终止调处以后一月二十三日上院工党议员林德赛也建议应由英美苏三国对中国的时局从事自由协商。司法大臣乔特,除声明遵守前年莫斯科会议的决议外,并否认英国支持美国对华政策。外相贝文在今年二月底也在下院宣布,英国希望不久能获致一些办法解决中国问题。

甚至美国比较开明的人士如民主党参议员莫莱,共和党参议员佛兰德斯,拉铁摩都主张美国终止援助蒋介石,由英美苏三国和中国所有的主要政党领袖,举行圆桌会议,来共同解决中国问题。

美国的调解既然都是骗人的鬼话,而中国的内战战场,则双方早已动员了近百万的大兵。最近国民党政府,受到美国反共政策的鼓励,正酝酿着下讨伐中共的命令。纵观世界,今天形势之紧张莫过于中国。诚如我前面所指出,中国的民主与反民主的斗争,是有其国际背景的,中国的和平民主问题,事实上也就是全世界和平民主的问题,如果中国问题不能和平解决,如果美国还是继续干涉中国内政,那其结果不仅会引起中国人民强烈的反抗,而且也会牵涉到苏联,为将来的世界大战埋下种子。所以即为世界和平的缘故,我们必须获得中国的和平。

只有中国国民党中的反动派,他们是立意要挑起美苏间的恶感来换取美国方面的更多的支持的,他们希望中国能变成为未来世界的战场,但是这是违反全中国人民的意志的,也是违反全世界人民爱好和平的意愿的。

现在莫斯科又在开四强外长会议,我们希望他们能重新检查一下前年莫斯科三外长会议,对于中国问题之协议所执行的程度。这不能算是干涉中国内政,这只能算是对美国单独干涉中国内政的干涉。

论殖民地型的法西斯政权

载 1947 年 3 月《理论与现实》第 3 卷第 4 期

黄药眠

一

大家都知道,帝国主义是资本主义发展的最后阶段,而法西斯主义则是适应于金融寡头专政的最尖锐的政权形式。这都是资本主义发展的必然的结果。

可是为什么同是帝国主义国家,有些还是维持着民主的外貌,有些则公然抛弃了一切面具而公开地主张独裁呢?我想这是应该由每个国家的具体情形来说明的。比方意大利,当第一次欧战以后,意大利是战胜国中分得最少殖民地的国家,当时战后经济混乱金融寡头企图把所有战争的负担都加在意大利人民身上,以致工人运动蓬勃一时,然而它的缺点是,内部有左右派的分裂,对外又不能和农民与城市小市民团结成一个统一的联合战线以对抗金融寡头和封建势力,所以慕索里尼才得在大资产阶级支持下,获得中产阶级的拥护而攫取了政权。比方德国当时国内生产过剩,没有殖民地来做它的广大市场,南部农民负债三十亿美元,在这个条件之下,纳粹便以强烈的民族自大主义,反凡尔赛条约,要求停止支付赔款,要求获得殖民地为号召,一方面有大资产阶级的支持,而另一方面,则有农民和中产阶级的拥护,因而得以攫取了政权。又比方日本,它是一个最后起的帝国主义国家,也正因为如此,所以日本的资本主义一开始就和封建集团联结在一起,以最集中的形式出现着。可是因为它的金融资本的力量究竟不是英美之敌,所以它就不能不以军事力量来辅助,以逐行其侵略政策。以上这些具体条件就说明了为什么德日意三国要首先抛弃资本主义兴起时期的‘民主，自由，平等’的外貌，而公开号召发动战争。

至于那些资本主义的民主国家呢？他们之所以还能维持着民主制度，那只是因为它有丰富的资源，有广大的殖民地来做它的市场，有雄厚的金融，足以作为它的侵略的武器，因此他用不着直接用军事力量来从事于扩张。它们之所以和法西斯国家作战，并不是因为它们对于法西斯主义有什么憎恨，我们只要看张伯伦政府如何的爱护希特勒政权就可以知道。只有当法西斯主义侵害到这些民主国家的主要利益的时候，它才起来反抗。所以，他们的反抗，在客观上是有着进步的意义的，但在主观上，他们却并没有消除法西斯主义的企图。相反，在战争的行程中，有些国家，在反纳粹战争的掩护之下，却让法西斯主义独裁的因素在增长着。

战后德日意三个法西斯国家虽已倒台，可是作为法西斯主义的物质基础的金融资本的垄断还是存在着的，因此法西斯主义在新的和旧的基础上在潜滋增长着，也是一个事实。由于经济危机的不可避免快要到来，从前号称民主国家里面的金融寡头，为了要对内镇压对外扩张，以求得危机的出路，于是乃和那些给战争养肥了的军人集团勾结在一起。尽管他们在口头上和在政府形式上保持着民主的外貌，但在事实上，他们已经盘据着政府当中最主要的位置，“勇敢地”走向慕索里尼和希特勒所走过的道路。

国际法西斯力量的存在，的确就给予了中国的法西斯政权以莫大的鼓励。

可是现在我们要问，中国目前的国民党政权是不是法西斯主义呢？中国是一个落后国家，资本主义在这里，还并没有获得长足的进展，那么我们是不是可以说，在中国已形成有法西斯政权的经济基础呢？中国还没有近代的大规模的产业，那么我们是不是可以说中国已经有了金融资本呢？没有这些基础，中国是不是可能有法西斯政权呢？对于这些问题我们觉得最好是这样说：从整个世界范围来说，资本主义的经济体系显然是还占有着统治地位，而半殖民地的中国，不过是这个经济体系的附庸。因此,帝国主义的经济力量渗透到中国而和中国的上层统治阶级勾结在一起,乃是构成殖民地半军事独裁的有力的因素。

根据上述的理由,所以我们认为要研究中国法西斯政权的本质,就不能不首先了解帝国主义国家的殖民政策。

二

现在就让我们从资本主义国家的对华政策作一个简略的历史的叙述吧。

资本主义国家对于殖民地的掠夺首先是着重于海口的占领和通商。但是当产业资本主义转变到金融资本主义时代,它对殖民地的政策也就逐渐转变,由直接占领和控制转到只控制银行,交通,和国家的经济命脉,并从而诱致一部分土著资本来参加他们的剥削机构。如果过去资本主义国家是采取在殖民地建立殖民政府的政策,那么现在它已经学会了用巧妙的方法支持着殖民地的落后势力和保持着土著政府的独立的外貌。

所以我们说,有了帝国主义的殖民政策,然后貌似独立的土著的法西斯政权才变成了可能。

二十世纪的开头是资本主义转入到帝国主义的时代。也正是西方列强由外面直接去占领殖民地逐渐转变到由内部去占领的时候。最足以代表这转型期的外交政策的,莫过于帝俄政府和满清政府所订的喀西尼密约,和帝俄道胜银行的合同。在那密约里面规定俄国承建东三省铁路,开办东三省的矿山,训练东三省的军队,在合同里面规定中国出库平银五百万两作为股本,而由道胜银行经营中国铁路电讯,及代收各种税款铸造货币,代还政府募集的公债利息,和地方与国库有关的各种事业……这可说是外国银行垄断中国财政经济事业的开始。

尤其可以注意的是当李鸿章到马关议和的时候,就会与俄国公使喀西尼订了密约，约定俄国若能干涉日本退还辽东半岛中国当与俄国以某种报酬，但等到俄国干涉日本成功，李鸿章已因受朝臣攻击退位，这时俄国为便利于自己的侵略，就会压迫清廷起用李鸿章，欢迎李鸿章代表清廷去贺俄皇尼古拉二世的加冕。这件事可说是帝国主义第一次尝试在中国政府高级官员中找寻他的助手和代理人。结果清廷也真的答应派李鸿章为全权大使，赴俄国道贺，签订了中俄攻守同盟条约，和华俄道胜银行的合同。

中日战争以后，中国的对外贸易更大量入超，帝国主义为了扩大中国市场，在中国开设许多轮船公司，投资建筑铁路并设立银行，设立工厂。于是中国的经济命脉，逐渐就落在列强的手中，袁世凯做皇帝是以日本来做靠山的，段祺瑞执政的时候为了镇压护法运动，就不惜以参战为名与日本签订了有名的五万万元的西原借款，把国内的铁路，矿山，电讯，森林以及交通银行顾问诸权作为抵押让给日本，并和日本订立了一个中日军事密约。直皖战争，段祺瑞被推倒了，但另外一个亲日势力的奉系军阀又被栽培出来了，它控制着北京政府，在内阁梁士贻主持下，以赎回胶济铁路为名要向日本大举借款。直奉战争，奉系失败，曹吴登台，但是曹吴的政权事实上还是不能不依赖于当时操纵中国财政的外国银行团。第二次直奉战争，直系失败，奉系登台，段祺瑞重新执政，于是又重新走上亲日的老路。

国民党北伐，是以打倒帝国主义为口号的，可是北伐军一到南京，以蒋介石为首的国民党政权就又立即向帝国主义投降。这就造成了国共分裂，国内形成了两个对立的阵营，而另一方面，则由于国民党政府偏向于美国，于是比较落后的日本帝国主义乃不得不采取直接军事占领为报复。一般的说来，国民党的独裁政权是完全受到帝国主义支持的。但是帝国主义者间的矛盾，特别是日美帝国主义者间的矛盾，和日本帝国主义的对华军事侵略却又不断的削弱了国民党独裁政府的威信，直到一九三七年日本的势力已想整个占领华北，这才使其他在华有相当势力的帝国主义震惊。也就是在这些帝国主义，默许和某种程度支持下，国民党独裁政权才敢于俯顺舆情，实行抗战。

对日抗战，本来是民族解放战争，可是由于主持抗日战争的中央政权，是一个非依赖帝国主义支持就不足以自存的独裁政权，因此在抗战中，表现出他的动摇性和反人民性，等到胜利以后，他之为另一帝国主义的附庸的性质就又立即涌现出来。这就是今天战后中国的一幅悲惨的图画。

根据我上面历史的叙述，我们可以获得以下几点结论：

第一，中国的独裁政权的存在，是必须和帝国主义时代，帝国主义者的殖民政策联系起来研究的。自从晚清末叶起中国的中央最高政权机构，事实上已有帝国主义者的力量渗透进去，而成为了它的代理人。

第二，每一个帝国主义者不仅在中央或地方政府中豢养自己的代理人，而且有时还豢养着一个至两个以上的代理人，以便第一个工具不适用的时候，立即起用第二个工具。

第三，帝国主义者对于革命势力最喜欢用收买和分化的政策，他可以允许那些被收买的人物，表面上保留着激烈的辞句和面貌，而事实则完全为帝国主义者效忠。

第四，帝国主义者为了自己的利益，不惜支持殖民地政府对另一个国家发动战争，可是其主要的目的并不是要使殖民地获得解放，相反，而是要使它更驯服的受制于他自己的控制。

帝国主义者的这些政策，事实上乃是殖民地独裁政权之所以能够存在的基本条件。同时也说明了，为什么自从晚清以来，中国政府变来变去，都还是不能脱离掉他的反人民的独裁的本质。

三

帝国主义者，要在殖民地，找寻它的代理人，但在殖民地谁有资格来做他的代理人呢？这就不能不从中国本身的社会基础去研究。当晚清末年清朝的皇族诚恐中国地主官僚的权力过于庞大，而想借实行宪政来把所有事权都集中在皇室的中央，但满清皇室的这个企图是为汉族地主官僚所反对的，因此辛亥革命一起义，这些汉族地主官僚就纷纷脱离满清皇室而向革命妥协。袁世凯倒台以后，中国原有的地主官僚的统治地位已逐渐没落而被代替以买办高利贷资本，官僚地主势力，和军阀与奴隶主的三位一体的统治，这种蜕化的过程，于国民党奠都南京以后，更为明显。

现在就让我们从买办高利贷资本说起罢。

在资本主义最初侵入到中国的时候，所谓买办不过是外国银行和公司的小职员。后来由于有帝国主义的支持和对于业务的熟悉，于是他们也逐渐摹仿着帝国主义的规模而开设银行公司。本来在资本主义兴起的时候，银行的作用，在于圆滑政府的财政和工业上资金的运用，但是中国的银行资本是以高利贷的姿态出现的。它以利息的形态分享了国际财政的收入，它的重利增加了工业部门扩大再生产的困难，甚至根本使到工业垮台。中国的工业，因为受到帝国主义对封建势力的压迫，为狭窄的市场所限制，复受到银行高利贷资本的扼制，因此也就始终处于可怜的脆弱的地位。

△△△

动荡中的世界形势

载1947年5月14日《光明报》第18号

黄药眠

杜鲁门总统三月十三援助希土的声明,是美国对联合国宪章公开背叛的声明。从此,杜鲁门就再也不能假装是罗斯福总统的继承人,而是成为了华尔街的忠实代表人了。

戈培尔的反苏的风笛又重新被拾了起来,而为若干热衷于法西斯传统的人们演奏着。

在外长会议里的马歇尔将军,是把杜鲁门总统的声明,当作为政治上的秘密武器来使用的。当时他静静地想:也许苏联给这样一激,马上就跳起来向美国反击,也许苏联受不起这样强大的压力,而表示着屈服。但是马歇尔很失望,苏联政府没有过分激动,也没有过分的让步,它很冷静的处理了这个问题。

就是在美国的反苏的基本精神下面,莫斯科会议一般的说来是失败了。

四月二十八日,马歇尔回到华盛顿,杜鲁门总统到机场上去欢迎的时候连称"满意,满意。"究竟杜鲁门满意的是美国在莫斯科会议里面的政策呢?还是莫斯科会议的失败呢?显然的,他所满意的是美国对苏联的强硬政策,而同样这个"满意"又是对马歇尔将军没有携带什么成绩回来的一个安慰。

马歇尔回到美国以后,美联社二十八日华盛顿电,曾有这样的报道:马歇尔对杜鲁门总统及国会领袖的报告,"据说马歇尔相信美国在外长会议上对各基本问题表示不愿妥协,曾对苏联有相当大的影响";又"据说马歇尔曾对美国如何于四外长会议中第一次表示不愿绥靖苏联一事提出报告"。又"据说马歇尔曾告于今后数月内对苏联采取忍耐态度，希望于下次外长会议时，苏联对美态度能更为和睦”。在广播中，马歇尔更这样告诉美国的人民：他说，斯大林曾告诉他，所有关于德国合约主要问题都有可能获致妥协；一方面他又抨击苏联说，苏联代表团不仅应负未能达成协议的责任，而且还利用外长会议宣传，诉诸于情感与偏见。同时他对范登堡，康纳利在四亿美元援助希土计划中所尽的领导作用，表示赞扬。他说：华尔顿目标的一致，对于身在莫斯科时的他正是无上的援助。

这里，马歇尔将军的态度是非常明显的。不过，可注意的是，马歇尔所主张的“在今后数月内，对苏采取忍耐态度”。这句话是不是说，今后数月过了以后，即下届外长会议的时候，美国对于苏联的态度就不再忍耐了吗？对于这个问题，我想今天没有办法来答复，因为这主要的还是决定于那个时候的客观情势，和各种力量的对比，不过我们至少可检查一下马歇尔今天所执行的政策，以此来了解他所谓“忍耐”是怎样一回事。

合众社华盛顿二十七日电曾这样写着：“马歇尔最关切的是：第一，早日通过对中国、奥国、匈牙利、意大利与波兰的三亿五千万元的法案……”

美联社汉城二八日电这样写着：“美国对外清算委员会已为朝鲜购买美国登陆艇货船扫雷艇七十九艘。”

合众社东京二十九日电这样写着：“美远东航空队司令怀特赫德中将今天宣布，B—29，或超级空中堡垒和 C—54 运输机一对十二架将自美飞至横田陆军机场降落，开始在日本琉球区作三十六天的大演习……”

合众社伊斯坦堡五月二日电：“美舰队今日驶入博斯普鲁斯海峡港口……中包涵巡洋舰‘戴顿’，航舰‘雷及’，驱逐舰‘柏里斯托尔’、‘普尔第’等。”

四月三十日，美霍华德将军宣布，在中美剩余物资转让协定之外，美国将新河军火库移交给中国政府。霍氏声明中有这样一句：“中共军已使得我们除将该库交给中国政府外，并无其他办法。”霍氏这些话，表面上是指四月四日新河军火库的事件，但是这件事之值得注意，则是美国于军火转让协定之外，公开宣布以军火交给中国国民党政府。同时纽约的前锋论坛报于五月三日发表“中国新步骤的社论”中说：美国最近把小型车艇一批和美国陆战队新河军火库移交中国表示了美国对华政策的新趋势。并说，给中国军事供应一举跟援助土希以反对共产党是一致的。

路透社雅典五月二日电：美国巡洋舰“普罗维登斯号”开抵希腊雅典港口比里犹斯。

合众社纽约二日电：法国危机具有深远的复杂的关系，尤以对于美国外交政策为然。马歇尔曾经应共和党顾问杜尔斯之要求于外长会议时，极力拉拢法国，企图争取法国依附英美集团。据悉杜尔斯相信，这方面的努力已获成功，尤其对法外长皮杜尔的关系。

合众社四日德黑兰电：美驻伊大使阿伦昨天宣布，美国现正考虑以价值二千五百万美元之剩余陆军装备给伊朗，并基于谅解，伊朗政府将用这些供应品保持与国内安全或者当外国侵略时保卫其国土。

美联社华盛顿五日电：美国在军事上主要集中注意于北极方面可能的侵入路线，现正计划举行第二个冬季的北极军队训练和建造一些活动于北极的特种海军船只，地点在阿拉斯加，时间十一月一日开始。（注意，这正是下次外长会议的时间——作者）

美联社巴黎六日电：美国某高级官方说，美国对于法国破碎经济，可能增加援助，假如拉马第亚总理能发维持新成立的不包括共产党的联合内阁的话。

路透社罗马五日电：意内阁总理现在只有两条路好走：其一是，坚持扩大政府，由右翼支持，借以获得外国的信任，并借以获得意国所急需的外国援助……意国的政治情况几与法国同出一辙！又合众社罗马点，社会党领袖南尼在报上著文警告说：“要是工人的敌人使用武力的话，工人将照样用武力答复。”

美联社华盛顿六日电：“美国向巴拿马建议，成立防卫巴拿马运河的新协定，规定继续使用该国领土上的军事基地……”又路透社华盛顿五日电:“……该协定草案规定美国得在运河区外保持若干平时防御基地……”

此外,杜鲁门总统于马歇尔未从莫斯科回国前,即以军舰二七一艘,船只器材浮动船坞等移交我国,并派遣代表团来华协助我国海军,对于印度则发表一连串的同情他们要求独立的声明,对缅甸,即极力拉拢昂山政权,暹罗把公使升为特使。

你瞧,这就是杜鲁门政策的真冢,这就是马歇尔所谓对苏的忍耐,其实,他的所有措施莫不是以苏联来做他的假想的敌人。从南极到北极,从英伦三岛到偏僻小邦的尼泊尔,从米索不达平原到荒凉的非洲的沙漠,从喜马拉雅山到白令海,到处都伸展着美国军国主义的触须,它的目的无非是要使全世界每一个国家都成为他的直接或间接的殖民地,全世界的人民都变成金元帝国的驯服的奴才,全世界七个大洋都成为了美国的领海,全世界的破产都成为了美国的富藏——只有当他的所有的目的已达,它才能够承认全世界的安全已获得了保障。

你瞧,它不仅在它准备发动第三次世界大战,而且就是在现在它已经在许多地方点起了战争之火和干预别国制造着许多骚动了。试想想,如果没有美国扩张主义的支持,希腊的反动政府如何能够延续下去?如果没有美国扩张主义的支持,意大利的保皇党和法西斯的残余,如何能这样嚣张?没有美国扩张主义的示意,戴高乐何以能发起来?没有美国扩张主义的干涉,沙丹纳如何敢这样横行背约?如果没有美国扩张主义的煽动,中东何以会成为了战争之场?如果没有美国扩张主义的单独管制,日本的保守势力何以能够维持不坠?没有美国的大量物资和军火的资助,国民党的独裁政府又如何能发动内战继续它的独裁统治?

是的,美国的对外侵略战争首先就是以各国国内内战的形式爆发起来。美国的杜鲁门主义,为了巩固他在各国的侵略根据地,为了发动未来的世界大战,为了维持它的军事景气,它就不能不收买全世界法西斯的残余,独裁的暴君,保皇党,出卖民族的贩子,伪装民主的小丑们，组织成一个反动集团，来做美国军国主义的先遣队。但全世界人民对于杜鲁门马歇尔的企图是不会不知道的，争取国内和平与争取国内民主是不可分的，争取国内的民主和平与争取全世界的民主和平也是不可分的，全世界和平的斗争之世界性，是更加明显了，全世界和平民主的最恶毒的敌人，就是美国的杜鲁门主义。

是的，全世界和平民主力量的紧密的联系，和紧密的团结是更形重要了。全世界各地都在洋溢着反对美国杜鲁门主义的声音。

在美国，华莱士先生首先仗义执言。他在四月十二日的伦敦的演说，表明了他的坦白无私的态度，他反对杜鲁门的援助希土政策，他说："两个世界计划之进行，名义上是在终止共产主义，实则将引起共产主义之多次革命，共产主义是终止贫穷与剥削之思想，不能用坦克及大炮使之终结，而仅能以较优良之思想使之无用，且仅在贫穷与剥削不再为民生之一部分时，始能终止共产主义，我们如将道德与物资的力量浪费于邪恶而不民主的政府，实甘为共产主义历来所未有的最优良的推销员……"他说"英国可以籍拒绝参加美国或苏联方面的办法来使世界免于战争……"他说"如果战争到来，一切国家都将要选择加入某一面，这是自杀的工作……"

是的，华莱士的声音不是孤立的，那些曾投票拥护罗斯福总统的二千五百万的投票者是赞成华莱士的。美国全国农民联合会的主席柏顿说："绝大多数的美国人民都将对你同示同感！"

就是在众院里，议员勃朗也说：美国无异与苏联进行掷手游戏，而使美国及其人民的物资富源陷于枯竭，"难道我们一定要打一次仗么？"议员里治更痛快的说："此法案为众院历来被要求通过的最可耻的法案！"众议员班德且宣布：他打算提出六个限制性的修正案，其中第一条就是应明白宣布，该法案不能被暗示为美政府已采取干涉他国的政策……

而且在杜鲁门允许物价飞涨的条件之下，工潮正在澎湃着。美国的工人是反对美国政府的对外侵略政策的。产业职工大会主席穆莱就正在号召反对即将在国会讨论的劳工法案。经济危机的暗影正在华尔街徘徊，美国的工人们是一定会起来反对美国政府自造萧条的政策的。

意大利社会党领袖南尼说得好："杜鲁门总统的最近声明已启发了欧洲以至全世界所有民主党和社会党的良心，在干涉欧洲这一威胁后面，潜伏着我国殖民地化的危机，这是我们不能接受的。"

五月一日英工党议员十五人也发表宣言，要求英国工党领袖应该"消减保守党用美国金元支持英帝国，而以英国士兵替美国打仗的思想！"据路透社伦敦二十九日电，若干工党'叛徒'领袖，本年大有当选执政委希望。在苏格兰的职工大会上，全国矿工联合会苏格兰区主席提议，要求为了和平与进步根本改变英国的外交政策。这个提案只差八票没有通过。

此外，五一节法国工人的大示威，意大利工人为了抗议西西里屠杀事件的大罢工，希腊游击队的反攻，以及中国国民党独裁政府之军事、政治、经济的危机的同时严重等现象，现在都是表示着，美国目前的杜鲁门政策，只是更激起美国国内外的人民的反抗，只有更加速美国的经济危机的到来。

全世界都在动荡不安中，民主与反民主两个营区之间的斗争正日益激烈，而美国的杜鲁门主义却正是全世界反民主力量的有力的支柱，我们希望全世界的民主力量，所以爱好和平公正的人士都能自发团结起来，拥护华莱士先生的主张，为建立民主、和平、幸福的世界而努力。

匪是从那里来的?

载 1947 年 5 月 14 日《光明报》第 18 号

吉

最近广东各地到处发生民变,特别是南路和东北江一带,民变武装日益扩大。国民党广东省政府,为此竟十分紧张起来,罗卓英打算亲自出巡南路,行辕更招募新兵组织特务团,拟组织南路绥靖督导团,由邓龙光率领到南路去"督导",对东北各江亦拟分区"围剿",不过我们要向广东当局询问一句,究竟这些所谓"匪"是从哪里来的?是些什么人?当此米价飞腾,物价飞涨的时候,连政府的雇员都因为吃不饱,闹罢工怠工的时候,真是民心思乱,现在当局之所谓匪匪的,还不是那些穷百姓吗?你这样剿,剿得了吗?不久以前,忠实的"保八团"已哗变了,我们就很为国民党当局担心,这样剿下去,不仅会把武器白送给人,而且连兵士都会哗变过去。问题不在于剿匪,而在于如何使老百姓的生活安定,使大家能够吃得饱。然而在独裁的政府统治之下,老百姓生活的任何改善都是不可能的。

岂止笨蛋而已

载 1947 年 5 月 14 日《光明报》第 18 号

吉

民社党背叛政协决议，始而参加国大，继而参加政府，终而党内大闹分裂，愈闹愈丑，最近民社党的新贵蒋匀田为了讨好国民党，更在南京发表武力统一，征服共党的谈话。连民社党的反对派孙宝刚都说："国民党也不说的话，他竟来说，简直是笨蛋！"但我想，蒋匀田岂止是笨蛋而已，而民社党中的笨蛋，又岂止是蒋氏一人。民社党，实在是可以休矣了！

伪造文件的把戏

载 1947 年 5 月 14 日《光明报》第 18 号

林

中央社于五月二日宣布所谓“中共地下斗争路线纲领”的伪造文件后，已遭到民盟中共和其他民主党派的驳斥，其诬蔑各民主党派“为中共的基干层”，并借此进一步加以摧残的阴谋，也已被全部揭穿。民盟发言人罗隆基清楚的指出：“这是政府立即对民盟和其他民主团体有计划迫害的信号”。造谣诬蔑，戴红帽子，原是国民党一党专政二十年来残杀人民迫害民主团体的惯技，不过这次这样一来，刚刚化装完毕粉墨登场的所谓“改组政府”之伪自由真独裁的本来面目，又被暴露出来了。

民盟是没有武力的政治团体，而且也一再声言不作武装斗争，一切均循公开合法途径去从事活动，国民党的造谣诬蔑是完全扑空的。但是，这一个加紧恐怖的信号已经放了出来。今后必然会有大流血大恐怖的暴力压迫出现。民盟领袖杜斌丞，盟员骆宾基等被捕失踪还没有下落，今后盟员在国民党统治区内更有随时遭到迫害的可能。这里，我们郑重声明，今后民盟盟员的安全与自由，如果发生任何问题，要由政府和国民党当局负全部责任；同时，我们更郑重警告：向人民向民主宣战者必将自食其果！

是谁威胁了美国的安全呢?

载 1947 年 5 月 31 日《光明报》第 19 号

史

据合众社五月二十六日电,美陆军部建议,组织三十万工人为后备队,使其于战争再发生时,负担陆军方面的专门任务。这是陆军部与参谋总长在工业、劳工、和教育会议中所提出的建议。他们并且警告说,美国将永不再有动员的时间了。从这里,我们又一次看出杜鲁门主义的本质对外是侵略,对内就是加强对劳工的压迫和剥削。你想想看,美国政府这样紧张的备战,好像战争真的不久就要爆发似的,究竟为了什么呢?它的假想敌是谁呢?苏联吗?苏联正在埋头国内建设。试问在今天的世界里有哪一个国家能够威胁到美国的安全呢?显然的,美国之所以这样做,其目的无非是想借军事法令来加强对劳工分子的剥削、压迫、和控制,以对付日益开展的工潮,无非是想造成紧张的空气为军火商人制造军事景气,无非是想加强其对全世界人民争取自由独立的恫吓以为其顺利推行扩张主义的资本。杜鲁门主义对全世界的反动分子说,你要接受我的领导,我可以给你金钱和武器,不然你就会给赤潮所淹没。

我们看见美帝国主义者无孔不入地到处侵略,同时也看见它在疯狂地准备“战争”,但整天在那里高叫着安全受威胁的也正是美国,究竟是谁威胁了美国的安全呢?

尼加拉瓜又发生政变了

载 1947 年 5 月 31 日《光明报》第 19 号

史

本年五月一日，尼加拉瓜民主派领袖阿尔格洛，才以多数票当选总统，把执政十年的苏摩萨请了下去；又是据五月廿六日合众社墨西哥电，这位独裁军人的苏摩萨将军，又实行军事叛变，把尼加拉瓜的政权抓在手中了。这个事件，证明了两点真理，即民主力量，虽然得到大多数人民的拥护，获得了胜利，但是这个胜利还不是有保障的，我们必须进一步，把这些人民的力量组织起来，使它强大到足以镇压任何反动势力所企图的反击；第二、苏摩萨是美国的傀儡，在杜鲁门政策的指导之下，美国政府是绝不愿意别的国家有真正代表大多数人民意志的民主政府出现，而弱小国家的反动派为了要与人民为敌，又必然会加紧他和美帝国主义的勾结。因此民主主义者，必须无时无刻不提防着美帝国主义者的挑拨、离间、分化、收买，和鼓动叛变、支持落后反动势力的阴谋。

用我们的力量争取和平

载 1947 年 5 月 31 日《光明报》第 19 号

药

中国老百姓,反对内战,主张和平;民主同盟一向以老百姓的意见为意见,更是坚持反对内战,主张和平。在这一次参政会里有好些好心肠的人士,也主张和平。他们之所以主张和平完全是反映全国人民的公意,和出自本人的良心,他们觉得要打下去,人民的生活将无法维持。但是我们也得注意,正有一部分国民党独裁派、他们也主张和平。这种和平主张,我们认为完全是假的;他们的动机是:第一,因为眼看各地战况不佳,从军事上着眼,必须利用和平谈判来获得喘息和重新编组的机会;第二,因为眼看各地反内战的要求一天天强烈,因此企图利用和谈把发动内战的责任委诸对方,转移人民视线;第三,借提出和平方案,引诱民主党派参加,以遂行其破坏政协决议的阴谋。

但国民党独裁派的这个和平攻势,是注定了要失败的,这原因不仅是独裁派当中,还有坚持作战到底,下讨伐命令的一派,而且因为国民党独裁派的这个阴谋早已为全国人民所洞悉了。今天,我觉得我们应该明白表明我们的主张。我们认为必须有真正的民主,然后才能有真正的和平,今天中国的悲惨的局面之所以造成,应由破坏政协决议坚主独裁的国民党政府负其完全责任。因此今天我们的任务,并不是在参加和谈,或在政协精神以外另提方案,更不是在调停国共双方,以和事老自居。我们的任务乃是在于和全国人民在一起,用我们的力量去争取和平,争取民主,争取人权的保障。

何谓“是非”？

载 1947 年 5 月 31 日《光明报》第 19 号

吉

据中央社电讯，本日廿八下午七时半，蒋介石先生召集全体国民参政员“训示”。他说目前最紧要的是在使人民皆能明是非别利害，如果是非不明，利害不分，即为国家祸乱的根源……盖公是公非之所在，即为大利大害之所系，此为安定时局之最大关键。好，既然蒋先生也讲起是非来，那么我们就要问蒋先生，政协决议是大家签过字的，何以你又一脚踢翻，这是什么是非呢？蒋宋孔陈四大家族发大财，老百姓没有饭吃，这又是什么是非呢？学生们要求增加副食费，要求扩大公费生名额，提高教育经费，这都是对的，但蒋先生却一口咬死，他们是受“共产所策动”，这又是什么是非呢！孔宋两家，暗中组织公司利用裙带关系获得特权，违反出入口条件和运洋货图利，蒋介石先生明明知道，但又故意装聋作哑，眼看着违法犯纪的事情丝毫也不加以干涉，试问这又是什么是非呢！我希望蒋介石先生不必在嘴里谈什么是非，还是从他自己的行为上检查一下自己吧。

这就是独裁派的所谓“民主”

载1947年5月31日《光明报》第19号

吉

最近国民党当局为了要制止学生于六月二日举行全国反内战示威，已派出警宪大批逮捕学生，如本月廿八日，交大学生与锡堃等四人之被便衣绑架，暨南大学男女学生五十余人被搜捕便是。但国民党独裁派之残暴，并不止此。他看见，光是从外面去压迫还不够，因此他们现在已着意从学生内部去捣乱；他们利用特种学生在学校内部实行分化和袭击；比方复旦大学的特种学生，实行夜袭，用铁棒把二十个学生打到不省人事，大同大学的特种学生，则打伤了十一个学生，其中有一个学生眼睛被铁钩勾出。你瞧国民党独裁政府不允许学生示威巡行，不容许学生提出正当的要求，但却在暗中唆使特务去钩出学生的眼睛！学生没有犯法，但政府却硬说是犯了法；犯了法的特务，政府却硬说没有犯法，而且还加以鼓励，这就是国民党独裁政府的“民主”和“法律”。这些残酷的事实，已使到老百姓再也无意于去相信国民党独裁派的任何甜言蜜语了。

我们的抗议

载 1947 年 6 月 19 日《光明报》第 20 号

吉

根据重庆成都迟到的消息，除了在重庆逮捕了知名人士一百三十余人，成都封闭了华西晚报以外，民盟的中央委员范朴斋、杨伯恺、张志穌、马哲民、潘大达等均相继为国民党独裁派捕去，对于这件事，我们表示最愤怒的抗议。民盟的立场早已一再声明，即同盟乃是一独立的在野的合法的民主政团，而改组后的国民党政府亦一再声明是"民主"的政府，民盟对于政府之政策始终采取劝告和批评之立场，绝无超出民主国家在野政党的行动范围以外。但政府最近以来，始则通过他的喉舌，对民盟造谣中伤，诬之为中国的附属物，继则到处搜捕民盟同志，加以叛乱之罪名，今则变本加厉，悍然逮捕民盟中委，事态之严重无过于此。现在我们向政府正式提议要求立即释放范杨诸同志及全国各地被捕盟员，如果政府再一方面以外交辞令敷衍，另方面则对现在留沪各地民盟领袖施以恐怖威胁，则同盟同人为保卫自己计，不能不作严重的考虑。

造谣专家的谣言

载1947年6月19日《光明报》第20号

史

国民党独裁政府,为了要挑动美苏战争,以此来提高自己的身份,不惜制造种种谣言。比方合众社北平八日电就曾这样说:“北平之国民党报纸继续登载苏联对东北共军予以军事援助之消息,但美官方告合众社记者称,此不过完全是宣传作用。”又比方新疆北部的北塔山事件,中央社迪化本月九日电是说得何等的严重,但是这个宣传,没有获得美方的信任,连一向袒蒋的马歇尔亦说:“他相信这仅是又一次边境事件而已,类似这样的行动过去是时常发生的”。国民党独裁派的政府为什么要这样有声有色地宣传?合众社华盛顿十一日电,早就替这些谣言下了注脚,即“一般认为如能证明苏联与这事件有关,结果将使美国赶快在经济上援助蒋介石政府”,这个估计是很对的。无奈造谣终究是造谣,造谣专家提不出什么真实的证据,既然美国当局不相信,那么也就只好赶快收场。造谣专家之心劳日拙,又一次被完全暴露出来了。

民主的伪装卸下来了！

载 1947 年 6 月 19 日《光明报》第 20 号

达

国民党独裁派近来无论在军事政治经济各方面都愈来愈不行了,为了挽救它的垂危的统治,于是愈来愈残暴。最先,它还假惺惺的想伪装民主来欺骗国内外的人民,但现在,它索性连什么伪装也不要了。除封闭报馆,逮捕学生以外,一方面,通过中央社伪造了所谓罗隆基章伯钧答复盟员的九项问答,把所有民主人士都归入民盟。另外一方面,则大事搜捕民盟的盟员。独裁派这样的做法显然是不仅要与民盟为敌,而且要与全中国的人民为敌。民主运动是绝不会因国民党独裁政府之残暴政策,而退缩的。我们所担心的倒是这样倒行逆施。它的命运究竟还能够维持多少日子。

五十万人无家可归

载 1947 年 6 月 19 日《光明报》第 20 号

药

连日雷雨，广东各地潦水为灾，据初步统计，东江北江，以及珠江三角洲一带，无家可归的已达五十万人，即前利用救济总署救济品修筑，新近落成之惠阳马鞍园，耗去工程费十亿元，工账粮一千二百七十吨，但现在给潦水一冲即已崩溃。眼见早造收成又告无望。无疑的这将使久已苦于征兵征粮之广东人民受到更大的灾难。查这一次水灾之所以会泛滥不可收拾，与其怨天，毋宁尤人。独裁暴政，只知征兵征粮，竭泽而渔，以致堤防失修，河道日浅，所以广东每年大都不是旱灾，就是水灾。等到灾象既成，然后当局才来装模作样救济一番，贪污官僚于是又大展其身手。所谓救济云云，又只有增加老百姓之灾难，我们可以肯定地说，独裁政府，一天还存在，则广东人民一天无法从灾难中自拔出来。

略论巴黎的三外会议

载 1947 年 7 月 5 日《光明报》第 21 号

三月十二日杜鲁门在参众两院联席会议发表了他的援助希土的计划。这就是“杜鲁门主义”的开端。

美国的好战分子们对这篇演说都在拍掌,以为这样一个刺激,在莫斯科开着会的莫洛托夫就要跳了起来,接受这个挑战。但是结果并不是如此,莫斯科的态度很坚定,一切都依照着已定的方针前进。

五月九日美国众院讨论援助希土案的时候,一位共和党的议员梅洛大呼着说:“如果俄国认为这就是对它宣战,那就让它来吧。”那种好战的神气,真是跃然纸上,但是莫斯科没有理会它,于是这个威胁也就没有达到目的。

强硬的威胁没有成功,于是五月八日副国务卿阿契逊出来说话了。阿契逊在克里夫兰演说,他提到马歇尔自莫斯科归国时所发表的声明,即欧洲不能等待获致妥协,无论可能采取何种行动,都必须立即执行。阿契逊对于马歇尔的意见还加以解释:“我们必须进行重建欧亚两大工厂,德国和日本,两洲的最后复兴,有赖于该两国者极大……”阿契逊的演辞里面,首次概述一个包括五点实施“杜鲁门主义”的方案,即:(一)美国大量增加输出,俾使“世界所需要的与它所能付款”的财政上的不足,得以弥补。(二)给予反抗极权主义的国家以更多的大批贷款,俾能在一九四八年至一九四九年继续购买必需品。(三)美国对反抗极权国家的压迫而设法保持他们的独立、民主制度及人类自由的人民,优先予以建设的援助。(四)单独首先进行重建德日。(五)延长战时权力,俾政府可管制国内的买卖,运输及某些商品的输出。

显然的，杜鲁门总统大吹大擂的反苏反共的带有威胁性的声明，眼见无济于事以后，就只好用经济的压力了。这里所谓极权国，指的是哪一个国家，是极明显的。但是这个经济的武器，真的应用起来，也并没有意想中的效果。这原因是一方面美国本身的经济危机一天天逼近，美国在国际贸易上的出超每年达八十万万美元，而全世界各国又没有这样巨量的美元来支付，所以美国为了要避免经济危机，正急于向外输出，或投资；另外一方面，苏联在本年可预期的农收以及东南欧各国经济上的紧密的联系，于是逐渐形成了危机所不能触及的经济体系，甚至连英国也翘首东望，先有英波贸易协定，以后又有英捷文化协定，英匈商约，有人已把英苏商约看成和美国经济援助一样重要。美国贷款已消耗了大半的英国，自然难免要着急的。

急于要借款的并不是东欧，倒是美国本身正在急于要求资本的出路。苏联正看清了这一点。

阿契逊的经济威胁不成功，于是马歇尔先生出台了。他在哈佛大学作了一次演说，他说："只要有实际的用处，美国是愿意给予其他国家以经济的援助和支持的……但，任何政府、政党或集团，如果他们企图以延长人类的痛苦来在政治上或其他方面获取利益，那是一定会遭受到美国的反对的。任何政府企图阻碍别的国家的重建，那美国是一定反对的。"但是另外方面，他又说："我们的政策并不是反对任何国家或任何主义，而是反对饥饿、贫穷、失望和混乱。"关于欧洲的部分，他说："在美国给予欧洲以更多的援助之前，欧洲各国必须有共同的协议。即一般的说来他们需要多少，而每一个国家究竟要分得多少……"马歇尔说："把欧洲在经济上安定下来的计划，是欧洲人自己的事情，至于美国的任务，不过是友谊地协助草成这个欧洲的计划，以及将来支持这个计划，只要我们觉得这个计划是实际可以做到的。"他又说："列强不能在对德奥和约上获取协议，这已经拖延了重建工作。"

马歇尔的演说就是如此简单，显然的马歇尔把阿契逊的计划说得更朦胧两可，说得更宽大漂亮，而事实上则正是企图用这样朦胧的词句，来把许多欧洲国家引诱到他的金元的罗网里去。

但对于马歇尔这个含糊得妙的援欧计划，贝文先生却十分高兴起来，说他是伟大，而摇摇欲坠的向右倾的拉马第亚政府也大感兴趣。于是贝文和皮杜尔立即行动起来了。他们两个人在巴黎首先就开了个会。

要了解他们两个人为什么有这样好的兴致，我们就得首先了解所谓马歇尔的援欧计划葫芦里究竟是藏的什么药？这里路透社巴黎二十二日电有这样一段消息："美国国务卿马歇尔已向英国提出一个秘密照会，约定必须以西德经济复兴作为美国援助计划的基础。马歇尔所提的理由是：西德的事情也是美国的事情，美国援欧计划的目的在于为欧洲的美元缺乏作准备，特别是为西德的美元缺乏作准备。"

而且贝文先生十九日由巴黎飞回到伦敦，在下院作外交辩论的时候，他答复共产党议员贝拉丁分裂欧洲的质问时说："我要请他记着，一切的毛病都是俄国搞的，不是英国，不是美国，在条约的讨论中提议在邻国之间要有特殊的协约的正是苏联……事实上我曾经在莫斯科作了几乎六个星期的努力，争取德国的经济统一，我想，只要你能够建立起德国经济统一，那么你就能够把它溶汇成欧洲的经济统一，但结果我失败了，我没有得到满意的答复和协定。"

是的，以西欧为中心，来网罗全欧是贝文先生所最感兴趣的。英美虽有矛盾，但如果能借美国的力量，把欧洲组织起来，英国的地位岂不是可以提高一点吗？

关于美国的用心所在，美联社华盛顿二十五日电也有透露："马歇尔虽然坦率否定美国采取任何主动，但美国可能被迫参与计划欧洲经济前途。这种看法是由下列事实而来，即，由于美国对于德国美占领区的控制及和英国在德国西部的经济合并，美国已经是一个活跃欧洲的强国。对欧洲经济心脏鲁尔的统治，是华盛顿和伦敦两地，而不是欧陆的任何首都。"

至于苏联的反应呢，莫斯科十七日的广播上就曾提出积极的建议:“问题不是在于再搜集那些需要的情报,乃是在于遵照联合国大会及经济社会理事会的明确决定,而和国际合作原则一致的来满足那些需要。”这个消息和合众社成功湖二十日电比较起来看,是很有趣味的:“英外相贝文今天保证说,英法在实施马歇尔复兴欧洲方案中,并未置联合国于不顾。”这句话,贝文从反面说出了他的内心。

在接到英法的邀请以后,莫洛托夫更明白表示,他希望能够更详细的知道马歇尔计划的内容。但对于这,英、美、法都没有给予很详细的答复。

英法当局十八日的巴黎谈判,还有一点应该注意的就是:“他们企图在苏联及欧洲其他国家的背后成立协议。”(塔斯社消息)。塔布衣夫人在“自由法国”什志上所写的文章,正证明这个消息:“马歇尔原意是把它的援欧计划仅适用于西欧各国,俾十一月间在伦敦学行四强外长会议时,马歇尔能够以既成事实向苏联提出来,邀苏联参加计划或站在计划之外。”

但是英法两国为什么还是要邀请苏联参加呢?美联社伦敦二十一日电,给予了这个问题一个答案:“本社调查欧洲煤产情形,结果显示:如果苏联不参加,马歇尔计划将遭遇困难,而且可能落空。”贝文在下院答复议员质问,为什么不早日恢复欧洲的时候,他这样说:“我们没有煤,没有货物,没有信用贷款,我们没有一吨的煤运到欧洲去帮助他们复兴。”

不仅是煤,还有粮食呢,还有交通问题呢,没有苏联和东欧各国的参加,西欧是很难解决问题的。

因为有了以上的原因,他们虽然肚子里不愿意,但也就只好决议邀请苏联参加了。当然,这里也附有政治上的阴谋,即是说:如果请帖发出去,而苏联拒绝参加,那么分裂欧洲的责任,就应该是苏联负了。然而,苏联究竟接受了邀请。使美英法的外交家们一则以喜一则以惧。尽管美国务院对英法邀请苏联参加表示“欣慰”,但合众社巴黎二十四日电却透露了这样的消息:“很多法国观察家相信,美国没有意料到莫洛托夫会接受西方列强的邀请的,因而他的接受已使华府大为不安。”在六月二十五日莫洛托夫飞抵巴黎的前一天，美财长史奈德在记者招待会上说：“马歇尔计划并不包含美国经济援助欧洲（或世界任何部分）作为确定的义务。美全国顾问理事会并未拟定实施马歇尔援助方案的计划。”他似乎又想把援欧的责任卸开。

那么苏联为什么要参加呢？很显然的，它很知道美国目前正急于需要增加输出，美国之援助计划，乃系根据于其本身的现实需要，所以只要条件适当，它自然要争取。有人认为苏联之来参加巴黎会议，目的是在破坏，是不对的。根据这个原则，所以苏联首先要求马歇尔把朦胧的辞句翻译成确切的语言。美国如果真的要援助欧洲，那就要真的在尊重各国的政治的独立和经济的发展这个条件之下来援助。而且这个援助必须由各国根据他们本身的需要来起草计划，而不是英法所说的以西德国为中心来起草的工业的西欧，农业的东欧的计划。所以在它所提的方案中，苏联要求知道美国究竟能作多少实际的援助；要求美国保证马歇尔计划中的援助将不应用外力干涉各国经济政策，并保证不附有政治条件；要求关于援助的实施应交由联合国及其所属机构，如欧洲经济委员会去执行；要求援助委员会在起草整个计划时，首先考虑曾遭德国侵略并参加击败德国的国家的需要；要求前敌国的需要，将予以估计，但德国问题则留待四强讨论。这些要求，我认为都是为了保持欧洲各国经济的、政治的独立性所应有的最低限度的要求。当然，苏联对于英法两国建立西欧集团来排斥东欧，和剥削东欧的企图是加以警惕的，对美国以金元作武器来渗透到欧洲，以廉价的美货来换取欧洲人民的珍贵的自由是加以警惕的。如果得不到美国方面明确的保证，那苏联是宁可不要这种“援助”的。

英国的要求恰好是和苏联的相反。英国的贝文外交显然正企图利用马歇尔所说的含糊的辞句，予以迅速的承认，故意坚持不要提出保证问题以免触犯美国的感情，它企图以欧洲其他各国的利益为牺牲，提高英美谈判中英国政府的讨价还价的地位；企图借美国的力量，来控制西欧，从而把东欧圈进自己的经济体系里面。至于法国呢？当然他更希望迅速的借到一笔美国的贷款，来解除他目前的政治危机，来加强他对于人民的镇压。

尽管美国在放言非东欧的“铁幕”揭开，决不允苏联参加建设欧洲计划，尽管英法两国对于建立西欧集团如何的热衷，尽管英法两国声言，如苏联不愿参加欧洲复兴计划，它们亦准备进行该项计划。可是问题不是英美法三国的外交家愿意不愿意的问题，而是现实的政治问题。如果没有苏联和其他东欧各国参加，复兴欧洲的计划是不是可能实现呢？这是第一个问题。其次美国目前国内物价高涨，而另一方面则存货已超过了一百万万美元。五月份输出十三亿九千一百五十万美元，可是输入的总额却只有四亿七千三百六十万万美元。美国如不于最短期间，大量增加输出，则金元的危机将显得十分严重，这是第二个问题。英国的美金贷款在原来的九亿三千七百五十万镑中已经耗去了五亿一千二百五十万镑，而克莱顿这次到伦敦对于英国限制美货入口问题，又提出了质询，英国为了减少美元的支出，自不能不从东欧去输入食粮。如果这个重建欧洲的讨论不能成功，即英国将面临着如何去源源支付美货入口的问题。反过来说，如果没有美国的援助，苏联的建设以及东欧民主国家的建设是不是可能呢？是的，是可能的，虽然它经过的历程要更艰苦一点。

所以尽管美英法三国，在主观上如何之想把苏联排到外边去，但是真的接触到实际问题时，又不能不拉它参加。巴黎会议，也许可能没有结果，但欧洲问题终必须依照平等合理的方案来解决。以西欧来控制东欧的时代已经过去了。巴黎会议如果失败，这将意味着，美国的经济危机之加速到来，和欧洲复兴的遥遥无期。

蒋主席应有政治家的风度

载 1947 年 7 月 5 日《光明报》第 21 号

吉

顷读报载国民党民主派领袖李济深何香凝二先生致全国军政人员书，其中有云“……是非决于公议，倘不为主政者所谅，则诸君为爱国家民族计，为爱护蒋主席计，应一致采取有效行动，劝其宗风唐虞，师法尧舜”！旨哉斯言。蒋氏执政独裁现在已经有二十年了，结果弄得现在全国鼎沸，人民求生不得，求死不能。蒋先生如果有政治家风度，早就应引咎去职以让贤者。国民党不乏贤明之士，如李济深先生，何香凝先生、冯玉祥先生、宋庆龄先生，张学良先生都是国民党老党员，而且他们莫不都赞成和平民主，和我们在政治上有同一之见解。所以蒋介石先生并不能代表国民党，他不过是国民党中贪污腐化的官僚集团的代表而已。而他那不服从蒋介石就不是国民党，而凡不是国民党就都是共产党的独裁派的逻辑更成为了今天妨碍中国统一团结和平进步的阻力。我们完全同意李济深先生何香凝先生的主张，如果蒋先生自己不愿改变态度，则我们惟有请他师法尧舜，以救中国！

“七月涨风”

载 1947 年 7 月 5 日《光明报》第 21 号

史

尽管张群之流在那里玩弄什么“新经济”计划，但上海米价六月底起就已叩六十万大关，美钞涨至五万八千元，皖南四川各地抢米风潮普遍发生。广东水灾，灾民五百万弄得平均每六个广东人当中就有一灾民。可是政府还是不管死活，拼命加发钞票，以至物价飞涨，所谓“七月涨风”已成为上海一般的习用语，因为大家不信任国币，认为七月间还要急速降落，因此上海人心惶惶急于屯粮食和日用品，市场挤拥有如农历新年。据上海美联社六月二十五日电：“现因国币崩落，商业更完全停顿”，像这样的局面，政府还想坚持内战下去，每月靠发四万五千亿的钞票来支持，我们真不明白独裁派的那些先生们脑子里究竟怎样想法的了。

法西斯作风与师道

载 1947 年 7 月 5 日《光明报》第 21 号

史

最近广州岭南大学附中教务主任蔡辉甫因为拒绝学生要求把考试题目公开,致被高中三学生叫到课室里去,关熄电灯乘黑夜毒殴惨死。有人说现在的学生真是要不得,我们认为像岭南附中的学生这样野蛮,当然是要不得,但这个野蛮的行动,一定不是出自全班学生,而是出自少数捣乱分子,所以主要的负责人还是要归咎于独裁政府的教育当局。他们虽然口里面天天说要尊师重道,可是事实上,则他们把先生看成奴仆,学校以内遍布特务学生暗中监视师长和同学,先生说话稍有不慎,即立刻借用种种罪名,加以革职逮捕,或者为了方便起见,就唆使校中特务学生加以毒打。所以在无形中学生们早就养成了对先生轻视的观念。所谓尊师重道更无从何说起了。

魏特迈将军此来何为?

载 1947 年 7 月 19 日《光明报》第 22 号

药

由于美国政府卖给蒋政府一亿三千万发子弹,独裁政府马上就又觉得美国的援助来了。所以蒋先生在国民党中常会和中政会的联席会议上说"要内战有办法,外交才有办法"。根据蒋氏这个指示,于是乃有全国总动员令的颁布。

然而消息传来,这个总动员令,司徒大使是并不赞成的,从各方反应看,的确也显示了美国官方对于蒋氏政权并没有因此而增加任何信心。于是正当蒋氏在进退失据的时候,魏特迈将军来了。魏将军此来何为呢?谁也知道魏特迈是蒋介石先生的支持者。不过今天的问题是如何去支持呢?过去美政府送了四十亿元给蒋介石先生,但一转手间都装进了中国官僚们的钱袋,送了好多的美式装备给蒋介石先生,但可惜独裁派的将军们太不中用,一转眼之间又送给中共军。那么怎么办呢?要美国的将军和过去一般慷慨是不可能的了,纵使有一批一批的小额借款,但美国政府必然要加强监督和控制;如果要有军火和武装送来,那也一定是要由美国军官训练和指挥,换一句话,即是加深中国的殖民地化。美国对中国内战的直接军事干涉是可能的,但小规模的干涉是不会有效果的,大规模的干涉则又不可能,那么怎么办呢?也许魏将军还是着重于调查事实罢?不过最近对于魏氏的使命已有种种推测,有人认为魏特迈如果认为无法在华北战胜中共时,他可能劝服蒋氏放弃华北,专心致志于加强华中华南的统治,同时又传说,美国主张再来一次中共除外的扩大政府的基础。这些推测和传说,我们认为那并不是没有现实的根据,而且都不失为挽救独裁政权整个崩溃的一种计划。我们要密切注视时局的发展,我们要严防敌人的分化啊!

是独裁者杀死了他们

载 1947 年 7 月 19 日《光明报》新 22 号

邹李闻陶四先烈纪念特辑

黄药眠

是谁杀死了李闻二先生的，谁也知道，不是别人，正是那一位独裁者。是谁使邹陶二先生这样早死的，谁也知道，不是别人，也正是那一位独裁者。

其实独裁者不仅杀害了邹李闻陶四先生，他杀害的人实在太多了。而他将要杀害的人，恐怕还要更多。至于间接受到他的内战独裁政策之害的，那真是难以数计了。

我们纪念邹李闻陶四先生，就使我想起了二十年来，许多殉国的烈士，使我想起了至今还被关在监牢里的许多政治犯，使我想起了可怕的大恐怖就要来临的危险。独裁制度不去，中国人民是无法和平地生活下去的。大家起来，让我们有一个免于恐惧的，自由的中国罢！

总动员就是搜劫

载1947年7月19日《光明报》新22号

史

继随着国府所颁布的总动员令，现在行政院也颁布"动员纲要"了。这动员纲要写的是什么呢？第三条："戡乱所需兵役工役，及其他有关人力，应积极动员，凡规避征雇及妨碍征雇等行为均严行制裁。"第四条："戡乱所需之军粮、被服、药品、油、煤、铜、铁、运输通讯器材、及军用物质均应积极动员，凡规避征购征用，妨碍征购征用及囤积居奇等行为均应惩行制裁。"第五条："各业劳资双方应密切合作，如有争议，并应依法调解及仲裁，凡怠工、罢工、停业、关厂及其他妨碍生产及社会秩序之行为均应严行制裁。"第六条："为安定民生，政府对于日用品交易价格，各级薪俸工资及物资流通资金运用，金融业务得加以限制或管理。"第七条："为维持安宁秩序，政府对于煽动叛乱之集会及宣传，得加以限制。"

瞧罢，照独裁政府这个动员纲要，农民的谷物食粮是随时可以被政府征购征用；商人店里的货物随时可以被政府征购征用；银行钱庄的金融业务，随时可以被政府限制或管理，所有停业、关厂、罢工、怠工、集会可以随时被限制、干涉，"严行制裁"。所有粮食燃料纺织冶金及有特别需要之工矿制造事业，各主管机关均随时可以加以"特别指导辅助"，这即是说，独裁政府要强迫人民把全国的人力物力都交给政府，亦即是说交给四大家族和蒋介石先生去从事屠杀中国同胞灭绝中国人民的内战。

所以独裁政府的总动员令没有别的意义，其唯一的意义就是在于搜刮人民的财富，来供独裁者作斩绝国脉的内战。

广东也应该要求自治

载 1947 年 7 月 19 日《光明报》新 22 号

客

据报载李宗仁、白崇禧、黄旭初、黄绍雄，最近在京有所策动，即向蒋介石先生要求允许撤退中央在广西之军队及党团及特务机关，允许广西有高度自治恢复战前状态，并谓如此，则中央亦可以因此解除一个包袱，以全力剿共云云。我们觉得，剿共的内战我们是不赞成的，但各省的高度自治，我们倒是很赞同的，即以广东来说，我们有什么理由要把 cc 系的人物供奉在我们广东？我们有什么理由要让陈诚系的人物去主持省政，我们广东革命的元勋还不够多么？国民党的先进还不够多么？抗战有功的将领还不够多么？当水灾严重，数百万灾民无法生活的时候，我们有什么理由要负担数百万石的军粮交给中央，而换来几张不值钱的钞票？

广东人今大也应该团结起来，向蒋介石先生要求高度自治了。我们广东人实在没有理由再来负担为维持独裁政权的内战的重苛了。

我对于土地法大纲的看法

载 1947 年 11 月《群众》第 43 期

黄药眠

本年十月十日中国共产党中央根据土地会议的决议,公布了一个土地法大纲,并建议各地方的民主政府农民大会提出讨论采纳。当我把这个土地法大纲从头到尾读了一遍以后,我心里是很激动的,因为我觉得这是几千年来受尽苦难的农民们翻身的最有价值的文献。我想,所有忠实于民主的人士,都应该赞成这个土地法大纲,并为它的实施而奋斗。

本来,耕者有其田是孙中山先生首先提出来的,可惜,孙中山先生不肖的后继者,始终挂羊头卖狗肉,不愿把它实现。今天中共中央首先提出这个土地法大纲来作为民主政府讨论和采纳的基础,这实际上正是忠实地实行了孙中山先生的三民主义,而且加以发展。我想凡是孙中山先生三民主义忠实信徒们都应该赞成这个土地法大纲的。

现在再从理论上来研讨一下。

第一,我觉得这个土地法大纲和抗战时期的交租交息,减租减息的办法不同,即同江西时代之没收地主土地的办法也不同。在抗战时期,日本帝国主义的军事侵略,直接威胁到中国地主阶级的利益,而且有一部分地主官僚是一向和英美接近的。所以那时候,除了很小一部分亲日的地主以外,大部分地主阶级都是反日的,因此当时的抗日统一战线是包括地主在内的。为了要加强抗日的力量,在统一战线内部就不能不采取比较和缓的政策,于是才有减租减息、交租交息的办法。但今天的情形不同了,中国人民当前的敌人是法西斯独裁的政府和美帝国主义。尽管中国的地主们,对于政府之苛捐杂税,拉丁征粮感到若干的不满，但无疑的，乡村的地主依然还是今天独裁政权的有力支柱，而且因为害怕人民的起来，于是他们乃更不得不紧靠着四大家族的政权作为他们的救星。在另外一方面，美帝国主义的经济侵略，虽然会使到有些地主破产或日趋于贫穷，但美帝国主义的这种压力并不能使地主们起而反抗，相反，他对于美帝国主义的压力，只有一天天让步，精神一天天萎缩，而另外一方面则惟有更加强其对农民的剥削，以苟延其命运。甚至有一部分地主还企图把自己转化成为买办或买办性的地主。所以从表面上看起来，今天中国的地主是在彷徨和苦闷当中，表现着动摇和不满的情绪，但就其终极的意义说来，他们还是支持独裁政权的。对于帝国主义的侵略，他们不仅是倾向于妥协投降，而且客观上正在不断地摧残民族的生机。所以在这个时候，如果在政策上还是继续抗战时期的办法，或者是过分重视了今天地主们的不满和动摇的情绪，那就会使我们忘记了真正的革命动力之所在，趑趄不前地限制了农民运动的广泛的展开，民主运动也就永远无法植根在广大的群众之中，形成一股不可抵抗的洪流。

但今天是不是有必要采取过去江西时代的政策呢？显然的，假如完全不照顾到地主们的利益，在今天的现实情况说来是有害的，而且从比较长远的来看是不必要的。只要在经济上彻底解除地主们的武装，使他们不能够形成一种阶级力量，无法遂行其封建剥削那也就够了，至于对于他们地主个人还是应该采取比较宽和的政策。土地平分以后，只要他们不反对民主政府和违反民主政府的政令，则地主们还是一个普通的公民。如果眼光放大一点，则中华民族之复兴与繁荣，他们还是可以分享一份的。

第二，这一次的土地改革方案，是资产阶级的政纲，而不是社会主义的政纲，更谈不上是共产主义的政纲。社会主义的土地政纲，应该是土地国有，连带而来的也就是土地不许自由买卖，但今天所宣布的土地法大纲，虽然否定了封建地主们的所有权，但同时却承认了土地分配以后，农民对于土地之私有权，而且还容许他们自由买卖。这一个土地政策自然是对于资产阶级有利的。因为经过这次的土地改革以后,农民的生产力增高,商品的数量增加了,农民购买力也增加了,这些都是发展工商业的有利的条件。还有,过去很大的一部分资金都流入到土地,其结果是农民受着残酷的剥削,土地的生产力一天天萎缩;大批失地的农民流进到都市,因找不到工作而变成失业游民;而另一方面,则土地的价格暴涨,而都市上则生产不振市况萧条,许多游资都找不到出路。经过了这次的土地改革以后,有钱的人将转向工商业投资,其数量之增加是一定可以没有问题的。

既然这个土地政纲是资产阶级的政纲,其实施又是对资产阶级有利益,那么照理,这个政纲应由中国的资产阶级提出来才对,但为什么中国的资产阶级却不能完成这任务呢?我想,这是因为中国的资本主义受到了外国帝国主义的压迫,始终不能顺利发展,中国的资产阶级的力量,始终非常薄弱的缘故。中国的资产阶级,既不敢去没收地主的土地,因为这样有损于私有的财产神圣不可侵犯的观念;但同时他们又没有力量把封建的土地经济转变成资本主义经营的土地经济。于是这个资本主义性的土地政策的任务,乃不能不落在工人和农人自己的身上。资产阶级的民主革命不必由资产阶级来领导,而可以由无产阶级来领导,这一个命题,在中国革命的过程中,可说已经是获得了辉煌的例证了。

第三,关于土地的自由买卖问题,有许多人表示怀疑,以为这样,今天虽然把土地平分了下来,但过了若干时日以后,有钱的还不是依旧可以从农民手中买了过来,形成土地的集中。关于这一点,我的意见是这样:今后要再来一次土地的大量集中是相当不容易的。原因是:第一,今后有钱人的投资,因工商业的利润较高,投资将倾向于工商业方面,卖地的人将比以前少;第二,农民的生活改善,卖地的人不多;第三,银行,交通,矿山,森林,水利都掌握在国家手里,大资产者要无限制地兼并土地,已很少可能;第四,分得了土地的农民,很可能在进步的农会领导之下,逐渐组织成合作社试行规模较大的合作经营,这样卖地的农民自然更少了。

可是我们绝不能否认,在土地自由买卖的原则下,农民间贫富的分化还是有的。资本主义市场一天还是存在,则资本主义的潜滋暗长,即一天不会停息。所以当土地平分以后,封建经济虽已完全铲除,但农村的资产阶级富农,却可能逐渐繁荣起来。所以平分土地并不能最后解决农民的问题,这不过是把农民从土地解放出来的第一步。要真正解决农民问题,那就唯有等到许多国营农场、集体农场建立起来,农业生产已彻底工业化集体化以后。

第四,关于没收土地的问题。有人说耕者有其田,这是很好的,可是用以达到这个目的的手段可值得商量。比方抗战时期由解放区政府发行公债以收购土地的政策,是比较温和可行,而且这样同样也可以达到耕者有其田的目的,对于这种说法,我是不赞成的。因为如果用公债收购,那么这个被收购的土地,其所有权是属于谁呢?如果是属于国家,国家将怎样来处理这些田地呢?而且国家需要很大的一笔款子,收购的过程又需要很长久的期间,而同时对于农民则又不能满足他们对于土地的渴望。这是一种妥协和改良。如果当时政协决议能够真正实现,民主与反民主之间能够妥协解决,那么这种办法也许能够行得通,可是今天我们正要千百万农民起来保卫民主,争取民族独立和人权的时候,所以我赞成这种比较急进的作法,从下而上动员民众来自动改革。有人说,把土地分配给农民,而不把它收为国有,这是向私有财产观念很重的农民妥协的政策,而且也是比土地国有退了一步的政策。这种说法,可说是似是而实非。分配土地给农民,这不是向农民妥协,而是把一向在封建剥削下的农民解放出来,并把他们推前了一步。只有经过了这一次土地的分配,他们将来才能觉悟到土地国有的必要。历史的进化,常常是曲折的,如果想把两步当成一步走,虽然好像是很革命,但事实上正是忽略了客观的历史条件,忘记农民们今天的迫切要求。

第五,国民党政府曾经下了一个总动员令,他们是企图牺牲全国的人力物力来支持独裁集团,四大家族的政权,其结果是只有更加强反动阵营里面的矛盾,和引起人民的反抗。今天共产党所提出的土地法大纲,从其现实的意义说,乃是对农民的最有效的动员令。把占全国人口百分之九十以上的农民争取到民主阵营里面来,这是一个伟大的事业。只有全中国的农民都被动员起来,中国的民主力量才会变成不可克服的力量,任何帝国主义和独裁集团所不能克服的力量。

土地改革,从根到底肃清了封建主义,同时也编组成功了一支庞大的反帝国主义的力量。反过来说也只有打倒帝国主义的侵略,农民所得的土地改革的利益才能够获得最后的保证。

不过这个土地法大纲,还不过是一般的原则,在许多不同的区域里面,我相信还有许多的补充条例。广东福建二省是华侨的家乡,我们对于华侨应作如何合理的处置,我觉得还需要有比较详细的研究。

纪念邓演达先生殉难偶感

载1947年11月29日《华商报》

黄药眠

独裁者统治中国二十年，在这二十年中直接间接死在独裁者屠刀下的人真不知多少，而邓择生先生也就是因为反对独裁者的残暴统治而蒙难。由邓先生的殉难，我们不由得想起了许多其他的殉难的先烈，仁人志士，天才作家以及无辜惨死的百姓。不过经过了这二十年的惨酷的教训，我们已深深的觉到，独裁制度不倒，则中国人民永远没有幸福，生活永远不能有保障。今天是邓先生殉难的十六周年纪念日，独裁者的江山，已摇摇欲坠，我们希望大家，在这个时候，更努力团结以加速独裁制度的死亡。只有这样，邓先生之事业和声名才会随着民主主义之胜利而更加光辉起来！

自由主义的批判

载 1948 年 3 月 1 日《光明报》新 1 卷第 1 期

黄药眠

最近大公报以及一些其他杂志一连发表了好几篇论自由主义的文章，仔细拜读了这些大作以后，我觉得他们在理论上并没有明确的体系，各人有各人的见解，因此要把他们的文章逐一加以驳斥，事实上乃不可能。现在只能就他们的文章中归纳出几个要点来加以检讨。

他们虽然说，他们并没有什么政纲，同时有些地方又故意闪烁其词，不愿正面的提出具体的主张，但是，他们是有他们的主张的，他们的主张主要的是：主张妥协，停止内战；主张改良，反对革命；主张中庸，反对极端；强调个人的自由和理性，反对武力。

现在就让我来对于上述的几点先从一般的见地加以批评。

什么是中国的自由主义？

我觉得我们在这里首先必须弄清楚什么是自由主义？

每一个名词都有其一定的历史的涵义。在十八世纪末自由主义的基本的涵义，就是对宗教和封建的束缚。自由主义在当时乃是革命势力的精神的武器，这是第一个时期。到了十九世纪上半期，资产阶级陆续爬上了政治舞台，这时他们因为惧怕群众的革命斗争，于是他们就从自由主义中抽去了其中的革命精神，而把自由主义改作为和平的改良主义。当资本主义还是在上升的时候，这种改良主义的自由主义，自然也还有其若干的意义。这是第二个时期。当资本主义走向没落的阶段，垄断逐渐代替了自由竞争，金融巨头在政治上的专政日渐显露的时候，传统的自由主义，所谓企业自由，个性的尊严等等，就逐渐失去了它的内容只剩下一个外壳，而变成为欺骗群众的幌子。这是第三个时期。

所以自由主义，就一般说来，乃是资产者手中的精神的武器，它和那从贵族工人中派生出来的社会民主主义同样成为了今天抵抗革命运动的堡垒了。

但是中国呢？中国是一个落后的半殖民地的国家，那么中国的自由主义其基本的涵义又是什么呢？我想，在这里，不妨把中国今天现有的社会力量分析一下，我们就不难明白今天中国自由主义者所揭橥的自由主义，究竟为哪一种势力所欢迎。

在今天的中国，我们可以大致分为四个集团。

第一，是帝国主义，买办，地主，土豪集团。以他们本身的地位来说，他们绝对不能容许有任何改良主义的存在，同时他们也绝对不能容许真正有任何“经济的平等”、“个性的自由”——这是反动阵营方面。

第二，是工人阶级的集团。中国的工人阶级数量上虽然不多，但它有着丰富的战斗经验，强固的政治组织，特别重要的是，他能够以乡村的雇农、贫农做骨干，把中国全人口的百分之九十的农民团结在一起——这是革命阵营方面。

第三，是小资产阶级。他们在帝国主义，官僚资本，封建势力的三重压迫之下，已日益贫穷化，同时也日益革命化——这是中国革命势力的追随者。

第四，是中国的自由资产阶级。他们一方面受到帝国主义的压迫，另一方面又受到豪门财阀和封建势力的统治，剥削，敲诈，劫夺所以在某一个时期内，他们是反对帝国主义，反对独裁集团，赞成进步的政纲的。但是由于他们本身力量的薄弱，由于历史环境和以前的不同，他们既没有足够的力量和组织来领导人民起来反抗这个反动的统治，同时也没有足够的力量和组织来压迫反动的统治采取若干改良的方案，所以在某一个时期，他们亦只有追随在人民后面，为进步的纲领而奋斗，但是一当他们看见革命势力已经强大到足以取反动派而代之的时候，即使革命并没有损害他们的地位，他们就又都害怕起来,开始想从革命与反革命之间找寻中间的道路——这是自由资产阶级的动摇派。

根据我这上面的分析,我们回头来看一看,自由主义者所提倡的妥协,改良,中庸,自由,理性究竟是代表了谁说话呢?究竟谁需要它呢?工人阶级吗?工人阶级不需要它;独裁派吗?独裁派不需要它,至多只想暂时利用它;占全中国人口百分之九十的农民吗?农民正在拿起武器来从事于土地改革,他们当然也不需要他;中下层的小资产阶级吗?他们正在为贫困所煎熬,而且急切地要求为生活的真正出路而战斗,当然他们也不需要它。所以剩下来的只有动摇的自由资产阶级和一部分的上层小资产阶级,他们对于这种主张最表示欢迎。因为正是这些自由主义的论客们替他们表现出彷徨疑惧的心情和模糊不清的论点。

在这里我们可以得出一个结论了:即自由主义论客们所揭橥的自由主义,从纯理论的观点看来,它正是中国自由资产阶级的政纲。它既没有欧洲十八世纪的自由主义的革命的光辉,它也没有欧洲十九世纪的自由主义的温和的色彩,但它也不像今天美国的传统的自由主义那样只剩下一副枯髅,它有的只是一片灰暗的颓废的心情中间闪烁着一点改良主义的余辉——那,这就是今天中国的自由主义的特点。

自由主义的论客们,也曾为自己的缺乏力量而哀伤,但同时他又好像从红色的彩霞中摘下一个金蛋一样得到安慰,他好像相信他们的主张终于有一天会获得大多数人的同情。可是事实是很残酷的,假如中国的自由资产阶级和上层小资产阶级的总和绝不是等中国大多数的中国人民的话,那么他们的希望也就只好落到水里去了。而且他们还有一个天真的幻想,他们认为他们的主张终有一天可以构成巨大无比的力量。十八世纪自由主义的学说之所以形成一股强大的力量,是因为它适合于群众的需要,符合于群众的要求,是由于这种思想和实际的民众运动结合在一起。但今天中国的自由主义上不顶天,下不踏地,又从哪里去发现力量的泉源呢?

也许中国的自由主义的论客们会这样说,罗斯福总统提倡的四大自由,你们总不能说它没有进步的意义了吧。我们今天所揭櫫的政治自由与经济自由,可不正是这一种新的自由主义么?对于这一个问题我们只能作这样简单的答复。我认为:第一我们承认罗斯福的新政,在美国是有进步的意义,更由于美国在世界上所处的地位之重要所以它对于世界政治也还是起进步的作用。但是同样我们也必须承认,罗斯福的新政是在世界资本主义总危机以后,以中小阶级为基干,企图限制金融寡头的资本主义范围内的改良主义,他不是社会主义,不是新民主主义,我们也不能希望通过他来走向社会主义。第二美国是一个资本主义高度发达的国家,目前它还有实行若干改良主义的可能条件,但是中国是一个落后的半殖民地的国家。中国人民的敌人是帝国主义的侵略者,是顽固落后的封建势力,两个国家的情形不同。异国的名花是不适宜于我们的土壤的。

揭开自由主义的面具。但今天我们提出自由主义来讨论,目的并不在于从理论上究明自由主义的涵义,最重要的,还是在于研究清楚这次自由主义之所以被提出来的实际的政治意义。

谁也看得出当民主同盟被宣布为非法,当全中国的人民都走上坚决反抗的道路,而独裁统治日益动摇的时候,一个以政学系为背景的大公报突然也大提倡其自由主义起来,这不是很可耐人寻味的事情吗?不仅是自由主义者在提倡自由主义,就是非自由主义者也在大声提倡着自由主义了!

为了要驳斥自由主义者的似是而非的论点,我们在这里必须首先用事实来证明自由主义的改良妥协的道路在实际情况中如何走不通,揭破“自由主义”者的面具,第二步我们才再来说明为什么独裁分子也要来作“自由主义”的叫嚣。

让我们回顾一下过去吧。

在政协前后,我们的确也曾经主张国共妥协,主张实行改良政策,我们也曾一片婆心,相信理论可以说服国民党的顽固派。就是代表工人阶级的政党也曾作种种让步,以期获得和平,但是事实怎么样呢?

大家都知道独裁当局曾亲自签署了政协决议,但是一九四六年三月国民党的三中全会就曾有计划企图破坏政协决议的道路;六月,国共间的和谈破裂,七月政府正式发动内战;十一月召开伪国大;十二月违反政协决议通过了反民主的伪宪,一九四七年三月,政府迫令中共代表团办事处撤退,七月公布“戡乱动员令”,十月廿七日且宣布一向主张以合法斗争来实现民主政治的民主同盟为非法。

试问是谁不要和平呢?是谁不要中庸之道呢?试问对于这样的独裁集团,还能够和他们谈什么“理性”呢?

我们得提醒一下这些自由主义的论客们。李公仆闻一多二先生的血流在昆明的街上,他们的血是为谁和为什么而流的呢?我们必须告诉这些聋子般的自由主义者们,他们是为了和平为了民主而流的——而他们正是最优良的自由主义者。

杜斌承先生的血流在西安的郊外,他的血是为谁而流的呢?他的血是为了和平民主而流的,是为了那曾以合法公开为号召的民主同盟而流的。

还有千千万万的青年男女,失踪的失踪,被捕的被捕,被杀害的被杀害,如果这些自由主义的论客,也要讲真理,辨是非,那么他们早就应该起来仗义执言,对独裁制度表示其深恶痛绝之意了。何以这些先生们对于独裁制度之残酷不仁,却只是轻描淡写,而对于全国被压迫,被损害的人民大众之奋起斗争,却摆出了冷冷的面孔,还要劝人不要偏激,不要有“霸气”“意气”。

真奇怪:自由主义者这样爱谈理性,但何以如此其没有感情,没有人性啊!

当屠刀架在我们的颈项上面的时候,自由主义的论客们却要我们“冷静”“中庸”,这是什么意义呢?

而且,八年抗战以后,谁不渴望和平呢?谁愿意再看见内战呢?但是独裁者硬是丝毫不愿意放弃他的特权,硬是要打内战。我们一再呼吁和平,而和平终不可得,甚至还要把我们这些呼吁和平的人士当成匪党！在这个时候，我们除了起来号召全中国人民为彻底推翻这种独裁内战的恶势力而奋斗以外，还有什么其他办法呢！自由主义的论客们说，我们反对政府的专政但同时也不赞成革命。那么我要问他们究竟要我们这些被独裁主义者追迫得没有容身之地的人们怎么办呢？自由主义的论客们是尽可有坐在沙发椅上高谈阔论的自由，但是我们可没有任何自由，除了有饥饿的自由被绑要枪毙的自由以外！

当独裁政府在军事上占上风的时候，大公报为什么不出来反对意气，霸气与武力呢？当独裁政府封闭民盟威吓民主人士的时候，大公报为什么不出来说一句有“理性”的话呢？为什么不以今天提倡自由主义的精神来慷慨陈词呢？为保卫自由主义而呼号呢？到了今天，当独裁的政府所面临的危机日益严重的时候，当全国最大多数的人民都坚决走上革命的道路的时候，大公报却以自由主义为号召以改良主义者的姿态出来说话了，其暗中为独裁政府帮忙难道不是很明显的吗？

这几十年来我们中国老百姓实在上当得太多了。辛亥革命因中途妥协，于是有袁世凯的称帝；段祺瑞起来反对袁世凯，老百姓又寄希望于段祺瑞，结果乃有安福系的专权；吴佩孚曹琨起来反对安福系，于是老百姓又寄希望于吴佩孚，结果乃又有曹吴的窃国；数十年来由于封建势力与帝国主义的勾结以至战乱相寻，现在中国的人民是觉醒了，他们知道如果帝国主义和封建势力不铲除，中国是不会获得永久的和平的；由于自政协以来求和的惨痛的教训，善良的，忠于民主的人士，也觉悟了，他们知道帝国主义和封建势力不铲除，中国是不会获得永久的和平的，现在既然独裁反动的势力已经面临崩溃的阶段，那么我们就惟有斩草除根，硬着心肠用革命的洪流来清洗这数千多年遗留下来的封建余毒！我们要争取的不是暂时的给反动统治以喘息机会的遗害后世的和平，而是永久的，子子孙孙世世代代的和平。

自由主义者的论客们说，他们为的是大多数的人民。但，中国的大多数的人民是谁呢？难道不是那些一向被高贵的人们所鄙视的乡下人吗？我要问一问这些自由主义的论客们，究竟他们知道不知道那些农民老百姓在蒋管区下面是如何悲惨地生活着呢？他们曾经为了这些人的利益而掉过一根头发没有呢？

自由主义的论客们又喜欢向知识分子送其秋波，好像他们都是知识分子的先辈，青年们应该继承他们的传统。但知识分子并不仅是现在在大学里教书的大学教授，洋博士，和大学生；知识分子是指一切以智识来换的面包的人们。它包括那些中小学教师，下级的公务人员，流荡在城市和乡村的失业的知识分子。现在我要问一问这些高贵的绅士们，他们是不是知道这些贫穷的知识者们在如何的困苦艰难的条件之下生活，如何受独裁份子的压迫追捕而颠沛流离呢！

这决不是偶然的，当大公报不断发表其自由主义的高论的时候，司徒雷登大使也突然于二月十九发表了致中国人民书，里面于谴责中国的两种极端分子之余，还特别“希望中国忠于自由之爱国分子与全国各界共同本建设而渐进之步骤，促成整个国家统一和平与进步”！你瞧司徒雷登先生何等喜爱着“自由分子”啊！还有，在司徒雷登先生发表了这个文件以后，接着廿日南京政府的权威评论家对司徒的谈话则说：“所遗憾者即中国真正自由分子并未曾发挥力量。”你瞧，大公报，美国大使，中国的南京政府，竟如响斯应的眷顾起“自由主义者”起来，这难道是巧合的事情吗？不用检验他们的舌头，我们也可以知道大公报的社论究竟是为谁而说，和为什么而说的啊！

所以就目前中国的现实政治的意义说来，这些自由主义的论客们，不管他们的主观的目的如何，在客观上显然是在为独裁统治者撑腰，为和谈阴谋布置序幕。

一切攻击之箭都指向最凶恶的敌人。

我们在上面已经把自由主义之所以猖獗一时的实际的政治意义指了出来，但是我们也必须承认自由主义的论客也不是单一的阵营，里面也包含各种不同的分子。他们当中有一部分人在主观上并不必一定是要与人民为敌,他们不过是由于一时认识不清,或由于一时固于偏见,因而随声附和,追随在大公报后面。老实说,他们当中,倒有不少人是真正的自由主义者。对于这些人虽然我们一方面要严正地批评他们的错误的见解,但是对于他们个人我们还是抱着不同程度的希望;希望他们当中终有一天会有些人受到现实的教训而回头同意我们的见解。

可以想像得到的,这里面有此是书生,他们一向是高据讲坛或藏书室,从来没有过问实际政治,但一朝醒来,他们发现革命的浪潮已泛滥到他们的门外。他们不过问政治,可是政治却过问到他们来了,由于一时看不清楚革命的复杂形势,于是他们着慌起来,慌忙从书架上取下了金边的巨著,以半带滑稽的庄严的姿态向辉煌的革命朗诵起他们的十八世纪十九世纪的陈腐的教条,对这种人,我们只要告诉他们,千万不要以为他们身边这一群人,就是等于中国大多数的人民,千万不要以身边几十个青年拍掌就以为天下的人都向他称赞。他们必须向小圈子外面更多去倾听下层人民的意见,更多注意一下实际的情况,更冷静一些来研究一下问题。书架上蒙尘的古书是不能够很多帮助他们解决今天的问题的。

这里面还包含有一些善良的人道主义者,他们脑子里总是这样想:和平总是好的,战争总是坏的,如果今天还有一线和平的机会,我们就得推动和平,因为战争早一天停止,和平早一天实现,我们就可以多救活许多生命。对于这种人我们必须告诉他们,战争之所以发生是有它的社会因素的,而且社会上根本就有一些人是以战争来牟利来生活的。他们多存留一天,则他们会更多杀人一天。不把战争的社会因素除掉,不把那些以战争为生的军阀除掉,即永远不能实现真正的和平。

还有,这里还包含有一些这样的人。他们一向和工商业界的人士生活在一起,他们读了很多的书,做了很多的事,对于政治有过一些抱负,在政协的前后,对于改良主义曾寄予很大的希望。可是现在情形变了,政协的精神已经给独裁者杀害了,革命的势力已经伸张,然而由于他们有意识或无意识地受到自由资产阶级的影响，对于革命游移起来，他们迷恋着那早已一去不可复返的政协的改良主义的道路，而且还自以为“独立”是“中间”。优裕的生活陶醉了他们的清醒的灵魂，对于这种人，我们必须告诉他们，过去的已经不可复返，迷恋也没有什么用处。而且他们所采取的立场并不是什么“中间”的立场，实际上就是自由资产阶级的动摇的立场；他们所提出的政纲，尽管他们把它说得怎样含糊，也正是自由资产阶级的政纲。历史是向前发展的，革命的洪流正在由北向南一日千里地奔流。非此则彼，这里不容许人们永久站在中间，也不容许人们永远怀念着过去的日子，背诵着历史的碑文。只要他们能够把眼光放远一点，工商业还是有发展的前途，他们正不必对革命有所忧惧，而露出那么苍白的面容。

但是这里面也的确有中国老百姓们的最憎恶的敌人，这些人本身本来是独裁主义，但是他们硬要假装是自由主义；本身本来是在朝派，但是他们硬要伪装是在野派；本身本来是死硬派的附庸，但是他们硬要伪装是中立分子；本身本来是好战主义，但是他们硬要假装是和平好人。我们得老实指出，大公报这一群就是这一些人的代表。

显然的，他们之所以提倡自由主义，并不是他们本身对于自由主义有什么信仰，他们之所以这样做，完全是根据于一定的政治策略。他们眼见中国的独裁统治日益危险，革命势力日益强大，即美帝国主义也深感中国政府有再一次重新粉漆门面试探和平的必要，所以他们的自由主义的呐喊，实有以下几种作用。

第一，他们首先喊出自由主义来，目的在于获取机先，以期获得美帝国主义的宠眷，以为将来在国民党独裁阵营内部斗争中占得有利地位的地步，第二，他们一方面叫嚣着自由主义，一方面则放出和平的空气，以期造成和平局势，使得独裁集团能获得喘息机会，并利用这机会以重新整编自己的队伍，确实掌握华南的基地，第三，他们故以不满现状的姿态出现，以收买民心，和缓一般人民的不满的情绪；同时又提出和平，妥协，中庸的方案，以暗示除了革命的道路以外，还有更“便宜”的方案，用以分散人民的注意和目标；第四，以自由主义为号召，以投中国自由资产阶级的所好，拉笼民主阵营中最脆弱的份子，以实施其分化的伎俩。第五，现在他们以自由主义的姿态，伪装中立，将来民主革命势力成功，他们更可由伪装的中立分子再一变而为伪装的革命分子，以为将来潜入革命阵营里面，实施其从内部去腐蚀革命的成果。所以大公报为自由主义的叫喊，实是反动阵营里面的政学系的最恶毒的诡计，它是在实施着一石五鸟政策，谁要是跟着它去喊自由主义救中国，不管他的主观的动机如何，谁就会落了反动的大公报的圈套。

我们必须认清敌人。一切的攻击之箭都必须向这个阴谋的集团射去。

现在，我这篇短文章只能对于自由主义作一般的概括的批评。至于对那些论客们的文章里面的常识以外的见解，矛盾百出的逻辑，自露马脚的说法和批评，那就只好容后有机会的时候再和读者们“妙文共赏”一番了！

论美国的对华侵略政策

载 1948 年 4 月 17 日《光明报》新 1 卷第 4 期

黄药眠

第二次世界大战结束才不到四年，太平洋彼岸的美国侵略者们又已疯狂地准备着战争。华尔街笼罩着战争的暗云，东西法西斯的余孽又都在弹冠相庆，戈培尔的风笛又被人拾起来重新在演奏着战争的舞曲。

而在准备战争的狂热当中，华盛顿的扩张主义者们似乎对“军事援华”特别热心，他们好像决心不惜牺牲美国青年的头颅鲜血来维持一个东方暴君式的贪婪的统治。

事情是决不偶然的，正因为全世界的落后势力太不争气，正因为中国的南京腐败政府在军事上、经济上、政治上这样迅速的削弱，这才使得那些华尔街供养着的政治家们如此其着急起来，不能不一个个以自己的手揭露出自己的可怕的侵略主义者的面孔。

他们好像曾向前进的历史的车轮发誓，一定要把那些早就应该送进博物院的国王的王冠，将军的佩剑，封建诸侯的宝座一齐搬出来，给予权力，要它们重新在人民头上发挥出魔术似的权威，而侵略者们则站在后面，玩弄着金钱的法术。

善心的朋友们，也许会觉得惊奇，一个反法西斯，战争的同盟国，竟会变得如此其快。其实也并没有什么，在金融寡头，职业军人及军火商的立场看来，就是在他们参加反法西斯战争的第一天，他们已开始了他们的“世界侵略”的雄图了。喜爱追怀的朋友们，也许会觉得不胜感慨，当罗斯福总统去世的时候，那个米苏里人也曾泫然垂泪，声称要继承这一位民主政治家的遗志。一九四五年十二月，这位先生也曾作了一个为我们中国人所喜欢引用的声明。可是今天，他竟会变成为华尔街主人手中的代理人。但其实今天我们看来,就是一九四五年十二月的声明以及所谓马歇尔的调停,也是包涵着阴谋和欺骗。

这个阴谋和欺骗还是请杜鲁门和马歇尔先生来自述吧。

当本年二月廿六日,马歇尔在参院答复议员们的军事援华的要求的时候,他就被迫地透露了这样的消息。他说“美国的军事援助远比已经披露的为多,而且现在继续。事实是这样的:“就是在马氏在华调处期间,一九四六年六月十七日美政府批准了“八又三分之一队”的空军计划。这一个计划包涵一千零七十一架飞机,包涵重轰炸机队。同时又还有一个秘密“防务援助”,从对日战争结束,到一九四七年六月卅日,美国政府赠予了南京政府七亿七千七百六十三万美元。(大家都知道,自从战争胜利结束以来,美国政府给予中国政府的帮助,是四十六亿四千零四十九万八千二百二十三万美元,而在战争期间,美方所给予中国政府的帮助,则仅为十五亿六千七百八十万美元。)

除了这些物质的援助以外,马歇尔又说他“不断向中国政府提供意见,如何改善其作战的努力”。

你瞧,这就是马歇尔将军的所谓调停。

再从政治方面来看,杜鲁门总统一九四五年的声明,不是说扩大政府基础也包涵中国共产党吗?但是三月十日十一日,杜氏和马氏的声明就充分证明了,他们是如何的虚伪。

三月十日,马歇尔先生在记者招待会里说:“杜鲁门总统一九四五年十二月声明美国将欢迎南京政府扩大基础,该声明现仍有效,未再作相反声明……蒋介石与毛泽东的协定显已被破坏,谁破坏的,是一个大问题,他个人相信,双方都有过失……”

但是接着三月十一日,杜鲁门总统的招待记者会却又这样说了:“美国从未希望中国共产党参加政府,或其他任何政府。”他坚称马歇尔从未建议将共产党包涵于扩大后的政府。“……自由分子与共产党有别,兹有许多在美曾受教育的中国自由主义人士,吾人甚愿其包涵于中国政府之内。”

同日下午美国国务院，也发表了一个声明，来修正马歇尔的谈话，他说，马歇尔从未有中共必须参加中国改组后的联合政府的意思，他只是说：“中国共产党应否参加中国政府，应由中国政府决定之。美国政府不能越俎代庖……”

如果把这些声明互相比较起来研究一下，我们就不难明瞭马歇尔的调停和中立的真实内容，同时也不难明瞭杜鲁门一九四五年的声明的真意了。

意思是很明显的，当时美国的政策是，杜鲁门总统不妨在口头上说得很漂亮，但同时却派马歇尔将军以调停做幌子，实际上帮助独裁政府消灭中共的武力。同时，分化民主阵营等到中共的武力被消灭了。那么所谓欢迎中共参加联合政府的声明，也就变成没有意义的空洞的东西了。

“美国政府从来没有希望中共参加政府”，而只是“希望曾受美国教育的自由分子包涵在中国之内”，这倒是杜鲁门总统的肺腑之言呵！

但是美国侵略主义者的这些打算并没有成功。相反的，一手由美国训练装备的国民党军精锐却一再在东北作战失利，去年夏间，刘邓大军南下，使国共之间的整个战略形势起了变化。国民党政府在经济上和军事上的失败，自然不会不得到美国侵略者的关心，于是乃又有魏特迈将军来华，据说这是为了找寻事实而来的使节。

由于魏特迈离华前夕对于南京政府的苛刻的批评，马上有许多善心的中国人士，立即又发生了许多幻想，以为魏特迈的报告将不利于南京独裁政府的统治，但这个幻想，不久以后，也又由魏特迈自己打破了，因为他在议会里作证时说，即便蒋介石是一个暴君，我们也得支持他。哪，这就是魏特迈来华调查以后所得到的结论。听罢，这就是“美国之声”。

但是魏特迈的报告是始终被隐藏起来，没有拿出来见过天日的。这原因大概是，一、他批评南京政府太利害，发表出来会使美国人民觉得美国政府之援助南京独裁政权完全是浪费;二、他的侵华计划太露骨,发表出来,恐怕要引起全世界人民的反感和中国人民的反对。不过魏特迈计划的内容,大致我们是已经晓得了。那就是提高日本的地位,由日本制造军火,以供应独裁政府;二、经营台湾,作为中美联合的军事基地;三是军事上,划北纬四十度以上的地区,(包括东北、热河、察哈尔及绥远)为一个区,在这个区里军事行动上以"拖"为主,必要时可以放弃;四十度以下至卅五度以上为一个区,在这个区,美国要求独裁军能打多久就多久;至于卅五度以下,三十度以北华中区,则必须坚守,至少以二年为限。北纬三十度以下为华南经建区,也就是美国的经济侵略区。魏特迈企图以华北华中的军事行动来掩护华南区的建设。

如果在马歇尔来华的时候,美国政府还企图以巨额的援助给南京政府,以极短促的时间完成决定性的胜利,然后再来伪装一下民主,那么魏特迈的计划则在军事上已改采守势,而在经济上则采攻势,他企图于二年之内建设一个相当"工业化"的华南来和相当工业化的东北对抗。有人以为魏特迈抨击南京政府无能是同情"民主"的表示,但是相反,他之抨击南京政府无能,乃正是美国侵略主义者直接控制中国的藉口。

魏特迈计划虽然没有在美国发表,但魏特迈计划却在中国实行起来。魏氏走了后不久,宋子文就出长广东,台湾成了练兵基地,建设华南,黄埔辟港的呼声,也就不断从南京政府控制下的报纸传播出来。而在这同时美国侵略者挟其雄厚的资金,在中国骄视阔步,无空不入地侵进到生活的各部门,从经济,政治,到文化教育,美国侵略者的触须,远至于边疆僻壤,甚至于积石山都成了他们的探测的对象。有些醉心于帝国主义征服世界的狂妄之士,竟无视中国人民的意志到如此田地,宣称要把美国的国境,放在中国的国土上。

然而魏特迈的计划是不是能够成功呢?依然是不能成功的。这因为:一方面中国的统治者越受美帝国主义的帮助,就变得越贪婪,越腐化,越无能,而另一方面,则中国的被统治越来越看清楚了美国侵略政策的面貌,越坚决地走上革命的道路。所以独裁军不独在东北,华北,华中不断的战败,而且在华南,也呈现着扰攘不安的现象。人民的意志,是绝不会受魏特迈所划的地区所限制的,它像野火一般延烧在扬子江的南岸,人民抗暴武装的旗帜,正像原野里的森林,使那些坐享美国人的恩赏,困守孤城的华南官吏感到战慄了。

对于这个日益恶化的局势首先表示焦虑,而对过去的美国政策表示怀疑的就是美国驻在南京的官吏,本年一月三十日美联社的南京通讯就曾这样写着:“一、除非规定监督经费开支,其程度远大过南京政府现在所愿意准许的,则任何数量的财政援助,不论多少,都不能有效解决中国问题;二、企图单用金钱来解决中国的货币问题,顶多是暂时的弥缝,因为金元捐款不会停止内战,而内战是通货膨胀的基本原因;三、除非南京政府采取严峻步骤终止,贸易的几于完全麻痹状态,料将很少可能改善中国的经济局势;四、军事指挥政策一天不改变,外国来的军事供应品不会改进中国的军事局势,在过去几个月间,国民党军不但没有能打败空军,而且不能维持和保护蒋管区;中国政府对共军最后胜利任何希望在于外国训练中国军队,以及从最高级方面参加指挥军事政策和准备。”

接着二月二日陈纳德写了一篇论“东北危机”的论文,里面说:“美国如不准备,举全球以向极权主义者投降,则吾人不能听任中国赤化。……吾人援助中国之方法,莫过于派魏特迈中将来中国执行任务……”二十六日纽约时报社论也说:“中国跟希腊一样经济上不像军事上那样重要,在未获得和平与安全以前,经济复兴是不可能的。”三月二日美国前驻苏大使布立特在众院外委会演说,要求国会拨款一亿元作为对中国的军事援助。“他说,如共产党统治了中国,日本与远东全部最后也一定为共产党所征服。……我们如不将军火立即运到沈阳去,就是忽略了美国人民的主要利益,而共党不仅将迅速夺取华北,且将夺取长江以北的全部地方,那时我们在朝鲜的地位将告危急,而日本局势也就严重了……”最后他建议,经济援助,军火输送,和派高级官员做总统的代表驻华,乃是三件必须办的事。三月三日,麦克阿瑟致电众院外委会说:“目前中国一切问题之根本,厥为军事问题,在其内部复原可望获得进展以前,此一问题必须解决。”自然魏特迈本人也主张军事援华的,就是一向以比较自由主义面孔出现的高思,也主张军事援华了。

当然这些军事援华的叫嚣是美国的全球性的侵略政策的一部是他的疯狂备战的先声,是它的侵略政策受到不断打击以后的回响。

但在这里,我们不能不提一下马歇尔二月廿日在众院以及后来在参院外委会里请求批准五亿七千万美元援华法案的声明。在众院外委会里,马的声明是:一、当地政府极多贪污,根深蒂固的集团所拥有的政治统治权,是安定中国经济所极难克服的困难;二、中国政府虽需要协助,但中国问题之关键还是在于中国人民自己;三、现在所提的援华法案,乃是给予一种喘息的机会,目的在防止经济之迅速恶化;四、中国目前政治,经济,财政,情势之动荡,实不能拟出有效的经济复兴长期计划,所以他反对予中国以安定币制之基金;五、美国国家安全在欧洲在中国更为危险;六、华北情势之“恶化”将使“吾人在日本之地位甚感困难”,“中国政府之基础限于小集团,必须予以澄清,他们应更加为人民,贫苦阶级着想”;八、“目前致命之缺点是他们未能训练官兵及训练有能干之领袖”。在参院外委会的秘密会议中,马氏更认为,美国在华如果对反共的军事负起责任,像希腊所采的规模一样,那是异常危险的事情,同时也是严重的错误。

这里马歇尔的意思很明显,他的对华政策是:一、首先搅好了欧洲;二、这五亿七千万美元的借款,只能使独裁统治再拖延一个时期,但不能希望中国局势有根本的转变,二,中国政府至少应改组一次,完成一个更像样的自由主义的伪装;三、目前中国军事上的失败,主要的是由于缺乏领袖人材,和官兵缺乏训练,因此最好,中国军队由上到下都由美军顾问团来参加指导;四、他不赞成直接负起反共的军事责任,但他并不反对,普遍军训和征兵,并不反对加速日本法西斯的复兴,加强对中国沿海各口岸以及台湾海南岛的控制,并不反对扩大美军顾问团的人数及职权。并不反对加强美政府对华的经济控制。至于马氏为什么要反对直接负起反共的军事责任呢？那原因就是目前，欧洲第一，他不愿意因此引起国际的和中国人民的，以及美国内部的反对，而且用少量金钱换取巨大的利益，让中国人去自相残杀，而由美官去指导，还有比这更聪明的办法吗？那么马氏这样拖延的办法又是什么意思呢？我想他的拖，主要是要在政治上更多玩一些花样，在经济上加紧华南的侵略与布置，加速恢复日本法西斯的经济政治和军事的力量，一直等到国际形势丕变，或中国的形势已经到了非自己直接捲起袖子来动手的时候他才动手，在这以前他是不动声色，乐得装成一个和气的老人的。所以马歇尔的主张和魏特迈，陈纳德，麦克阿瑟，楚德，布力特等的主张并没有什么不同，所不同者，只是马氏的计划更阴毒，更老练而已。

现在美国的援华法案，以及其中一亿美元的军事援助，都已经通过，当然除了这一亿美元的军事援助外，还有许多剩余军火，要以最低廉价格卖给南京独裁政府，其援助之数量，自然又要远比所知者为多，大量的飞机，大炮，正在源源不断从太平洋各岛，日本源源运到中国的内战前线，所以尽管美国国务院伪装不直接负起反共军事的责任，但实际上，中国人民的生命和血肉都在证明美国的侵略主义是在干涉中国人民要求民主独立自由的基本权利。

如果把今天的美国和抗战前的日本比较起来，我们觉得今天的美国，实在是比当年的日本还要利害。

当年的日本要我们参加他们的防共协定，但今天的美国则毫不客气要把我们中国变成它向苏联战争的前哨基地。当年的日本，要造成工业的日本，农业的中国，而今天的美国，则要造成金融的美国，工业的日本，农业的中国，使我们中国受到两重的压迫。当年的日本占领了我们的东北，又企图席卷华北五省，但今天的美国，在经济上扼住南京政府的咽喉，中国关税减低，美货如水银泻地，在政治上，则实行内部占领，所有政府里面的高级官吏，都和美元王国有或多或少的关系，在军事上则从国防部，一直到军事训练，军事指挥都有美国顾问，同时沿海各城市有美国的海军常川驻扎或巡逻，国内腹地有美国的航空基地,内河航行开放无阻,从经商,一直到电影文化事业,美帝国主义都莫不伸出其魔手。

同胞们,如果过去我们曾经以无比的勇气抵抗过日本帝国主义的侵略,那么今天我们实应该重新鼓起勇气来反对美国帝国主义的侵略,和反对和美帝国主义又勾结在一起的独裁政府。我们决不能让我们的先烈以鲜血换来的民族独立,自由与光荣,给外来的帝国主义所损害给独裁政府所出卖。

美帝国主义虽然强大,但他的内部存在着有巨大的矛盾,在美国内部,也还有许多爱好自由民主,和平的朋友,反对目前的政府侵略政策的朋友而且由于他的环球性的侵略政策在世界各地都引起了反美的怒潮。

在全世界人民面前,美帝国主义的力量,不仅是强大,而且是显现得多么渺小啊。

是杜鲁门的道路还是华莱士的道路

载 1948 年 6 月 1 日《光明报》第 1 卷第 7 期

黄药眠

当全世界的人民都给美国的好战分子的战争叫嚣所震骇的时候，美国舰艇真的开到北海去作示威性的演习了，而美陆军航空队司令史巴兹飞到英伦参加西欧五国的国防部长参谋部长的会议，在美国的支持之下，西欧五国且决定了组织联军，以防止任何的侵略。可是正当西欧的亲美分子跟在美国后面用指挥刀向空中乱舞的时候，驻莫斯科的美国大使史密斯，却于五月四日悄悄地向苏联政府送上了一个照会，这照会的内容的大意是：现在世界的形势的确严重，美国之所以要采取苏联所不满的政策，完全是由于苏联本身政策所引起，所以只要苏联改变政策，那么双方商谈解决歧见之门是始终敞开着。

一个好战的侵略者以和平的伪装来向人们挑战了。他没有通知欧洲的五个国家，因为在大美帝国看来，这些都是小国，用不着和他们商量的。

但是美国的这个照会，却遭受到一个意外的反击，苏联没有向美国屈服，也没有拒绝美国和平谈判的建议，相反，他一方面直率地指出美国的好战侵略政策，公开宣布了苏联对于和平的意愿，另一方面，则又接受美国的提议，愿意和美国共同求得有效的方法，以消减美苏间现存的歧见。

双方的照会都在莫斯科发表出来。苏联的这个和平的照会使得史密斯不得不黯然无光地离开莫斯科去垂钓，同时也使得伦敦的贝文外相感到万分的为难。华盛顿的马歇尔国务卿不能不仓皇宣布“美国的政策不变”。

可是和平是全世界人民都拥护的，现在双方的照会既然公布出来，美苏两国都表明愿意经由谈判的方式来消减歧见，那么有什么理由还要来备战呢？于是西欧那些拿着指挥刀乱舞的英雄们失去了他们的根据了，杜而思、范登堡、布力特之流的战争的叫嚣失去了他们的根据了。欧洲各国的许多外交官为这个和平的消息而欢呼，全世界的人民又重新发现了和平的希望。

是的，美国的老百姓也是主张和平的，只有华尔街的主人和他们的助手，军火商人和他们的推销员，以战争来博富贵的野心家和军阀，他们需要战争。只有杜鲁门、马歇尔、杜而斯、范登堡、布力特、魏德迈亚、麦克阿瑟、陈纳德，他们需要战争。

是的，老百姓是不需要战争的，老百姓为什么需要战争？难道他们愿意把自己的子弟送到远方去流血么？难道他们愿意为了少数人的野心，把整个世界送给原子弹，毒菌去毁减么？不，只有人类的罪人才会这样去想。

就在这和平的声浪中，华莱士先生，以勇敢的姿态，向那些战争贩子们挑战了。他写了一封公开信给斯大林先生，他积极的提出了解决美苏两国分歧的具体的意见和谈判的基础。

显然的，华莱士先生给斯大林先生的公开信和史密的照会是完全不同的。史氏的照会目的是在于试探，是在于威胁，是在于挑衅，而华莱士先生的提议则完全是出于一个伟大的民主主义者的真诚。他爱人类，爱真理，爱民主，爱和平，所以他能够不偏不倚的站在公正的立场深信着："苏联和美国之间的误解或争论，决不能用畏惧的暴力加以解决的，也没有不能够用和平的有希望的谈判加以解决的争论"。

全世界的人民需要和平，而美苏间的调协，则是全世界和平的基础。这是简单的信念，然而这也是伟大的信念。

在我们看来，今天整个世界之所以弄到这样扰攘不宁，美国杜鲁门马歇尔的侵略政策实不能辞其咎。我们可以很清楚的看到：第一次和第二次两次世界大战已把美国的华尔街的巨头，军火商人，和军人们养得格外残酷好利了。而杜鲁门马歇尔的政策，则是建立在这些集团的要求上面，它的基本精神就是利用美国的庞大的生产力来企图征服世界，控制世界。从前美国的一位海军上将海尔赛说："美国的海军想到什么地方就到什么地方。"你瞧，这是多么傲慢的语言啊！

然而，美国征服世界的"雄图"，首先，就遭受到世界第二大国的苏联的反抗。我们当还记得在战后不久，美国政府曾几次向苏联提议，愿意贷款给苏联，但都给苏联拒绝了，而且在联合国大会里面，在安全理事会里面，美国的提议受到苏联的反对，美国在企图征服世界控制世界的行动中，又都遭受到苏联的抨击和实际的抵抗。于是美国愤怒起来，对苏联仇视起来。美苏之间所以会有如此紧张的关系，主要的也还是美国的侵略政策所造成的。

我觉得美国的这些领导人物，在他们制定政策的时候，有几种错误的看法，第一，他们认为美国是全世界最强大的国家，有的是黄金和原子弹，因此全世界的人民都应该服从它的统治；第二，他们认为现在在世界范围内只有苏联和共产党有意和它作对，所以凡是不愿意对它屈服的人民，都是苏联或共产党在那里鼓动；第三，他们认为苏联和共产主义都是可憎的，因此它假定全世界的人民也都和它一样，憎恨苏联和共产主义。根据着他们侵略主义的基本精神，再加上他们的那种错误看法，于是他们就可以根本无视全世界人民(包括美国的人民)的意志，对内则压制人民，逐步走上法西斯的道路，要求所有的人民都要服从于金融寡头的利益，战争的利益，对外则无视别国的主权，人民的意志，到处干涉别国的内政，占领别国的领土；于是他就可以蔑视信义，不顾诺言；利之所在，不惜三翻四覆，使得举世震骇，于是它就可以扶助德日法西斯余孽，可以支持弗朗哥和贝伦，可以不惜巨额金钱来支持希腊和中国的最腐败的统治，把所有爱国的和平的民主的人士都看成共产党或它的同盟；于是它就可以揭开反苏反共的大旗，企图以反苏反共为号召把各国间的矛盾统一起来，把全世界的人民组织在他的统一的旗帜之下。

显然的，美国的这些反动集团的估计完全是错误的，而且也没有现实根据的。试问美国有何理由要求全世界的人民都服从它，要求全世界的国家，都牺牲自己的领土和主权？美国的华尔街的主人百万富翁尽可以有理由去憎恨共产主义，但他们有何理由要求一向受着帝国主义剥削压迫和给两次战争打穷了的人们也要憎恨共产主义，或甚至参加美国的好战集团去作反苏反共的战争？末了，当它自己的侵略的面孔一天天暴露以后，它又有什么理由要求别人不起来反抗呢？正因为美国的领导人物，有这样不正常的看法和估计，所以难怪它的世界政策在全世界各地都碰壁。他在法国和意大利，并没有胜利，它在中国，希腊朝鲜，又完全惨败。在巴力斯坦，美英间的冲突正在展开，宣传得如此其紧张的西欧同盟，也因为美苏两国照会的公布而黯然无色。

而且就从美国本身看来，美国今天现行的对外政策也决不是聪明的政策，更不是代表美国全国人民利益的政策。我们可以看得到：第一，美国的这种侵略政策，已逐渐引起全世界人民的反抗而使美国一天天处于孤立的地位；第二，美国目前支持各国反动势力的政策，只有增加各地不安和扰乱，损害了自己的国际市场，加速经济危机的到来；第三，扶助德日，引起了以前的同盟国的不满，和增加了美国轻工业的市场的竞争者。

当全世界的人民都十分厌倦战争憎恶战争的时候，美国的反动的政治家们却自以为得意的叫嚣着战争。可以预言杜鲁门马歇尔政策是一定要失败的，不然就唯有把世界的人民推进到战争和混乱的深渊。

正因为杜鲁门、马歇尔的政策不能代表美国全国人民的利益，所以华莱士先生起来了。的确华莱士先生致斯大林的信是一个伟大的文件，因为他第一个从美国内部否定了杜鲁门马歇尔政策，向全世界公布了它的和平的方针。

假如我们细读华莱士先生的那封信，我们就一定会感觉到这不仅是有关于美苏两国和平的文件，而是有关于全世界人类文明的文件。这里面充满着正义和公道的精神，华莱士先生是对的，他说“应该迅即开发门户，以争取原子能能够使承平时期的人类，获得非常的福利。”华莱士先生是对的，他说：“每一个国家都应该明确地率直地声明：它决不怀抱侵犯任何他国领土完整的意图。”在我们中国人民看来尤其感到兴趣的是他具体主张“美国和苏联都不应运军火到中国去，两国都应把军队退出中国和朝鲜，美苏两国都应遵守中国所有各民族享有同等权利的原则，尊重中国的主权，不得干涉中国的内政。尽可能从早以原先达成的协议为基础，而缔造对日和约”。我想，如果美国能真正做到以上各点，我们中国人民是要举手欢迎的。

华莱士先生是对的，他主张资本主义与共产主义间观念上的竞赛。我想如果能把这种竞赛放在具体的普遍裁军上，放在遵守联合国宪章的行为上，放在不以武器供应别国上，放在不干涉他国内政上，放在不以任何武力恐吓联合国会员国的公民上，放在不利用财政和经济的压迫或秘密特务的压迫，去取得政治的成果上，那么不仅美苏两国间的紧张关系可以消解，就世界的局势也会立即和缓下来。

我们承认美国是全世界生产力最强大的国家，因此如果它能遵循罗斯福总统的道路，华莱士先生的道路，以美国的巨大无比的生产力建立世界的繁荣，以世界的繁荣来维持美国的繁荣。那么全世界的人民都将会感谢它，而整个世界形势也不难由戾气转为祥和，各国之间出猜疑转到互信，人民的生活由灾难转到康乐。但如果照杜鲁门马歇尔的道路走下去，那就惟有使美国和全世界人民对立起来，最好走上战争和毁灭的道路。究竟是在杜鲁门的道路，还是华莱士的道路，美国人民也应该知所抉择了。

斥司徒雷登大使

载 1948 年 6 月 16 日《光明报》第 1 卷第 8 期

黄药眠

读了六月四日美国大使司徒雷登先生在南京发表的声明,我们实在不能不感到万分的愤慨。这是对我们中华民族的独立与尊严的侮辱,对全中国知识分子的侮辱。

一开始,司徒先生就以中国学生的保护者自居,可是司徒先生,今天你可再用不着这么伪善者的一套了!你最初到中国还不是怀抱着"上等民族向落后人民施舍"的观念而来的吗?你还不是怀抱着在中国人民中间散播"亲美"种子的观念而来的吗?司徒先生你错了,你虽然在中国住得这样久,但你并没有了解中国。也许你所了解的中国是半个世纪以前的中国,今天的中国人民是不同过去了,他们知道是谁使到他们陷于这样贫穷和灾难的地位,是谁压迫了他们,使他们永远不能抬头。任何宗教的言辞,伪善的慈悲,个人的小惠都不能遮掩中国人民渴求自由独立幸福的眼睛!你说"故余被迫承认,对于日本问题之反美运动,其中心来自中国学生团体一点,颇感困难"。司徒先生,如果你会感到困难,而只能怪你自己对于中国的青年学生的爱国的要求太不理解,你又说:"余毋庸强调余对中国学生之情感,如余之生平不是以证明这点,是即余毕生之完全失败。"司徒先生,你的失败是已经决定了,但这并不是你个人的失败,而是美国侵略主义者的失败。因他们并没有通过你这个伪善者获得任何精神上的效果,把中国青年都转变成侵略者驯服的奴才。司徒先生,假如你感到感情上有点难过,那我就想奉劝你,你不要因为你没有完成美国侵略主义者所交给你的任务,而感到"失职",相反,你应该后悔你把毕生的事业放在为美国的富豪和侵略主义者的利益上。一个真正的基督徒难道不应该承认，美国目前的侵略政策在中国所造成的灾难吗？司徒先生，你应该后悔！后悔你自己的过失！

大家知道司徒先生是自命为虔诚的基督徒，然而在他的发明中全部充满着假话。也许是因为做了华尔街金融寡头和战争职业家的代言人，就不能不违背基督徒的为人的道德吧！我在这里愿意各提几点，以斥其妄。

第一，司徒先生说："尤令人遗憾着，乃此种举动竟于美国现正着手与广泛而郑重之计划，以协助陷于悲惨环境中之中国时发生。"首先我就要质问，今天中国为什么会"陷于悲惨环境之中"？在日本侵略时代，这不幸制造者是日本，而在日本降投以后，这不幸的制造者则正是美国的杜鲁门政府。是谁使中国的反动独裁政府有这样大的勇气来发动内战？是美国的杜鲁门政府！是谁这样慷慨把数十亿美元赠予中国的反动独裁腐败的南京官僚？是美国的杜鲁门政府！最近四亿六千万的美元贷款更是很明显的，没有别的什么目的，只有延长中国的战祸！美国的杜鲁门政府协助了中国人民什么呢？的确，从太平洋的彼岸载来了不少的飞机，大炮，子弹，金钱。但同时中国人民也的确获得了战争、死亡和灾难。尝尽了美国子弹的滋味，难道对于这些，我们中国人民不应该起来反对吗？美国的侵略主义者们公开说，要把美国的国境放在中国，对于这样蔑视中国主义的说法，难道中国人民不应该起来反抗吗？

司徒先生说："而彼等对于此项努力，竟报以无理及不负责之攻击美国政策，殊属不解"，其实我想，"无理及不负责任"不是属于中国人民，而是属于司徒先生自己。如果司徒先生不解，那只是因为他欠缺一点被压迫者，被剥削者，被侵略者从苦难中获来的聪明。

第二，司徒先生说："本国被指为扶植日本，恢复其军阀与经济帝国主义，此种指摘显属错误"。又说"余以为无任何人能提出日本军力之任何部分现正予以恢复，亦无任何人能提出美国有使日本军力永不再起以外的任何用意之证据。"

我想司徒先生说这些话，要么是自欺，要么是欺人。你说美国扶植日本，没有证据吗？证据有的是。美国在整个世界范围内都在帮助着最反动的势力，如希腊皇朝，如斐伦政府，同样它也扶植德日法西斯劳力的残余，这是有目共睹的事实。过去，本来决定要把日本的军需工业拆卸的，现在大部分被保留下来了，日本的军港横须贺，佐世保与吴港，照美国的规模扩充了，海上保安厂成立了，“水警”增加到一万名，陆上警察增加到三十万，“警政大学”成立了，日本法西斯团体且已达一千二百余个，难道这些都不是事实吗？神风飞行队的队员乃是日本法西斯的最忠实的骨干，但美国占领当局却派他们到美国去训练，战犯并没有被整肃，反而被重视。难道这些都不是事实吗？还有，在美国统治当局卵翼之下日本渔船早就向远洋出征，而最近更不断出现在我中国邻海，日本的野心家且公开声言要恢复琉球各岛的统治，难道这些都不是事实吗？老实说，这些都是事实，而美国杜鲁门政府，麦克阿瑟之所以要这样做，目的无非是想恢复日本帝国的“远东警察”的地位，借助日本军人的势力，来镇压中国的民主运动。司徒先生说“日本侵略之基础，系在本土以外的帝国统治地”以堂堂大使，竟说出这样缺乏常识之谈，实表遗憾。

第三，司徒先生说，“吾人现遭遇到一种情形，而必须恢复日本的经济至日人能以自给的程度，盖无人能期望美国之赋税负担者，无限期继续日本之费用也”。司徒大使既然这样为美国的纳税人着想，但为什么又这样慷慨，把几十亿美元，资助中国的反动独裁统治，而其结果，又正如华莱士先生所说的一样有如投之鼠洞？司徒先生说“不能自存之国家乃维持安全与和平之威胁，不能自存之国民，将永不能成为爱好和平与有民主思想之国民。”这句话倒给司徒先生说对了，但可惜的是美国在日本的占领当局所帮助的不是日本的人民，而是日本的军阀财阀，它不是在安定人民的生活，而是驱使日本人民重新匍伏在军阀的统治之下，去替美日富有之家当炮灰。你瞧杜鲁门的对华政策不正是在支持中国的反动独裁的统治，制造战争，使中国人民无以自存吗？司徒先生又说：“如指摘日本之经济复兴将为中国经济之威胁则余否认之。”我想问题并不是在勇敢如司徒先生之是否敢于否认,问题乃在于事实。最近日货之像潮水似的泛滥各地,已不仅使中国工商业感到威胁,就是菲律宾的工商界都已群起反对了。当然,这在司徒先生看来,这些反对是不足重视的,因为反正美国的政策已经确定,即以美国的金融资本,控制日本的工业,以日本的工业控制远东的农业国家,把我们中国永远看成为商品市场和原料供应地。但是站在中国人民的立场说,我们并没有必要要服从美国政府的意志,中国人民有自己的目的和要求。我们很明白,要使中国人民脱离落后和贫穷的境地,我们就惟有加速工业化,而要使中国工业化,那就首先要获得民族的独立,把野心的干涉主义者赶出中国去。

第四,司徒先生说完了他的侵略主义者一套理论以后,马上就露出他的真面孔来了。他说"鼓动或参加反美反日政策运动者,对余之所言如不同意,则诸君必须准备承受行动之后果,倘诸君内心深以余言为有理,而仍为其他阴谋继续诸君之运动,则余可告诸君,此为反躬自省之时矣。倘诸君师法欺诈以企图达成其阴谋。是诸君不仅损害美国,抑且不损害诸君之祖国……"从来没有一国的大使,对于驻在国的人民有如此不礼貌的说法!这简直是对我们中华民族的一个侮辱。我们要正告司徒先生:中华民族是一独立自尊之民族,他有权反动任何国家所执行的不利于我们民族的政策。如果说因此我们就要承受行动的后果,那我们是无所惧的。至于说所谓后果,即是指妨碍"援华"而言,则中国人民从来就反对美国的杜鲁门政府援助中国之独裁政权!也许司徒先生所说的后果,是意味着指使中国政府大批屠杀学生,或甚至意味着美国政府可能军事干涉中国的爱国的民主运动。但司徒先生如果用这些话来威吓满清的腐败皇朝,也许还有效,用来威吓西南的独裁政府也许还有效,如果拿来威吓中国的人民,那显有一百年反帝反侵略的历史,有八年的抗日战争经验的中华民族,是有足够的力量和足够的自信,来抵抗任何侵略的。

前一些时,司徒先生不是还装着一团和气,要拉知识分子替南京的腐败政权撑腰么?现在看见目的不远,于是就立即翻脸来大声威吓了。很可惜，司徒先生，从今以后，你的伪善者的资本，已经没有了！

话是说完了，但最后，我还想把司徒先生自己的话回敬几句，即：“倘君内心深以余言为有理，而仍为其他阴谋，继续君之侵略政策，则可告君，此为反躬自省之时矣。倘君师法欺诈，以企图达成其阴谋，是君不仅损害了中国，而且也损害了君自己，和君之祖国！”

不要辜负我们的时代

载 1948 年 6 月《海燕》第 1 辑

黄药眠

我觉得我们今天是处在一个伟大的时代。我们能够遭逢到这新旧交替斗争剧烈革命浪潮汹涌的大转变的年月，我们是应该引以为骄傲的。

这近三十年来的中国历史，决不是平凡的历史。人民的意志愈来愈坚定，人民的力量也愈来愈强大。尽管帝国主义和封建势力怎样压迫和剥削我们，迫害我们，企图以中世纪的大刀来阻遏革命的行程，然而这是徒然的。我们已在这反迫害的流亡惊险的生活中学得更聪明，更智慧，更勇敢了。八年的抗日战争更锻炼了我们年青的一代。从华北的沦陷，闸北的大火，南京的撤退，武汉的失守，长沙的惊溃，一直到中原的败战，桂柳的陷落，我们曾看见战火连天数十万军队在腐败军人的指挥下，排山倒海般的溃退，包头裹足的伤兵在原野里呻吟，面黄脚肿的饥民在道路上流徙，许多城市屋宇在战火中毁灭，许多朋友在刹那间死亡，从长白山到苗岭，整个中国，起码有半数以上的中国人民曾有过九死一生的经历。然而我们始终咬着牙齿度过了这个难关。尽管有少数民族的败类，媚外事敌，或藉战争来敲剥百姓，以投机垄断来建立起自己的黄金的宝座，可是我们终于是胜利了！这是用多少汗，多少血，多少眼泪才换取来的胜利啊！

胜利以后，很短的时间，我们曾抱着像玫瑰色的云般的那么美丽的希望。同时放眼世界，我们看见经过了这一个惨酷的第二次世界大战，希特勒、墨索里尼、日本天皇的法西斯帝国是倒台了，那些财雄一世，傲慢自居的殖民帝国是衰落了，那些镀着封建时代的金碧的光辉的东欧王国是垮台了，而另外一方面，则贫穷的老百姓从废墟中起来了，落后的民族，从愚昧和封锁中觉醒了，过去奋斗在深山密林默默无闻的人民英雄现在也登上政治舞台，成为了万人注目的领袖了，而东南亚一带响彻了“自由”“独立”的呼声。世界变了，世界变得真快，短短的几年间，我们好像整整经历了一个世纪。

是的，人民是觉醒了，然而太平洋彼岸的美国的金融巨头，军火商人和战争职业家却给战争养得更贪婪了。他们企图征服世界，征服中国。华盛顿叫嚣着，“防止侵略”金元在全世界各地制造着灾难和混乱，希特勒的幽灵在华尔街徘徊，杜尔斯范登堡吹起了戈贝尔遗留下来的风笛。民主与独裁之间，和平与战争之间，两种力量在世界规模内角逐。而在这个背景上，中国的独裁集团，既窃取了抗战胜利的果实，现在更不惜为了维持自己反动的统治而廉价的拍卖我们民族的利益，企图挑动世界战争来挽救自己的死亡。

但是饱经战斗的中华民族对于这种侵略，压迫，和出卖是决不能忍受的。所以现在反帝反封建的斗争又在新的基础上燃烧起来了。整千整万的农民们满山遍野的起来了，愤怒的土地在呐喊，老汉的眼睛里重新闪出了光辉，青年们手中的枪，在吐着复仇的火焰。过去低头走路的，现在昂起头来了，过去沉默着不说一句话的，现在提高着嗓子，宣扬着革命的言辞了，过去像阴影般躲在街头巷角，遭受豪绅地主唾斥的，现在拍着胸膛在街头大呼着这世界是咱们穷人的了。几千年来，一向都是受压迫，受蹂躏的农民们现在做了主人。这是何等庄严伟大，而又壮烈的场面啊！我们随便牵出一个乡村的孩子来问他，他一定可以告诉我们一些惊心动魄的故事，随便拉着一个老汉来问他，他也一定告诉我们闻所未闻的经历。几千万人在集合起来，成为了铁一般的洪流，向敌人的落日孤城冲去。也就在这汹涌的革命浪潮当中，南京的朝廷，越显得渺小无力了。腐败的官僚，整天在忙于迎接美国的“巡按”，整天在叫嚣，在互相叱责，互相争夺，在颓废没落的情绪中仓皇，焦急，一方面责骂着自己的腐败荒淫，但又浸沉在这腐败中不能自拔。

我们很骄傲，我们能够又一次参加这样伟大的斗争，我们能够亲眼看见这样复杂多色的场景，能够经历这样变化，紧张的生活，这样激烈冲击的奋斗的场面。我们闭起眼睛来一想，我们马上就好像看见千军万马在原野上奔驰，好像看见许多人在慷慨悲歌从容就义，许多人在经历苦难，许多人在黑暗的囚牢里受着酷刑，许多平凡的儿女，在英勇地牺牲。

过去英国伊利萨伯时代，英国人民打败了西班牙的大海军，于是民族的意识发皇，因而有伊利萨伯时代的光辉的文学。从一七八九年到一八七一年，法兰西经过了三次四次的革命，于是才有十九世纪的辉煌的法兰西文学。可是今天我们所处的时代显然的是比莎士比亚时代更伟大，比法兰西的革命更复杂，难道这样一个世界大变革，中国人民大翻身的伟大时代，不应该产生众多的光芒万丈的文学吗？

而且生当今日社会科学昌明的时代，我们拥有正确的思想方法的工具，我们应该更易于把握客观的现实了。

只要我们不自以为高高在上，只要我们对周围的世界关心，我们是必然会有所获的。可不是吗？只要我们肯竖起耳朵，张开眼睛，我们一定可以听见看见许多的惊心动魄的故事，只要我们肯奋不顾身参进这奋斗的洪流，我们一定可以经历许多从前的人和今后的人都没有机会来体验的事件。让我们低下头来向人民倾听吧，从他们的口中，我们一定可以听到许多衷情的诉说，和英雄的故事。让我们立下决心为人民服务吧，从这些服务中，我们可以发现自己的缺点，把自己蜕化，成为崭新的时代的新人。

朋友们，不要辜负这样一个伟大的时代哟！旧的正在死，而新的正在生，我们虽然是从旧世界里生长出来的人，但是让我们坚决的向旧世界告别，向新生的世界欢迎吧。从前有人说，沮丧使人年老，希望使人年轻。苦闷使人年老，战斗使人年轻。怯懦使人年老，勇敢使人年轻。现在应该是怀抱着希望，来勇敢地战斗的时候了，也是我们在新世纪的黎明的晨光中蜕化成更年青的时候了。用不着呻吟和感喟了，用不着为个人的不幸而悲伤了，我们需要健康的笔来写健康的战斗的人生。

当然前途的险阻和艰难是有的，但是没有险阻和艰难，怎样能证明我们的决心和勇敢呢？

卷起我们的袖子，在现实的世界里开辟我们的园地吧。我们要在新的园地里，栽培出更多颜色的花朵，但是每朵花都必须是从土地里生长，每朵花都必须是朝向着太阳。

新政协问题笔谈

载 1948 年 9 月 1 日《光明报》新 2 卷第 1 期

黄药眠

你们所提出的三个问题,我的浅见如次:

(1)由新政协到民主联合政府的过程,本来是新政协所应讨论的第一个课题;我相信将来在举行新政协的时候,必有很圆满的决定。如以我个人的意见,则我以为在举行新政协的时候,首先应由新政协产生一个共同纲领,及召开人民代表大会的办法,并组织一个规模宏大的“全国人民代表大会筹备委员会”,负责主持召集全国人民代表大会;其中并分设各种专门委员会,网罗全国民主进步的专家,分别研究各种专门问题,草拟各种方案,如中华民国人民宪法草案,土地、国防、文化、教育、农工商业、财政、金融、劳工等等各部门的政策和施政纲领,以便提交全国人民大会详细讨论,通过施行。但在草拟之时,必须充分征求全国人民及其所有团体的意见,使全国人民展开热烈讨论,然后由人民代表大会依照宪法,成立民主联合政府。

(2)以上第一题所述也就是新政协的积极任务。在消极方面,则新政协必须做到聚集一切力量,同时掌握斗争和团结的策略,使美蒋所玩弄的一切虚伪的和平阴谋及其挑拨离间的一切运动,不能丝毫发生作用。并进而彻底消灭及瓦解南京反动集团的军事、政治、经济的残余势力,以及彻底铲除美帝国主义在华势力,反对美帝扶日政策。

(3)说到建国的目的,我们主张建立统一的各民主阶级联合专政的新民主主义的中华人民民主共和国。

为保卫工商界正当的利益而奋斗

载1948年9月16日《光明报》第2卷第2期

黄药眠

当南京政府破坏政协发动内战的时候，我们就曾预言，今后国民党反动派将更增加民族的灾难和人民的灾难。这个预见不幸是说中了。

八月十九日南京政府因前线屡战屡败，法币暴跌，军心动摇，于是为了挽救他们自己地主豪门财阀的政权，他们宣布了所谓“币制改革”，在这个时候我们就曾在社论中指出：“今后工商业的业务将无法维持，只有豪门资本或豪门资本的附庸，才能够同政府的官僚机构打成一片，有办法经营出口生意，才有办法经营银行业务，才有特种权利借国家之名经营囤积投机的买卖，至于民营商业，则保持金银外币有罪，随着通货膨胀而提高物价有罪，避免苛捐杂税有罪……”这些话，不幸又是预言中了。

请看今天全国的各大都市，上海、广州、北平、天津、武汉，那一个地方的市场不是给国民党反动独裁的特务恐怖所笼罩？过去国民党反动派是公开劫掠乡村，搜粮，捉丁，劫财，烧屋，现在是公开劫掠城市了；过去，国民党反动派是公开劫掠下层的人民，屠杀工人学生，现在他们是公开劫掠中上层的商人绅士了。国民党反动派为什么要这样倒行逆施？这原因很简单，就是全国的人民实在太穷了，反动派的内战机构实在消耗得太利害了，豪门财阀官僚实在是太贪婪了，为了挽救他们贪污，腐败，暴虐，卖国的独裁反动的政权，为了增加他们四大家族的财富，他们自然就饥不择食的要来向商人们伸出魔手了。

从历史上说起来，国民党反动派从来就没有为工商业谋过利益，相反，他们是一向到处帮助日本侵略主义者和美国侵略主义者来压迫中国的工商业的。即以抗战胜利后，对美的关系而论，政府把内河航行权送给别人了，把采矿权送给别人了，把军略要地送给别人做基地了，把全国工商业毫无保护地暴露给强大的外国竞争者之前了。由于政府之卖国媚外政策，美货日货乃潮涌而至，而中国工业乃陷于窒息状态。此外为豪门财阀所操纵之统制机构国营机构莫不与工商业为难，农村破产更使市场疲痺，原料缺乏。所以今天中国工商业界所以如此凋弊，南京的独裁政权实应负其直接之责任。

过去工商界人士对此种现状之所以隐忍而不言的缘故，有些人是觉得事业之失败由于运命，有些人则只求能勉强维持以待将来的好景，有些人则明知此中的政治原因，但抱着“苟全性命于乱世”的心理，不愿过问政治，有些人则运用一部分资金，投到投机市场，以期拾取豪门财阀的馂馀，以为他日之计。但时至今日这种侥幸心理已经碰壁，你想不问政治，但政治已来过问到你了，特警临门，特务跟踪，政府已不容许每个老百姓有余财，不容许老百姓有谋生之术，当此危机紧急，工商界人士应知有抉择，并奋起以求自救。

现在豪门财阀官僚集团，动不动就是以政治命令迫人，凡是不遵守他们的命令的，就是犯了国法，就是有罪，就是要坐监要枪毙。但是我们要问今天的政府是谁的政府，中华民国的主权是在于人民！试问今天的政府是谁委托他们，选举他们组织的？我们可以大声宣告，南京的独裁政府，廿年以来，一向都是未经人民选举的不合法的政府。所以所谓政府，事实上不过是他们四大家族和几个官僚集团。所谓政府的命令，事实上也不过是代表这些豪门和官僚集团利益的命令。别的国家的政府，其存在的意义，是在于能保护民族的利益，繁荣经济，提高人民的生活水准，养老恤孤，教育人民的子弟，维持一定的社会秩序，管理公用事业，谋取人民的福利。但我们的政府是怎样的呢？除了一批贪污份子以外，还有什么呢？除了卖国求荣以外，还能做什么呢？除了拿中国人的膏血去换取外国的枪炮并用之来屠杀中国人以外，还有什么本领呢？除了贪污、娶小老婆以外，他们还能够有什么兴趣呢？除了征粮、抽税、捉丁，敲剥百姓的骨髓以外，他们是什么也不知道的。

现在豪门财阀官僚集团,动不动就说什么政府的“威信”,在维持“威信”之下,任意屠杀。但是我们要问,政府曾经做过一件有威信的事情吗?把中国的女学生诬作为娼妓,任外国兵去强奸,把东北的学生骗进关来,然后又加以罪名;发行金圆券,其实是毫无准备但硬说是十足准备,今年的财政赤字明明是超过廿四亿,但硬说只有十亿零二十万;明明是金圆券的发行额至少要有廿五亿以上,但硬说只发二十亿;以一张新纸硬要套换人三百万元法币,明明是卖国硬说是爱国,明明是侵略者硬说是友邦;商人,公务员,工人的物价工资不能加,但政府的公用事业却要加价,商人的物价不能加价,但赋税却要增加。他们可以有捉人杀人的自由,但工商业者却没有买卖的自由,行动的自由,原来是欺骗,但却假借政府的名义,来高谈什么“威信”。

国民党反动派总爱说,为了国家民族,老百姓要牺牲,但是为了什么牺牲?为谁牺牲?是谁叫他们破坏政协决议,破坏和平的?如果要牺牲,为什么他们不首先牺牲?如果要黄金外币,则蒋宋孔陈和政学系巨头们家里很多,为什么不去没收他们的财产呢?蒋经国先生为什么不带他的经济警察到美国去把外币搬回来呢?工商业家的仅有资财,是要被连骗带抢拿了去,而真正的财阀,则窃据高位,而且直到今天继续把财产向外国运去!同胞们,他们叫我们牺牲,其实并不是为了什么国家民族,而是为了他们的利益,他们是要全中国人民都为他们的利益而牺牲,使他们永远维持着这东方暴君式的政权,同时增益他们的财富。

到了今天工商业者是应该觉悟了。觉悟到他的事业的失败,决不是偶然的命运,决不是自己的能力不如人,资本不够雄厚。我们必须知道,没有政治力量的保护,工商业是无法繁荣起来的。只有把帝国主义在华的特权取消,实施保护关税制度,中国的工商业才能够和外国货竞争,只有工人农民的生活改善,市场购买力才能增长,只有农村经济繁荣,中国的工商业,才能获得贱价的原料,只有把庞大的官僚机构取消，中国的工商业才能免去苛税的重负，只有社会秩序安定交通无阻，中国的工商业才能向各地伸展，货畅其流；只有民主政府的合理的财政政策，建立在繁荣国民经济的基础上的财政政策，才能真正消灭财政赤字，消灭通货膨胀，并以此来稳定货币。但是这些一切都是和政治有关的。如果中国政府依旧还在这一批好战、独裁、贪污腐败、自私自利、卖国求荣的一批军阀、官僚、政客、财阀的手中，那么一切所谓改良都不过是骗人的鬼话。

为了维持今日的生存，为了预谋今后的发展，中国的工商业者都必须在政治上采取步骤来和国民党反动派对抗。必须了解今天中国革命的事业乃是全体人民的事业，并不是任何阶层任何政党的单独的事业，因为今天独裁政府已与全体人民为敌，因此全中国人民也就应该团结一致起来和他对抗。现在灾祸和迫害已临到门前，一切畏首畏尾，存侥幸心理的念头必须抛弃。如果惧怕工农，惧怕斗争，存苟安观念，则正是中了独裁派的毒计。

中国的工商业者在中国过去的历史上也曾有过他的光荣的传统。清末的护路事件，上海的五卅惨案等，工商界人士都曾经一致支持革命运动。在今天民族危机如此深重，经济生活如此其困难的时候，工商业者应有一切自由和一切信心，来保卫自己的利益。

我们应该有买卖的自由，营业的自由，我们反对物价冻结，工资冻结。我们要求首先没收豪门资本的黄金和外币。我们反对特务恐怖，要求废止经济警察，我们要求保证城市工商业家的私有财产。

但是这些要求这些反对，都必须有力量做后盾的，所以工商业家必须和工人、学生、小市民，联成一起，组成不合作运动，再进而组织抗捐、抗税、罢工、罢市的运动，以打击敌人。只有勇往直前，才是出路，动摇畏惧，将招致更大的迫害。

一切都为了消灭反动统治而斗争，因为反动派今天已经是全中国人民的敌人了！

对反动派没有和平

载 1949 年 1 月 16 日《光明报》新 2 卷第 10 期

黄药眠

最近由于形势的急转，一向夸耀金元力量的帝国主义和一向倔强自负的独裁者，也不能不表示对于中国内战的前途绝望和悲观，而唱出和平的调子了。是的，独裁政府的这个仗，从任何角度看来，都是无法打下去了：首先，美国的大量援助是十分渺茫，而且美国华尔街的主人，对于独裁者本人，已表示非常不满和不信任，他们已准备找寻新的更有效的傀儡了；其次在军事上，几十万几十万人的垮台，全部美式装备的奉送，上级军官，既纷纷投降，下级士兵，更毫无斗志；再其次，从经济上说，金圆券一直下泻，地区缩小，财政经济日见困难，而这些日益恶劣的形势，自然就造成了反对阵营内部的政治危机，而这个政治危机，又反过来加速了军事和经济的崩溃。

形势发展到了今天，美帝国主义以及反动的地主买办，官僚政客，已不能不打这主意，企图牺牲蒋介石个人，来保持自己这个集团的利益，企图表面上换过一个旗帜，来向人民的民主力量讲“和”，来维持他们在华中华南的腐败的统治。为了这个缘故，所以他们到处伸出了“和平”的能手，一时说请美国再来一次调停，等到没人理会的时候，于是又说要请四强“调停”。白崇禧发出了“有礼貌的反抗运动”，西南又酝酿着宋子文式的“联防”，更还有一些失意政客，企图争起“民主”的招牌，组织什么“联盟”，来替蒋介石维持统治。既有张群等的匆匆飞汉，又有张治中，邵力子的仆仆京沪，连 CC 头子潘公展，也要动员他手下的猪仔议员，来叫嚣“和平”了。美联社合众社这些美国的新闻机关自然秉承他们主子的意思不肯用一切力量来传播“和平”谣言，美国记者更在民主各党派之间，到处试探“和平”的条件。美帝国主义和国民党反动派，这些有组织的“和平”攻势，显然是不怀好意的：第一，他要利用这个和平攻势，来迷惑民众，转卸战争的责任，和缓前线解放军的进攻，松懈对方的斗志。再还有是籍着这：和平攻势，他们要分化民主阵营，拉拢一部分动摇分子，同时化装成民主人士，潜入革命阵营，从内部来瓦解毒害革命。第三，他们企图利用这种和平攻势，来争取时间，获得喘息的机会，以便从新组织武装力量，变过一个形式，来从新团结一切反动势力，（包含各地方的土著武装）以新的姿态，来骗取美援。对于这种阴谋诡计，我们是必须予以揭破的。

是的，我们需要和平，但我们所需要的和平是中国人民大翻身的和平，肃清了国际和国内的一切反动势力的和平，是一劳永逸的和平，是能保障我们大好建设，驱除贫困的和平。但我们决不要让买办封建势力得以苟延残喘的和平，决不要便于反动势力，从新集结力量，反抗革命，以及延长战祸的和平。如果有人盲目的以为只要和平就是好的，或者天真地相信反动派的阴谋，以为他俨然是有和平的诚意，那就一定会上了反动派的当，延长战祸，加重人民的苦痛。对于反动派的这些阴谋，我们必须记起历史的教训。当辛亥革命的时候，革命的怒潮，已经震撼到封建的根基，那个时候，封建买办官僚集团的代表袁世凯，却出来要讲和了。他们表面上要清帝让位，来对革命表示让步，作为和南京革命政府和平的条件。孙中山先生当时是坚决反对这种妥协的和平的，他是坚决主张要把革命进行到底的，但是终于敌不过国民党右派的势力，于是南北议和了。这个议和的结果，大家都知道，就是袁世凯的胜利，封建买办官僚的力量的胜利，革命的失败，这个错误是不容许我们再犯了。

还有一个历史教训，我们必须记起的，那是一九二六年北伐的时候，当时的蒋介石正是帝国主义预先埋伏在革命阵营里的走卒，当时他表面上是主张打倒帝国主义，主张三大政策，但是当北伐军打到南京上海的时候，帝国主义买办官僚马上就催促这个蒋介石露出原形，他一方面维持着“革命”的招牌，另外一方面则举起反共的旗子，大批屠杀革命志士和群众，好像这里面有什么“中间路线”。其结果是帝国主义和蒋介石胜利了，而革命则转进到非常艰苦的阶段。这个错误是绝不容许我们再犯了，我们必须提高政治的原则性，必须加强团结，必须谨防帝国主义的分化和收买，必须谨防那些反动势力化装为民主人士，从内部来毒害革命。为此我们必须尊重进步政党的领导，坚决反对一切动摇妥协分子，坚决反对任何的和平幻想。

自从民国以来，最先有袁世凯的窃国，继之有蒋介石的独裁，以致造成了三十年来中国的政治腐败和黑暗，民生的凋敝，社会风气的败坏。正直饱学之士被屠杀压迫，阿媚取容，奸黠狡诈之徒，则受到独裁者的知遇，爱国有罪，而卖国者受赏，忠贞廉洁之士，颠连困苦，身委沟壑，而强蛮霸道之徒则窃据高位。正义、人道、早在独裁者的屠刀下沦亡，壮丽的山河成为了四万五千万人的监狱。对于这些出卖国家民族，祸害百姓的罪魁祸首，和他的集团，我们是决没有和平之可言的。相反的，我们正应该利用反动派内部的矛盾不安，群龙无首，重新编组力量之时，更加紧我们的进攻，以期彻底消灭这些丑类。

“和平”！谁同你和平呢？你们这些中国人民的刽子手，你们喝血喝得太多了！

“和平”！谁要你的“和平”呢！是谁最初破坏政协，发动战争的呢！？现在你应该领受到这次战争的后果了！现在你应该受人民的审判了！

“和平”！谁还会受你的骗呢？老百姓的眼睛已张开了，我们所要的是老百姓彻底胜利的和平！决用不着你们这些丑类来玷污我们的国土了！

从五四到今天
——纪念五四运动三十周年

载《文艺三十年》

黄药眠

中国新文艺运动,从一开始就和政治运动分不开的。有康梁的维新运动,在文学上也就有改良的文言文的出现。到了“五四”,文艺运动不仅具有明确的政治目的,而且是作为整个意识形态的革命的一翼而出现着。就当时的情形说,西洋资产阶级的思想是占着优势的,至于马克思的学说,只占有一部分的势力,而俄国的十月革命也只有在少数青年群中起着启发作用。

五卅运动以后,工人运动更加展开,中国共产党显然在反帝反封的革命斗争中已经成为一个不可侮的力量。建筑在这个基础上,于是乃有国共的第一次的合作。而在“五四”文学革命的阵营中则早就有人在整理国故的名义之下,逐步走向和封建势力妥协的地步。(这种保守性也正是反映了中国资产阶级的脆弱,和他怎样背弃了“五四”当年的革命精神。)

四一二清党事变发生,国民党在蒋介石领导之下背叛革命!接着国内战争开始,中国的文艺运动于是很明显的分成了两个阶级的阵营,革命的左翼文艺阵线在马克思主义旗帜组织起来了。它和官僚买办的文艺,唯美颓废的文艺,现代派的文艺,第三种人的文艺形成了对立的形势。不过在这个时期,革命的游击战争是在非常艰苦的条件下进行,而且遭受到敌人的封锁,而在城市里面,则国民党反动政府的恐怖政治非常厉害,文艺运动之群众性无法展开,所以这一时期的文艺运动着重于马克思主义文艺理论之建立。不过茅盾先生的《子夜》在指明中国资本主义发展的前途之没有希望,是非常有力的。

由于国民党反动政府的屠杀人民投降帝国主义的政策，招来了日本帝国主义的侵略。九一八以后，东北作家群就是以控诉日本帝国主义的侵略，而获得很大的成就。后来经过一·二八，西安事变，七七事件，抗日的统一战线终于形成了，抗日的文艺运动于是也就采取了宏大的规模在群众中展开。

可是国民党政府对于抗日事业是始终缺乏决心，动摇妥协的，所以在抗日初期的蓬勃的文艺运动并没有维持好久，就逐渐萎缩下去。到了一九四一年春天，新四军江南事件爆发国民党反动派的企图向日本帝国主义妥协和分裂抗日统一战线打击中共的阴谋已是非常明显，在这个情形之下，革命的政党，一方面，依靠人民大众加强独立领导，但另一方面，在国民党区则还是隐忍着反动派的袭击，维持着抗日阵营的统一。这两种政策，虽然就其达到革命的目的说是整个的，但就其工作的内容和方式说，则颇有分别。这两种不同的政策显然的也给予了文艺运动以巨大的影响。

由于前一种政策，和解放区的具体的条件（如工农生活的改善，劳苦大众的文化要求的提高，小资产阶级的文化作品之不能满足大众的要求等）所以有毛泽东先生的《论文艺问题》的出现。这是一个划时代的文献。最重要的一点，是他把文艺交回到大众的手中，指出了文艺运动的方向。正确的站在无产阶级的立场上来解决了文艺上许多复杂的问题。从这一个时期起，解放区的文艺已在全国范围内起着领导作用。

由于后一种政策，加上蒋政府对于我们的政治压迫，和经济生活的困难，我们在国民党区的文艺运动显然是处于异常艰苦的境地。因为作家一方面要忍受蒋政府的迫害，一方面则又还不能和他维持着抗日统一战线。记得那个时候有许多作家迫于环境不能不潜伏起来，而有一部分作家则直接参加蒋区的民主运动，起着前卫的作用。所以从整个说来，当时蒋区的文艺政策是配合着当时的抗日统一战线而来的，它在基本上是正确的。不过，就是在这个环境下，我们是不是利用了一切可能来贯彻毛泽东先生的文艺思想呢？我认为是没有的。这缺点就表现在没有在文艺思想范围内展开批评，没有对作家加强无产阶级的思想教育，没有尽可能去做一些文艺普及教育及其它准备工作。

抗日战争胜利结束，无产阶级的政党为了减少老百姓的痛苦和牺牲，曾经一再希望由群众的压力，和各民主党派的压力，驱使国民党政府逐步走上民主的道路。可是这一种与人为善的方针是被国民党反动派拒绝了。他们仰仗美帝的援助，悍然撕毁政协决议发动内战，在这个时候，中国人民的唯一的出路，就是依靠工农用全付力量来推翻国民党反动派的统治。中共的土地法大纲，正是动员整千整万的农民走向政治斗争前线的武器。

配合着这一个政治行动，为了使文艺也成为真正的劳苦大众思想斗争的武器，我们在这个时候，提出了“作家向人民学习”，“到群众中去”等口号是完全正确的。同时根据新的历史发展的阶段对于我们的要求，回头来检讨一下在蒋区抗日统一战线时代所犯的偏向、错误或缺点，也是完全正确的，和十分必要的，我们抛弃了令人闷气的对国民党的统一战线，而重新拾起文艺底武器，这是我们的责任，同时也是我们的荣耀。

现在全国的解放，已摆在面前，我们正在步入新的群众时代。这个时代和五四时代不同之点是在于它，不是几百几千的知识分子的个性解放，而是亿万万人的生活解放；它不是几百几千的知识分子的抒情，而是千千万万男男女女的抒情，它不是对欧美资产阶级文化的盲目的崇拜和摹效，而是中国作风中国气派的创造。

从“五四”到今天，才不过短短的三十年，但中国人民以巨大无比的步伐走完了欧洲两世纪还没有走完的历史。这是今天值得我们庆祝的地方，也是值得我们骄傲的地方。

为了纪念“五四”三十周年特写短文如上。

四月廿七于香港

百年来的祖国

黄药眠　著

第一章　从鸦片战争到八国联军之役

一、鸦片战争和英法联军之役

鸦片战争之因

中国的近百年史，是应该从鸦片战争开始。这个战争的起因是这样的：自从英国于十九世纪开头，陆续以机器生产代替了手工业生产完成产业革命以来，经济力量一天天雄厚。在东方，它先后战胜了法荷诸国的东印度公司，吞灭了印度，于是更以印度为根据地，逐步把它的势力延伸到东亚大陆的中国来。当时英国输入到中国来的最大宗的商品，就是鸦片。

鸦片的输入一天天多，这使得当时执政的满清皇朝感到头痛，因为这不特会使中国的金钱一天天流出去，而且也有害于人民的健康。因此一八三八年满清皇朝乃决下令禁烟。但是另外一方面英国政府当然不愿放弃像中国这样的好市场，于是借口"大吏无道凌辱英商"，实行用炮舰政策来保护它的贸易。这样，鸦片战争就揭幕了。

中国打了败仗

战争初起，英军犯广东，但因当时广东总督林则徐坚决抵抗，英军打不进来，于是他们改变策略，向福建浙江沿海各地进攻。不久又转入渤海，进攻白河，北京的满清皇朝一时慌了手脚，乃派琦善代林则徐向英政府讲和。正是在这和战的局面未定的时候，英国乘机陷虎门,又陷厦门,宁波,上海,进博南京,于是满清政府乃不能不向英军求和了。

江宁条约与中国殖民化

战争失败了,于是签订了有名的中英江宁条约。由清廷割让香港与英,开辟广州,厦门,福州,宁波,上海为通商口岸,赔款两千一百万两。在鸦片战争之前,中国原本是一个落后的封建农业国家,土地大量的集中在皇室及其僚属的手中,生产完全是家庭手工业,全国没有一架新式的机器。但是自从江宁条约签订,五口通商以后,中国的门户已经洞开,西方资本主义挟其优势的经济力和武装不断的侵略,而中国也就一天天开始走上半殖民地化的道路。

满清政府丧权辱国

江宁条约签订之后,比、葡、西、荷、法各国先后援例要求与中国订立商约,政府无法拒绝,并且还承认了列强在中国的领事裁判权,兵舰及商船在中国领海及内河航行权,又和列强协定了中国的关税,满清政府的昏聩无能,丧权辱国,真是莫此为甚了。

英法联军之役与天津条约

清廷既允许英国五口通商,但广州人民激于民族的义愤,反对开埠,两广总督叶名琛,以打内战剿匪有功,对英人又非常傲慢,而同时却不修军备。一八五六年九月,英人以中国政府毁其国旗为借口,派舰攻陷虎门、黄埔,一八五七年夏正式宣战。同时法国亦借口前年广西传教士被杀,和英国一起组织英法联军。英法联军一八五七年陷广州,第二年陷白河、大沽,当时满清政府正忙于镇压太平天国的军事,于是本其一贯之宁可送给外国人的政策,又向英法求和,并签订了天津条约。增辟九江、汉口、镇江为商埠,这使得列强势力由沿海而侵入到中国腹心的武汉。一八五九年,战事复开,英法联军于一八六零年陷大沽入天津,复攻陷北京,清帝避奔热河。后由俄国出任调停,续订北京条约。结果是除天津条约外,增辟天津为商埠,割九龙之半为英国领地,赔款英法军各八百万两。

二、太平天国革命运动及捻子骚乱

太平天国运动之社会背景

满清皇朝,一向以优秀之民族自居,对于汉蒙回藏诸族均有差别待遇,因此在汉人中排满兴汉的思想从来就有。一八〇〇年以后清廷官吏一天天腐化,一八四〇年鸦片战争打了一个败仗,更暴露出政府的无能,加以人口日增,而土地则日益集中,农民无田可耕,都相率变为盗匪。甘肃的回民,云贵的苗民,相继暴动,白莲教天理教等亦藉宗教为名到处暴动。一八四九年,广西发生大饥荒,太平天国于是就在这时候起来了。

太平天国运动

太平天国革命运动,是于一八五〇年在广西省桂平县之金田村起义的。第二年即在永安(今蒙山)组织起了太平天国政府。他的领袖洪秀全是广东花县人,上帝会的教主。他藉传教为名,暗中进行排满的政治活动,并结纳杨秀清、韦昌辉,石达开,秦日纲等为羽翼。金田起义的第三年春,太平天国即绕过桂林出湖南,攻陷岳州武汉。太平天国攻陷武汉以后,又放弃武汉,攻安庆,一直打到南京,一八五三年春,太平天国就正式建都南京,离开金田村起义才不过三年而已。

太平天国颁布政纲

太平天国建都以后,曾颁布各种政纲,如天朝田亩制度,社会制度,工商业制度,军事制度等,都颇有革新的意义,但和这些进步的措施同时,天王又大封诸王,这就表现了他们的落后的农民意识,以致造成以后内讧的局面。

太平天国诸王内部分裂

可是太平天国的全盛时期是并不很久的。他们这样由武汉一路打来,完全是采取流窜的战术,对于长江中流的武汉三镇,竟弃置不守,未免是一个很大的失策。建都南京以后,又只派了林凤翔等,孤军北伐,大军留置南京,诸王已开始各有打算自闹纠纷。政治纲领不能广为散布，发动群众。所以南京首都一开始就受清军的江北大营和江南大营的威胁，一直到一八五六年才算解围。

太平天国的覆亡

由于内部不能团结，和战略上处于被动的地位，太平天国支持到一八六四年终于被消灭了。然而所可注意的是，这些为清廷作战的得力部队，都不是政府原有的军队，而是由湖南等地地主们所训练出来的子弟兵。一八五五年冬，胡林翼攻陷了武昌，一八六一年，曾国荃攻陷安庆，李鸿章得帝国主义的常胜军的支持，由上海攻苏常，左宗棠入浙江，曾国藩兄弟围攻南京，到了这时，合围之势已成，轰烈一世的太平天国也就垮台了。

捻党及其他

太平天国运动，是清代中叶，汉民族反封建政治反满清专制的革命运动，它的活动范围，是偏于华中华南。与太平天国同时，在北方则有捻党。捻党是代表大江以北，黄河两岸反封建势力的贫苦农民集团。因此它的开始是以“劫富济贫”为号召的。它的领袖，张乐行、苗沛霖等均曾与太平天国有过联络。可惜他的游击战没有正确的政治领导，所以终于失败。与捻党同时的，还有云贵、陕甘一带蔓延着的回民暴动，这种暴乱曾继续了十九年之久。

三、边境领土和属国之损失

瑷珲条约与北京条约

鸦片战争以后，中国的弱点完全暴露，北方的帝俄看见英法两国从海上去侵略，因此它也就不放弃机会从北方来侵略了。一八五八年帝俄政府乘英法联军进攻中国，时局吃紧的时候，他就向清廷的黑龙江将军奕山提出要求，要黑龙江以北，外兴安岭以南的广大领土。一八六〇年，帝俄又借口调停中国与英法联军战争有功，除援引最惠条例得享受英法天津条约所规定的权利以外，又订了一个中俄北京条约，其范围已由东三省而扩展到外蒙了。此外帝俄又乘一八七一年蔓延在天山南北的回民之乱，借口保护边境治安，出兵占领伊犁，要求中国签订所谓伊犁条约,把许多新疆的城市都变成为帝俄的市场。因为帝俄从中国北部大陆深入内地,这和英国从海上来的侵略势力发生冲突,尤其是和它从印度到西藏这一企图相冲突,这一冲突结果后来就发展成英日同盟以对抗帝俄的日俄之战。

中法之战及安南条约

安南本来是中国的属国,但十八世纪末,法国已在安南逐渐伸张势力。一七八七年法人乘安南内乱,签订安法同盟条约。一八五八年法人正式派遣代表要求履行安法同盟条约,时安南正进行排法运动。接着法西联军攻下安南交趾,迫安南签订西贡条约,并进一步要求签订所谓法安和亲条约。安南政府这时乃向中国政府请援,但中国的满清政府,自己本土都守不住,哪里有勇气来保卫安南,所以派李鸿章与法使会商和平方案,承认中法共同保护安南。然而法国的野心是不能以此为满足的,所以在黎威尔给黑旗军刘永福打败以后,立即又调遣大军增援,占领安顺半岛迫安南签订安南顺化条约。中国政府于是又派遣李鸿章与法使在天津缔结条约,承认安南与法国签订之一切条约,撤退安南北部的中国驻军,允许法国在中国南境通商。这样不仅牺牲了安南,而且把西南的门户也打开来了。

一八八四年法军进入谅山,但中国军队拒绝撤退,于是战争复起。谅山一役,法军惨败,而当时岑毓英,冯子材,刘永福诸军在陆地作战均节节胜利。法军为了报复,遂以海军攻中国沿海,福州海军愤于法帝国主义之专横,坚请出战,但清庭不许,八月,法海军结成大部队进犯马江,中国南洋舰队几全军覆没。当时法国方新败于德,安南作战又节节败退,正陷于进退维谷之际,乃庸懦之清廷忽于此时向法方求和,签订所谓中法媾和条约,承认安南为法保护国,并开劳开、谅山为通商口岸。以战胜国向战败国请和,实在是史无前例的笑话。

英国除了从中国沿海伸张势力以外,同时又想由印度经过缅甸,以进入云南、西藏。一八七四年英国借口他的测量队在云南边境为土人所杀,向清廷抗议,并派军舰至渤海示威。清廷乃派李鸿章与英使威妥玛会议于烟台,签订烟台条约,增开长江一带商埠,准许英人在中国内地自由旅行，还要派专使到伦敦去谢罪。

一八八五年，正当中法两国大战之年，英政府看准了时机，借口缅甸王与孟买公司发生纠纷，突然出兵，于两星期间占领了全缅。一八八六年正式宣布全缅为英领印度之一部。中法战事结束后，清廷虽向英国抗议，结果是中国承认英国对缅甸有最高主权。而英国则允许缅甸照例十年向中国纳贡一次，这可说是自己解嘲的办法了。

四、中日战争

日本侵略中国的开始

在一八六八年，明治维新以前，日本也和我们中国一样，是西方资本主义各国侵略的对象。但日本一经明治维新，其原有的封建势力就迅速地和新兴的资本主义势力溶合在一起，突飞猛进。日本资本主义由于本身资源的缺乏，在资力方面，又不能与西美诸先进资本主义国相竞争，因此它一开始不能不依靠封建军阀的力量，来替它开辟市场。其中尤以中国地大物博，又与日本仅有一海之隔，所以其侵略对象自然就集中在中国了。

日本吞并琉球

自明治维新以后，日本对外侵略方针，大致分为四个步骤：第一步先征服邻近的部落，如琉球，台湾；第二步征服朝鲜；第三步征服中国；第四步征服世界。一八七四年日本籍口琉球漂民为台湾生番所杀事件，出兵攻占台北，并以迅雷不及掩耳的手段，宣布琉球是它的藩属，当时满清政府为了要保存台湾，又不愿与日本作战，遂糊涂地承认“日本征台为保民义举”，并赔款五十万两，这是中日两国间第一个不平等条约。而日本于一八七九年，也就老实不客气的改琉球为冲绳县。

日本侵略朝鲜

日本已占琉球，其第二步侵略的目的就放在朝鲜，因为在日本看来朝鲜是座通到东亚大陆的桥。一八七五年日本派军舰云扬号测量朝鲜沿海，为朝鲜江华湾守军所炮击，日本即乘机占领江华炮台，并加派兵舰威胁朝鲜，签订江华条约。条约的第一条就是“朝鲜国为自主之邦，保有与日本平等之权”。其目的显然是在于使朝鲜脱离中国的藩属关系。

从此以后，朝鲜国内就分成新旧两派，旧派以大院君为首领，拥护中国；新派以金玉均，朴泳孝为首，主张与日本亲善。而日本在这时则乘机派遣日本军官充当朝鲜军事教练，攘夺朝鲜军权。恰好一八八二年，大院君派欲推翻以闵妃为中心的政府，并杀日本军官数人，焚毁日本使馆。但中国军队于勘定内乱以后，反而要使朝鲜政府向日本谢罪赔款，并且还允许日本军队屯驻于朝鲜京城。次年，李鸿章与伊藤博文又签订了一个中日天津条约，其中一项规定是：“将来两国如派兵至朝鲜，需先行文照会”。这不啻承认朝鲜为中日共同保护国。一八九四年朝鲜的东学党在日本指使下倡乱，于是中日两国共同出兵戡乱，可是乱事已平，日本拒绝撤兵，并威胁鲜王废弃中鲜间的一切条约，在本岛且击沉了中国运输舰，实行武装挑衅，于是战端遂开。

中日战争的经过和失败的原因

战争开始，海军最先战于丰岛，再战于黄海，均遭惨败，日海军复攻威海卫，提督丁汝昌战死。本来当时我国的海军比日本还强，且有列居世界第四位之称，经营了二十余年现在亦全军覆没。此外陆军首先战于成欢平壤，继又战于辽东半岛之九连城，安东，旅顺，亦均连续惨败。

中国是堂堂大国，日本是一个国小民贫的岛国，即以海陆军的军力对比来说，我国的海陆军都是比日本强，当时的北洋海军且已列居四强之一，且国防军需工业，如兵工厂，船政局，火药局等都先后设立不少，何以竟至这样惨败？其原因归纳起来可有以下几点：第一、清廷腐败，上有慈禧与光绪帝后两党的冲突，下有各廷臣的门户之见，互相牵制；第二、清廷怕事，只求苟安，毫无作战决心；第三、所任用的将领，有些完全是外行的人，士兵平时饱受剥削，又无政治教育，一经接触，就上下瓦解；第四、日本集中全国上下的力量来对付，而中国则只动员了直隶一省的兵力去作战,其它各省的封疆大吏还只求保境安民,苟安无事为得计的。这样一来,自然就只有惨败了。

马关条约

仗既然打败了,自然就只好求和,中国经过美国的调停,李鸿章与日本伊藤博文乃签订了马关条约。中国承认朝鲜为自主国,把台湾澎湖及辽东半岛让与日本,赔款两万万两,且还规定“允许日本国民在各通商口岸,自由从事工艺制造”。这样,日本在中国的地位,就超过了欧美列强,而中国的半殖民地的命运也就从此确定了。

俄国干涉日本还我辽东

日本获得辽东半岛,还在帝俄看来,是一件很刺眼的事情,因此它又纠合德法,压迫日本把辽东半岛退还给中国,并以中国加赔三千万两作为条件。当时日本以战后,须从事补充修养,只好答应。但这已埋下了一九零五年,日俄两国为了争夺满洲的利益而战的种子。日本还辽以后,帝俄便以有功于中国为借口,压迫清廷起用李鸿章,并通过李鸿章签订类似攻守同盟的中俄密约,及华俄道胜银行合同,东清铁路公司合同。其中特别是华俄道胜银行合同,据该合同之规定,华俄道胜银行可代收各种税款,铸造货币,代还政府募集的公债利息,和地方与国库有关的各种事业之权。这事虽然是发生在十九世纪末叶,(一八九六年)但西方资本主义国家已逐渐快要走上帝国主义的阶段,因此它已不以开辟商埠,增加商品输出为满足,而企图一手抓住殖民地的金融交通的命脉了。此外,帝俄政府要求清廷起用李鸿章,也可说是列强在殖民地最高政府当局中,培植自己代理人的开始。

中日战后中国地位之迅速低落

中国以这样大的国家给日本这样小的国家打败,弱点完全暴露,这使得欧美列强对于中国更加藐视。同时,这是正当十九世纪末叶,资本主义正要发展到帝国主义新阶段的前夜,因此其对殖民地剥削的方法也愈加残酷,竞争也愈加剧烈。这表现在对华政策方面,便是竞向财政破产的清廷贷款,投资修建铁路,以便把货物更深入推销到内地，更便利于吸收中国内地的资源。同时为了避免冲突，列强就各自要求势力范围。比方长城以北是帝俄修筑铁路的范围，长江流域是英国修筑铁路的范围，德国要求山东，日本要求福建，为其势力范围，凡这些要求，清廷都是“有求必应”。美国来得比较迟，因此它就于一八九九年提出门户开放机会均等的主张。这个时候，老实说，中国虽然表面上还维持着独立的外貌，但实际上已给列强割成四分五裂，满清皇朝已逐渐变成为唯列强之命是听的半个政府。

五、戊戌变法

戊戌变法之经济背景

列强对于中国的经济侵略愈来愈凶，中国社会内部也逐渐起了变化。诚如上面所说，资本主义逐渐走上帝国主义的阶段，他们的侵略的主要目的，已不是在于开辟商埠，而在于抓住银行、交通、国家的金融经济命脉。比方他们利用满清政府之财政困难，他们就以借款的方法，更加紧其对中国政治上的控制，这是一方面；再就国内的情形说，对外贸易逐渐增加，外国的商品日益深入到内地，加以连年战争，战费及赔款数额巨大，国库空虚，赋税日重，农民和手工业，在这两重压迫之下只有迅速破产。在这个时候，一部分进步的封建官僚和知识分子，自己亦感到墨守成法之不足以图存而努力想把自己改装，引用些新的资本主义的生产方法。如那个时候，中国士大夫之提倡洋务，造舰，制器，练兵，所谓同治新政即其一例。而且在事实上，他们也的确做了些事情，如一八六二年，曾国藩在安庆创设军械所；一八六四年李鸿章在上海苏州创设制炮局，一八六四年创设金陵兵工厂；一八六六年，左宗棠在福建设立船政局；一八九三年，张之洞在湖北设汉阳兵工厂等；这些都是封建势力企图向资本主义蜕化的一种尝试。

由于列强资本主义的侵略，同时也刺激了中国民族工业某种程度内的抬头，而戊戌变法的思想，也正是建筑在这一个经济基础之上的，所以虽然主张改革，但还是主张由上而下，带有浓厚的封建色彩。

戊戌变法是思想上的进步

经过了历年对外战争的败绩，在过去中国人自尊自大的心理上最初发生了这样的变化：即外国的洋枪战舰的确是比中国好，虽然外国的思想，道德，文化，比中国差，所以只要中国能学会制造枪炮军舰，那也就够了。可是中日之战，中国海陆军的装备都比日本好，然而吃了一次大败仗，于是中国人的脑子里又发生了一个变化，即光是有枪炮还是不能打胜仗，须得在政治上有一个改革。日本变法维新所以能胜利，那么我们中国自然也应该变法维新，才能够真正做到富国强兵。康有为的变法之说，虽然提倡在中日战争之前，但他的主张之所以能获得广大的门徒，实在是因受了中日战争的教训。

戊戌变法的经过及其失败

变法的首倡者康有为是广东南海人，他的变法一向是以孔子的学说为号召。一八九五年，有为和他的弟子梁启超入京，会试召集公车一千三百余人，签名上万言书，提出变法的具体方案。如改革政治制度，取消卖官鬻爵，训练新式官吏，注意人民健康，改良司法，取消厘金，普及教育，实行宪政，改良农业，救济手工业等。后有为经光绪帝师傅翁同龢的介绍，入见光绪帝，于是光绪乃于一八九八年四月廿三日下诏定国是，同时并引用梁启超谭嗣同等青年干部。而有为则统筹全局，凡有所陈述，均可经由谭等直达光绪帝。由四月二十三日，下诏变法，才百日间，光绪前后变法颁布诏谕数十道，如废八股文章，改科举，兴学校，改革兵制，办银行，矿局，修筑铁路，改良手工业农业等，均颇能对症下药，但有为的这种新政，立即遭受到慈禧太后那一派的妒忌，光绪帝知道事情不妙，因此先派有为出国。果然八月十六日，慈禧在守旧大臣拥护之下，重复临朝，光绪皇帝被幽禁于颐和园的瀛海楼，而谭嗣同，杨锐，林旭，刘光第，杨深秀，康广仁等六人则被捕杀。俗称六君子遇难，指的就是这件事。因为有为的变法运动始终是从上而下，没有下层的民众基础，所以一当领袖被捕杀放逐，也就无形消灭。而且经过义和团运动和八国联军之役，中国的政治形势，已发生迅速的变化，改良主义的立宪运动，已不足以满足人民的需要了。

六、义和团运动与八国联军

义和团提出了扶清灭洋的口号

义和团本是明朝末年白莲教遗传下来的八卦教的支派,完全是农民们的秘密结社,一向以劫杀富豪,扶明灭清为主旨。但中日战争后,外人来华经商,设厂者日多,农民们从他们本身的经验,感觉到这些外人的来华,只有加速他们的经济破产,而且外国的传教士中有不少依势凌人欺侮中国老百姓的,因此在农民中,自然而然的形成了反对和仇视洋人并一切外国文化的倾向。于是农民原始的反封建的团体,一变而为原始的排外的宗教团体。他们练习拳棒,自称有神保护,枪弹不能打入,所以他们焚烧教堂学校,拆电线,毁铁路,焚毁洋书洋画,仇杀洋人,有恃无恐。

但是,原本是主张扶明灭清的人,为什么现在竟会改变主张,要扶清灭洋呢?除了我上述的原因他们最痛恨洋人之外,就是因为中日战争失败以后,外国人对于满清政府,就抱着藐视的观念,即满清大臣亦不免为外人所奚落冷淡,而且封疆大吏亦有因处理教案不善,而遭革斥的,因此在满清的上层官吏中,亦存在着仇视外人的心理。但他们不知道用改良政治去积极图强,相反的,他们倒想利用这些排外的宗教的落后团体,来仇视外人以血私愤。这样,上下一勾结,义和团自然也就乐于挂起扶清灭洋的招牌了。至于腐败的清廷,既然绞杀了变法运动,为了镇压和和缓国内人民日益不满的情绪,也正想利用义和团的排外运动来掩饰自己的无能和腐败。

义和团被迎入京

最初,义和团在山东一带的活动,为山东巡抚袁世凯所剿捕,乃转入直隶省境。端王(溥仪之父)载漪听见了,便特派大学士刚毅去把它迎入北京。沿途他们毁铁路,电线,焚烧教堂,屠杀教民。入京以后,又设立神坛,扶乩降神,每天闹得乌烟瘴气。当时有位甘肃提督董福祥,因其部下曾杀害洋人,致被各国公使拒绝入京,只能在离城五十里外屯驻，因此也怀恨在心，乃怂恿部下杀日本公使馆书记杉山彬，及德国公使克德林，义和团引为声援纵火焚烧京城内外各教堂洋房，于是列强乃借口中国的野蛮排外，组织八国联军攻陷我首都，使得我们中国更进一步走向殖民地化的道路。有人说，由于义和团的排外，才有八国联军的侵略，但是，这种说法是不对的，因为正确的说，是先有了列强的侵略，才会引起中国人民排外的反响。

八国联军入京与辛丑条约

八国联军，于一九零零年五月二十一日占领大沽口炮台，六月十八日攻陷天津，七月二十一日即攻陷北京，慈禧及光绪仓皇出走西安。尤其可耻的，当八国联军向大沽、天津进兵的时候，满清皇朝的各统兵大员，如山东巡抚袁世凯，两江总督刘坤一，两湖总督张之洞，两广总督李鸿章且联合写信给上海领事团，表示他们只求保境安民，不接受清廷宣战伪命，俨然以中立的第三者自居。从这一点看来，也可以看出，清廷政府事实上已失去了控制全国的能力。

八国联军既然进占北京，本来就想把中国瓜分掉，可是因为列强各国各怀野心，引起了强烈的矛盾。比方帝俄与北京攻陷落后，就迅速派兵十八万进占黑龙江，吉林及奉天，并拟沿铁路路线开入北京。英国看见了这个情形，马上联合德国，派兵开赴山海关以堵塞俄军的进路，同时还调集扬子江舰队到大沽口，以对抗俄军。日本为了防俄，亦急派军队开往朝鲜。英国为了要拉拢德国于是便力推德军司令瓦德西为联军统帅，而俄国则看到既无希望把军队开入关内，又怕列强反对它独占东三省，因此反而撤兵议和，以便讨好清廷。至从日本的观点看来，它也觉得，俄既占领了东三省，德有山东，这都足以阻碍其进入大陆的，如果瓜分起来，所得亦甚少。因为列强之间，有这样复杂的矛盾，所以最后还算是没有瓜分成功，而订下了一个辛丑条约。

辛丑条约

一九〇一年九月七日，清廷由李鸿章代表和列强签订了一个最屈辱的辛丑条约。在这个条约里面，除了惩办祸首，赔偿兵费四万五千万库平两(此次赔偿以关税及盐税作抵押)外,最重要的有如下几条:一,毁大沽口及由北京至海滨各要塞炮台,并永不许复建;二,各国得在天津至北京的各城镇埠驻扎军队;三,开拓使馆界由各国自由派兵保护,界内不许华人居住。

自从辛丑条约订立以后,不特中国首都的门户洞开,不特赔款奇重,使国库更加短绌,不得不在日益贫困的人民身上加重负担,和仰赖举借外债,而且从此满清皇朝,根本就不敢再言抵抗,而纯粹成为了列强帝国主义统治中国,镇压人民革命的工具。

庚子战后的日俄之战

上面曾经提到了一九〇〇年当义和团入京,关外农民响应义和团的排外运动的时候俄国即乘机出兵占领东三省。俄国的这个举动曾引起了急于要在亚洲大陆立足的日本的嫉视,同时也引起了英国的不安。英国为了要远东找寻一个善与国以对抗俄国,所以就与日本订立了英日同盟。一九〇四年俄国借口不撤东三省的兵,而且还设法加强其对东三省、蒙古、新疆之税务、财政、铁路等等之控制,甚至还想在朝鲜境内增置种种军事设备,这样一来,日俄战争就爆发了。日本方面因得英国之助,而俄国内部则正酝酿着革命,结果俄国被打败了,于是在朴茨茅斯条约中,俄国承认日本在朝鲜的保护监督之权,和日本在南满的利益。日俄战后,俄国并没有完全退出远东,而日本却从此成为了远东的霸主,中华民族解放运动的最顽强的敌人。

第二章　辛亥革命

一、同盟会成立的前后

孙中山先生与同盟会的创立

如果太平天国是以上帝会为主要骨干,康有为的变法是以皇帝为中心,那么,孙中山先生的革命是完全以政治组织来做领导的。还在一八八五年,中法战役之后孙先生即立下大志要建立民国,到了一八九四年中日战败,孙先生感到民族危机的加深,于是在檀香山组织了一个兴中会,纠合海内外有志之士从事于实际的革命活动。一八九五年,清廷与日本订马关条约,人心愤慨,孙中山先生乃策动起义,结果却失败了,兴中会会员陆皓东殉难。一九〇〇年八国联军入京,中山先生又策动惠州起义,史坚如则在广州密谋响应,但结果亦失败。在这同时,还有汉口的唐才常联合长江上下游的哥老会准备起事,但以事机不密,唐才常被捕殉难。此外还有华兴会的领袖黄兴、宋教仁,于一九〇四年在长沙谋起事,亦以不够秘密,哥老会首领马福益被捕,黄兴只好仓促逃往东京。

一九〇五年,孙先生游欧洲,倡导三民主义,五权宪法,留学生中加盟的达六七十人。那年夏天,他又回到东京,于是乃与黄兴领导的华兴会,章炳麟领导的光复会,合并组成同盟会。公推孙先生为领袖,黄兴为副,并颁布四大政纲:一、驱除鞑虏;二,光复中华;三,建立民国;四,平均地权。同时为了加强对康、梁所主持的法议报(后改为新民报)斗争和发扬革命理论,由陈少白办中国报于香港,办国民报于东京,办苏报于上海。在上海苏报发表的章炳麟的《驳有为书》是很有名的。

革命党人到处起事

一九〇六年,黄兴率党人起义于湖南醴陵等地,不幸均告失败。而当时清廷以革命党人多逃亡日本,要求日本驱逐革命党员,中山先生等乃把机关移设安南河内。并先后在潮州、黄岗、惠州、钦廉、镇南关、河口等地起义,但均失败。除了同盟会直接领导的起义以外,还有安庆徐锡麟的刺杀巡抚恩铭的事件,熊成基炮击安庆火药库事件,黄复生等谋刺摄政王事件。

一九一〇年,一九一一年黄兴率领党徒运动新军在广州先后起义,但均遭失败。第二次起义,即今天大家所常称道的黄花岗之役,当时黄兴率领党人攻入督署,但也没有成功,死者七十二人。

从一八九四年兴中会成立,到一九一一年黄花岗之役,十八年间，先后起义不下十余次，虽每次都失败，但革命党人并不因此罢手，结果卒造成辛亥革命推翻了全世界第一个最古老的大帝国。

二、辛亥革命的成功及失败

辛亥革命的起因

八国联军之后，满清政府，痛感到外有列强压迫，内有财政的困难和革命运动之勃兴，为了挽回民心，所以于一九〇六年宣布预备立宪，一九〇八年又宣布了御用的宪法大纲，在这个宪法大纲里皇帝还是操着行政、立法、司法的大权，而且预备立宪的时间，延长到九年，这也是使大家很失望的。一九一一年，清廷复宣布铁路国有政策，把干路概归国有，仅支路准由商办。同时邮传部大臣盛宣怀，即以筑路名义向英美德法日五国借款四千万镑，和一千万日元。清廷的这种卖国政策，立即遭受到各方强烈的反抗。各省并组织罢工罢市运动，广东、四川两省先后组织保路同志会，表示抗争到底，可是清廷对此，只知用高压政策，以端方为粤汉铁路督办，以赵尔丰督川，枪杀请愿群众，拘捕民众代表，这样一来，民众反清的情绪，越来越高，终于酿成了辛亥革命。

辛亥革命的经过

自从黄花岗之役失败以后，革命党人以武汉为全国中心，形势险要，所以早在这里建立了相当的工作基础。恰好保路风潮发生，鄂督瑞澂风闻武汉革命党人定期起义，乃下令其部下张彪严密戒备。十月九日晚，张彪破获了革命机关十余处，并搜获新军中党员的名单。时机紧急，十日晚遂由工程营营长熊秉坤首先在武昌发难，围攻督署，瑞澂等连夜逃走。革命军占领了武昌，随即推举黎元洪为都督，改新军番号为民军，设立中华民国政府，并派兵攻陷汉口、汉阳。

武汉既入革命军手中，接着，湖南革命党人联合新军，攻入长沙，推焦达峰、陈作新为都督，此外江西、九江新军，陕西新军，山西、云南新军，浙江新军，均相继独立，江苏以上海首先发难，由陈其美率领党人攻制造局，并被推为沪军都督。广东、广西的党人及新军，亦相继逐清廷官吏，以胡汉民、陆荣廷分任广东、广西都督。不出两个月，革命的旗帜已高悬于半个中国。

最初清廷也不肯示弱，命陆军大臣荫昌统率大兵南下，又命萨镇冰率海军由长江策应。同时并下诏罪己，罢亲贵奕劻，起用袁世凯为内阁总理大臣，制定宪法公布。清廷的用意自然是想借此收拾民心，可是革命军虽然在汉阳、汉口打了败仗，退回武昌，而江浙方面，则江浙联军攻入了南京。各省代表，于是乃决议临时政府于南京，公推黄兴为大元帅，黎元洪为副元帅，起草《中华民国临时政府大纲》。一九一二年一月一日，孙中山先生由伦敦赶返南京，就任临时大总统，组织内阁，发表十项施政纲领，如改用阳历，改换五色国旗，颁布临时军令等，中华民国临时政府，于是乃正式成立。

南北议和与袁世凯

北洋军阀领袖袁世凯乘革命军兴起的机会，在清廷掌握了军政大权，统兵南下。但袁氏很明白革命势力非靠武力之所能消灭，而清廷之腐败已病入膏肓，不可挽救，故主张议和，以为将来窃取大权布置机会。最先民军方面坚持建立共和民国，而清廷方面则坚主君主立宪，为了国体问题双方谈判几濒于破裂。南京临时政府成立，袁氏虽通电反对，但另一方面，他又授意其部下段祺瑞通电威胁清廷让步，其中竟有“即率全军入京，与各亲贵剖陈利害”的话。这样一来清廷看见形势不对，知道非退位不可，于是乃由袁氏与民军代表伍廷芳签定优待清室条件，如保存清帝尊号，供给清皇室经费四百万元等。条件签定，即由袁氏通电宣布赞成共和，南北议和于是乃告成功。

袁世凯窃国与二次革命

原来在议和的时候，孙大总统就曾答应只要清帝逊位，袁世凯宣布赞成共和，即当让大总统职权于袁氏，和议告成以后，孙大总统即向参议院辞职，并另推袁世凯及黎元洪为正副总统。革命党人如此让步，乃造成袁氏窃国的最好的机会。

当时南方革命势力较大，故孙中山先生曾坚持要建都南京，以监视袁氏，可是袁氏亦知道南迁对于自己不利，所以暗中唆使兵变，借口北方秩序必须由他自己亲自维持，不能南下，于是参议院乃决议允许袁氏于北京就职。袁氏上台以后，立即开始布置颠覆民国的阴谋，组织共和党以为自己的羽翼，排斥参院通过的唐绍仪内阁，另组赵秉钧内阁，以实行独裁的试探，刺杀国民党的高级干部宋教仁，不经国会通过，向五国银行团举借外债二千五百万磅，（所谓善后借款），以充实武力，收买议员等。到他一切都布置就绪，乃于一九一三年六月罢免国民党三个都督，广东胡汉民。江西李烈钧，安徽柏文蔚，因此引起了国民党的反抗，首先李烈钧起兵于湖口，黄兴入据南京，广东、福建、安徽、湖南等地亦相继响应。但不久，江苏都督投降袁世凯，南京发生内讧，黄兴被迫出走，湖口被袁军攻陷，上海革命军亦打了败仗，所有国民党的军队均陆续被袁氏扑灭，第二次革命的讨袁之役，可说完全失败。

二次革命失败后，袁世凯胆量更大了，他收买流氓，包围国会，强迫国会要选他做正式大总统。不久又解散国会，取消国民党议员资格，修改临时约法，制定御用新军法，废国务院，设议事堂，把全国大权集中于一身。这一切都是他准备于一九一五年建立洪宪帝制的准备。

辛亥革命虽然推翻了满清的帝制，建立了共和，可是不久便给袁世凯把政权偷窃了过去。

至其失败的原因可有如下几点：一、没有明确的认识帝国主义和封建势力是革命的敌人；第二，辛亥革命的兴起主要的都是从上层和军事投机着手，没有群众基础；第三，革命党人没有坚强的组织，致袁世凯得以挑拨离间的手段，分化革命党人；第四，革命党人，把革命看得太容易，以为只要把满清政府推翻，共和的招牌挂起，革命就算成功，而没有把民主政治的事业，看成为长期的艰苦的事业。

第三章　第一次世界大战与中国

一、世界大战与中日二十一条约

世界大战与远东形势

一九一四年夏欧洲大战爆发，因为列强都忙于欧洲的战事，远东的均势立即就失去了平衡。本来自从日本于一八九四年战胜了我们中国，一九〇五年又战胜了俄国，他的国力已日益强盛，其对华贸易的入超亦年有增加。日俄战后，所签订的中日善后协定，日本又取得了南满的权益。但日本帝国主义的野心是不会以此为满足的，现在看见有机可乘，于是立即就想整个的控制中国。而在这个时候，本来中国就应该利用列强互相冲突，力量抵消的机会，来努力自强，争取独立和解放的；可惜，当时中国政府正是北洋军阀封建余孽——袁世凯当权，暗中企图借日本的支持，来获取皇帝宝座的时候，因此他对于日本的要求，只知一味退让，这样一来就造成了今后若干年日本帝国主义一手把持中国的形势。

日本出兵山东

一九一四年八月十五日，日本借口履行英日同盟条约，向德国提出最后通牒，接续又于八月二十三日向德国宣战，动员海陆军二万余人由海军封锁胶州湾海面，陆军则在山东北部龙口登陆，并窍占潍县车站和济南，吞没胶济路全线及附近矿产。在战事初发生时，袁世凯政府宣布中立。等到日本已解决了青岛的德军，袁世凯政府又要求日本撤兵，但日本帝国主义对于袁世凯的阴谋早已洞悉，所以对他所提出的要求置之不理。一九一五年一月十八日，日本反向中国政府提出了有名的二十一条件。

二十一条件的内容

日本对中国政府所提出的二十一条件是非常之苛刻的。二十一条件共分五号：第一号各条是确定日本承继德国在山东权益之权；第二号各条是确定日本在满蒙的势力及其特殊权益;第三号是企图独占我国唯一重工业汉冶萍公司;第四号是企图垄断我国沿海及沿海各岛屿;第五号是企图一手抓住我国中央行政机关及军事交通,以为中国变成纯粹日本殖民地的地步。如第十五条:“……中央政府,须聘有力之日本人充任政治、财政、军事等顾问;”第十六条:“日本在中国内地所设之病院、寺院、学校等,概许其土地所有权;”第十七条:“……须将必要地方之警察作为中日合办,或聘日本人为警察官,以资筹划改良中国警察机关。”等。如果这些条件真的履行起来,那就唯有使中国变成为日本的真正殖民地。

五月九日的国耻

日本也知道他这些条件一提出以后,会引起列强的猜忌和中国人民的反抗,所以他要求袁世凯政府极力保守秘密。英美政府的确也向日本提出质询,但日本政府隐去第五号各条,而只以比较次要的各条向他们敷衍。同时,他又恐迟则生变,所以一面派遣海军到福州、厦门、吴淞、大沽各重要海口示威,一面出兵南满、山东,然后于五月七日向袁世凯提出哀的美敦书,限袁世凯政府于四十八小时内答复。袁氏在日本帝国政府威迫利诱之下,终于五月九日屈服,声明除第五号各条须日后协商外,其余的一概承认。这是中国有史以来的最大的国耻。

对于中国这样承认日本的要求,美国曾特别声明,保留美国在中国的一切权益。而日本方面,也深知将来欧战结束,难保列强不出来干涉,所以在一九一六年,他又和帝俄签订了类似军事同盟的密约。如:“日本不为敌对俄国之任何政治协定,亦不与他国联合以对俄国……”

一九一七年,日本乘中国要求对德宣战,向英、法、俄、意提出好些要求作为他同意中国参战的条件。这样一来,日本已显然被承认为东方的盟主,同时也就成为了中国民族解放运动的最主要的敌人。

二、袁世凯称帝与督军团造反

袁世凯称帝

袁世凯以允诺二十一条件获得日本帝国主义的支持，以承认英俄两国在蒙藏的特权，获得英俄的支持，自以为手里又有了兵权，登龙即位的好梦是一定做得成了。首先就由其总统府顾问，美国人古德诺发表荒谬意见，认为中国以采行君主政权为最适合，接着杨度组织筹安会，大倡其宪政救国论。此外袁氏又以金钱收买各省的封建官僚组各省代表团，向参政院呈递变更国体请愿书。一九一五年十二月十一日，参政院开会，汇集全国国民代表一千九百九十三人的意见，呈递劝进书，而袁世凯也就老实不客气下令自称皇帝，并改年为"洪宪元年"。可是袁世凯做皇帝中国人民是反对的，所以那年十二月二十五日，蔡锷就在云南起义，宣告独立。一九一六年一月一日云南成立军政府，组织护国军，贵州、广西、广东、湖南、四川、浙江各省均纷起响应，袁世凯看见形势不对，遂又于三月二十二日下令取消帝制，目的是想仍保持大总统的地位。但是后来独立的省份愈多，而袁世凯也就这样病死了。

督军团造反与张勋复辟

袁世凯死了，黎元洪继任大总统，而北洋军阀余孽，亲日派的领袖段祺瑞则做了他的总理。段氏与日本帝国主义勾结，主张参战，并组织公民团二三千人，威胁众院要通过对德宣战案；黎氏乃徇国会之请，免段祺瑞职，段祺瑞乃率各省督军起而造反。黎元洪没有办法，乃召请张勋入京调处，殊不料张勋比段祺瑞还要反动，入京以后，反而与康有为、王士珍、江朝宗等入清宫，把宣统皇帝请出来复辟，黎元洪逃入日使馆，通电各省起兵讨逆，并委托冯国璋在南京代摄大总统职权。不久，段祺瑞又在马厂誓师，组织讨逆军驱逐张勋。经过这次事变以后，中央大权全入段祺瑞之手。

护法之役

一九一七年段祺瑞复掌握国政，要求对德宣战，国会不通过，于是段氏乃悍然解散国会，毁弃约法，另行召集参议院。原有之国会议员则纷纷南下广州，组织军政府，拥戴孙中山先生为陆军大元帅。段祺瑞于参战以后，即以参战为名，向日本帝国主义大举借款，先后达五万万元（即有名的西原借款），并以之扩充军队。在日本帝国支持下，企图实现其武力统一的迷梦。所以这时中国事实上已成为南北对峙之局，直系军人以冯国璋为首，在英美支持下，曾经主张北京政府应与南方护法政府议和，但终无成议。而南方护法政府除孙先生外，其余如唐继尧、张荣廷等，亦多系投机分子，以致护法之役，终未能达到反帝反封建的目的，而自行涣散。

中日军事密约

一九一七年十一月七日俄国爆发大革命，列强均主张从东方出兵西比利亚，夹击苏俄。日本帝国主义为了要独霸中国，和防止中国革命，于是又威迫中国政府订立中日军事密约，这个密约，一直到巴黎和会的时候才公开出来。

第四章　五四运动与一九二六年的革命高潮

一、五四运动发生的原因及其经过

五四运动发生的原因

经过了第一次世界大战，远东形势已起了一些很重要的变化。第一，日本势力大膨胀，俨然以东方唯一的霸王自居，尤其想一手独占中国；第二，俄国爆发了革命，其民族平等的政策，影响到东方各弱小民族，尤其是中国；第三，在欧战期中，中国民族工业暂时得到了比较自由发展的机会，因而代表这个阶层利益的反帝反封建的思想也就逐渐兴起。根据着这些原因，所以五四运动一开始，就是以反对日本帝国主义的侵略为其主要内容的。

五四运动发生的经过

一九一九年（民国八年）欧战结束，列强召开和会于巴黎，中国代表因受舆论的压迫，乃提出四项说帖，要求和会把山东直接由德国交还中国。其中并声明，一九一五年五月二十五日与日本缔结关于山东问题的条约，系日本以二十一条加诸中国而成。这个提议，本是极为合理，而当时美国为了反对日本独占远东，也曾有保障大小国家的政治独立及领土完整之表示。然而帝国主义国家，究竟是帝国主义国家，他们在利害冲突的时候总是以牺牲弱小来为他们妥协的垫脚石，所以和约中，关于山东问题还是规定由德国转让与日本。这个消息，一传到国内，立即引起了全国舆论的抗议，要求中国代表拒绝签字。五月四日，北平中等以上各学校学生二千余人，举行爱国示威游行，要求收回山东，取消二十一条。同时要求政府罢免曹汝霖、章宗祥、陆宗舆，并捣毁其住宅。政府对学生的行动，最初采取高压政策，但学生等还是继续奋斗，到处向民众宣传，查烧日货，实行对日经济绝交。五月二十日，北京学生联合会宣布总罢课表示向政府抗议，接着上海、武汉、长沙、天津、保定等亦相继罢课。并由学生罢课扩大及罢市罢工运动。北京政府看见形势不对，才又改变政策，罢免曹、章、陆三人，而我出席和会代表亦拒绝在和约签字，山东权利乃得以没有断送。

五四运动的意义及其评价

自从二十世纪开头起，帝国主义各国的金融资本，已逐渐伸入到中国社会的内部，和上层的封建势力勾结在一起成为了压迫中国人民的联合战线，而五四运动恰好正是反对这个联合战线的一种运动。因为它是反对帝国主义的，反对封建势力的，因而他是民族的，同时也是民主的。从其所包括的社会力量说，从民族资本家到学生工人，这是一个广泛的民族战线。而且五四运动和辛亥革命运动不同的，就是辛亥革命是着重于上层军事的投机，而五四运动则具备着近代群众运动的规模了。至于他在思想上的启蒙意义说尤其有不可磨灭的功绩。他否定了一向被视为天经地义的孔家的学说，大量的介绍了西洋文化，但是五四运动也不是没有缺点的，主要的缺点是，中国广大的农民没有动员起来，对于帝国主义和封建主义的本质没有明确的认识。

二、国民党的改组

改组前后的国际形势

欧战以后，在世界范围内美国的势力突然膨胀，而英国势力亦逐渐回到东方，所以战后的东方，主要的就是英、美、日三国的矛盾。日本想一手垄断中国，但英国不能放手而美国又想插足，它高唱门户开放，机会均等的主张，用以抵制。为了贯彻这个目的，美国于一九二一年召集了一个九国的华盛顿会议，重新规定了尊重中国领土主权行政的完整的原则，拆散了英日同盟。规定了英美日三强的海军的比率，打击了日本的对华独占政策。并决定由中日两国直接谈判，签定"解决山东悬案条约"。国际上的这些变化，似乎是对中国有利，可是事实上由于列强的角逐反映到中国内部，就成为了国内军阀的混战。

改组前后的国内形势

当时北洋军阀中，皖系是亲日的，而直系是亲英美的。北京政府皖系头子段祺瑞当权与安福系分子勾结日本帝国主义，早就为国人所痛恨。一九二零年，直系军人吴佩孚曹锟乃与关外的张作霖联合推倒段祺瑞的政权，是为直皖战争。奉系首领原亦系日本帝国主义的工具，入关以后，控制着北宁铁路，劫持着中央政府，以梁士诒为内阁，发行九六公债并订中日共管胶济铁路条约，总统徐世昌更挟奉系以抵制直系。于是直系军阀曹锟吴佩孚乃要求徐世昌罢免梁士诒，而奉系军阀则宣言拥护梁阁，一九二二年奉直战争爆发，结果奉军大败，退出关外，宣言脱离中央，张作霖自任保安总司令。

直系军阀两次内战都因有英美势力为背景获得胜利，逐渐志满意得骄傲起来，吴佩孚继段祺瑞之后，坚持武力统一，曹锟则举行贿选大失民心。一九二四年直奉战争第二次爆发，直系军人冯玉祥倒戈，从古北口撤兵回北平，把曹锟关在延庆楼，吴佩孚因为没有提防到内部发生变化，全线崩溃，损失了冀、鲁、豫各省的地盘。但不久吴佩孚又勾结张作霖驱逐冯玉祥于张家口，而南方军阀唐继尧、陆荣廷等亦先后在粤桂诸省与孙中山先生为难。这就是所谓军阀混战时代。

国民党的演变的过程

国民党的前身是兴中会，在中日大战的时候由孙中山先生所手创。一九零五年，孙先生在欧洲之柏林、巴黎、布鲁塞先后会盟。那年孙先生回到东京，又与黄兴、章炳麟等之华兴会、光复会联合组成革命同盟会。辛亥革命成功，乃又改组为国民党，与当时的统一党、共和党、民主党相对立。领袖宋教仁急急于组织政党内阁以为如此便可以监视袁世凯，于是拉了许多别的党派，组织成这个国民党，但其结果是组织虽然扩大，而革命精神倒反而涣散。第二次革命失败，孙先生乃另组中华革命党于东京。提出了实行民权民生两主义的主张，同时加严入党的限制，党员入党有“誓共生死”的誓辞。一九一九年，中华革命党再改名中国国民党，在总纲下规定以巩固共和实行三民主义为宗旨。其时正当欧战结束，五四运动勃兴，全国都充满着反帝反封建的空气，这个学生的群众运动自然也影响至国民党人士。一九二三年，中国国民党发表宣言及党纲，主张对外修改不平等条约，对内实行普选制确定人民集会、结社、言论、出版、居住、信仰之绝对自由。一九二四年召开第一次全国代表大会于广州，实行改组。

国民党改组的意义

这一次国民党的改组，不特对国民党本身是一种革命，而且对中国革命运动说起来，也是具有特别重大的意义。综合说起来其主要的成就约有四点：第一，充实了三民主义的内容。如民族主义，已明确地规定为“中国民族之自求解放，与中国境内之各民族一律平等”；民权主义又被规定为“于间接民权之外，复行直接民权”；民生主义之两大原则，则为平均地权及节制资本。第二，确定了国民党对内对外的政纲，以废除不平等条约为对外政策的目标，以实行民权民生两主义为对内施政方针。第三，严密了国民党的组织。确定了组织系统，和党的纪律，吸收新的青年分子。第四，规定了民众运动的方针把国民党放在民众的基础之上。

五卅运动

自从欧战结束，各帝国主义国家逐渐回到远东，加强掠夺，而内战又不断发生，工农失业失地的愈益加多。经过五四运动以后，中国人民反对帝国主义的意识也逐渐深入到民间；加以国民党改组以后，对扶助农工运动已有了确定的方针，因此五卅运动便由此发生了。

远在一九二三年，京汉路工人就曾反对帝国主义和反对吴佩孚而发生过流血的斗争，这就是半殖民地中国工人运动走上政治舞台的开始。而五卅运动就是以上海工人为首广泛地普及到全中国的反帝反封建运动。其起因是这样：一九二五年二月，日商内外棉纱厂工人要求改善待遇，厂方不答应，工人宣布罢工，上海公共租界当局帮助日本人压迫工人。厂方且开除工会首领拒绝工人复工，并枪杀工人顾正洪。于是全上海的工人宣布同盟罢工，上海学生同情工人，到租界演讲，为上海巡捕开枪射击，死伤了不少的人。于是风潮更加扩大，全国各地先后罢课、罢工、罢市；同时汉口英租界亦发生射杀中国示威群众事件，六月二十三日，广州沙基亦同样发生类似之惨案，这次运动，其所包括的订立了范围，远比五四运动为广泛。工人、学生、商人、店员、士兵、自由职业者都参加了这次的运动。而这个运动自然又给予了才改组的国民党以有利的发展的条件。

国父孙中山先生逝世

在叙述国民党政府北伐之先，我们必须把国父孙中山先生在南中国奋斗的经过，及其逝世略述一下。一九二二年六月十六日，陈炯明以不赞成孙先生的革命政策，复使部下叛变，孙先生乃不得不仓猝离广州。但一九二三年二月，孙先生的部下许崇智，又驱逐陈炯明迎孙先生返粤。当时曹锟贿选，孙先生即以大元帅名义通电讨伐。第二次直奉战争，曹吴失败，于是冯玉祥、段祺瑞、张作霖乃联名请孙先生北上，以解决国是，当时孙先生即提议两点：一是废除不平等条约，二是召开国民会议。但以段祺瑞为总执政的北京政府，是不会赞成孙先生的主张的，他一上台，立即就照会各国尊重他们在条约上的特权及权利,并主张召开善后会议以便派分地盘。所以孙先生的建议终没有被接受而于一九二五年三月十二日病逝北平了。

三、国民党北伐与革命势力的分化

国民党的北伐

经过了五卅运动,长江一带已有了群众运动做基础,而广东的革命政权,也日益巩固,一九二六年七月,国民党的国民革命军乃誓师北伐,一路由福建出浙江,一路由湖南出江西湖北。时吴佩孚正勾结孙传芳在长江流域布置着百万重兵,然而因为国民革命军有政治的觉悟,纪律严明,战斗意志旺盛,所以进展非常之快,那年双十节,即克复了武昌,不到半年就收复了湘、鄂、赣三省,可是不幸得很,当国民革命军飞快进展的时候,革命阵营内部就发生了分裂。这原因是:第一因为帝国主义很怕中国革命势力的增长,所以对于以蒋介石为军事首领的国民党逐渐加重压力;第二是随着革命势力的高涨,农村里面农民们的土地问题,被尖锐地提了出来,而这也就把地主吓坏,而力主反共。一九二七年四月十二日,国民党下令清党,造成了国共分家,和宁汉分裂的局面。后来宁汉虽然合作,而且一九二八年蒋介石继续北伐,但国民党政权已日益对帝国主义和封建势力妥协,其最初北伐时候的革命意义已差不多消失殆尽了。

国民党政权之腐化和堕落

国民党政权既然和帝国主义又和封建势力妥协,自然它也就无法改变中国的地位。帝国主义的剥削既然是一天天加深,而军阀战争又还是不断爆发,如蒋桂之战,蒋冯之战,蒋冯阎之战;这更使到人民生活痛苦万分,不过当时国民党表面上还是挂着革命的招牌,当危机还没有十分深刻时,人们还不易于察觉罢了。尤其不幸的是,国共分裂以后,中国共产党坚持反帝反封建的政纲,发动游击战,而以蒋介石为首的国民党政权,为了维持它对帝国主义及封建势力的妥协方针,乃不惜集中全国的财力兵力以从事于“剿共”,这种宁予外寇不予家奴的传统政策终于召致了日本帝国主义得寸进尺的侵略。

第五章　九一八事变与抗日运动

一、九一八事变

九一八事件发生的背景

由于一九二九年世界经济危机的严重，一个比较脆弱的资本主义国家——日本，便不能不以战争来找寻危机的出路。美国有雄厚的金融资本，可以高唱门户开放，英国在远东有百年的历史，有巨额的投资，其势力亦可说是根深蒂固。日本虽然是与中国近邻，但想纯粹通过商品市场来和英美竞争是很难争得优势的，所以它没有办法，只好用武力来开拓市场。而且那个时候，它看透了中国内部正忙于内争。列强对于苏联正抱着仇视的态度，他向满洲出兵，作出反苏的姿态，可能获得英美的同情，减轻英美的反对。日本之所以敢悍然出兵侵略我东北，其国际的背景就是如此。

九一八事件发生经过

作为九一八事件直接发生的原因是万宝山事件，当时因日本在长春的万宝山租有生熟荒地数千亩，并驱使大批韩民到那个地方去垦荒，掘河引水，毁坏我们中国农民数万亩的农田，致当地的农民发生反抗。不久，日本借口中村大尉在兴安岭失踪，硬说是中国人杀害，于是在九一八那天晚上发动，占领沈阳，我国守军因为接有政府命令不准抵抗，日军乃得于一夜之间，毫不费力的占领了沈阳，九月二十一日吉林省主席熙洽，亦把全个吉林省奉送给日本人。只五天功夫，日本就占领了辽宁和吉林两省。当时只有黑龙江代主席马占山将军曾略事抵抗，同时还发动了一些游击战争，但终因他们是旧军阀出身与民众脱离，所以支持到一九三二年末，终于失败。

满洲傀儡政权的成立

日本帝国主义既然占领了辽吉各省，为了分裂中国，长期霸占起见，特别把满洲皇朝的余孽——宣统皇帝溥仪迎到东北去“执政”。

一九三三年，日本人攻下长城各口，就老实不客气把溥仪推上皇帝的宝座，改元号名“康德”，所谓满洲国，就这样在日本人的导演下成立了。

东北游击战的兴起

由于马占山等抵抗了一下，东北民众就都乘这个机会自己武装起来，黑省各县，更积极组织民团，以丁超、李杜等的正规军为骨干，一直抗战了一年多。后来马占山、苏炳文均相率逃入苏境，可是民众的武装，在北满南满均有广泛的发展，经过不断的锻炼，这些义勇军更正式组成东北抗日联军，坚决抵抗一直到八年抗战胜利，始终没有停止过。

二、淞沪，长城，绥远之役

先有了抵抗的模范

东北被占领以后，南京政府中人还是想苟且偷安，以为日本人只以东三省为已足，并且还大倡“唯武器论”，“日本十日可亡中国论”，故意散布一些恐日病，以掩盖其不抵抗的罪过。可是东北义勇军的抵抗，却粉碎了这些宣传，替抗日运动树立下辉煌的模范。

淞沪抗战

一九三二年，我驻在上海的十九路军首先就在上海与日兵发生冲突。后来再加入第五军，双方支持了一个多月，但结果由于政府始终抱着安内然后可以攘外的理论，所以淞沪抗战终于在后援不继之下失败，订立了淞沪协定。这次的失败，可以说完全是由于政府没有决心抗战，有意把抗战局限在很小范围的缘故。

长城各口之役

一九三三年，日本在东北的根基已逐渐巩固，于是乃想进一步侵略内蒙。一九三三年一月一日，日军攻陷榆关，并进攻长城各口，另用一支军由朝阳攻热河，热河的汤玉麟又是不抵抗。当时我军在长城各口的抵抗虽然接连几次胜利，特别是喜峰口之役，收获很大，可是终由于政府没有决心抗战，以至以局部的力量，消极的战略去对付敌人的有计划的积极的攻势，结果自然又是失败了，签定了一个塘沽停战协定。除了军事侵略之外，日本人一面又唆使德王向南京国民政府要求高度自治，目的在制造第二个满洲国，同时他又威胁中国政府解除满洲国的封锁，实行关内外通车通邮，这样一来，使得中国成为了第一个在事实上承认满洲国的国家。

何梅协定的签订

日本帝国主义侵略满洲内蒙均已得手，于是第三步就是侵略华北五省。所谓“华北为日本的生命线”和“华北特殊化”就是在这个时候叫起来的。一九三五年五月，日本借口中国援助义勇军孙永勤部，派兵侵入塘沽协定所规定的非武装区的冀东，同时又大举增兵华北，声称要采取自由行动，于是南京政府乃指派何应钦和天津驻军司令签订何梅协定。该协定规定：取销河北、北平、天津市国民党党部，停止反日运动，撤换河北省主席等。接着日本又提出说，察省主席宋哲元有反日行为，要求将渠撤职。日本人在这两省树立了基础之后，立即又把天津驻屯军扩充为华北驻屯军，大量走私破坏我关税和财政，收买流氓制造伪自治运动，借香河民变之名，建立了殷汝耕的冀东防共政府，甚而至冀察政务委员会，也被日本人完全控制在手里。日本人的得寸进尺的野心，至此更为明显。

绥远的抗战

一九三六年，日本人又唆使其傀儡王英、李守信部进攻绥远，但这时中国军民已逐渐觉悟到苟安、妥协、退让已无法满足日本帝国主义的要求，只有抵抗才是出路，所以结果是打了一个胜仗，收复了百灵庙，使王英、李守信的部队完全溃败。

三、全面抗战的开始

抗战前后

由于北平一二九的学生救亡运动之勃兴，全国各层人士的呼吁抵抗，政府驻全国民意压迫之下，已不能不多少改变态度。至于国内战争，则自从一九三三年起中国共产党即提出了抗日统一战线的口号，经过了"双十二"事变以后，两党合作抗日的时机亦逐渐成熟。再从国际形势看，英美两国亦觉得日本的侵略已没有止境，他那独占中国的企图实与英美利益有损，所以亦有支持南京政府抵抗的趋势。所以从国际国内的形势看，全国抗战的条件已经成熟。而在另外一方面，日本帝国主义的野心无厌，于一九三七年又发动了芦沟桥事变。但出乎日本帝国主义之所预料，这个事变终于发展成为中日间的大战，而其结果倒是日本帝国主义打败了。

到和平之路

沈志远　编　黄药眠　著

编者序

这本小册子虽是在一年多以前写的，然而作者对于过去国际和平事业失败原因的分析。对这次世界大战中所形成的国际和平机构的看法，以及吾人应如何为世界和平奋斗的方针等等见解，仍颇有一读的价值，而并无陈旧之感。为使对世界和平问题有一个比较周全的概念，编者特把自著的《世界和平的保障——经济民主化》一文增加了进去，以求政于读者。这样，读者们阅读了这本小册子之后，对于和平前途的原则性的认识，也许可以更明确一点。

沈志远一九四六年六月三日，上海。

一　我们需要的是和平

第一次大战于一九一八年十一月终结，战死了一千万人，灾病而死者又一千万人，受伤者二千万人，孤儿九百万，寡妇五百万，流离失所者更超出千万以上。至于物质上的损失，更无法计算，人们受了这样惨痛的教训，大家都以为从此公理伸张，暴乱消灭，所谓以战争消灭战争，军国主义将永远绝迹，然而可惜，事实上历史的发展恰好走向相反的方向。

首先是巴黎和会，空洞的“正义与和平”的语言，并不能减少国与国间之猜忌，民族与民族间的仇恨，相反的，先进的资本主义国家与落后的殖民地国家之间，社会主义国家与资本主义列强之间，战胜者与战败者之间，统治民族与少数民族之间，积恨格外加深，少数强国更脱不了帝国主义的因袭的传统，只求自己能获得更多的利益，对于世界和平的如何保障，人类社会之如何合作，根本就没有诚意。所以从第一次大战到第二次大战，零零落落的战争就不曾停止过。

其次是经过这一场大战破坏以后，广大的人民受饥寒所煎迫，起来反对旧世界的体制和规模，而在另一方面，则地主和金融寡头死死抓住政权不肯放手，于是革命的浪潮像野火似的烧遍了欧洲，从一九一九年起，此伏彼兴，一直到一九二五年的美国矿工大罢工失败止，这个革命运动才算暂时停息下去。

第三，革命的风浪才刚刚过去，一九二九年的经济危机又马上袭来。千千万万鸠形鹄面的失业群踌躇在摩天大楼底下，俯仰在公园路侧，一方面有千千万万人的饥饿，一方面则又有许多谷物因为缺少销路而被倾到海里去喂海上的肥鱼。在以前经济的危机，可以使许许多多的企业破产，并在这破产的废墟上，重新开拓一些自由竞争的道路，更慢慢的恢复繁荣；可是这次的危机，却使金融寡头更有力的增强了自己的地位，金融寡头和一般人民的地位更加远离，财富的集中，达到了更高度。为了这个缘故，所以危险一直延长到一九三二年末才慢慢的转向萧条。——然而是长期的萧条。用几千万人的生命去换取来的代价，原来乃是饥饿的胜利！

可是这个危机还没有过去，第二次世界大战的信号已在东方响了起来，最脆弱的日本帝国主义者，首先就以战争来找取危机的出路，在满洲放起火来。接着希特勒，以反凡尔赛的英雄，爬上了领袖的座位，然后又以东进的呐喊赢得了西欧政治市侩的欢心，一阵军鼓和喇叭，刀剑与铁轮碰击的声音，首先慕索里尼拔出了屠刀向阿比西尼亚斫去，国际联盟被一次再次的证明是无聊的偶像，苏联的和平呼吁，被人给予聋耳，端坐大西洋那边的孤立主义，也正在那里打算，利用欧洲战争未尝不可又乘机做一笔生意。如果第一次世界大战的前夕，人们一直到大战爆发前两个月，还不知道会有战争，那么这一次，却在大战爆发前四五年以来，人们已无日不在大战危险的恐怖中过日子。

果然经过四年之久的特殊萧条，当新的经济危机重新出现的时候，(一九三七——一九三八)希特勒也就断然冒险把全世界投入到战争火焰之中。

很显然的，这一次战祸的损失，要比前一次超过十倍百倍，几十万吨的铁流从空中倾泻，整个的城市变成了丘墟，几千万人类于转瞬之间变成了血花肉屑，几千万人类被系于铁索当作奴隶，像羊群般赶来赶去，被屠杀被活埋的更不知道多少。我们假如试去想像一下，这一次战争，将会死伤多少人，将会有多少孤儿和寡妇，我们就不难理解到战争的残酷。

如果有人在街上持刀杀人，那么人们一定会说他是野蛮，要受惩罚，然而何以人类文明，进化到今天，却不能免去人类在自相残杀中，招致数千万人的死亡！过去人类学家告诉我们，在远古的时候曾经地面上有许多恐龙，但是到了后来，因为自相残杀吞噬，结果乃至于绝种。是不是人类的智慧发展到今天，而其结果总是要同过去的恐龙一样免不了绝种的命运呢？这也许是有类于杞忧，可是假如我们想像到将来的科学发达，杀人的利器一天天进步，也许有一天，一个飞弹从数千里外飞来，于是一刹那间，几千百个人的生命都变成乌有。那么这样自相残杀下去，人类将复归于野蛮甚至于绝灭，也不是绝对不可能的事情。

所以在今天，当胜利就快要来临的今天，我们必须要问：这一个胜败是不是和平对战争的胜利呢？这一个胜利是不是可以保证永久的和平呢？假如在这次战争结束以后，各国还是斤斤于目前的私利，如何去分割殖民地，如何去划分势力范围，如何去获取更多的资源，如何去维持自己的武装，减削别人的武装，如何去以防止别人威胁为名，造成自己对于别人的威胁，假如我们不能把胜利的基础放在和平上面，那么很可能，经过一个时期比这次还要惨烈的战祸还是要到来。

但是,如果是这样的话,今天的和平,岂不是未来的战祸的开端?这个和平岂不仅是毫无意义,而且还是不详的预兆!

经过了第一次大战,死伤了这样多人,直接间接受到灾祸的更不止止千万,但不到二十五年间,又发生了第二次大战。死伤的人更多,所受的灾祸更惨,无所谓前方和后方,多少人在第一次大战的时候死去了丈夫,而这一次大战里又死去了儿子,多少人在第一次大战的时候,死去了他自己的父亲。而在这一次大战里又失去了自己的兄弟!经过数十百年人类劳动之所经营,文化之所积蓄,许多城市,工厂,作坊,农场,村舍,图书馆,博物院,在炸弹爆炸之下,可以全部绝灭,经过十多年父母们辛苦之所提携,学校之所抚育的青年孩子,可以在一粒弹丸之下暴命。难道人类进化到今天,还是要和过去的恐龙一样在自相残杀中灭绝吗?不,我相信人类的智慧已经应该能够免除这自相残杀的野蛮的行动了。

为了这个缘故,所以今天一切留心时局发展的人,一切关心于人类未来命运的人,一切科学家,艺术家,政治家,所有人类文明的代表,对于未来的和平问题都应该感到十分的关切。

二　为什么会有战争

要答复如何保障未来的和平问题,首先我想就得研讨一下为什么会发生战争。

在第一次世界大战以后,反战非战的思想不是曾经盛极一时吗?为什么不能免除战争呢?

早在一九二四年日内瓦议定书里面,人们就曾很清楚替侵略下了一个明确的定义。在一九二七年凯洛公约里面也曾明白的指摘战争是非法。而且在这次大战爆发的前几年,早就有人指出了战争的危险。苏联的外交家曾不断的警告过我们,美国的有识之士也曾同样的警告过我们,然而战争终于是不可避免地来了。这是什么缘故呢？

所以战争并不是漂亮的政治家的和平的演说所能阻遏的！它也不是堂堂皇皇的决议宣言所能阻遏的，也不是几个有识的政治家所能临时废止的，更不是凭几个人道主义的善良之士的奔走呼号所能止熄的。它是滋生在不合理的经济制度里面，它是潜伏在每一个不合理的政治措施里面。如果我们不注意它，随时警惕，让它日积月累潜滋增长，那么等到有一天成为了一种社会趋势的时候，那就谁也无法去临时把它根绝了。所以当我们讨论到战争所以发生的原因的时候，我们必须更深刻的去研究一下推动这个战争的基本力量是什么东西。

曾经有许多历史家把战争的原因看成琐琐屑屑，零零碎碎，他们不从社会的内在关系上去找寻原因，而只是看到了一些第二义的或甚至是表面的因素，于是一个人的脾气坏，可以发生战争，一次家庭的风波可以发生战争。这种看法，在过去奴隶社会，或封建社会里酋长和国王大权在握的时候，也许还能算是捉摸到了一些真理的影子，可是用这种看法来把握近代战争的因素，那事实上就非把人引向真理相反的方向不可了。

你说战争是由于人类的好战的天性吗？但是我同样可以举出更多的例证，证明人类有着和平共居，互助互利的天性，而且历史上我们看见有不少的国度，连续的有数百年的光阴可以在和平的日子中平滑的过去。

你说战争是由于某些国家的人口过剩吗？但是为什么这些人口过剩的国家，常常就是生产过剩的国家呢？为什么他们不能把生产过剩的商品的劳力，来生产自己所需要的东西呢？即退一步说，他们为什么不能以自己多余的商品，换取别个国度的多余的食粮呢？像加拿大和美国，不是正闹着农产品过多吗？不，不是的，以人口的过剩来解释战争，那是过于把问题简单化了，如果照这样说法，那岂不是节制生产论者，将变成和平的使者？

你说战争是单纯的由于种族的歧异吗？但中国和日本是同属黄

种，为什么会这样结下世仇？法意两国，同属拉丁民族，何以要互相水火？当一世纪前后，巴尔干的人民，要求独立解放的时候，为什么英国政府，曾不止一次的，支持过异族异教的奥托曼帝国？西班牙的佛朗哥，为什么要借摩洛哥的土著来屠杀自己的同胞，宣扬大法兰西的赖伐尔之流为什么要出卖自己的人民去替纳粹当奴隶？不，不是的，以单纯的种族间的仇恨作为战争的基本原因的时期已经过去了。

那么战争的原因究竟在哪里呢？

从历史上分析起来，不错的，人类即在史前时期，就有着战争。可是战争可随着时代的不同而有着不同的特质。我们不能说，人类一向就有战争，所以今后还得一直战争下去，说战争是人类的天性。只有当我们把战争的历史发展看清楚，我们才能够更明白的看出现代战争的社会动力。

在游牧时代，人们是为着争夺水草而发生战争，在奴隶时代，人们是为了争夺奴隶而发生战争，奴隶愈多的民族就是愈强愈富。在封建时代，人们是以争夺领土而发生战争，野心的帝王为了要扩张领土来分给自己的亲属功臣，丝毫也不吝惜人民的血。重商主义时代，人们是为了侵夺更多的金钱和货币而发生了战争。商品和短刀，欺骗和掠夺，商人和海盗，是孪生的兄弟。

到了产业革命以后，资本主义有了长足的进步，它所要求于落后国家的是原料和市场。它和以前的经济制度是不同了，它于平等交换的名义之下，掩藏着剥削，因而他对殖民地的侵略也是采取自己贸易，自由通商的方式来进行。而且每到一个通商口岸，它必挟其优秀的技术，建立起资本主义的王城，于是这些侵略者，更振振有词，好像他们都是传播文明的人物。二十世纪初头金融独占资本获得了优势，侵略的方式更变得微妙。可是无论它的方式如何，经济之作为战争的最基本的动力还是和从前一样的。所不同的，只是过去的经济掠夺是和战争同时进行，而近代人的侵略，却通过了银行的簿记，表面上做得非常之文雅。

自然每一次战争，都必然会掺杂着各种不同的时代的因素，而在战争上面烙上了自己的记号。有些是表现成为因各国王朝间血统和王位的争夺而引起了战争,有些是表现成为因宗教信仰不同而发生了战争。十字军东征那是谁都知道的历史上有名的事件。可是跟着近代史的开场,王权逐渐削弱,至少在名义上人民成为了国家的主人,于是王朝与王朝间,国家领袖与领袖间的冲突,再也不能构成功战争的因素。同样的,宗教信仰的自由,逐渐被承认为每个人应有的权利,所以三十年战争结束,西法利亚条约签订以来,宗教之作为战争的因素也已不复存在。不过代之而起的,倒是民族的因素,意识上的因素。比方史图亚特王朝为了保护自己神圣的王权,而和民主思想发生斗争,如法国大革命以后,欧洲国家对革命仇视而发生干涉战争,都是很明显的例证,此外,如十九世纪中,泛滥于欧洲的民族运动,东方的侵略和反侵略的战争,都是大家所知道的。

所以作为战争的基本动力的因素是由于每个时代的社会结构不同而有着不同的社会涵义与形式。而其中自然还是以经济的因素为主导的贯穿全部历史的战争的动力。如果我们不从经济方面去找寻原因,而专从微小的历史琐节上去游泳,那一定会使我们轻重倒置,不能正确的估计事情。同时如果我们把前一个世代的战争的因素,拿来解释近代的战争,那更一定会使我们变成时代落伍,而看不见客观的真际。比方有人企图以个人的野心来解释这次希特勒发动战争,我想这是错误的,你想想看,如果单凭希特勒个人的野心,它能够建立起这样大的战争机构么?你想想看,如果单凭希特勒个人的努力他能够得到英国法国的金融寡头们政客们的鼓掌称善么?希特勒所从而建立独裁的社会基础已和过去的王朝完全不一样了。

所以总括起来,我想,作为近代战争的基本动力,从横断面去看,可有以下的三个因素:

第一是经济的因素,由于不合理的经济制度,盲目的生产,致使先进的资本主义国家,一方面是生产过剩,另一方面是失业和饥饿。而金融寡头为了开展市场,于是乃以国内找不到销路的大量的货物向落后国家倾销,或是用投资的方式吸取高额的利润,或是因货币贬值以压倒对方，或是用特许的方式垄断落后国家的资源，或甚至进而掌握其生产交通的命脉，干涉它的内政和关税。这种办法，一方面是使落后国家永远无法执行其产业化的计划，农村生产永远停滞在小农经济上面引起了极大的不满。另一方面则各强国间互相竞争，这自然就引起了正面的冲突。英国工党领袖摩里逊说的，“商业竞争和因商业竞争而引起的不平，实际上就是战争的先声，”这句话是完全对的。

第二是民族的因素。十九世纪以来，“第三等级”（指工商业）所领导下的民族运动，事实上并没有彻底进行，相反的，随着资本主义的发达，民族间经济发展的不平衡愈益明显地暴露出来。因此刚才所说的经济因素又常常是和民族问题杂揉在一起。一个技术发达的资本主义先进国家里面，虽然有着不少贫困的人民，可是在对外关系上说，他们总算是以先进国家的人民的姿态出现的，在落后国家里面，虽然也有不少富豪或产业资本家，但是在对外关系上说，他们总是以落后国家的人民的姿态出现的。而且由于肤色，习惯，语言的不同，自然比较容易的看出民族间分别的界限。于是由经济上的对立又转化成民族间的对立：一方面是先进的民族，另一方面是落后的民族，一方面是富有的民族，另一方面是贫穷的民族，一方面是经济上占控制地位的民族，另一方面是经济上留在半独立状态的民族。这其间再加上了历史的传统，政治制度的不同，宗教信仰的差异，民族的成见，因而造成了民族间异常复杂的对立关系。互相猜疑嫉忌仇恨，所以在国际舞台上便成为了国家与国家间的对立，在同一个国家里面，就造成为少数民族问题，在产业先进国家和落后国家之间就成为了镇压政策和殖民地的民族解放运动间的对立。

第三是意识上的因素。由于金融寡头的垄断，资本更集中，由于民族间的积恨，于是在意识上乃造成了一个极端的民族自大主义，极端对外扩张的侵略主义。这两个东西合起来，就成为了近代残害人类的法西斯主义。不过这个法西斯主义虽然是极端的民族自大主义，虽然是把国与国之间的矛盾弄得非常之尖锐，可是在侵略和平国家，吞食弱小这一点上，又大家完全一致。只有明了这一点，我们才能解释为什么在和平，反战，裁军的声浪中希特勒竟能够登台并逐渐长大起来，吞食了一个国家又一个国家。所以法西斯主义并不仅是存在于日德意三国里面，而且也存在于世界范围以内。即在轴心国完全失败以后，法西斯主义将仍是扰乱世界和平的最危险的敌人。

这三个因素是推动战争的基本动力。每一次战争，无论它是大是小，表面看起来虽然好像是很复杂，有些是地理的历史的因素，有些是偶然的原因，可是假如我们更仔细地去分析起来，那我们就不难发现这里面潜藏着的原因是：以经济的原因为主，同时还夹杂着民族的，或意识的因素。

再从战争所表现的形态说，那我们可以把它分成四个基本的形态：

第一种是由于每一个强国都有它的附庸和势力范围！因而在各强国为了自私的目的推动之下，产生了各小国与小国之间的战争，或是同一个国家内此派与彼派间的内战。

第二种是由于小国或落后国家不愿意永远受强国的支配起而反抗的武装冲突。这是殖民地的解放战争。这虽然是彼此强弱的悬殊，但弱者方面常常能获得别的强国的支持，因为这些强国惧怕某一个大国过分得势会损害了自己的利益。

第三种是强国与强国之间矛盾达到极点，因而不能不亲自出马，于是造成了大规模的战争。而前两个又常常是第三种战争形态的序幕。

第四种是侵略者受了初期战争胜利的鼓舞，于是不顾一切信义和手段，企图征服世界向所有国家挑战，于是把战争的规模更加扩充，而成为全世界爱好和平人士对侵略国的战争。

这四种形态，常常又是作梯形的发展，我们如果把一九三一年的满洲事件到一九四一年的德苏战争爆发，从发展的观点看，那我们就可以看出这里有一串的明显的序列，每一种形态都是互相勾联着。可惜的是那些西欧的近视政治家们有意的或无意的忽视了"和平不可分割”的原则“集体安全”的原则而终于至造成了这一次最大的战祸。

三　第一次世界大战以后和平主义的失败

明瞭了战争的基本动力，和它的基本形态，现在我们再进一步来检讨一下，第一次大战后一切和平运动所以失败的原因。

首先我们谈到威尔逊总统的十四点。

很明显的，威氏并没有了解到战争的基本动力究竟在什么地方。所以他的主张都是根据于一时的即兴。

我们现在且把他的十四点抄下来看看。一、和约召开完成以后，不得再有秘密外交；二、除国际行动的封锁外，各国领海以外航行在战时及平时均绝对自由；三、竭力扫除经济上之障碍；四、各国军备裁减有适当的保障；五、各殖民地的管辖争执一律秉公办理；各相关地域内人民的利害，与欲统治该地政府之请求一律平等；六、所有俄国的领土概行退还，让俄国人民有充分机会自行发展；七、恢复比利时的领土对于它的主权不得加以丝毫的限制；八、恢复法国在普法战争时所失去的领土；九、意大利的国界应依据明白公认的民族界限，重新划定；十、奥匈国内的人民，应充分给予自主机会；十一、恢复罗马尼亚，塞尔维亚，门的内哥罗被占领的土地，所有巴尔干各国彼此间的关系，应在国际保障下，依历史的亲谊及民族的分布来划分。十二、土耳其民族的主权应予以保障，其所属下的非土耳其民族，则应给予自主的机会，达但尼海峡，应永久开放给各国通航；十三、根据波兰民族分布的地区，建立波兰国，并应给予通海的领土；十四、国际联盟必须成立，在特别盟约下，以互相保障大小国在政治上独立与领土上的完整。

威氏除了在一九一八年二月二十一发表的宣言中曾提到“民族的希望必须受到尊重”比较重要以外，在这十四点里面，他的重点几乎完全集中在保证领土完整这一个项目上。至于他主张领海以外航行的自由，主张扫除经济障碍，主张裁减军备，废除秘密外交，不是空洞的主张就是琐屑的技术的提议，他根本没有接触到战争所以会发生的原因，根本没有提到要保障和平应该有何种力量。所以如果把威氏当作为美国的代言人，那我们还可以说他已多少尽了他的任务，因为他所说的航行自由，扫除经济障碍云云，都是代表着美国的利益。因为美国的资本主义经过了第一次大战以后，它已发展到这样的高度，使得他可以不必占领别人的土地，而只凭借着雄厚的资金，即可以控制别人的国家。可是如果把威氏当作为和平的代言人，那就未免是过分的天真。难怪后来，他国内得不到议会的支持，国外受到欧洲外交家的抵抗。最后，他只得以组织国际联盟来作为他对其他一切让步的条件。所以从整个的说来，他的原则和计划是完全失败的。

现在谈到国联。

如果我们把国联的宗旨拿来检查一下，那么我们就可以看出他们所标举的宗旨的确可以说已经是集和平的词汇之大成。他说要反对外在的侵略，保存领土的完整和政治的独立；他说要用谈判，调解，仲裁，和法律的方式解决纷争；他说凡不愿意这些方式，而直接从事于战争的国家，将被认为是对一切其他盟国的宣战；他说要把不适合的条约，重新考虑；他说，要提倡国际合作，以减少犯罪；他说要保护少数民族……的确，这些条文，没有一条不是光明正大，可是实行起来呢？那就不特没有废弃不合时宜的条约，相反的更增加了许多列强间的秘密谅解，不特没有保护少数民族，相反的，许多少数民族问题闹得更尖锐起来，不特没有得到国际的合作，相反的国际间布满了猜疑和恐怖的空气。裁军是愈裁愈多，侵略的凶焰是愈来愈烈。

的确，从一九一九年起这可怕的战神从来就没有离开过这个地球。一九一九年有捷克、罗马尼亚、南斯拉夫对匈牙利革命的干涉，一九二〇年有波兰的进占维尔那，一九二一年有希土之战，一九二二年有日本向西比利亚的出兵，一九二三年立陶宛出兵占米美尔，法国占领鲁尔，一九二四年西班牙向里夫民族出征，一九二五年法国征服叙里亚民族的叛变，一九二六年美军占领尼加拉瓜，一九二七年意大利占领科甫岛，荷兰屠杀爪哇的叛变，一九三〇年法国征讨安南，英国征讨印缅北境的土著。到了一九三一年的满洲事件，一九三五年的阿比西尼亚事件，一九三六年的西班牙内战事件，事情是越来越多，越闹越大，国际联盟不仅不能作有效的制裁，反而处处在替侵略者弥缝，国联的威信，事实上已一落千丈。

而在这同时，希特勒于一九三三年登台，他立即成为了撕毁条约的专家。一九三五年他借口列强并未执行裁军的诺言，于是重整军备，一九三六年他无视洛迦诺公约，而进占莱茵，一九三七年德意结成了轴心，一九三八年并吞了奥国，可是国际联盟对这一切破约行动只是装聋做哑，虽然由于苏联的加入国联，稍稍加强了他的活力，然而苏联外交家的和平呼吁，都在英法外交家耳朵里睡觉。

一九三八年张伯伦老人似乎对于国联里面苏联的和平演说已感到厌倦，所以他宁愿弓着背撑着雨伞，不惜路途的遥远跑到慕尼黑去开四强会议，他的目的是要引希特勒为同志，唆使他去做东征的英雄。然而也就是在这会议上，作为国联支柱的英法二国，实际上已离开了国联的立场而去迁就德意的侵略计划。可怜的国联，它已被人活生生地送进了棺材。可是当张伯伦回到伦敦去的时候，他还是以和平的胜利者的姿态发言，他说："近代战争是多么可怕的事情，所以假如有人认为我们要为了千里以外的小国的疆界的安全而把我们整个帝国投入到战争的可怕的深渊，那简直是一件不可想象的事。"可怜的健忘的老人，他已经把国际联盟所规定的规章早已置之九霄云外。

难道国联没有反对侵略的规定吗？没有防止使用武力侵略的规定吗？有的，然而为什么这些规定都无法执行呢？这原因是因为作为国际联盟领导者的强国，一开始就没有把国联当作为反对侵略的和平机构。它们只是想通过国联，来分割更多的殖民地，通过国联来控制更多的国家，用国联来作为镇压战败国家的武器，作为反对"赤色疫菌"的堡垒。所以国联的盟约要主张和平，但国联的理事会却并没有维持和平的责任和义务,更没有切实的力量来做和平的后盾。争执的国家可以把争端交付国联,但也可以不交付国联,可以交付理事会,但也可以交付大会;国联可以受理,也可以不受理;他的调解可以有效,也可以无效;而会员国则可以接受国联的建议,也可以不接受国联的建议;国际联盟的确是一个政治舞台,那里充满着戏子,在全世界都冒着狼烟的时候,他们却在那里高唱着和平的调子。

第三,我们再附带的来说几句国联以外的和平活动。

我们都知道美国是站在国联以外的,可是他也并不是在自甘寂寞,他一眼就看上了远东的资源,因为在这里有无限的资源与人力,尚未被利用,因为这里美国的贸易数额每年都有巨大的进展。诚如某位美国政治家所说“五十年前远东供给我们的货物,占当时总输入的百分之十,二十五年前远东的供应,占我们当时总输入的百分之二十,二十年以后,远东很可能在我们的输入总额中占更大比例”。正因为了这个缘故,所以自从第一次大战以后,美国在远东始终是采取积极的态度。一九二二年华盛顿会议,其主要的目的,就是在于拆散英日同盟,保证中国领土主权的完整,维持门户开放的原则。此外还规定了英美日海军力量的比例,限制了一万吨以上的造舰程序。这些措施,从今天看来,至少总算是延缓了战争的时日。

至于其他如一九二五年的罗迦诺条约,那不过是法国企图以条约的方式,来巩固他自己的获得,一九二七年的凯洛公约,那不过是精神上给予战争以一种谴责;一九三〇年的伦敦海军会议,则不过是华盛顿会议的延续,把五、五、三、的比例扩展到補助舰艇。所以严格的说来,对于世界和平,并没有什么多大的贡献。

在这时候,只有苏联沉着地在努力建设自己的社会主义的国家。他主张和平,他主张集体安全,他主张和平不可分割,他主张普遍裁军。它不是空泛的和平主义,他是主张以和平的力量克服战争的因素。但可惜的是,它这种主张始终给西欧的政治家们歧视和嫉妒。真所谓是“曲高和寡”!

从第一次大战结束到第二次大战爆发,这二十年间,世界上一面有和平的机构，和平的规章，和平的会议，和平的演说，另一方面，则血肉横飞，人民流离，从小的一个角落的战争，渐渐发展到大规模的冲突；由局部的骚乱的镇压，渐渐发展到两国间的正式交兵；由刺刀，臼炮和机枪渐渐发展到飞机和大炮。这不是一个奇异的局面吗？一方面高喊着安全，秩序，文明，和平，另一方面，则又有经济危机，失业恐慌，商品倾销，关税壁垒，货币贬值，明枪暗箭，此倾彼轧，造成功一片混乱。一方面是盆汤和酒馆，一方面是贫穷和血泪。就是那些把和平叫得最响亮的人，也不会相信这个局面真的能够维持和平。于是国际政治上，照旧充满着阴谋，奸诈，欺骗和威吓，再从这阴谋，奸诈，欺骗和威吓产生出了不平，愤怒，嫉恨，和怨毒。在这个一片迷雾的空气里面，丝毫也不能看见和平的阳光。

所以难怪，在一九二五年，当德国的社会民主党爱倍尔死了以后，复辟派的票数马上超过了一千万票。当一九三二年，希特勒上台的前夜，德国的失业工人，已达到六百万人。经济危机这个怪物，已经又在欧洲徘徊，德国的容克贵族，金融寡头，早就预备着要用战争来解决这历史遗留下来的矛盾了！

四　论和平的条件与和平的力量

可是由于极端好战的，反人道的，残酷的法西斯的侵略，把全世界最大多数的人类都投入死亡，饥饿，奴役，恐怖的火流之中，因此全世界的人民乃不能不一致起来为反对人类的害虫而奋斗。到了今天，反法西斯战斗的胜利已经在望，问题是我们今后是不是还能继续过去和法西斯奋斗的精神，来确保和平呢？我们是不是能够以牺牲千万人的生命所换取得来的胜利，来保证今后几世代的无量数人的生命呢？如果是的话，那么我们又有哪些和平的条件和和平的力量呢？

我觉得这一次战后的世界，究竟不同于第一次战后的世界。首先是论到和平的条件。

第一，经过了这一次大战以后，生产力有着更飞跃的进步，罗斯福总统曾表示，如果照目前美国生产力量发展的速度，则半个世纪左右，美国的生产，可以供给全世界人类的丰衣足食。科学上的发明与发现无论在合金方面，医药方面，制造代用品方面都有着惊人的成就。在空气里面可以提炼出肥料，在海水里面，可以提炼出轻金属的铝，从海草里可以提出钙质，制成食物，和医药用品，英国在目前已有了这一门的特殊工业。在以前资源的出产常常受到区域的限制，可是现在人造树胶可以大量的制造，美国现在每年人造树胶的产量已达一百万吨，超出了过去他从荷属东印度的输入量。即将来的石油亦未尝不可以由人工来大量生产。这些事实，都在说明科学的进步，可以保证未来人类生活的幸福和愉快。自然的资源更可以取之不尽，用之不竭，而人们也可以无需为了生活的资料，而自相残杀。同时反过来说，这些事实，也正在说明，把人口过剩作为发生战争的原因的学说，是毫无根据。科学可以很骄傲的告诉人们，未来人类的生活，是可以毫无问题的，可是今天之所以还有许多人陷于贫穷的苦海，或甚而至于还要发动自相残杀的战争，那完全是社会制度的罪恶！从世界的范围说来，并不是出产不足，推动了战争，倒是生产过剩酿成了战争。那么现在生产力扩大了，是不是更足以促成战争呢？我的答复是，现在世界的和平力量已具有相当的力量，生产力之扩大，反过来亦正足以更暴露社会制度的缺点。所以只要社会制度有一个改革，生产的进步乃正是和平的有利条件。

其次，是战后交通发达，过去的险阻的山川，辽阔的海洋，现在都不足以限制人们的往来，青天无际，碧海无云，正足供人们的自由飞跃，自在翱翔，无线电传真，数千里外的友人可以晤谈一室。一周间可以周游世界。由于互相交往的频繁，自然就容易发生休戚相关，四海一家的情感，过去的民族的偏见，由于无知而伪造出来的传说，都可以逐渐泯灭。再从另外一方面看，近代战争的武器，其有效的杀伤距离，正不断的延伸。据说新发明的火箭，将来可以有九千里的时速。而且从制造的原则上说，其发射距离亦可以无限延长。是则将来不发生战争则已，只要任何一个角落，发生战争，立即会直接的影响到其他的所有部分。不分老幼妇孺，同样的可能在战争发生后的瞬间，化成灰烬。由于有这样的共同的利害，人们自然不能不更是互相关切。这是二。

第三，经过了这次战争的灾害，人们已开始了解到和平的可贵，经过了这次专政的荼毒，人们已开始了解到民主的重要。和平主义，已经失败。人们开始知道，和平并不是演说，并不是条文，并不是诺言，并不是决议，更不是人道主义，善良的良心所能担保，和平必须有自己的力量，和平必须依靠自己的斗争，和平是必须靠长期的坚韧的努力，去不断的克服，潜伏在社会里层的战争的因素。所以我们比以前不同，我们开始认识了民主与和平是不可分离的，我们认识了世界繁荣是不可分割的，我们了解了，思想自由，和发表自由，乃是保证民主与和平的利器。过去民族自决的原则是被更具体化成为"各民族能按照其本身的愿望，来规定其本身之国家生活。"对于法西斯思想，大家也已有一致的认识，认为法西斯就是战争。这种广泛的政治认识，比前一次大战不同，这是第三。

可是以上这些所说，都还不过是物质上和精神上的和平的条件。有了这些条件，并不能够产生和平。真的要保证和平，必须要有和平的力量。所谓和平的力量，并不简单就是指那些武力，因为真的等到战争的危机已经暴露，我们才来用武力去镇压，那已经是太迟了。所以我说的和平力量，乃是指那些作为和平因素的社会力量。

那么在这一次大战以后，我们有哪些社会力量可以作为将来世界安全与和平的担保呢？我想至少有以下的几种：

第一是资本主义里面的进步的革新的力量，经过了一九二九年的危机，长期的萧条，世界币制的混乱，经过了独裁制度的蹂躏，战争的破坏，广大的人民已开始痛定思痛的追究到战争的来源，而有所觉醒了。英国的工党，美国的新政派，他们已提出了如何限制经济上卡特尔的垄断，和如何保障工人的就业，而在对外的政策上，亦已多少了解到只顾自己的利益，以至造成世界其他部分的贫穷之非计，英国法国在第一次大战时候,所得虽然很多,但比起这次大战所受的损失来,则又是太不值得了。因为世界的繁荣,是不可分割的,所以在获取资源上,开拓市场上,都采取了比较开明的政策。其他如使落后国家产业化,普通的战后救济计划,农业生产的改良,国际货币流通的改善,以致于各民族地位平等的确定,这些一切,虽然我们不能寄于过分的期望,但这至少可以弛缓过去国际间的紧张的关系,而逐渐一步步的走向和平的大道。当然,这种力量,还正在生长,在它发展的过程中,必然还会受到许多保守派的攻击,遭遇到许多曲折和困难。可是这种力量,是正在逐渐扩大,受到群众的欢迎,这是无容置疑的。

第二是苏联的力量。何以苏联是和平的力量呢?它不是拥有世界上最强大的陆军吗?它不是相当于第一次世界大战以后的法国吗?对的,苏联是世界三强之一,可是这并不能妨碍它是一个和平的力量。因为苏联本身的原料,可以自给自足,并没有尖锐的原料问题,因为苏联的生产品都是拿来满足人民日常的需要,他没有极力扩张国外市场的急需,它的对外贸易政策,完全是根据于有无相通,平等互利的原则上来执行的。因为苏联是一个多民族的国家,而在他国内又已顺利的解决了民族问题,在苏联从没有民族的自大主义可以为任何侵略主义者精神上的温场。最后因为苏联的有组织的经济,使得每一个公民都有他自己的工作,生活安定,没有失业的恐慌,苏联人民所企求的是如何增加生产,使到生活更富满更美丽,他没有必要去流着十万人的血去侵略别人的国家。所以苏联是一个和平的力量,是从社会的内在结构中看出来的。

一九四三年十一月苏联国庆的时候,斯大林曾这样说:“建立欧洲秩序以消除未来德国再施侵略之可能,和建立各民族间持久之合作……”。他这句话,的确不是外交辞令。因为在解决南斯拉夫问题上,和解决波兰问题上,他始终都是居于卢布林政府与波兰流亡政府之间,狄托元帅和南国流亡政府之间,希望他们在一个进步的政纲之下合作的。这次雅尔塔会议,英美两国的首要都表示满意,这是一个有力的证明。

第三是殖民地的力量。诚如我上面所说,战争的因素主要的和殖民地的争夺有关。可是这一次,殖民地的人民或则是在自己自求解放的斗争中,站了起来,或则是在反纳粹的战斗中,起了很大的作用。殖民地人民的觉醒,正在从根本上消灭列强纷争的对象。殖民地国家的繁荣和壮大,乃是使全世界走向繁荣和均衡发展的第一个步骤。

第四是新兴的被解放国家的力量。经过了这一次艰苦的解放斗争,这些国度的人民已觉醒过来,被组织起来,在战斗中锻炼出了自己的英雄和领袖。这些人民是绝对不会同情任何侵略战争的,这些国家的人民是绝对不会再跟那些挂着民族主义招牌为一些少数人的利益,去开疆拓土的野心家效劳的。本质上,他们是法西斯主义的敌人。

以上这四种和平力量都是第一次大战后所没有的,它们是战争的反对物,只有依靠他,和平才算有了保证。

五　国际和平机构的一般的考察

照我们刚才上面所分析,我们已经具备着和平的条件,又有了和平的力量。那么,根据着这一个估计,来展望未来的国际和平机构问题,我们是比较容易把握到问题的中心了。但我认为,在没有更仔细的去研究那为敦巴顿橡树会议所通过,而将在旧金山会议所要讨论的草案之前,先对于这个国际和平机构以及它和以前的国联有何不同作一个一般的说明是十分必要的。

首先从历史的发展说,我觉得这一次的和平机构,并不像前一次大战后的国联一样,只是凭一时的理想或心存利用而诞生出来的。不是的,它是经过了长期战争的考验,经过了慎思熟虑,为了共同的利害而规划出来的。

远在一九四一年八月,英美所共同起草的大西洋宪章就有"两国相信,在广泛永久之普遍安全制度未建立之前……"等字样。

一九四三年十月间，莫斯科三外长会议，那时胜利的曙光已露端倪，所以三国会议的宣言里面，就这样明白声明："彼等为进行与其各个敌人作战而约定之共同行动，将使继续致力于组织及维护和平与安全……彼等承认有于最早可能实现之日期，成立一普遍国际组织之必要。……"不久以后德黑兰的三头会议，对于联合国家所负的和平责任，更着重的指出："我们确信我们的和协，必将使和平成为永久的和平，我们完全承认，我们以及所有联合国家，负有无上的责任要创造一种和平，必将博得全世界各民族绝大多数的群众的好感，而在今后的许多世代中，排除战争的灾难和恐怖……"

一九四四年秋，战局日见好转，于是根据着三国会议的结果，乃有十月间的敦巴顿橡树会议。在这个会议里面，初步的把国际和平机构的宗旨，原则，和机构草案拟了出来。今年二月经过雅尔达会议的协商，于是乃有旧金山会议的召集，并用以建立和平机构。所以旧金山会议，乃是在反希特勒的战争中，由以英美苏为主体的联合国，不断扩充发展而成的。这是第一点。

第二从和平机构中领导国家成份上说。过去的国联是以英法二国为主要的支柱。而现在却是以英美法苏中来做核心。过去英法是借国联来遂行它自己的政策，可是这一次不同了。在安全机构里面，参有着和平进步的力量。过去的大国当中没有中国，而这次中国却成为了四强之一，你相信我们中国也会做一个侵略国家吗？苏联是一向主张和平的国家，法兰西已经再也不是克莱蒙梭的法兰西，而是经过了希特勒的教训以后的人民的法兰西了。只有英国政府，它还是在保守党的手中，可是同时不要忘记代表比较进步势力的工党已经成为了英国第二个大政党，它已成为了足以左右英国政局的力量。经过了这样惨重的损失以后，即使有些死硬派，别有企图，但英国的人民已有了普遍的觉醒。美国，不错，是战后最强有力的国家，可是那里和平的民主的力量，亦正在抬头，经过了这几年的战争，死伤百万，人民过着紧缩的生活，早已感到十分疲倦了，何况罗斯福总统的政策总比当年的路易佐治，鲍尔温，克莱蒙梭之流眼光要远大些，思想要进步些呢！所以只要有谁想发动侵略战争，美国的生产阵线就不能统一。总括的说起来，在这几个强国中间，没有一个国家愿意继续战争的。而今天这些国家之所以愿意和平，也是根据于他们本身的现实的利益和需要，和根据于它们国家内部的和平力量。

只有理解了这次和平机构的形成的过程和它的核心组织的成分，我们才能正确的答复为什么这一次的安全机构要以强国为核心，和这个核心是否可以保证和平的问题。

所以总括的说起来，这一次的和平机构是在反法西斯的战争中，由英美中苏这几个国家愿意维持战后的合作与和平这一个基础上诞生出来的，在这个和平组织的几个核心国中间，和平的力量是占有着相当大的比重的。正因为有着这一个根据，我们今天才把旧金山会议所讨论的和平机构认为是走向未来的世界和平的里程碑。

六　论和平机构中的宗旨和原则

既然我们承认这一次的旧金山会议和和平机构，在今天说来是具有着积极的推动和平的意义，那么作为奠定和平基础的规章就有加以详细研究的必要。

首先我们来研究一下草案中所规定的和平机构的原则和宗旨。

为了要明瞭这个规章的内容，同样的我们也应该把自从这次大战以来的许多关于和平的历史的文件考察一下。

一九四一年一月六日罗斯福总统在他致国会的演辞中，他就表明，他所期望的未来世界，是要以下列四项人类主要自由为基础。即言论与表现的自由；每人依其个人的方式崇拜上帝的自由；免受缺乏的自由；免受恐惧的自由。当时美国虽然还没有参加战争，但罗斯福总统企图以这四项自由来和纳粹们的新秩序对立起来，那是很显然的。所以他说，此种世界亦即“独裁者企图以炸弹威力造成之所谓暴政新秩序的反面”。

一九四一年八月，罗斯福与邱吉尔在海上会晤，因为“他们认为有将两国的国策共同之点加以宣布的必要……并认为根据此种政策,世界局势才有改善的希望。”因此于八月十四日发表共同宣言,这就是所谓的大西洋宪章。

这个大西洋宪章,虽然好像不过是英美两国的基本政策,但它显然是一个有关于未来世界和平的重要文献。这里共包括八点:一、两国不自行扩张势力或领域或其他;二、凡未经有关民族自由意志所同意之领土改变,两国不愿其实现;三、尊重各民族有自由决定其所赖于生存之政府形式之权利,各民族中此项权利有横遭剥夺者,两国俱欲使其恢复原有主权与自由政府;四、力使世界各国,不论大小,无论胜败,于贸易及原料之取得,俱受平等待遇,两国对各国现有之组织,亦予以尊重;五、希望促成世界各国在经济方面之全面合作,以提高标准,经济进步与社会安全;六、待纳粹之专制宣告最终的毁灭后,希望可以重建和平,使各国俱能在其领土以内,安居乐业,并使全世界人类,悉有生活,无所恐惧,亦不虞缺乏之保证;七、所有各民族,应可在大海及大洋自由来往,不受阻碍;八、两国政府相信:全球各国,无论为实际原因,或精神上之原因,必须放弃使用武力,盖国际间倘仍有国家继续使用海陆空军军备,在边境以外,实施侵略威胁,或有此可能,则和平势必难保……

在这个宪章里面,很显然的,可以看到,罗斯福的四大自由已被包括在内,不过我们得承认,这个宪章并没有条约那样的严格的拘束力。而且既然定名为大西洋宪章,则他是否适用于大西洋以外的国家,也成问题。所以当世界强国的苏联加入了战争并不断的反攻胜利以后,整个形势已经改观。大西洋宪章显然是不够了。

于是一九四三年,乃有莫斯科三外长的会议,由英美二国,变成英美苏三国,由罗邱二巨头,变成罗邱史三巨头。会议的决定,有以下的几点:一、在重新恢复法律秩序与成立普遍安全制之前,为维持国际和平与安全起见,彼等得随时会商,并于必要时,与其他联合国家商谈,以代表国际采取共同行动。二、彼等在战争中止后,除非为实现此宣言之目的,并经共同会商后,不得在他国使用武力;三、彼等将共同，并与其他联合国磋商并合作，俾能于战后军备之规定，获得一实际可能之普遍协定。

接着一九四三年十一月六日的斯达林演说中他对于未来政策，阐明以下几点："一、自希特勒束缚下解放欧洲；二、予解放之民族以权利及自由，使能按照本身之愿望，规定其本身之生活；三、（从略）四、（从略）五、建立各国之持久合作。"

根据这些上述的原则，再酌量参照过去的国联简章，于是乃成立敦巴顿国际安全机构里面的第一章和第二章宗旨和原则的部分。

第一章宗旨里面，它这样写着：国际组织之宗旨应为：一、维持国际和平，与安全，采取有效及集体步骤，以防止并消除对于和平之威胁，并制止侵略行动，或其他破坏行动，并以和平方法解决足以破坏和平之国际争端。二、发展国际友谊关系，并采取其他适妥步骤，以加强普遍和平；三、在国际社会经济人道等问题方面，求国际之合作；四、在一定期间内，应以本组织为中心，协调各国行动，以达成上述目的。

第二章原则里面，它这样写着："为实现第一章所述各项宗旨起见，本组织及其会员国应遵守下列原则。一、本组织应以一切爱好和平国家主权平等之原则为基础；二、会员国应依据会章各尽其职责，以保障会员国权利与利益；三、会员国应以和平方法解决其争端，俾免危及国际和平与安全；四、会员国在国际关系中应避免与本组织不符合之武力使用，或武力威胁；五、会员国对于本组织根据会章所采之行动，应尽量予以援助；倘为维持国际和平与安全必需时，本组织应使非会员国之行动，亦符合上述宗旨。"

从上面这几点看来，他所用的语气似比大西洋宪章和莫斯科三国会议的宣言，都比较含混，它只强调和平，但并没有具体的说明在什么原则和基础上去获取和平。可是这个缺陷在一九四五年二月四日的雅尔塔会议的宣言里得到了多少的补充。在论联合会议这一段公报里面，它说："……建立一般性的国际组织，以维持和平与安全，经由所有一切爱好和平的各国人民的密切而继续的合作，以防止侵略并消除政治上经济上和社会上的战争原因，都是必要。”在论到“被解放的欧洲”的时候，他又这样说：“他们互相同意，当使他们三国政府的政策一致，以协助从纳粹德国统治下获得解放的各国人民，以及欧洲的旧轴心附庸国的人民，用民主的方式，解决他们迫切的政治问题和经济问题。”

不过我认为将来的和平机构，除了上述的宗旨与原则以外，在原则上至少还应加上下列各点。

第一，经济的民主和全世界人民的不虞缺乏的自由，应该列出。因为一切形式的经济侵略，都是战争的原因，而全世界任何角落的人民的灾难和贫穷，都会直接或间接的影响到其他地方人民的经济生活，而且也是造成未来战争的有力的因素。我们上面已经说过，金融寡头的垄断，乃是一切形式的经济侵略，和使全世界大多数人民贫困的泉源，因此，我们必须提出经济的民主，作为将来和平的保证。

第二，民主与和平不可分。每个国家内部最大多数人民的能够充分享受思想，言论集会结社发表的自由，对内来说乃是国内安定繁荣的保证，对外来说，更是安全与和平的保证。因此这一点必须列举出来。

第三，民族自决的原则，和保护少数民族的原则必须确定。使全世界的民族，都能按照其本身之愿望，规定其本身之国家生活。

第四，种族，肤色的分别，和殖民地制度，必须废除，并根据他们原有的经济情形，生活方式，历史条件，民族需要，促使他们逐渐走向产业化的道路。

以上四点原则我认为是必须包括在宗旨和原则里面去的。

七　论和平机构中的组织规程

由国际组织的宗旨和原则，现在再进而论到这个和平机构本身的组织条文。

我认为它有着以下的几个特点：

第一，这一次保证安全与和平的权力，差不多集中在安全理事会手里。在第五章第二节论大会的职权的时候，它这样写道：“大会得研讨关于维持国际和平与安全的合作原则，包括裁军与管制军备之原则，得讨论会员国或安全理事会提交有关维持国际和平与安全之任何问题，并得对于上述任何问题有所建议。任何此类问题，若须采取行动，无论已否讨论，均应由大会移交安全理事会，大会不得自动对于任何有关维持国际和平与安全而正为安全理事会所处理之问题，有所建议。”这里很明白，大会对于许多问题只有建议之权，而在采取行动的时候，则必须由安全理事会决定。但安全理事会依照敦巴顿橡树会议的草案的规定，安全理事会是由英、美、苏、中、法五个常任理事国和六个由大会选举的非常任理事组成的；所以五大强国成为了安全理事会以及整个和平机构的核心是很明显的。反过来说，也就是五大强国负有着维持和平与安全的确定的责任。

第二，安全理事会的表决程序，并不像旧国联采取一致表决的办法，而是采取有限制的多数表决的办法。按照雅尔塔会议的修正案，七票多数的表决中，必须包含五大强国的一致，但它为了使小国在安全理事会里面，亦有它们的作用起见，所以表决的时候，必须有两个非常任理事的支持。但争执中的当事国，则不能参加表决。不过在安全理事会采取行动的时候，则仍须五大强国一致行动，才能够有效。这样的表决程序，可说是很复杂的了。第一种办法在于一方面顾全强国在保障安全时候的实际的力量，另一方面，则又顾全到各小国的地位。第二种办法，是一方面争执的两国不参加表决，使安全理事会的决定，能够比较公正，至少可以使理屈的一方，在精神上要受到打击，另一方面，则在军事行动上还须五大强国一致同意，以免和平机构的核心内部，发生对立的营垒。一般的说来，多数的表决制，自然比全体一致通过制，要便于行动，安全理事会容易得出具体的决定，但为了解决现实问题所以又采取了五强的一致表决制。

第三，是过去的旧国联对于各会员国只能提出建议，但这一次的和平机构，依照敦巴顿会议的草案则有权决定各会员国所应负的责任。例如第八章第二节第二条“在大体上,安全理事会应判断任何和平威胁,和平破坏或侵略行为之存在,并应建议或决定维持或恢复和平及安全之办法”。如第三条“安全理事会应有权决定采取武力以外之外交,经济或其他办法以实施其决议……”即对各会员国间的争端,亦并不是如过去的国联一样。各国有单独行动的自由,而是“有争端之各会员国,若不能以上述和平方法解决其争端,则各会员国应负责将争端提交安全理事会。”这些规定,无疑的使安全机构的拘束力强化起来。

第四,新的和平机构,可以有权决定某种争端是否将妨害到国际和平,而不是像过去的国联一样,须等到侵略国真的有了军事行动以后,才能够加以制裁。如第八章第一节第四条的规定“……安全理事会,对每一争端,应先决定其继续存在是否将妨害国际和平与安全之维持,并依此而决定安全理事会,是否应处理此项争议,以及若应处理,安全理事会是否应根据第五项采取行动。”同章第二节第一项“倘安全理事会,认为某一争端未照第一节第三项所规定之程序,或未照第一节第五项所述之建议解决,即成为对国际和平及安全之威胁时,应按照本组织之宗旨及原则,采取必要办法,以维持国际和平及安全。”这个规定使安全理事会能预先采取对侵略国家的及时的制裁。

第五,这一次和平机构,可以依他和各国的特殊协定,拥有自己的武装。如同章第二节第四条:“如安全理事会认为此项办法尚不充足,应有权采取必要之海陆空军行动,以维持或恢复国际和平及安全。此项行动又包括本组织会员国之海陆空军封锁,示威及其他军事行动。”第五条“为使本组织之所有会员国,对于维持国际和平及安全有所贡献起见,应于安全理事会发出号令时,按照其相互订定之特别协定,负责提供必要之军队及其他便利与援助,以达到维持国际和平及安全之目的。此项规定,应规定军队之数目与种类,以及便利和援助之性质,此项协定应尽速商定,每一协定应由安全理事会核准,并由签字国依照其宪法手续批准之”。这个规定使安全理事会本身能具有一定的武装力量。

第六,这次的安全机构和前一次的国联不同,它承认区域之存在。如第八章第三节第一条"本组织会章之任何规定,并不排除区域组织之存在,俾得应付以就地处理为宜之维持国际和平及安全之事件。惟此项办法,组织或行动,均须与本组织之宗旨及原则相符"。同节第二条"安全理事会认为必要时,得利用此项办法组织,以执行其权利下应采取之行动,但如无安全理事会之授权,区域办法或区域组织不得有任何执行行动"。这种办法,无疑的,可以使许多区域事件,可以就近解决,而不必牵涉到许多并没有直接利害关系的国家。

第七,这次的和平机构,比较更着重于积极的增进全世界各国的社会和经济的福利。并希望从这一个积极工作,用以消灭战争的因素。所以第九章第一节第一条的规定:"为造成国际和平友好关系所必需之安全与幸福起见,本组织应设法便利国际经济社会以及其他人道问题之解决,并促进对人权及基本自由之尊重……"。同时还特别设立一个社会与经济理事会来专门负责任。这比起过去国联只把这一类工作,看成为消极的减轻犯罪是进步多了。

当然,我在上面所讨论的,都是敦巴顿橡树会议所起草的草案,至于这一次的旧金山会议,是不是照这一个草案通过,抑是还要有什么修改,我们现在还很难预测。但我相信,经过了雅尔达会议以后,其中的根本原则是不会有很大更改的了。

八　问题与答复

不过对于和平机构的规章,还有几点是很足以引起许多人的疑问的,在这里我不能不约略加以阐述。

第一有人问:在过去的国联,并不能包括全世界各国,特别是美苏两国都站在国联以外,至今还有人引为遗憾。可是现在所计划的新国联,还是不能包括全世界的所有国家,这是不是也会有损于未来的和平？

对于这个问题，我的答复是，过去的国联，因为是受英法把持，所以排斥美苏，它是没有原则的；可是这一次新的和平机构之所以不能包括全世界所有各国，是因为这一个国际机构，是在反法西斯主义的过程中产生的，因此它所包涵的只能限于反法西斯的，爱好和平的民主国家，在反法西斯斗争中出力愈多的国家，在这个国际机构中的发言权，也愈大，反过来说，它不能容纳那些伪装民主的法西斯主义的国家，不能容纳那些表面中立，而实际上和法西斯主义互通声气的国家，它不能够容纳那些现在虽然投降，而法西斯主义还没有完全肃清的国家，这个原则，我认为是对的。当然我们将来还是要把这个和平机构扩大到包涵全世界所有各国，欢迎那些没有参加和平机构的国家，都参加进来，可是这必须要等到这些国家的确把所有的法西斯主义清除出去而成立了民主政权以后。不然的话，毫无原则地把所有国家都欢迎到新的国际机构里来，使反法西斯国家与法西斯或半法西斯的国家同样享受着民主的权利，这是无论如何也说不通的。所以我认为把新的和平机构的会员国，只限于“爱好和平的国家”这是对的。在德黑兰会议的宣言里曾有这样的话“……我们将力求所有大小国家的合作和积极参加……我们欢迎他们，听他们决择，到一个全世界民主国家的大家庭……”关于未来的国际机构之必须扩大，难道还不很清楚吗？

第二，有人问，在过去的国联曾很着重的标明，维护领土的完整，可是这一次的和平机构却没有这一点，难道新的国联将不维护领土的完整吗？

对于这一个问题，我的答复是，目前最主要的问题是如何防止侵略，如何合理的解决民族问题，如何使到各地的人民都能安居乐业，经济上有了保障，如何在政治上保证他们的自由，和选择他们的政府。如果这些问题都获得了解决，领土完整的说法，将变成了没有意义。试问所谓保证领土的完整，是保证第一次大战以前的领土完整呢？还是保证第一次大战以后的领土完整呢？可是从今天的情形看来，无论是第一次战前的国界，或是第一次战后的国界，同样都是不合理的。所以如果把这一个条文放到上面，反而会引起许多解释不同的纠纷。妨碍了实际问题的解决。

第三，有人问，既然说未来的国际和平机构是“以各爱好和平国家主权平等之原则为根据，此种国家无论大小均可为会员以维持国际和安全”那么在国际和平机构内部亦应该用民主的票决才对，为什么要有一个强国为核心呢？

对于这一个问题，我的答复是：我们如果能够完全以绝对民主的方式来解决国际问题，这当然是很好的，可惜的是这在目前只是悬空的理想。这一次新的和平机构，顾名思义，他是要以维持国际的安全与和平为它的最主要的任务。可是要维持世界和平，特别是战后的和平，首先就是要有力量，没有力量而空谈和平那是假的；所以把维持世界和平的责任加在以强国为核心的安全理事会上面，这是比较现实的办法。正如在反法西斯战争中一样，主要的任务是由几个强国负起来的。假如不然的话，一切都由各大小国家一律平等来投票解决，平等是平等了，但真的有起事情，是不是能够维持国际的和平与安全呢？过去的旧国联，是各大小国家一律平等有否决权，但是否达到了维持国际和平的目的呢？答复是否定的。而且大国的一致投票表决权，只是限于安全理事会里面，在社会与经济理事会里可就没有这种规定了。所以问题的关键是在于如何能达到实际和平这一个问题上面。

九　我们对于和平机构的看法

最后让我们来讨论一下我们对于这一个和平机构应该采取怎样的看法问题。

显然的，对于未来的旧金山会议有两种不同的意见，一派是表现着乐观的态度，以为只要把和平的宪章一起草好，机构一成立，于是就天下太平。其实这完全是错误的。诚如罗斯福先生所说，和平的工作是日常的工作，是要从不断的努力中去求其实现，从处理日常事务当中，不断的排除那些足以造成战争的因素，扶植和平的因素。所以和平机构的成立，和平宪章的规定，不过是和平事业的开始。不错，我曾经说过，和平的机构已比前加强，但这决不是意味着一切和平的事业都可交由这个机构去管理，更不是说，在环境演变的过程中，某些强国不会有变坏的可能；也不是说这个和平机构已达到十全十美，国与国之间毫没有一些歧异。不是的，我只是说，在目前的条件之下，的确我们已向和平踏前了一步，但真正的永久的和平还是有待于每一个国家每一个公民的努力。假如过分乐观，那我们就一定会在有意无意中放弃我们日常的反战工作，和肃清法西斯余孽的工作。忽视了这一个国家或那一个国家可能有背于和平正义的行为。

同时还有另外一派人，他们对于未来的旧金山会议是怀抱着悲观的看法的。他们认为这是强权政治的复活，认为这还是大国统治小国，和过去的国联无异。这个观点我亦认为不对。关于这，在上面，我已曾略约的提到，现在让我再来详细研究一下。

第一，政治这个东西，固然需要有高尚的理想，但同时它又是很现实的。如果我们只把原理原则提得很高。而不顾全到当前的环境是不是可行，那我们一定会弄到只有空洞的高调。比方有人提议未来的和平机构应该以每一个国家站在平等的地位表决。这个提议当然是很理想的了。然而这种办法是不是能加强这个组织的力量，是不是有现实的基础行得通，那是成问题了。如果有人认为强权政治不好，所以就把它一笔勾销，而不顾到这个强权是属于谁的，和这个强权究竟是怎样使用和使用在那一个方向上；那其结果一定会只有理想而没有实际。

还有一层，就是对于未来的和平机构，我们绝不能把它看成固定化的。美国李普曼亦曾说到这点，他认为目前的和平组织不过是过渡性质的。这句话是很对的。只要和平的因素一天天增加，和平的力量一天天增加，那么这些规章，这些组织都可逐步改善的。罗斯福总统也曾说过，他认为我们今天当然还有许多不能尽如我们的理想，还有着许多缺点，但这些缺点，只要我们能够在不断的和平努力中，互相让步，我们最后总能获得改善。我觉得这句话是对的。

惟有对于今天的许多和平因素有清楚的认识，对于未来的和平机构有正确的估计，我们才能够对于未来的和平有着信心。在现阶段的情形看来，旧金山会议无疑的是有着进步的推动和平的作用。而且也正因为它有着这样的作用，所以今天我们才乐于去参加。不然的话，我们何必不远千里去趁他们的热闹呢？如果我们始终抱着悲观的态度去接近它的话，那我们在心理上至少会觉得这不过是一种形式，这不过是外交上的敷衍。

直到现在为止，还有许多的论客们，保持着一种矛盾的心理，一方面希望和平机构要有力量，但一方面又怕大国去把持。一方面希望在和平机构里面，大小国在表决上完全平等，但另外一方面又怕这些小国无力维持和平。一方面觉得多数表决，会使全世界分裂成两个集团，更容易引起战争，另外一方面又怕全体通过制会使这个机构永远不能够有所决定。一方面对旧金山会议表示悲观与怀疑，但另外一方面又似乎是十分愿意参加。我想这都是由于纯粹从法理上去理解问题，而没有从政治上去追究它的根源的缘故。我始终认为，为了使安全机构能够真正的有力量，以强国为核心，也未始不是好的现象。问题乃是这些力量是不是能够真正的为拥护和平的力量。如果是真的，那就只有好处没有坏处。

有人问，如果这些强国都联合起来，欺凌弱小怎么办呢？如果它们又一次分裂成两个对立的强大营垒又怎么办呢？我想这都是政治问题。照目前一般的政治情形说来，我们没有理由相信这任何一个大国愿意发动战争。因为在目前和平的因素超过了战争的因素，和平的力量超过了顽固的好战的力量。

所谓和平的力量超过了于顽固的好战的力量，自然是包含着有顽固的好战的力量还依然存在着的意味。因此要消灭它，还得要有长期的努力。

那么我们要怎样努力呢？这里我有两点意见：

第一，这一个和平机构本身它并不是一个超国家的组织。它的权力乃是根据于各个主权国在维持和平的原则下根据一定的协议自动让与的。从这一个观点出发，我们就不难理解到这一个和平机构事实上还是以各个主权国为单位的协同组织。机构中的安全理事会，它并不是向全世界的人民直接负责任，也不是向全体大会负责任，而是各自向其本国政府负责任。因此为得要使这个国际组织真正能够执行和平政策，我们首先就先得使那全世界各个国家的政府，特别是各常任理事国的政府能够执行和平政策，并从而训令他们的代表执行和平政策。可是要使到这些政府能够真的忠实于和平事业，这就有待于每一个国家的每一个公民的和平的努力，随时睁开警觉的眼睛，监督政府，批评政府。所以国际的和平与每一个国家的民主与和平运动，是不能够分开的。

第二点，在前一次的大战前后，有许多地方都曾有过人民的反战团体。不过这些团体，或者是偏于一隅，没有世界性的联系，或者步骤凌乱，到了战争的局势已经形成，才来开始考虑实际的办法。经过了这一次战争的教训以后，我想我们应该就各人的职业组织全世界的职业团体，如工会、商会、农会、工程师、大学教授、科学家、新闻记者、文艺作家、学生、各就其现有的组织扩大成为国际团体。并由这些团体依照其所代表之人数，组织成人民的反对战争，拥护民主与和平的国际组织，驻在国际和平机构的同一个地方。这一个人民的团体，对于代表政府的和平机构，虽然还说不上各主权国家里面，议会和政府间的关系，但这至少可以代表全世界的人民作为和平运动的中枢，监督和平机构，给予精神上的压力。

我想只有当全世界的人民都能在反法西斯，反战，和为民主与和平的运动中结成一起，我们才能够慢慢的清除国与国间的偏见，随时揭破野心家和侵略者的阴谋，使全世界的人民真的能够永远免除战事的苦痛。

四月一日

十 世界和平的保障——经济民主化

如所公认，任何战争的根源是在经济，它的最终目的亦莫不在经济，因为战争不过是政治的延续，而政治又是经济的集中，或者说，经济是政治的基础。战争的根本原因在于经济上有了不可解决的矛盾（反映在政治上，因而也有不可解决的矛盾），而战争的结局则必然是经济关系的重新调整。这种情形，在独占资本的帝国主义时代表现得尤明显，尤其尖锐。

惟其如此，所以人类经济关系的地域范围愈小，战争的范围也愈小；反之，经济关系的范围愈大，战争的规模也愈大。如像在部落经济时代，只可能发生邻近的部落间的战争；在以区域经济为单位的封建时代，只可能发生王国与王国间或诸侯间的战争。可是到了以国民经济为单位的资本主义时代，就有这一国与那一国间的国际战争，如北美战争，英法战争，普法战争等是。及至资本主义发展到了独占阶段的帝国主义时代，这时因为人类经济关系已经突破了国家的界限，形成了为国际独占金融资本所控制，而以国际分工为基础的世界经济，所以战争每易由一隅的发动或某几个国家间的局部冲突，扩展成为全世界范围的战争，如上一次和这一次的世界大战是。

战争的根源既在经济，那末欲求世界的永久和平，最根本的办法，就该从改造世界的经济关系着手。现代的战争是世界性的，现代的和平也同样是世界性的。和平不可分割这一真理，其经济上的根据，亦正在于：只有把世界经济（尤其各国的经济制度和国际的经济关系）改建在一种合理的基础之上，使之不再产生足以引起战争的那种不可解决的矛盾，和平才能得到全面的保障。

那末，造成现代世界战争的经济根源究竟何在？应采取何种经济制度才能奠定世界和平的基础？换言之：应根据何种中心原则来改造各国和国际的现存经济关系，才能保障今后世界稳固的长期和平？分别言之：资本主义各国内部的经济制度应该如何调整？它们和落后诸国(殖民地半殖民地)的经济关系应该如何改造?资本主义和社会主义两大经济体系间应该保持怎样的关系?以及战后中国在经济上对世界和平应负怎样的责任?这些就是作者想在这里一一予以简单解答的问题。

(1)现代战争之经济的根源

造成现代战争的经济根源何在呢?

简单明瞭地讲,根源就在独占资本主义——帝国主义这种经济制度上。当作一种经济体制而存在,帝国主义是发展到最高阶段的资本主义,它是以独占资本和金融寡头之无上支配权为主要特征的资本主义。把大部分世界建立在这样一种经济制度上面,人类大规模惨杀的悲剧是绝难避免的。在这种经济制度中,促成这种悲剧的因素是哪些呢?这一问题的解答,关于独占资本主义(帝国主义)这一经济体制的内外矛盾之揭露。我们要寻找促成战争的因素,就该揭露这一经济体制所表现的内外矛盾,独占资本主义这一经济体制,是建筑在两种基本的矛盾关系上的,那就是:国内财富的发达,造成了大多数人的贫乏;一国经济的繁荣,造成了多数国家的衰敝。并且,那种财富的发达,并非一国国民财富的普遍发达,而是极少数人的财富垄断;那种经济的繁荣,也不是一国社会经济的全面繁荣,而是少数独占企业和金融集团的畸形繁荣。换句话说,国内少数人的财富集中,是在大众贫乏化的基础上发生的;一国或少数国家经济的发达,是在大多数国家凋敝穷困的基础上发生的。这是独占资本主义表现在现象上的两大基本矛盾。然而这两大矛盾只是现代资本主义基本矛盾的现象形态,它们都渊源于一个最根本的本质性的矛盾,那就是资本主义经济制度(或生产方式)所固有的生产社会性和私人占有制间的矛盾。以下让我把这两种现象性的基本矛盾和一个最根本的本质性的矛盾给予具体的说明。

资本和财富的集中造成经济的独占——这该被认定为说明上述一切矛盾(因而亦即说明战争的经济根源)的总出发点。因为生产手段(亦即资本的财富)为少数人所独占之事实,是资本主义这一历史时代的一切灾祸的总根源;没有它,资本主义的一切矛盾便成为毫无根据。资本积累的一般铁则昭示吾人,在资本主义生产方式之下,资本积累的过程必然与大众贫乏化的过程相伴而行,实际上两者仅是一个过程的两方面。而资本积累的过程,同时又必然是生产和资本的集中过程;随着积累的前进,资本就愈来愈集中到少数人手里去了。其结果是自由竞争让位于独占,虽说后者并未完全排除前者。

据苏联经济学家孟德尔逊(Mindelson)的报道,早在一九二五年德国工业中工人满五千以上的大企业有六十七所,而这六十七所大企业的机械发动力竟达一百六十万所中小企业全部发动力的一倍以上。在一九二九~一九三三年经济危机期间,德国被淘汰的小企业,达十二万四千所之多。美国在一九〇九年和一九二九年两次调查期间,生产品价值每年在百万元以上的大企业,在全部制造业的生产品价值中所占比重,从百分之四三.八,增加到了百分之六九.三。美国雇工在千人以上的大企业,在一九二九年还不满一千所,但是它们所拥有的机械发动力则几达一千三百万匹马力,超过全部工业的总发动力三分之二以上。在一九二九~一九三三年那次经济危机的打击之下,由于中小企业的大批破产,美国制造企业的数目竟减少了百分之三十二,这使美国产业资本得到了更进一步的集中,使资本的独占达到了更进一步的发展。哥伦比亚大学的某某二教授曾研究了美国二百家股份公司的资产所有权的情形,发现只有二十二家大公司(资本总额共计四十九万万美元)中之多数股票的掌握者(共掌握资本二十五万万美元),操纵了这二百家大公司的全部资本——总额八百十万万美元。换句话说,少数金融寡头平均以一美元即可支配普通股东的三十三个美元的资本。

银行资本的独占,情形亦复如是。上次世界大战以后的十五年间,这方面资本集中,亦有惊人的发展。英国"五大银行"在全国银行业中所占的比重,在一九〇八年仅占全国所有银行存款的百分之三二.四,至一九三六年这一数字已增加到百分之七四.六了。英国银行的数目,则由一九〇八年的七十家,至一九三三年已减少到只剩二十六家了。美国的银行在一九三六年虽然数目还很大——共有一万五千七百余家,但事实上美国极大多数的“独立”银行都并非真正独立的:它们都通过“参与制度”的天罗地网而被隶属于少数独占的大财团如摩根(Morgan)洛克弗勒(Rockefeller)等财团的。这样的独占财团,在美国只有十个。如像摩根财团,它所直接支配的银行和其他金融事业有三十五家,产业有六十家。此外还有资本总额过一百六十二亿美元的十六家银行和二十家其他公司。是跟它有密切关系的(参阅“美国六十家”页三四)。摩根财团控制下的银行公司资产总额约达四百三十余亿美元,占美国全国所有公司资产值的六分之一!

在财富集中,独占加强的另一面,是千百万失业军的经常充斥街头,是成千成万中小生产者的破产和赤贫化。据官场统计,英国在一九二一至一九三六年这十五年中,失业对全部工人的比率是前者平均占百分之一四．六,这就是说,英国每六个工人有一个失业。美国自一九二九年秋到这次大战前夜的十年间,失业者经常地在一千万左右。这种庞大失业军的长期存在和中小生产者的大批破产与贫乏化,使国民的购买力急趋衰落,因而消纳商品的国内市场亦即急趋萎缩,据美国前劳动统计局局长经济学家刘宾的估计,美国的工人和雇员从一九二九到一九三八年这九年中因失业而损失的工资将近一千二百万万美元;这就是说,美国的国民收入减少了如许多,也就是说美国的国民购买力丧失了如许多。至于因破产而丧失的国民购买力,看了前文所举的数字(即在一九二九～一九三三年那次经济危机期间,美国中小企业破产的结果,制造企业总数竟减少了百分之三十二),也就可想而知。此外,还要加上因生产事业的一般萎缩而激减的购买力(这相当于不变资本的更新和扩大部分的价值),数量也是大得可惊的。更加上由战前长期农业恐慌所造成的农家收入的激降和大批农户的破产,可使资本主义国内丧失了巨量的购买力。

国民购买力如此惨落,国内市场如此萎缩,自然不能不促成乃至加强所谓资本主义的腐溃性了。这种首先表现于生产力发展停滞倾向:从一九二九年到一九三七年间,资本主义世界工业生产每年平均只增加千分之四,但从一八七〇年到一八九〇每年平均要增百分之六．三;从一八九一到一九一三年间——增百分之五．八;从一九一三到一九二九年——增百分之三。美国在一九二五年到一九三四年这一年间,全部生产能力只利用了百分之六七．五。换言之,有三分之一的工业生产力是经常被闲置着的。其他各国的情形大致亦复如是;不过在这次大战前的几年间,法西斯轴心国家因为蓄意侵略,老早积极备战,工业生产力大部分用去满足战争的贪欲,未曾发生大量闲置的现象。它们生产技术的进步也并未停止,不过都表现在飞机、炸弹、坦克等等的改进,及类似飞弹、原子弹等各种各样秘密武器的发明上去了。

独占资本主义的高度发展,既在国内造成了大众贫乏、市场萎缩、生产停滞等局面,则势必企图到国外去寻找出路。然而因为帝国主义对外的一贯政策是要把所有落后的国家和地域永远成它的剩余商品的尾闾,通过不等价交换的方式,榨取那些地方地资源,并且通过直接设厂和间接投资的方式去控制那些国家的经济,榨取那些地方的人民,于是这方面的出路也就愈来愈狭窄了。帝国主义者把落后国家变成了他们的经济附庸使后者长期停顿在落后、残破的状态中,保持落后国的广大人民永远沉沦于外国资本和本国封建残余的双重奴役中,阻止那些国家走上现代化的道路。推行这种政策的结果,却把那些国家的广大人民最后一滴血汗都剥削光了。那儿的经济是全面地凋敝了。那儿的农村是整个的衰落了。那儿的人民是普遍地赤贫了。一句话,那儿的市场是整个的萎缩了。这样,占世界陆地和人口三分之二以上的落后地域(殖民地半殖民地),帝国主义独占资本向所有视为自己生命源泉的,结果却因帝国主义的自私政策而变成了它自己生命的葬送地。

在这种情形之下,独占资本对于国外销售市场的要求就愈来愈迫切了。由此就产生独占资本的侵略倾向,力求奴役更多的国家,以便垄断更多的市场。

不仅如此,帝国主义国内巨量的资本积累,由于本国市场萎缩而形成极大的商品过剩,需要向国外寻找投放场所。且因关税壁垒的阻碍,贸易竞争的剧烈以及其他各种政治上的原因,商品输出的重要性就自然而然地被资本输出所代替。更因资本输出比商品输出更能控制落后国家或资本主义比较不发达的国家的经济及其政治,它在这一时代就更显得重要了。

如所周知,帝国主义时代还有一个重大的特征是世界市场已被几个独占金融集团瓜分完尽,全世界的领土亦已被几个资本主义列强分割完尽。各个列强争着向外扩展的倾向,势必引起世界再分割的武装冲突。而帝国主义时期发展不平衡性的空前强化,更使得和平地长期保持世界分割的现状成为不可能的事。资本主义后进国的发展超过了先进国,战败国的发展超过了战胜国,这种不平衡发展律使得所谓"无的国家"和"有的国家"的和平共处成为不可能的事。至此,重分世界的战争就成为铁的必然的了。

第一次帝国主义世界大战正是在这种基础上爆发的。刚过去的第二次世界大战,尽管在联合国和全世界大多数爱好自由和平的人民方面讲,是一次为民主、为自由、为反抗法西斯侵略的正义战争,然而从它客观的经济根源上讲,仍同样是在上述独占金融资本主义的全盘发展法则的基础上爆发的。

(2)经济民主是世界和平的基础

这样,战争的客观根源是在独占金融资本主义这一经济制度中。因此,要消灭战争,求取长期的世界和平,就必须从根本改革这种经济制度开始。

事实上,独占阶段的资本主义,由于上述种种不可解决的矛盾,本身若不经过一番重大的改革,实在也无法继续存在下去了。作者曾在《战后世界新民主体制之面面观》一文中,写过下面的一段话:"资本主义一跨进了盛极而衰的阶段——帝国主义的阶段,生产社会性和私人占有制之矛盾,就开始从根本上动摇着资本主义的基础了。——这一基本矛盾,这时产生出了日益严重的其他种种矛盾,而那许多矛盾综合起来便造成了资本主义的不治之症。资本的集中造成了大众的破产；少数人的豪富造成了大多数的赤贫；生产的膨胀造成了亿万劳工的失业；少数国家的财富独占成了大多数国家的贫乏和落后。由于这一切不可救药的症结，遂致促成各国国内市场的不断萎缩，生产'过剩'的不断发生，饥寒失业的日益激增，以及国外市场和资源争夺战的日趋白热化。其结果，独占地另一方面是腐溃（指生产机关的闲置，生产力的停滞等），贫乏地另一方面是愤怒。于是资本主义这一经济体制就从根本上动摇起来了。"（见成都大学月刊第三卷革新特大号页七。）这就是说，独占资本的支配内外，金融寡头的操纵一切，是意味着资本主义的发展已经达到极限，它由于自身的种种不可救治的矛盾而挡住了自己的历史进路。这时不仅为着世界长期和平即为人类经济生活的顺利进展，也非改造独占金融资本所支配的经济制度不可了。

这样，要奠定世界长期和平之基础，就必须从改革现在支配大部分世界（除社会主义的苏联外）的独占金融寡头制着手。而今天改革现存经济制度的唯一中心原则，便是经济民主。

自然，经济民主的彻底实现，只是在消灭生产手段（社会财富）的私人占有制和废除人对人的剥削以后，才有可能。换句话说，只是在一切生产事业公有公营制的社会主义经济制度之下，才有可能。这是经革命的道路而实施的彻底的经济民主。在这种经济民主的制度之下，人类彻底的经济平等才能实现，而现制度下的一切矛盾（如上文所述的种种不可解决的矛盾），才能彻底解决。然而在这次战后的大部分世界中，这样的经济民主——社会主义的经济制度，一时还不可能强求其实现的。因为在这次反法西斯侵略的战争中，全世界人民和政府所据以实行团结合作的唯一旗帜是民主，他们所结成的反侵略同盟的基础也是民主。离开了民主来提倡超历史阶段的革命要求，那势必拆散反法西斯的团结，而拆散这样的团结，就等于保存法西斯这一人类的死敌而断送了全世界人民牺牲了亿万条生命所争取的民主自由。在战争业已胜利结束的今天，如果抛弃了民主的团结（国际的和各国内部的）而来提倡超历史阶段的要求，其结果亦势必破坏战后世界和平所赖以建立的政治基础——民主的团结和合作，因而也就将破坏和平本身。因此，当前的中心课题，就归结到如何在资本主义基础上改革独占金融寡头制的问题上来了。

无疑的，这是一个资本主义经济制度的改良问题。这样的改良能够实行到如何程度，它能维持到多久，它的稳固性如何，它将朝着怎样的方向（前途）发展，这一切都要看今后各国和世界具体的主客条件来决定，尤其是要看各国人民大众的力量大小来决定。尽管这样的改良——根据经济民主的原则去实行的改良——显然地不能彻底地解决问题，但是切实地实行这种原则，至少对于今后各国人民新民主运动的发展，对于今后数世代世界和平的维持，一定可能有积极贡献的。

要在资本主义基础之上来实行经济民主的原则，我想迫切的中心任务是在一面至少要严格限制乃至完全消除少数资本贵族的财富独占，一面消灭人民大众的普遍贫乏和失业，使人人有权享受丰衣足食的生活。这是今后实行经济改革所必须做到的两大原则。离开了这两大原则的任何一个，经济民主是不能想像的。英国权威学者拉斯基教授说："大多数公民没有经济的保障，也没有真正的机会平等；我们所看到的是自由的享受，实际上依赖于财富的占有。"（见其所著《我们何处去?》一书），这就是说，大多数人民没有经济上的平等，即无自由可言；反之，今天真正享受自由的，只是那少数财富的占有者。罗斯福总统于提出'免于匮乏的自由'的口号之后，又曾提出了所谓'经济的人权宣言'，他说："我们已渐明白认识，倘无经济的安定与独立，个人自由决难存在；贫穷的人决不是自由的人；饥寒失业的民众是独裁制度所由产生的凭藉。"（见总统一九四四年一月致国会咨文。）

只有资本主义各国国内铲除了独占资本的支配权及其对国民经济的操纵权，侵略的根源才不复存在，而法西斯主义的产生才失去其经济的根据，只有国内大众人人获得了免于匮乏的自由，经济的繁荣才能长期持续而免于恐怖的威胁,而只有国内获得了长期的繁荣和安全,世界和平才能得到充分的保障。换句话说,只有把一国产业的繁荣建立在该国人民大众的丰衣足食生活上,这样的繁荣才能成为世界和平的稳固基础。反之,“国内倘无安全,世界决不能有永久的和平。”(罗斯福)

(3)经济殖民地制度之铲除是和平的重要保障

然而所谓经济民主这一原则,是不应该有国界的。这种原则不只适用于一国经内,同样的也适用于国与国之间,适用于全世界的。这中间的理由,就如在本文开首时所指出,一国产业的繁荣应以各国的繁荣为基础,而决不能再如今天以前一样,建立在大多数国家的落后、贫乏和衰敝上。只有当全世界一切民族(或国家)都获得了经济上的平等自由,都享受到丰足富裕的生活而经济常欣欣向荣时,任何一国的繁荣才有了坚实的基础和完全可靠的保障。我在《战后世界新民主体制之面面观》(见大学月刊革新号)一文中写道:“各国的民主生活如果不扩展到国际间民族间的关系上去,前者如果不与后者相联系的话,战后世界的秩序仍将是不堪设想的。”这句话不只是指政治的民主,亦且指着经济的民主说的。所以大西洋宪章中写着要“力使世界各国,不论大小……对于贸易及原料之取得,俱受平等待遇……使各国俱能在其疆土以内安居乐业,并使全世界所有人类,悉有自由生活,无所恐惧,亦不虞匮乏。”就是指的国际间在实行经济民主的意思。

实现国际间的经济民主的问题,基本上首先就是铲除经济上的殖民地制度的问题。因为今天国际上经济不民主(同时又是政治不民主)的最显著最尖锐的表现,正在于殖民地制度上。作为现代世界战争之根源的帝国主义,其主要的对象不是别的,而正是殖民地和半殖民地;帝国主义战争所追求的世界再分割,主要的目标也不是别的,而正是殖民地和半殖民地的再分割。欲知今天以前世界上存在着怎样一种不民主不平等的形势,最好看一看下面瓦尔迦氏所编制的殖民地分割状况表:

二次世界大战前的世界分割局面①(日本占领东北以前的情形)

国别		大不列颠	法国	美国	日本	小殖民地帝国(比、荷、西、葡、意、丹、挪)	半殖民地(中国、阿拉伯、南美、中美、阿比西尼亚)	其余欧美资本主义国家	土耳其、伊朗、阿富汗等国
殖民地	土地	34.9	2.9	0.3	0.3	9.6	35.0	4.5	3.0
	人口	466	65	15	28	88	600	290	31
宗主国	土地	0.25	0.55	9.40	0.40				
	人口	46	42	125	66				
总计	土地	35.1	12.5	9.7	0.7	9.6	35.0	4.5	3.0
	人口	512	107	140	94	88	600	290	31

资本主义世界(苏联当然除外)总计:土地110.1,人口1862。

① 表中数字,土地以百万平方公里为单位,人口以百万人为单位。

这个表告诉我们，在资本主义所支配的世界中，约有三分之一的人口是殖民地人民，又有三分之一是半殖民地人民，换言之，全部资本主义世界十八万万六千余万人口中，处于帝国主义剥削奴役之下的人口竟达十二万万六千余万人之多，既是三分之二以上的人民处在这种剥削奴役之下，且因而长期陷于贫乏、凋敝和落后的境况之中，试问世界如何会有繁荣的保障和安全的希望呢？更有进者，其他三分之一的帝国主义国家的人口中，对殖民地半殖民地民族实行剥削和奴役的，真有多少人呢？不过数十百人而已啊！这数十百人仍然是那些金融贵族、独占大王等家伙们。这样实际上就变成了以数十百人去剥削和奴役十二万万人的问题，那情形就更足令人咋舌了。然而类似的不平等的怪现象如果任其继续存在，那么人类历史的前进，世界和平的维持，均将成为不可想象的事情。所以我说：

“和国内的民主一样，国际间的民主关系，亦以经济上普遍繁荣、均衡发展为其基础。如果一方面是少数工业高度发展的国家，另一方面是多数落后、贫乏、中世纪式的农业国家，这样的局面倘任其继续存在，则世界经济普遍繁荣决无希望，而经济宗主与附庸的关系亦将无法消除；但这种主庸关系若不消除，则民族平等即失所依据，世界和平亦决难持久。”（见成都大学月刊革新号页一三）

简单明瞭地说，殖民地制度必须铲除，帝国主义锁链必须粉碎，经济民主的原则必须施之于先进与落后国家之间，让世界上所有民族，在平等的基础上，在经济平衡发展的原则下，通过互助合作的方式而走上长期共荣之道。这里存在着国际安全和世界和平的重要保障。

反之，假如世界上大多数民族的贫乏、凋敝、落后等状况任其继续保存于今后，则资本主义发达的先进国的国外市场，势必和他们的国内市场一样，愈来愈趋萎缩，国外市场愈趋萎缩，则对殖民地的需要就愈迫切，每一个帝国主义者都企图扩展固有的国外剥削对象，企图取得更多的殖民地或附庸国，再加上资本帝国主义各国本身发展的不平衡律的作用,为此种斗争而造成的国际和平威胁,自然 要与时俱增了。同时,由于世界大多数民族的贫乏与衰敝,持久的全面的产业繁荣,就失去了基础,因而人类经济生活的历史车轮,亦无法再向前进。这说明了当前以独占资本为核心的帝国主义这一经济体制,非予以根本推翻不可。

总之今后的世界,必须消灭藉别国的衰落以谋取自己的繁荣,藉别国的贫困以发达自己的财富的那种老作风。我们必须反其道而行之,即一国的繁荣必须以各国的繁荣为基础;少数国族的富裕,必须以全人类的富裕为前提。

(4)新型民主主义与社会主义的密切合作是世界繁荣与和平的又一保障

在第二次世界大战以前,横在国际和平大道上的障碍之一是资本主义和社会主义两大经济体系的对立问题。这一对立的意义虽是政治性重于经济性的,我们却也不能完全忽视两者经济对立的重要性。

首先,我们不能忘记十月革命以前,俄国一大部分工业大银行的股票是掌握在巴黎伦敦的一些大金融资产阶级手里的。苏维埃政权把所有“国民经济命脉”都收归国有了;这一举措顿时使法国英国等金融独占资产阶级失去了控制俄国经济生活的凭借。西欧资产阶级的这种对社会主义制度的旧恨,当然不容易完全消失的。在苏维埃政权建立以后的二十余年间,资本主义世界中接二连三地发生各式各样的反苏勾当,从恶毒的咒诅,到公开的诽谤,从组织苏奸自内的破坏,到大摇大摆的反苏十字军的威吓,从外交上的挑拨离间和中伤孤立,到军事上的直接挑衅和进攻,所有这一切帝国主义的反苏阴谋,离开了资本主义与社会主义两大经济制度的对立,无论如何难以得到圆满的解释的。

其次,苏维埃国家的出现,同时又意味着国际帝国主义丧失了占地球六分之一的广大自由市场。苏联对外贸易国营制,使国际野心家无法再来角逐或操纵苏维埃社会主义共和国大联盟这一个广大无涯的市场。苏联运用其国家垄断对外贸易这政策，作为他推行和平外交的重要工具，促进与资本主义各国的邦交，而主要的意义则在促进和加速国内社会主义的经济建设。可是这一政策，却根本阻止了国际资产者把苏联当作他们推行帝国主义经济政策的场所的企图。这对于他们当然是一件不愉快的事。

复次，社会主义苏联的存在，又使西欧某些资本主义国家丧失了自由取得丰富粮食和廉价原料的机会。自苏维埃政权诞生以来，西欧某些高度发达的资本主义工业国家如德英等国，就不能通过自由贸易或自由投资的方式来任意取得苏联的小麦、木材、石油、矿产等等的尽量供给。因为在现存的条件之下，要从苏联方面取得这样的供给，首先就得取得取消它们的反苏政策，与苏联维持友善的邦交关系，并且还得拿苏联国内建设所需的机械器材和工业设备来和它交换。这对于那些资本主义国家，当然又是一件不痛快的事。正因为这样，所以希特勒德国曾在一九四一年六月悍然不顾一切地来作自掘坟墓的进攻苏联的冒险尝试。希魔的“如意算盘”显然是以为在短时期内击溃了苏联，那可完全支配俄罗斯、乌克兰与无尽藏的原料的粮食；靠着这些和德国本身的及其一切占领国内的工业，它就可以易如反掌地征服全世界了。

然而上述一切造成资本主义与社会主义两大体系对立的经济原因，很明显地都存在于帝国主义这种经济制度和经济政策中；假如在这次大战后，帝国主义的制度和政策果如上文所述，被经济民主的新型民主主义制度和政策所代替的话，那么造成这一对立的经济原因，自然就不再存在了。

讲到这里，或者有人要问：上述的对立是否可能从社会主义国家的经济制度及其政策方面来造成呢？依作者的观察，认为绝对不可能的。这理由是在社会主义经济制度的优越性与社会主义经济政策的和平性中。正如去年某期美亚杂志中所评述：“苏联和其他大工业国家不同，她并无必要为她的过剩资本和过剩生产求得国外市场，因为她的经济制度，并不是为私人的利润而活动的。在苏联，她的国内市场和生活水准可以无限量地发展，不会发生那些由日常购买力赶不上生产扩张而发生的紧缩或恐慌。……她国内的资本市场和商品市场是永远不会有饱和的一天的。”（见万歌译《苏联在远东要求什么?》）这就是说，因为苏联的经济制度是不以私人利润而以全民福利为目的的社会主义的经济制度，她的经济政策是不以向外扩张、争夺国外市场，而以不断提高人民生活水准、发达国内市场为宗旨的社会主义的经济政策，所以她国内的经济发展是永远无止境的，同时也永远不可能成为对世界的威胁。恰恰相反，她的繁荣反而大大有助于世界经济的繁荣。而且正由于苏联经济制度的这种优越性，她国内也就永远不会发生像资本主义国家所发生的资本过剩和生产过剩的现象。生产过剩的经济恐慌在苏联是不可能的。当一九二九~一九三五年，资本主义世界沦沉在恐慌和萧条的苦海中时，社会主义的苏联却以繁荣孤岛的姿态，伟然屹立于世界。这便是一个最雄辩的证明。社会主义的经济，实质上是最彻底的经济民主的实践。因为经济民主之根本原则是人人在经济上享受平等权利，而这样的平等，只有在消灭生产手段的私有权，实现产业的国有国营或公有公营，亦即消灭人对人的剥削之后，才能成为事实。这种经济制度的特点，恰恰和资本主义完全相反，在于国内产业的繁荣和社会财富的发达，是建立全体人民生活福利的提高上的，这是一。另一特点是社会主义经济的繁荣，不但不依靠于对外的扩张，不依靠于别国的贫困，不威胁到国际的和平，而且反是以各国的繁荣和国际的和平为其外部条件的。这又说明社会主义对于国际经济关系言，也是彻底经济民主的实践。

战后各民主大国如能采取新型民主主义的经济制度和政策，则国内既不患市场之萎缩，恐慌之威胁，国外亦不患（由于殖民地制度之取消，帝国主义之终止）无发展之余地。因为取消殖民地制度之另一面是落后国家的急遽走上现代化工业化道路而获得平衡发展的机会。然而这有赖于先进工业国之积极扶助；而所谓积极扶助，自不外乎资本、机械、专家技术设备等。这种积极扶助，既可解除战后资本主义国内生产过剩和失业之危险，又可使落后民族人民因在经济民主原则下急遽走上工业化而生活不断丰裕。这样，落后国家就也变成了无限量的市场。“一国的繁荣以他国的繁荣为条件”这一口号，变成事实了。这样的局面，固为社会主义的苏联所欢迎，而对于今天的资本主义各国更是绝对有利的。今天的资本主义各国，在战后只有根本抛弃帝国主义的制度和政策，实行新型民主主义的制度，它们才能和社会主义制度水乳交融地共存共荣，而二者间的密切合作才必然成为世界和平的可靠保障。

(5)独立民主繁荣之中国是世界和平的重大因素

在这样一个新型民主的世界中，中国地位之重要是不待言的。中国在这个世界中将以何种姿态出现呢？我的回答是将以独立、民主、繁荣的大国的姿态，出现在民主世界的舞台上。抗战的胜利只能说是完成独立事业的一半，而国家独立的彻底完成，尚有待于国民经济在民主主义基础上的独立繁荣和自由发展。而政治的民主则是造成独立和繁荣的决定条件。

无疑的，要创造一个独立民主繁荣的新中国，第一个先决条件自然是要取消过去帝国主义在华任何特权和任何形式的控制。这大概已经不成多大问题了。从积极方面说，战后先进工业国家，必须根据平等互惠的原则，互助合作的精神，积极帮助中国建设现代的工业国家，如同扶助一切落后国家一样。工业先进国家对中国实行这样的帮助，使中国走上自由繁荣的道路，是能受到莫大利益的；因为资本主义国家，尤其如美国，如果对于中国建议事业给以大量的物质帮助(但是这种帮助必须是帮助中国的工业化现代化，而不是摧毁和阻止中国走上工业化的道路，使中国永远陷于经济殖民地化之深渊，这是应当特别强调的)，则中国可以消纳一大部分美国在战时膨胀起来而到战后不易找到销路的剩余生产品(主要是机械设备)，可以苏缓美国国内资金过剩无处投放的苦闷，并可使美国大批工人不致在战争结束时因军事工业急遽缩小生产而重受失业之威胁。这种经济合作的关系，在资本主义国家方面说，其意义是“助人即所以助己”，在我国(和一切受工业先进国之助以从事经济建设的国家)方面说,则意义在“人助即所以助人”。经济上类似的互助合作,既足以造成共荣,又足以保障和平,是再好没有的事。

取消过去帝国主义在我国的任何形式的控制,固为我国独立走上现代化大路的先决条件,但这只是表示外来束缚的解除;而仅解除外来的束缚,中国还是无法实现现代建设的。因此更重要的还是清除内部的障碍。

如大家所公认,所谓现代化的建设实际就是工业化建设。而我国的工业化建设,并非毫无原则的工业化,而必须是真真实实的革命民生主义的工业化。中山先生的革命民生主义,就是我国工业化的基本路线;它是和今天世界上所提倡的经济改造的中心原则——经济民主——完全吻合的。革命民生主义的工业化建设,当然不是少数大买办官僚资本所支配或操纵的工业化,也不是少数靠农民的汗血喂得肥肥的大地主阶级所操纵或控制的工业化。因为这种工业化如果可能实现的话,它决不是民生主义的工业化,而必然变成“民死主义”的工业化。而这两种势力的控制或操纵,正是中国民生主义——经济民主——工业化道路上的内部障碍。为了建设一个独立、民主、繁荣的新中国,必先彻底清除买办官僚资本的操纵和彻底改革现存的不合理的土地制度。

革命的民生主义是中国型(也是今日一切殖民地半殖民地落后国家所应采行的类型)的经济民主制。只有依照这种类型的工业化建设(都市和农村一样),中国才能走上独立民主繁荣的大道。也只有这一个新中国,才能对远东和平世界和平有积极的贡献。

民主运动讲话

黄药眠 著

民主与民主运动

把德模克拉西,译成“民主”,我认为是很恰当的。因为民主就是主权在民的意思,人民是国家的主人的意思。

不过,民主并不仅是一个名辞,有人以为只要口头上承认人民是国家的主人,就算是实行了民主,这是错的。因为我们今天提倡的民主,并不只是在原则上承认人民是国家的主人,而且还要把这个原则具体化,变成为实际的政治制度。

还有些人是这样说的:他们说,人民是有政权,政府是有治权。这个理论,现在看来是不大妥当的。因为独裁者们正利用这个理论来掩饰他们的独裁的行动,他们一面把人民的政权抬得很高,而把它当成一个虚体,而另外一方面却把实际的统治权紧紧地抓在手中。事实上政权与治权是不可分的,人民如果真的有政权,那么这个政权就必须贯彻到政府机关里去,人民要真正能够控制着政府。

我想,我们今天要提倡民主,首先就必须把民主制度的几个要素弄清。什么是那几个要素呢?一般地说来,有如下几点:第一,政府的权力是由人民赋予的,政府与人民之间的权利义务都有着明确的规定,无论那一方都不应该违反,或超越这些规定。第二,国家的行政首长要向人民所选举出来的代表负政治责任。第三,政府的主要施政方针和政策,要受人民所选出来的代表批准和审查。这即是说,一个国家如果人民的基本权利没有保障,没有政府和人民间共同遵守的宪法,没有向人民负政治责任的行政机构,没有真正代表人民的议会,那么,这个国家就不能算是民主国家。

有人说,民主国家必须要有一个民主的宪法,这是对的,因为正是这个宪法,它规定着国家的体制,政权组织,以及政府和人民间的关系。诚如法学家查理士所说"宪法是一个根本法,政府依据它而组织,个人和法人的权利也依据它而确定"。孙中山先生对宪法的定义更说得简单明瞭。他说:"宪法者,国家之构成法,亦即人民权利之保障书也。"

然而宪法并不是从天上掉下来的。人民如果想享受基本的民主权利,那么他们就必须用斗争的方法去争取。这里不妨让我们来简述一下人民争取民主的历史。

大家都知道,在封建时代,皇帝或国王是君临在人民的头上的。所谓"朕即国家",他的话也就是法律,所有他属下的老百姓都是他的臣下或者奴隶。生杀予夺,他可以随便处置,人民的生命财产,根本就没有法律的保障。人民没有权利来过问政府。对于政府的命令,他们只有服从,绝没有所谓权利义务的规定。十八世纪末,工商业渐渐兴起,这种封建制度,束缚着生产力的发展,而且由于商品经济之深入,封建制度本身也日益腐化,加以明智渐开,这种制度的不合理的情形也一天天暴露出来。于是一般的工商业家,在人民大众的支持之下,起来要求人民的权利,要求人民应有权在政府里面说话,应有权监督政府,管理政府。然而民主是独裁专政的对立物,一方面人民起来要求民主的权利,另一方面,在封建王朝看来,他们是不愿意他们的权利受到限制的,他们是不愿意他们的政府里面有人民代表的,他们是不愿意政府和人民之间,有所谓权利和义务的。于是民主势力与封建的专制势力之间就发生了剧烈的斗争。争取民主的斗争有两种方式,一种是改良妥协的方式,用逐渐推进宪政的方式;一种是革命的方式,用暴力打倒反民主的势力,把政权夺在自己手中的方式。

英国的民主运动是前一个例子。从一二一五年的大宪章运动,经过一六四八年到一六八八年的革命，一六八九年的人民权利法案，一八二三年的选举制度改革，王权是逐步被限制，民主制度是逐步被巩固起来。这原因是英国的王朝一向是比欧洲大陆的王朝较为软弱，工商业发达较早，以此，工商业家乃得利用贵族与王室间的矛盾，逐步压迫国王。而国王方面因看见人民的力量愈来愈大，如果再不答应人民的要求，他就再也无法维持他的统治，因此也就只得答应下来。虽然也许最初这个允诺是假的，但后来终于因潮流所趋，无法挽回，也就不能不向人民屈服了。所以英国的民主运动是经过长时间，逐步去争取的。

法国的民主运动是后一个例子。它一开始就是以武装暴动的方式来夺取政权的。一七八九年，革命党人攻破了巴士的狱，法王路易十六看见革命势力很大最初也是妥协了，可是他在暗中仍进行着反革命的勾当，企图勾结外国的封建王朝，来消灭本国的民主势力，但结果这个阴谋是失败了，因而他被送上断头台去。一七九三年以甲可宾为首的左派更推翻了国民公会，坚决的反对国外干涉，并颁布了一部民主的宪法，扫清了封建势力，为民主奠定下了一个巩固的基础。

不论是用改良的方式，抑是革命的方式，是用妥协的方法，抑是用彻底的方法，从以上所作的分析中，我们可以看出所谓宪法乃是人民斗争的结果。没有人民的斗争，根本就无从产生宪法。又因为政府与人民间的权利义务，国家的体制，以及政府的组织及其责任，都是从宪法表现出来，因此民主运动，也就常常被称为宪政运动。

过去民约论者，把宪法看成为创造宪政的社会契约，以为只要规定一个宪法就有良好的宪政，那是错误的。过去中国的立宪派也是这样，他们斤斤于如何起草宪法，而不注意到实际的民主运动，和政治斗争，所以结果宪法只是白纸上写的黑字。

要实行民主制度必须要有民主的宪法，不过宪法所规定的民主的限度如何，这固然要看民主与反民主双方力量的对比如何，就是假定我们已经有了很好的民主的宪法，专制的独裁者也承认了这个宪法，或者是独裁者已经被推翻，但是我们并不能认为这样民主运动就已经成功。比方，民国初年，中国本来是有临时约法的，但袁世凯做皇帝的时候，他看见民主力量并不足以拥护这个约法，他就一脚把它踢开。所以有了宪法，或甚至专制的统治已被推到，并不能就算是民主制度已经实现。我们必须在宪法后面，有着人民的力量作后盾。在专制制度没有推倒前，我们要有力量去推倒它，或者限制它，即在专制制度推倒以后，我们也还是要有力量去压制它，肃清那些潜伏的残余势力。监督和保护宪法之真正的实施。

所以从整个政治运动看，宪法乃不过是民主力量大到足以压制专制力量时的一种具体的表现。拉塞尔在论《宪法的本质》的时候，曾这样说过："大炮，这就是宪法。监狱，这就是宪法。枪剑，这就是宪法。"这句话是对的。因为民主运动是不会在平静中发展的，宪法乃是力量的表征，它是对反民主力量的一种斗争（不管是用武装暴动的手段还是用和平的手段），对反民主，反人民的力量的一种镇压。如果有人幻想独裁专制的力量自己会自动退却，或者以为他们在被迫退却以后，不会时时刻刻都企图反攻，那是过分天真的想法。

由于民主力量的不断伸张，宪法虽然是根本法，但它的内容也可以随着民主力量的发展，而逐渐补充其内容。比方英国的宪法，就是在民主力量不断伸张中以逐步补充的方式来完成的。又比方在苏联，由于革命后社会经济的蓬勃生长，资本主义的残余的逐步消灭，各民族间合作的日益密切，因此由革命后的一九一八年的宪法，进步到一九二四年的宪法，再由一九二四年的宪法，进步到一九三六年的斯大林宪法。苏联宪法和英国宪法的演进，其不同之点，只是在英国宪法之改进是由民主力量不断的压迫王权让步而获得的，而苏联宪法之改进则是由于执政的就是人民自己，因而它能够随着剥削者的消灭而自动的修改宪法，使它能够适应于社会的新的要求。

总之一句话，宪法的制定是一个斗争，而保证宪法的实施，和促使民主运动更向前发展也还是一个斗争。没有广大的人民的民主运动，对独裁专制势力加以压迫，就根本不会有宪法，即使是有了宪法，也还是无法实施。德国的魏玛宪法虽好，但并不能妨碍希特勒的法西斯独裁，这就是一个证明。

而且有些时候，专制政府看见潮流不可遏，因此他故意自己编一套宪草来和缓群众的斗争情绪也是常见的事。比方清室末年就曾颁布宪法大纲，比方今天的国民党独裁政府，也曾召集伪国民大会制定了伪宪。所以宪法的存在，并不能证明这个国家已经实行了民主。所谓民主制度，必须以人民是否能实际控制国家政权，和人民是否能享受一般的民主自由与权利以为断。如果连这两点都不能做到，那么这个民主制度就是假的。

讲完了一般的民主主义的概念以后，我觉得对于民主主义的性质和内容还得说两句话。即是说，在今天，是谁，是哪一个阶层在拥护民主运动，又是谁，哪一个阶层在反对民主运动？同时今天的民主主义，是具有什么涵义，其实际的施政方针，应该如何。这些问题都得在这里随便答复。

在上面我亦曾提到十八十九两世纪欧洲的民主革命。那时革命的对象是僧侣，封建的王室和贵族，革命的任务是在于解除一切封建的束缚，和超经济的剥削，为资本主义的发展扫清一条道路；在政治上则确立人与人间平等和自由的关系，确定人民和政府间的权利和义务，至于革命的动力则是资产阶级，工人农民，和城市贫民，小资产者。可是到了二十世纪开头，资本主义转入到帝国主义，资本主义这时已走到没落和反动的时期。垄断的金融寡头，在政治上或者是采取公开的法西斯的独裁专政，或者是表面上维持着民主制度的形式，而事实上，则通过他们的代理人影响议会控制政府，甚至和封建的落后势力勾结在一起。财富的集中造成了广泛的贫穷，只有政治的民主而无经济的民主，政治的民主变成为一个空壳。在这个时期，民主主义的内容和性质是和以前不同了。革命的对象再也不是封建王朝而是金融寡头，帝国主义和封建的残余势力，革命的任务是打倒帝国主义，肃清封建势力，废除或修正资本主义的不合理的制度为社会主义的生产扫清一条道路：至于革命的动力，则最受压迫的工人，农民，城市贫民及小有产者成为了主要的力量，（在某些国度里，在特定的阶段内，还可能包括工商业家，或殖民地的民族资本家）。

由于今天的民主主义，和十八、十九世纪的旧民主主义在内容上和性质上有着很大的不同，因此今天的民主运动所包括的范围也就更加泛化，所提出的要求也就更加实际和深入，我们不仅要政治的民主，同时也要经济的民主，不仅要政治的平等，同时也要经济的平等。我们的民主主义，不是同过去一样只保证了一部分人的发财的机会，今天，我们的民主主义是要保证社会安全，实现基本企业国有，进行土地改革。换句话说，即是要使全世界人类都能丰衣足食和平共居，并努力做到没有种族的歧视，没有阶级的剥削，没有野蛮的战争的理想的社会。这不仅是政治的改革，而且也是社会的，经济的改革，可能是一劳永逸的改革。

为了有别于旧的民主主义，我们就把它叫做新民主主义——这是就一般的新民主主义的内容来说的。至于中国民主运动的特点是什么，那就让我在另一篇文章来说明了。

中国民主运动的特点

中国曾经是一个半殖民地的国家，一百年来它受着帝国主义的压迫和束缚，它的完整的封建制度，虽然随着帝国主义的深入而逐渐崩溃，但是始终不能顺利的走上产业化的道路。中国的农村是破产了，可是新兴的工业却无法大量建立起来。主要的矿山，轮船，铁路，银行都掌握在帝国主义者手里，这样就使得中国一天天贫穷化。而帝国主义者为了要保证它在华的利益，和更有效的控制中国人民，它不仅直接干涉中国内政，而且也经由中国政府，买办，官僚，地主的政府，间接地镇压中国人民。他不愿意中国人民有任何民主的权利，因为他害怕中国人民的觉醒，中国人民的解放将会损害到他们帝国主义者的侵略事业。

二十世纪初期，资本主义走上帝国主义的阶段，他们一步步的趋向于反动和没落。资本主义的金融垄断和落后的半殖民地的封建垄断联结在一起。他们对于落后国家的民主运动是极端仇视的，虽然他们在表面上也许表示中立的态度，或甚至亲善的态度，但是事实上，他们总是帮助落后的反动势力，来镇压民主运动，如果他看见镇压不下去的时候，他就极力从中去分化它，破坏它，或公开的威胁利诱它，企图使民主运动变质。

对日战争胜利，中国在表面上是拥护了民主的独立，过去的不平等条约是废除了，租界是收回了，然而可惜的是日本帝国主义的垮台却被代替以美帝国主义，旧不平等条约的废除却被代替以新的不平等条约。美货倾销，如水银泻地，经营基地，俨然想把中国变为美国的殖民地，并以中国为发动第三次世界大战的战场。所以抗战虽然胜利了，但中国之半殖民地的地位却并没有变化。

为了这个缘故，中国的民主运动是和爱国的民族独立运动分不开的。我们要真正实现民主，我们就必须把那些干涉中国内政的帝国主义野心家驱逐出去，必须把那些秘密的或公开的支持独裁政府的帝国主义的野心家驱逐出去，同时我们还必须随时警惕着帝国主义的阴谋家分化和破坏我们民主的力量。没有反帝国主义的爱国运动，中国的民主运动是不可想象的。这是中国民主运动的第一个特点。

第二，十八世纪的民主主义本来是有产者反封建王朝的旗帜，所以民主主义的内容就其本质的意义说来乃是有产者的要求。不过今天中国的民主主义在其性质上说来是怎样呢？毫无疑义的它是资产阶级性的，因为排除外族的压迫和侵略，消灭封建的桎梏，铲除腐化的官僚制度，解决农村土地问题，废除苛捐杂税，减轻工商业者的负担——这些，没有一件不是人民大众的要求。（当然这些要求和资产阶级的要求是一致的）。这些任务的达到，正是扫清发展资本主义的障碍，所以我们说中国的民主主义还是资产阶级性的，这是对的。可是中国的民主主义有着它的特点：第一，中国的民主运动是发生在这样的一个世界背景上，社会主义的苏联已经非常强大，帝国主义在世界范围内力量的比重一天天削弱，而中国的民主运动又必然是要反对帝国主义的。第二,本来应该作为中国民主运动的主导力量的中国资产阶级,力量非常的薄弱,一部分依附着帝国主义,成为了帝国主义的附庸,一部分与土地结下了很深的因缘,一部分勾结官僚,成为了特殊势力,他们这些人当然对于民主运动不仅不感到兴趣,而且还带着仇视的态度。只有一些民族工业资本家,他们虽不满意帝国主义的侵略,不满意独裁政府出卖民族利益,不满意一天一天枯竭的农村使市场缩小,可是,他们又没有胆量来领导民主运动。第三,中国的工农力量,具有二十多年的政治斗争的经验,拥有强大的武装。综合以上所说,我们可以得出这样的结论:中国的民主运动是资产阶级性的,可是作为这个运动的基本动力,是中国的工农大众。这是第二个特点。

第三,中国的民主运动,既然是以工农来作基本动力,而且又是在这样的有利于社会主义发展的世界情况之下,因此,中国的民主主义的成功,一方面固然是造成了资本主义发展的条件,推动生产力前进,可是另外大方面因为这个民主运动的领导权是紧紧的握在工农的手中,因此这个资本主义的发展,和过去资本主义国家资本主义的发展是不同的。第一,工人和劳动者在国家的政权机关里面,有着最大的发言权,而资产阶级在政治上却没有多大力量。第二,在生产机构里面的劳动者受着合理的保障和优待。第三,国营的公有的生产事业,将成为将来的社会主义建设的物质的基地。第四,工农的组织力量的强大,和国营的以及合作经济的发展正足以保证这个资产阶级性的民主主义和平的过渡到社会主义去。也正因为这个缘故,所以我们说,我们的民主主义,是新民主主义。

第四,中国的民主运动,既然是必须联系到民族运动,反帝国主义运动,可是,诚如我们上面所说,帝国主义的力量还是相当强大的,特别是第二次世界大战以后的美国。它既然在战争中没有受到很大的损失,又拥有雄厚的极端集中的资本,又有强大的武装和最新式的武器,一个经过了八年战争以后的落后的中国,要和这样一个强大的国家直接敌对,这是非常之不容易的事。当然这并不是说中国的民主主义在美帝国主义垮台之前，就无法获得胜利，或者是说中国问题的解决，要在世界范围内去解决。相反，我们相信中国问题的解决主要的还是要靠中国人民自己本身的斗争，只要我们人民有这样压倒的优势，使独裁派的政府不向我们妥协，它就唯有灭亡的时候，它自然就只有屈服了。而且，那个时候美国政府就是想要支持这个独裁政权，但是看见如果再支持下去，终究还是不能使独裁政权继续下去的时候，那它也只有向中国的民主力量妥协。不过有一点我们必须指出的：即中国的民主运动，必须和全世界的民主运动配合起来，和全世界的人民的力量配合起来，才能获得最后的胜利。我们必须把全世界的民主的力量联成一气，这样才能够和好战的、侵略的帝国主义的力量对抗，只有帝国主义侵略的力量在世界范围内被打击下去，中国的民主力量的胜利，才算是有了最确实的担保。

第五，在欧洲十八世纪中至十九世纪初期，民主运动所反对的对象，是封建的王权。可是中国代表封建制度的王权，早已经在一九一一年被推翻了。今天我们所反对的，乃是受着帝国主义支持的买办和半封建的军阀官僚的统治。它拥有帝国主义的近代的武装；它拥有从法西斯国家学来的特务制度；它具有殖民地都市里的冒险家的手腕和阴谋诡计，单从它的统治的方法和力量来说，是比封建王朝的统治力量高明得多了。这是从中国民主运动所遭遇的敌人来说。

同时，我们必须不要忘记，中国经过了八年抗战以后，生产凋敝、经济困拮、民心厌战，大家都急于要求和平安定的生活，而且在世界范围内，帝国主义的力量依然还是非常之强大。在这样的情形之下，中国的民主主义者，不愿意用内战的方法来推翻独裁者的统治，以避免兵连祸结的内战，以符合人民大众的愿望，这是非常之正确的。根据这个原则，所以所有的民主各党派均希望以谈判的方式，在双方妥协的基础上来逐步实施民主政治。但是独裁派却并不愿意这样做。它仰仗着帝国主义者的援助，和自己的强大的武装，口头上尽管宣传和平，而实际上则动员全部的力量来企图歼灭民主的力量。口头上尽管宣传民主，但实际上则动员全部的特务警察来镇压人民的任何民主的要求，摧毁人民任何的民主权利。这样，中国的民主阵营中，有些拥有武装组织的党派，乃不能不起而自卫，和被迫而采取武装斗争的方式来争取民主与和平。——虽然是武装斗争，但其目的，还是要争取和平。

因为这个缘故，所以中国的民主运动，和平谈判与武装斗争是交互进行着或同时并进着，民主与反民主两个阵营，双方都是在军事上，政治上，施展着变化多姿的策略。中国民主运动的复杂性是世界罕有的，这是第六个特点。

从以上这几点看来，中国的民主运动的敌人是相当强大的。它不仅是中国的独裁政府而且也还包括有外国帝国主义的力量（虽然它还不一定能直接军事干涉）此其一；其次，中国民主主义的性质，是资产阶级性的，它的基本动力则是工农大众，然而在民主阵营内，动摇脆弱的中间分子占着相当大的比重，农民的落后性还是有着相当强固的传统；其三，中国民主主义的最后彻底胜利的保障，还是有赖于世界民主运动的胜利——由这些种种看来，我们可以断言中国的民主运动是相当艰苦，曲折，而又复杂的。一切直线的，急性的，过左的倾向都是错误的。

现在我们不妨假想，独裁派终于有一天在内战场上失利而愿意遵照政协精神来重开谈判，或者是独裁派因坚持内战到底而终于垮台，但这还不能够算是新民主主义已经实现。因为反民主的残余势力还是存在着，帝国主义的侵略势力还是存在着，有些同盟军或个别分子的态度亦可能发生变化。要把民主主义完全实现，还需要长期的艰苦的斗争。

我觉得在我们民主人士当中，还有些人始终过分低估了敌人的力量，和把中国的民主运动看得过分单纯和直线的发展，因而对于民主运动存在着过分乐观，和过早成功的希望，等到一受到打击和挫折的时候，马上又感觉得悲观失望。我想这是不妥当的。因此，正确的认识中国民主运动的特点，了解它的艰苦性和复杂性是十分必要的。因为只有这样，我们才能按着客观形势，规定出方针，忍耐着性子，准备作长期的奋斗。

我们需要怎样的民主

大家都说民主好,但是我们所需要的是怎样的民主,这里我们须得搅清楚。比方大家都说英美是民主国家,那么我们的民主是不是要同英美的一样呢?我说不是的。从内容上说,英美的民主是资产阶级的民主,但是中国的民主是各阶级共有的政权的民主。从形式上说,英美的民主是三权分立的民主,但是中国的民主,是基本上根据于三民主义,人民享有创制、复决、罢免、选举,直接民权的民主,那么中国的民主是不是同苏联的一样呢?我说不是的。因为从内容上说,苏联的民主是工人,劳动者们的民主,中国的民主还是各阶级共有政权的民主;从形式上说,苏联的民主是从工农苏维埃掌握政权,过渡到全体劳动人民,共同管理国家的民主;中国的民主,则是三民主义共和国的民主。所以中国的民主,它是首先联合各阶级的力量,对外反对帝国主义的侵略。获得民族自由和独立,然后逐步的淘汰那些妨碍广大人民生活和自由的腐烂分子,以逐渐达到全国人民获得他所应享的人权的民主。

以上这些话,说起来还是很抽象的,现在我想把它的具体涵义再说一下。中国民主主义的具体内容,我想应该包括以下的几点:

第一,中国所需要的民主是中国人对外国人的民主。不错,抗战胜利了,一般的说来,中国的国际地位是提高了。但是不可否认的,中国在经济上还是个落后的国家,政治上还没有纳入民主和平的正轨,因此,在英美列强看来,他们对中国还是保存着歧视的心理。美国帝国主义分子更是把中国看成为它的最好的侵略对象。近来美在华驻军的虐杀同胞,澳洲的排华法案,南洋各地的虐待侨胞,都是例子。所以我们一方面要自求进步,发动爱国运动反对一切形式的侵略和干涉,一方面在国际上要以民主和平的方式,与国际的进步力量,共同努力来争取中华民族和其他各民族间的真正平等的地位。

第二，中国的民主是老百姓对政府的民主，过去政府是高高在上的，它以征服者的姿态能制定法律，随意剥削人民，老百姓只好任由它驱使，剥削，和鞭打。无缘无故它可把你捉进监牢里去，一点也没有理由，一点也没有根据。本来国家的事情是大家的事情，官吏做得好坏，人民应有权来批评和监督，但是现在的政府，是绝对不容许人民有说话的自由的，今天我们所提倡的民主就是人民应有充分的自由说话，有充分的自由批评政府，有充分的自由罢免失职的官吏，国家的权力应该是由人民通过宪法，通过选举所赋予的。政府是执行人民的意志的机构，如果它不能执行人民的意志，或甚至违反它，那人民就有权改造这个政府。

第三，中国今天所需要的民主，是各政党对国民党的民主，过去，国民党一党专政，把所有其他各党派都看成为非法的异党，随时都可以把他们关起来，或甚至把他们看成土匪，把他们杀掉。这样一党专政显然是行不通的。所以今天我们要求所有各政党应该有合法平等的地位，在政治纲领相同的时候，各政党可以共同参加政府，执行这民主的政纲，每个政党都是独立的，彼此间都是平等的，谁也可以批评谁，但谁也不必打倒谁。谁要在人民中间获得了信仰，谁就可以一天天的壮大，谁要不能为人民服务，谁就要一天天落后。总之，每个政党都站在平等的地位不受任何威胁的自由竞争，让人民去裁判他们政纲的优劣，服务精神的好坏。大家互相保持政治家的态度，一点也不用仇视。

第四，中国今天所需要的民主是少数民族对大汉民族的民主。过去，我们对于蒙，回、藏各民族，是始终保持着统治者的地位，对于僻处在湘、滇、黔、粤、桂之间的苗、傜、侗、僮不仅剥削他们，压迫他们，欺侮他们，甚至在文字上一律旁边加上一个“犭”。我们既然要要求对外获得民族的平等，那么我们对内也应该允许这少数民族获得平等的地位，我们要破除大汉民族和他们之间的界限，奖励通婚帮助他们发展生产事业，提高生活和文化的水准。在边疆上，人数较多的少数民族，我们应该允许他们根据全民的意志，实行分立，或成立自治单位，这样才能够根本上消灭民族间的仇视，谋共同的发展。

第五，中国今天所需要的民主是全中国人民对四大家族和他们的集团的民主。在抗战八年间，中国的大买办，大官僚，大地主，利用政权机关，垄断一切，抗战胜利以后，复利用“接收”之名，劫夺巨额的财富，勾结帝国主义，实行把外国金融资本的垄断和他们的封建性的垄断连接起来，以致官僚资本更加猖獗。侵入农村，则加速了土地集中和高利贷的横行，走进都市则在市场上操纵，使中国的产业一天天崩溃，农村经济一天天枯竭。二月间，金融风潮发生以后，整个政府更变成为一副可怕的剥削人民的机构。在这里很明显的可以看出两个集团：一个是大官僚，大买办，大地主的集团，另外一个是工商业家，商人，小市民，农民，工人一个集团。我们今天所要求的民主就是后一个集团对前一个集团的民主。我们首先要求按照民主方式改造政权机关。我们要没收那批利用自己在政府中的政治地位获取得来的非法的金钱，要严禁囤积居奇，投机垄断；总之，我们要使全中国人民能够和平而幸福地生活。

第六，今天我们所需要的民主是地方对中央的民主，我们反对中央集权，而主张地方君权，我们反对现在这样的情形，把主要的税收通通归到中央去，而地方毫没有支配之权。我们反对，各地方的行政长官只向中央政府负责，而不是向当地的人民负责。我们主张地方政府民选，各省应有省宪法，中央和地方政府之间的权限应该划清。

第七，今天，中国的民主是工人农民小市民和工商业家小地主，联合起来反对四大家族及其集团的民主。但是在这一个广泛的民主联合阵线中，我们还是要顾全到，工人农民对工商业家和地主们的民主。大家都知道中国的工人农民是中国今天最受压迫的阶层。因此在整个的民主统一阵线中，我们必须减轻农民的负担，减租减息，并在保证工商业家的一定的合理的利润条件之下，提高工人的实际工资。有些人害怕工人农民的斗争会妨害了统一战线，但这是不对的。相反，在一定的限度内，这种利益的争取只有巩固我们的民主统一战线。

第八，中国的民主是女子对男子的民主。在半封建半殖民地的中国，谁也知道女子们所受的压迫和剥削是特别厉害的，新的民主主义的中国，女子们是必须从政治，经济，社会的不平等待遇中解放出来。形式上的平等，法律上的平等是不够的。

独裁派为什么必败？

（原名《反动派为什么终必失败》载 1946 年 10 月《青年生活》第 5 卷第 5 期，署名黄药眠。见上文第 328 页）

政协决议与政协路线

（载 1947 年 2 月 22 日《光明报》第 15 号，署名黄药眠。见上文第 430 页）

评《中华民国宪法》

（又名《评所谓“中华民国宪法草案”》载 1946 年 12 月 18 日《光明报》第 10 号，署名黄药眠。见上文第 386 页）

知识青年的出路

中国目前的学校教育是根据于资本主义制度的规模进行的。它的作育人材的方针，也是假定这些人出校以后，就可以在资本主义的社会里服务的。我们只要看中国的学校制度，课程、教学方法等都是模仿美国就可以明白。然而可怜的中国在这三十多年来，始终还停在半殖民地半封建的社会状态下面，因此从学校里毕业出来的人材，根本就不能够在这半封建半殖民地的社会里找到他应得的地位。反过来，这些毕业出来的学生因为找不到出路，只好向旧社会屈服，把学校的毕业文凭作为参加官僚体系的证件。所以照目前的情形看来,中国的学校教育可说是人材和物力的很大的浪费。

现在让我们过细的来检查一下:

比方学工科的,原本是假定在他们毕业之后就有工厂来请他们去当技师或工程师的。可是由于受帝国主义经济侵略,由于政治的腐败和混乱,中国的工业化根本就没有具备着政治和经济的前提条件。在独裁的官僚政治统治机构下面,在出卖民族利益的媚外政策下面,不要说工业不能发达,新的工厂无法建立,就是原有的工厂也已经纷纷倒闭,或者是岌岌可危了。试问在这样的情形之下,学工科毕业的大学生们如何能找到出路?自然毕业就变成失业。除了会说几句英文的人,可以在洋行里做做买办以外,那些和上层的官僚有血统和亲属的关系的人可以学做做官外,共余百分之八十、九十的青年工科毕业学生,就只好在社会上浮来淌去了。

再比方学商的,本来假定都市里面大的商行,公司可以供给他们服务的机会的。然而中国既然没有大的工业基础,那么商业的经营也就只好局限于小规模的转口买卖和小额的批发或零售。真正的大规模的进出口商业,事实上还是握在外国商行和几个银行买办手里。而这些机关用人的容量又非常之狭小,自然,中国大多数的小商人是不会来雇用大学里商科毕业的学生的。第一:他不需要用这些人小得这样可怜的商店,是用不着那些学过资本主义经营方式的商科学生的。第二,他也是用不起。因为他店里的经理会计出纳都全是由一个人兼任,或是由兄弟主持兼任的。他的赢利有限不愿意以高额的薪水来请个外来人。对于这外来人,中国的旧式的商人是不会信任的。因此学商科的学生们,一从学校出来,无论他的学识怎么好,也就感觉到茫然不知怎么办了,一失业就只好踯躅在大都市的街头,为生活的出路问题而苦恼着。再比方学农的,这是假定中国需要大规模的农业改良,有许多大规模的资本主义经营的农场来供给他们服务的。然而事实上中国的农业由于帝国主义和封建势力的双重束缚,始终还停留在非常落后的小农经济阶段上。地主们对于农田,水利,种子的改良是不会感到兴趣的,他所感到兴趣的就是不管天灾水旱,依然能够向农民身上照收一定的谷物。在他看来,要他拿出一大笔资本来投资在土地上,倒还不如把这些资本和上层官僚勾结囤积居奇作些走私买卖为上算。他绝不愿意把这些收租的生活改变,他绝不愿意出钱冒险作资本主义的土地经营。因为他自己知道,用这些方法生产出来的农产品终于是不能够和泛滥在殖民地市场的帝国主义国家的农产品竞争的。至于小地主当然更没有企图在生产上找寻出路,他的眼光是放在如何利用自己的财产来获得地方绅士的地位,或者是用金钱去运动做个小官。至于政府,它除了努力于剥削人民镇压自由思想分子以外,根本不会有农村建设,增加生产的思想。还有就是自耕农和佃户,整天都在贫困的土地上面打滚,连农具都买不起,耕牛都很缺少,当然更谈不上什么农业改良了。由于中国农业的没有出路,因此学农的学生,无论学蚕桑的好,学农艺的好,学森林的好,学农场管理的好,全都没有出路。

再来说学医的吧！做医生既然没有足够的医院来容纳。从事于公众的卫生事业吧,政府方面又根本就很少公众卫生的机构。自己来开业吧,购置设备,成本既非常可观,而一般老百姓又未必相信西医,即使相信西医,他们又未必能够出得起钱,他们宁可请走方郎中买点草药吃吃,或者是求神问佛找一点神方。人民知识水准的低下,以及经济的贫穷显然的也影响到医生们的业务。所以学医的同样的也感到苦恼。

此外,学教育的未必能找到教育的岗位,学文学的更不能够靠一支笔吃饭,学历史的未必就出来教历史或者能够找到一份应有的工作。老实说一句:大多数从大学出来的毕业学生,总是很难找到工作的,没有办法,只得大家都出来教书。知识分子制造知识分子,从事于扩大的再生产。于是知识分子一天天的加多,而所以养育这些知识分子的经济基础,却又一天天薄弱,结果大家都没有出路,大多数人浮沉苦恼,抑郁而终。有小部分投机狡猾之人,则到处钻营奔走,趋附权门,或利用裙带关系,或利用亲戚族谊,变成了毫无一定主张的流浪政客。

以上所说,就是今天中国知识分子悲惨的图画。很明显的,中国知识分子的命运是和中国民族的命运联结在一起的。如果中国民族永远停留在这个半殖民地半封建的阶段上,则中国知识分子是永远没有出路的。

不过很可惜的,直到今天,还有不少的学校学生们,对于自己的未来的命运是很不理解。有些是死抱着书本,以为“万般皆下品惟有读书高,”或者是抱着“不问收获只问耕耘”的态度。他们根本没有问读书是为了什么?不错,是为了服务于人群,是为了发展自己的才能,是为了更容易找到职业:但是目前的社会是否有这样的条件来给他们以服务人群的机会,发展才能的机会,找到职业的机会呢?对于这,他们却不问了。还有些人,平时对于时事不大过问,但一到事件发生,临时又感情冲动起来,好像立即就要和统治者撞个你死我活似的。他们并没有冷静的去考虑一下,这些事件何以会发生,他的背景如何,发展的前途如何。因此,事件过去了,或者稍受挫遭,便意态消沉,缩回到书斋里去。还有些人,不把知识分子在今天中国所处的地位作整个去研究,平时马马虎虎过去,一直到了快要毕业,才开始为出路问题而烦恼起来。他没有把他们的职业问题看成为整个中国问题之一部,整个知识阶层的出路问题,而只是把它看成为个人的出路问题,这种看法是很错误的。还有些学生青年,他们之所以参加运动不过是趁趁热闹,他并没有了解到这问题的严肃性。每天大家坐下来,除了谈谈新闻,发发牢骚,骂骂走狗,作些左倾的清谈以外,就什么事情也不做,什么书也不读。这在表面看起来,他们似乎是觉悟了,但实际上却并没有觉悟。中国的民主斗争是相当长期性的。我们不仅要有一般的知识,我们还得要有专门的知识,专门的技术,实际的经验,我们还得储备更多的力量,我们不仅要革命,还得要建国。还有些人,由于家庭经济情形比较优裕,因此在学校里也就变成了无愁公子,无日不在憧憬着未来的美丽的世界,于是在月下花前谈情说爱,既无进取之心,也无奋斗之志。这些人自以为得天独厚,父母可靠。但一旦危机爆发,或家庭遭到了变故,于是也就失去了依据,而不知所措。还有少数学生,因为意志薄弱,禁不起统治者们的威胁利诱,因而堕入特务系统之中,为虎作伥,出卖同学。这些人根本上已经是统治者的走狗,背叛知识阶层的利益成为了知识阶层的敌人,那是更用不着说了。

我们认为以上这些态度都是不对的。青年学生们,现在是应该确立他们自己的态度了。

今天摆在中国知识分子面前的道路是很明显的。要么是向帝国主义和半封建的官僚买办屈服,利用旧的社会关系找寻一官半职,帮助这些民族的败类,专制的暴君的剥削、压迫、钳制、毒害、屠杀中国的人民。要么是加深自己的研究,加强自己的工作能力同中国大多数的人民站在一起,为争取民族的自由,民主的权利,人民的幸福而奋斗。当然前一条道路在某些人看来是比较容易走的,但这也不过是局限于一小部分的人,善于奔走逢迎或已经有特殊社会关系的人。这是出卖良心的事业。后一条道路是比较困难、屈折、危险的道路,但这是人民的道路,最广阔的道路,是最后获取幸福的道路,是从贫困中解放出来的道路。今天的争取民主的斗争,已经不仅是为了正义,人道,理想,而且也是为了我们自己的利益。我们并不是唯心论者,把革命斗争看成为纯粹是思想的斗争,我们并不否认我们是为自己的利益而奋斗的。不过必须把知识分子的利益和大众的利益联结在一起。我们要为自己的利益而奋斗,同时也就是为大众的利益而奋斗。只有当中国的工业发达,商业繁盛,农业振兴,人民康乐富庶,中国的知识分子才能够获得真正的生存根据,能够施展所长。所以今天中国知识分子的任务,首先就是要如何驱逐外国帝国主义的侵略者出去,如何改革专制独裁的政治制度,如何驱逐贪污腐化昏庸老朽专于剥削人民为事的官僚,如何唤起老百姓,团结和组织老百姓,从事于争取民主的战斗。如果不从事于这种根本的工作,而只用头痛医头脚痛医脚的办法是没有用的,如果每个人都是只顾自己,只求自己的职业问题能够解决,而不想以集体的力量来解决整个问题,那是非常之容易遭受失败而至于幻灭的。瞧吧!现在生活的困难已经一天天增加,出路的问题已经一天天紧迫,而一向所依靠以为生活的家庭经济又一天天困难,中国知识分子究竟应该往那里去呢?我想在这样危机紧急的时期,每一个人都应该放大眼光,详加考虑而知所抉择了。

论宣传

(载 1946 年 10 月 8 日《光明报》第 3 号,署名黄药眠。见上文第 340 页)

论组织

(载 1946 年 10 月 18 日《光明报》第 4 号,署名黄药眠。见上文第 346 页)

论干部

(载 1946 年 11 月 28 日《光明报》第 8 号,署名黄药眠。见上文第 367 页)

论领导

(载 1946 年 11 月 18 日《光明报》第 7 号,署名黄药眠。见上文第 361 页)

有计划性的工作

无论要做一件什么事情,大至于国家大事,建立大规模的生产机构,小至于开书店办杂志,都必须有个工作计划。有很多人以为拟定一个工作计划是很容易的事,其实不然,首先要起草一个计划,一定要有远大的眼光,能够看到未来发展的趋势,有了这样科学的预见,那么我们的计划才能够不仅适用于现在,而且也能适用于将来的特定了阶段内。有些人没有这样的预见,只按照目前的情形来起草计划,后来客观环境慢慢推移,那原来的计划,便变成不能适用于新的环境了。二是执行到一半的工作,又不能不在半途中间来重新改变,这样一来,整个机构都得重新调整,工作既然许多浪费,步骤也变得十分凌乱。再还有因为这样中途改变计划,常常会引起下层干部的怨言,以至众说纷纭失去自己的威信。

但是要怎样才有科学的预见呢?这当然是需要有关于政治经济的广博的知识,对于一般的局势的准确的估计了。

对于一般的局势很了解的人,是不是就可以起草一个很好的工作计划呢?那也不是。因为除了对一般局势有整个的理解以外,我们还得对于某一个特定工作部门有专门的知识或经验。就是做一件规模较小的事情,比方办一个工厂吧,我们得知道那一种机器好,应该怎样管理,那里去招请熟练的工人,那里去采办原料,向那里去推销制成的商品。比方你要成立一个什么研究会吧,首先你对于自己所要研究的应该要很熟悉,这才能够号召一批人来同你合作。此外我们要能够提出具体的办法和工作的方针。假如你所提出来的办法,都是不能实行的,或者是你所讲的话,都是外行的,那么,这个工作你就很难推动了。

还有,工作计划必须很现实的。孩子们的想像是可以自由地在空中驰骋,他是丝毫没有现实的意义,(至少在成年人看来是如此),诗人写诗,是只顾自己的感情,至于这件事是否做得通,是否有实际的意义,他是不考虑的。可是实际工作,却不能够单凭主观的热情,而要估计到实际的环境。比方我们要创造一个什么团体,一开头就要钱,钱从哪里来呢?我们就得要有实际的办法,而不能够空口说白话,说“没有问题”,结果临时才来张罗,弄得手忙脚乱。我们不能把人家普通应酬的套话,当成为允诺,不能把可能的条件,看成为真正的现实。我们说,我们是苦干团体,没有钱,我们也要干。但苦干也应该要有若干的具体办法，如何筹措最低限度的维持费，如何鼓舞起工作人员的热情，如何加强精神生活，使他们忘记目前的物质上的艰难。这些都是要有一定的办法才行的。又比方我们要组织一个民众团体，我们首先就要估计，人们是不是允许我们成立这样的一个团体，成立以后，我们又要怎样来工作，才不会遭别人的嫉忌，要怎样说话写文章，才能够对于目前实际的形势有所帮助。如果我们不顾当前的现实，只把书本上所读来的东西，依样葫芦搬到纸上去，表面上看起来，他所讲的都是很正确的理论，拿到实际工作上，从效果上说起来，却恰好相反，反而使敌人有可攻击的机会了。这是很不妥的。

所谓计划的现实性，不仅是从客观的估计而言，而且也是从主观的力量来说的。比方我们要做一件事业，从客观的条件说起来，的确是有一切有利的条件，的确是可能成功，但是我们必须了解，假如我们没有足够的主观的力量，那么这些有利的条件，还是没有用的，有许多知识分子的读书人，谈天说地头头是道，好像对于一切客观条件，都非常清楚似的。但是一做起事情来就往往失败。其所以失败的原因，主要的就是因为他们只有一般的大的局势的估计，而对于每个小的业务部门，没有精密的预算，不够熟悉，不够专门化。以至一动起手来的时候，便处处碰钉子。还有些是闹人事纠纷，没有组织力，一碰见困难就想退缩；没有魄力，做到一半就不耐烦；没有毅力，稍受挫折，立即就对于自己的计划也发生动摇，失去了信心。

工作计划既然是这样重要，因此为了慎重起见，在起草计划之先，必须审慎周详，深思熟虑，甚至找些专门人才来参加，加以详细的审定。订定以后，然后再召集负责的工作人员会议讨论；首先说明这个计划的主要精神是什么，用什么方法来具体执行，然后再作细节上的订正。经过这样详细讨论以后，所有干部对于这计划的主要精神已经明瞭，然后他们才能够各自依照当时当地的情况，用各种不同的方法来贯彻这计划所赋予他们的任务。而且计划一经过讨论，大家就应该一致努力执行，抱着信心，无论如何困难一定要坚持下去。当然这并不是说计划是不能改变的。在整个形势没有改变的情形之下，大的计划方针是不能改的，小的项目则可以随时讨论修正，等到整个形势已经改变，已经进入到新的阶段，那么自然计划也得重新起草过了。所以整个形势之是否到了新的阶段，这是十分重要的政治估计的问题。

计划已经起草好了，讨论过了，现在问题就是如何按照计划来执行的问题了，或者是如何按照计划来检查工作的问题了。如果实际工作的整个精神都违背了原定计划，那是原则上的错误；如果在执行计划的时候，有个别部门的忽视，那就叫做缺点。按照计划来检查工作的进度，工作的效能，这是合乎科学的。

我今天之所以要讲工作的计划性，是因为我看见许多人做工作，根本就没有计划，今天需要做这件事，就急急忙忙费了好大的功夫去做这件事，明天又发生需要做那件事，于是又急急忙忙掉转头来做那件事，工作与工作之间已没有连贯性，因此也不能表现工作的方针。而工作同人也因为今天做这件事，明天做那件事，弄得摸不着头脑。有些人工作未尝没有计划，但是他的工作计划非常之浮面的，根据着不切实的情报和消息，根据着自己一知半解的知识，空空泛泛的起草了些不合实际的计划，用这些计划拿来装饰门面是可以的，拿来做实际工作的指针是毫无用处的。也有些人，工作计划是工作计划，实际工作是实际工作，完全不按照计划去做，比较容易做的，他就做得很多，比较难做的，他就放下来不做，结果是重要的没做到，而不重要的倒反而做了许多。这样轻重倒置，事实上把计划歪曲了。所以我们对于计划，必须十分重视，我们每做一件工作，都必须按照计划，每检查工作的时候，也要按照着计划来检查看看那些地方做得不够，那些地方有遗漏，如果工作做不通，是不是因为工作计划有些欠周详的地方，或是有些不能适应于此时此地的地方，是不是在某些项目上有应该个别修改的地方。如果工作计划并没有什么不对，那么这毛病就是由于主观的努力不够了。那么在那些地方不够呢？是不是负责工作的人的能力不能胜任呢？是不是他们缺乏经验呢？是不是他们懒惰不负责任呢？是不是人事上有摩擦呢？如果工作人员的能力不够,经验缺乏,那就应该教育他帮助他,长期教育说服的结果,都还是不行,那就只好作重新调整人事的考虑了。如果是由于工作人员不负责任,则应该督促他,如果人事上有摩擦则应该消弥它,不让它扩大,不让它增加复杂性。

所以慎重而详细地规定计划,讨论计划,帮助干部执行计划并按照计划检查工作——这都是领导者所必须经常注意的事情。

谈开会

会是大家都开过许多的,现在要谈开会一定会有人觉得好笑,谁不懂得开会,谁没有开会的经验。但是,由于不懂得开会的程序,或者是由于开会的目的并不明显,因而在我们之间曾发生了不少的误会,浪费了不少的时间。

我认为,开会之前必须明瞭这个会的性质,有些是宣传或鼓励的会,在这个会里面我们不妨说些国内国际大事,不妨慷慨陈词。有些是实际工作报告和检讨的会,在这个会上,我们应该不仅在报告里告诉大家做了些什么,碰见什么困难,怎样克服困难,同时还要提示出今后的工作方针。报告的内容是越具体越好。有些是学术性质的讨论会,在这些会里面,我们用不着说许多客套话,和许多不必要的解释。我们只要把深奥的理论问题一层层扼要在说个清楚,也就够了。有些是交换意见的夜谈会,在这个会里面,我们的目的并不是想获得什么结论,只是想交换意见,了解一下各种不同的看法,只要把我们的意见很平易的说了出来,也就够了,有些会,是解决实际问题的会,在这个会里面,一般的原则问题,大致都已经解决了,这里所要讨论的,是用什么具体的方法去解决问题,在这里更要避免谈一些抽象的空论。

无论是开哪一种会,都必须事先有个准备。当我们确定了这个会是什么性质的时候,我们第二步就是要按照当时当地的情形决定这个会所应该达到的目的,于是把一切准备的工作,都集中在如何达到这个目的上。首先是技术问题,比方是,谁负责发通知,什么时候发出，如何保证发出的通知必然能够及时收到。第二步是准备什么人做主席，什么人发言，甚至到那一个人的发言应该怎样说，都要事先有一个准备。如果是交换意见的会，解决问题的会，我们还应该在开会之前，就把所有必要的参考材料及文件先行发给大家，以便开会时候，会议的参加者，可以根据这些材料发言。如果开群众大会，我们还要看到会者的多少，到会群众知识水准，群众情绪的高低，以及是否有敌党参加，来决定我们的策略。在发言的时候谁应该说长些，谁应该说短些，应该强调那一点，应该含糊那一点。对那一点应该坚持，对那一点应该让步，我们至低限度应该达到怎样的效果和目的。会议的主持人，心理都必须有一个筹划。总之，每一次开会，总有一定的目的，无目的的会，是一种清谈，有目的而不能达到，那叫做失败。在有敌党参加的大会场上，我们尤其要注意到会场战术，如何去揭破对方的阴谋，和假面具，向那一点去攻击才最能获得强大的效果，用什么口号来宣传，才最能获得群众的信心等。如果认为敌人有来捣乱的可能，则尤应在会场周围作事先的准备，以便发生捣乱时，还能维持秩序，的保护大家安全撤退。所以一个群众大会实际上是一场战斗。最坏的群众大会就是让群众们自发的感情去引导，而没有事先的计划，积极的领导，和消极的控制。

最复杂的会是要算高决策的大会，如党员大会之类，这是决定政纲政策的大会，是有关于整个团体，整个党，或者整个国家命运的大会。这种会不用说是需要在政治上有一个很强的领导机构。如果从准备的阶段说起，那么最先是发出请柬，筹备招待，各代表报到，收集提案，开会以后，依照各种不同性质的提案，组织各种提案审查委员会，审查和归纳各该部门的提案，然后向大会报告。再由原提案人对各该提案加以说明，然后付诸讨论，表决。如大家没有原则上的不同的意见，这些提案大致总是由大会修正通过的。但是有些比较重要的问题，是由大会推举委员会起草决议草案，然后交大会讨论，修正，表决，成为正式之决定。

还有一种开会的方式是采取比较集中的民主方式，即大会一开始,即由领导机构,作几个重要的报告。大会根据这个报告发言,如无原则上的争论,则讨论后,仍由原报告人作一个结论,并推举各种委员会就报告和结论要点,起草决议交由大会讨论,修正,表决成为正式的决定。

至于比较小型的会议,最重要的莫过于政治集团里面,讨论实际工作方针的会议。对于这样的会,事先,主持人必须在整个局势的动荡中,及时的决定提出那几个重要问题来讨论。讨论的题目决定以后,第二步就是发通知,同时把必要的资料和文件送给将要到会的人,以便开会的时候,他们可以发表意见。开会讨论的时候,由主持人把讨论的题目解释,说明每一个题目的中心症结在什么地方,按着程序一个个讨论下去,最后则由主持人归纳各种不同的意见,作成决定。在这里主持人的能力须很强,经验须很丰富,这样他才能随时纠正错误的观点,说服那些不正确的意见。对会场里面发言的人,尤须有一个发言时间的限制,少说空话注视现实,多提具体的办法。

现在,在这里不妨来讨论一下,作为政治集团的基本细胞的小组生活。我们常常听见人家说,某团体的小组生活不健全。究竟小组生活怎样才能算是健全?我想从一般的原则说,每一个小组必须能够把上层的决议,通过小组的成员,在广大的群众中发生实际的作用,这样的小组才能算是健全的小组。更具体的来说,即小组必须能够按时开会,各成员自己感觉得对于这个会很有兴趣,情绪很高。这是一;第二,在开会讨论的时候要能有实际的内容。小组会议的讨论程序,大概都是这样的:一是一般的政治报告,这个报告,绝对不要过长,致把开会时间全部占去,至多只能二十分钟至三十分钟。(自然如遇特别重要事件可有例外)而且虽然说是一般的,但多少总要配合到该小组的实际情况,和特点;二是交换消息;三是各人提出个人的工作报告,并根据前次的决议,检查工作的进度;四是根据一般的报告配合各人的生活,地位,和工作环境分配工作,五是各小组根据其本身的特点,各自决定其小组的特殊工作。比方学校小组有学校小组的特殊工作,工厂小组,店员小组,妇女小组,亦各自有其特殊的工作。

以上所说，当然不过是关于开会的几个要点，至于怎样做主席，怎样选举，我想不必在这里详细讨论，我现在想提出来再说几句的，就是一般人在开会时所极容易犯的毛病。

比方有些人在开会之前对于所讨论的题目没有准备，对于这个会所要达到的目的也没有一个明确的概念，以致开会的时候，你说几句，我说几句，热烘烘乱闹一阵，该谈的没有谈到，不应该谈的倒谈了许多，结果得不出一个结论。

又比方在开会的时候大家喜欢迟到，以致迟到的人才刚刚到来，而先来的人却已经要走了。这样会场空气弄得非常之坏，自然情绪也就低落，提不起兴致。所以，召集人对于如何达到准时开会也应该多多去考虑。又在群众集会中，为了要使群众不致走散，常常用唱歌，和讲故事的办法来维持会场的愉快和热烈的空气，也是很好的。

又比方有些会，除了一二个人发言以后，就没有人继续发言，以致会场上感觉到一种冷冷静静的空气，一点也不热烈，这是不好的。于是有些人就采取临时点名的请人说话的办法。我想这种办法，只可以偶一为之。因为有些人，根本不愿意说话，或不方便说话，给你临时请出来说话，就会有不知说好，还是不说好，即使就说，但也因为事先没有准备，结果也就很难说得恰到好处。所以要请什么人发言，最好在开会之前，大家事先商定。

还有一种是相反的现象。有些人在会场上对于同一个问题几次发言，或是在发言的时候，太多不必要的说明理由的话，我想在会场上一个人发言太多，或者发言的时间太长，都是不民主的现象，因为一个人发言太多自然就会妨碍了别人发言。所以最好的办法，应该是限制发言的时间，和限制发言的次数。

民主主义者的生活态度

（又名《民运工作者的生活态度》载 1946 年 12 月 8 日《光明报》第 9 号。见上文第 377 页）

附录一
黄药眠任《光明报》首席编委时编发的复刊词及社论
（1946 年 9 月 ~1948 年 2 月）

复刊词

载 1946 年 9 月 18 日　复刊新一号

一转眼就是五年了，回想五年以前，那时抗日战争尚未结束，正是国内一党专政日甚一日，政府机关的贪污腐化，亦日甚一日，同人等以抗战与民主不可分，将要使抗战迅速胜利和使抗战胜利以后，中国人民能各安其业，必须实施民主政治，清洗独裁专政之作风，剔除贪污腐化之恶习，与民更始。于是乃有民主政团联盟之组织，而本同盟领袖之一的梁漱溟先生乃啣命来港创立光明报。至于本报之主旨，则诚如公约第三条所云“民主精神为团结之本，其义甚近，并不在远，吾人以政治上实现民主为期，而先以言论上之民主精神自勉。”

太平洋战争爆发，本港沦陷，而坚持了两个月零二十八天的本报也不能不停刊，同人等间道回国，历尽艰难。然而为民主事业而奋斗的衷心则未尝或已。去年夏，轴心国相继乞降，盟国胜利，全国人士，莫不欢心鼓舞，认为战争结束，民困可以从此稍苏，然而不幸的是，胜利已经一年，独裁专政之风，贪污腐化之习，只有变本加厉，这使得通货无止境的膨胀，物价飞腾，工厂关门，百业凋敝，征实征购重利盘剥，民不聊生，死亡载道，尤其不幸的是，本年一月，政治协商会议本已有五项决议，奠定了民主政治之基础，并指出了所应遵循的途径，而以一方面的言不愿行，中道背信，以致内战爆发，烽烟遍地，同盟同人，虽奔走呼号，亦了无结果，而同盟领袖李公朴闻一多二先生反遭特务暗杀，同盟主席澜亦遭特务殴辱，人民基本的权利尚受威胁，更还有什么民主政治可说，国事至此诚可痛心！当此国内战争大规模展开，民主权利受到严重的威胁之际，同人等认为民主终不能不继续，因此不揣绵薄又于本报刊出第五周年纪念的今日，重新在本港复刊(先出旬刊)。至本刊之宗旨，一向都是如此鲜明，对内是要求民主与和平，对外则要求自由和平等。以本刊“为自由发抒意见之园地，提倡对于民族前途作深切之思维。”抛弃成见，对于那些企图干涉中国内政的侵略者必须加以谴责，对于那些把持政权贪污腐败之徒，必加以揭发抨击，对于那些违背中国人民公意，损害中国大多数人民利益的行为必须加以批评，对于是非曲直之所在，须加以明确判断。本报过去的主张是如此，今后的主张还是如此，所希国内人民，能加以协助，使本刊能够日益壮大，民主制度能够早日实现，幸甚。

我们相信着人民的力量

载 1946 年 9 月 28 日《光明报》第 2 号

内战，正在一天天展开去，币值下泻，物价飞升，无论农工商学。上至公务员下至街头的小贩，莫不受到内战的直接的或间接的祸害，生活日益艰难。其在战区则兵行所至，庐舍为墟，人民流离转徙，死亡枕籍。当此抗战八年以后，荒灾惨重之际，内战打不得，是我们同盟人士一向坚持之主张，同时也是全国人民的公意。

但我们说不要打，而政府偏要打，特别当此美国以大批剩余军火廉价送给政府，政府大有非贯彻地打下去不可的时候，我们有甚么办法来制止内战呢？

我们一向所主张的是：以和平的方法争取和平与民主，既然我们要用和平的方法，当然我们就不会用武力去实现我们的目的，这个原则是不会变的。问题是我们尽管奔走呼号要求和平，政府还是置之不理，甚至我们同盟机关也要受到特务警察的搜查，工作同人时时受到生命危险的威胁，那么我们怎么办呢？我们有什么力量来制止这战争呢?

我们认为既然我们的主张也就是全国人民的主张,那么我们最有效的办法还是诉诸于人民。

国家的主权在于人民,国家的官吏和军队是为人民所供养,如果政府不能为人民谋福利,甚且与人民的意志背道而驰,那么人民自然有权利不履行向政府缴纳赋税和服兵役的义务。在过去抗战期间,中国人民为了击退日本法西斯主义的进攻,我们不能不忍痛牺牲,可是现在对外战争已经结束,我们是绝没有理由,把我们的子弟送到内战的战场上去当炮灰,去自相残杀,我们绝没有理由把金钱交给政府拿去购买外国的军火来屠杀自己的同胞,或是交给那些贪官污吏去过其荒淫无度的生活!我们应该把这个意见,提交各级参议会,名民众团体,各公正绅士,各慈善机关和学校,各华侨领袖,通过他们去向中央和各当地政府抗议。使到他们觉得民意之不可侮,使到他们觉得光靠外力来维持之不足以恃,使到他们觉得,内战如果再打下去,那就只有自取灭亡,整个崩溃下去。

我们必须使政府明白,我们之反对内战是代表人民的利益,我们有全国的人民拥护,只要全国人民的意志,能勇敢地,明确地表现出来,我想当局是终有一天会感觉到他是没有力量来进行内战的。

我们相信着人民的力量,同时希望它能够迅速地生长起来,表现他的决定作用。

时机紧急中我们的态度

载 1946 年 10 月 19 日《光明报》第 4 号

当我们同盟同人正在尽最大的努力以求和平解决国事的时候,国民党政府的军队,突然进占张家口,并即于进占张家口后数小时,宣布十一月十二召集国民大会。国民党政府这一个措施,事前并未与我们同盟商量,这完全是一党独裁的决定,与民主精神实相违背,这与国民党领袖所表示的愿与各党派推诚合作亦完全没有相同之处。我们对此，不能不向政府提出抗议。

但是今天的事情，主要的还不在于国大会之是否召开。据报纸所载，中共代表周恩来氏已在沪起草备忘录，准备宣布谈判破裂。所谓谈判破裂实在是意味着全国性的内战。当此，连年饥荒民生日艰之际，又要来一次内战，国事至此良用痛心！同盟一向以和平民主为号召，今竟遭受挫折，这不仅是同盟的失败，而且也是全国同胞的不幸。

事态之变化既如此其急骤，同盟今后之具体工作方针如何，尚需要有一个时间的考虑，但有几件事可足为同胞告者。

第一，我们得表明，在国府改组之前决不参加国民大会。而在军事行动未有停止之前，决拒绝讨论改组政府。

第二，这次内战的爆发，主要的原因是由于政府没有诚意实施民主，李公朴、闻一多两同志被特务暗杀，民盟同志之到处被国民党特务迫害即是证明，如果国民党政府真的有诚意，放弃一党专政，何以对于一向主张以和平合法的手段来争取民主的同盟，亦要施以如此野蛮的高压政策？所以这个内战责任必须弄明。

第三，同盟的主张一向是以民意为依归，以谋取人民的福利为我们的最大的职责。过去，全国人民要求和平，大家都希望调解成功，因此同盟同人也就不能不在这一方面劳力，可是现在形势已经不同，和平已遭受了挫折，同盟今后之具体工作如何，虽尚有待于商讨，然而同盟行动以民意为依归，以谋取人民的福利为我们最大的职责这一个原则和方针是不会变的。为了保护人民的利益虽赴汤蹈火在所不辞。

第四，今天的内战是完全违背人民的利益的。而积极主张内战以维护独裁的人，究竟占全国人民中少数的少数。因此我们始终相信人民的意志，终有一天会发挥出来，和平民主统一的中国终有一天要实现，虽然这需要很大的努力和很大牺牲。

第五，中国今天的内战是和外来的势力有密切的关系，因此这益令我们相信，中国的和平民主事业是和全世界的和平民主事业息息相关。全世界的和平民主运动之态势如何，固然将影响到中国的和平民主运动,而中国的和平民主运动之成功或失败,也必然将会影响到全世界和平民主事业的前途。为此,我们今后应该与国外的各和平民主的团体,更多联络,更多策应。

时局的严重已到了极度,我们希望全国人民均能正视现实,辨别是非,和给予我们以鼓励。

勖赴京的同盟同志们!

载 1946 年 10 月 28 日《光明报》李闻案特辑、第 5 号

自从国民党军进占张家口,且单独宣布召开国民大会以来,我们同盟就曾立即宣布暂行停止一切调停谈判的进行。可是同盟刚表明了这个态度而南京却不断传来了和平的呼声。这似乎使人感觉得奇迹已经出现,好战的人也真的爱好和平起来。

然而事实还是事实,假如我们把蒋介石先生本月十六日所宣布的八点和十七日共产党所坚持的两点原则比较一下那我们就会觉得,这两者之间是距离多么远。所谓和平谈判实在是有点渺茫!何况蒋先生所允诺之基本的人权保障始终未曾实施,李闻殉难的沉冤始终未雪,所谓和平调解,实令人有从何谈起之感。

可是我们民盟既然是以争取和平民主为最大的任务,只要有一线的获得和平民主的机会,我们都不应该放弃。根据这个原则,所以我们同盟同志终于偕其他第二方面的人相率入京,再来一次商谈。不过这次同盟各同志之入京,并不能看作为和平已十分有希望,谈判的前途可以乐观;不是的,同盟各同志这次的入京,毋宁说只是表示同盟同人,对于国家民族之忠诚,对于和平民主之热爱,对于自己的任务之努力不懈。明知这次调解未必能够成功,但还是努力调解,明知这次和平谈判未必能够有效,但还是不放弃居间谈判。所以我们认为他们之入京从事和平谈判完全是正确的。这种光明磊落的举动正是以昭告全国人民;我们同盟的确是坦白,无私,公正,和平。

很明显的在国民党看来,他这次的和平攻势,也许是作为将来进

一步进攻的准备，为将来推卸破坏和平责任的一种借口。正当雷震，邵力子，孙科在忙于奔走和平的时候，不是陈诚将军正在北平开军事会议吗？不是第三方面的代表和周恩来先生刚到南京，而蒋介石先生已飞往台湾去了吗？老实说，实在很难看到有一点和平的诚意！然而这对于我们同盟是无伤的。正因为国民党的玩弄和平才更显示出同盟同人对于国家民族和平民主的愚诚，更暴露出了国民党的没有谋和诚意。

现在同盟的各代表们已深入南京，我们深愿他们能够为国珍重，为和平努力，同时应站在中间派的立场坚决为实现政协决议而奋斗。

当前的问题是坚持抑破坏政协的协议

载 1946 年 11 月 8 日《光明报》第 6 号

从政协决议成立到今天已经十个月了。今天，在野党派无党派人士和在朝的国民党之间的第一个问题竟成为“是不是参加国民大会”。在朝三暮四押民党且在拿要求在野党派提参加国民大会的名单作为“允许停战”的交换条件。国民党重视在野名党派，何竟一至于此，对一般民众，这党然是一件不大容易了解的问题。

本来有了政协决议便不应再有战争，因为政协的召开就是为了中止内战。政协开战，有了决议，竟仍有内战，显然是参加政协的分子有的未遵守决议。是谁未遵守决议，事实可以帮助我们判断，坚持进攻，攻城占地的，当然是违反决议的。

有了这种事实，那就要问还要不要政协决议了？如果说当时虽然也会站起来表示赞同，现在想想又感觉不合算，而肯坦白的说出：“现在我不认账了！”这也还好办，但如果在意在坏政协而备“夹缠”不肯明说，自然更加重了时局的人，今日中国当前的困难也就在此！

根据政协决议而召开的国民大会在野各党派所争取的，为什么不肯参加？现在要国民党政府参加违反政协决议的国大为停战的交换条件，岂不是等于自己违反政协决议之后，还要各在野党派也步共后尘，在野党派如何能够这样办？

再证诸过去十个月来一连串的事实，"拿下长春来可以停战"，"拿下张家口来可以停战"，之类的诺言，谁能担保各党派参加了国民大会之后，一定可以停战？

各党派如参加了国民大会选出了总统，那时的政府自然不能再说他是一党专政的政府，战仍不停，在野党派又能应当如何办？

所以当前中国问题的核心是在到底政协决议还算数不算数，如果说算数，那么就应一切都根据当时的五大决议出作。

现在在朝的国民党显然是想保留政协决议的躯壳而取消其灵魂。根据政协决议应先改组政府然后才谈得到召开国民大会。要谈改组政府，还有一个行政院也应同时改组。现在国民党不谈改组政府，国为国民党不允给在野党派共有的否决权（十四名府委）。行政院应如何改组，也更未谈到。只在先大喊要各党派参国大。这个国大主要目的在取销各党派共同合作的诺言——政协决议极为显然，在野党派如休能肯参加。

再说召开国大自然要讨论宪法，国民党愿否遵守政协决议的宪法原则呢？最主要的关于宪法规定法的争论——行政院应对立法院负责一点，国民党已屡娄表示不愿遵守，那么国大即使召开成功，不是无结果而散，便是通过一个利于一党专政的宪政，在野党派之不肯参加国大，这也是一因！

所以在今天国民党的以要求各党派参加国大作停战条件的真意，就是在取销他们自己作战的庄严诺言——政协决议的又一种手法。各在野党派洞悉了他们的真意，为了维护政协决议，自然只有坚拒参加之一途，是谁不要和平民主，是谁不要和平民主奋斗，在这里人民总应可以判辩了吧？

我们为什么不参加国大

载 1946 年 11 月 18 日《光明报》第 7 号

独裁派的这种策略,聪明是的确够聪明了,然而无论如何它是不能一手掩盖天下人耳目的。政府之是否有诚意实行民主,一眼就可以看得出来。试问像现在一样,民主书刊不断被封闭,民主人士不断受威胁,这怎么像是要还政于民的措施呢!尽管下停战令,可是军事准备还在着着进行,各地战事愈演愈烈,试问在这样紧张的空气之下如何去进行讨论国是,今日不知明日,如何去为国家奠定百年大计,会场之外,警卫森严,如何去自由发挥意见。如果这样的国民大会也算是代表民意,谋取和平团结的大会,那才真是滑稽之至了。

至于所谓停战令,在这个情形之下显然是欺骗人民的遮眼法,是诱致民主人士参加国大自行破坏政协决议的毒饵,是作为下一次大规模军事进攻中共的借口。我们如果相信他的停战令,而贸然去参加国大,那么当我们的脚才一踏进会场,大规模的内战恐怕又要爆发起来了。

所以我们今天绝不能参加这次的国大,这不仅是因为我们不能达反政协决议,而且因为我们如果参加国大,这无异为独裁者捧场,为独裁者分担责任,增高独裁者的气焰,这对于国家民族,民主和平都是百弊而无一利的。

论有条件参加国大

载 1946 年 11 月 28 日《光明报》第 8 号

国大开幕,我们始终认为这只是国民党的一种政治攻势,一种诱惑。民主人士如一旦参加,这就无异于说自己首先违背了政协决议。当然我们如不参加,则国民党是一定要施以压力的,他会用种种破坏团结统一,无意于和平合作的罪名加在我们头上。它会以改组政府,高位厚禄来诱惑一部分对于民主信心不够的人士，以遂其分化作用。对于国民党的这种伎俩，我们早就看清，所以始终坚守政协原则不为所动。

然而可惜的是民主社会党的一部分人士竟然也受了国民党的欺骗。比方张君劢先生所提的有条件参加国大即其一例，如果这样参加国大是对的，那么政协决议就变成没有用了。所以尽管张先生诚恳地说："要如何彻底实现政协决议之精神以昭示实行民主之决心于国人"，但张先生的这种做法是和政协精神不符的，这只是就法理上说。

再从政治上说，张先生提出了以下的重要几点：如彻底实行停战命令，如政协宪草审议会所修改之宪草，应在国大通过，如保证人民有身体、言论、结社、集会的自由，如改组政府等。究其实际这些提议，莫不是各民主党派一向之所力争，国民党政府既无意于向各民主党派保证实行以前，何能保证张先生其必能实行以后！以各民主党派的联合力量尚不能使蒋介石先生履行他的诺言，张先生又有何力量足以使蒋介石先生回心转意，履行其诺言！张先生为求实现民主而委曲求全的精神是可嘉的，但是这种做法是不敢苟同的。我们不知道张先生是愿以君子之心度小人之腹呢，抑明知要上当而还有不能不和他合作的苦衷呢？这真令人难于索解了。

蒋介石先生复张先生的信，也许蒋先生以为张先生君子可欺，所以硬是一片搪塞之词。比方他说："中共问题，政府始终抱定以政治方法觅取解决途径，此次停战命令必须彻底执行，"又说"保护人民自由，政府已前后颁布实施办法，今后自应一一求其实行"。蒋先生这些不着边际的空言，我想即三岁孩童亦必不为其所骗。君不见，蒋先生之停战令甫下，而延安外围已布满战争的氛围，松花江已闻炮声。难道这也算是彻底执行停战命令吗？君不见李闻血案始终尚未"真相大白"，而不少民主青年已锒铛入狱，难道这也是"一一求其实行"吗？

至于所谓改组政府，国府主席已由国民党中央委员会选任，而国府委员又是国府主席选任。试问这对于国民党独裁的本质,有何改变?

张君劢先生个人始终不愿参加国大,清白自持,这是好的。但张先生是一党的党魁,如果他一方面自己不参加国大,另方面又向政府提出民社党参加国大的名单,老实说,这已有损于张先生政治家的风度。

中华民族,正面临着严重的危机,一个坚强的政治家应该经得起考验,并知有所抉择,我们所希望于张先生者就是如此。

反对内战,反对征兵!

载 1946 年 12 月 8 日《光明报》第 9 号

最近香港街头又添了不少的难民,这些难民都是因为怕拉壮丁,要逃避繁重的捐税逃到香港来的。现在天气寒冷一看见他们瑟缩在街头的那种样子,真令人发生无限感慨!

内战打不得,这是稍微有常识的人都很明白,但是政府当局偏是要打,到处征实征购征兵,奸恶胥吏乡村保甲长,更借此剥削乡民,以至乡村里面鸡犬不宁,人民相率逃亡,田园荒芜,老弱者转徙沟壑,少壮者挺而走险。盗贼蜂起,国民党当局虽日谈治安,而治安日坏!百业凋敝,人民求生无路,长此下去,每个人都有无以自存之感。

我们认为今天的内战是戕贼国家之元气,灭绝民族命脉的内战,是政府当局企图以千万人的鲜血换取他们独裁私欲的内战,我们反对这个内战,如果政府一意孤行,不俯顺民意,则人民亦有权利来拒绝政府加诸人民的义务!我们反对政府征兵。

我们要在这里声明:我们是国共以外的第三者,我们的目的,只是在于停止内战;我们也绝没有任何企图要推翻政府,因为我们也都是手无寸铁的人民。但是我们反对国民党政府的内战政策,独裁政治,反对以无量数人民的生命财产拿来作赌注,政府的政策应以民意为依归,如果违反了民意,人民自有加以制裁的权利。

因此我们要地这里呼吁:全国的父老们,省县参议会的议员们,乡村的士绅们,请你们亦起来为老百姓说几句话吧,请你们亦注意一下,千万个老百姓流难转徙的惨状,和万千个饥寒交迫的破产失业的人民的苦况吧!抗战了八年我们再也不能忍受这样惨烈的内战了,如果这样打下去,那就惟有全中国人民同归于尽,你们应该为国家,为民族,为保卫人民的生命财产而有一个严正的表示。

还有一件事,我们得正告政府的,过去在抗战时期,兵役舞弊。早已令人痛心疾首,不过当时为了要对外战争,抵抗日寇,所以人民总是万分忍耐,可是今天情形不同了,中国人民绝不愿意参加自相残杀的内战,万一由于人民反对内战,反对征兵,而不幸的演成官迫民变的风潮,那其后果自不难想像。

过去我们对于奔走和平调解的工作可说已经是尽了其最善的努力,可是终于毫无效果。我们今天当然亦不是说就放弃了和平调解的工作,但是这需要一个前提:即必须政府放弃一党独裁,武力统一的迷梦。现在环顾国内,民不聊生,危机四伏,民怨之深已达极度,如果政府仍不自思反省,以人民为可欺,则将来国事愈弄愈糟,其责任应由国民党政府负之。

向广东国民党当局抗议

载 1946 年 12 月 18 日《光明报》第 10 号

内战才打了几个月,广州以至于广东全省已完全变成了黑暗和恐怖的世界。最近报载广州军管宪特于本月七日深夜,突然以抽查户口为名,大事搜捕,逮捕的人数有三千数百多人,其中有学生、教员、记者、公务员、检查官、老太婆、和小孩子,据国民党报纸自己说,在这三千多人中误捕的就有一千多人。搜查时候,全市紧急戒严,断绝交通。八日,那天特务闯入省立女师,带走了正在上课的女生二人。九日,军警宪特务,又包围法商学院,结果又带去学生廿余人。广九车站,连日以来更是军警密布,旅客方一抵步,立即就被检查,有半数以上的旅客,均被视作歹徒、逃役或某种嫌疑,而被送到保安司令部去“优待”。而且最近政府当局,还放出空气说,东江纵队司令曾生，已潜回广州，带领五千便衣密谋暴动。以后，这种办法“还是要随时继续举行，但决不事前公布，以免宵小得闻风先遁”云云。似此，今后广州的恐怖将日益加重，可无疑义。

对于广州国民党当局的这种恐怖行为，我们要在这里大声抗议。检查户口，绝用不着戒严，而广州当局的这种无缘无故的实施军事戒严，更是毫无法律根据，完全是军阀独裁的作风。至于无故逮捕人民，更是妨害人身自由，为法律所不许。从广州当局的这种暴行看来，更可以显出今天国民党所召开的所谓“国民大会”，讨论的所谓“宪法草案”以及所谓“保障人民身体自由”全部是滑稽的丑剧，骗人的鬼话！国民党当局的这种暴行，正好是给予他们的南京的“领袖”之一连串的“还政于民”“实行宪政”的谣言以无情的讽刺。

显然的，他们之所以要来这一次的行动，是有三种动机，一是借军事戒严的掩护，可以随意屠杀民主人士，逮捕反战青年；二是借以捕捉大批壮丁，以补充兵额；三是故意误捕，以便释放时可以勒索巨款，发一笔洋财。总括说起来，他的目的就是在于政治上来一次示威，附带的，又可以获得一个发财报功的机会。我们只要看，市商会之叠次要求商人缓役，警察按户登门的催收十二亿元之警费，省府委员会全体出动到各区去催收田赋征实，以及禁止适龄壮丁无故出国等情形，我们就可以知道目前的广州，以至于广东全省，是何等的黑暗，而其危机又是何等的严重！

然而国民党的独裁集团却始终不了解他自己的统治之岌岌可危，始终迷信武力、特务，以为用屠杀和逮捕就可以根绝人民的民主思想，和民主要求，甚至不惜放出“歹徒入境”的谣言来企图制造大批屠杀的机会。他们以为自己是聪明，其实是愚蠢，他们以为自己是勇敢，其实是又可耻又可怜。他们以为这种举动是示威和镇压，然而事实上，他只有使人民更加愤怒，人心更加不安，更加速了经济崩溃的过程，同时也表示了自己的无能和胆怯。

最后，我们要提醒广东国民党当局一句：我们并没有立意要推翻你们的统治，可是，如果你们硬是要向死亡的道路走去，那是你们的事情！

评杜鲁门总统十二月十八日声明

载 1946 年 12 月 31 日《光明报》新十一号

十二月十八日，杜鲁门总统发表了一篇对华政策声明，这个声明发表于英美苏关系已露好转的端倪，而中国国民党好战分子，在战场上又并不得手，美国舆论对美国之对华政策颇致不满的时候。前几天莫莱和佛阑德斯两参议员所发表的，以英美苏三强调解中国内战的主张，对于理解杜氏的这个声明实有一些帮助。

现在就其声明来研究。一般的说来，杜氏的这个声明和他去年二月十五所发表的声明原则是差不多的，然而经过了一年来的演变，中国政局已和去年有很大的不同，有些论点，在去年我们认为满意的，但在今年已经是不足以阐明局势和给人们以满意的答复了。

在这个声明中，我们觉得足以令人称道的地方也有的，比方第一、他在声明中曾提到去年莫斯科三外长的协议，即扩大政府基础，民主人士加入政府和停止内争，共同保证不干涉中国内政。最后两点，在今天看来尤其重要。第二、他认为一月十五日国共及其他党派所协议之政协决议乃为一“富有政治家风度之协定”，又说“本年一月间政协会所决定之政治统一计划，极为健全”。第三、他表明“中国尚未能以和平方法获得统一，殊深遗憾”，同时他对国共双方一再商谈一再破裂，以及一月及二月所作之协议，不能实现表示失望。第四、他说：“他仍继续盼望中国能寻得一和平解决方法，吾等愿提出保证绝不干涉中国内战”。

可是虽然有这四点，我们都不能认为杜氏这次的声明，对于澄清目前中国之局势会有很大帮助，因为目前中国的复杂情势，已绝非一般的抽象的和平，民主，统一等空洞辞句所能敷衍过去。因为在目前，即国民党的独裁集团，亦没有一天不是以和平、民主、统一为号召，这里究竟谁是谁非，必须有一个明确的态度。杜鲁门总统既然认为政协协议乃是极其健全的政治统一计划，那么现在问题就是谁破坏了这个决议，杜鲁门总统对于这一点却态度模凌，这一点我们不能不认为遗憾。

第二、目前的中国，内战蔓延各地，李公朴、闻一多二先生相继为国民党特务暗杀，民主刊物相继为国民党特务封闭，大批青年学生，和民主同盟负责人士被政府拘捕监视，独裁势力已远较去年十二月为猖獗，然而杜鲁门总统对这些破坏和平反对民主的行为，无一语道及，而对于共党，则说："虽然积极性之谈判被共党使之破坏……"这种态度，在我们民主人士看来未免有失公正。

第三，杜鲁门总统虽然一再声明，中国乃一具有主权之国家，他不愿干涉中国内政，然而今天中国人民所感兴趣的，不是空洞的诺言，而是实际的行动。杜鲁门先生虽然列举了好多的理由作美军驻华的口实，但是，谁也不能否认，时至今日美军驻华实在已完全没有必要，它直接损害了中国的主权，同时还构成了对远东和平的潜在的威胁，杜鲁门总统不愿意确定完全撤退驻华美军的日期，倒反转来说，要保护军调部人员及青岛空军基地（青岛之成为美军空军基地，有何条约的根据，实欠明了）并以此为理由，作为长期驻兵的口实，这种行动是和杜氏所声明的尊重中尊重中国主权的原则不相符的。

第四、杜鲁门总统说："……工厂在战时所受之破坏，因作战而引起之通货膨胀，日本投降后，日人在沦陷区中的行动使经济停滞，以及交通之破坏，遂使中国经济形成疮瘦，困难滋多……并使中国业已存在之紧张与不满益趋严重……"并以此为理由，认为必须迅速而有效地完成对中国政府保证过之协助，同时他又以"政治团结，决不能建立于经济混乱之上"为理由，提到对华的几次借款。在这里，我们不能不指出，今天中国经济之所以面临崩溃，最主要的乃是由于国民党独裁政府之贪污腐化，他以封建性的家族垄断压杀了自由企业的精神，其政治上的坚持内战更破坏了整个中国的市场。我们只要看对日战争结束后这一年四个月以来中国的工商业更多倒闭，人民生活更加痛苦，即可以证明国民党政府之腐化无能，实是造成这个经济灾难的直接原因。杜鲁门总统故意不把这个原因指出来，我们认为在客观上是有意为中国国民党独裁政府辩护。

第五、杜鲁门总统还提起了对华借款的事情，我们且不去说那对日战争胜利前的八亿七千万美元的租借援助，单就从胜利日起到今年二月止，美国又提供了六亿二百万美元，八月间又提供了剩余物资八亿五千万美元借款给国民党政府。杜鲁门总统还说是这样可以帮助减轻“中国人民之严重的经济困难”。但我们的情况恰好相反，美国政府的这种政策，只有使中国的经济危机更加深刻，人民的痛苦更加利害，不满的情绪更加剧烈。我们就不明白为什么美国政府不怕加重美国纳税人的负担，而要把许多的金钱放到中国官僚的钱袋子里去！

第六、杜鲁门总统说：“中国之情势一旦有所改进，吾等尚考应实施其他计划之协助，惟与内战无关”，我们认为“中国之情势一旦有所改进”云云，其意义又是非常之含糊的。一党国大，通过了便利于一党独裁的宪法，还要拉进些无原则的二三流的政客改组政府，试问这样的做法，杜鲁门总统是不是认为“情势已有所改进”呢？在我们看来，这是加上一套民主外衣的独裁，如果美国政府对于这样的独裁政府加以协助。那就是帮助了中国的独裁集团，来压杀中国的民主力量，帮助了中国人民之敌，来打击中国的人民。

第七、杜鲁门总结说，马歇尔特使之来华，是以他在去年十二月十五日的对华声明为根据，来协助中国的。然而经过了差不多一年的经验，我们对于马帅的调解工作不能无疑。至少因为美国政府之不断予国民党独裁以经济之支持，马歇尔特使已失去了他的中间人的地位。当然我们不能怪马歇尔将军，我们所重视的是美国政府的对华政策。但今天读了杜鲁门总统的声明，我们不能不感到失望了，因为他对于破坏政协的责任问题，对于发动内战的责任问题，对于撤退驻华美军的问题，对于对华贷款的问题，都没有一个明确的答复。

反对一党独裁的宪法！

载1946年12月31日《光明报》新十一号

在一党国大开会之始，我们即曾一再声明，反对这个一党包办的国大，一再声明，绝不承认这未为我们所参加的一党国大所通过之宪法，同时我们并曾表示希望政府停止这个一党国大，遵照政协决议另寻协议的途径。但对于这一个呼吁，政府始终置若罔闻，而一方面则不断播送着和平谈判的谣言，而分化民主阵营的工作也未尝一日休止。现在据南京十五日电，一党的“国大”现在已完成了“制宪”工作，一党独裁的也将于明年元旦颁布，我们认为诚有再一次揭穿他的阴谋的必要。

首先人们认为国民党这次召集“国大”制定“宪法”，其目的完全是想借此完成其“实行民主”“还政于民”的伪装，以加强其自己的政治地位，其第二步骤就是再拉一些不三不四的少数政客加入政府，以表明其“已经容纳各党各派，扩大了政府的基础。”其第三步骤就是大举向美国借款，从事扩军。其第四步骤则是以民主政府的名义，向中国共产党颁布其讨伐命令。所以这次国民党包办的国大和独裁的宪法，乃是一个极大的政治阴谋，和极大的欺骗。如果我们让他这样一步步做下去，那一定会民主其名，独裁其实，国内战争将继续下去，使整个国家民族陷于万劫不复的地位。

为此，今天国民党的宪法，绝不是民主的象征，相反，它正是更凶恶的独裁的预兆；他绝不是和平的象征，相反，它正是更大规模内战的预兆，我们更不能承认，拉一些三四流的政客所组成的所谓各党各派的政府，因为这些政客早已经为政府金钱所收买而成为了独裁派手中的傀儡。

我们必须揭穿政府的这个阴谋，并唤起全国人民起来反对这个宪法。并反对将来可能根据这个宪法而成立的所谓“民主”政府。

有人认为只要国家有了宪法，一切就都可以遵循宪法来行事。

其实这完全是皮相之论。宪法必须是全国人民所同意，而且为全国广泛的民主力量所支持，然后才能统一国家，安定秩序。不然就一定会被独裁的野心家所利用。像现在这样，国家还在内战的火焰之中，全国人匍伏于独裁者的淫威之下，身体、言论、集会结社的自由完全获不到丝毫的保障，而在这时候，又由独裁集团所包办的国大去起草便利于继续独裁的宪法，试问这种宪法，除了扩大内战，为独裁集团加上一层保护的颜色以外，还有什么更好的作用！过去蒋介石先生曾有过四项诺言，政协会议曾有过很好的决议。可是现在还不是眼看被独裁集团一一破坏，一一撕毁！

同时，在这里，我还得警告友邦一句，如果它认为国民党的这样做法，就算是实行了民主，扩大了政府基础，并加以经济上的援助，那我们是要反对的，因为这不是对于中国人民的帮助，相反，而是帮助了中国人民的敌人。

祝民盟二中全会

载 1947 年 1 月 8 日《光明报》第 12 号

经过了一个时期的交换意见和预备会以后，民盟的二中全会，已于本月六日正式开幕了。当美国政府，尽管在事实上帮助国民党独裁，而在口头上始终还不能不维持民主的面貌的时候，当国民党军在前线不断的进攻失利，而企图以和平谈判改组政府来缓和空气的时候，民盟今后所处的地位和对于中国政局的影响将更加重要是可无疑义，因此乘这个机会来检讨过去，策划将来，排除投机取巧政治上动摇不定的分子，更广大的吸收有力的新人重新编组乃是一件十分必要的事。

民盟既然是国共以外的第三个有力的政治集团，这在国民党集团看来，自然也是属于敌党，表面上尽管客气，肚子里早已视作为眼中钉。远在去年七月，国民党独裁政府发动大规模内战的时候，他们的政治策略似乎早就决定了；即，军事上消灭中共，政治上分化同盟，自动的召开国大制定宪法，装饰成一套“民主”的风貌。可是这半年以来，事实证明：国民党独裁派无论是在军事进攻上，政治分化上，召集国大的表演上，都是没有成功的。尽管它对于同盟的人士，诱之以利，饵之以官，动之以情，遇之以礼，而另一方面，则以暗杀、囚禁、拘捕相威胁，然而除了极少数的没有政治操守的投机政客以外，同盟同人屹然不动。这是独裁派的失败，同时也就是同盟的最伟大的胜利，因为在这一次紧勒的战斗中，同盟同人表现了他的政治家的风度。当此举世滔滔，短视的政客，招摇过市，竞相逐利，而独裁者则一手持剑，一手持金，巍然不可一世，统治一切的时候，只有同盟同人，不为贫贱所移，不为威武所屈，在腐败的洪流中树立起正义之旗，向那些只知有个人利害，不知有民族国家的官僚政客投以一击。这是民盟的胜利，也是正义的胜利。

然而谁也不能否认，中国的民主运动是长期的、艰苦的、屈折的，今后国民党独裁分子对于同盟，主要的还是要应用其分化的策略，为了应付敌人，我们就不能不首先坚强自己的组织。因此我们今天除了预祝二中全会的成功以外，我们还有几点希望。

无疑的，同盟在这一年来曾经做了许多的工作，完成了许多巨大的任务，然而有些缺点也还是存在的。比方我们的注意，过分集中于调解，而忽视了本身的组织工作和群众工作，过分注意于几个大城市，而忽视了广大农村工作，组织上也表现得比较散漫，宣传机构也还不够强化，所以我们第一个希望是能够把这些工作逐渐调整和强化。

第二、当此全国人民对于国民党独裁集团的统治广泛不满的时候，我们除了加紧团结所有一切的民主的力量以外，我们还得广泛的更多方面的发展反对内战，反对签订卖国商约的组织，应使我们的民主运动能够包括更广泛的人民。

第三、今后我们虽然不放弃调解工作，但必须注意按着当时的客观的情况和政治形势，坚持本身的立场和前提条件，而不是被动的无条件做中间的调人。

第四，最近英美的新的民主力量正在逐渐形成，眼看在世界范围内，第三种力量将逐渐兴起，中国的政局和世界形势息息相关，今后同盟应在国际上更多的和其他国家的民主团体联络，使中国的民主运动和世界的民主运动联成一气。

以上所说几点本来早已出席二中全会的同人们预计之中，我们在这里不过是在遥祝之余聊表其微意而已。

我们的态度

载 1947 年 1 月 18 日《光明报》第 13 号

最近马歇尔声明发表以后，政府中的所谓“自由主义分子”逐渐活跃起来，而蒋介石先生也不断地向他们垂询，经常赐宴，而这些人于是乎一方面向民社、青年两党的人物拉拢，一面则放出对中共让步，开圆桌会议等的空气，乐观的“预见”从国民党党报上不断传出，即青年、民社中人，过去“失踪”的，现在也不“失踪”了，过去装腔作势，不愿参加政府的，现在也坦然的要参加政府了

究竟是怎样一回事呢？有人这样问，其实说穿来也很简单，今天政府之所以要大放其和平空气，是因为它的讨共的军事计划，并没有如预期的这样成功，是因为国内的经济危机一天天的加深，是因为广大人民对政府的不满一天天加甚，最后是因为有马歇尔将军的临别赠言，——这样蛮干下去，连马歇尔将军也在替国民党独裁派焦急了。

那么，今天政府所宣传的和平谈判云云，是不是有诚意呢？所谓政府改组是不是有进步的、民主的意义呢？如果从过去的经验看，我们是不敢说他们是有诚意的，如果再从今天奔走和平热心于改组政府的人物看，和他的改组的程序看来，我们更不敢说，这个改组有什么进步的意义，甚至还可以说，这是一种欺骗，因为这些人物都正是蒋介石先生的旧人，独裁政府中的要角。

但我们所抱的宗旨一向是与人为善，虽明知很少希望，但还是希

望着，要真的有一分和平民主的机会，我们还是不放弃这个机会，问题只是在于政府要真的拿出诚意来。

当然，所谓诚意并不是空口的诺言，而是要有实际的表现。比方既然要谈民主，那么，首先蒋介石先生的四项诺言就必须实现，如果人民最基本的言论、集会、结社等自由都没有保障，我们还有什么民主好说呢？民主是必须在人民的生活中体现，而不是永远不兑现的外交辞令，或是白纸黑字的官样文章。

第二，政协决议，既然杜鲁门总统说它是很健全的，马歇尔说他是有远见的，那么这个决议应该就大家遵守才对。比方关于改组政府的程序问题，民盟及中共参加政府的问题，国大的问题，宪法的问题，军队之整编和统编的问题，地方政府的问题，都应该依照政协决议的办法及程序逐项解决，决不能一方面把政协决议推崇一番，而另外一方面，则又称赞那些违背政协决议精神的“一党国大”，“一党宪法”为民主！即以改组政府来说，亦应该遵照政协的决议，决不能推出几个政府中人，硬指他们是“自由分子”，并由他们拉拢一二小党入阁做做陪客就算是民主。我们必须问清楚：今天人民是否已经享有了民主的权利？我们加入政府，是否有保证可以执行民主的纲领？如果不把这些原则搞清楚，而为那些漂亮的名词所惑，贸然的去赞成这种改组，那一定会自陷于独裁主义者的罗网而不可自拔。

第三，政府主张国共之间用政治方法解决，停战和平，这当然是好的。但是问题是在什么基础上来谈判和平，首先必须把为准备内战而进行着的征兵征实停止，其次必须把谈判和平的基础规定清楚，不然的话，一面谈判，一面准备内战，今天打，明天又和平，或者是像过去一样，政府在军事上没有准备好以前就来谈和平，一到军事部署就绪，又可以找到借口来大打特打。这样永远在和平谈判与战争之间打着圈子，谈判又有何用处！至于什么是和谈的基础，我想和谈的基础，就是回到政协决议和停战协定上去。如果离开了这个决议和协定去谈和平，那这个和平是永远不能获得的。

内战已经打了半年了，从这半年的军事情况看起来，政府想要以军事力量来消灭中共,那已经是不可能的事了,这样打下去除了使国力耗损,民生涂炭以外,试问有什么好处呢?中共说,为实现政协决议而奋斗,政府也说是要尊重政协决议,既然大家都是要实行政协决议,那么为什么政府偏要维持独裁,偏要坚持内战呢?

为了人民,我们要求的是真正的和平,真正的民主,但实行民主必须要有诚意,和平谈判,必须停止征兵,必须要有基础,如果再来假的骗人的一套,那就恕我们再不愿领教了。

政协决议一周年

载 1947 年 1 月 28 日《光明报》第 14 号

本月三十一日是政协决议签订的一周年,在这一年来,我们眼见政协决议一一遭到国民党独裁派的撕毁,现在,就以五项决议来说,比方关于政府改组问题,该协议曾这样明白写着:"中国国民党在国民大会未举行前,为准备实施宪政起见修改国民政府组织法,以充实国民政府委员会……"但时至今日,政府还是没有照协议改组,而非法的国民大会倒反而召开了。其次关于和平建国纲领问题。在纲领上一则曰"用政治方法解决政治纠纷,以保持国家之和平发展……"再则曰"确保人民享有身体、思想、宗教、信仰、言论、出版、集会结社、居住迁徙、通讯之自由……"其附记第一条则更有"凡收复区有争执之地方政府,维持现状,俟国民政府改组后,依施政纲领政治一项,第六、七、八三条之规定解决之。"但是事实上内战蔓延,政府何曾有诚意用政治方法解决纠纷,特务横行,所谓人民自由,更是欺人之语,而地方政府问题却成了国民党政府在六月谈判时最后破裂的借口。第三、关于整军问题,在协议上明明规定"……改善征兵制度,公平普遍实施……""任何党派及个人不得利用军队为政争之工具……""实行划分军区、其区域之范围应尽量使与行政区不同""严禁军队干涉政治""中央军队应依军政部原定计划,尽速于六个月内完成九十师。"但是现在怎么样呢?国民党政府到处拉丁,征粮,人民流离，现役军人盘踞要津，横行无忌，军区与政区混为一谈，内战不止，军队成为了拥护个人独裁的工具，扩充不已，遑论缩编。第四、关于国民大会问题，国民大会依照政协之规定，本应在政府改组后召开，但是国民党当局既未依照政协决定之程序，一方面发动内战，以特务恐吓，要各党派在政府威力恐吓之下提出改组政府名单，这可说是完全失去和平协商之精神。一当政府军进占张家口，于是更迷信武力，片面召开一党国大，政协之精神已被废弃无余。第五、关于宪法问题，本来依照政协决议，曾经有组织审议委员会的规定，其政权是"……根据协商会议拟定之修改原则，并参酌宪政期成会修正案，宪政实施协进会研究结果，及各方所提出之意见汇综整理，制成五五宪草修正案，提供国民大会采纳。"又第六项第一条之规定是："行政院对立法院负责。"可是，在这次一党国大提出来的宪草，已未经审议会最后之协议，而目前所宣布之非法宪法，所谓"行政院依左列规定，对立法院负责"云云，更是与政协关于宪草问题的协议，大相径庭。

所以总括的说起来，政协会议当年的五项协议，早已给国民党独裁政府破坏无余了。

这是就法理来说的，如果再从民主阵营与反民主阵营的对立形势来看，显然，这里也发生了巨大的变化。过去混迹在民主阵营里面的青年党、民社党，已背弃了政协决议，向国民党独裁派投降，而同时过去在政治上比较消极的分子，现在则逐渐积极起来，成为了新生的民主的力量。另外一方面在国民党内部，民主的反对派也逐渐抬头，国民党独裁派在政治、军事、经济各方面看来也远非一年前可比。民主力量日益增强，反民主力量日益削弱，要这样的情况之下，我们认为今天我们实不能再以早已给国民党独裁派撕毁了的政协决议的条文为满足了。如果过去的政协决议是在民主派巨大让步的条件之下获取得来的，那么现在在新的情况之下，我们应该重新考虑这些让步是否适当了。同时，我们必须让那些破坏政协、背叛民主的份子站开去，而让那些新进的民主的战士获得更多的发言权。

所以在今天,问题已经不是恢复政协决议,问题乃是在于根据目前的情况,按照政协决议的精神来重新召集党派会议,并在这个会议里面,来解决今天中国人民所提出来的问题。现在中国人民所要求的显然是:有保障的永久的和平,人民的基本权利和自由,由各党派组成的民主联合政府,召集真正能代表人民的国民大会,制定真正民主的宪法,并以人民的力量来保证其实行,在这里我们的基本精神还是和过去一样,但那些破坏政协决议的人,是必须负其破坏的责任的。

民盟的任务更繁重了

载 1947 年 2 月 8 日《光明报》第 15 号

中国政局发展到今天,和谈完全破裂,战争日渐全面化,国民党为了敷衍三月中旬将在莫斯科举行的三国外长会议,装出已放弃一党专政的样子,决定拉上民社、青年两党改组政府。这时民盟还有什么工作好作呢?

最近可能有许多人会这样想,并认为民盟自成立迄今,六年多以来,一直是在为调解国际纠纷而努力。在这六年多的几个月里,国共关系从没有破裂到今天这种地步,所以民盟一直有工作可作;现在国共关系既已整个破裂,民盟没有军队,只好袖手旁观一个时期,等他们双方找到力尽筋疲需要第三者调解时,再尽力了!

凡作如此想的人,可说他完全不了解民盟是如何产生的和他的任务是什么?

民盟产生在一九四一年,这是中国危急存亡所系的一年。当中国人民要求抗战的怒潮,在一九三六年推动出来西安事变,西安事变中因为共产党力释放蒋主席,促成了一九三七年的国共合作抗日;这种合作到一九四一年因为轴心国家的一时佯胜,使国民党政府中的动摇分子失掉了抗战的信心,又为了政治上的自私,惟恐中共坐大,更增加了他们的妥协投降的意念。民盟就是在这时候,代表了人民,要求民主团结，坚持对日抗战的意志而产生。

民盟成立时的宣言，要求废除党治，提出“政治民主化，军队国家化”的口号，主张以各党派协商解决国是。对于当时的国民党，它实在是一个极大的威胁。因为有了民盟，才阻止了国民党的对日妥协。有了民盟，如果国民党政府在那时还对日妥协，民盟将立即和中共组成抗日的联合政府，这个联合政府比中共单独组织的抗战政府，在国际间将有更大的影响，且会使妥协了的国民党政府比汪逆的傀儡政府更不受日寇重视！

所以民盟的出现，实在是以一个从事政治斗争的政团姿态出现，并不是以和事老的姿态出现。

再就民盟六年多来的奋斗历史讲，虽然因为它一贯采取的是和平手段，又一贯坚持着调解国共纠纷的政策，但它也决不在作单纯的和事佬。

六年来的事实告诉我们，国民党一直在把民盟当作敌人看待。民盟成立之初，曾被国民党指为“汉奸第五纵队”。后来因为中国已成为联合国之一员，不能不伪装民主，容许民盟存在。但直到政协会议开成，国民党政府迄未正式承认民盟是合法的政治团体，而且一贯的在用“民盟是中共的尾巴”这语言来污蔑民盟。政协之后，民盟之经合法承认，应已没有问题。可是民盟的中委被屠杀，盟员被监视绑架，层出不穷。由这些地方也可以证明民盟在国民党的心目中，至少是一个反对党，而不是和事佬。

再由民盟在几件大问题上所采取的步骤来看，如在国府委员会中要求与中共联合取得三分之一的否决权，在国大中联合取得四分之一的否决权；最近更拒绝参加国大，反对伪宪，都表示出来民盟在国民党一党专政的局势下，虽然因为他以和平方法坚持调和国共纠纷而有一点像是和事佬，但本质上他实在是一个和国民党一直在斗争中的政团。

由上述的事实认清了民盟的本质，在当前的局势中，就不会认为民盟没有工作好作了。

民盟一直认为中国人民今日需要的是和平。要和平,即须中国的各党派一致合作。中共是中国第二大党,当然不能除外,除外即不可能获致和平。许多党派在一起怎样可以合作呢?这要靠了建立一种真正民主的政治制度。

民盟的这一种认识是今日世界上一切爱好民主的人类都同意的救中国的办法,中国人民更一致认为这是救他们出水火登衽席的惟一途径。民盟的主张已获得举世的同情,今后自然更要坚持下去,求其实现。

现在国共入于大打之境,距离民盟的主张愈远。民盟虽然没有军队,但他的身后有的是大多数爱好和平的群众支持,其力量并不会弱于几百万军队。所以现在正是发挥它的威力,逼使国共重加到政协路线上来的时候,怎么能说它没有工作好作!怎能说它只好袖手旁观等待一个时期!

民盟为了反对内战,曾号召民众反对三征,只要这一件事能够切实推行,不就可以逼使穷兵黩武的人不能再打下去吗?所以大家只要摘下民盟是和事佬的有色眼镜,就可以看到民盟目前不但有工作好作,而且他的任务更繁重了!

响应李济深先生对时局主张

载 1947 年 3 月 18 日《光明报》第 16、17 号

本月九日,国民党元老李济深先生发表了一篇对时局的意见,读了李先生的这篇意见书后,我们深深觉得,李先生的意见乃是代表国民党大多数党员的意见,真正忠实于三民主义的党员的意见,李先生说:“我是中国国民党党员,我们国民党执政已二十年,使国家弄到这样地步,我们的党当然要负相当责任,照道理说应该自我检讨,向全国同胞谢罪,真正还政于民!”李先生的这种态度是非常之光明磊落的。他看不惯,今天国民党内反动派的把持政权,不允许人民有任何最基本民主权利,他反对国民党内的反动派把孙中山先生的民主

主义变成民死主义，把革命的救国主义变成为反动的卖国主义，把孙先生所手创的为人民服务的政党变成奴役人民的政党。

有人说，我们是反对国民党政府，其实不然，我们所反对的并不是整个国民党，更不是反对孙先生的三民主义，我们所反对的乃是“违背孙总理遗教的中国反动派”，是以蒋主席为首的国民党内的反动派。因为今天国民党独裁派之抛弃三民主义，撕毁政协决议，乃是造成今天一切不幸的根源。如果让蒋主席的这个反动政策继续发展下去，则不仅国民党要亡党，而且要使整个中国陷于万劫不复的地步。

李先生的意见，无疑的是一个号召。他号召所有忠实于三民主义的国民党党员起来改造这个为独裁反动派把持的国民党，改正党内反动派的错误政策。同时他也号召了全国所有的民主人士，共同团结，以求实现他所提出的七项主张。对于他所提出的七项主张，我们是完全同意的。

从李先生发表的文件看来，我们可以获得再一次证明，即今天大家所争的不是此党与彼党之争，而是民主与反民主之争。国民党中不乏贤达之士，当此国家危急存亡之秋，他们究竟是愿意始终效忠于一姓一人，追随蒋先生执行内战独裁政策，以致误党误国，同归于尽呢？还是悔然改过，与全国民主人士共同联合，依照李济深先生的指示遵循和平民主的大道，以建立富强康乐的中国呢？我们希望一切忠实于三民主义的国民党党员们，一切忠实于孙中山先生的革命传统的国民党党员们应知有所抉择。

莫斯科会议应该讨论中国问题

载1947年3月18日《光明报》第16、17号

中国问题应该由中国人民自己去解决，这是一个最公道的原则。要联合国宪章里面曾有：各国人民有权选择其自己的政府形式的规定。在一九四五年莫斯科外长会议里面对于中国问题则更有明确的

协议:即英美苏三国相约不干涉中国内政(包括美苏尽早撤兵),中国必须停止内战,实现和平,现有的国民党的一党政府必须改组,召集党派会议,容纳各民主党派加入政府。

现在一年零三个月过去了,中国的情形怎样呢?内战不仅没有停止,而且更加扩大了,民主制度不仅没有实施,特务的恐怖反而更加剧了,所谓召集国大,早已成为伪装民主的烟幕,分化和混乱的局面因国民党当局的坚持内战独裁而日益严重。

中国为什么会造成这样的局面,推原祸始,莫不是由于美国的错误的对华政策。马歇尔将军以调解为名,事实上则帮助国民党政府运兵,给予国民党军队以武器,以种种名义给予国民党政府以金钱,支持着这个东方暴君的统治以从事内战。不仅如此,美国政府借故延不撤兵,公然把青岛上海等地看成为它的永久军事基地。美国侵略主义不仅想把太平洋变成他的内海,而且还想把中国大陆,变成他的军营。美国政府的这种政策,无疑的已损害了我们的领土主权的完整,而且他这种政策,和美军的暴行,早已引起了全中国人民的反美的怒潮。

美国政府没有干涉中国内政吗?有的,他已干涉得太多了。美国政府没有违反一九四五年莫斯科外长会议的协议吗?有的,他已经违背得太多了。

今天莫斯科四外长会议开幕了。对于前一次三外长会议所获得的协议,难道不应该来一个讨论吗?是的,应该的。杜鲁门总统的两次关于中国问题的声明中,都曾一再的提到前一次莫斯科会议的协议。这是有名的国际文献,美国政府是绝不能抵赖过去的。

国民党的报纸在叫嚣着,他们说,他们要反对莫斯科会议讨论中国问题,因为这将干涉中国内政。但我们的意见恰恰相反,现在正是美国在干涉中国的内政,今天莫斯科会议,苏外长提议要讨论中国问题乃正是防止外国干涉中国的内政。因此我们欢迎莫洛托夫的这个提议。

是的,中国的事情,应由中国人民来决定,我们绝不愿外国来干涉。我们特别反对国民党政府欢迎外力干涉的媚美政策。如果说，讨论中国问题有中国代表参加，今天国民党的独裁政府是绝不能代表全中国的人民到国际会议上去说话的。

老百姓是再也不能忍耐了

载 1947 年 5 月 14 日《光明报》第 18 号

根据本月十日合众社电，上海工人协会提出五项要求并声明如政府不予履行，该会即将宣布总罢工，没收大商人存米并组织自己的地方政府，我们认为上海工人的这些要求是完全合理的，值得同情的。的确，在国民党政府统治之下，老百姓，受苦已到了最大限度，再也不能忍耐下去了。

这次上海工人协会的表示，显然的绝不是上海一时一地所发生的偶然事件。我们知道米价从四月中旬的十二万，已涨到最高的三十六万。试问工资被冻结了的工友们，辛劳的薪给者们如何能够维持生活呢？所以五月三日号称天堂的杭州，就首先发生了抢米风潮，包围了浣纱西路的警察分局；五月八日南京的浦口也发生了抢米风潮，二千饥饿的工人捣毁了九间米店，抢光了三百二十担米。群众击伤了警察。五月八日、九日，上海也不断的发生抢米风潮，八日有五家米店被抢，九日有十余家米店被抢。此外，苏州、无锡、宣城，绍兴，保定，成都亦都莫不了生抢米风潮。这些一连发生的事件，证明了什么呢？……正是证明了全国饥饿的人民为得维持生存，不能不起来反抗了。

除了饥民抢米以外，还有是工人们要求解冻工资。首先有政府电台工人要求增加工资百分之六十，并于八日开始怠工；接着前法租界公共汽车及电车工人反对工资冻结，在马路上举行了示威，再还有是丝业工人一万五千余人举行了饥饿游行。这些一连发生的事件，证明了什么呢？——正证明了上海的工人为了要维持生存不能不起来对政府作有组织的反抗了。

伴着城市饥民抢米，工人要求解冻工资的运动，还有学生们要求自由和保卫人权的运动。五月九日上海学生千余人，为要求政府迅速满意解决对“五四”警察殴伤学生事件举行群众示威。据报纸所载上海因为米商与油漆店商人冲突，商人与警察冲突，警察与群众冲突，已陷于异常紧张的状态。

但发生骚动的，并不仅是上海，不仅是全中国的几个大城市。在全国各地的农村亦同样起着骚动。据保守的估计，三个月间，各地武装的民变已达四十万人。

把城市和乡村的饥饿人民的广泛的骚动和前线频传的败讯联系起来看，那么，我们就可以知道国民党统治区情形之严重。

可是对于这个严重的情形，国民党独裁派的官僚是没有感觉到的。他们对于人民的意志是从来也不注意的。张群在政务委员会的报告里公然说：“中国必须先统一、后和平”，“社会贤达”传斯年公然主张“治乱国用重典”张群在参政会驻会委员会的报告上公然指成都的抢米风潮，系有人暗中捣乱，淞沪警备司令宣识吾于九日下午接见记者时公然说：“共产党已是入各机关，工厂，学校运动，企图临时制造事件……对此等份子如何处理，已作必要之考虑”云云。显然的他们还企图把这些事件委过于中共的“捣乱”，用恐怖政策来镇压。

现在事情很明显，这不是思想的问题，而是肚子的问题。大家老百姓是活不下去了。摆在人民面前的问题是：或者是白白饿死，或者是反抗求生。与其饿死，就不如反抗，任何恐怖的威吓也不能令老百姓退却了。摆在独裁政府面前的问题是：或者是百姓人民的公意，立即停止内战，实行民主，或者是在人民的打击之下死亡，此外，再没有更好的选择。

同胞们，起来响应上海工人的要求，为本身的生存而奋斗，为大众的利益而奋斗吧！

我们对于和平的态度

载 1947 年 5 月 31 日《光明报》第 19 号

这一次国民参政会在南京举行大会,对于这样一个完全由国民党所控制,从抗战初期具有各党派合作之雏型到以后发展为国民党做主人非国民党少数代表做陪客的国民参政会,民盟五位参政员为什么决定去参加呢?民盟是不是认为可以在这次参政会中重新促成国共两党的和谈呢?也许有人曾发生疑问,我们愿借此解释一下:

首先我们民盟对于当前的和平运动是从不曾寄以太大的希望的。因为自从政治协商会议被国民党反动派所破坏以来。国民党当局一贯所采取的便是以武力消灭中共的政策,这一武力解决政策,在张群内阁成立以后,非但没有丝毫的改变,而且更加强化了。张群内阁可以说是一个孤立中共强化作战的内阁,他嘴里虽然口口声说要:"政治解决",而事实上"政治解决"不过是一个欺骗世人的幌子,实质上却是想利用"政府改组"借美国的钱来加强南京政府对中共作战的力量,这无论从三党施政纲领,张群广播演说,以及这次张群向参政会的政治报告中都明明白白地表示出来。对于这样一个坚持反共内战的内阁,民盟对和谈是决不会存有什么幻想的。

民盟对和谈既然不会存有幻想,那么我们又为什么要参加参政会,并且提出和平方案呢?这是因为民盟是一个以促成国共两党之合作,促成中国真正联合政府之实现,以及以和平民主之实现为其奋斗目标的一个政团。只要有一分可以尽力的机会,我们决不轻易放弃,只要有一线和平的希望,我们总全力以求。今天全国人民的要求是和平,是停战,民盟既然是以人民的利益为利益的政团,我们自然要代表人民发出和平停战的呼声,但如何才能获致真正的和平停战呢?我们认为:

第一,必须政府当局召示信义于国人,实践蒋主席四项诺言及遵守亲手签字之政协决议,并切实保障人权,立即释放本盟盟员杜斌丞王菊人骆宾基及其他一切政治犯。并恢复一切查禁封闭之刊物。

第二、必须坚持政协决议路线及其精神，重开真正代表人民意志之党派会谈，解决纷争。

第三、必须恢复国共直接联系，以商讨停战及和平谈判之具体方案。

第四、政府应首先停止军事之征兵征粮征购及解决其他一切战时措施，以减轻人民之负担。

这几项可以说是民盟认为和平恢复所应该采取的前提，亦唯有政府诚心诚意的执行上述各项。我们认为和平才有真正恢复的可能，这才是真正的和平，而不是间歇的和平攻势。但是，看目前的情形，今天国民党好战派及死硬派，非但没有丝毫悔过的诚意，而且倒行逆施，变本加厉。他们今天的做法，直欲使全国人民殉其独裁政权而后快。就在参政会开会期内，淞沪警备司令部奉蒋主席之命，竟把上海三家自由主义色彩的文汇报、联合晚报、新民晚报在一天之内封闭了，对于学生反饥饿反内战的运动，国民党竟不惜用刺刀用冲锋枪来屠杀；用秘密警察来大批逮捕，对于人民要求停战要求和平的广大呼声，竟不惜以“受共党煽动”来一笔抹煞。像这样决心与人民为敌的专制暴戾独裁的政权，在历史上也是不多见的。国民党反动派既然决心要把内战打到底，和平在目前是不可能有现实性的希望的。

民盟参政员这次以“知其不可为而为之”的精神，参加了国民参政会，并且提出了和平的几项原则，这证明了民盟之一贯为和平而努力的态度，再一次证明了谁是不要和平，谁是要陷中国于长期内战的罪魁，再一次证明了谁应该负今日内战的责任。我们民盟对于和平从不会寄托以幻想。然而同时相信，这个仗今天是绝对不可能长期打下去了，不过，停止内战却决不是国共双方自动停战，而是人民自己起来把这个万恶惨绝的内战废止！

响应冯玉祥将军的国是主张

载 1947 年 6 月 19 日《光明报》第 20 号

冯玉祥将军是西北军的领袖，一向被独裁派排斥的民主的将军。这次，他虽然是还在外国，但是当他听见国内独裁派的统治，越来越黑暗，越来越残暴，殴杀学生，封闭报馆的时候，他就再也不能忍耐了。

冯玉祥先生的主张，我们是衷心表示拥护的。

现在全中国人民无论是老少男女贫富贵贱都在要求和平，但是只有一个人和他的党徒反对和平坚持内战；全中国的人民，无论是老少男女贫富贵贱都在要求民主，但是只有一个人和他的私党，坚持独裁反对民主。中华民国的主权是属于全体人民，当这一个当权者，违反全国人民的意志，而倒行逆施，不惜出卖国权牺牲民命来维持他一家一姓，一些私党亲属的特权和利益的时候，我们老百姓有什么理由一定要跟着他走？我们要问一问他这个政权是从哪里来的？他是受人民的委托得来的吗？他是经过选举得来的吗？不，不是的。他的政权根本就来得不明不白，现在他既然不愿意服从人民的意志，那么他又有什么权利来要求人民去服从他的命令？

据说他的政权是受国民党的委托得来的。但是孙中山先生的民生主义，难道是像这样弄得工厂倒闭，工人失业，教授罢教，学生罢课，农民逃亡，相率叛变的吗？民族主义是像现在这样出卖民族利益向外国人卖身投靠的吗？民权主义是像现在这样唆使特务捆绑教授，殴杀学生，封闭报馆，逮捕记者的吗？孙中山先生的三民主义是革命主义，可是现在的当局，却伪借三民主义的幌子，来实行他的违反人民利益、人民意志的反革命主义。难道这也算是实行孙中山先生的遗志吗？

再以人来说，宋庆龄先生乃是全国人民所公认之国母，何香凝先生追随孙中山革命数十年如一日，李济深将军、冯玉祥将军缔造民国有其不可磨灭之历史，柳亚子先生文名盖世，素为士林景仰。凡这些人都是民族的精英，国民党的元老，全国人民希望之所寄托。可是由于这些人不满意于独裁统治，于是乃一一遭受嫉忌，或则被派赴国外，视同放逐。所以这一个人的统治，并不能代表国民党，他的政权亦并不是受国民党之所委托。并不是国民党在他之上，而是他和他的私人羽翼在国民党之上。国民党早已成为了他私人操纵政权的工具，而真正忠贞于三民主义的元老信徒则被摈弃！

现在国币日跌，生活日艰，学潮未已，而工潮又已勃兴。前线败讯频传，士兵厌战，农村农民，受不了征兵征税之苛扰，已相率叛变。老实说，中国人民的忍耐已到了极限，我们实在是无法再忍耐下去了。时局已到了如此严重的地步，独裁内战的政策如果继续下去，则全中国人民惟有同归于尽；全中国人如果要活，则惟有废止这个独裁内战的政策，民主与独裁实无法两立。

二十年专政，私人党羽盘踞要津，贪污成风，是非颠倒，而老成硕望，忠贞谋国之士，则或被暗杀，或被囚禁，或被远谪，或被排斥诽谤。而青年学生，热心爱国之徒，死于囹圄刀斧者更不知凡几。二十年了，寡妇孤儿，冤抑何限！但也正因为忠实的孙中山先生信徒遭受摈弃，忠贞谋国之士，无法过问政治，而独裁者则一意孤行，自以为得计，乃致造成今天全国骚然险象环生的局面。

现在独裁者面前也正摆着两条路，要么是追随国民党元老之后，放弃独裁专政，以和平民主的办法解决国是，要么则引咎辞职，以谢国人，以表现政治家的风度。如不此之图，始终玩弄其独裁派之作风，口谈和平，实行内战，口谈民主，实行独裁，以为这样武力可以镇压一切，一手可以掩尽天下人耳目，则其结果一定会弄到身败名裂，“悔之晚矣”了。

评独裁派的所谓“新政策”

载 1947 年 7 月 5 日《光明报》第 21 号

最近国民党独裁政府，在军事、政治、经济三方面的力量都在日益损削，为了挽救危机，于是独裁派乃有所谓“国民党中政会中常会的联席会议。”并作了一个“新政策”的决议。

什么是这个新政策呢？据报纸所载，六月卅日的联席会议蒋主席所指示三要点是：一、剿共第一；二、党国一元化；三、依照宪政实施准备程序办理选举。既然主席这样指示，自然就只好通过而成为新政策了，但从什么地方看出它的新呢？还不是一仍旧贯的独裁主义蛮干到底的老方法吗？

那是两个星期以前的事了，那时太原告急，东北前线吃紧，中共军进击于平津近郊。就是一向阻绕在独裁者周围只知沉湎酒色，诵经念佛昏庸老朽的南京首脑们都惊惶起来，于是那位方寸已乱的先生乃不能不故作镇定，请他们吃饭，请他们安心，然而时局之恶化，是绝非请客吃饭所能改善的。所以六月十八日南京中央日报就说：“政府高级官员即将举行会议以检讨对内对外政策”。

其实用不着等到六月卅日他们的正式会议，我们早也就知道他们的决策了。你瞧，一方面制造蒙新事件，一方面孙科在南京，大造其中国内战，应由苏联负责的谣言，一方面顾维钧则向马歇尔三番四次请求借款。但这三方面的策动，都没有得到预期的效果。美国方面的反应是冷淡和不信任。然而杜鲁门，马歇尔究竟是全世界独裁派的好朋友，马歇尔于一再向国会说项，一再出入口银行施压力而获不到结果之余，乃不能不呼吁美国私人向中国投资，严止军火禁运，同时并慨然予独裁政府以一亿三千万的子弹以为屠杀中国人民之用。

显然，这大批子弹的出让是包含有鼓励的意味，同时也包含有惩戒的意味。所谓鼓励者，就是说美国政府今天已公然表示它是赞成中国内战的，支持独裁政府的；所谓惩戒，就是说，他明显地向独裁政府表示，过去我们帮助了你这样多，可是你们的成绩并不好，所以我们再也不能大量帮助你们了，现只能给予小量的帮助，看看你将来的成绩。如果成绩好，则更可以多帮助一点。

根据美国政府这个意思，于是蒋介石先生对该联席会议的指示是："剿共第一，剿共有办法，外交才有办法。"然而这究竟是美国政府的意思，并不是蒋介石先生的意思。试问像目前的情状，百分之九十五的兵力已动员到了前线，三分之一的兵力已经消耗净尽，东北、山东、山西、各主要战场，都是呈着只有招架之功，而无回手之力的情势下，剿共如何能够有办法。蒋介石先生的逻辑应该是外交有办法，剿共才能够有办法。即美国肯借钱，剿共才有办法。这是美蒋之间，在剿共的大原则下，不可克服的矛盾。

但为了要骗美国钱，蒋介石先生不好意思，把真意和真像说出来，而只得特别强调剿共，和剿共之如何有办法。所谓新政策其本质的意义不过是如此而已。如办理"选举"，如"党团一元化"，如要颁布全国总动员令，如要逮捕毛泽东，其目的无非是想把伪装民主多粉饰一点，对美国老板表示振作有为一点，以此来表示政府之有办法，以图获得美国主子之欢心。

然而客观形势的发展，对独裁派是绝对不利的。尽管蒋介石先生口头说着有办法，但事实上还是没有办法又怎么办呢？美国老板所注意的是事实而不是宣传！很可能，这个新政策才实施下去，独裁派的危机就愈益严重而且暴露出来，以致造成这样的局势，使美国政府想帮助也无法帮助了。

总之，独裁派到了现在，已经是日暮穷途，它的这个："新政策"，正是垂死的挣扎。死亡之期已不远了。

为争取基本的人权而奋斗

载 1947 年 7 月 19 日《光明报》第 22 号

今天是我们留港的民主人士纪念邓、李、闻、陶四先生殉国的日子。我们都知道,李闻两先生是直接死于法西斯特务的魔手的,而邓陶二先生,一位是死于流亡之中,一位是死于法西斯的恐怖威胁之下。总括说一句,他们都是直接间接死于法西斯黑暗的统治。

为什么独裁者对于这四位先生如此其忌妒呢?说起来很简单,那就是因为他们四位先生,喜欢说人民所要说的话,做人民所要做的事,他们是民族的良心,民族的灵魂。但独裁者是不愿意有这些的,为了他们小集团人的利益,他们不惜出卖国家,出卖民族,出卖全中国的人民,他们要把黑的说成白的,是的说成非的,甚至把一切爱说真话,不为独裁者利诱威胁所屈服的人,都看成为他们的仇敌!

独裁者执政已二十年了,在这二十年当中,死于独裁者屠刀,死于囹圄,死于疾病饥饿的人民何止千万,而多少饱学之士,多少天才作家,多少忧时爱国的青年更无辜惨死,独裁者做了些什么,只有失去了爱子的母亲,失去了丈夫的寡妇,失去了父亲的孩子才最能领会。过去也许还有很多人会相信,独裁者终有一天会把我们中国带上康庄大道,然而现在事情越来越明显了,独裁者的利益是和我们人民的利益相反的,独裁者的政策只有把人民一天天带向饥饿和死亡。

也正因为独裁者感到本身统治的危机,所以他也就更变本加厉的残暴起来平、津、青岛,一夜之间,逮捕三四千人,台湾事件、被屠杀者三四万人,教授被绑架,记者被视为间谍,学生被视为“奸匪”。最近更宣布总动员法,没有经过任何立法机关的同意,就陷全国于战时状态,东亚大陆笼罩着恐怖和黑暗的阴霾。独裁者的逻辑是:凡反对内战主张和平的都是共产党,凡是共产党都可杀。正如中国古代的暴君,独裁者在执行着:“顺我者生,逆我者亡”的政策。在总动员令下全中国人民的生命都变成没有任何保障。

你瞧,六二的前夜,独裁者不是早就准备把所有的民主人士一网打尽么? 而现在不正是酝酿着大规模的屠杀么?

然而今天中国人民的觉悟已不像从前了,中国人民的力量已不像从前了,经过这一年多来的事件,特别是李闻惨案之后,独裁者的真面目已暴露无遗,血的事实已胜过口说的谎言。我们今天很明白:我们要保障自己的生存权利,只有和独裁者们斗争,争取全国的和平与民主。

我们中国老百姓,上当是上得太多了,血的经验是够丰富了,我们是再也不相信独裁者的什么"诺言"了,我们再也不相信独裁者的假装仁慈的面孔了。任何威胁和利诱也不能分化我们。我们要和广大的人民站在一起,争取生存,为争取基本的人权而奋斗。

附录二

政治协商会议的五项决议

(1946年1月重庆旧政协)

Ⅰ. 关于政府改组问题的协议(一九四六年一月二十八日)

一、关于国民政府委员会者:

中国国民党在国民大会未举行以前,为准备实施宪政起见,修改国民政府组织法,以充实国民政府委员会,其修改要点如下:

1. 国民政府委员名额定为四十名(内有五院院长为当然委员)。

2. 国民政府委员由国民政府主席就中国国民党内外人士选任之。

3. 国民政府委员会为政府之最高国务机关。

4. 国民政府委员会讨论记忆决事项如下:

甲、立法原则;

乙、施政方针;

丙、军政大计;

丁、财政计划及预算;

戊、各部会长官及不管部政务委员之任免,暨立法委员监察委员任用事项;

己、主席交议事项;

庚、委员三人以上连署提出建议事项。

5. 国民政府主席对于国民政府委员会之决议,如认为执行有困难时,得提交复议,复议时如有五分之三以上委员仍主张维持原案,该案应予执行。

6. 国民政府委员会之一般议案,以出席委员之过半数通过之。国民政府委员会所讨论之议案,其性质涉及施政纲领之变更者,须有出席委员三分之二之赞成始得决议某一议案，如其内容是否涉及施政纲领之变更发生疑义时，由出席委员之过半数解释之。

7. 国民政府委员会每两周开会一次，必要时主席得召集临时会议。

二、关于行政院方面者：

1. 行政院各部会长官均为政务委员，并得设不管部会之政务委员三人至五人。

2. 行政院不管部会之政务委员及部会长官，均可由各党派及无党派人士参加。

三、其他：

1. 在宪法实施前，国民参政会人数应否增加，职权应否提高，由政府斟酌情形定之。

2. 中央及地方行政机关之用人，应本惟才惟贤之义，不得有党派之歧视。

附注：

（一）国民政府主席提请选任各党派人士为国府委员时，由各党派自行提名，但主席不同意时，由各党派另提人选。

（二）国民政府主席提请选任无党派人士为国府委员时，如所提人选有为各被选人三分之一所反对者，则主席须重新考虑，另行选任之。

（三）国民政府委员名额之半，由国民党人员充任，其余半数，由其各党派及社会贤达充任，其分配另行商定。

（四）行政院现有部会及拟设之不管部会政务委员总额中，得以七席或八席约请国民党以外人士担任。

（五）关于国民党以外人士所担任之部会数目，于会后继续磋商。

Ⅱ. 和平建国纲领（十月廿六日）

国民政府鉴于抗日战争业已结束，和平建国应即开始，爰邀集各党派代表与社会贤达，举行政治协商会议，共商国是，以期迅速结束训政，开始宪政，特制定本纲领，以为宪政实施前施政之准绳。并邀请各党派暨社会贤达参加政府，本国家之需要与人民之要求，协力一心，共图贯澈，纲领如下：

一、总则

1. 尊奉三民主义为建国之最高指导原则。

2. 全国力量在蒋主席领导之下，团结一致，建设统一、自由、民主之新中国。

3. 确认蒋主席所倡导之"政治民主化"，"军队国家化"，及党派平等合法，为达到和平建国必由之途径。

4. 用政治方法解决政治纠纷，以保持国家之和平发展。

二、人民权利

1. 确保人民享有身体、思想、信仰、言论、出版、集会、结社、迁徙、通信之自由。现行法令有与以上原则抵触者，应分别予以修正或废止之。

2. 严禁司法及警察以外任何机关或个人，有拘捕、审讯及处罚人民之行为，犯者应予惩处。政府已公布之提审法，应迅速明令施行。

3. 保证妇女在政治上、社会上、教育上、经济上地位之平等。

三、政治

1. 当前国家设施，应顾及全国各地方、各阶层、各职业人民之正当利益，保持其平衡发展。

2. 为增进行政效能，应整饬各级行政机关，统一划清权责，取消一切骈枝机关，简化行政手续，实行分层负责。

3. 建立健全之文官制度，保障称职人员，用人不分派别，以能力资历为标准，禁止兼职及私人援引。

4. 确保司法权之统一与独立，不受政治干涉，充实法院人员，提高其待遇与地位，简化诉讼程序，改良监狱。

5. 厉行监察制度，严惩贪污，便利人民自由告发。

6. 积极推行地方自治，实行由下而上之普选，迅速普遍成立省县(市)参议会,并实行县长民选。边疆少数民族所在之各县,应以各该民族人口之比例,确定其实行选举之省县参议员名额。

7. 自治县政府,对于其辖区内之国家行政,应在中央监督指挥之下执行之。

8. 中央与地方之权限,采均权主义,各地得采取因地制宜之措施,但省县所颁之法规,不得与中央法令相抵触。

四、军事

1. 军队属于国家,军人责任在于卫国爱民,确保军队编制之统一,与军令之统一。

2. 军队编制应适合国防需要,依民主政制与国情,改革军制,实行军党分立,军民分治,改进军事教育,充实装备,健全人事经理制度,以建设现代化之国军。

3. 改善征兵制度,公平普遍实施,并保留一部分募兵制度,加以改善,俾符合高度装备军队之需要。

4. 全国军队,应按照整编计划,切实缩编。

5. 筹备编余及退役官兵之复业与就业,保障残废官兵之生活,抚恤阵亡将士之遗族。

6. 限期遣送投降日军回国,对于伪军之解散,游杂部队之清理,应妥订办法,迅速实施。

五、外交

1. 遵守大西洋宪章,开罗会议宣言,莫斯科四国宣言,及联合国宪章,积极参加联合国组织,以确保世界和平。

2. 根据波茨坦宣言,肃清日本在中国之残余力量,并与同盟国共谋日本问题之解决,防止日本法西斯军国主义势力之再起,以保障东亚之安全。

3. 与美苏英法及其他民主国敦睦邦交,遵守条约信义,并致力于经济文化之合作,以共策世界之繁荣与进步。

4. 本平等互惠之原则,迅速与有关各国订通商条约,并改善侨胞之地位。

六、经济及财政

1. 遵照国父实业计划，制定经济建设计划，欢迎国际资本与技术之合作。

2. 第一期经济建设原则，应予澈底实施，凡有独占性之企业及私人资力所不能举办者，划归国营，其他企业，一概奖励人民经营之。本此原则，对于现行设施，加以检讨与改进。

3. 为促进中国工业化，由政府定期召开全国经济会议，邀集对发展经济有关之各方面社会人士，吸收民间意见，以决定政府之措施。

4. 防止官僚资本之发展，并严禁官吏利用其权势地位，从事于投机垄断，逃税走私，挪用公款，与非法使用交通工具。

5. 积极筹划增修铁路、公路、建设港湾，兴修水利及其他工程，并资助住宅、学校、医院及其它公共机关之建筑。

6. 实行减租减息，保护佃权，保护交租，扩大农贷，严禁高利盘剥，以改善农民生活，并实行土地法，以期达到“耕者有其田”的目的。

7. 实行荒山造林植草，保持水土，发展畜牧，整顿并发展农村合作组织。加强农事试验，研究工作，利用现代设备及方法，治蝗除虫，以扶助人民之生活。

8. 实行劳动法，改善劳动条件，试行劳工分红制，举办失业工人及残废保险，切实保护童工、女工，并广设工人学校，提高工人文化水准。

9. 迅速制订工业会法，使经营工业者得有单独之组织，并本劳资协调精神，将有关工厂管理法规，加以检讨与改进。

10. 财政公开。厉行预算决算制度，紧缩支出，平衡收支，划分中央与地方财政，收缩通货稳定币制。并公布内外债之募集及用途，由民意机关监督之。

11. 改革税制，根绝苛捐杂税与非法之摊派，归并征收机构，简化稽征手续，以资产及收入定累进税则。并厉行国家银行专业办法，扶助工农事业之发展。

12. 征用逃避及冻结之资本以平衡预算。

七、教育及文化

1. 保障学术自由，不以宗教信仰，政治思想干涉学校行政。

2. 积极奖励科学研究，鼓励艺术创作，以提高国家文化之水准。

3. 普及国民教育与社会教育，积极扫除文盲。扩充职业教育，以增进人民之职业能力，充实师范教育，以培养国民教育之师资，并根据民主与科学精神，改革各级学校内容。

4. 在国家预算中，增加教育及文化事业经费之比率，合理提高各级学校教师之待遇及其养老年金，资助贫苦青年就学于升学，设立科学研究、文艺创作之奖金。

5. 奖励私立学校及民间文化事业，并补助其经费。

6. 奖励儿童保育事业，普及公共卫生设备，并积极提倡国民教育，以增进国民健康。

7. 废止战时实施之新闻、出版、电影、戏剧、邮电检查办法，扶助出版，报纸、通讯社、戏剧、电影事业之发展。一切国营新闻机关与文化事业均确定为全国人民服务。

八、善后救济

1. 迅速恢复收复区之社会秩序，彻底解除人民在沦陷时期所受之压迫与痛苦，制止收复区物价之高涨，严惩接收人员之贪污行为。

2. 迅速修复铁路公路，恢复内河沿海航业，协助因抗战而迁徙至人民还乡，如有必要，并为安顿其住所及职业。

3. 妥善运用联合国善后救济物资，以赈济战灾，分配医药，以防治疾疫。供给种子、肥料、以恢复农耕，由民意机关与人民团体，协同主管机关推进其工作。

4. 迅速整理收复区之工矿厂场，保障原有产权，继续开工，使失业工人恢复工作，并谋敌产逆产之合理处置，使后方对抗战有贡献之厂家，参与经营。

5. 迅速治理黄河，并修筑其他因战事而破坏及失修之水利。

6. 政府停止兵役及豁免田赋一年之法令,应由各级政府切实执行,严禁变相征发之行为。

九、侨务

1. 对海外各地受敌摧残而失业之侨胞,应协助其复业,并对其居留国内之眷属生活,予以救济。

2. 协助归侨返回原地,便利其复产复业。

3. 恢复并协助海外各地侨胞之教育文化事业,并奖励侨胞子女回国就学。

附记:

①凡收复区有争执之地方政府,暂维现状,候国民政府改组后,依施政纲领政治一项,第六、第七、第八三条之规定解决之。

②地方参议会,律师公会,及人民团体代表,会同组织人民自由保障委员会,经费由政府补助之。

③关于公民宣誓及公职候选人之考试,应依民主国家之通例,即予改订。

④行政院所设之最高经济委员会,应参加民间经济专家及有经验之企业家为该会之委员,共策进行。

⑤建议政府撤销硫磺管制。

⑥甲,查明在抗战期间由下游迁至后方之工厂,因战事结束停工失业之工人,其遣散费用,由政府酌量补助。乙,在战时于兵工器材有贡献之工厂,政府应继续收购其成品,并尽量收购其器材。

⑦修正出版法,将非常时期报纸、杂志、通讯登记管制办法,管理收复区报纸、通讯社、杂志、电影、广播事业暂行办法,戏剧电影检查办法,邮电检查办法等予以废止,并分别减轻电影、戏剧、音乐之娱乐捐与印花税。

Ⅲ. 关于军事问题的决议(一月二十五日)

一、建军原则

1. 军队属于国家,军人责任在于卫国爱民。

2. 军队建制应依国防需要,并按照国家一般教育及科学与工业之进步，改进其素质与装备。

3. 军队制度应依我国民主政制与国情实行改革。

4. 改善征兵制度，公平普遍实施，并保留一部分募兵制度，加以改善，俾符合高度装备军队之需要。

5. 军队教育应依建军原则办理，永远超出于党派系统及个人关系以外。

二、整军原则

甲、实行军党分立

①禁止一切党派在军队内有公开的或秘密的党团活动，军队内所有个人派系之组织与地方性质之系统，亦一并禁止。

②凡军队中已有党籍之现役军人，于其在职期间不得参加其驻地之党务活动。

③任何党派及个人不得利用军队为政争之工具。

④军队内不得有任何特殊组织与活动。

乙、实行军民分治

①凡在军队中任职之现役军人，不得兼任行政官吏。

②实行划分军区，其区域之范围，应尽量使与行政区不同。

③严禁军队干涉政治。

三、实行以政治军办法

1. 在初步整军计划完成时，即改组军事委员会为国防部，隶属于行政院。

2. 国防部长应不以军人为限。

3. 全国军额及军费应经行政院决议，立法院通过。

4. 全国军队应受国防部之统一管辖。

5. 国防部内设一建军委员会，负建军计划及考核之责（此委员会由各方人士参加）。

四、实行整编办法

1. 军事三人小组应照原定计划，尽速商定中共军队整编办法，整编完竣。

2. 中央军队应依军政部原定计划，尽速于六个月内完成其九十师之整编。

3. 上两项整编完竣，应再将全国所有军队，统一编为五十师或六十师。

4. 军事委员会内应即设置整编计划考核委员会，由各方人士参加组织之。

Ⅳ. 关于国民大会问题之协议（一月三十一日）

1. 民国卅五年五月五日召开国民大会。

2. 第一届国民大会之职权为制定宪法。

3. 宪法之通过须经出席代表四分之三之同意为之。

4. 依选举法规定之区域及职业代表一千二百名照旧。

5. 台湾东北等新增各该区域及其职业代表共一百五十名。

6. 增加党派及社会贤达代表七百名，其分配另定之。

7. 总计国民大会之代表，为二千零五十名。

8. 依据宪法规定之行宪机关，于宪法张布后六个月内，依宪法之规定选举召集之。

Ⅴ. 关于宪章问题的协议（一月二十五日）

一、组织审议委员会

名称：宪草审议委员会。

组织：委员名额二十五人，由协商会议五方面每方面推五人，另外公推会外专家十人（参考宪政期成会及宪政实施协进会名单。）

职权：政协会设宪草审议委员会，根据协商会议拟定之修改原则并斟酌宪政期成会修正案，宪政实施协进会研讨结果，及各方面所提出之意见，汇综整理，制成五五宪草修正案，提供国民大会采纳（如有必要时得将修正案提出协商会协商）。

时间：以两个月为限。

二、宪草修改原则

1. 国民大会

①全国选民行使四权名之曰国民大会。

②在未实行总统普选制以前，总统由县级省级及中央议会合组选举机关选举之。

③总统之罢免权以选举总统之同样方法行使之。

④创制，复决两权之行使另以法律规定之。

附注：第一次国民大会之召集方法由政治协商会议协议之。

2. 立法院为国家最高立法机关，由选民直接选举之，其职权相当于各民主国家之议会。

3. 监察院为国家最高检察机关，由各级议会及各民族自治区议会选举之，其职权为行使同意，弹劾，及监察权。

4. 司法院即为国家最高法院，不兼管司法行政，由大法官若干人组织之，大法官由总统提名，经监察院同意任命之，各级法官须超出于党派之外。

5. 考试院用委员制，其委员由总统提名经监察院同意任命之。其职权着重于公务人员及专业人员之考试，考试委员超出于党派之上。

6. 行政院

①行政院为国家最高行政机关，行政院院长由总统提名，经立法院同意任命之，行政院对立法院负责。

②如立法院对行政院全体不信任时，行政院或辞职，或提请总统解散立法院，但同一行政院长不得再提请解散立法院。

7. 总统

①总统经行政院决议，得依法发布紧急命令，但须于一个月内报告立法院。

②总统召集各院院长会商，不必明文规定。

8. 地方制度

①确定省为地方自治之最高单位。

②省与中央权限之划分依照均权主义规定。

③省长民选。

④省得制定省宪，但不得与国宪抵触。

9. 人民之权利义务

①凡民主国家人民应享之自由及权利，均应受宪法之保障，不受非法之侵犯。

②关于人民自由，如用法律规定，须出于保障自由之精神，非以限制为目的。

③工役应规定于自治法内，不在宪法内规定。

④聚居于一定地方之少数民族，应保障其自治权。

10. 选举应列专章，被选年龄为二十三岁。

11. 宪章上规定基本国策章，应包括国防，外交、国民经济、文化教育各项。

①国防之目的在保卫国家安全，维护世界和平，全国陆海空军须忠于国家，爱护人民，超出于个人，地方及党派关系以外。

②外交原则本独立自主精神，敦睦邦交，履行条约义务，遵守联合国宪章，促进国际合作，确保世界和平。

③国民经济应以民生主义为基本原则，国家应保障耕者有其田，劳动者有职业，企业者有发展之机会，以谋国计民生之均足。

④文化教育应以发展国民之民族精神，民主精神与科学智能为基本原则，普及并提高一般人民之文化水准，实行教育机会均等，保障学术自由，致力科学发展。

注：以上各项之规定不宜过于烦琐。

12. 宪法修改权属于立法、监察两院联席会议，修改之条文，应交选举总统之机关复决之。

存目文献

论美日之间

载 1941 年 6 月《世界知识》第 20 卷第 7 期

黄药眠

从美国的外交谈到美国的内情

载 1941 年 11 月《世界知识》13 卷第 4 号

药眠

日本的竹刀面向莫斯科

载 1941 年 12 月出版的《现阶段日本的动向》一书

药眠

法西斯主义并没有死亡

载 1945 年 5 月 25 日《华西日报》

黄药眠

从巴黎和会说开去

载 1946 年 9 月《青年生活》复刊号第 5 卷第 4 期

黄药眠

跋

在《民盟历史文献》丛书付梓之际，掩卷回首，民盟先贤们的音容笑貌挥之不去，不绝如缕，久久难忘。在编辑此丛书的过程中，我们每每被他们为信仰、为理想奋斗的坚定精神所感召和感动。

人不能没有理想和信仰，一个民族也不能没有自己的理想和信仰。我们的先辈们，正是怀揣民族富强、人民福祉的赤诚之心，身先士卒、鞠躬尽瘁；凭借自身高尚的人文品格和社会良知，与中国共产党团结合作，为中国社会的前途和命运探索了一条新的宪政之路；和平、民主是人类社会的两大主题，也是中国共产党人和各民主党派所共同追求的理想。

如今，面对着他们的拳拳之心和丰功伟绩，我们感叹！赞叹！怀念！更要继承！

《民盟历史文献》在整个创作和出版过程中，得到了来自社会各界人士的关注和厚爱。我们要特别感谢为此丛书孜孜不倦地考证、核实、梳理、完善的各位专家、学者，是他们的认真严谨，才使此丛书能够客观地展现历史的真貌；更要特别感谢中共中央统战部与民盟中央给予我们的鼎力支持和重视，没有他们的指导和帮助，我们不可能完成如此厚重的出版工作任务；还要感谢各省、市、地区的民盟组织，为搜集、挖掘、抢救民盟的历史文献资料做出的不懈努力和贡献；感谢每一本书的作者，是他们的辛勤笔耕和一点一滴的忠实记录，才集成了民盟历史的全貌；感谢为此丛书付出辛劳的编辑以及所有工作人员，感谢你们辛勤的劳动和无私的奉献。

谨以此丛书献给所有伟大的民主革命先驱者；献给为共和国诞生抛洒了智慧和热血的先贤们；献给那一段筚路蓝缕、以启山林的峥嵘岁月。

《民盟历史文献》编委会